Gerrit Fey

Banken zwischen Wettbewerb, Selbstkontrolle und staatlicher Regulierung:
Eine ordnungsökonomische Analyse

Schriften
zu Ordnungsfragen der Wirtschaft

Herausgegeben von

Unter Mitwirkung von

Redaktion: Dr. Hannelore Hamel

Band 80: Banken zwischen Wettbewerb, Selbstkontrolle und staatlicher Regulierung

Lucius & Lucius · Stuttgart · 2006

Banken zwischen Wettbewerb, Selbstkontrolle und staatlicher Regulierung

Eine ordnungsökonomische Analyse

Von

Gerrit Fey

Lucius & Lucius · Stuttgart · 2006

Anschrift des Autors:

Dr. Gerrit Fey
Ziegelhüttenweg 46
60598 Frankfurt am Main

e-mail: gerrit.fey@gmx.de

Bibliografische Information der Deutschen Bibliothek
Die Deutsche Bibliothek verzeichnet diese Publikation in der Deutschen Nationalbibliografie; detaillierte bibliografische Daten sind im Internet über http://dnb.ddb.de abrufbar.

(Schriften zu Ordnungsfragen der Wirtschaft; Bd. 80)
ISBN 3-8282-0364-7
(ab 2007: ISBN 978-3-0364-8)

Gerokstraße 51 • D-70184 Stuttgart
www.luciusverlag.com

Druck und Einband: ROSCH-BUCH Druckerei GmbH, 96110 Scheßlitz
Printed in Germany

ISBN 3-8282-0364-7
ISSN 1432-9220

Vorwort

Diese Abhandlung ist im wesentlichen während meiner Zeit als wissenschaftlicher Mitarbeiter am Lehrstuhl für Ordnungstheorie und Wirtschaftspolitik der Philipps-Universität Marburg entstanden. Ihre Drucklegung schließt einen in vielerlei Hinsicht besonderen Lebensabschnitt für mich ab. Ich möchte daher die Gelegenheit nutzen, allen zu danken, die zur Vollendung dieses Projektes beigetragen haben.

An allererster Stelle gebührt der Dank meinem akademischen Lehrer und Doktorvater, *Prof. Dr. Alfred Schüller*, mit dem ich seit meiner Studentenzeit auch wegen seiner menschlichen Stärken sehr gern zusammengearbeitet habe. Seine natürliche Skepsis gegenüber allen Formen staatlicher Bevormundung und sein spiegelbildliches Vertrauen in die Selbstheilungskraft der marktwirtschaftlichen Wettbewerbsordnung sind in Fragestellung und Inhalt dieser Arbeit mehr als nur am Rande eingeflossen. Mein Dank gilt aber natürlich auch *Prof. Dr. Erich Priewasser* für die spontane Übernahme des Zweitgutachtens.

Ein Projekt wie dieses kann nicht ohne die direkte und indirekte Hilfe vieler weiterer Menschen fertiggestellt werden. Dies sind zunächst meine Kolleginnen und Kollegen am Lehrstuhl und an der Forschungsstelle zum Vergleich wirtschaftlicher Lenkungssysteme, die im stets kollegial guten Verhältnis ein anregendes Diskussionsklima und ein angenehmes Arbeitsumfeld geschaffen haben. Zur inhaltlichen Abrundung hat auch ein zweimonatiger Forschungsaufenthalt in den USA beigetragen, der nicht zuletzt durch die Unterstützung meines Kollegen *Prof. Dr. Dirk Wentzel* möglich wurde. Herzlich zu danken ist in diesem Zusammenhang aber auch meinen beiden Gastgebern, *Prof. Dr. Michael Bernhard* an der Pennsylvania State University und *Prof. Dr. Werner Baer* an der University of Illinois at Urbana-Champaign sowie dem Auslandsamt der Philipps-Universität Marburg und der Marburger Gesellschaft für Ordnungsfragen der Wirtschaft für die ideelle und finanzielle Unterstützung.

Als größte Hürde hat sich häufig erwiesen, die Motivation auch in kritischen Phasen zu erhalten. Mutmacher und Antreiber waren für mich neben meinem Doktorvater vor allem *Dr. Reinhard Peterhoff* und *Dr. Hannelore Hamel*, auf deren Lebenserfahrung ich in Momenten des Zweifelns immer zurückgreifen konnte – nicht zuletzt in den vielen gemeinsamen Stunden anläßlich der jährlichen Radeiner Forschungsseminare. Diesem Seminar, an dem ich fünf Mal teilnehmen durfte, verdanke ich viele wertvolle Anregungen.

Stellvertretend für die unzähligen Freunde sowie früheren und heutigen Kollegen, die immer wieder mentale Stütze waren, sei den Mitdoktoranden *Martin Dietz* und *Ralf Geruschkat* gedankt. Diese sorgten gerade in der „heißen Phase“ nicht nur für angeregte Diskussionen über den Fortgang der Dissertation, sondern auch für gemeinsam als „DFG Marburg“ unternommene Exkursionen und spontane Skat-, Grill- und Fußballabende und damit für willkommene Abwechselung.

Ein besonderer Dank gilt schließlich meinen Eltern, die mich während Studium und Promotion nicht nur finanziell unterstützt, sondern auch mit dem nötigen Schuß Humor immer wieder angespornt haben. Einen guten Teil des notwendigen Durchhaltevermögens verdanke ich schließlich meiner lieben Freundin, *Stephanie Braun*, die mich – auch gegen meinen erklärten Widerstand – mit sanfter Überzeugungskraft immer wieder an den Schreibtisch gezwungen hat.

Zum Abschluß möchte ich einen Menschen erwähnen, ohne dessen Begeisterung für Ordnungspolitik und die Institutionen internationaler Finanzmärkte ich wohl niemals ein Promotionsprojekt begonnen hätte. *Dr. Ralf L. Weber*, meinem leider viel zu früh verstorbenen Kollegen, Mentor und Freund an der Forschungsstelle, verdanke ich deshalb sehr erfahrungsreiche und menschlich prägende Jahre. Ihm sei diese Arbeit gewidmet.

Frankfurt, im Mai 2006 Gerrit Fey

Inhalt

Verzeichnis der Abbildungen

Verzeichnis der Abkürzungen

BaFin	Bundesanstalt für Finanzdienstleistungsaufsicht
BCBS	Basel Commitee on Banking Supervision
BCCI	Bank for Credit and Commerce International
BIP	Bruttoinlandsprodukt
BIZ	Bank für Internationalen Zahlungsausgleich
CH	Clearing House
EU	Europäische Union
EZB	Europäische Zentralbank
FAZ	Frankfurter Allgemeine Zeitung
FDIC	Federal Deposit Insurance Corporation
Fed	Federal Reserve Bank
FRA	Federal Reserve Act
FRS	Federal Reserve System
FSF	Financial Stability Forum
FTD	Financial Times Deutschland
G-10	Group of 10
G-20	Group of 20
G-7	Group of 7
GLBA	Gramm-Leach-Bliley-Act
GSA	Glass Steagall Act
IAIS	International Association of Insurance Supervisors
IASB	International Accounting Standards Board
IFRS	International Financial Reporting Standards
IOSCO	International Organization of Securities Commissions
IWF	Internationaler Währungsfonds
KWG	Kreditwesengesetz
LLR	Lender of Last Resort
LTCM	Long Term Capital Management
NBA	National Banking Act
NPÖ	Neue Politische Ökonomik
NYCA	New York Clearing Association
NZZ	Neue Züricher Zeitung
OCC	Office of the Comptroller of the Currency
OFC	Offshore Financial Centre
OTC	Over the Counter
RA	Regulierungsarbitrage

RFC	Reconstruction Finance Corporation
SPV	Special Purpose Vehicle
TBTF	Too Big to Fail
u. a.	unter anderem/und andere
VaR	Value at Risk
WTO	World Trade Organization

1. Problem und Vorgehen

Die vorliegende Arbeit ist als Beitrag zur Gestaltung der institutionellen Rahmenbedingungen für den Finanzsektor gedacht. Dieser gerät immer dann verstärkt in den Fokus des Interesses, wenn es zu spektakulären Finanz-, Währungs-, und Bankenkrisen kommt. In solchen Momenten wird auch für die breite Öffentlichkeit offenbar, wie wichtig ein funktionsfähiges Finanzsystem für eine nachhaltige Prosperität von Volkswirtschaften ist. Die Suche nach institutionellen Lösungen, die krisenhafte Erscheinungen und die aus ihnen erwachsenden volkswirtschaftlichen Kosten vermeiden können, steht daher zu Recht auf der Agenda nationaler und supranationaler Anstrengungen.

Eine besonders lange Tradition hat dabei die Suche nach geeigneten Rahmenbedingungen für den Bankensektor. Unter dem Eindruck einer Vielzahl kostspieliger Bankenkrisen in Entwicklungs-, Schwellen-, und Industrieländern hat sich dieses Bemühen und die hiermit verbundene Debatte stetig fortentwickelt. Spätestens seit der Weltwirtschaftskrise in den 1930er Jahren werden Bankenkrisen von der Mehrzahl der Beobachter im Kern mit einem bankenspezifischen Marktversagensproblem in Verbindung gebracht, welches sowohl der Natur der Bankunternehmen als auch ihrer Beziehungen zueinander innewohne. Entsprechend herrscht für den Bankensektor Skepsis gegenüber dem wettbewerblich-marktwirtschaftlichen Ordnungsmodell vor, bei dem sich staatliche Einflußnahme auf das Setzen allgemeiner Ordnungsregeln beschränkt. Statt dessen wird es überwiegend für notwendig erachtet, die Bankwirtschaft gesonderten staatlichen Regeln und einer staatlichen Aufsicht zu unterstellen. Unter dem Eindruck der Globalisierung der Finanzmärkte gewinnt zudem die Auffassung stärkere Beachtung, Bankenregulierungen müßten einem Mindestmaß an internationaler Harmonisierung unterzogen werden, um krisenbegünstigende Unterregulierungen zu vermeiden.

Unabhängig davon, ob die einschlägigen wirtschaftstheoretischen und politischen Debatten auf nationaler Ebene oder koordiniert auf internationaler Ebene geführt werden, geht es also fast ausschließlich um das „Wie“ der Regulierung. Ein prominentes Beispiel hierfür ist der zweite Baseler Eigenkapitalstandard, der in den letzten Jahren unter der Kurzbezeichnung Basel II sicher zu den am meisten gebrauchten Fachausdrücken der bankpolitischen Literatur gehört. Im Kern ist dieser Standard Ausfluß einer Suche nach einer internationalen Mindestnorm für die angemessene Unterlegung von Aktivrisiken einer Bank mit Eigenkapital einschließlich der zur Kontrolle der Norm notwendigen und zweckmäßigen aufsichtlichen Prozesse.

Grundlegendere Ordnungsfragen drohen hingegen angesichts der Komplexität der heute bestehenden Bankenregulierungen und der zur Beurteilung ihrer spezifischen Auswirkungen notwendigen Fachkenntnisse in den Hintergrund zu treten; und mit der Vernachlässigung dieser Fragen könnte auch das Bewußtsein für die möglicherweise aus den Regulierungen erwachsenden volkswirtschaftlichen Kosten verlorengehen. So entsteht der Eindruck, daß die einschlägigen Marktversagensargumente und die zu ihrer Stützung herangezogene empirische Basis kaum mehr hinterfragt werden. Die wenigen Stimmen, die nach dem „Ob überhaupt“ fragen, gehen in der allgemeinen Debatte um das „Wie“ der Regulierung nahezu unter. Außerdem geraten die institutionenökonomischen und politökonomischen Einsichten zur Entstehung von ineffizienten Pfadabhängigkeiten bei staatlichen Regeln, zum Einfluß privater Interessen auf Regelfindung und

-administration oder zur Problematik des Staatsversagens aus Wissensmangel oder Aktionismus in der (politischen) Diskussion um Bankenregulierungen zu einem Randthema.

Die vorliegende Arbeit wird daher die kritischen Aspekte zum Regulierungsproblem abwägen gegenüber der vorherrschenden Auffassung von der Notwendigkeit einer weitreichenden Unterstellung der Bankwirtschaft unter die staatliche Kontrolle. Auch wenn es an manchen Stellen nicht zu vermeiden ist, spezifische Fragen der gebräuchlichen Regulierungsinstrumente aufzugreifen, verfolgt die Arbeit generell nicht das Ziel, einen erschöpfenden Beitrag zu Detailfragen einzelner Normen der Bankenregulierung zu leisten. Im Mittelpunkt der Untersuchung steht vielmehr die grundlegende Ordnungsfrage, ob die Funktionsweise von Bankenmärkten derart von der anderer Märkte abweicht, daß sich hieraus zwingend die Notwendigkeit einer ordnungspolitischen Sonderbehandlung in der Dimension von heute ergibt.

Dazu wird in Kapitel 2 zunächst die zentrale Bedeutung eines effizienten und robusten Finanzsektors im allgemeinen und eines Bankensektors im besonderen erläutert. Aufbauend hierauf wird in Kapitel 3 ein allgemeiner ordnungstheoretischer Analyserahmen vorgestellt. Die Interaktion auf Märkten ist permanent drei verschiedenen Ebenen der Kontrolle ausgesetzt: der Kontrolle durch den Wettbewerb bzw. der Marktkontrolle, der Ebene der Selbstkontrolle oder Selbstregulierung sowie der Kontrolle durch staatliche Regeln. Letztere läßt sich noch einmal unterteilen in die Dimension der allgemeinen Ordnungsregeln oder marktwirtschaftlichen Basisinstitutionen und in die Dimension staatlicher Sonderregeln, wobei nationale und internationale Normen der Bankenregulierung zur zweiten Kategorie gehören. Die Notwendigkeit der ersten Kategorie staatlicher Regelsetzung wird in dieser Arbeit nicht in Frage gestellt, denn freie und faire Wettbewerbsprozesse wären ohne ein Mindestmaß an staatlicher Normsetzung undenkbar. Dagegen wird diskutiert, ob die Bankwirtschaft Regeln der spezifischen Staatskontrolle bedarf, weil Bankenmärkte nicht durch die anderen Kontrollebenen – allgemeine Ordnungsregeln, Wettbewerb und Selbstregulierung – ausreichend geordnet werden können.

Kapitel 4 behandelt die einschlägigen Marktversagensargumente, aus denen üblicherweise ein Plädoyer für die Ebene der Staatskontrolle abgeleitet wird – und zwar national wie international. Diese Argumente einschließlich der hieraus abgeleiteten Regulierungen werden in Kapitel 5, 6 und 7 theoretischen und empirischen Prüfungen unterzogen. Aus Sicht des Verfassers ist es im empirischen Teil unumgänglich, die historische Dimension der Bankenregulierung mit ins Blickfeld zu rücken, denn die meisten Bankenregulierungen haben ihren Ursprung in größeren spektakulären Krisen des Kreditgewerbes. Sie sind dann in einem längeren Prozeß zu den heutigen Normen fortentwickelt worden. Wegen der Bindungswirkungen früherer ordnungspolitischer Entscheidungen ist es wichtig, (gedanklich) zum Ursprung institutioneller Umwälzungen zurückzukehren, um die Angemessenheit auch der aktuellen Regulierungen beurteilen zu können. Angesichts der Fülle der fraglichen Normen einschließlich ihrer nationalen Ausgestaltungen kann dies nur exemplarisch geschehen. Insofern sind die gewonnen Erkenntnisse, die sich gerade im historisch-empirischen Teil stark auf die US-amerikanische Erfahrung stützen, zwangsläufig selektiv.

2. Ableitung der Ordnungsaufgabe

2.1. Zur volkswirtschaftlichen Bedeutung eines effizienten und robusten Finanzsektors

Eine Abhandlung über die Berechtigung der Bankenregulierung muß sich mit der Frage befassen, warum der Bankensektor überhaupt für eine ordnungspolitische Sonderbehandlung in Frage kommen könnte. Eine einfache und wohl allgemein akzeptable Antwort hierauf lautet, daß dem Finanzsektor eine herausgehobene, sensible Bedeutung für die Prosperität von Volkswirtschaften zukommt. In der Einleitung zu ihrer vielbeachteten Studie „Finance for Growth" über die Bedeutung des Finanzsektors im Entwicklungsprozeß schreibt dazu die *Weltbank* (2001, S. 1):

> „[...] having a financial system that does a good job of delivering essential services can make a huge difference to country's economic development. Ensuring robust financial sector development with a minimum of crises is essential for growth and poverty reduction [...]."

Diese Auffassung läßt sich wie folgt begründen: Arbeitsteilige Volkswirtschaften sind durch ein hohes Maß an unternehmerischer Spezialisierung gekennzeichnet. Entsprechend komplex ist das Muster der realen Tauschprozesse und der sie begleitenden Zahlungsströme. Diese Zahlungsströme äußern sich in Einzahlungen und Auszahlungen der Wirtschaftssubjekte. Hierbei interagieren realistischerweise permanent zwei Typen von Wirtschaftssubjekten. Überschußeinheiten verfügen über einen (temporär) positiven Zahlungssaldo. Defiziteinheiten haben dagegen einen (temporär) negativen Zahlungssaldo (*Vollmer* 1999, S. 26 f.).

Wollen diese Einheiten unter unsicheren Zukunftsbedingungen und positiven Transaktionskosten in wechselseitig vorteilhafte intertemporale Finanzierungsbeziehungen eintreten, greifen sie im Regelfall auf die Dienstleistungen des Finanzsektors zurück. Dieser besteht aus spezialisierten Unternehmen, den sogenannten *Finanzintermediären*, die den Prozeß der Transformation anlagebereiter Sparmittel in Investitionen auf vielfältige Weise erleichtern. Dies geschieht durch Entdeckung und Nutzung eigener Gewinnchancen durch die Intermediäre.[1] Die unternehmerische Orientierung der Finanzintermediäre an den Finanzierungs- und Anlagepräferenzen der an sie herantretenden Wirtschaftssubjekte bringt auf mikroökonomischer Ebene ein vielfältiges marktfähiges Angebot von Möglichkeiten zur Erleichterung der intertemporalen Allokation von Ressourcen hervor, das im Wettbewerb einem steten Wandel unterworfen ist.

---

[1] Die Existenz dieser Intermediäre läßt sich mittels der preistheoretischen Unternehmenserklärung begründen. Nach dieser sind Unternehmen marktendogen hervorgebrachte Vertragsgeflechte, die der Senkung von Transaktionskosten dienen. Exemplarisch wird dies für die banktypischen Vertragsformen an späterer Stelle aufgezeigt. Siehe hierzu Kap. 5.1.1.

Daher besteht der Finanzsektor typischerweise aus verschiedenen Intermediären.[2] Rating-Agenturen gehören ebenso dazu wie Wertpapierhändler und organisierte Börsen, Versicherungsgesellschaften, Investment- und Pensionsfonds, sowie Unternehmensbeteiligungs- und Venture Capital-Gesellschaften. Die von diesen Unternehmen angebotenen Dienstleistungen erstrecken sich von der Vermittlung entscheidungsrelevanter Informationen (Finanzgutachter, Informationsintermediäre), über institutionalisierte Preisermittlung (Finanzauktionatoren) und Abwicklung sowie Vermittlung von standardisierten Finanzierungsgeschäften zwischen Dritten (Makler, Marktmacher) bis hin zur Umwandlung von Finanzkontrakten[3] und der damit eventuell verbundenen Übernahme größerer Risiken durch den Intermediär selbst. Die Unternehmen der letzten Gruppe werden auch als Finanzproduzenten bezeichnet. Hier wird das Finanzierungsgeschäft zwischen dem ursprünglichen Kapitalanbieter und dem entsprechenden -nachfrager in zwei separate Finanzverträge mit dem Intermediär aufgespalten. Der Kapitalanbieter übergibt seine anlagebereiten Mittel dem Intermediär gegen die vertragliche Zusicherung der späteren (verzinsten) Rückzahlung und/oder der jederzeitigen Verfügbarkeit; der Intermediär wiederum leiht diese Mittel auf eigene Rechnung an den Kapitalnachfrager aus und erhält hierfür seinerseits ein Rückzahlungs- und Verzinsungsversprechen. Als „Prototyp“ (*Baltensperger* 1996, S. 270) des Finanzproduzenten gelten Geschäftsbanken. Ihre Eigenheit wird häufig in der Durchführung von *kombiniertem Kredit- und Einlagengeschäft* gesehen – also der Hereinnahme von Geldern auf der Passivseite und deren Ausleihung im Aktivgeschäft.

Zum besseren Verständnis ihres ökonomischen „Gehalts“ wird häufig versucht, die Vielfalt der Finanzdienstleistungen nach zeitlich stabilen „Funktionen“ des Finanzsektors zu klassifizieren. Zwar ist ein solches Vorgehen m. E. problematisch, da die spezifischen komparativen Vorteile einzelner Intermediäre im offenen Wettbewerb ständig gegeneinander ausgetestet werden – es also letztlich von den Präferenzen der Nachfra-

---

2 Die vorliegende Arbeit unterscheidet sprachlich zwischen dem Finanzsektor oder -wesen und der Bank- oder Kreditwirtschaft bzw. dem Bank- oder Kreditwesen. Während der Finanzsektor alle Intermediäre umfaßt, werden unter Bank- oder Kreditwirtschaft nur die Unternehmen gefaßt, die im Sinne der jeweils gültigen Gesetze Bankgeschäfte betreiben. Nach dem deutschen Kreditwesengesetz (KWG) § 1 Abs. 1 sind dies unter anderem das Einlagengeschäft, das Kreditgeschäft, das Depotgeschäft oder das Emissionsgeschäft.

3 Die hier gewählte Unterscheidung folgt *Breuer* (1993, S. 41-53). In der Literatur ist umstritten, welche Unternehmen des Finanzsektors noch zur Klasse der Intermediäre zu zählen sind. Strittig ist hierbei vor allem, inwieweit reine Informationsdienstleistungen nach dazu gehören (siehe *Vollmer* 1999, S. 27 f.). So unterscheiden *Bhattarcharchya* und *Thakor* (1993) in ihrem grundlegenden Überblicksaufsatz zur Finanzintermediation „information broker“ und „asset transformer“. Ähnlich sieht dies *Büschgen* (1998, S. 36 ff.), der zwischen einem Transaktions- und einem Transformationsprozeß differenziert. Diese Definitionsfragen sollen jedoch in dieser Arbeit nicht weiter verfolgt werden. Unter Intermediären werden sowohl Unternehmen verstanden, die reine Informationsdienstleistungen erbringen, als auch solche, die eigene Anlagerisiken eingehen. Dieses weite Verständnis von Intermediation ist zweckmäßig, da Banken typischerweise Wettbewerbsvorteile auf unterschiedlichen Geschäftsfeldern suchen und entsprechend vielfältige Dienstleistungen anbieten.

ger nach Finanzdienstleistungen abhängt, wie eine „Funktion" ausgefüllt wird. Gleichwohl wird niemand bestreiten, daß die historisch gewachsene primäre „Funktion" des Finanzsektors in der unternehmerischen Erleichterung des intertemporalen Ressourcentransfers zu suchen ist. Die folgende exemplarische Verfeinerung der Einteilung von *Levine* (1997, S. 691), der sich selbst stark auf *Merton* und *Bodie* (1995) bezieht, vermittelt damit zumindest einen Eindruck, worin die Bedeutung des Finanzsektors im allgemeinen gesehen werden kann. Unternehmerische Tätigkeitsfelder der Finanzintermediäre sind:[4]

- Mobilisierung von Sparmitteln und deren Transformation in Investitionen: Diese Funktion wird im engeren Sinne nur von den Finanzproduzenten wahrgenommen, da sie den Abschluß von mindestens zweier verschiedener Verträge durch den Intermediär voraussetzt. Diese können sich hinsichtlich des Erfüllungsortes, des Volumens, der Laufzeit, der Höhe und der Art der Vergütung (Zinsen, Prämien), der Währung und/oder der vom jeweiligen Vertragspartner selbst zu tragenden Risiken unterscheiden. Man spricht daher auch von der qualitativen Transformationsfunktion der Kreditwirtschaft
- Funktion des Risikomanagements: Finanzintermediäre helfen ihren Kunden bei der Bewältigung von (finanziellen) Risiken, in dem sie die Diversifikation, die Zusammenführung, den Handel oder die Versicherung unterschiedlichster Risiken unterstützen.
- Informationsfunktion: Finanzintermediäre sammeln Informationen über Investitionsmöglichkeiten und vertrauenswürdige Schuldner, die für die Letztanleger oder die Überschußeinheiten nur unter sehr hohem Kostenaufwand zugänglich wären. Zudem sind die Preise der Finanzprodukte eine wichtige Orientierungshilfe für weitere unternehmerische Entscheidungen.
- Kontrollfunktion: Finanzintermediäre nehmen als Financiers von Unternehmen eine wichtige Rolle bei der Überwachung und Kontrolle unternehmerischer Entscheidungen im System der Corporate Governance ein.
- Diverse Dienstleistungen: Ergänzend bieten Intermediäre weitere Dienstleistungen an. Insbesondere Systeme zur Abwicklung von Zahlungen und anderen finanziellen Transaktionen sind eine wesentliche Voraussetzung für reibungslose Tauschprozesse.

Mit der unternehmerischen Orientierung der Intermediäre an den Präferenzen ihrer Kunden werden jedoch nicht nur bilaterale Finanzierungsbeziehungen ermöglicht und erleichtert. In ihrer Gesamtheit nehmen die Unternehmen des Finanzsektors für die Entstehung, Entfaltung und den reibungslosen Ablauf der realen arbeitsteiligen Prozesse eine zentrale Stellung ein. Von den jeweiligen Akteuren ungewollt ergeben sich hieraus auf makroökonomischer Ebene positive volkswirtschaftliche Effekte (siehe ausführlich

---

4 Es sind weitere Einteilungen denkbar, die sich daraus ergeben, daß die genannten Funktionen nicht vollständig überschneidungsfrei sind. Siehe hierzu beispielhaft *Stillhart* (2002, S. 105-121).

Baltensperger 1996, S. 289 f.; *Levine* 1997, S. 691-702). So lassen sich mit einer reibungslosen Finanzintermediation Wachstums- und Entwicklungswirkungen auf drei Ebenen begründen. Eine funktionierende Finanzintermediation kann *erstens* über die allgemeine Erhöhung der Sparquote und/oder verbesserte Reallokationsmöglichkeiten zur Akkumulation von Kapital beitragen. *Zweitens* – und wichtiger – werden Innovationsprozesse in allen Bereichen der Volkswirtschaft beeinflußt, die mit einer verbesserten Nutzung des vorhandenen Kapitalstocks einer Volkswirtschaft einhergehen oder einhergehen können. Ein Beispiel hierfür ist die bereits von *Schumpeter* (1912/1934, S. 112 ff.) betonte Beteiligung der Finanzintermediäre an der Auswahl, Finanzierung und Kontrolle von schöpferischen Unternehmern.[5] *Drittens* spielt der Ressourcenverzehr innerhalb des Finanzsektors eine Rolle: Geringere Reibungsverluste – also eine effizientere Finanzintermediation – verbilligen die qualitative Transformation von Sparmitteln in Investitionen und bewirken so ein höheres Potential an Wohlstands- und Wachstumswirkungen in anderen Sektoren der Volkswirtschaft.

Aufbauend auf diesen Überlegungen zu den gesamtwirtschaftlich positiven Wirkungen des Finanzsektors, wird eine ausgedehnte theoretische und empirische Diskussion um die spezifischen komparativen Vorteile verschiedener Finanzsysteme geführt. Grob werden dazu marktbasierte/-orientierte Finanzsysteme von bankbasierten/-orientierten Finanzsystemen unterschieden, die daraufhin untersucht werden, unter welchen Bedingungen und für welche Fälle sie eine relative Überlegenheit gegenüber dem jeweils anderen System aufweisen (zum Überblick u. a. *Beck et al.* 2001, S. 190 f.; *Levine* 2002, S. 399 f.).[6] Die Zuordnung von Ländern zu dem einen oder anderen System beruht auf einer Reihe von Kennzahlen, die die relative Bedeutung der Bankwirtschaft im Vergleich zu marktnäheren Formen bei der Finanzierung und Überwachung der Unternehmen sowie bei der Vermögensbildung der privaten Haushalte abbilden sollen. Hierzu zählen etwa die Marktkapitalisierung und (liquide) Bankaktiva relativ zum BIP, die Volumina unterschiedlicher Finanzierungsformen im Verhältnis zum BIP oder unterein-

---

5 *Polster* (2001, S. 57 f.) fügt daher den empirisch beobachtbaren „Funktionen" des Finanzsektors auch explizit die der Auswahl und Finanzierung innovativer Unternehmer zu (*Schumpeter*-Funktion).

6 Die Vorteile von bankbasierten Systemen decken sich weitgehend mit den ökonomischen Vorteilen der bankeigenen Vertragsformen – insbesondere im Aktivgeschäft (siehe Kap. 5.1.2.). Mit marktbasierten Systemen werden dagegen u. a. Vorteile bei der Unternehmenskontrolle durch feindliche Übernahmen, geringere Potentiale für Interessenkonflikte sowie verbesserte Preissignale in Verbindung gebracht. Umstritten ist die Rolle, die Banken und Märkte bei der Finanzierung echter *Schumpeter*scher Neuerungen spielen können. *Allen* und *Gale* (2000, S. 405, 434 f.) sehen hier Märkte im Vorteil, da diese eine größere Diversität der Meinungen bei unsicheren Zukunftserwartungen zulassen, wodurch Investitionen mit ungewissem Ausgang mit höherer Wahrscheinlichkeit unternommen werden können. Zudem könnten Interessenkonflikte der Banken zur Auswahl weniger riskanter Projekte oder einer relativen Benachteiligung jüngerer Unternehmen bei der Finanzierung führen. Andere Autoren betonen dagegen die positiven Wirkungen impliziter Bindungen in Bank-Gläubiger-Beziehungen, die Vorteile der Gestaltungsoffenheit von Kreditverträgen und die Bedeutung privater Informationen der Banken für ihre Bereitschaft zur Finanzierung (etwa *Stulz* 2001, S. 153 f.).

ander, der Konzentrationsgrad innerhalb der Kreditwirtschaft oder beim Aktienbesitz, der Anteil der privater Haushalte, des Unternehmenssektors oder der Banken und anderer Intermediäre am Aktienbesitz und anderen marktfähigen Vermögenstiteln, die Anzahl und Volumina feindlicher Übernahmen usw. (siehe beispielsweise *Allen* und *Gale* 2000, S. 48-59). Darüber hinaus werden mehr und mehr auch die rechtlichen Rahmenbedingungen als Strukturmerkmale in die Analyse einbezogen.

Die empirischen Erkenntnisse aus dieser Debatte lassen insgesamt zwei Tendenzaussagen zur allgemeinen Bedeutung der Systemstruktur und zum Wandel von Finanzsystemen zu.

Erstens konnte mittlerweile auch empirisch erhärtet werden, daß der Entwicklungsstand des Finanzsektors signifikant zum Wohlstand und zum Wachstum beiträgt.[7] Entscheidende Voraussetzung hierfür ist, daß die jeweiligen Systeme einen hohen Investoren- und Gläubigerschutz und eine hohe Kontrollaktivität der Kapitalgeber (oder der durch sie beauftragten Intermediäre) zulassen.[8] Die Frage, ob es sich beim betrachteten System um ein bank- oder marktbasiertes handelt, wird dagegen in der Zwischenzeit eher als zweitrangig, wenn auch nicht als vollständig unbedeutend angesehen.[9] Gesichert ist zudem, daß sich leistungsfähige Kapitalmärkte und ein effizienter Banksektor positiv ergänzen. Dieser durch eine Vielzahl anspruchsvoller ökonometrischer Studien

---

7 Einen positiven Einfluß einer funktionsfähigen Intermediation auf Wachstum und Produktivität sehen etwa *Levine* und *Zervos* (1998); *Rajan* und *Zingales* (1998); *Beck et al.* (2000); *Beck* und *Levine* (2002); *Levine* (2002). Einen guten Überblick gewähren auch der Sammelband von *Demirgüc-Kunt* und *Levine* (2001) (Hg.) sowie die Studie der *Weltbank* (2001), die im wesentlichen auf den Arbeiten der genannten Autoren beruht. Erste Hinweise auf die Bedeutung eines funktionsfähigen Bankwesens finden sich bereits bei *Adam Smith* (1776/2001, S. 244 f.), der anekdotisch die Bedeutung von Bankgründungen in Schottland, insbesondere jedoch der damit einhergehenden Papiergeldproduktion, um die Mitte des 18. Jh. für Entwicklung von „Handel und Gewerbe" beschreibt.

8 Die Bedeutung des Investorenschutzes wird empirisch in erster Linie von *La Porta et al.* (1997, 1998, 2000) hervorgehoben. Die Struktur des Finanzsystems (und das volkswirtschaftliche Wachstum) ist hiernach davon bestimmt, wie gut der Investorenschutz auf Aktien- und Wertpapiermärkten ausgebaut ist, wie transparent die Rechnungslegungsstandards sind und wie hoch die allgemeine Rechtssicherheit zur Durchsetzung der Kapitalgeberrechte ist. *LaPorta* et al. bringen die Struktur zusätzlich mit Rechtstraditionen in Verbindung. So begünstigen in den „common law"-Ländern ein gegenüber den Schuldnern relativ großzügiges Konkursrecht und ein starker Investorenschutz auf den Kapitalmärkten eine marktbasierte Corporate-Governance mit weitreichender Kontrollfunktion der Kapitalmärkte, während Länder mit französischer Rechtstradition auf konzentrierte Eigentümerstrukturen und langfristige implizite Bankbindungen vertrauen. Länder deutscher und skandinavischer Rechtstradition nehmen eine Zwischenstellung ein. Gegenüber angelsächsischen Ländern weisen sie tendenziell eine bessere Rechtssicherheit auf.

9 Zumindest für einzelne Industrien ist diese Einschätzung jedoch empirisch umstritten. *Carlin* und *Mayer* (2003) finden in einem Vergleich zwischen OECD-Ländern Hinweise darauf, daß das Wachstum auf Industrieebene von der Art des Finanzsystems bestimmt wird. Marktbasierte Systeme sind demnach im Vorteil, wenn es um die Finanzierung von innovationsintensiven Branchen geht.

unterlegte Zusammenhang läßt sich mittels der folgenden einfachen Graphik verdeutlichen.

Abbildung 1: Finanzintermediation und Entwicklung 1980-1995 [Durchschnittswerte in Prozent des BIP]

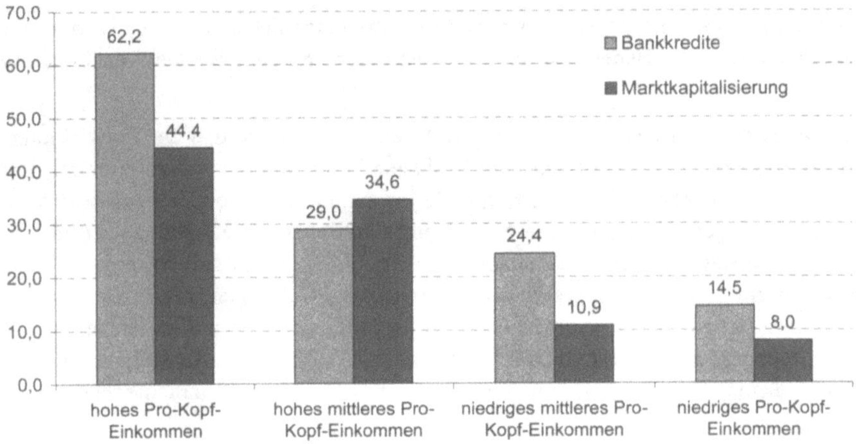

Quelle: Eigene Berechnungen, Daten entnommen aus *Demirgüç-Kunt* und *Levine* (Hg.) (2001), beigefügte CD-Rom.

Hierin sind über den Zeitraum 1980-1995 die Durchschnittswerte zweier typischer Indikatoren für den Entwicklungsstand des Finanzsektors nach *Demirgüç-Kunt* und *Levine* (2001) abgebildet. Die hell gefärbten Säulen geben den Umfang der Bankkredite (als Indikator für die Entwicklung des Banksektors) und die dunkel gefärbten die Marktkapitalisierung (als Indikator für die Entwicklung der Eigenkapitalmärkte) jeweils im Verhältnis zum BIP an. Hocheinkommensländer kommen hierbei auf eine Quote von 62,2 Prozent bzw. 44,4 Prozent. Länder mit niedrigeren Einkommen fallen dagegen bei beiden Kennzahlen merklich zurück.

Die positive Akkumulations- und Innovationswirkung eines funktionsfähigen Finanzsektors im allgemeinen und der Bankwirtschaft im speziellen wird auch durch jüngere wirtschaftshistorische Arbeiten zur langfristigen Entwicklung von Ländern erhärtet (*Rousseau* und *Sylla* 2001; *Rousseau* 2002). Die von *Rousseau* und *Sylla* durchgeführten Länderstudien und langfristigen Ländervergleiche liefern deutliche Hinweise, daß „finanzielle Revolutionen" die Voraussetzung für spätere „industrielle Revolutionen" geschaffen haben.[10] Die Autoren interpretieren ihre Ergebnisse dahingehend, daß dem

10 Sie geben damit zugleich eine Antwort auf die lange umstrittene Frage der Kausalität zwischen einem funktionsfähigen Finanzsektor und der wirtschaftlichen Entwicklung. Ein ausgedehnter Finanzsektor wäre nämlich auch als passiver Reflex auf realwirtschaftliche

Finanzsektor vor allem bei der Finanzierung echter Neuerungen im *Schumpeter*schen Sinne und in frühen Phasen der Entwicklung eine bedeutende Rolle zukommt (2001, S. 21; 2002, S. 39).

Unabhängig von der Frage nach der relativen Überlegenheit der einzelnen Systeme ist aber ein *zweites Faktum* feststellbar: Der Grad der Finanzmarktnähe steigt tendenziell mit dem Entwicklungsstand, gemessen am Bruttoinlandsprodukt oder am Pro-Kopf-Einkommen (*Demirgüç-Kunt* und *Levine* 2001, S. 131 f.). Finanzsysteme wandeln sich also tendenziell. Die auf einem insgesamt niedrigeren Niveau größere relative Rolle der Intermediation durch Banken in weniger entwickelten Volkswirtschaften kann durchaus als ein Reflex auf die spezifischen institutionellen Bedingungen, insbesondere die mangelnde Definition und Durchsetzung von Property Rights, in diesen Länder interpretiert werden. Je besser der Investorenschutz für Anleger auf bzw. die allgemeine institutionelle Infrastruktur der Kapitalmärkte ist, desto eher vertrauen die Investoren auf anonymere Beziehungen.[11]

Aus all dem ergibt sich: In der Herstellung, Bewahrung und Förderung eines *intakten Finanzsektors* ist eine *Ordnungsaufgabe ersten Ranges* zu sehen. Fragen der Ausgestaltung und Stellung des Finanzsektors nehmen entsprechend nicht in der entwicklungstheoretischen und -politischen Debatte eine zunehmend prominente Stellung ein, sondern sind auch in den weiter entwickelten Ländern stets aktuell. So bemüht sich beispielsweise die Europäische Union seit Beginn der 1990er Jahre intensiv um institutionelle Rahmenbedingungen, die die Integration der vormals getrennten nationalen Finanzmärkte zu einem europäischen Finanzbinnenmarkt erleichtern sollen.

2.2. Verhinderung von systemischen Bankenkrisen als ordnungspolitische Hauptaufgabe

2.2.1. Bankenkrisen: Stilisierte Fakten und volkswirtschaftliche Kosten

Eine besonders wichtige Aufgabe wird – unabhängig von der Gesamtgestalt des Finanzsystems und unabhängig vom Entwicklungsstand – traditionell in der Verhinderung von Funktionsstörungen des Banksektors gesehen. Hintergrund hiervon ist der Respekt vor den volkswirtschaftlichen Kosten und den für breite Kreise der Durchschnittsbevölkerung direkt spürbaren individuellen Unannehmlichkeiten, die eine temporäre oder dauerhafte Zahlungsunfähigkeit von Banken induzieren kann. Die eklatanteste Funktionsstörung der Bankintermediation ist jedoch eine systemische Bankenkrise.[12] Um von

---

Wachstumspotentiale denkbar und nicht als Voraussetzung für eben dieses Wachstum (*Rajan* und *Zingales* 1998, S. 559 f.).

11 Daraus zieht *Tadesse* (2002) in seiner empirischen Studie den Schluß, daß marktbasierte Systeme in gut entwickelten Ländern vorzuziehen sind und bankbasierte in weniger entwickelten Volkswirtschaften.

12 Die Formulierungen systemische Bankenkrise, Systemkrise, systemweite Bankenkrise, weitreichende Bankenkrise werden im folgenden synonym verwandt.

einer Systemkrise sprechen zu können, genügt es allerdings nicht, wenn nur eine einzelne oder einige wenige Banken von der Zahlungsunfähigkeit betroffen sind – selbst wenn es sich hierbei um durchaus bedeutende Institute handelt. Vielmehr werden in einer von Unsicherheit und asymmetrischen Informationen geprägten Welt Zusammenbrüche von Banken nie gänzlich auszuschließen sein. Dies ergibt sich schon aus den Risiken, die Banken in Erfüllung ihrer Intermediationsfunktionen bewußt eingehen. Systemkrisen sind dagegen dadurch gekennzeichnet, daß ein bedeutender Teil der Kreditwirtschaft von Zahlungsschwierigkeiten oder Insolvenzen bedroht ist bzw. es tatsächlich zur Schließung einiger Problembanken kommt (*Schmidt* 2001, S. 241). Nach *Caprio* und *Klingenbiel* (2003) äußert sich eine systemische Bankenkrise darin, daß (nahezu) das gesamte Eigenkapital der Kreditwirtschaft aufgezehrt ist. Die teilweise schwer zugänglichen und nicht immer zuverlässigen Daten zeigen für viele systemische Bankenkrisen, daß der Wert der notleidenden Aktiva die Eigenmittel der inländischen Kreditwirtschaft nicht selten deutlich übersteigt (*Schmidt* 2001, S. 243). Die Verhinderung von Systemkrisen wird auch in dieser Arbeit als zentrales Ordnungsproblem angesehen.

Allerdings gibt es keine einheitliche Abgrenzung des Problems „systemische Bankenkrise“. Der *IWF* (1998, S. 74) definiert beispielsweise Systemkrisen relativ offen als „a situation in which actual *or* potential runs *or* failures induce banks to suspend the internal convertibility of their liabilities *or* which compels the government to prevent this by extending assistance on a *large scale*“ (Hervorhebung, G. F.). Wegen der Abgrenzungschwierigkeiten werden Krisenphasen in empirischen Studien unterschiedlich identifiziert. Krisenbeginn und zeitliche Ausdehnung variieren zum Teil erheblich.[13] Trotz der Abgrenzungsschwierigkeiten lassen sich aus der Vielzahl, sicher im einzelnen angreifbaren Untersuchungen historischer und jüngerer Krisenerfahrungen einige stilisierte Fakten herausfiltern:[14]

---

13 Die meisten Studien verwenden eine Kombination von verschiedenen meßbaren Indikatoren (sogenannte „market events“) zusammen mit aus Expertenbefragungen gewonnenen Erkenntnissen, um Krisenbeginn und Krisenende zu identifizieren. Diese im wesentlichen ereignisorientierte Methode hat mehrere Nachteile (*von Hagen* und *Ho* 2003, S. 2 ff.): Erstens besteht bei der Identifikation von Krisen ein erhebliches Maß an Willkür. Zweitens werden nicht selten nur solche Krisen erfaßt, die tatsächlich zu einem „market event“ führen. Der Aufbau von Problemen im Bankensektor gilt daher noch nicht als Krise, obwohl empirische Erkenntnisse zeigen, daß gerade lange verdeckte Zahlungsschwierigkeiten hohe volkswirtschaftliche Kosten induzieren. Ferner bleiben durch geeignete (geld-)politische Maßnahmen verhinderte Bankenkrisen für empirische Studien unerkannt. *Von Hagen* und *Ho* (2003) konstruieren daher als Grundlage zur Identifikation von Krisenperioden einen Indikator, der außergewöhnliche (temporäre) Anspannungen am Geldmarkt abbildet und der erhebliche Unterschiede bei der Identifikation von Bankkrisen, insbesondere ihrer zeitlichen Ausdehnung, ergibt.

14 Die Zusammenstellung erfolgt auf Basis von *Lindgren et al.* (1996, S. 21-35); *Bordo et al.* (2001); *Caprio* und *Klingenbiel* (1999, 2003); *Glick* und *Hutchinson* (2001); *Schmidt* (2001). Für eine Aufstellung jüngerer schwerwiegender Bankenkrisen siehe Abbildung A-1 im Anhang.

- Bankenkrisen gibt es, seit es Banken gibt.
- Es gibt jedoch Phasen unterschiedlicher Krisenintensität: Gegenüber dem 19. und frühen 20. Jahrhundert war die Zwischenkriegszeit mit der Weltwirtschaftskrise eine Phase außergewöhnlich gehäufter Bankenkrisen. Nach einer Periode der Ruhe während des Bretton Woods-Systems lebt das Phänomen der systemischen Bankenkrise mit dessen Zusammenbruch im Jahr 1973, vor allem aber mit der lateinamerikanischen Schuldenkrise der frühen 1980er Jahre wieder auf. Der Zeitraum bis heute ist nach Zahl und Ausbreitung von Bankenkrisen sogar mit der Zeit der Weltwirtschaftskrise zu vergleichen. Selbst vorsichtige und um Transformationsländer bereinigte Zusammenstellungen kommen auf ca. 80 mehr oder weniger starke systemische Bankenkrisen (*Schmidt* 2001, S. 242). Die bekannteste Zusammenstellung von *Caprio* und *Klingenbiel* (2003) kommt gar auf eine Zahl von 117.
- Auffällig ist auch, daß sowohl fortgeschrittene Industrieländer als auch Entwicklungs- und Schwellenländer von Krisen betroffen sind. Zwar ist eine Häufung bei weniger entwickelten Volkswirtschaften und Schwellenländern feststellbar, aber auch die Bankensysteme einiger Hocheinkommensländer sind in den 1980er und 1990er Jahren von schweren Bankenkrisen getroffen worden.
- In jüngerer Zeit scheinen sich zudem kombinierte Währungs- und Bankenkrisen (sogenannte Twin Crises) zu häufen.

Die eigentliche wirtschafts- und gesellschaftspolitische Brisanz erhalten weitreichende Bankenkrisen jedoch nicht aus ihrer bloßen Zahl, sondern aus den mit ihnen verbundenen volkswirtschaftlichen Kosten.[15] Diese ergeben sich im wesentlichen aus der Beeinträchtigung oder gar Zerstörung der im vorangegangenen Kapitel angesprochenen Intermediationsfunktionen und der damit verbundenen engen Interdependenz zwischen der Bankwirtschaft und dem Realsektor.

Auf der *Ebene der direkten Vertragspartner* der Bank sind zunächst die jeweiligen Gläubiger (Sparer, Eigentümer, andere Gläubiger) betroffen, die Vermögensverluste erleiden oder den Zugang zu den Kapitalmärkten und anderen Vertragspartnern verlieren (können). Auch werden Kreditnehmer belastet. Bankfinanzierte Schuldner können in die Folgeinsolvenz getrieben werden, wenn sie nicht schnell genug an alternative Kreditlinien gelangen. Sofern eine langfristige Beziehung im Bank-Schuldner Verhältnis besteht, werden das spezifische Wissen und die spezifischen Investitionen dieser Beziehung vernichtet. Selbst ohne Folgeinsolvenzen müssen die Schuldner dann zumindest aufwendige Suchprozesse unternehmen oder erneut in den Aufbau ihrer Reputation investieren, um den Verlust der Bankbeziehung zu kompensieren (*Freixas* et. al. 1999/2002, S. 31 f.). Auch Arbeitsplatzverluste im Bankensektor können zum Bereich der Wirkungen auf die Vertragspartner der Bank gezählt werden.

Bedeutsamer sind jedoch die Auswirkungen auf *makroökonomischer Ebene*. Zunächst werden hier die bereits erwähnten Vermögensverluste der Bankwirtschaft selbst

---

15 Hierzu *Lindgren et al.* (1996, S. 57-89); *Bonn* (1998, S. 338-342); *Weltbank* (2001, S. 83 f.); *Hoggarth et al.* (2002, S. 826 ff.).

wirksam. Typischerweise vermindert die mit einer Bankenkrise verbundene allgemeine Unsicherheit zudem die Planungssicherheit für alle Wirtschaftssubjekte. Im Inland führt dies normalerweise zur Bevorzugung des Konsums gegenüber langfristigen Investitionen. Auch die Flucht der Sparer in Sachwerte ist denkbar oder gar wahrscheinlich (*Crockett* 1997, S. 14). In international verflochtenen Volkswirtschaften ist das Pendant hierzu die Kapitalflucht, die häufig mit starken Abwertungen der heimischen Währung verbunden ist und entsprechende Anpassungen von den Wirtschaftssubjekten auf die geänderten Wechselkursrelationen verlangt. Die Beeinträchtigung der Finanzintermediation stört darüber hinaus die gesamtwirtschaftlichen Informationsflüsse und unter Umständen auch die Funktionsfähigkeit der Systeme des Zahlungsverkehrs. Hierdurch kann die produktive Rolle des Geldes beschränkt werden. Da Bankeinlagen einen wesentlichen Teil des volkswirtschaftlichen Geldangebots ausmachen, können (gehäufte) Bankenzusammenbrüche zudem eine starke Kontraktion der Geldmenge bewirken,[16] die über die sie begleitenden Deflation und Realzinserhöhungen negative Konjunkturwirkungen entfaltet. Gewichtiger in diesem Zusammenhang ist jedoch die zwangläufige Schmälerung der Kreditversorgung, die sonst durch die insolventen Institute geleistet worden wäre. Dieser Effekt kann durch die Reaktion der nicht von der Krise erfaßten Kreditinstitute verstärkt werden. In Zeiten erhöhter Unsicherheit (und der damit verbundenen Verschärfung der Informationsprobleme) oder eingeschränkter Liquiditätslage werden diese nur zögerlich Kredite vergeben. Zudem sind Antizipationseffekte der realwirtschaftlichen Folgen von Krisen des Bankensektors und/oder Unternehmenssektors vorstellbar.[17] Konjunkturelle Einbrüche oder unsichere Zukunftsaussichten in den finanzierten Sektoren können den Wert der von den Unternehmen bereitgestellten Sicherheiten sowie die Höhe der zur Bedienung von Bankkrediten notwendigen „Cash Flows“ reduzieren oder schlicht zu erhöhten Abschreibungen und Kreditausfällen führen, was Banken zu einer vorsichtigeren Kreditvergabepolitik veranlaßt und damit die Intermediationskosten drastisch in die Höhe treibt.[18] Gerade Unternehmen, die nur

---

[16] Hierbei handelt es sich um die sogenannte monetaristische Sichtweise der Wirkung einer Bankenkrise auf die Realwirtschaft (*Friedman* und *Schwartz* 1963). Die stark kontraktive Geldmengenwirkung ergibt sich einerseits aus dem Verhalten der Bankeinleger, die in zunehmenden Maße Bargeld gegenüber Depositen bevorzugen; andererseits resultiert sie aus dem Verhalten der Banken, die geldnähere Assets im Vergleich zu Krediten halten wollen.

[17] Die hierbei auftretenden Transmissionskanäle beruhen auf einer Verschärfung von „adverse selection“- und „moral hazard“-Effekten. Sie können als extreme Ausprägungen der konjunkturellen Wirkungen des Finanzsektors interpretiert werden, wie sie die neo-*keynes*ianische Konjunkturtheorie untersucht. Siehe hierzu ausführlich (*Mishkin* 1991; 1997; 1999).

[18] Ein ähnlicher Effekt läßt sich damit erklären, daß Banken zur Sicherung ihrer Liquiditätsposition oder zur Rückkehr in die Gewinnzone versuchen werden, die Zinsspanne zwischen Aktiv- und Passivgeschäft zu erhöhen, sofern es die Konkurrenzsituation zuläßt. Sie werden entweder die Einlagenzinsen reduzieren oder die Kreditzinsen deutlich erhöhen (*Lindgren et al. 1996*, S. 61 f.).

schwer ersatzweise auf eine Kapitalmarktfinanzierung zurückgreifen können,[19] können von der eingeschränkten Kreditfinanzierung stark betroffen sein, so daß sich die volkswirtschaftlichen Kosten unter Umständen in einigen Bereichen der Volkswirtschaft stärker konzentrieren als in anderen.

Die genannten Elemente können gemeinsam eine deutlich sinkende aggregierte Konsum- und Investitionstätigkeit bewirken. Hierbei sind sich wechselseitig verstärkende (Multiplikator-)Effekte vorstellbar, die zu einer starken Beeinträchtigung der Kreditmärkte bis hin zu ihrem Zusammenbruch („credit crunch") führen können. Unabhängig von ihrem Ausmaß ist die Wirkung der eingeschränkten Kreditversorgung um so stärker, je mehr die volkswirtschaftlichen Finanzierungsströme über Banken abgewickelt werden (*Gorton* und *Winton* 2002, S. 59 f.; *Hoggarth et al.* 2002, S. 827), wie es etwa für Entwicklungs-, Transformations- und Schwellenländer typisch ist. Je nach Stärke und Zusammenspiel der vielfältigen Faktoren äußert sich die Beeinträchtigung der Finanzintermediation in mehr oder weniger starken Einbrüchen der Produktionstätigkeit, des Wachstums und/oder der Beschäftigung.

Bankenkrisen können aber über die wirtschaftliche Sphäre hinaus in der *politischen Ordnung* spürbar sein (u. a. *Caprio* und *Klingenbiel* 1999; *Bonn* 1998, S. 340-342). Im Extremfall drückt sich dies in politischen Unruhen aus, wie beispielsweise im Zuge der indonesischen Banken- und Währungskrise des Jahres 1997/98 oder in Argentinien wenig später. Darüber hinaus ergeben sich fiskalische Effekte (*Weltbank* 2001, S. 84). Einerseits geht die verminderte gesamtwirtschaftliche Aktivität einher mit steuerlichen Mindereinnahmen. Andererseits belasten die Maßnahmen, die zur Überwindung von Bankenkrisen ergriffen werden, in der Regel das öffentliche Budget. Die sich hieraus ergebende Gefährdung der Finanzierung öffentlicher Güter von zwei Seiten muß für eine volkswirtschaftliche Kostenermittlung ergänzt werden um die „deadweight losses": Die zur Überwindung der Krise eingesetzten öffentlichen Mittel müssen im Regelfall aus anderen (produktiven) Verwendungen herausgelöst werden und stehen dann dort nicht mehr zur Verfügung. Ein bei Entwicklungs- und Schwellenländern oft genanntes Beispiel für solche „deadweight losses" ist die fiskalisch bedingte Verzögerung bzw. der Abbruch von Entwicklungs- und Infrastrukturprogrammen. Entsprechend langfristig können auch die Wachstumswirkungen von Bankenkrisen prinzipiell sein (u. a. *Demirgüç-Kunt* und *Kane* 2002, S. 175).

2.2.2. Zum Ausmaß der volkswirtschaftlichen Kosten

Die volkswirtschaftlichen Kosten von Bankenkrisen entziehen sich – angesichts der vielfältigen Elemente – einer exakten Quantifizierung. Daher ist man zu ihrer Bestimmung auf verschiedene (grobe) Meßversuche angewiesen.[20] Ein erstes Konzept orientiert sich an den *fiskalischen Kosten* (*Honohan* und *Klingenbiel* 2001). Darunter werden

---

19 Sektoren, die typischerweise besonders abhängig von Bankfinanzierungen sind, sind der Bausektor sowie kleinere und mittlere Unternehmen.

20 Einen verständlichen Überblick liefern *Hoggarth* und *Saporta* (2001).

allgemein die zur Überwindung der Krise und/oder zur Befriedigung der Bankeinleger im Rahmen von Einlagensicherungssystemen und sonstigen Hilfeleistungen ausgelösten Transferzahlungen im Verhältnis zum Bruttoinlandsprodukt (BIP) verstanden. Sie erreichen fast immer zweistellige Prozentsätze. Nicht selten liegen sie gar weit über 30 Prozent. Da es sich hierbei strenggenommen jedoch um Transferzahlungen zwischen verschiedenen Bevölkerungsteilen eines Landes handelt, sie von der Ausgestaltung der Einlagensicherungssysteme abhängig sind und „deadweight losses" nicht berücksichtigt werden, sollte diese Größe mit Vorsicht betrachtet werden (*Hoggarth et al.* 2002, S. 829-834). Der *IWF* (1998, S. 78 f.) schätzt daher zweitens die gesamtwirtschaftlichen Kosten anhand der kumulierten Einbußen des gesamtwirtschaftlichen *BIP-Wachstums* im Verhältnis zur langfristigen Wachstums*rate* der betrachteten Volkswirtschaft. Danach haben die 54 identifizierten Bankenkrisen in den Jahren 1975-1997 in den betroffenen Länder im Durchschnitt ca. 11½ Prozent kumulierte Wachstumseinbußen verursacht. *Hoggarth et al.* (2002) errechnen drittens auch den kumulierten Unterschied zum trendmäßig zu erwartenden *BIP-Niveau.* Sie kommen bei 47 Bankenkrisen im Zeitraum von 1977-1998 auf Kosten in Höhe von ca. 16½ Prozent.[21] Eine relativ stabile Erkenntnis ist darüber hinaus, daß Krisen – unabhängig von der Meßmethode – in Industrieländern länger dauern als in Entwicklungs- und Schwellenländern. Den Hauptgrund hierfür sehen *Hoggarth* und *Saporta* (2001, S. 157 f.) darin, daß die kurzfristigen Auswirkungen einer Bankenkrisen in Industriestaaten wegen des allgemein robusteren Finanz- und Realsektors weniger gravierend sind. Wegen des geringeren Problemdrucks zögen sich daher auch Korrekturmaßnahmen mehr in die Länge.[22]

Auch im langfristigen historischen Vergleich sind die gesamtwirtschaftlichen Kosten der betrachteten Krisenmuster relativ stabil (*Kaufman* 2000, S. 68 ff.; *Bordo et al.* 2001, S. 58 ff.). Ein Vergleich zum 19. und frühen 20. Jh., der in Abbildung 2 wiedergegeben ist, zeigt lediglich eine leichte Verlängerung der Krisendauer. Gleichzeitig auftretende Banken- und Währungskrisen haben dabei besonders schwerwiegende Effekte hinsichtlich Krisenlänge und makroökonomischen Auswirkungen. Dieses Ergebnis kann damit begründet werden, daß sich beide Krisentypen über verschiedene wirtschaftliche und politische Kanäle gegenseitig verstärken können (siehe hierzu Kap. 6.1.).

---

21 Nach *Hoggarth et al.* (2002, 834 ff.) sollten aber beide Ergebnisse mit Vorsicht interpretiert werden. Für die Berechnung der Kosten kommt es neben der problembehafteten Abgrenzung der Krisenperiode auch auf die Trennung der Effekte zwischen „normalen" konkjunkturellen Abschwüngen und der durch die Bankenkrise hervorgerufenen Effekte an. Sie selbst schätzen dies in Erweiterung ihrer ursprünglichen Ergebnisse mittels des Vergleiches mit ähnlichen, aber von Krisen nicht betroffenen Ländern. Dabei zeigen sich unter anderem erhebliche Unterschiede zwischen Entwicklungs- und Schwellenländern einerseits und Industrieländern andererseits.

22 Bei den Krisenkosten herrscht dagegen Uneinigkeit. Der *IWF* (1998, S. 97) und *Bordo et al.* (2001, S. 6) stellen auch hier eine größere Belastung bei Entwicklungs- und Schwellenländern fest. *Hoggarth* und *Saporta* (2001, S. 157 f.) kommen dagegen nach ihrer Schätzmethode auf größere Verluste in Industrieländern.

Abbildung 2: Empirische Arbeiten zur Kostenermittlung von Bankenkrisen

Studie	Krisentyp	Zahl	Dauer [Jahre]	Kosten [% BIP][1]
IWF (1998)	alle Bankenkrisen	54	3,1	11,6
1975-1997	reine Bankenkrise	22	3,0	7,5
	Banken- und Wechselkurskrise	32	3,2	14,4
Hoggarth et al.	alle Bankenkrisen	47	3,6	16,4
(2002)	reine Bankenkrise	27	3,2	6,3
1977-1998	Banken- und Wechselkurskrise	20	4,2	29,9
Bordo et al.	alle Bankenkrisen	k.A.	k.A.	k.A.
(2001)[2]	reine Bankenkrise	8	3,1	7,0
1973-1997	Banken- und Wechselkurskrise	11	3,7	15,7
Bordo et al.	alle Bankenkrisen	k.A.	k.A.	k.A.
(2001)[2]	reine Bankenkrise	18	2,4	10,5
1919-1939	Banken- und Wechselkurskrise	15	2,7	15,8
Bordo et al.	alle Bankenkrisen	k.A.	k.A.	k.A.
(2001)[2]	reine Bankenkrise	15	2,31	8,3
1880-1913	Banken- und Wechselkurskrise	9	2,2	14,5

1 Bordo et al. (2001) und IWF (1998): kumulierte Einbußen der Wachstumsrate; Hoggarth et al. (2002): kumulierte Einbußen des BIP-Niveaus.
2 Zahl der Krisen bei Bordo et al. (2001) entnommen aus Schmidt (2001, S. 258).
k. A. Keine Angabe.

Quellen: *IWF* (1998, S. 79); *Bordo et al.* (2001, S. 59); *Schmidt* (2001, S. 258); *Hoggarth et al.* (2002, S. 839 f.).

Die groben Abschätzungen der volkswirtschaftlichen Kosten verdecken länderspezifische Charakteristika der aktuellen und langfristigen sowie der ökonomischen und gesellschaftlichen Wirkungen. Trotz der nicht unbedeutenden Interpretationsschwierigkeiten stützen die aufgeführten Beobachtungen aber indirekt die These von der Bedeutung eines *intakten Kreditsektors* für die langfristige Prosperität von Volkswirtschaften (*erste Ordnungsaufgabe*). Hieraus resultiert die für diese Arbeit entscheidende *zweite Ordnungsaufgabe*: Da systemische Bankenkrisen ungeachtet aller Meßprobleme mit großen realwirtschaftlichen Wirkungen verbunden sind, muß in der (weitgehenden) *Verhinderung von Systemkrisen* das zweite Ordnungsproblem gesehen werden, das sich direkt aus dem ersten Ordnungsproblem ableiten läßt.

Über diese beiden im deutschsprachigen Raum häufig als „Funktionenschutz" (*Waschbusch* 2000, S. 18 m. w. N.) bezeichneten Ziele herrscht weitgehend Einigkeit. Uneins ist man sich jedoch darüber, mit welchen Mitteln diese Ziele bestmöglich erreicht werden können. Prinzipiell kommen hierzu drei elementare Ordnungs- bzw. Regelebenen in Frage, die auf allen Märkten vorkommen: Kontrolle durch den Wettbewerb (Marktkontrolle), Staatskontrolle und Selbstkontrolle bzw. -regulierung. Diese sollen im folgenden Kapitel grundlegend dargestellt werden.

3. Ordnungsökonomische Grundlagen

3.1. Dezentrale Plankoordination und die allgemeine Rolle von Regeln

Die Analyse der Verhaltensweisen und Funktionsbedingungen von Märkten und alternativen Koordinationsmustern ist Gegenstand der ordnungs- und institutionenökonomischen Forschung. Hierbei wird folgender einfacher Zusammenhang postuliert: Das Verhalten der Wirtschaftssubjekte (auf Märkten) wird wesentlich durch die für die Volkswirtschaft gültigen Regeln und Normen bestimmt. Zur Erläuterung der Funktion dieser Institutionen lohnt es sich, von den Grundproblemen jedweder marktlichen Interaktion auszugehen (*Schüller* 1986/2002, S. 164)

Dazu wird zunächst eine Annahme über das menschliche Verhalten benötigt. Die Institutionenökonomik steht dabei in der Tradition des methodologischen Individualismus und der klassischen Verhaltensannahme der Ökonomie: Menschen handeln nach eigenen Präferenzen und Interessen. Zur Verwirklichung ihrer Wünsche müssen sie im Regelfall in Tauschbeziehungen zur anderen Wirtschaftssubjekten treten. Dies geschieht in der Erwartung, Tauschgewinne erzielen zu können. Hierbei herrscht Ungewißheit – einmal hinsichtlich des Verhaltens des Interaktionspartners (strategische Unsicherheit) zum anderen hinsichtlich einer Vielzahl anderer Einflüsse, die das Interaktionsergebnis bestimmen können (*Voigt* 2002, S. 32 f.). Die Gefahr von opportunistischen Verhaltensweisen und/oder Erwartungsfehlern ist in realen, auf der allgemeinen Dispositionsfreiheit der Wirtschaftssubjekte beruhenden Tauschbeziehungen daher nie ganz auszuschließen.

Die für Marktwirtschaften typische *Wettbewerbs- und Marktkontrolle* sorgt jedoch dafür, daß Opportunismus und Fehleinschätzungen begrenzt bzw. hinreichend schnell korrigiert werden. Das zentrale Steuerungsinstrument hierzu ist der Preismechanismus. Er vermittelt (relative) Veränderungen der individuellen Gewinn-, Verlust- und Vermögenspositionen im Wettbewerb. Generell gilt: Nur die Unternehmen oder Personen mit gefragten Fähigkeiten oder Gütern erzielen im freien Spiel von Angebot und Nachfrage Gewinne; andere scheiden dagegen früher oder später aus dem Markt aus oder fallen in ihren Einkommensperspektiven zurück, wenn sie ihr Verhalten nicht den Wünschen der Marktgegenseite bzw. der Konsumenten anpassen.

Auf volkswirtschaftlicher Ebene spiegelt sich die Vorteilhaftigkeit des Wettbewerbsprozesses als Selektionsmechanismus in mehreren Dimensionen: *Erstens* führt Wettbewerb generell zu einer verbesserten (statischen) Ressourcenallokation. Eine nachhaltige Minderung der Knappheit ergibt sich jedoch gerade in dynamischer Perspektive: Denn *zweitens* bilden Preissignale sowie Markteintritte und -austritte die unverzichtbare Orientierungsgrundlage für Lernprozesse, insbesondere hinsichtlich zweckmäßiger zukünftiger Verhaltensänderungen. Die dezentrale Koordination individueller, auf Gewinnerwartungen beruhender Pläne und Zukunftshypothesen weist grundsätzliche Vorteile bei der Wissensermittlung, -nutzung und -verbreitung sowie der Innovationsneigung und -fähigkeit gegenüber anderen Formen der Koordination – etwa der zentralen Planung – auf. *Von Hayek* (1968/1969, S. 253 ff.) sieht daher im Wettbewerb vor allem ein „Entdeckungsverfahren" für die Generierung neuen Wissens. Dies geht *drittens* einher mit der von den Vertretern der ordoliberalen Freiburger Schule (*Eucken, Böhm* und andere) hervorgehobenen Funktion des Wettbewerbs als „Entmachtungsinstrument“: Private Monopol- und Machtpositionen einschließlich der darin enthaltenden besonderen Potentiale für Opportunismus, Konsumentenschädigung und politischer Einflußnahme werden im Wettbewerb begrenzt.[23]

Die Ökonomie ist nun seit jeher bemüht, die Bedingungen herauszuarbeiten, unter denen eine besonders effektive Markt- und Wettbewerbskontrolle zu erwarten ist. Für die Mikroebene – also im Verhältnis zwischen zwei (potentiellen) Vertragspartnern – ist dies nach *Crockett* (2002) dann der Fall,

- wenn den Interaktionspartnern ausreichend Informationen zur Kontrolle des Verhaltens des Gegenübers zu Verfügung stehen,
- wenn sie über die kognitive Fähigkeit oder das Wissen verfügen, mit den Informationen bestmöglich umzugehen,
- wenn darüber hinaus Anreize bestehen, Informationen zu sammeln und so zu nutzen, daß trennscharfe Orientierungssignale gesendet werden und
- wenn entsprechende Mechanismen verfügbar sind, mit denen Verhaltensänderungen erzwungen werden können.[24]

Die ersten drei Voraussetzungen beschreiben die Sammlung von Informationen und ihre Umsetzung in Marktsignale, von denen Preissignale – wie dargelegt – die wichtigsten sind. Dieser Aspekt des „Monitoring“ ist aber nur dann von hohem Wert, wenn die jeweilige Marktgegenseite auf die Signale auch in der gewünschten Weise reagiert – also im Verhalten beeinflußt wird (Aspekt des „Influencing“).[25]

Weder die Sammlung und Verarbeitung von Informationen noch die Konstruktion oder Nutzung etwaiger Mechanismen der Durchsetzung sind in realen (Markt-) Situationen kostenlos. Unvollständige Voraussicht, unscharfe Preissignale und die Anfälligkeit der Menschen für opportunistisches Verhalten erzeugen positive Transaktionskosten, die sich darin äußern, daß die Wirtschaftssubjekte eine mehr oder weniger große Sorgfalt bei der Suche nach möglichen Vertragspartnern sowie bei der Ausformulierung und Überwachung der möglicher Abmachungen üben müssen. Die Existenz von Transaktionskosten führt zugleich zu volkswirtschaftlichen Kosten, da das denkbare Potential an gesellschaftlich vorteilhaften Tauschmöglichkeiten nicht mehr (vollständig)

---

[23] Zu den Unterschieden des von Hayekschen Wettbewerbsverständnisses und dem der Freiburger Schule siehe *Streit* und *Wohlgemuth* (1999/2001; 2000).

[24] Eine ähnliche Systematik bilden die sogenannten „4 Is“ (information, instruments, incentives, impacts) der Marktkontrolle, auf die gerade für Fragen der Reichweite der Marktkontrolle auf Bankenmärkten häufig bezug genommen wird. Siehe beispielsweise *Steden* (2002, S. 105).

[25] Diese Unterscheidung stammt von *Flannery* (2001). Sie kann auch dazu dienen, die Effektivität unterschiedlicher Kontrollebenen in einer Marktwirtschaft vergleichend zu behandeln. So müssen auch staatliche Akteure für die Durchsetzung von staatlichen (Sonder-)Regeln Informationen sammeln und Verhaltensänderungen erzwingen können.

genutzt und Ressourcen in unproduktiveren Verwendungen – etwa dem Schutz vor Betrug oder Übervorteilung – gebunden werden.

In der Senkung dieser Transaktionskosten wird daher die erste wichtige produktive Rolle von Institutionen gesehen (*Schüller* 1986/2002, S. 164). Regeln schränken die Handlungs- und Vertragsspielräume Einzelner ein, indem regelinkonformes Verhalten bestraft oder zumindest mit hohen Kosten belegt wird.[26] Über ihre verläßliche Durchsetzung werden Anreize für wirtschaftliche Handlungen aller Art vermittelt und strategische Unsicherheit reduziert. Dies stabilisiert zugleich gegenseitig die Erwartungen der Wirtschaftssubjekte in Bezug auf die möglichen Ergebnisse von (wirtschaftlichen) Interaktionen. Regeln können damit auch als Speicher von Wissen über mögliche Interaktionsergebnisse interpretiert werden (*Fehl* und *Schreiter* 2000, S. 112; *Streit* und *Wohlgemuth* 2000, S. 236 f.).

Die zentrale Bedeutung von Institutionen wird noch deutlicher, wenn man sie in Beziehung zur Wettbewerbs- und Marktkontrolle setzt. Neben ihrer grundsätzlichen transaktionskostensenkenden und erwartungsstabilisierenden Wirkung bei individuellen Interaktionen kanalisieren Regeln und Normen die Handlungen der Wirtschaftssubjekte, in dem sie eine Selektionsumgebung für die Entfaltung der wettbewerblichen Prozesse auf allen Märkten schaffen (siehe *Kerber* 1996; *Fehl* und *Schreiter* 2000, S. 109, 112). Das gesamte Institutionengefüge einer Volkswirtschaft bestimmt damit auf der makroökonomischen Ebene, in welche Richtung sich die von den individuellen Vorstellungen und Erwartungen getriebenen Markt- und Wettbewerbsprozesse entwickeln oder entwickeln können.

Die charakteristische Kontrollebene von Marktwirtschaften ist somit nicht ohne ihren institutionellen Rahmen denkbar. Die institutionelle Befestigung von Märkten entscheidet letztlich darüber, inwiefern sich überhaupt offene Wettbewerbsprozesse ergeben können, die neues Wissen und neue Problemlösungen hervorbringen (Wettbewerb als Entdeckungsverfahren) und durch (persönliche) Machtpositionen begünstigte Übervorteilungspotentiale begrenzen (Wettbewerb als Entmachtungsinstrument).

Das Institutionengefüge einer Volkswirtschaft ist dabei außerordentlich vielfältig. Um es analysieren zu können, sind Klassifikationen hilfreich (siehe *Leipold* 2002). Normen lassen sich in Anschluß an *North* (1990, Kap. 5 und 6) zunächst nach ihrem *Formalisierungsgrad* unterscheiden. Während informelle Regeln vor allem den weiten Bereich der Sitten, Gebräuche, ethischen Regeln und Konventionen umfassen, sind formelle Regeln in irgendeiner Weise kodifiziert. Diese formellen Regeln umschließen das gesamte staatlich fixierte öffentliche und private Recht als auch die Vielzahl – teilweise auf dieser Grundlage vereinbarter – privatwirtschaftlicher Normen.

---

26 Der Institutionenbegriff wird keineswegs einheitlich definiert (siehe *Leipold* 2002). Üblicherweise werden Institutionen und Organisationen voneinander unterschieden. Organisationen bedeuten im allgemeinen die Zusammenfassung von Institutionen mit den handelnden Menschen – also zum Beispiel ein Unternehmen oder ein Parlament (*Richter* und *Furotbotn* 2003, S. 7 f., 10).

Die Klassifikation nach dem Grad der Formalisierung leidet unter dem Nachteil, daß sie die Herkunft der *Sanktionen* offen läßt. Formelle und informelle Regeln können zumindest prinzipiell gleichermaßen durch staatliche Stellen wie innerhalb der Gesellschaft durchgesetzt werden. *Kiwit* und *Voigt* (1995, S. 121 ff.) liefern dagegen eine Typologie von Institutionen, die den Ursprung von Sanktionen und der Regeldurchsetzung in den Mittelpunkt stellt. Danach wird die Gesamtordnung jeder Gesellschaft durch die folgenden Institutionentypen bestimmt.

Regeln vom Typ 1: Selbstüberwachung im Rahmen selbstbindender Regeln oder Konventionen.

Regeln vom Typ 2: Eigenkontrolle oder imperative Selbstbindung im Rahmen ethischer Regeln.

Regeln vom Typ 3: Informelle Überwachung durch andere Akteure der Gesellschaft im Rahmen sittlicher Regeln.

Regeln vom Typ 4: Fremdkontrolle durch private Einrichtungen, die formelle oder informelle institutionelle Lösungen für etwaige sozial problematische Situationen ohne (direkte) staatliche Sanktionskraft bereitstellen. Im folgenden soll diese Regelungsebene als *Ebene der Selbstkontrolle oder -regulierung* bezeichnet werden.

Regeln vom Typ 5: Fremdkontrolle durch das staatliche öffentliche und private Recht.

Die Regeln vom Typ 1 bis Typ 4 werden von *Kiwit* und *Voigt* (1995) auch als interne, die vom Typ 5 als externe Institutionen bezeichnet. Externe Institutionen werden durch staatliche Stellen sanktioniert, während interne Institutionen ohne die (direkte) Mithilfe des Staates zwischen den Mitgliedern einer Gesellschaft durchgesetzt werden.

3.2. Zur Ausgestaltung marktwirtschaftlicher Ordnungen: Der nationale Kontext

3.2.1. Grundlegende Aspekte

3.2.1.1. Drei Ebenen der Kontrolle: Wettbewerb, Selbstregulierung und staatliche Regeln

Eine Klassifikation von Regeln trifft keine Aussagen über die wünschenswerten Regelungsinhalte. Hierzu benötigt man einen Beurteilungsmaßstab, der in ordnungsökonomischen Untersuchungen zumeist wie folgt definiert wird: Das gesamte Institutionengefüge einer Marktwirtschaft muß letztlich daran gemessen werden, inwieweit es gelingt, Märkte und/oder das Marktgeschehen so zu ordnen, daß sich eine *freiheitliche und privilegienfreie Gesellschaft* entfalten und hieraus eine *nachhaltige Knappheitsminde-*

rung bzw. eine Mehrung des volkswirtschaftlichen Wohlstandes im Interesse der Konsumenten ergeben kann.[27]

Wie aber muß eine solche menschenwürdige und ökonomisch leistungsfähige Gesamtordnung gestaltet sein? Und welche spezifischen Fragen und Gestaltungsempfehlungen ergeben sich hieraus für den in dieser Arbeit interessierenden Teilbereich der Bankenmärkte?

Für die Ermittlung von Kriterien zur Zuweisung von Ordnungsaufgaben empfiehlt es sich, unter Verwendung der oben genannten Institutionentypologien die möglichen Kontrollebene individuellen Handelns weiter zu vereinfachen. Für diese Arbeit werden drei in jeder Gesellschaft und auf jedem Markt vorkommende Kontrollmechanismen unterschieden (siehe Abbildung 3).

Kontrollebene 1: Das zentrale marktwirtschaftliche Koordinations- und Kontrollinstrument ist der Wettbewerb. Die *Wettbewerbs- oder Marktkontrolle* wird in ihrer Funktionsweise dabei jedoch durch die beiden weiteren Kontrollebenen 2 und 3 bestimmt.

Kontrollebene 2: Die Ebene der Eigenkontrolle. Hierunter fallen einmal die Kontrollwirkungen der Institutionentypen 1 bis 3. Neuere Arbeiten betonen zunehmend die Bedeutung dieser Institutionen für die Entfaltung volkswirtschaftlichen Wohlstands (*Leipold* 2002). In diesen regional gebundenen bzw. länderspezifischen Regeln drücken sich Aspekte des komplexen und schwer greifbaren Bereichs der kulturell-religiösen Eigenarten von Gesellschaften aus, die unter anderem die Wahrnehmung von Informationen beeinflussen oder formal gleiche Anreize unterschiedlich wirken lassen. Sie erweisen sich in erster Linie dann als problematisch für den Entwicklungsprozeß eines Landes, wenn hierdurch Tauschfreiheiten sehr weit beschnitten werden oder wenn ihre Befolgung im Widerspruch zu den Grundvoraussetzungen hoch arbeitsteiliger Wirtschaftsprozesse steht. Wenn diese wichtige Perspektive dennoch im folgenden weniger stark herangezogen wird, dann geschieht das aus folgendem Grund:

Kulturelle Handlungsbeschränkungen sind über einen relativ langen Zeitraum ausgesprochen stabil. Es kann daher davon ausgegangen werden, daß sie sich auch in der Ausformulierung und Anwendung der anderen Regeltypen niederschlagen. Mit

---

27 Diese normative Position der (ordo-)liberalen Schule hat ihr den Vorwurf eingebracht, sie würde einer bestimmten Ordnungsvorstellung per se den Vorrang gegenüber alternativen Ordnungsmustern geben – also konstruktivistisch vorgehen. *Vanberg* (1997) wendet sich überzeugend gegen diese Auffassung. In einer vertragsökonomischen Argumentation legt er dar, daß sich die beiden entscheidenden Ordnungsmerkmale „Leistungswettbewerb" und „privilegienfreie Ordnung von Rechtsgleichen" auch unter Verzicht auf ein vorgegebenes Werturteil als „konsensfähiges konstitutionelles Interesse" der Bürger reinterpretieren lassen. Auch wenn der „hypothetische Konsenstest" der Vertragsökonomik angreifbar ist, weil die tatsächlichen Bürgerpräferenzen niemals ex ante bekannt sein können, so läßt sich die (ordo-)liberale Grundkonzeption auch mit ökonomisch-empirischen Zweckmäßigkeitsüberlegungen stärken. Die überwiegende Mehrzahl empirischer Studien schreibt ökonomischen und politischen Freiheitsrechten einen hohen Erklärungsbeitrag für beobachtete Wachstums- und Entwicklungsunterschiede zu.

Lachmann (1963, S. 67 f.) und in dessen Folge *Schüller* (1983; 1986/2002) können die Institutionen vom Typ 1 bis Typ 3 daher den informalen oder formlosen äußeren Institutionen einer Wirtschafts- und Gesellschaftsordnung zugewiesen werden. Auf ihrer Grundlage entfalten nicht nur die formalen äußeren Institutionen (siehe Kontrollebene 3) ihre Wirkung, sondern sie bestimmen im hohen Maße auch, wie sich die inneren Institutionen eines Marktsystems entwickeln können.[28]

Abbildung 3: Drei elementare marktwirtschaftliche Kontrollebenen

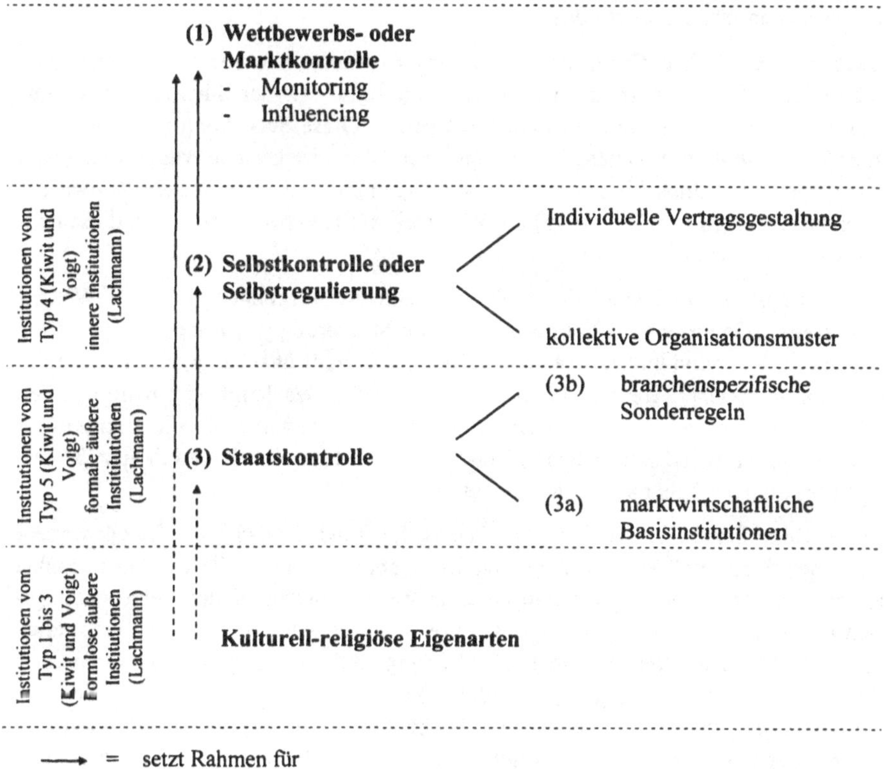

[28] Die hohe internationale Verflechtung zwischen den Akteuren der Finanz- und Bankenmärkte insbesondere zwischen den fortgeschritteneren Industrieländern deutet zudem darauf hin, daß die besonders problematischen freiheitsbeschränkenden Wirkungen informeller Regeln hier eine eher untergeordnete Rolle spielen. *Reszat* (2000) geht sogar noch einen Schritt weiter: Die Konzentration des internationalen Bankgeschäfts in multikulturell geprägten Städten wie New York, Tokio oder London habe zu einem von der nationalen Herkunft im wesentlichen unabhängigen gemeinsamen informellen Normgefüge mit einer ähnlichen Weltsicht unter den Beschäftigten der Finanzindustrie geführt. Auch aus diesem Grund scheint es vertretbar, die kulturelle Seite der internationalen Finanzmärkte nur dort aufzugreifen, wo ein zusätzlicher Erklärungsbeitrag vermutet werden kann.

In der vorliegenden Arbeit wird daher unter Eigenkontrolle der Institutionenbereich vom Typ 4 verstanden – also die Ebene der *Selbstregulierung* oder *Selbstkontrolle*. Diese entspricht damit weitgehend den inneren Institutionen des Marktsystems (*Lachmann* 1963, S. 67) und kann sehr unterschiedliche Formen annehmen. Neben besonderen (bilateralen) vertraglichen Spezifikationen (die auch der Kontrollebene 1 zugerechnet werden könnten) interessieren hier auch marktendogen hervorgebrachte kollektive Muster der Selbstregulierung, bei denen die Wirtschaftssubjekte im gemeinsamen Interesse freiwillig auf einen Teil ihrer individuellen Dispositionsfreiheit verzichten und sich einer dritten Instanz unterordnen.

Kontrollebene 3: Die Ebene der *staatlichen Kontrolle*, die auf die Beherrschung (Eindämmung) von Opportunismusproblemen mittels externer Institutionensysteme hinzielt und daher dem Institutionentyp 5 entspricht. Diese Staatskontrolle kann – wie noch zu zeigen sein wird – ebenfalls sehr unterschiedlich ausgestaltet werden. Es bietet sich vor allem die Unterscheidung zwischen allgemeinen Regeln (*Kontrollebene 3a*) und Sonderregeln (*Kontrollebene 3b*) an. Wie auch die Kontrollebene 2 sind diese national wie international definierbar.

Insgesamt ist deutlich geworden, daß die positiven Wirkungen, die freie Wettbewerbsprozesse (Kontrollebene 1) in Bezug auf die Minderung von Knappheiten und die Befriedigung der individuellen Präferenzen besitzen, nicht unabhängig vom institutionellen Umfeld gesehen werden dürfen. Sieht man von den langfristigen informellen Regeln des „kulturellen Erbes“ ab, dann bestimmen im wesentlichen die Institutionen der Selbstregulierung (Kontrollebene 2) und der Staatskontrolle (Kontrollebene 3a und 3b) die Entfaltungsmöglichkeiten der Akteure auf allen Märkten.

Diese Klassifikation des Anreiz- und Regelgefüges wird daher auch für die weitere Analyse der Bankenmärkte den zentralen Bezugspunkt bilden. Hierzu sind zunächst einige grundlegende Überlegungen zur zweckmäßigen Gewichtung der drei Steuerungsebenen im Hinblick auf die genannten Kennzeichen der wünschenswerten Gesamtordnung anzustellen. Ein Urteil hierüber erfordert allgemein, daß mögliche Probleme und Wirkungen aller Ebenen aufgezeigt werden. Die hieraus gewonnenen generellen Erkenntnisse können dann später ausführlich für die Analyse der typischen institutionellen Strukturen der Bankenmärkte, ihrer Entwicklung und möglicher alternativer Ordnungsmuster verwendet werden.

3.2.1.2. Staatskontrolle als Voraussetzung von Wettbewerb und Selbstorganisation

Marktwirtschaftliche Ordnungen sind typischerweise mit einem dichten Netz formeller externer Institutionen (Kontrollebenen 3a und 3b) überzogen. In freien Gesellschaften unterliegen diese einem Rechtfertigungszwang: Vor dem Hintergrund des starken Vertrauens, das der Leistungsfähigkeit der Wettbewerbs- und Marktkontrolle entgegengebracht wird, bietet es sich hierzu an, von möglichen Grenzen der Kontrollebene 1 auszugehen. Allgemein werden diese als Wettbewerbs- und/oder Marktversagen bezeichnet. Liegt ein solches vor, scheint ein staatlicher Eingriff grundsätzlich gerechtfertigt.

Etwaige institutionelle Gestaltungsempfehlungen hängen offensichtlich davon ab, was unter einem Marktversagen verstanden wird. Viele Analysen benutzen hierzu ein (statisches) Effizienzkriterium im neoklassischen Verständnis. Ein staatlicher Eingriff wäre danach überall dort gerechtfertigt, wo reale Marktprozesse zu Ergebnissen tendieren, die von einer gedachten pareto-optimalen Allokationseffizienz abweichen. Hiermit sind jedoch zwei grundlegende Schwierigkeiten verbunden. Zum einen stellt ein solches Bezugskriterium Ansprüche an die Marktakteure (etwa hinsichtlich ihres Wissensstandes, ihrer Reaktionsgeschwindigkeit oder ihrer Urteilsfähigkeit), die in der Realität niemals vorzufinden sind. Zum zweiten lassen sich mittels eines Vergleichs realer Möglichkeiten mit dem gedachten statischen Allokationsideal Staatseingriffe praktisch beliebig rechtfertigen. Mit *Demsetz* (1969) kann eine solche Orientierungsnorm daher als Nirwana-Ansatz bezeichnet werden (siehe auch *Krüsselberg* 1983, S. 61 ff.).

Mit einem dynamischen prozeßtheoretischen Verständnis des Marktgeschehens, wie es hier vertreten wird, ist diese schon deshalb nicht in Einklang zu bringen, weil die Ergebnisse von Marktprozessen ex ante nicht bekannt sein können. Wären sie dies, dann wäre der Wettbewerb „einer höchst verschwenderisches Methode“ (*von Hayek* 1968/1969, S. 249). Es kann daher nur darum gehen, mittels Staatseingriffen den „Wettbewerb als Entdeckungs- und Entmachtungsverfahren“ zu konstituieren. Die zweckmäßige Orientierungsnorm für Staatseingriffe ist damit der freie und offene Wettbewerbsprozeß selbst (*Hoppmann* 1967). Dies hat den Vorteil, den Blick weg von den Marktergebnissen zu lenken und statt dessen die institutionellen Bedingungen, unter den Wettbewerbsprozesse ablaufen, näher zu beleuchten.

Dabei herrscht Einigkeit, daß dem Staat die Aufgabe zugeschrieben werden muß, mittels eines allgemeinen externen Ordnungsrahmens (Kontrollebene 3a) die Grundlagen von wettbewerblichen Marktprozessen als Ergebnis einer „rechtsschöpferischen Leistung“ (*Böhm*) überhaupt erst zu schaffen. Umgekehrt bedeutet dies zugleich, daß in dieser Sicht „versagende Märkte“ immer auch ein Spiegel fehlerhaft gestalteter (staatlicher) Institutionen sind. Hinsichtlich der inhaltlichen Ausgestaltung der Staatstätigkeit im allgemeinen und der staatlicher Regeln im speziellen sind nach wie vor die *Eucken*schen Vorstellungen als repräsentativ anzusehen (*Eucken* 1952/1990, S. 255 ff.; *Schüller* 1983, S. 150-156). Die Koordination einzelwirtschaftlicher Pläne bedarf neben der Vorkehrungen des Rechtschutzstaates – also dem staatlichen Schutz vor Gewalt, Raub und Betrug – vor allem einer verläßlichen Kalkulationsgrundlage. Preissignale wären wertlos, wenn ihre Aussagekraft durch staatliches Handeln eingeschränkt würde. Insbesondere würde eine sprunghafte und/oder inflationäre Geld- und Währungspolitik die Funktionen des für arbeitsteilige Volkswirtschaften zwingend notwendigen Geldes massiv behindern. *Eucken* erhebt daher die *Währungspolitik* zum *Primat* ordnungspolitischen Handelns.

Mindestens ebenso wichtig für die Koordinationskraft des Preissystems ist jedoch die verläßliche Durchsetzung der Prinzipien der *Vertragsfreiheit*, der *dezentralen Planung*, des *Privateigentums* und der *Haftung*. Hiermit wird die institutionelle Seite des wettbewerblichen Marktsystems konstituiert: Voraussetzung für unternehmerisches Handeln sind eine möglichst eindeutige Bestimmung von Eigentumsrechten und die vertragliche Freiheit, darüber zu verfügen. Wegen der Gefahr, daß die geschützte Vertragsfreiheit genutzt wird, um den Wettbewerbs zu beschränken oder die Rechte Dritter abzuwerten, kann es gerechtfertigt sein, bestimmte Verträge vom Rechtsschutz gänzlich auszuschließen oder einer Kontrolle zu unterziehen. Das Verbot von Kartellabsprachen und Vorkehrungen gegen Monopolisierungsbestrebungen sind geradezu elementar für eine funktionsfähige marktwirtschaftliche Ordnung. Eine Ordnung des Wirtschaftsgeschehens mittels eines reinen laissez-faire muß daher abgelehnt werden. Im Interesse eines funktionsfähigen Preissystems muß vielmehr dem Prinzip der *Offenheit der Märkte* Geltung verschafft werden. Nur Marktteilnehmer, die mit potentiellen Wettbewerbern rechnen müssen, werden maximale Anstrengungen unternehmen, um Käufer zufrieden zu stellen. Um verantwortungsvolle Dispositionen zu ermöglichen und präventiv zu sichern ist auch eine eindeutige Haftungszuordnung unverzichtbar. Vorkehrungen, die der Einheit von Entscheidung und Haftung dienen, sind gleichzusetzen mit dem Streben, mögliche negative externe Effekte der privatautonomen Handlungen denjenigen anzulasten, die verantwortlich zu entscheiden haben. Überall dort, wo Wirtschaftssubjekte damit rechnen können, die Folgen ihrer Handlungen Dritten aufbürden zu können, ohne dafür einen Preis zu bezahlen, ist dagegen mit ernsten Fehllenkungen der Ressourcen oder Verzerrungen des Wettbewerbs zu rechnen. Dies gilt besonders dann, wenn sich staatliche Stellen ihres Gewaltmonopols bedienen, um über Steuermittel gezielt einzelne Wirtschaftssubjekte oder Branchen durch eine mehr oder weniger großzügige Bereitstellung (kostenloser) Haftungsmittel zu stützen.[29]

Neben den qualitativen Anforderungen an die Institutionen, die die Basis des freien Leistungswettbewerbs bilden, läßt sich aber die Art der Normformulierung präzisieren. Externe Institutionen müssen so gestaltet sein, daß sie Erwartungsstabilisierung leisten und gleichzeitig offenen Prozesse der Innovation und Imitation breiten Raum geben (*Streit* 1996/2001, S. 34). Diese Forderung läßt sich in allgemeine Konstruktionsprinzipien externer Regeln überleiten, die ein Maximum an spontaner Ordnungsbildung zulassen (*von Hayek* 1960, Kap. 15; *Schüller* 1986/2002, S. 170 f.):[30]

– Handlungsbeschränkungen gleich welcher Art sollten soweit wie möglich nach dem *Verbotsprinzip* erfolgen, das im Gegensatz zum Gebotsprinzip jede Handlung erlaubt, die nicht ausdrücklich verboten ist. Auch diese Forderung ergibt sich unmittelbar aus der elementaren Voraussetzungen ständiger Neuerungsprozesse. Die unternehmerische Gestaltungs- und Innovationskraft sollte im Interesse des freien Wettbewerbs und der Wissensverarbeitung und -generierung nur wenig beschränkt

29 Neben den oben skizzierten Institutionen des Rechtschutzstaates bedarf es auch der Institutionen des Leistungsstaates (*Schüller* 1986/2002, S. 172). Dies betrifft neben dem Bereich der öffentlichen Güter auch sozialpolitische Maßnahmen, die die Akzeptanz für eine marktwirtschaftliche Ordnungen vor allem bei denjenigen erhöhen sollen, deren Einkommensposition in einem freien Marktsystem aufgrund ihrer geringen Leistungsfähigkeit deutlich hinter dem Durchschnitt der Bevölkerung zurückbleiben würde.

30 Siehe auch *Streit* (1996/2001, S. 34). Dieser betont – gleichbedeutend – mit Bezugnahme auf Kant, daß Regeln universalisierbar sein müssen, um mit einer freien Gesellschaftsordnung vereinbar zu sein. Dies bedeutet, daß sie (a) abstrakt oder offen, (b) allgemeingültig und (c) bestimmt oder gewiß sind.

werden, um dem „Wettbewerb als Entdeckungsverfahren" einen möglichst großen Raum zu geben. Dies führt unmittelbar auch dazu, daß die Senkung der Transaktionskosten nicht das alleinige Beurteilungskriterium für die Institutionen der Gesamtordnung sein kann. So sind Institutionen *vorstellbar*, die zwar die Transaktionskosten weit herabsetzen. Werden hierdurch aber die Tauschmöglichkeiten, Aktionsparameter oder die Handlungsfreiheit von vorneherein über das zur Sicherung der Freiheitsrechte Dritter notwendige Maß hinaus beschränkt, kann sich kein freier Wettbewerbsprozeß mehr entfalten.

- Das Prinzip der *Eindeutigkeit* und *Dauerhaftigkeit* für die Ausformulierung staatlicher Regeln als unmittelbare Voraussetzungen für Planungssicherheit, Transaktionskostenreduktion und langfristiges Vertrauen in die „Konstanz der Wirtschaftspolitik" (*Eucken*).
- Das Prinzip *Allgemeinheit* oder *Allgemeingültigkeit*, nach dem Regeln immer für eine unbestimmte Zahl von Personen und Fällen gleichermaßen gelten sollten. Dies soll verhindern, daß es zu personenbezogenen Diskriminierungen bei der Regelanwendung kommt. Es schließt die Eindämmung willkürlichem oder gerichtlich nicht sanktionierbarem Behördenverhaltens ein.

Die *Eucken*schen Konstruktionsprinzipien für externe staatliche Regeln (Kontrollebene 3a) sind insgesamt als Mindestvoraussetzung einer marktwirtschaftlichen Ordnung zu interpretieren. Ihren Niederschlag finden sie neben der systembestimmenden Eigentums- und Planungsordnung auch in den dazu komplementären Teilordnungen – etwa der Unternehmensordnung, der Geldordnung oder der Außenwirtschaftsordnung (*Schüller* 2002b, S. 1-9). Da dieses Ordnungsgefüge einer Volkswirtschaft zudem interdependent – d. h. gegenseitig voneinander abhängig – ist, wirken sich ordnungspolitische Fehlleistungen bei den allgemeinen staatlichen Regeln auch auf die Koordinationskraft der anderen Kontrollebenen aus. Gerade Finanzmärkte, zu denen die hier untersuchten Bankenmärkte gehören, sind wegen ihrer auf die Zukunft gerichteten Vertragsbeziehungen im hohen Maße davon abhängig, daß sie in ein insgesamt funktionsfähiges Gefüge allgemeiner Ordnungsregeln eingebettet sind. So wird beispielsweise die Finanzintermediation erheblich erschwert, wenn das Primat der Währungspolitik systematisch verletzt wird und damit die Preissignale an Wert verlieren oder wenn Eigentumsrechte an Kreditsicherheiten nicht durchsetzbar sind.

3.2.1.3. Staatskontrolle als subsidiäre Ebene der Kontrolle

Weil dieser Zusammenhang weitgehend anerkannt ist, beschränkt sich die Diskussion der Ordnung von Bankenmärkten zumeist auf die Frage, inwieweit hierfür spezifische Sonderregeln (Kontrollebene 3b) notwendig sind, die (weit) über die oben skizzierten marktwirtschaftlichen Basisinstitutionen hinausreichen und die auf eine Beschränkung der Gewerbefreiheit im Bereich der Bankenmärkte gerichtet sind. Solche spezifische Regeln der Staatskontrolle *können* gerechtfertigt sein, wenn sie den Prinzipien einer Wettbewerbsordnung konkrete Ausprägungen verleihen. Das zu ihrer Rechtfertigung notwendige Verfahren besteht aus zwei Schritten:

Schritt 1: Es muß *bei ansonsten funktionsfähigen Basisinstitutionen* eine *gesonderte Regelungsbedürftigkeit* festgestellt werden können. Die Argumentationen hierzu setzen zumeist an den Eigenarten des betrachteten Marktes, des Marktprozesses oder eines Opportunismusproblems an. Mit Bezug zu den hier untersuchten Fragestellungen sind dies die Interaktionen der Akteure auf den (internationalen) Bankenmärkten bzw. die von diesen Interaktionen ausgehenden Wirkungen. Lassen sich bankspezifische Tatbestände eines theoretisch begründbaren Markt- oder Wettbewerbsversagens identifizieren, so erscheint eine gesonderte institutionelle Absicherung für diesen Bereich prinzipiell begrüßenswert.

Schritt 2: Allein der (normative) Bezugspunkt persönlicher Freiheit führt jedoch dazu, daß jeder staatliche Eingriff einem „Subsidiaritätstest" unterliegt. Lösungen der Selbstregulierung (Kontrollebene 2) ist *grundsätzlich* der Vorrang zu geben. Für Bankenmärkte und ihre Regulierung wäre daher zu fragen: Inwieweit kann begründet angenommen (oder empirisch belegt) werden, daß sich im Wege des „private ordering" marktendogene bilateral und kollektive Lösungen für Marktversagensprobleme entwickeln. Über eine staatliche Sonderregulierung sollte daher erst dann nachgedacht werden, wenn es bei ansonsten funktionsfähigen Basisinstitutionen Anhaltspunkte für „versagende" Märkte *und* gleichzeitig „versagende" Selbstregulierung gibt.[31]

Hierbei ist gleichwohl darauf zu achten, daß real verwirklichbare Alternativordnungen miteinander verglichen werden, die noch dazu in einem äußerst komplexen Verhältnis zueinander stehen. Insbesondere muß eine ordnungsökonomische Analyse systemischer Bankenkrisen und der daraus gezogenen (institutionellen) Schlußfolgerungen immer im Blick behalten, daß Regeln und ihre Durchsetzung aus vielfältigen Gründen von idealen Ordnungsvorstellungen abweichen können. In der Realität ist daher damit zu rechnen, daß nicht nur Märkte und Selbstregulierungen „versagen", sondern eben auch externe Regeln einem Staatsversagen unterliegen können. Wie im folgenden zu zeigen sein wird, ergibt sich hieraus – zusammen mit den grundsätzlichen Vorteilen der Kontrollebene 2 – ein weiteres Argument für einen „Subsidiaritätstest".

3.2.2. Selbstkontrolle als spontane Ordnung

3.2.2.1. Vorteile bei der Wissensverarbeitung: Die *von Hayek*-These

Die Forderung nach einem „Subsidiaritätstest" läßt sich mit den (ökonomischen) Vorteilen dezentraler selbstregulatorischer Lösungen begründen (*Wentzel* 2002). Diese stehen im engen Zusammenhang mit der Art der Regelentstehung (hierzu *von Hayek* 1963). Im Gegensatz zu staatlichem Recht bilden sich Einrichtungen der Selbstregulierung als „Geschöpfe des Marktes" (*Lachmann* 1963, S. 67) mehr oder weniger spontan. Die spontane Regelbildung (und Vertragsgestaltung) muß dabei als Reflex auf aktuelle oder erwartete Ordnungsprobleme, hohe Transaktionskosten oder Verknappungser-

---

[31] Da die Ebene der Selbstregulierung marktendogenen Ursprungs ist, könnte man auch von einem Marktversagen im engeren und weiteren Sinne sprechen.

scheinungen verstanden werden, für die im Markt- und Gesellschaftsgeschehen dezentrale, aber nicht notwendigerweise individuelle Lösungen gesucht werden. Nur wenn diese sich im Wettbewerb zu Alternativlösungen als funktionsfähig erweisen, werden sie imitiert oder von weiteren Akteuren genutzt. Es spricht einiges dafür, daß solche dezentralen Lösungen – insbesondere bei komplexen Sachverhalten, die schnellen Veränderungen unterliegen – einen besseren Umgang mit dem Problem des „konstitutionellen Unwissens" ermöglichen.

Dies läßt sich zunächst mit der Einsicht begründen, daß die dezentrale Nutzung des Wissens der einzelnen Mitglieder einer komplexen Gesellschaft im Regelfall Vorteile gegenüber Versuchen bringt, Wissen zu zentralisieren (*von Hayek* 1945). Dies wird nicht nur bei der prinzipiellen Überlegenheit der Marktkoordination gegenüber der Koordination über zentrale Pläne deutlich, sondern auch bei der Entwicklung und Umsetzung von institutionellen Lösungen für sozial problematische Konstellationen. So kann es für einen Außenstehenden äußerst schwierig sein, überhaupt zu erkennen, inwieweit ein „Marktversagen" vorliegt; und erst recht dürften sich häufig Probleme bei der Wahl geeigneter Gegenstrategien ergeben. Die Konstruktion externer staatlicher Institutionen unterliegt daher prinzipiell einer größeren Gefahr der „Anmaßung von (Steuerungs-) Wissen".

Dieser prinzipielle Vorsprung selbstregulatorischer Elemente in puncto Wissensverarbeitung gilt auch bei der Fortentwicklung von Problemlösungen. Muster der spontanen Ordnungsentstehung besitzen grundsätzlich ein höheres Maß an Innovationsfähigkeit als zentral geplante Regelungselemente des staatlichen Rechts. Größere Anpassungsflexibilität und -geschwindigkeit versprechen zudem eine geringere Anfälligkeit für Probleme der Pfadabhängigkeit (siehe Kap. 3.2.3.2.). Ferner dürften sie eine bessere Chance bieten, den Präferenzen der Nachfrager nach Ordnung zu entsprechen. Hierdurch reduzierte Akzeptanzprobleme begünstigen letztlich die Durchsetzbarkeit von Selbstregulierungen.

All dies kann auf die maßgeblichen Wesensmerkmale spontaner Fortbildung von Ordnungen zurückgeführt werden, die sich hinsichtlich ihrer Motivations- und Anreizstruktur stark von ihrem staatlichen Pendant unterscheiden. Staatliches Recht entspringt einem komplexen langwierigen Prozeß der politischen Willensbildung, der nicht notwendigerweise eine automatische Rückkoppelung zwischen Kosten und Nutzen einer Regel garantiert. Dagegen werden spontane Ordnungsbildungen vom Gewinn- bzw. Nutzeninteresse der Beteiligten getrieben, die (im Regelfall) Kosten der Regelentstehung und -administration selbst tragen sowie etwaige Fehlwirkungen direkt (finanziell) zu spüren bekommen (*Kirzner* 1979, S. 12-14).

Die aus der vergleichsweise überlegenen Lösung des Wissensproblems gefolgerten Vorteile dezentraler Regelungselemente sind im Kern unumstritten. Fraglich ist indes, ob dies genügt, um einen weitgehenden Verzicht auf staatliche Maßnahmen gegen ein etwaiges „Marktversagen" zu begründen. Allzu optimistischen Einschätzungen muß – wie gesagt – entgegengehalten werden, daß das „private ordering" hinsichtlich seiner Ordnungskraft „versagen" kann. Ein wichtiger Einwand lautet: Können sich dezentrale Ordnungsmuster tatsächlich aus dem Marktgeschehen spontan bilden (Entstehungsproblem)? Diesen Einwand soll im folgenden Kapitel nachgegangen werden.

3.2.2.2. Zum Problem der Entstehung spontaner Ordnungen

Für die Analyse der Grundproblematik der Entstehung von Regeln unterscheidet *Leipold* (1997, S. 401 ff.; 2000, S. 404 ff.; 2002, S. 96 f.) Institutionen nach ihrer *Bindungsbedürftigkeit*. Danach lassen sich selbstbindende von bindungsbedürftigen Institutionen trennen. Selbstbindende Institutionen beschreiben Regeln, die sich eigeninteressierte Individuen selbst geben und unabhängig vom Verhalten anderer oder ohne weitere Sanktionen einhalten würden. Dies ergibt sich automatisch aus dem individuellen Vorteilskalkül. Regelverstöße sind unter allen Umständen mit geringerem Nutzen für den einzelnen verbunden als die Alternative der Regeleinhaltung. Bekannte Beispiele für solche wechselseitig vorteilhaften Verhaltensweisen sind die Einigung auf Rechts- oder Linksverkehr oder Sprachgebräuche.

Die unbedingte Vorteilhaftigkeit der Regeleinhaltung ist bei den weit häufigeren bindungsbedürftigen Regeln nicht (oder nur sehr eingeschränkt) vorhanden. Das Problem, das sich bei der Einigung und Einhaltung solcher Regeln stellt, ähnelt seiner Grundstruktur nach dem aus der Spieltheorie bekannten Gefangenendilemma. Wie beim Gefangenendilemma fallen individuelle und kollektive Rationalität bei bindungsbedürftigen Institutionen systematisch auseinander. Das einzelne Individuum kann einen privaten Sondervorteil erlangen, wenn es Regeln mißachtet, denen die Mehrheit der anderen Menschen folgt oder wenn es nicht zu ihrer Entstehung beiträgt. Da diese Verhaltensweise in sozialen Dilemmata für alle Individuen rational ist, können sie sich ohne äußeren Druck oder einen wie auch immer begründeten Verzicht auf den eigenen Vorteil nicht selbständig auf eine Regel zur Begrenzung ihres Verhaltens einigen (Bindungsnotwendigkeit). Auch Regeltreue ist nicht zu erwarten.

Für die spontane Entstehung selbstregulatorischer Elemente ergibt sich daher die Frage, welche Interessenkonstellationen bei der Regelwahl typisch sind. Optimismus wäre nur dann angebracht, wenn sie vollständig in die Klasse der selbstbindenden Institutionen fallen würden. Zwar mag es auch solche Situationen geben. Auch mögen die Übergänge zwischen den einzelnen Institutionentypen fließend sein. Für eine Vielzahl susidiärer Regelungselemente erscheint es aber plausibel, bei der Entscheidung über die Regelwahl und bei der Frage der Regelbefolgung grundsätzlich Dilemmakonstellationen zu unterstellen, bei denen Kooperation und Regeltreue am eigeninteressierten Verhalten der Individuen scheitern könnten.

Träfe dieser Einwand vollständig zu, dann wäre die Chance auf selbstregulatorische Elemente innerhalb einer Gesellschaftsordnung tatsächlich gering. Allerdings gibt es deutliche Anzeichen, daß Individuen durchaus in der Lage sind, sich kreativ in Eigenregie aus sozialen Dilemmasituationen zu befreien. Einen besonders prominenten Platz für die Begründung dieser Position nehmen die Erkenntnisse der jüngeren (ökonomischen) Verhaltensforschung ein. Diese hat sich unter anderem zum Ziel gesetzt, „in ökonomisch relevanten Entscheidungssituationen die Vorhersagen des Homo-Oeconomicus-Konzepts zu testen" (*Falk* 2003, S. 141). Hierzu bedient sie sich ausgefeilter experimenteller Methoden. Gemeinsame Erkenntnis unzähliger Studien dieser Art ist, daß sich mit der Annahme des „puren Selbstinteresses" nur die Ergebnisse solcher (theoretischer) Spiele in kontrollierten Labor-Experimenten nachbilden lassen, die marktliche oder marktähnliche Austauschsituationen beschreiben. In Situationen, in denen Selbstbindungen insgesamt vorteilhaft sind, handeln die Menschen nicht mehr nach den Voraussagen der strengen Homo-Oeconomicus-Hypothese. Dieser Befund läßt sich am besten im Rückgriff auf einige prominente Experimente begründen:

Eine erste Klasse bilden die sogenannten Ultimatum- und Diktatorspiele (*Fehr* und *Gächter* 2000b, S. 161 f.; *Wentzel* 2000, S. 216 f.). In beiden Spielen gibt es zwei Akteure *A* und *B*, die sich nicht kennen und sich in unterschiedlichen Räumen befinden. Ihnen werden vor Beginn des Experiments unterschiedliche Rollen zugeteilt. Akteur *A* erhält vom Spielleiter einen Betrag von x Geldeinheiten, von dem er einen Teil $y > 0$ an dem ihn unbekannten Akteur *B* abgeben muß. Im Ultimatumspiel kann Akteur *B* die vorgeschlagene Aufteilung ablehnen, woraufhin beide Spieler 0 Geldeinheiten erhalten würden, während im Diktatorspiel eine solche Option nicht besteht. Bei eigeninteressierten Individuen würde man in beiden Spielen erwarten, daß *A* möglichst viel des Geldes für sich behält und *B* jeden Betrag $y > 0$ akzeptiert. Diese Erwartung läßt sich jedoch trotz intensivster Bemühungen in Experimenten nicht reproduzieren. Dagegen bieten viele Spieler Aufteilungsbeträge in der Nähe von $y = ½x$ an; und in Ultimatumspielen wird die ursprüngliche Aufteilung erst dann akzeptiert, wenn sie sich dieser Grenze nähert.[32] Dieser überraschende Befund wird im allgemeinen damit erklärt, daß sich ein größerer Teil der Menschen nach Normen der Fairneß oder Reziprozität richtet. Nach *Fehr* und *Gächter* (2000b, S. 159) heißt Reziprozität, „[...] that in response to friendly actions, people are frequently much nicer and more cooperative than predicted by the self-interest model; conversely, in response to hostile actions they are frequently much more nasty and even brutal." Letztlich ist hiermit ein „Wie Du mir, so ich Dir"-Verhalten beschrieben. Entscheidendes Kennzeichen reziproker Verhaltensmuster ist, daß eigene Handlungen immer auf die (vorherigen) Verhaltensweisen anderer Akteure bezogen werden; Kooperation ist damit bedingt.[33] Kooperatives Verhalten wird belohnt (positive Reziprozität); nicht kooperatives Verhalten wird bestraft (negative Reziprozität)

Wie sich weiter nachweisen läßt, *kann* dieses Verhalten die Überwindung sozialer Dilemmata erleichtern und mithin die freiwillige Entstehung von Regeln der Selbstregulierung in multilateralen Entscheidungssituationen begünstigen. Dies läßt sich anhand der Klasse der „Öffentliche-Güter"-Spiele aufzeigen (siehe *Ostrom* 2000, S. 139 ff.; *Falk* 2003, S. 147 f.). Im Kern geht es hierbei um die experimentelle Überprüfung des Trittbrettfahrerverhaltens bei der Finanzierung öffentlicher Güter oder Clubgüter. Bei

---

32 Allerdings lag das Angebot bei Diktatorspielen deutlich unter dem der Ultimatumspiele (*Fehr* und *Schmidt* 2000, S. 6).

33 Eindrucksvoll läßt dies auch in sogenannten Vertrauensspielen (trust games) nachweisen (siehe *Fehr* und *Schmidt* 2000, S. 7). Hierbei erhält Akteur *A* einen Betrag x, von dem er einen Teil y an Akteur *B* abgeben kann. y wird dann vom Spieleiter auf $3y$ verdreifacht. Im dritten Schritt ist es nun an *B*, freiwillig einen Teil von $3y$ an Spieler *A* zurückzugeben. Entgegen der Prognose eines egoistischen „homo oeconomicus"-Verhaltens werden in Stufe 1 wiederum Beträge größer als Null freiwillig abgegeben. Interessanter ist aber, daß sich eine deutliche positive Reziprozität nachweisen läßt: Je mehr der Spieler *A* freiwillig abgibt, desto mehr erhält er von *B* zurück.

im Detail unterschiedlichen Versuchsanordnungen haben alle Öffentliche-Güter-Spiele eines gemeinsam. Die dem Experiment zugrunde liegende Auszahlungsregel stellt sicher, daß es für jeden Spieler individuell rational ist, keinen Beitrag zum öffentlichen Gut zu leisten.[34] Dies ist nichts anderes also die Vorgabe einer typischen Dilemmasituation. Das erwartete Ergebnis produzieren aber die durchgeführten Experimente ebenfalls nicht: Im Durchschnitt stellen die Individuen zwischen 40 und 60 Prozent ihrer Anfangsausstattung für die Produktion eines öffentlichen Gutes zur Verfügung (*Ostrom* 2000, S. 140). Wenn die Versuchsanordnung es zuläßt – etwa weil man den eigenen Beitrag von den Beiträgen der anderen Spieler abhängig machen kann –, kann zudem ein eindeutiger Reziprozitätszusammenhang nachgewiesen werden. Die durchschnittlichen Beiträge einzelner steigen, wenn auch die anderen positiv beitragen; sie fallen, wenn die anderen nichts beitragen (*Falk* 2003, S. 147 f.).

Diese Erkenntnis ist mit Analysen vereinbar, die die Entschärfung von Dilemmasituationen auf die Wirkung anderer Institutionen zurückführen. Fairneß- und Reziprozitätsnormen lassen sich nämlich durchaus als Institutionen der Typen 1, 2 und 3 oder formlose äußere Institutionen interpretieren (*Voigt* 2002, S. 135). In dem Maße, wie tradierte Moralvorstellungen und/oder gesellschaftlich sanktionierte informelle Normen als „motivierende Kraft der Eigenkontrolle“ (*Schüller* 1997, S. 82) die Neigung zu Opportunismus begrenzen, sind günstige Voraussetzungen für (rein) subsidiäre Lösungen der Selbstregulierung gegeben.

Reziproke Verhaltensregelmäßigkeiten lassen sich empirisch in vielen Gesellschaften nachweisen (*Ostrom* 1998, S. 10). Dabei ändert sich an den Spielergebnissen auch dann nichts (wesentliches), wenn die in Frage stehenden Geldbeträge für die jeweiligen Spieler die Höhe eines durchschnittlichen nationalen Monatseinkommens übersteigen (*Fehr* und *Schmidt* 2000, S. 8 f.).[35] Gleichwohl liegt es wegen der Vielfalt der informellen Regelgefüge nahe, gesellschaftsgebundene Unterschiede im Verhalten zu vermuten (*Voigt* 2002, S. 75). In Ansätzen finden sich hierfür experimentelle Belege. Formal identische Ultimatum-, Diktator- und Öffentliche-Güter-Spiele, die von *Henrich et al.*

---

34 *Falk* (2003, S. 147) liefert ein Beispiel für eine solche Spielanordnung. Die gesamten Teilnehmer des Experiments werden in Vierergruppen aufgeteilt. Jeder Spieler erhält eine Anfangsausstattung von 20 Geldeinheiten. Danach entscheidet jeder, wieviel Geld er von den 20 Geldeinheiten für die Finanzierung des öffentlichen Gutes abgeben möchte. Entscheidend für das individuelle Verhalten ist nun die Auszahlungsregel, die vorgegeben wird: *Individuelles Einkommen = 20 – eigener Beitrag zum öffentlichen Gut + 0,4·(Summe der Beiträge aller Spieler zum öffentlichen Gut)*. Offensichtlich lohnt sich aus individueller Sicht niemals ein Beitrag zum öffentlichen Gut, da den „Kosten“ von einer Geldeinheit nur ein unmittelbarer Nutzen von 0,4 Geldeinheiten aus dem öffentlichen Gut gegenüber steht. Kein rationaler Spieler würde daher zum öffentlichen Gut beitragen. Statt dessen würde jeder seine 20 Geldeinheiten behalten. Bei Kooperation aller könnte hingegen jeder einzelne Spieler ein individuelles Einkommen von 32 Geldeinheiten [20–20+0,4·(4·20)] erzielen.

35 Die Höhe des infrage stehenden Geldbetrags ist insofern von Bedeutung, als daß der experimentellen Wirtschaftsforschung vorgeworfen wurde, ihre Ergebnisse seien wegen der vernachläßigbaren Höhe der eingesetzten Beträge nicht repräsentativ für Entscheidungen mit stärkeren finanzielle Auswirkungen.

(2001) in 15 verschiedenen „einfachen" Gesellschaften auf der ganzen Welt durchgeführt wurden, zeigen beispielsweise deutliche Unterschiede in der Höhe der ursprünglich angebotenen Beträge oder anderen Maßen der Fairneß.[36] Die Autoren führen diese Unterschiede auf gesellschaftliche Prägungen aus Alltagserfahrungen und -verhaltensmustern zurück. So ist die Kooperationsbereitschaft in den Gesellschaften signifikant höher, die gewohnheitsmäßig auf kooperative Strategien angewiesen sind oder die an abstrakte Fairneßmuster aus Prozessen der anonymen Arbeitsteilung gewöhnt sind.

Insgesamt deuten die Ergebnisse aus den einfachen experimentellen Spielen darauf hin, daß reziprokes und kooperatives Verhalten weltweit – wenn auch mit unterschiedlicher Stärke – vorkommt. Daher liegt die Vermutung nahe, daß sich solche Verhaltensweisen im langfristigen Prozeß der Regelevolution auch unter unterschiedlichen Bedingungen als überlegen gegenüber anderem Verhalten erwiesen haben. Dies läßt sich auch mit der bekannten Arbeit von *Axelrod* (1984/2000, S. 27 ff., S. 47 f.) begründen. Dieser veranstaltete ein Computer-Turnier mit wiederholten Gefangendilemmaspielen, zu dem namhafte Spieltheoretiker aus verschiedenen Wissenschaftsdisziplinen Strategievorschläge einreichen konnten. Dabei erwies sich ebenfalls eine einfache Strategie der Reziprozität, die sogenannte „Tit for Tat"-Strategie,[37] als letztlich überlegen gegenüber allen anderen Strategievorschlägen.

Wenn auch reziprokes Verhalten günstig auf die spontane Koordinationsbereitschaft wirken kann, so ist es doch keine Garantie für die Überwindung typischer Dilemmata (*Fehr* und *Gächter* 2000b, S. 164 f.; *Fehr* und *Schmidt* 2000, S. 7 f.; Falk 2003, S. 148). Da die Bereitschaft zu freiwilligen Kooperation davon bestimmt wird, ob sich die jeweiligen Interaktionspartner auch kooperativ verhalten oder ob dies erwartet werden kann, ist nicht voraussagbar, welches der möglichen Ergebnisse in Dilemmakonstellationen dominiert. Hierüber kann schon die Zusammensetzung der Spieler bestimmen: Wenn genügend nicht reziproke Naturen darunter sind, dann wird insgesamt das defektive Gleichgewicht wahrscheinlicher. Zudem liegt es nahe, daß das Kooperationsergebnis von einer Vielzahl von (interdependenten) Faktoren beeinflußt wird, von denen hier nur die wichtigsten aufgezeigt werden können.[38]

---

36 Hiermit soll einem weiteren typischen Einwand begegnet werden: Zuvor ermittelte internationale Ähnlichkeiten des Verhaltens könnten vor allem darauf zurückzuführen gewesen sein, daß die Probanden im wesentlichen Studenten waren, die auch international einem ähnlichen Sozialisationsprozeß unterliegen.

37 „Tit for Tat" besteht aus zwei Elementen. Erstens wird immer mit der Strategie geantwortet, die der andere Spieler im Zug zuvor gespielt hat (Reziprozität). Zweitens wird im ersten Spielzug kooperatives Verhalten von sich aus angeboten. Diese Bedingung der „Freundlichkeit" läuft dem strengen Homo Oeconomicus zuwider, da dieser so etwas nie tun würde (siehe *Wentzel* 2000).

38 Bei der Interpretation dieser Kontextfaktoren ist zu beachten, daß damit (zumeist) auch die ursprünglichen Dillemmasituationen – also die Spiele selbst – verändert werden. Dies ist immer dann unproblematisch, wenn davon ausgegangen werden kann, daß dadurch reale Entscheidungssituationen besser beschrieben werden als mit dem (statischen) Gefangenendilemma.

- So weist die Möglichkeit zu (persönlicher) *Kommunikation* zwischen den Spielern einen eindeutig positiven Effekt auf den Kooperationsgrad auf. Der Informationsaustausch wird also nicht dazu genutzt, die eigene Kooperationsbereitschaft in opportunistischer Weise vorzutäuschen, wie es die Annahme reinen Eigennutzes naheliegt. Sondern die Spieler suchen nach einer gemeinsamen kooperativen Strategie oder versuchen, Erwartungen über die Kooperationsbereitschaft der anderen Spieler zu bilden (*Bohnet* und *Frey* 1997, S. 715 ff.; *Ostrom* 1998, S. 5 f.; 2000, S. 141).
- Deutlichen Einfluß haben prinzipiell auch *Spielwiederholungen*, insbesondere wenn die gleichen Spieler wiederholt aufeinandertreffen. Die Erweiterung des Zeithorizonts des Entscheidungsproblems bietet den Individuen die Möglichkeit zu Lernprozessen über die Spielgestalt und die Verhaltensweisen der anderen Spieler. Wiederholte Interaktionen können zum Aufbau von individueller Reputation genutzt werden. Der Nutzenentgang des Verzichts auf die kurzfristig beste Defektionsstrategie wird dabei gegen den langfristigen Nutzen wiederholten Zusammentreffens abgewogen. In der Realität sind besonders günstige Bedingungen für die Entwicklung einer spontanen Kooperationsbereitschaft dann gegeben, wenn der „Schatten der Zukunft" hinreichend groß ist: Dann können die Wirtschaftssubjekte mit großer Sicherheit davon ausgehen, erneut aufeinander zu treffen und/oder ihr weiterer (wirtschaftlicher) Erfolg hängt stärker von der einmal erworbenen Reputation ab.[39]
- Allerdings genügen Informationsaustausch und wiederholtes Zusammentreffen im Experiment nicht, um die Kooperationsbereitschaft der Individuen dauerhaft zu sichern. Ein relativ stabiles Ergebnis der unzähligen Öffentliche-Güter-Spiele ist, daß der Kooperationsgrad mit der Anzahl der Spielrunden sinkt (wenn auch nicht auf 0 fällt), weil sich bedingt kooperative Individuen nicht dauerhaft von Trittbrettfahrern hintergehen lassen wollen (*Frey* 1990, S. 130; *Ostrom* 2000, S. 140). Ein naheliegender Ausweg aus dieser Problematik der negativen Reziprozität sind (graduelle) *Sanktionsmöglichkeiten*. In wiederholten Experimenten erhöhen diese die Kooperation der Spieler systematisch, während Spiele ohne Sanktionsmöglichkeiten in Richtung des defektiven Gleichgewichts konvergieren (*Fehr* und *Gächter* 2000a). Die Bestrafungsoption wird hierbei von den kooperativen Spielern auch dann genutzt, wenn sie kostspielig ist und keinen zusätzlichen persönlichen (geldlichen) Nutzen bringt.[40] Dieser positive Einfluß der Sanktionsmöglichkeiten deutet einerseits darauf hin, daß selbst eine Minderheit von reziproken Spielern genügt, um die Mehrheit rein eigeninteressierter Spieler zu kooperativen Verhalten zu zwingen.

---

39 Für die Überwindung von kurzfristigen Dilemmata muß dann noch nicht einmal auf eine kollektive Strategie zurückgegriffen werden. Die individuelle Reputation als ehrlicher Geschäfts- und Interaktionspartner hat gerade auch in anonymen Marktsituationen eine wichtige Signalqualität, die kurzfristigen Opportunismus begrenzt (siehe *Watrin* 1999, S. 51).

40 Auch die Nutzung der Bestrafungsoption in 1-Perioden-Spielen läßt sich nicht mit dem rein eigeninteressierten Verhaltensmodell erklären. Denn rationale Individuen würden hierbei keine Strafen aussprechen, wenn sie ihnen selbst keinen zusätzlichen Nutzen bringen.

Andererseits erhöht die bloße Existenz einer Bestrafungsmöglichkeit gerade bei den Spielern die Zahlungsbereitschaft, die zu Beginn des Experiments wenig Vertrauen in die Kooperationsfreude der anderen Spieler aufbringen (*Ostrom* 1998, S. 8). Bestrafungsmöglichkeiten helfen also, die Wirkungen der sonst hinderlichen Heterogenität der Individuen auszugleichen.

Insgesamt stimmen die Überlegungen der experimentellen Forschung grundsätzlich optimistisch bezüglich der Fähigkeit und Bereitschaft der Individuen zur spontanen Selbstorganisation und liefern damit ein starkes Argument zugunsten des „Subsidiaritätstests". Einer solchen Argumentation kann jedoch vorgeworfen werden, daß die experimentelle Methode nur bedingt geeignet ist, reale Entscheidungssituationen und Ordnungsprobleme repräsentativ genug abzubilden, um daraus wirtschaftspolitisch verwertbare Schlüsse für die häufig anonymen Tauschbeziehungen in Großgesellschaften ziehen zu können.

Tatsächlich werden viele der genannten Voraussetzungen in kleineren Gruppen mit größerer Wahrscheinlichkeit zutreffen. Geringe Personenzahlen setzen die Anonymität herab, erhöhen die Kommunikationsfähigkeit und -intensität und vereinfachen die Entdeckung (und gegebenenfalls Sanktionierung) nichtkooperativen Verhaltens sowie die Bildung von Vertrauen in gegenseitige Regeltreue. Zudem wird hierdurch die Chance erhöht, daß die fraglichen Individuen über eine ähnliche Problemsicht und Interessenlage verfügen oder im Rahmen gemeinsamer informeller Institutionen (zusätzlich) sanktioniert werden (etwa *Frey* 1990, S. 129). Arbeiten, die diesen Einwand auch für reale Situationen empirisch nachgehen, sind jedoch selten.

3.2.2.3. Spontane Ordnungen, Großgesellschaften und Staatskontrolle

Die wohl bedeutendste Ausnahme bildet *Ostrom* (1990, S. 115-132; 2000, S. 149-153), die weltweit Erfolgs- und Mißerfolgsfaktoren für selbstregulatorische Systeme der Bewirtschaftung von Allmende-Ressourcen untersucht: Kooperation erwächst zumeist spontan aus einem besonderen Regelungsbedürfnis innerhalb einer klar abgegrenzten Gruppe von Personen. Je größer dabei der gemeinsame Nutzen einer Institutionalisierung oder die Kosten der Nichtkooperation sind, desto günstiger sind die Chancen auf Selbstorganisation und/oder Einhaltung der gewonnenen Regeln. Hinsichtlich der Auswirkungen unterschiedlicher Gruppengrößen sind die Erkenntnisse von Ostrom weniger eindeutig, als der obige Einwand vermuten läßt. Kompliziertere Systeme, die eine größere Anzahl von Wirtschaftssubjekten erfassen, kommen ebenfalls vor.[41] Sie bilden sich im Regelfall schrittweise aus den gewonnenen Erfahrungen und unter Weiterentwicklung des ursprünglichen (kleineren) Institutionengefüges.[42] Das langfristige Überle-

---

41 *Ostroms* Ergebnisse liegen damit auf der Linie der experimentellen Ergebnisse von *Isaac et al.* (1994), die für größere Gruppen von bis zu 100 Personen ebenso deutlich kooperatives Verhalten nachweisen.

42 Zudem scheinen Entstehung sowie Überlebens- und Anpassungsfähigkeit von Systemen der Selbstregulierung häufig von einzelnen und wenigen Personen begünstigt zu werden,

ben wird stärker von der Ausgestaltung der Regeln selbst bestimmt, als von der puren Anzahl der involvierten Interessen. Neben einer insgesamt kostengünstigen Organisation[43] sowie der „fairen“ Aufteilung der Organisationskosten nach Mustern, die dem Äquivalenzprinzip ähneln, zählen hierzu vor allem ein transparenter Streitschlichtungsmechanismus und die Möglichkeit zu abgestuften Sanktionsmöglichkeiten, die einen ersten Regelverstoß nur mit einer sehr geringen oder symbolischen Strafe versehen. Darin kann man eine weitere Konkretisierung des Reziprozitäts- oder Fairneßgebots sehen. Sofern der Regelbruch einmalig, ohne Absicht oder aus einem Ausnahmegrund geschehen ist, erscheint es „fair“, keine allzu hohen Strafen zu verhängen. Ähnlich wie im staatlichen Strafrecht würde also zwischen Erst- und Mehrfachtätern unterschieden, und es würden „mildernde Umstände“ geltend gemacht. Insgesamt bekräftigt *Ostrom* (1990; 2000) damit einige der wesentlichsten Erwartungen der theoretischen Forschung. Fraglich ist indes, ob diese Erkenntnisse wegen des besonderen Charakters der untersuchten natürlichen Allemende-Ressourcen auf andere Ordnungsprobleme zweifelsfrei übertragbar sind.

Ungeachtet dessen ist die umfangreiche Feldforschung aber auch deshalb von Bedeutung, weil sie empirische Hinweise auf Grenzen und Probleme rein selbstregulatorischer Lösungen liefert: *Erstens* ist das Vorliegen der begünstigenden Faktoren keine Garantie für den dauerhaften Erfolg. Problematisch sind vor allem intern nicht lösbare Interessenkonflikte und/oder opportunistische Verhaltensweisen, die vereinbarte Sanktionsmöglichkeiten (weitgehend) ins Leere laufen lassen. Dies gilt besonders dann, wenn die Akteure nicht ersatzweise auf die Sanktionskraft gemeinsamer informeller Regeln zurückgreifen können.

In diesen Fällen können selbstregulatorische Elemente keine dauerhafte Ordnungs- und Sanktionskraft entfalten, vermutlich werden sie noch nicht einmal entstehen. Wird der Gegenstandsbereich dennoch als ordnungsbedürftig empfunden, dann bleibt *zweitens* nur der Rückgriff auf die nächsthöhere Kontrollebene 3 – also auf den Staat. Auf diese Weise können vielfältige komplementäre Beziehungen zwischen diesen beiden Ordnungsebenen begründet und empirisch nachgewiesen werden. Auf der einen Seite wirkt fördernd, wenn dezentrale Formen der Selbstorganisation explizit legitimiert werden, wenn also die lokale oder gruppenspezifische Autonomie durch gesetzlich oder sonstige Vorgaben bestätigt wird (*Ostrom* 1990, S. 131). Man kann darin durchaus die Konstituierung von Freiheitsspielräumen für einzelne Individuen oder Teilgruppen der Gesellschaft sehen, wie sie als Hauptaufgabe der Staatstätigkeit identifiziert wurde. In dem Maße, wie diese Freiheitsrechte geschützt werden, wird es einfacher, ohne das Risiko eines späteren staatlichen Eingriffs innovativ zu werden. In ähnlicher Weise erhal-

---

die Kraft ihrer Überzeugung und Integrität als von allen akzeptierte Moderationsinstanz auftreten können.

43 Bei größeren Systemen kann es beispielsweise wichtig sein, hierarchisch geordnete, aber teilautonome Subsysteme zu bilden, um die Anpassungsfähigkeit und Steuerbarkeit zu erhalten. Wichtiger ist jedoch ein einfacher, kostengünstiger und transparenter Schlichtungsmechanismus für etwaige Streitigkeiten über Regelauslegungen und Regelbefolgungen.

ten spontane Regelungselemente nicht selten eine höhere Akzeptanz oder Sanktionskraft, wenn sich die prinzipiell daran gebundenen Individuen zur Streitschlichtung notfalls auch an eine neutrale staatliche Instanz wenden können. Es kann hierzu schon genügen, wenn staatliche Stellen ein Diskussionsforum zur gemeinsamen Regelentwicklung und Konfliktbewältigung bieten.

Der „Schatten des Rechts" kann auch in Form der (erwarteten) Ergebnisse ordentlicher Gerichtsverfahren eine wichtige Informationsgrundlage für selbstregulatorische Lösungen bilden (*Voigt* 2002, S. 80).[44] Auch sind in private Schiedsgerichtsbarkeiten, wie sie gerade für Vertragsstreitigkeiten zwischen Unternehmen im internationalen Raum häufig verwendet werden, stellenweise Vertreter des „offiziellen" Rechtssystems (z.B. ehemalige Richter) eingebunden (*Benson* 1998, S. 113 ff.; S. 126 ff.).[45]

Im Zusammenhang mit dem Verhältnis zu den externen Institutionen besteht jedoch ein weiterer Einwand gegen subsidiäre selbstregulatorische Elemente. Soweit sie dem Charakter nach mehr oder weniger formellen Absprachen zwischen einzelnen Wirtschaftssubjekten, insbesondere Unternehmen, entsprechen, ist zum einen nie vollständig auszuschließen, daß die institutionellen Arrangements zur Behinderung etwaiger Konkurrenten oder zur Abwälzung von Kosten auf unbeteiligte Dritte initiiert oder genutzt werden. Zum zweiten dürften die darin gebundenen Wirtschaftssubjekte – solange sie nicht selbst davon betroffen sind – wenig Interesse daran haben, etwaige negative externe Effekte ihres Handelns freiwillig bei sich zu internalisieren. Ein vollständiger Verzicht auf staatliche externe Institutionen zugunsten selbstgeschaffener Regeln ist daher grundsätzlich nur soweit möglich, wie durch sie das übergeordnete Interesse der Verwirklichung der Wettbewerbsordnung nicht gefährdet wird (*Schüller* 1997, S. 83).

3.2.2.4. Zwischenfazit: Ein Subsidiaritätstest

In offenen Gesellschaften sollte dem Ruf nach (zusätzlichen) staatlichen Regeln ein „Test auf Möglichkeiten der Selbstorganisation und -kontrolle" vorangestellt werden. Mit dem Hang, staatlichen Institutionen vorschnell den Vorrang vor selbstregulatorischen Ordnungskräften zu geben, wird nicht nur auf die Vorteile verzichtet, die Selbstregulierungen bieten können. Außerdem ist der Spielraum für selbstregulatorische Lö-

---

44 Strenggenommen trifft dies nur auf den Fall zu, in dem die Staatskontrolle eine aus übergeordneten volkswirtschaftlichem Interesse wünschenswerte Selbstregulierung befördert. Natürlich kann der „Schatten des Rechts" auch als Drohmechanismus verwendet werden. Privat organisierte Selbstregulierung entsteht dann nur aus dem Grund, um staatlichen Sanktionen zu entgehen. Für die ordnungsökonomische Bewertung kommt es dann darauf an, ob die staatliche Drohung ihrerseits vor dem Hintergrund eines volkswirtschaftlichen Interesses zu rechtfertigen ist.

45 Hierbei kann auch ein Kostenvergleich unterschiedlicher Verfahren der Streitschlichtung eine Rolle spielen (*Benson* 1998, S. 124 ff.). Sind ordentliche Gerichtsverfahren mit höheren Kosten oder größerem Zeitaufwand verbunden als ihre privaten Alternativen, werden die Parteien mit höherer Wahrscheinlichkeit diese Verfahren wählen. Gerade bei internationalen Transaktionen, die häufig mehrere Rechtskreise betreffen, sind daher private Formen der Streitschlichtung (Schiedsgerichte) durchaus beliebt.

sungen größer als vielfach vermutet wird, weil reale Entscheidungssituationen bei der Wahl über verhaltensbeschränkende Regeln meist vom theoretischen Grenzfall des einperiodigen Gefangenendilemmas abweichen. Kommunikationsprozesse, wiederholte (persönliche) Interaktionen und (relativ) fest verankerte Reziprozitäts- und Fairneßvorstellungen können zum Aufbau von Vertrauen genutzt werden. Sofern unter solchen Umständen ein erkennbarer (langfristiger) Nutzen in der kollektiven Lösung liegt, wenn also ein „*konstitutionelles Interesse*" (*Vanberg*) an Ordnung besteht, sollten günstige Voraussetzungen für die spontane Ordnungsentstehung bestehen. Da selbstregulatorische Elemente häufig den Charakter von Clubgütern aufweisen, deren Nutzen nur den darin gebundenen Wirtschaftssubjekten zukommt, dürfte grundsätzlich auch ein wirksames Sanktionspotential in Form einer Ausschlußdrohung bestehen.

Der Sprung auf Kontrollebene 3 der staatlichen Einflußnahme erscheint bei starken Anhaltspunkten für ein Versagen der Wettbewerbskontrolle (Kontrollebene 1) *grundsätzlich* erst dann *bedenkenswert*, wenn der Subsidiaritätstest zu dem Ergebnis führt, daß selbstregulatorische Lösungen (a) von sich aus nicht zustande kommen oder (b) aus übergeordneten volkswirtschaftlichen Gründen nicht wünschenswert sind. Die „susidiäre Assistenz" (*Schüller* 1997, S. 70) des Staates kann in diesen Fällen vielfältige Formen annehmen. Sie reicht von der Schaffung der Voraussetzungen für subsidiäre Elemente der Selbstregulierung – etwa durch den „Schatten des Rechts" – bis hin zur vollständigen Substitution durch staatliches Recht. Diese vollständige Substitution erscheint vor allem dort notwendig, wo subsidiäre Elemente drohen, für die Beseitigung der Wettbewerbsordnung selbst genutzt zu werden. Wie gesehen ist daher die Bereitstellung marktwirtschaftlicher Basisinstitutionen (Kontrollebene 3a) wenig umstritten.

3.2.3. Zu den Grenzen staatlicher (Sonder-)Regeln: Das Problem des Staatsversagens

3.2.3.1. Staatsversagen aus Eigeninteresse: Die These der Neuen Politischen Ökonomik

Für eine abgewogene Entscheidung über die Zweckmäßigkeit von zentralen und dezentralen Ordnungs- und Koordinationselementen genügt es jedoch nicht, von den Grenzen der ersten beiden Kontrollebenen auszugehen. Dem Markt- und Selbstorganisationsversagen ist die Möglichkeit von Staats- und/oder Politikversagen gegenüberzustellen. Schon die Alltagserfahrung läßt es zweifelhaft erscheinen, ob das Idealbild im öffentlichen Interesse gestalteter und durchgesetzter staatlicher Regeln der Kontrollebene 3 uneingeschränkt gültig ist. Die Gründe für ein staatliches Handeln, das mehr oder weniger systematisch von (gedachten) theoretischen Ideallösungen abweicht, können vielfältig sein.

Über das inhärente Problem der „Anmaßung von Steuerungswissen" (siehe Kap. 3.2.2.1.) hinaus läßt sich Staatsversagen in erster Linie mit Erkenntnissen der Neuen Politischen Ökonomik (NPÖ) begründen. Der methodische Kern der NPÖ besteht darin, die üblichen ökonomischen Verhaltensannahmen (Eigeninteressiertheit, Gewinn- oder Nutzenmaximierung) für die Analyse politischer und staatlich-bürokratischer Prozesse zu nutzen (*Fehl* 2002, S. 138). Dabei berücksichtigt sie, daß die Akteure des politischen Prozesses über systematische Informationsvorsprünge vor allem gegenüber den Wählern verfügen können, zumindest aber Transaktionskosten bei ihrer Kontrolle anfallen. Werden Regelbildungs-, Administrations- und Sanktionsprozesse unter diesem Blickwinkel analysiert, wird die häufig implizit formulierte Annahme der Gemeinwohlorientierung staatlichen Handelns für reale Situationen fragwürdig. Realistischerweise treten Prinzipal-Agenten-Probleme auf, die Raum für opportunistische Verhaltensweisen der beteiligten Akteure geben und somit ein „Staatversagen“ mit sich bringen können.

Die Wahl bestimmter Regeln wird von der NPÖ generell als Ergebnis eines Tausches auf dem politischen Markt zwischen unterschiedlich informierten und interessierten Politikern, Wählern, Interessengruppen und Bürokraten angesehen. Angebotsseitig wird die Entscheidung vom Verhalten der Politiker bestimmt, deren zentrales, wenn auch nicht einziges Interesse die Wiederwahl ist. Ein um seine Wiederwahl besorgter Politiker neigt dazu, Entscheidungen zu treffen und institutionelle Arrangements zu unterstützen, von denen er sich die meiste Zustimmung bzw. die Sicherung seiner politischen Stellung erhofft.

Diese Nachfrageseite wird insbesondere durch die von *Olson* (1965/1985; 1982, Kap. 2) ausgearbeitete Interessengruppentheorie untersucht. Diese unterstellt, daß es den Nachfragern nach Regeln in erster Linie darum geht, ihre jeweiligen spezifischen Sonderinteressen zu Lasten Dritter im politischen Wettbewerb durchzusetzen. Der Erfolg eines solchen rentensuchenden Verhaltens („rent seeking“) hängt *erstens* von der Organisierbarkeit der Interessen ab: Hierbei besitzen kleine oder vergleichsweise homogene Gruppen einen komparativen Vorteil (*Olson* 1965/1985, S. 46 ff.). Sie sind deutlich häufiger in der Lage, spezifische Sonderinteressen zu formulieren und an die politischen Entscheidungsträger heranzutragen. Demgegenüber haben große und inhomogene Gruppen – also vor allem die breite Konsumenten- und Wählerschaft – einen Organisationsnachteil, der zu ihrer tendenziellen Unterrepräsentation in politischen Willensbildungsprozessen führt. Verschärft wird dies dadurch, daß sich die Informationskosten der Wähler im Vergleich zum damit zu erreichenden Einfluß als prohibitiv hoch erweisen können (*Streit* und *Kiwit* 1999/2001, S. 351). Inwieweit sich Sonderinteressen durchzusetzen vermögen, hängt dabei *zweitens* auch von der Verteilung der Kosten und Nutzen der angestrebten Regeln ab. Vor allem wenn die Kosten breit und kaum spürbar gestreut sind, haben es Politiker vergleichsweise leicht, externe Institutionen zu schaffen, die mit wettbewerbsfeindlichen Zugeständnissen spezifischen und besonders mächtigen Interessengruppen dienen und damit deren Nutzen selektiv erhöhen.

Ein Gruppeninteresse im weitesten Sinne kann auch bei den Bürokraten vermutet werden, die die Einhaltung bestehender oder entstehender Regeln überwachen sollen. Da sie im Regelfall über einen Wissens- und Informationsvorsprung gegenüber der Legislative und den Wählern verfügen, können sie ebenfalls spezifische Interessen in den Regelbildungsprozeß einbringen und durchsetzen. Nach der auf *Niskanen* (1971) zurückgehenden Bürokratietheorie bevorzugen sie umfangreiche und komplexe Regeln, weil hiermit zumeist die Erhöhung der relevanten Budgets, entsprechende Aufstiegschancen oder allgemeine Image- und Einflußzugewinne verbunden sind. Ebenso ist nicht damit zu rechnen, daß bürokratische Entscheidungsträger bestehende Regeln immer und überall im Sinne des Gesetzgebers administrieren. Sofern sie über diskretionäre Verhaltenspielräume verfügen, werden sie auch hierbei anfällig für opportunistisches Verhalten sein.

Nimmt man die Aussagen der ökonomischen Theorie der Politik, der Interessengruppen- und der Bürokratietheorie zusammen, so können sich ernstzunehmende negative volkswirtschaftliche Wirkungen ergeben (siehe *Erlei et al.* 1999, S. 353): Zum einen ist „rent seeking" nicht kostenlos. Der auf selektive Bevorteilung gerichtete Interessengruppenwettbewerb bindet Ressourcen, die sonst für andere, produktivere Verwendungen zur Verfügung stünden. Außerdem wird die produktive Kraft des Wettbewerbs als Entdeckungs- und Entmachtungsinstrument in dem Maße geschwächt, wie es gelingt, Sonderinteressen durchzusetzen oder zu bedienen. Dies ist besonders dann zu erwarten, wenn es zur Bildung von Koalitionen zwischen den Behörden, dem Gesetzgeber und den von spezifischen Regeln betroffenen Gruppen kommt. Diese Gefahr sieht insbesondere die „Capture"-Theorie (*Stigler* 1971). Hiernach kann es den regulierten Industrien mit Billigung oder aktiver Beteiligung der staatlichen Stellen gelingen, die Regulierungsmaßnahmen (nahezu) vollständig im eigenen Interesse zu kontrollieren und sich Regulierungsrenten zulasten der Konsumenten oder etwaiger Konkurrenten zu sichern.

3.2.3.2. Staatsversagen und das Phänomen der Pfadabhängigkeit

Das so charakterisierte Problem des Staatsversagens kann dadurch verschärft werden, daß die Entwicklung insbesondere der staatlichen Institutionen in der Tendenz pfadabhängig verläuft. Im Kern bedeutet dies, daß Entscheidungen der Regelwahl früherer Perioden das Potential möglicher zukünftiger Regeländerungen einschränkt. Regeln können damit in dem Sinne inflexibel sein, daß ihre Korrektur durch die Bindungskraft früherer Entscheidungen erschwert wird. Die neuere Literatur hat für dieses Phänomen eine große Zahl von Wirkungskanälen herausgearbeitet (siehe *Leipold* 1996; *Ackermann* 2001). Häufig knüpfen diese an die Erklärung technologischer Pfadabhängigkeiten (*Arthur* 1989) an oder stellen tradierte und gesellschaftlich fest verankerte Bewertungen der Realität (mentale Modelle der Weltsicht, *North* 1990) in den Mittelpunkt der Erklärung. Aber auch die bereits diskutierten Ursachen von Staatsversagen (Rentensuche, Wissensmangel, Probleme des kollektiven Handelns usw.) besitzen diese Wirkung. Im Einzelfall ist daher nicht zweifelsfrei zu entscheiden, welche Wurzel von Regelinflexibilitäten dominiert.[46]

---

[46] *Ackermann* (2001) vertritt dagegen eine eher engere Auslegung: Während Inflexibilitäten von Regeln aus vielen Gründen denkbar sind, von denen die politökonomischen Wirkungskanäle als die wichtigsten angesehen werden (S. 53 ff.), zeichnen sich Pfadabhängigkeiten durch spezifische Wirkkanäle aus. Hierzu zählen (a) eine auch individuell vorteilhafte Regelbefolgung (Koordinationseffekt, S. 99-120), (b) Komplementaritäten unterschiedlicher Institutionen zueinander (S. 120-134) und (c) soziale Lernprozesse, die zu einer mehr oder weniger gesellschaftstypischen Problemwahrnehmung führen (S. 134-159). Siehe zur Pfadabhängigkeit auch *Kerber* und *Heine* (2002).

Wichtiger ist ohnehin, *daß* dauerhafte Inflexibilitäten vorkommen, die die Anpassung existierender Regelwerke verunmöglichen, zumindest aber einen Pfadwechsel verteuern.[47] Für das Problem des Versagens externer Regelwerke hat dies ernste Konsequenzen. So läßt sich folgern, daß Pfadabhängigkeiten selbst dann zu einem gehörigen Potential an Ineffizienz in der Regelentwicklung führen (können), wenn die Regeln zwar ursprünglich gerechtfertigt erschienen, die wirtschaftlichen Realitäten aber in der Zwischenzeit diese Regelsetzungen obsolet haben werden lassen. Wesentlich heikler ist jedoch der Fall, bei dem bereits die anfängliche Regelwahl von einem Staatsversagen gekennzeichnet war. Daher ist es für Beurteilung der Effizienz von Institutionen von großer Bedeutung, unter welchen Bedingungen merkliche Veränderungen historischer Pfade stattgefunden haben. Ließe sich eine selbst unter den historischen Umständen unzweckmäßige oder gar privilegienorientierte Regelwahl nachweisen, so ist der gesamten Evolutionsprozeß in Frage zu stellen:

(1) Ein wichtiges Beispiel hierfür bilden sogenannte „Interventionsketten" (*von Mises* 1929/1976). Damit sind aufeinanderfolgende Regelwahlentscheidungen gemeint, die folgendes Muster besitzen: Ein durch ein Staatsversagen begünstigter Eingriff in die Marktkoordination induziert ein erkennbar unzweckmäßiges ökonomisches Ergebnis. Anstatt aber in der Folgeperiode dieses Ergebnis durch eine Korrektur oder vollständige Abschaffung der ursprünglichen Regelung herbeizuführen, wird – gegebenenfalls unter erneutem Einfluß von Partikularinteressen oder Wissensmangel – versucht, die negativen Folgen durch eine Folgeintervention zu „heilen". Ein bekanntes Beispiel eines solchen „wirtschaftspolitischen Punktualismus" (*Schüller* 2002a) ist die langfristige Entwicklung der Europäischen Agrarmarktordnung.[48] Auch die Gefahr einer allgemeinen „institutionellen Sklerose" (*Olson* 1982, Kap. 3) – also einen durch den unkontrollierten Wettbewerb von Interessengruppen ausgelösten Mangel an volkswirtschaftlicher Anpassungs- und Leistungsfähigkeit mit massiven Wohlfahrtseinbußen – ist mit dem Gedanken einer Interventionskette kompatibel.

(2) Durch Pfadabhängigkeiten verfestigte ineffiziente institutionelle Arrangements sind gerade deshalb problematisch, weil mit ihrer Dauer das Verhalten und die Motivation der Wirtschaftssubjekte auf den anderen Kontrollebenen beeinflußt werden. So leidet die unternehmerische Fähigkeit und Findigkeit, im Wettbewerb zu bestehen, in dem

---

47 Zwar kommen Pfadabhängigkeiten auch auf der Kontrollebene 2 der Selbstregulierung vor. Da es sich jedoch um freiwillige Vereinbarungen und Koordinationen handelt, die sich mittels spontaner Ordnungsbildung ergeben, dürfte es wahrscheinlicher sein, daß sich weniger starke Beharrungstendenzen durchzusetzen vermögen. Siehe Kap. 3.2.2.1.

48 Hier wurde im (vorgeschobenen) Interesse der sozialen Belange der landwirtschaftlichen Bevölkerung, des Umweltschutzes, der Grundversorgung der Bevölkerung oder der Flurpflege zunächst ein System der Mindestpreise geschaffen, das erhebliche Anreize zur Produktionsausdehnung enthielt. Anstatt aber die entstehenden „Butterberge" durch eine Beseitigung des marktinkonformen Interventionsinstruments entgegenzutreten, wurde in einer nächsten Regulierungsrunde mit Hilfe der Subventionierung von Flächenstillegungen versucht, das übermäßige Angebot zurückzuschneiden.

Maße, wie staatliche Regeln rentensuchendes oder machtorientiertes Handeln begünstigen, belohnen oder gar bewußt herbeiführen.

Eine gravierende Wirkung kann zudem die Verdrängung der Kontrollebene 2 durch staatliche Aktivitäten sein. In jüngerer Zeit sind solche „crowding out"-Effekte auch experimentell nachweisbar. Eine bekannte Studie hierzu stammt von *Bohnet et al.* (2001). Diese konstruieren eine wiederholte zweistufige Spielsituation, in der ein Akteur *A* entscheiden kann, ob er einem jedesmal aufs neue zufällig ausgewählten Akteur *B* eine Vertragsbeziehung anbieten will (Stufe 1). Dies wird er nur tun, wenn er davon ausgehen kann, daß sich Akteur *B* vertragsgerecht verhält. Wird ein Vertrag angeboten, kann nun Akteur *B* entscheiden, ob er sein privates Einkommen durch einen Vertragsbruch zulasten des *A* steigert (Stufe 2). Dabei wird er die Wahrscheinlichkeit in Rechnung stellen, daß sein Opportunismus aufgedeckt wird.

Diese Wahrscheinlichkeit wird in den ersten Perioden des Experiments fest vorgegeben und später für die Spieler überraschend und unangekündigt auf Null gesetzt. Eine hohe Entdeckungswahrscheinlichkeit soll Rechtssysteme experimentell simulieren, in denen Verträge mit hoher Effektivität geschützt und durchgesetzt werden. Niedrige Wahrscheinlichkeiten simulieren dagegen kaum vorhandene externe Institutionen. Mittlere Wahrscheinlichkeiten stehen für mittelmäßig oder willkürlich durchgesetzte externe Institutionen:

- Wie erwartet sind sowohl die Anzahl der durch *A* angebotenen Verträge als auch die Vertragsperformance (gemessen am Prozentsatz der Vertragsbrüche durch *B*) in den ersten Runden vor allem dann hoch, wenn die Entdeckungswahrscheinlichkeit groß ist. Das heißt: Kooperationsbereitschaft und tatsächliche Kooperation können durch externe Institutionen erzwungen werden. Ein hoher Grad an Kooperation entwickelt sich über die Zeit auch in Situationen mit dauerhaft schlecht durchgesetzten externen Institutionen – also bei einer niedrigen Entdeckungswahrscheinlichkeit. In Analogie zu den Ausführungen zur spontanen Entstehung der Kontrollebene 2 deutet dies darauf hin, daß sich Kooperation auf Basis von Vertrauen oder Reziprozität auch unter anonymen Spielpartnern hervorbringen läßt. Vertragsbrüche durch den Akteur *B* sind seltener, weil sie als unfaire Handlung auf ein angebotenes Vertrauenssignal empfunden werden.
- Interessanter ist jedoch die Entwicklung des langfristigen Kooperationsniveaus nach dem Regimewechsel: Bei zuvor hoher Entdeckungswahrscheinlichkeit (effektive externe Institutionen) bricht die Kooperationsbereitschaft kurzfristig fast vollständig zusammen, um sich dann schrittweise in etwa auf das Niveau der durchgängig schwach durchgesetzten externen Institutionen zu erholen. Hingegen zeigt sich bei einer mittleren Entdeckungswahrscheinlichkeit (mittelmäßig durchgesetzte externe Institutionen) weder, daß die Kooperationsbereitschaft über die Zeit zunähme noch daß sie sich dem Endniveau der beiden anderen Regime annähern würde.

Diesen Umstand deuten *Bohnet et al.* (2001) dahingehend, daß die Durchsetzungseffizienz der externen Institutionen nicht nur einen *direkten* Einfluß auf die Kooperationsbereitschaft hat, sondern *indirekt* auch die moralisch verankerten Präferenzen der Spieler verändert. In die Sprache der Institutionenökonomik übersetzt: Die durch die internen Institutionen vermittelte Kooperationsbereitschaft läßt bei mittelmäßig durchgesetzten externen Institutionen im Zeitablauf nach. Die verhaltenssteuernden Wirkungen von Fairneß- und Reziprozitätsüberlegungen oder anderen informellen sozialen Normen können somit einem „crowding out“ unterliegen.[49] Für den hier diskutierten Zusammenhang ist dies deshalb problematisch, weil solche Normen als eine wichtige Basisvoraussetzung für die Entstehung und Stabilität von Mustern der Selbstregulierung identifiziert wurden. Weil Verdrängungseffekte zudem tendenziell dauerhaft sind, ändern daran auch die im nächsten Kapitel diskutierten Korrekturkräfte des Staatsversagens zumindest kurzfristig nur wenig.

3.2.4. Zur Korrekturfähigkeit von Ineffizienzen staatlicher Regeln: Exit, Voice und andere Einflüsse auf die Regelwahl

Wie dargelegt folgert die NPÖ aus Sonderinteressen und eigennützigem Verhalten von Politikern und Bürokraten das potentielle ordnungspolitische Problem, daß sich reale Regelsysteme (weit) von den Präferenzen der Bürger bzw. einem gedachten Idealbild politischer Aktivität im öffentlichen Interesse entfernen. Auch wenn dies sicher richtig ist, sollten aus den genannten Ausführungen keine allzu mechanistischen Schlüsse gezogen werden. Bei aller Skepsis über die von politischen Entscheidungsmechanismen ausgehenden Wirkungen muß beachtet werden, daß sich im politischen Wettbewerb „sklerotische Muster“ der Institutionenbildung nicht zwangsläufig ergeben. Das liegt daran, daß neben dem kurzfristigen Eigeninteresse der eingebundenen Akteure eine Vielzahl von Faktoren in die Analyse der Entwicklung von Institutionen einbezogen werden muß.

Neben verfassungsmäßigen Schranken für Staats- und Behördenhandeln (*Buchanan* 1992, S. 65 ff.) sind weitere Grenzen für allzu eigeninteressiertes und opportunistisches Verhalten vorstell- und begründbar. Allgemein stehen einer dauerhaften Ineffizienz von externen Regeln im politischen Wettbewerb korrigierende Kräfte gegenüber, die letztlich eine Rückkoppelung über Kosten und Nutzen etwaiger externer Regelwerke zu den politischen Entscheidungsträgern ermöglichen. In Anschluß an *Hirschmann* (1970/1974) lassen sich diese in Abwanderungs- und Widerspruchs-Mechanismen („exit“ und „voice“) unterteilen.

„Voice“ ist der Sammelbegriff für alle Formen der politischen Willensäußerung. Hierbei muß die strenge Staatsversagenslogik der „rent seeking“-Schule sowohl nach-

---

[49] Die „crowding“-Theorie ist im wesentlichen durch psychologische Experimente entwickelt worden, die unterschiedliche Formen der Motivation auf das menschliche Verhalten abbilden wollten (siehe zum Überblick *Frey* und *Jegen* 2001). Die Standardvoraussage der Ökonomie, daß eine Erhöhung der Geld- oder Preisanreize zu einem Mehrangebot oder erhöhtem Einsatzwillen führt, kann dabei nicht immer nachgewiesen werden. Diese Wirkungen wurden empirisch vor allem für Probleme der Arbeitsmotivation getestet und bestätigt. Strittig sind indes die tieferen Ursachen. Während *Frey* und *Jegen* (2001) von einer Verdrängung intrinsischer Motivation durch externe geldliche Anreize ausgehen, sehen *Fehr* und *Falk* (2002, S. 716 ff.) den Grund in den genannten Reziprozitätsnormen und Fairneßüberlegungen.

frage- als auch angebotsseitig eingeschränkt werden. So können Interessengruppen *erstens* eine wichtige Informationsfunktion wahrnehmen. Indem sie die Präferenzen ihrer Mitglieder an die politischen Entscheidungs- und Handlungsträger herantragen, vermindern sie – transaktionskostengünstig – das Wissensproblem der Entscheidungsträger und damit eine wichtige Ursache für Staatsversagen. Sofern *zweitens* davon ausgegangen wird, daß nicht allzu große Unterschiede in der Organisierbarkeit der Interessen gegeben sind, kann ein offener Leistungswettbewerb der Interessengruppen auch zu einer Annäherung der externen Regeln an die Bürgerpräferenzen und/oder der Begrenzung der volkswirtschaftlichen Kosten des „rent seeking" führen (*Becker* 1983).

Drittens besteht die Hoffnung, daß die negativen Wohlfahrtseffekte ineffizienter externer Regelwerke früher oder später allgemein spürbar werden und bestehende, etwaige Regeln stützende Interessenkoalitionen aus dem Gleichgewicht bringen können. Spätestens dann wird auch der Druck der Wählerschaft zu einer Reform von Regelwerken über Wahlen, Streiks, usw. tendenziell zunehmen, was das – gemessen an der Wiederwahlwahrscheinlichkeit – „optimale" Politikangebot zugunsten breiter angelegter Interessen und zulasten einseitiger Interessenpolitik verschiebt. Der Zeitpunkt dieser Druckausübung ist jedoch davon abhängig, inwieweit die Wähler die Folgen politischen Handelns und etwaiger Alternativen hierzu rechtzeitig erkennen.

Darüber hinaus bestimmen langfristige Wählerpräferenzen, Parteigängertum und der Grundüberzeugungen den konkreten Verlauf von Pfadabhängigkeiten mit.[50] Grundüberzeugungen können mit *North* (1990, insbes. Kap. 11) durchaus als durch informelle Regeln geprägte oder durch soziale Lernprozesse verfestigte subjektive Einschätzungen der realen Begebenheiten (mentale Modelle der Weltsicht) interpretiert werden. Diese fließen bei der bewußten Wahl externer Institutionen nicht nur über die breite Masse der Bevölkerung, sondern auch und gerade über politische Unternehmer mit großem strategischen Einfluß auf die konkreten Entscheidungen ein (*North* 1999, S. 64 ff., 70 f., 104). Für die Entwicklung externer Regelwerke kommt es dann im Einzelfall auch auf das Verhalten dieser Individuen an. Wie schon *Popper* (1957, S. 177 f.) feststellt, bildet diese persönliche Komponente ein mitunter entscheidendes Element der Regelentwicklung und -wirkung. Tatsächlich ist die Geschichte voller Beispiele, bei denen Änderungen (wichtiger) externer Regeln von einzelnen oder wenigen Persönlichkeiten des öffentlichen oder politischen Lebens entscheidend geprägt worden sind, indem diese beispielsweise Koordinationsprobleme wirksam überwunden haben oder qua Überzeugung die Regelpräferenzen von Wählern und anderen Politikern beeinflussen konnten.[51]

---

50 Diese werden auf vielfältige Weise vermittelt – unter anderem auch durch Interessenvertretungen oder Einrichtungen der gesellschaftlichen Selbstorganisation, die sich dem „Gemeinwohl" verpflichtet fühlen. Nicht umsonst betont die ordoliberale Schule im Anschluß an *Eucken* (1952/1990, Kap. 19) die Bedeutung von „ordnenden Potenzen" wie der Presse, der Wissenschaft oder den Kirchen für Prozesse der Regelentwicklung. Deren Funktion wird unter anderem in der Aufklärung über alternative institutionelle Arrangements gesehen (siehe *Ewers* 2003, S. 254 ff.).

51 In ähnlicher Weise können auch die von individuellen Vorstellungen der Richter geprägten Gerichtsentscheidungen, insbesondere der jeweils höchsten Gerichte (*Okruch* 1998,

Politische Unternehmer können anders motiviert sein als durch eine ausschließliche Orientierung an der Chance auf Wiederwahl; sie müssen es aber nicht.[52] Denn auch langfristige (ordnungspolitische) Vorstellungen können durchaus mit dem (Wieder-) wahlinteresse vereinbar sein.

Schließlich lehrt die Erfahrung, daß einschneidende schockartige Ereignisse (Kriege, Naturkatastrophen, wirtschaftliche Krisen) die institutionelle Entwicklung entscheidend beeinflussen können. Die Geschichte der Regulierung der Kreditwirtschaft ist – wie noch zu zeigen sein wird – hierfür ein reiches Forschungsfeld (siehe Kap. 7.2.). Der Einfluß politischer Unternehmer in solchen seltenen „konstitutionellen Momenten" kann ein hohes Gewicht besitzen, da (a) zwar eine breite Überzeugung erwächst, ein gegebenes Ordnungsgefüge grundlegend zu überarbeiten, hierfür aber (b) nicht selten die Orientierung fehlt.

Neben den oft schwerfälligen „voice"-Mechanismen kann sich die Unzufriedenheit mit bestehenden Regeln auch über die zweite Korrekturkraft – die Abwanderungsoption – äußern (grundlegend *Tiebout* 1956). Dabei versuchen die Wirtschaftssubjekte, sich einem gegebenen institutionellen Arrangement zu entziehen, um sich einem Institutionengefüge zu unterstellen, von dem vermutet wird, das es den individuellen Präferenzen besser entspricht. Die Rückkoppelung einer solchen Regelwahl „mit den Füßen" in den politischen Entscheidungsprozeß beruht vornehmlich auf den Auswirkungen gehäufter „exit"-Phänomene auf das Eigeninteresse der politischen Entscheidungsträger oder der Bürokratie. Von versiegenden Finanzierungsquellen für öffentliche Leistungen, über die Furcht vor einem Einfluß- oder Imageverlust bis hin zu mehr oder weniger massiven Meinungsäußerungen oder verringerten Wiederwahlchancen sind vielfältige Mechanismen denkbar. Im günstigsten Fall bewirkt dies eine Veränderung der als unzweckmäßig erkannten externen Regelwerke. Es ist aber genauso gut vorstellbar, daß die politischen „exit"-Optionen zu schließen versuchen, um sich dem Regelwettbewerb zu entziehen. Die Mechanik des Prozesses der (langfristigen) Regelevolution läßt sich daher positiv als ein „unending game of strategy" (*Kane* 1988) zwischen regelsetzenden Instanzen und den davon betroffenen Wirtschaftssubjekten beschreiben oder auch als ein dialektischer Prozeß der Regulierung, der Umgehung und der abermaligen Reaktion der Regelsetzer.[53]

insbes. 126-137), wirken. Die Präzisierung unklarer Rechtsbegriffe oder die abschließende Beurteilung einer grundsätzlichen Auslegungsfrage haben häufig langfristige Auswirkungen auf die Art, wie externe Regeln interpretiert werden und wirken.

Insgesamt muß damit eine Vielzahl auch individueller Einflußfaktoren bei der Analyse der Regelwahl berücksichtigt werden. Regelevolution läßt sich deshalb, insbesondere wenn sie über den politisch-bürokratischen Apparat erfolgt, nicht prognostizieren. Am ehesten läßt sie sich ex post erklären (*Schüller* 1999, S. 20).

52 Zur Motivlage politischer Unternehmer ausführlich *Kuhnert* (2001).

53 Einschränkend ist hierbei jedoch festzuhalten, daß die Rückkoppelungsmechanismen unschärfer als im Gütermarktwettbewerb wirken. Denn sowohl „exit" als auch „voice" müssen von den politischen Entscheidungsträgern dahingehend interpretiert werden, welcher Teil des gesamten Institutionengefüges korrekturbedürftig ist. Umgekehrt können

Abwanderungsentscheidungen können dabei durchaus unterschiedliche Formen annehmen. Auch die Abwanderung in die Schattenwirtschaft oder das Ausweichen auf informelle Märkte gehört dazu (*de Soto* 2000; *Streit* 1995/2001, S. 306). Im hier behandelten Fall werden „exit"-Entscheidungen unter der Überschrift *„Regulierungsarbitrage"* diskutiert. Dabei lassen sich sachliche und geographische Arbitrageprozesse unterscheiden.

In sachlicher Hinsicht muß bei spezifischen Regulierungen, zu denen auch die Bankenregulierung gehört, *erstens* in Betracht gezogen werden, daß zu den meisten Aktivitäten oder Gütern mehr oder weniger enge Substitute bestehen. Unterliegen diese Alternativen billigeren Regulierungsbestimmungen, werden Unternehmen ihre Produktion tendenziell in die Bereiche verlagern, die ein besseres Verhältnis zwischen Regulierungskosten und -nutzen versprechen. Zur sachlichen Regulierungsarbitrage gehört es *zweitens* auch, daß sich Unternehmen mit Produkt-, Verfahrens- und Organisationsinnovationen einer als zu „teuer" empfundenen Regulierung zu entziehen suchen (*Kane* 1988, S. 330 f.). Hierzu reicht mitunter schon eine geschickte Ausnutzung von Regelungslücken oder ein kreativer Umgang mit den rechtlichen Regelungen. Das staatliche Wissensproblem erschwert es dabei zugleich, Innovationen der Privatwirtschaft, die auf Umgehung von (unzweckmäßigen) Regeln zielen, zu antizipieren. In Bereichen mit hoher Innovationsaktivität ist daher einerseits davon auszugehen, daß die staatlichen Akteure den Anstrengungen der Privatwirtschaft hinterherhinken. Andererseits verlieren staatliche Regeln mit aus Unternehmenssicht ungünstigen Nettoregulierungskosten im Zeitablauf an Sanktionskraft.

Die Möglichkeit zu Regulierungsarbitrage macht damit grundsätzlich auch vorsichtig gegenüber der Vorstellung, daß die Ziele staatlicher Regelsetzung leicht und dauerhaft zu erreichen sind, wenn sie aus Sicht der davon betroffenen Wirtschaftssubjekte ein ungünstiges Kosten-Nutzen-Verhältnis aufweisen. Dies gilt nicht nur für den Fall der sachlichen Ausweichreaktionen, sondern auch für den Fall der geographischen Ausweichreaktionen mobiler Faktoren, wie er im folgenden Kapital im Zusammenhang mit den Mechanismen des Systemwettbewerbs und internationaler Ordnungsfragen diskutiert werden soll.

3.3. Der internationale Kontext

3.3.1. Internationale Normen und Systemwettbewerb

Während es bisher um die Gewichtung der drei elementaren Steuerungsebenen im nationalen Kontext ging, müssen Ordnungsfragen angesichts der immer stärkeren internationalen Verflechtung der Güter- und Finanzmärkte heute zunehmend im internationalen Kontext diskutiert werden. Dies berührt insbesondere die Frage, unter welchen

---

Nachfrager nur auf das gesamte Institutionen- und Politikpaket reagieren (*Streit* und *Kiwit* 1999/2001, S. 350 ff.).

Bedingungen es gerechtfertigt erscheint, externe Regelwerke explizit auf supranationaler Ebene abzustimmen oder gar zu verankern. Oder allgemeiner formuliert: Welcher Ebene sollten die Kompetenzen der staatlichen Regelsetzung oder -administration zweckmäßigerweise zugeordnet werden, wenn (potentielle) Ordnungsprobleme über den nationalen Rahmen hinausreichen?

Die wirtschaftliche Theorie hat hierzu mittlerweile einen Kriterienkatalog erarbeitet, der hier nicht in aller Tiefe wiedergegeben werden soll (*Kerber* 2005, S. 274-280). Einen ersten Ansatzpunkt für die Entscheidung hierüber bilden die Optimalitätskriterien der Theorie des Fiskalföderalismus, wie sie von ursprünglich für Frage der vertikalen Zuordnung von Staatsaufgaben innerhalb eines Nationalstaates bzw. die optimale Größe von Gebietskörperschaften entwickelt worden sind.[54] Ein zentrales Kriterium für die Zuordnung der Staatstätigkeit ist die Reichweite externer Effekte. Ein stärkere Zentralisierung ließe sich hiernach überall dort begründen, wo davon ausgegangen werden kann, daß es zu weiträumigen negativen oder positiven Externalitäten (Spillover-Effekten) kommt. Gleichbedeutend ließe sich aus jeder transnationalen Externalität (fast) unmittelbar ein zentraler oder supranationaler Handlungsbedarf folgern.

Dem stehen in erster Linie die Folgekosten heterogener Bürgerpräferenzen und der politischen Entscheidungsfindung gegenüber: Eine starke Zentralisierung der Staatstätigkeit erschwert nicht nur die Konsensfindung und politische Kontrolle. Auch (regionale) Unterschiede in den Präferenzen für öffentliche Güter können nicht mehr in dem Maße beachtet werden, wie es bei einem föderalen Staatsaufbau möglich ist. Es ist daher davon auszugehen, daß die durchschnittlichen Frustrationskosten – also die Nutzeneinbußen der Bürger aus einem nicht präferenzengerechtem Angebot öffentlicher Leistungen – mit dem Ausmaß und der Intensität der Aufgabenzentralisierung steigt.

Die Theorie des Fiskalföderalismus kann unter strengen Annahmen aus solchen und ähnlichen Kriterien eine optimale Struktur der Staatstätigkeit ableiten. Prinzipiell ist dies auch für den internationalen Bereich möglich. Da dies jedoch aus einem statischen neoklassischen Modellrahmen heraus geschieht, ist für Staatsversagen aus Wissensmangel oder aus politökonomischen „Zwängen" nur wenig Raum, ebenso wie für Innovations- und Wettbewerbsprozesse im staatlichen Sektor.

Werden jedoch diese Möglichkeiten mit einbezogen, dann muß man sich zwangsläufig mit den Wirkungen des internationalen System- oder Institutionenwettbewerbs beschäftigen. Dieser beruht im Kern auf der internationalen Faktor- bzw. Unternehmensmobilität und den damit einhergehenden Möglichkeiten zu transnationalen „exit"- Entscheidungen derjenigen, die sich mit einem gegebenen institutionellen Arrangement unzufrieden zeigen (*geographische Regulierungsarbitrage*).[55] Die Kernelemente des

---

54 Die Theorie des Fiskalföderalismus geht im wesentlichen auf *A. Breton, G. Tullock* und *W. Oates* zurück. Siehe für einführende Überblicke *Apolte* (1999, Kap. 2) und *Döring* (1999).

55 Der Begriff Systemwettbewerb wird (häufig) synonym verwandt zu folgenden Ausdrükken: institutioneller Wettbewerb, interjurisdiktioneller Wettbewerb, Regulierungswettbewerb, Standortwettbewerb, Wettbewerb der Systeme.

Institutionenwettbewerbs lassen sich am besten durch eine Analogie zu den Wettbewerbsprozessen auf Gütermärkten erläutern (*Kiwit* und *Voigt* 1998, S. 320; *Kerber* 1998, S. 201): Unter der Voraussetzung, daß die Wettbewerbsprozesse durch entsprechende Regeln gesichert werden, hängt das wirtschaftliche Überleben der Anbieter (Unternehmen) auf Gütermärkten entscheidend davon ab, inwieweit es ihnen gelingt, die Präferenzen und Wünsche der Nachfrager in einem möglichst günstigen Preis-Leistungsverhältnis zu befriedigen. Ausdruck oder Nebenprodukt des Leistungswettbewerbs um die bestmögliche Befriedigung der Konsumentenpräferenzen ist ein evolutorischer Variations- und Selektionsprozeß, der ständig neues Wissen hervorbringt.

Die Angebots- und Nachfragesituation im Systemwettbewerb als auch seine Wirkungen lassen sich hiermit durchaus vergleichen. Die Anbieter im Wettbewerb sind die jeweiligen Nationalstaaten und ihre Regierungen. Bei den angebotenen „Gütern" handelt es sich folglich um öffentliche Leistungspakete – also unter anderem den bereitgestellten Ordnungsrahmen –, für die Preise in Form von Steuern, Gebühren und Abgaben verlangt werden.[56] Die Nachfrager nach diesen „Gütern" sind die in einer Jurisdiktion ansässigen Wirtschaftssubjekte – also vornehmlich Unternehmen und private Haushalte.

Ein wirksamer Wettbewerb unterschiedlicher Jurisdiktionen setzt nun voraus, daß die potentiellen Nutzer der öffentlichen Steuer-Leistungspakete tatsächlich zwischen verschiedenen Regeln wählen (können), mit den Wahlentscheidungen ihre Präferenzen offenbaren und die politischen Entscheidungsträger zu etwaigen Änderungen des Ordnungsrahmens bewegen (können). Wird davon ausgegangen, daß die politischen Entscheidungsträger Wanderungsbewegungen bzw. ihre Auswirkungen (z. B. versiegende Steuerquellen) nicht unbeschränkt akzeptieren, dann entsteht zwischen den einzelnen Nationalstaaten ein Wettbewerb mit dem Ziel, mobile Faktoren nach Möglichkeit in der Jurisdiktion zu halten. Im dynamischen (Wettbewerbs-)Zusammenhang lassen sich von diesem institutionellen Wettbewerb zwei eng miteinander verzahnte positive Wirkungen erwarten (siehe beispielsweise *Kerber* 1998, S. 202 f.; 2003, S. 49; *Apolte* 1999, S. 23; *Streit* und *Kiwit* 1999/2001):

– Dem Systemwettbewerb wird eine *Entmachtungs-* oder *Disziplinierungsfunktion* zugeschrieben. Anders als auf Gütermärkten bezieht sich die Disziplinierung hier jedoch auf den Mißbrauch diskretionärer Regelsetzungsspielräume des Staates sowie auf eine ausufernde oder von Sonderinteressen geleitete Staatstätigkeit – also auf die „Zähmung des Leviathan" (*S. Sinn* 1992). So würden etwa auf „rent-seeking"-Aktivitäten beruhende Privilegien ebenso Nachteile im Standortwettbewerb einbringen und Widersprüche und Wanderungen auslösen wie eine aus ande-

[56] Öffentliche Leistungen umfassen alle Formen staatlichen Handelns. Sie umschließen daher neben dem hier im Mittelpunkt stehenden institutionellen Rahmen unter anderem die öffentliche Infrastruktur, öffentliche Güter und Umverteilungs- und Steuersysteme. Jedes dieser Felder kann im Zusammenhang mit dem Systemwettbewerb mit eigenen Problemen behaftet sein, die hier nicht weiterverfolgt werden können. Zum Umverteilungs- und Steuerproblem siehe etwa die Debatten zwischen *Blankart* (1996) und *Sinn* (1996). Vgl. auch ausführlich *Apolte* (1999) und *Vaubel* (2000).

ren Gründen verursachte permanente Ausdehnung der Staatstätigkeit. Diese Wirkung des Systemwettbewerbs wird daher zumindest teilweise als Substitut für konstitutionell verankerte Grenzen der Staatstätigkeit verstanden.

- Während diese Begrenzungsfunktion des institutionellen Wettbewerbs vor allem gegen politökonomisch begründbares Staatsversagen gerichtet ist, geht es bei der *Entdeckungsfunktion* um das Problem des Staatsversagens aus Wissensmangel. So sähen sich die Regelanbieter im Interesse der Bindung produktiver Ressourcen dazu veranlaßt, ständig neue institutionelle Arrangements zu testen. Hierdurch käme es nicht nur zu einem präferenzengerechteren Angebot öffentlicher Leistungen; auch sei davon auszugehen, daß insgesamt die Wahrscheinlichkeit innovativer öffentlicher Problemlösungen zunähme, als dies bei stark zentralisierter Staatstätigkeit vorstellbar sei. Der Grund hierfür sei darin zu suchen, daß institutionellen Rahmenbedingungen als Aktionsparameter im Wettbewerb der Systeme eingesetzt werden können, um produktive Faktoren anzuziehen.

Beide Effekte führen zu einem „moderaten Optimismus“ (*Streit* 1995/2001, S. 312), daß der institutionelle Wettbewerb insgesamt verkrustungshemmend und innovationsfördernd wirkt.[57] Auch läßt sich folgern, daß durch kreative Anpassungsreaktionen und Standortentscheidungen der Unternehmen dort ein Änderungsdruck entsteht, wo die Kosten der Regeln gemessen am individuell empfundenen Nutzen als besonders hoch empfunden werden. Im Systemwettbewerb ergibt sich daher bei ähnlichen Präferenzen der Betroffenen eine Tendenz zur internationalen Angleichung der Nettoregulierungskosten (*Kane* 1988, S. 333 f.).

3.3.2. Zur Ordnung des Regelwettbewerbs: Ein zweiter Test auf Subsidiarität

Wie aber sollte der Systemwettbewerb selbst geordnet sein, damit er die ihm zugeschriebenen Wirkungen tatsächlich erfüllt? Orientierungsnorm hierfür kann nur sein, nach internationalen (und nationalen) Ordnungselementen zu suchen, die einen offenen Leistungswettbewerb der Institutionensysteme zulassen. Nur unter dieser Bedingung kann vermutet werden, daß die Innovations- und Begrenzungseffekte tatsächlich zu einer Verbesserung der Effizienz von Institutionen führen (*Vanberg* 1996, S. 118 f.). Hierbei zeigen sich ebenfalls auffällige Parallelen zu der Diskussion um die Ordnung des Gütermarktwettbewerbs im nationalen Kontext:

Internationale Ordnungsregeln sind daher immer dort notwendig, wo ohne sie überhaupt kein Systemwettbewerb stattfinden könnte.[58] Vor allem wird das Maß grenzüber-

---

57 Dies gilt vor allem dann, wenn eine hinreichend große Zahl an Ländern besteht, die beständig Orientierungsmaßstäbe vorgeben, und wenn die nationalen „voice“-Mechanismen eine ausreichende Rückkoppelung in den heimischen politischen Prozeß der Regelsetzung zulassen, was unter andern vom Wahlrecht abhängt.

58 Strenggenommen gilt diese Aussage nur für den Teil des Systemwettbewerbs der auf Wanderungsbewegungen beruht. Systemwettbewerb findet selbstverständlich auch ohne Wanderungen über den Vergleich unterschiedlicher nationaler Ordnungssysteme statt (yardstick competition). Gleichwohl kann angenommen werden, daß die „voice“-Pro-

schreitender Mobilität von Faktoren, Unternehmen und Gütern und damit die Grundvoraussetzung wirksamer „exit"-Prozesse entscheidend durch das internationale Ordnungsgefüge mitbestimmt. Die Liberalisierungsvereinbarungen der WTO oder auch des Europäischen Binnenmarktes sind vor diesem Hintergrund als unbedingte Mindestvoraussetzung eines wirksamen Systemwettbewerbs anzusehen (*Streit* 1995/2001, S. 312 f.).

Ob über die Offenhaltung des institutionellen Wettbewerbs hinaus weitere supranationale Ordnungsmuster bis hin zur Angleichung nationaler Regelwerke notwendig sind, ist dagegen umstritten. Da diese Entscheidung letztlich im Einzelfall getroffen werden muß (siehe *Kerber* 2003, S. 50; 2005), sollen hier lediglich die wichtigsten Argumente *genannt* werden.

Häufig wird eine Rechtfertigung für die Angleichung von Rechtsregeln in der Befürchtung gesehen, daß auch der Wettbewerb der Systeme unter bestimmten Bedingungen versagen könnte. Dies wird *erstens* überall dort befürchtet, wo nationales staatliches Handeln unzweifelhaft der Korrektur eines Markt- und/oder Wettbewerbsversagens dient und damit wohlfahrtssteigernd wirkt (etwa *Sinn* 1990; 2002; 2003c). Wenn diese externen Effekte auch jenseits der nationalen Grenzen zu spüren seien, ergebe sich die Gefahr eines selbstschädigenden institutionellen Wettbewerbs: Durch „exit"-Prozesse bewirkte transnationale Regulierungsarbitrage würde es den Unternehmen ermöglichen, sich der zwangsweise Internalisierung solcher externer Effekte zu entziehen. Dies gelänge deshalb, weil kein Land ein Interesse daran haben würde, negative externe Effekte zu verhindern, die im Inland nicht spürbar seien. Im theoretischen Grenzfall sei es dann denkbar, daß die Regierungen zur Verhinderung von Abwanderungsbewegungen auf jede Art von Regulierung verzichten – auch auf solche, die wohlfahrtssteigernd wirke („race to the bottom").

Ein *zweites,* verwandtes und vor allem im politischen Raum benutztes Argument für die Harmonisierung von Rechtsregeln bezieht sich ebenfalls auf die Kosten unterschiedlicher Regelsysteme und wird vor allem von Unternehmensvertretern ins Feld geführt. Wird unterstellt, daß der Preis von Gütern von den Institutionen des Produktionsstandorts im allgemeinen und der Regulierungssysteme im speziellen mitbestimmt wird, dann ergibt sich bei freiem Güterverkehr und der Gültigkeit des Ursprungslandprinzips ein indirekter „exit"-Mechanismus (hierzu *Kiwit* und *Voigt* 1998, S. 321): Eine Umschichtung der Kaufkraft in die Güter, die aus dem unter Kosten-Nutzen-Aspekten jeweils billigsten Institutionensystem stammen, wird attraktiv. Dadurch verschlechtert sich aber die Wettbewerbsposition der von den Kaufkraftumschichtungen betroffenen Unternehmen auf den internationalen Gütermärkten, sofern diese nicht hinreichend mobil sind, um den „teuren" Regulierungen ausweichen zu können. Institutionenbedingt ergeben sich wettbewerbs- und/oder handelsverzerrende Wirkungen zwischen Unter-

---

zesse des „yardstick competition" erleichtert werden, wenn grenzüberschreitender Austausch die Transparenz hinsichtlich unterschiedlicher Gesamtordnungen erhöht. Zudem dürfte – wie beschrieben – die Wirksamkeit von „voice" nicht unwesentlich von der Möglichkeit einer „exit"-Drohung abhängen.

nehmen aus verschiedenen Rechtsräumen. Dem könne – so das Argument weiter – nur durch eine Angleichung der Rechtsregeln begegnet werden. Im anderen Fall stünde zu befürchten, daß der internationale Unternehmenswettbewerb verzerrt würde.[59]

Insgesamt läuft damit das erste Argument für die Harmonisierung von Rechtsregeln auf die Beschränkung des institutionellen Wettbewerbs hinaus, das zweite hingegen auf die Herstellung von Wettbewerbsgleichheit im Wettbewerb der international tätigen Unternehmen („level the playing field").

Der modelltheoretisch ableitbaren Möglichkeit eines „race to the bottom" müssen jedoch wichtige einschränkende Argumente entgegengehalten werden (*Streit* 1995/2001, S. 308-312; *Streit* und *Kiwit* 1999/2001, S. 338-346): *Erstens* ist mit einer vollständigen Erosion von Regulierungsstandards schon deshalb nicht zu rechnen, weil die betroffenen Unternehmen eine Nettorechnung aufmachen werden, die auch die jeweiligen Nutzen des Standards einbezieht. Mobile Faktoren würden daher auch nur in dem Maß bestimmten Regeln ausweichen, wie sie ihnen keine Vorteile bringen. Sofern die Unternehmen ein Interesse an bestimmten Regulierungsstandards haben, die anders nicht bereitzustellen sind, ist mit einer Zahlungsbereitschaft hierfür bzw. einer freiwilligen Bereitschaft zur Unterordnung zu rechnen.

Das „race to the bottom"-Argument unterstellt außerdem, daß sich die Konsumenten einen unter Umständen „zu niedrigen" Standard dauerhaft gefallen lassen und die damit verbundene einseitige Bevorteilung der Produzenten tolerieren – mit anderen Worten, die Qualität eines Regulierungsstandards nicht vergleichend erkennen können. Auch dies ist denkbar. Allerdings dürfte das *zweitens* davon abhängen, wie weit Regierungen dieses Verhalten vor der Mehrheit der Bevölkerung bzw. den Konsumenten verbergen können (*Apolte* 1999, S. 125.).[60] Insgesamt dürfte damit *drittens* zu vermuten sein, daß der Regulierungswettbewerb nicht zu einem „race to the bottom" führt, sondern im Gegenteil zu einer Angleichung der Regulierungsintensität an die Präferenzen der davon

---

59 Das Ursprungslandprinzip ist in diesem Zusammenhang essentiell. Beim alternativen Bestimmungslandprinzip für Qualitäts- und Produktionsstandards würden die Kaufentscheidungen der Konsumenten im Inland nur noch auf institutionenunabhängigen Faktoren der Gütereigenschaften beruhen. Das Bestimmungslandprinzip kann daher auch als Marktzutrittsschranke interpretiert werden, die vergleichbare Mobilitätshemmnisse erzeugt, wie die Beschränkung der Tauschfreiheit. Umgekehrt kann man die Verwirklichung des Ursprungslandsprinzips daher auch zu den Voraussetzungen des Systemwettbewerbs zählen.

60 Der einseitigen Argumentation muß auch entgegengehalten werden, daß die Nettorechnung in den seltensten Fällen einzelne Institutionen, sondern einen mehr oder weniger großen Teil der Gesamtordnung betrifft (*Streit* und *Kiwit* 1999/2001, S. 331). Hierzu zählen z. B. der Grad der Rechtssicherheit, die behördliche Flexibilität oder die allgemeine makroökonomische Stabilität wie sie wesentlich von der Konstanz und Stabilität der Wirtschafts- und Währungspolitik bestimmt wird. Darüber hinaus spielen gerade für die Standortentscheidung von Unternehmen zusätzlich Faktoren eine Rolle, die sich nur sehr indirekt mit dem Institutionengefüge einer Volkswirtschaft in Verbindung bringen lassen – wie z. B. die Größe des Absatzmarktes oder der Qualifikation möglicher Arbeitskräfte.

betroffenen Wirtschaftssubjekte („race to the top“). Da sich diese unterscheiden, darf davon ausgegangen werden, daß sich durchaus unterschiedliche Standards parallel zueinander am „Markt für Regulierungen“ halten können (sinngemäß *Vaubel* 2000, S. 487).

Dieser Einwand ist leicht mit einem weiteren grundlegenden Kritikpunkt gegen die einseitige These eines versagenden Regulierungswettbewerbs zu vereinbaren. Staatseingriffe müssen tatsächlich und ausschließlich der Korrektur eines anders nicht zu verhindernden Versagens der Märkte bestmöglich dienen, um hieraus uneingeschränkt „race to the bottom“-Gefahren folgern zu können. Die dahinter stehende Annahme, Staatstätigkeit würde sich ausschließlich auf solche Ordnungsfelder konzentrieren, für die es keine wettbewerblichen Marktlösungen gibt (Selektionsprinzip, *Sinn* 2002, S. 398 f.; 2003c, S. 5 ff.), läßt sich vor dem Hintergrund eines vielfältig begründbaren Staatsversagens bezweifeln (*Streit* und *Kiwit* 1999, S. 339 ff.; *Vaubel* 2000). Dieser Eindruck wird verstärkt, wenn die politische Ökonomik der internationalen Ebene bedacht wird (z. B. *Wörner* 2000, S. 106 f.). So unterliegt die Harmonisierung von Regeln immer der Gefahr der Kartellbildung durch die politischen Entscheidungsträger, die sich durch eine ex ante Vereinheitlichung von Institutionensystemen dem zumindest potentiell wirksamen Abwanderungsdruck entziehen möchten. Auch nehmen tendenziell die Unterschiede der Organisationsfähigkeit zwischen Wähler- und Konsumentenschaft sowie Produzentenverbänden im internationalen Kontext zu, woraus sich eine erhöhte „capture“-Gefahr ergibt. Da auch bei den zur Administration internationaler Regeln geschaffenen Gremien und Behörden Neigungen zu einem Eigenleben im Eigeninteresse bestehen, kann damit insgesamt keinesfalls vermutet werden, daß auf internationaler Ebene der bestmögliche Standard gefunden wird.

Je stärker jedoch die Annahme eines benevolenten und allwissenden Staatshandelns aufgegeben wird, desto deutlicher treten die positiven Innovations- und Kontrollwirkungen des Systemwettbewerbs hervor (*Streit* und *Kiwit* 1999/2001, S. 341). Aus diesem Grund ist auch das „level the playing field“-Argument nicht stichhaltig. Wird es nämlich in voller Konsequenz weitergeführt, dann müßte für ein international vollständig einheitliches Institutionensystem plädiert werden, um die Möglichkeit von staatlich bedingten Wettbewerbs- und/oder Handelswirkungen auszuschalten. Offensichtlich gibt es unter solchen Bedingungen aber überhaupt gar keinen Regelwettbewerb mehr (*Kerber* 1998, S. 218 f.). Man wäre um so mehr darauf angewiesen, daß die politischen Entscheidungen im internationalen Bereich tatsächlich dem idealisierten Staatsbild entsprechen und ein vergleichsweise bestes institutionelles Arrangements bereits existiert. Mehr noch: Man wäre darauf angewiesen, daß die Präferenzen der Bürger tatsächlich überall die gleichen Standards verlangen. Nicht nur vor diesem Hintergrund ist es sinnvoll, nach alternativen institutionellen Lösungen gegenüber einer Vollharmonisierung oder starker Zentralisierung zu suchen.[61]

---

[61] Da das „level the playing field“-Argument darauf beruht, daß immobile Unternehmen sich einem heimischen Regulierungsstandard nicht entziehen können, wäre beispielsweise über eine Freiheit der Rechtswahl für Unternehmen nachzudenken, wie sie etwa für die

Zusammenfassend sprechen damit überwiegende Argumente für die Wirksamkeit des institutionellen Wettbewerbs. Entsprechend vorsichtig sollte generell mit der Internationalisierung bzw. Angleichung von rechtlichen Rahmenbedingungen umgegangen werden. Eine stärkere Gewichtung internationaler Ordnungselemente scheint vor allem dann begrüßenswert, wenn hierdurch der Systemwettbewerb als offener Leistungswettbewerb befördert wird. Unstrittig ist dies für internationale Regeln, die geringe Mobilitätsschranken als Voraussetzung des institutionellen Wettbewerbs erzwingen oder begünstigen. Darüber hinaus läßt sich eine Politikkoordination *prinzipiell* überall dort rechtfertigen, wo nationale institutionelle Arrangements mit hoher Wahrscheinlichkeit zu transnationalen oder gar globalen negativen externen Effekten führen. Dieses Kriterium wurde freilich schon von der traditionellen Föderalismustheorie als wichtiges Kriterium für die Zuordnung der Staatstätigkeit bzw. die Ausgestaltung von Systemen des Finanzausgleichs betont.

Unter dieser Voraussetzung ist dann ein „race to the bottom" von Regeln *denkbar* – also ein Versagen des institutionellen Wettbewerbs. Bevor hieraus aber übereilt normative Schlüsse gezogen werden, ist zu bedenken, daß die staatliche Regelwahl auf allen Ebenen für Staatsversagen anfällig ist. Werden die wissensschaffenden, innovationsfördernden und verkrustungshemmenden Wirkungen des institutionellen Wettbewerbs mit in die Analyse einbezogen, so gelangt man zu einer weitaus stärkeren Gewichtung dezentraler Ordnungselemente als sich diese aus der traditionellen Theorie des Fiskalföderalismus oder bei einseitiger Betonung der „race to the bottom"-Gefahr ableiten lassen (*Kerber* 2003, S. 51).

Diese Einsicht läßt sich in Analogie zur Frage der Subsidiarität im nationalen Kontext in einem zweiten Subsidiaritätstest reformulieren – dieses Mal bezogen auf die Entscheidung zwischen verschiedenen Ebenen der Verankerung staatlicher Regeln. Eine Angleichung staatlicher Institutionen auf supranationaler Ebene oder gar die Verlagerung von Kompetenzen dorthin scheint *grundsätzlich* erst dann bedenkenswert, wenn sich nationale Regelgefüge allein als unzureichend erweisen, etwaige Ordnungsprobleme zu lösen – und zwar auch dann, wenn man die Möglichkeit institutioneller Lernprozesse im Wettbewerb der Institutionen mit einschließt. Für die Ordnung der Bankenmärkte hieße dies, daß nicht nur der erste Subsidiaritätstest zugunsten einer staatlichen Intervention auf Kontrollebene 3b entschieden werde müßte, sondern eben auch davon ausgegangen werden muß, daß solchermaßen begründete Regeln einer starken „race to the bottom"-Gefahr unterliegen.

Praxis des positiven (internationalen) Privatrecht üblich und erfolgreich ist. Diese würde zudem eine Inkonsistenz beseitigen, die sich bei der flächendeckenden Verwirklichung des Ursprungslandprinzips für Gütermarkttransaktionen ergeben würde. Hierbei wird nämlich den immobilen Faktoren durchaus zugetraut, mit ihrer Güterwahl zugleich über die Zweckmäßigkeit des zugrundeliegenden Regulierungsregimes zu entscheiden, während immobilen Unternehmen eine solche Wahlfreiheit verwährt wird (*Kerber* 2003, S. 59 f.)

3.4. Zusammenfassung und weiteres Vorgehen

Kap. 3 diente der Analyse grundlegender ordnungsökonomischer Zusammenhänge, die für den Umgang mit den zuvor dargelegten Ordnungsproblemen (funktionsfähiges Finanz- und Bankwesen, Verhinderung von systemischen Bankenkrisen) nutzbar gemacht werden können. Anknüpfend an die Erkenntnis, daß alles Wirtschaften der Ordnung bedarf, damit wohlstandsfördernde arbeits- und wissensteilige Marktprozesse nicht am Opportunismus der Wirtschaftssubjekte scheitern, konnten drei miteinander verwobene Kontrollebenen aufgezeigt werden, die für alle Märkte typisch sind:

- Kontrolle durch den Wettbewerb oder Marktkontrolle (Kontrollebene 1),
- Kontrolle durch spontane Institutionen der Selbstregulierung oder Selbstkontrolle (Kontrollebene 2),
- Kontrolle durch staatliche Institutionen, die ihrerseits in allgemeine Regeln (Kontrollebene 3a) und branchenspezifische Sonderregeln (Kontrollebene 3b) unterscheidbar sind.

Anschließend wurde dargelegt, daß die Entscheidung über ihre zweckmäßige Gewichtung an den Vorteilen und Grenzen der drei Ebenen bezüglich ihrer Ordnungskraft ansetzen muß (siehe Abbildung 4). Dabei ist vor allem zu prüfen, inwieweit die Kontrollebenen in ihrer Fähigkeit versagen (können), Märkte im Hinblick auf das Ziel der Verwirklichung eines freien und offenen Leistungswettbewerbs zu ordnen.

Der Vergleich der generellen Leistungsfähigkeit der drei Ebenen führte dabei *erstens* zu der Erkenntnis, daß die Fähigkeit der Wirtschaftssubjekte, eigenständig Ordnungsprobleme auf der Kontrollebene 2 (und auch 1) zu lösen, optimistischer eingeschätzt werden muß, als dies häufig geschieht. *Zweitens* lassen sich erhebliche Zweifel an einer idealtypischen Staatstätigkeit im Sinne eines wohlmeinenden und allwissenden Diktators begründen. Wissensmangel, von den Wählerpräferenzen abweichende Eigeninteressen der Akteure des staatlichen Sektors sowie durch Pfadabhängigkeiten begünstigte Beharrungstendenzen begründen die Möglichkeit eines (dauerhaften) Staatsversagens, das der Möglichkeit eines Marktversagens oder auch des Versagens der Selbstorganisation gegenübergestellt werden muß. Die Möglichkeit von Staatsversagen läßt *drittens* Anpassungsreaktionen der Wirtschaftssubjekte tendenziell in einem positiven Licht erscheinen. So können nationale und internationale „exit"-Entscheidungen auch als Mechanismen der Offenbarung von Präferenzen und spontane Korrekturkräfte bewertet werden. Innovative Ausweichreaktionen führen gleichzeitig dazu, daß staatliche Regeln nur dann eine gleichbleibend hohe Sanktionskraft entfalten, wenn sie stetig an das Verhalten der Wirtschaftssubjekte angepaßt werden.

Die Möglichkeit von Staatsversagen bedeutet jedoch nicht, daß Staatseingriffe immer schädlich sind. Insbesondere Basisinstitutionen einer Marktwirtschaft auf Kontrollebene 3a sind für die Erhaltung eines „funktionsfähigen Preissystems" (*Eucken*) unerläßlich. Normativ legt die Skepsis gegenüber staatlichem Handeln jedoch einen *doppelten Subsidiaritätstest* nahe.

Abbildung 4: Grundlegende Ordnungszusammenhänge im Überblick

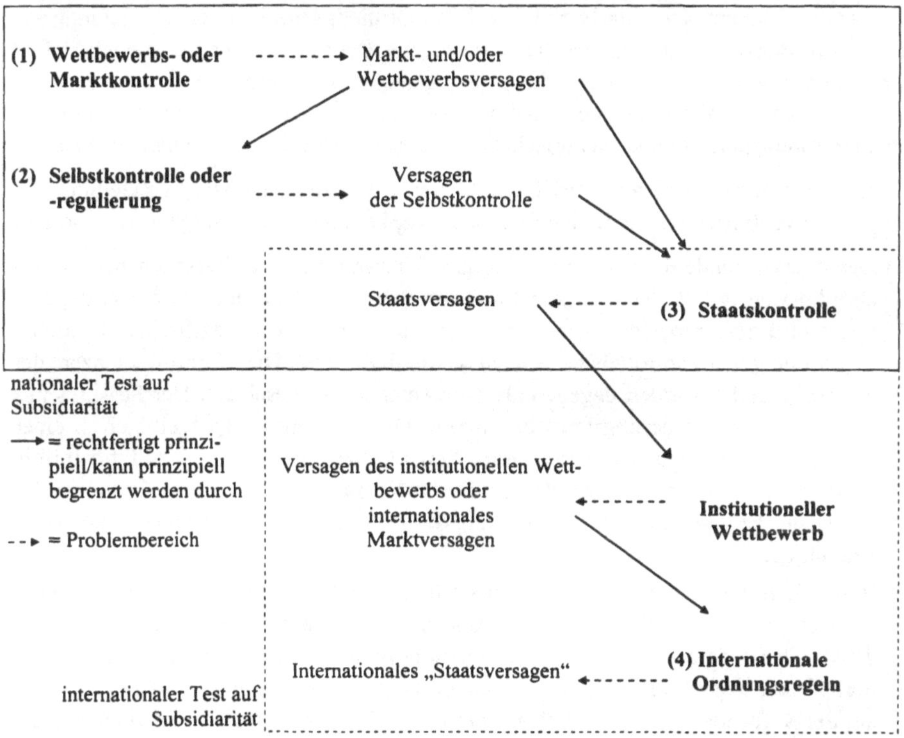

Dies gilt vor allem für den Bereich der staatlichen Sonderregeln (Kontrollebene 3b), die für einen mehr oder weniger engen Bereich an wirtschaftlicher Aktivität gelten. Im *nationalen Kontext* sollte dabei vor der Einführung solcher staatlicher Regeln geprüft werden, inwieweit ein spezifisches Markt- oder Wettbewerbsversagen vorliegt bzw. theoretisch zu rechtfertigen ist *und* ob dieses nicht durch Institutionen der Kontrollebene 2, zumindest aber durch den allgemeinen Regelrahmen der Kontrollebene 3a geheilt werden kann.

Im *internationalen Kontext* korrespondiert hiermit die Forderung nach einem zweiten Subsidiaritätstest. Hiernach sind die Koordination oder die Harmonisierung von staatlichen Regeln auf suprastaatlicher Ebene erst dann bedenkenswert, wenn der nationale Subsidiaritätstest zugunsten eines staatlichen Eingriffs ausgefallen ist *und* wenn der transnationale Wettbewerb der Institutionen in diesem Bereich versagt. Diese Forderung resultiert vor allem aus der grundsätzlich als positiv anzusehenden Innovations- und Begrenzungsfunktion des institutionellen Wettbewerbs. Zudem können globale Regelangleichungen immer auch selbst für Staatsversagen anfällig sein. So kann die Gefahr bestehen, sich mittels Kartellbildung dem institutionellen Wettbewerb zu entziehen. Darüber hinaus stehen Regelwahlentscheidungen auf supranationaler Ebene vor verschärften Wissensproblemen und unterliegen oft schwerfälligen politischen Entscheidungsprozessen, so daß ebenfalls fraglich ist, ob internationale Regelsysteme dauerhaft effektiv sein können.

Beide Subsidiaritätstests müssen auch bei der Ausgestaltung der Ordnungsbedingungen für die Bankenmärkte im Hinblick auf das Ordnungsproblem der Vermeidung systemischer Bankenkrisen beantwortet werden. Die Beurteilung der Leistungsfähigkeit der Steuerungsebenen 1 bis 3 und die daraus gewonnenen normativen Positionen können jedoch kaum unterschiedlicher sein, was sich entsprechend in der Bewertung bestehender Ordnungsmuster und (historischer) Prozesse der Regelevolution niederschlägt

Diese Positionen variieren – bei feststellbaren Zwischen- und Mischvorstellungen – zwischen zwei Extremen, die in den folgenden Kapiteln näher untersucht werden sollen:

(1) Der überwiegende Teil der einschlägigen Literatur hält ein Versagen der Marktkoordination auf Bankenmärkten für wahrscheinlich. Aus dieser Marktversagensthese wird gefolgert, daß systemische Bankenkrisen mittels spezifischer staatlicher Regulierungen (Kontrollebene 3b) zu verhindern sind. Die Kontrollpotenzen der Ebenen 1 und 2 werden dagegen als problematisch eingeschätzt. Der Pessimismus hinsichtlich der Steuerungskraft dezentraler Ordnungsmuster spiegelt sich in einer skeptischen Beurteilung des institutionellen Wettbewerbs wider. Dies führt mithin zu einer mehr oder weniger starken Befürwortung supranationaler Ordnungselemente für die institutionelle Umrahmung der heute international verflochtenen Bankenmärkte.

(2) Beides hält die zweite Position für unbegründet, da bei funktionsfähigen Basisinstitutionen der Kontrollebene 3a kein Grund für die Annahme bestehe, Bankenmärkte würden besonders anfällig für Koordinationsversagen sein. Bankenkrisen werden deshalb konsequent als Folge eines Staatsversagens interpretiert – und zwar sowohl auf der Kontrollebene 3a als auch auf der Ebene 3b. Hieraus ergibt sich nicht nur die Forderung, auf Sonderregulierungen im nationalen Kontext (weitgehend) zu verzichten, sondern auch eine pessimistische Einschätzung jeglicher Internationalisierungsversuche auf Kontrollebene 3b.

Während also im ersten Fall die beiden Subsidiaritätstests zugunsten der zentralen Kontrollebene 3b bzw. internationaler Ordnungsmuster beantwortet werden, sieht die zweite Position hierzu keine Veranlassung. Es lohnt sich daher, die Einschätzungen einer vergleichenden Analyse zu unterziehen. Ausgehend von der üblichen vielschichtigen Marktversagensargumentation (Kap. 4), soll in Kap. 5 die kritische theoretische Gegenposition referiert werden.

4. Traditionelle Theorie und Politik der Bankenregulierung

Schon ein oberflächlicher Blick auf die international üblichen rechtlichen Rahmenbedingungen für Kreditinstitute offenbart, daß Banken in einem vergleichsweise hohen Ausmaß sektorspezifischen Sonderregeln der Kontrollebene 3b unterliegen. Dies belegt, daß die Notwendigkeit von (detaillierten) sektorspezifischen Normen im Bankensektor grundsätzlich kaum bestritten wird.

Die bei der Erfüllung regulatorischer Pflichten und bei der Beaufsichtigung der Bankindustrie anfallenden Kosten – die wenigen empirischen Erhebungen kommen auf immerhin 10 bis 15 Prozent der Gesamtkosten in der Bankwirtschaft (*Steden* 2002, S. 45 f.) – werden hierbei in Kauf genommen. Im Kern wird zur Rechtfertigung dieser Sonderbehandlung folgender Zusammenhang unterstellt: Eine rein wettbewerblich-marktliche Kontrolle von Kreditinstituten im Rahmen allgemeiner Ordnungsregeln (Kontrollebenen 1 und 3a) würde zu unerwünschten Ergebnissen führen, weil auf Bankenmärkten ein erhebliches Marktversagenspotential bestehe, das sich vor allem aus dem Vorliegen asymmetrischer Informationen und negativer externer Effekte ergebe und sich in extremer Weise in systemischen Bankenkrisen äußeren könne.[62]

Die in der Literatur vertretene Argumentation hierzu läßt sich auf drei Ebenen ansiedeln, die im folgenden behandelt werden sollen:

(1) Die Ebene der Einzelbank: Hier wird eine hohe Vertrauensempfindlichkeit für Bankgeschäfte konstatiert, die aus der asymmetrischen Informationsverteilung zwischen Bankgläubigern und dem Bankmanagement abgeleitet wird. Hieraus wird einerseits die Notwendigkeit zu einem im Vergleich zu anderen Branchen umfangreicheren Gläubigerschutz gefolgert, zum anderen könnten sich hieraus panikartige Schalterstürme (Bank-Runs) ergeben, die auch solvente Institute ungerechtfertigt treffen könnten und entsprechend zu verhindern seien (siehe Kap. 4.2.)

(2) Die Gefahr von Kettenreaktionen zwischen verschiedenen Banken als Ausdruck der Möglichkeit, daß es zu weitereichenden negativen externen Effekten auf Bankenmärkten kommen könne (Systemrisiko im engeren Sinne, siehe Kap. 4.3.2.)

(3) Die endogen erklärbare (zyklische) Erhöhung der kollektiven Anfälligkeit des Finanzsektors gegenüber externen Schocks (Systemrisiko im weiteren Sinne, Kap. 4.3.3.).

---

62 Vor allem in der älteren Literatur wird Bankenregulierung aus der Notwendigkeit der Sicherung des Geldwertes durch die Zentralbanken begründet. Diese Argumentation soll hier nicht nachgezeichnet werden. Zutreffend kritisch etwa *Seifert* (1984, S. 101-118); *Baltensperger* (1988, S. 54 f.; 1989/1990, S. 14-19); *Wörner* (2000, S. 63-65).
In wohlfahrtsökonomischen Überlegungen werden als weitere mögliche Regulierungsgründe zudem die Fälle öffentlicher Güter und natürlicher Monopole diskutiert. Auch diese Argumentation soll nicht weiter verfolgt werden. Als eigenständiger Begründungsansatz für Sonderregeln im Kreditsektor haben sich diese Argumente nicht bewährt, weil weder eine ausgeprägte Tendenz zum natürlichen Monopol nachgewiesen werden konnte, noch die Kriterien der Nichtrivalität im Konsum und der Nichtausschließbarkeit auf Bankdienstleistungen anwendbar sind. Siehe ausführlich *Steden* (2002, S. 21 ff.).

4.1. Die Basis der Regulierungsargumente

4.1.1. Besonderheiten der Geschäftsstruktur: Fragile Bilanzstruktur und sektorspezifische Interdependenzen

Gemeinsamer Ausgangspunkt der Überlegungen zur Regulierungsnotwendigkeit der Banken sind in der Regel zwei Spezifika der Geschäftsstrukturen des Bankwesens. Das erste Spezifikum ist die Struktur einer typischen Bankbilanz, wie sie die folgende Abbildung 5 stark vereinfacht wiedergibt.

Abbildung 5: Bilanzstruktur eine Geschäftsbank

Aktiva	Passiva	
tendenziell langfristig gebundene (Kredit-) Forderungen	Eigenkapital	
	tendenziell kurzfristig gebundene Einlagen	Bereich der Fristentransformation
liquide Mittel		

Quelle: Eigene Darstellung in Anlehnung an *Rochet* (2003).

Aus der Abbildung geht einerseits hervor, daß Banken typischerweise über geringe liquide Reserven und ein geringes Eigenkapital im Verhältnis zu ihrem Aktivvermögen verfügen.[63] Sie finanzieren sich damit deutlich stärker über Fremdkapital als dies sonst üblich ist. Außerdem betreiben Banken typischerweise *Fristentransformation* zwischen der Aktiv- und der Passivseite ihrer Bilanz. So bestehen die Aktiva zu einem wesentlichen Teil aus langfristiger gebundenen und damit weniger liquiden Kreditforderungen. Auf der Passivseite stehen diesen Forderungen tendenziell kurzfristig gebundene Verbindlichkeiten der Bankeinleger mit einem entsprechend höheren Liquiditätsgrad gegenüber, die zudem ein festes Zinsversprechen beinhalten. Ein nennenswerter Anteil dieser passivseitigen Verbindlichkeiten besteht zudem aus sofort kündbaren Sichtgeldeinlagen und anderen sehr leicht kündbaren Forderungen.[64]

Aus dieser Bilanzstruktur ergibt sich nun eine „eigentümliche Fragilität" (*Hellwig* 1998b, S. 128): Wie jedes andere Unternehmen auch, ist die Bank zur Sicherung ihrer

---

[63] Laut Statistik der Deutschen Bundesbank wiesen alle Banken im Mai 2005 eine Kernkapitalquote von ca. 3,6 Prozent auf – unter Einbezug von Genussrechtskapital und des Fonds für allgemeine Bankrisiken ca. 4,2 Prozent. Beides liegt im Rahmen des langjährigen Durchschnitts (Berechnung nach *Deutsche Bundesbank* 2005, S. 8 ff. sowie http://www.bundesbank.de/statistik/statistik_zeitreihen.phb). Auch die *EZB* (2004a, S. 42) kommt für die Banken der EU-15 auf eine Quote in diesem Rahmen. Verglichen mit anderen deutschen Unternehmen, die im Jahr 2000 auf eine Quote von ca. 17 Prozent kamen (siehe *Deutsche Bundesbank* 2003a, S. 61), weisen Banken damit tatsächlich eine geringer Eigenkapitalquote auf.

[64] Die stilisierten Angaben sollen gleichwohl nicht den Eindruck vermitteln, Banken würden nicht auch über Aktiva und Passiva mit anderer Fristigkeit verfügen.

Zahlungsfähigkeit darauf angewiesen, daß sie den Zahlungsverpflichtungen aus dem Passivgeschäft jederzeit nachkommen kann – also ihre Verbindlichkeiten jederzeit bedienen kann. Hierfür muß sie die für ihre Aktiv- und Passivgeschäfte typischen Risiken erfolgreich meistern können. Aktivseitig sind dies neben dem (Kredit-)ausfallrisiko diverse Preisänderungsrisiken aus den vielfältigen Finanzmarktengagements (siehe unten) und die damit eng verknüpften makroökonomischen Risiken. Bei der Meisterung der passivseitigen Risiken ergeben sich im Vergleich zu anderen Unternehmen mehrere Erschwernisse (*Hellwig* 1998b, S. 127 f.). Die hohe Fremdkapitalquote führt erstens zu vergleichsweise großen nicht variablen Verpflichtungen, die auch in ertragschwächeren Zeiten bedient werden müssen. Wichtiger ist aber zweitens das *bankentypische Liquiditätsrisiko*, das sich direkt aus der von den Banken betriebenen Fristentransformation ergibt:[65] Die Bank ist einerseits darauf angewiesen, für ausgelöste kürzerfristige Verbindlichkeiten jederzeit neue einwerben zu können (Prolongationsrisiko). Andererseits macht der vergleichsweise hohe Anteil jederzeit kündbarer Einlagen den Refinanzierungsbedarf sowohl der Höhe als auch dem Zeitpunkt nach unbestimmt (Kündigungsrisiko). Prolongations- und/oder Kündigungsrisiken machen grundsätzlich Situationen vorstellbar, in denen die Nettorückzahlungsforderungen die Liquiditätsreserve der Bank übersteigen, so daß die Bank kurzfristig illiquide werden kann. Zwar könnte die Bank in solchen Fällen ihre eigenen (langfristigen) Kreditforderungen auflösen und damit ihre Zahlungsfähigkeit erhöhen, doch kann dies kurzfristig – wenn überhaupt – nur unter erheblichen Abschlägen auf Sekundärmärkten („fire sale“-Verluste) geschehen. Sind Einlagenabzüge und/oder Verluste aus „fire sales“ insgesamt groß genug, kann aus der Illiquidität der Bank eine solvenzbedrohende Situation werden, die bis hin zum Konkurs sonst „gesunder“ Banken führen kann (*Kaufman* 2000, S. 81).

Neben diesem einzelbankbezogenen Spezifikum gilt als zweite (Branchen-)Besonderheit, daß die Unternehmen des finanziellen Sektors typischerweise in ein dichtes Netz wechselseitiger nationaler und internationaler Zahlungsverpflichtungen und Geschäftsbeziehungen eingebunden sind. Zu diesen Verbindungen des Interbankenmarktes zählen einerseits wechselseitige Geldmarkt- und Kreditgeschäfte.[66] So machten im Mai 2005 die Interbankenkredite der deutschen Kreditinstitute gut 39 Prozent (2.746,7 Mrd. Euro) der gesamten Aktiva aus. In der EU waren es zum Jahresende immerhin rund 29 Prozent aller Aktiva.[67]

---

65 Zu den bankbetrieblichen Risiken und ihren Zusammenhang zum Liquiditätsrisiko siehe z. B. *Burghof* und *Rudolph* (1996, S. 51); *Büschgen* (1998, S. 868 ff., 895-902); *Priewasser* (2001, S. 200 ff.).

66 Hierunter fallen auch Kreditbeziehungen der Geschäftsbanken zu den jeweiligen Zentralbanken. Deshalb kann der Interbankenmarkt auch unter Einschluß der Zentralbanken betrachtet werden. Da die Aktivitäten der Zentralbanken, insbesondere das Geschäft mit „fresh money“, auch der „Lender of Last Resort“-Funktion zugeordnet werden können, wird hierauf an dieser Stelle nicht eingegangen. Siehe hierzu Kap. 4.4.1.1.

67 Eigene Berechnungen auf Basis von *Deutsche Bundesbank* (2005, S. 8, 16.) sowie *EZB* (2005c, S. S10, S14, S16).

Andererseits sind Kreditinstitute in vielfältiger Form an den (Welt-)Finanzmärkten aktiv. Sie gehören zu den wichtigsten Akteuren bei Devisentransaktionen, dem Handel mit Wertpapieren (Aktien und Anleihen) sowie mit derivativen Finanzprodukten wie Termingeschäften, Optionen und Swaps und ihren komplexen Weiterentwicklungen. Vor allem die Märkte für derivative Finanzprodukte sind seit ihren Anfängen in den späten 1970er Jahren auch im Verhältnis zu den „gewöhnlichen" Kapitalmärkten besonders stark gewachsen. Dies gilt insbesondere für die bilateralen außerbörslichen Geschäfte („over the counter", OTC), die den Vertragspartnern im Gegensatz zu den börsengehandelten Zins-, Aktienindex- und Währungskontrakten eine sehr große Gestaltungsfreiheit erlauben. Zu einer besonderen Spielart des OTC-Geschäfts sind in jüngerer Vergangenheit Kreditderivate geworden. Zwar ist ihr Anteil am gesamten Derivativgeschäft mit einem ausstehenden Gesamtvolumen von rund 6,4 Billionen Dollar am Jahresende 2004 noch gering, der Handel mit Kreditderivaten wächst aber fast fünf Mal so schnell wie das außerbörsliche Segment als Ganzes (*BIZ* 2005, S. 49, 56 f.).

4.1.2. Asymmetrische Informationsverteilung in der Bank-Gläubiger-Beziehung

Über die Fragilität der Bankbilanz und die Verflechtungen der Interbankenbeziehungen hinaus wird eine dritte Besonderheit genannt, um die Zusammenhänge auf den Bankenmärkten zu erklären: Der Informationsvorsprung des Bankmanagements gegenüber den Gläubigern, insbesondere jedoch den kleineren Einlegern, sei ungewöhnlich groß (u. a. *Bhattacharya* et al. 1998, S. 756; *Bonn* 1998, S. 18; *Caprio* und *Klingenbiel* 1999, S. 269 ff.; *Wörner* 2000, S. 68 f.).

Bankenseitige Hauptgründe hierfür seien zum einen der besondere Charakter der Aktiva der Bankwirtschaft, der diese zu einer vergleichsweise undurchsichtigen Industrie („opaque industry") mache. Zum anderen könne die Risikostruktur eines Bankportfolios wesentlich schneller verändert werden als bei vergleichbaren Sachanlagen von Industrieunternehmen, deren Umschichtung deutlich mehr Zeit in Anspruch nehmen würde (*Hellwig* 1998b, S. 132). Beides führe insgesamt dazu, daß die tatsächliche Bonität und Risikoposition der Bank von außen nur schwer zu beurteilen seien. Vor allem die im Interbankengeschäft verwendeten derivativen und nichtderivativen Finanzierungs- und Risikosteuerungsinstrumente entzögen sich fast vollständig der zeitnahen Evaluierung von außen (u. a. *Flannery* 2000, S. 107).

Ein zusätzlicher Grund für eine außergewöhnlich starke Informationsasymmetrie wird jedoch auch auf Seiten der (potentiellen) Vertragspartner der Bank gesehen. Insbesondere der Durchschnittseinleger verfüge nicht über die kognitiven Fähigkeiten, bzw. das spezifische Wissen, um die Bankrisiken zutreffend zu beurteilen. Zudem stehe er im Verhältnis zu seiner Einlage prohibitiv hohen Informationskosten gegenüber. Ihm bliebe daher nichts anderes übrig, als auf eine permanente Evaluierung der Ertragslage „seiner" Bank zu verzichten. Einlagen würden in hohem Maße im Vertrauen auf die jederzeitige Zahlungsfähigkeit der Bank und die Fähigkeit des Bankmanagements erfolgen, in geeigneter Weise mit den typischen Risiken des Bankgeschäfts umzugehen.

4.2. Regulierungsbegründung auf der Ebene der Einzelbank

4.2.1. Opportunismus, Risikoanreize beim Bankmanagement und spezifischer Gläubigerschutz

Die genannten drei Besonderheiten (Fragilität, Interbankenverflechtungen, Informationsasymmetrie) bilden die Basis für verschiedene Marktversagensargumente und damit für die Begründung einer besonderen Regulierungsbedürftigkeit des Bankensektors. Ein erster Marktversagenstatbestand wird darin gesehen, daß sich ohne staatliche Bankenregulierung und -aufsicht ein opportunistisches Verhalten des Bankmanagements zum Schaden der einzelnen Bankgläubiger breitmache, gegen das sie sich nicht ausreichend selbst schützen könnten (vgl. etwa *Wörner* 2000, S. 69; *Steden* 2002, S. 36 f.). Das damit unterstellte Versagen der Markt- und Wettbewerbskontrolle wird in zwei Facetten diskutiert:

(1) Im Verhältnis zwischen Einleger und Bank wird in der hohen Fremdfinanzierungsquote ein Anreiz gesehen, nach Erhalt der Einlage das Insolvenzrisiko der Bank zulasten der Einleger unbeobachtet zu erhöhen. Finanzierungstheoretische Grundlage dieser „moral hazard"-Befürchtung ist, daß sich Bankleitung (bzw. die Bankeinleger) zusätzliche Erträge aus riskanten Strategien erhoffen, mögliche Verlustrisiken aber zumindest zum Teil von den Fremdkapitalgebern getragen werden müssen.[68] Konkret könne sich dieser Fehlanreiz einmal darin äußern, daß relativ sichere Forderungen durch riskantere Aktiva substituiert werden („asset substitution moral hazard"). Ähnliche Effekte können aber auch durch andere risikoerhöhende Strategien bewirkt werden – etwa ein Abschmelzen der Liquiditätsreserven, Verringerung kostspieliger Absicherungsmaßnahmen gegen Marktrisiken oder die Reduktion von teuren Kontroll- und Überwachungsanstrengungen gegenüber den eigenen Kreditnehmern (*Gehrig* 1995, S. 750 f.). Solche Verhaltensweisen – so das Argument weiter – können dann besonders attraktiv und wahrscheinlich sein, wenn die Bank in eine schwierige Ertragslage gerät. Dann nämlich hätten auch die Bankeigner, die in Normalzeiten zum Schutz ihres eingesetzten Kapitals das Management der Bank kontrollieren würden, wegen ihrer beinahe aufgezehrten Vermögensposition kein Eigeninteresse mehr an risikomindernden Strategien (z. B. *EZB* 2005b, S. 60). Das Management würde nicht an der bewußten Hinnahme erhöhter Risiken für die Bank gehindert. Im Gegenteil: In riskanten Strategien werden zusätzliche Gewinnchancen vermutet, die eine drohende Insolvenz oder/und umfangreiche Sanierungsmaßnahmen abwenden könnten. Zwar ist nicht ausgeschlossen, daß eine solche „Glücksspiel"-Strategie („gambling for resurrection", „gambling for profit") von Erfolg gekrönt sein kann und die Bankeigner Vermögensverluste abwenden können. Mindestens ebenso wahrscheinlich ist jedoch der umgekehrte Fall der weiteren Anhäufung von Verlusten zu Lasten der Gläubiger.

(2) Das Argument der hohen Risikoneigung auf Seiten der Banken wird zudem in direkte Verbindung mit (dynamischen) Wettbewerbsprozessen gebracht (siehe *Allen* und

---

68 Siehe zum finanzierungstheoretischen Hintergrund des Arguments auch Kap. 5.1.

Gale 2000, Chapter 8; 2003; *Carletti* und *Hartmann* 2002, S. 20-24). Danach hängt die Risikostrategie der Banken allgemein von den langfristigen Gewinnerwartungen aus ihren komparativen Vorteilen oder ihrer Marktstellung ab. Je sicherer die Gewinnerwartungen sind desto weniger neige die Bank dazu, diese durch ein überrisikantes Vorgehen zu gefährden. Relativ sichere Gewinnerwartungen begünstigten also Strategien zur Vermeidung übermäßiger Konkursrisiken. Eine hohe Wettbewerbsintensität drücke jedoch auf die Gewinnerwartungen und reduziere die Intermediationsmargen. Mithin entfalle ceteris paribus der Anreiz, Konkurse durch risikoarme Strategien zu vermeiden; riskantere Strategien einschließlich des oben genannten „gambling for profit" würden mit der Intensivierung des Wettbewerbs wahrscheinlicher (*Wolf-Wacker* 1987, S. 69; *Keeley* 1990; *Hellwig* 1998b, S. 144).

Ein artverwandtes Argument stellt nicht die Auswirkungen einer Intensivierung des Wettbewerbs auf die Stabilität (bereits bestehender) langfristiger Gewinnerwartungen in den Mittelpunkt, sondern geht umgekehrt vor. Banken hätten letztlich ein Interesse an monopolartigen Marktstellungen, die ihnen langfristig relativ sichere Zukunftsgewinne bescheren würden. Marktstrategische Überlegungen könnten daher dazu führen, daß im Interesse der Markteroberung (vorübergehend) höhere Verlustrisiken für die Einleger in Kauf genommen würden, ohne daß diese etwas dagegen tun könnten. Ein Beispiel für eine solche Argumentation liefern *Hellman et al.* (2000, S. 148 ff.). Sie sehen eine Gefahr in der unternehmerischen Freiheit zur Zinsgestaltung: Sofern Banken nämlich durch hohe Habenzinsen zusätzliche Einleger an sich binden wollen, müßten sie die hiermit einhergehenden Ertragseinbußen durch eine riskantere Politik auf der Aktivseite kompensieren, um eine ausreichende Intermediationsmarge erwirtschaften zu können.[69]

Aus dem geschilderten Zusammenspiel zwischen geringen Haftungsreserven, asymmetrischen Informationen und der Möglichkeit zur opportunistischen Erhöhung der Bankrisiken wird unmittelbar das erste bankspezifische Regulierungsargument abgeleitet: die Forderung nach einem über die normalen gesetzlichen Bestimmungen hinausreichenden *spezifischen Gläubigerschutz* vor allem für die (Klein-)Gläubiger. Deren besondere Schutzbedürftigkeit sei darüber hinaus durch ihre Schutzwürdigkeit zu rechtfertigen: Uninformierte und wenig vermögende Einleger verfügen in der Regel über eine geringe Verhandlungsmacht gegenüber ihrem Kreditinstitut und wären zudem in ihrer wirtschaftlichen Existenz und finanziellen Lebensplanung durch einen Bankzusammenbruch besonders bedroht, so daß ein „überwiegendes öffentliches Interesse an einer gläubigerschutzmotivierten gewerbepolizeilichen Regulierung des geschäftspolitischen Handlungsspielraums der Kreditinstitute" (*Waschbusch* 2000, S. 11-18 mit weiteren Nachweisen, hier S. 18) gegeben sei.

Ein weiteres Argument für Sonderregeln, das ebenfalls von der Schutzbedürftigkeit der Kleingläubiger ausgeht, stammt von *Dewatripont* und *Tirole* (1994, insbes. S. 31 ff.,

---

69 *Allen* und *Gale* (2000, S. 252 f.) begründen die Möglichkeit ähnlicher Effekte auch ohne das Ziel der Erreichung einer monopolistischen Marktstellung. Sofern die mit dem Marktanteil wachsende Größe der Bank gleichfalls mit Skalenvorteilen oder anderen Kostenersparnissen verbunden sei, können sich aggressive Strategien ebenfalls lohnen.

S. 119-127). Auch diese betonen den Informationsnachteil der Einleger und die Möglichkeit opportunistischer Verhaltensweisen. Ihr Argument beruht aber stärker auf der Einschätzung, daß die zur Kontrolle des Bankmanagements notwendige Produktion von Informationen bei der Vielzahl kleiner Gläubiger an der Neigung zum Trittbrettfahren scheitern würde. Es wäre daher mit einer aus Sicht der Gläubiger (und auch aus volkswirtschaftlicher Perspektive) schädlichen Unterproduktion von Kontrolle zu rechnen, würde die Disziplinierung des Bankmanagements ausschließlich der Marktkontrolle überlassen. Beim freien Spiel der Kräfte würden daher nahe eines möglichen Bankenkonkurses die Kontrollrechte über die Geschicke der Bank nicht rechtzeitig dem Management entzogen und auf die Gläubiger übertragen, wie dies von einem effizienten institutionellen Arrangement verlangt werden müsse. Hingegen könne die zentrale staatliche Bankenaufsicht die Kontrollinteressen der Einleger transaktionskostengünstig vertreten („representation hypothesis") und damit wirksamer konkursverhindernd eingreifen. Hierbei ließen sich zugleich teure Doppelarbeiten der Überwachung einsparen, wie sie bei jeweils eigenen Anstrengungen der Bankgläubiger entstehen würden.

4.2.2. Der Run auf eine einzelne Bank

Während das Argument der Notwendigkeit eines besonderen Gläubigerschutzes vor allem auf die Folgen überhöhter Konkursrisiken für die Bankgläubiger rekurriert, wird beim zweiten Regulierungsargument stärker auf den wirtschaftlichen Wert der Banken abgestellt. Im Kern lautet hier die These, daß die Überlebensfähigkeit einzelner Banken und damit ihre Intermediationsleistungen wegen asymmetrischer Informationen permanent latent bedroht seien, denn es könne auch ohne Anlaß zu *offenen* oder *stillen Bank-Runs* kommen, denen die Banken wegen der Fragilität ihrer Bilanzen hilflos ausgeliefert seien (siehe *Burghof* und *Rudolph* 1996, S. 20 f.; *Bonn* 1998, S. 20, 26 f.; *Wörner* 2000, S. 70).

Dieses zweite bankspezifische Marktversagensproblem wird wie folgt abgeleitet: Angenommen wird, daß die unzureichend informierten Einleger eine nicht genau oder nur unter Zeitaufwand überprüfbare negative Nachricht über die Zahlungsfähigkeit der betrachteten Bank erhalten. Auf ein solches unscharfes Signal können sie nun prinzipiell auf zweierlei Art und Weise reagieren. Die Einleger können eine ungünstige Information über die Sicherheit der Einlage ignorieren und damit ein Verlustrisiko eingehen. Sie können aber auch ihre Einlage bei vergleichsweise geringen Opportunitätskosten (entgangene Zinsen und Transaktionskosten) abziehen und sich so vor dem möglicherweise entstehenden Vermögensverlust schützen. Ein risikoscheuer Einleger wird daher im Regelfall die zweite Handlungsoption wählen. Die schnellstmögliche Auflösung der Bankeinlage erscheint individuell vernünftig. Handeln jedoch viele oder alle Einleger nach dem Motto „rather safe than sorry" (*Kaufman* 2000, S. 94) kommt es zu einem *offenen Bank-Run*. Die Bank wird über den rasch eintretenden kumulativen Einlagenabzug in die Insolvenz gezwungen – selbst bei hohen Zinszugeständnissen. Während bei einem offenen Bank-Run also Kündigungsrisiko für die Bank schlagend wird, ergibt sich ein wirkungsgleicher Mechanismus über das Prolongationsrisiko. Insbesondere gegenüber Interbankengläubigern und anderen institutionellen Einlegern kann sich die

Run-Problematik vor allem in der schlagartigen Verweigerung von Anschlußfinanzierungen äußern – also einem *stillen Bank-Run* (*Rochet* 2003, S. 145).

Seine besondere Brisanz erhält dieser Zusammenhang deshalb, weil die panikartige Auflösung der vertrauensempfindlichen Einlagen oder die schlagartige Verweigerung von Anschlußfinanzierungen selbst für den Teil der Einleger rational sein kann, die wissen, daß die ursprüngliche negative Nachricht über die Zahlungsfähigkeit der Bank falsch ist. Hauptgrund hierfür ist, daß das „first come first serve"-Merkmal der Einlage nur die schnell handelnden Einleger mit größerer Sicherheit vor Vermögensverlusten schützt. Bei einem hinreichend großen Abzug von Einlagen genügen nämlich selbst umfangreiche Liquidierungen der Aktivpositionen wegen der damit verbundenen „fire sale"-Verluste nicht, um alle Gläubigern bedienen zu können. Weil gut informierte Einleger diesen Zusammenhang antizipieren, werden sich am „Schaltersturm" beteiligen.

Da es weder im einen noch im anderen Fall nicht auf die Richtigkeit der ursprünglichen Nachricht ankommt, wird dieses Phänomen auch als spekulativer Bank-Run bezeichnet,[70] der letztlich auf sich selbst erfüllenden negativen Erwartungen („self fullfilling prophecies") der schlechter informierten Bankeinleger beruht.[71]

Insgesamt erzeugt ein grundloser Zusammenbruch der Bank gegenüber den zu spät reagierenden Einlegern sowie den anderen Fremd- und Eigenkapitalgebern eine negative Externalität in Form von letztlich „ungerechtfertigten" Vermögensverlusten. Außerdem verlieren alle Einleger zu Unrecht die Vorteile der zuvor funktionierenden Finanzintermediation durch die betroffene Bank.

4.3. Marktversagen auf der Ebene des Gesamtsystems: Die Thesen von systemischen Risiken auf Bankenmärkten

4.3.1. Systemische Risiken: Eine Klassifikation

Trotz dieser im Einzelfall für die betroffenen Gruppen sicher negativen Begleitumstände eines Bank-Runs kann gefragt werden, warum die Insolvenz einzelner Banken

---

70 Ein Beispiel hierfür ist der Run auf die solvente Old Stone Bank in Rhode Island 1991, über den der Präsident der Federal Reserve St. Louis, *William Poole* (2000), berichtet. Der Run wurde von einem CNN-Fernsehbericht ausgelöst, in dem es um eine zur gleichen Zeit akuten Krise der regionalen Kreditgenossenschaften und Sparkassen ging. Die Old Stone Bank wurde hierbei jedoch mit keinem Wort erwähnt. Sie zählte nicht einmal zu den betroffenen Bankengruppen. Lediglich wurde eine ihrer Geschäftsstellen als Hintergrundbild des Fernsehberichts benutzt, was die Einleger am nächsten Tag dazu veranlasste, ihre Einlagen panikartig aufzulösen. Siehe auch *Rochet* (2003, S. 145).

71 Die klassische Modellierung dieses Zusammenhangs stammt von *Diamond* und *Dybvig* (1983), die in einem spieltheoretischen Modell zwei Gleichgewichte ableiten – ein gutes, bei dem die Intermediation über die Bank stabil ist und ein schlechtes, bei dem es nicht zu Intermediation kommt. Dieses zweite Gleichgewicht wird üblicherweise als Run-Gleichgewicht interpretiert (vgl. *Burghof* und *Rudolph* 1996, S. 25-29.)

eine umfangreiche regulatorische Sonderbehandlung des Banksektors rechtfertigt, wenn doch das Risiko von Insolvenzen zum normalen marktwirtschaftlichen Ausleseprozeß gehört. Die massive Regulierung des Banksektors wird deshalb heute auch hauptsächlich mit einer Erweiterung des Spektrums des Marktversagens auf das sogenannte *Systemrisiko* („systemic risk") begründet. Die hierbei unterstellten Mechanismen sind allerdings vielfältig (siehe die folgende Abbildung 6).[72]

Abbildung 6: Systematisierung des Systemrisikos

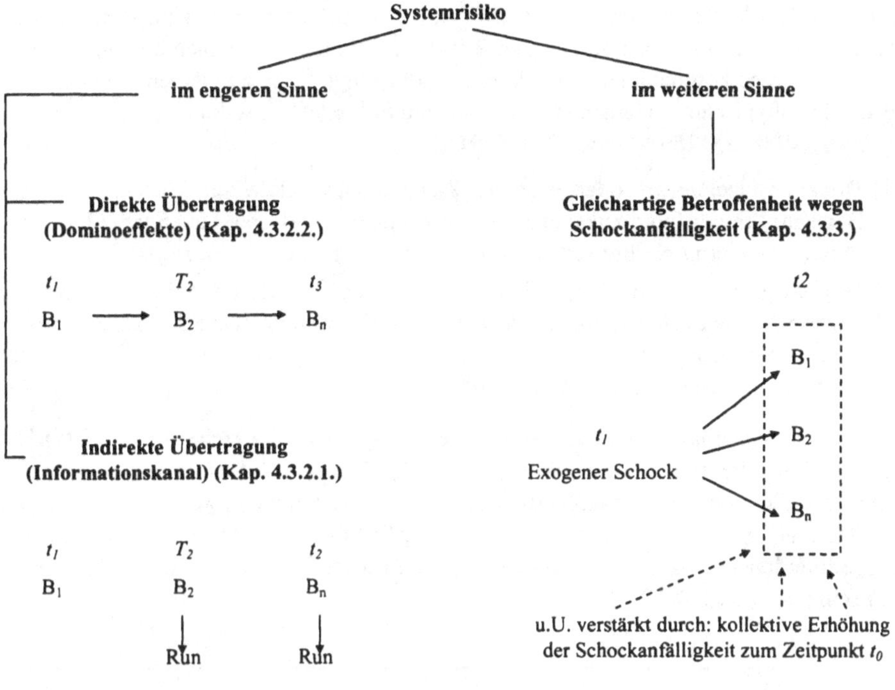

Unter *systemischen Risiken im engeren Sinne* wird die Befürchtung verstanden, daß sich die (runbedingte) Insolvenz eines einzelnen Instituts oder auch nur dessen Beinaheinsolvenz destabilisierend auf einen großen Teil der Bankwirtschaft *ausbreitet* („contagion").[73] Besonders gefürchtet wird hierbei ähnlich wie schon beim Einzel-Bank-

---

72 Die vorliegende Darstellung orientiert sich an *DeBandt* und *Hartmann* (2002, S. 252-256), die einen guten Überblick über die in der Literatur gebräuchlichen Konzepte bieten.

73 Zwei exemplarische Definitionen des Systemrisikos im engeren Sinne mögen zum Beleg genügen. *Hellwig* (1998b, S. 125) bezeichnet Systemrisiko als „das Problem [...], daß aufgrund von wechselseitigen Abhängigkeiten verschiedener Institutionen in einem Finanzsystem die Schwierigkeiten einer Institution die Funktionsfähigkeit des gesamten Systems infrage stellen können". Bei *Kaufman* (2000, S. 92) liest man: „Systemic risk refers to the risk or probability of breakdowns (losses) in an entire system as opposed to break-

Run die Ansteckung „unschuldiger“ – also ökonomisch gesunder – Institute, was in der Literatur auch als „pure contagion“ bezeichnet wird (*Kaufman* 2000, S. 9; *De Bandt* und *Hartmann* 2002, S. 253).

Die Ansteckung des im Grenzfall gesamten Bankensektors könne zudem mit einer im Vergleich zu anderen Sektoren höheren Ausbreitungsgeschwindigkeit geschehen. Der Grund für solche negativen externen Effekte wird in sektorspezifischen Interdependenzen gesehen. Diese führten dazu, daß die individuellen Vermögenspositionen der einzelnen Bank nicht unabhängig von den Vermögenspositionen der anderen Banken und/oder dem Verhalten der Akteure auf den Bankenmärkten seien. Entsprechend wird bei der Untersuchung des systemischen Risikos im engeren Sinne auch besonderer Wert auf die in Frage kommenden Ansteckungskanäle gelegt.[74] Hierzu werden üblicherweise zwei „idealtypische“ Transmissionswege unterschieden (*Burghof* 1998, S. 80-94; *Hellwig* 1998b, S. 125 f.; *Staub* 1999, S. 9):

(1) *Direkt:* Einzelpleiten oder einzelne Zahlungsschwierigkeiten könnten über die Beziehungen der Interbankenmärkte zu erheblichen Verlusten bei anderen Instituten führen, die hierdurch ihrerseits in Insolvenzgefahr geraten (*Dominoeffekt*).

(2) *Indirekt:* Einzelpleiten können über Folge-Runs der (uninformierten) Gläubiger von zuvor nicht betroffenen Instituten weitergereicht werden. Direkte Geschäfsbeziehungen der betroffenen Kreditinstitute müssen bei diesem Multi-Bank-Run nicht zwingend bestehen (*Informationskanal*).

Beim *Systemrisiko im weiteren Sinne* werden dagegen die *gleichartige Betroffenheit bzw. Anfällig* der Banken oder ihre *gemeinsame Reaktion* auf unvorhergesehene Ereignisse außerhalb der Bankenlandschaft in den Mittelpunkt gestellt (*Burghof* 1998, S. 89 f.; *Hellwig* 1998b, S. 125; *Staub* 1999, S. 9 f.; *Kaufman* 2000, S. 94). Sektorspezifische Interdependenzen müssen für das Auftreten einer Systemkrise hier nicht vorhanden sein (siehe Kap. 4.3.3.).[75]

---

downs in individual parts or components and is evidenced by comovements (correlations) among most or all parts.“

[74] So schreiben etwa *DeBandt* und *Hartmann* (2002, S. 254): „[...] a key element in the narrow sense of systemic events is the *mechanism* through which shocks propagate *from one bank to another*. In our view, this lies at *the very heart of systemic risk*“ (Hervorhebung G. F.).

[75] Die Ausbreitung von massenhaften Bankinsolvenzen in die Realwirtschaft und die dadurch verursachten volkswirtschaftlichen Kosten werden manchmal in das Konzept des systemischen Risikos integriert. *DeBandt* und *Hartmann* (2002, S. 255) sprechen dann von *vertikalen* systemischen Risiken, die von den *horizontalen* systemischen Risiken innerhalb des Banken- und/oder Finanzsektors zu unterscheiden sind. Um einen gesonderten Regulierungstatbestand hieraus ableiten zu können, müßte auch die Ausbreitung von Krisen in die Realwirtschaft Züge eines Marktversagens besitzen. Tatsächlich werden die besprochenen Effekte auch häufig als negative externe Effekte und mithin als ein solches Marktversagen interpretiert (vgl. etwa *Steden* 2002, S. 41). Für diese Arbeit soll es jedoch genügen, daß es solche Transmissionskanäle in die Realwirtschaft gibt. Die volkswirtschaftlichen Kosten von Bankenkrisen mögen hierzu als Beleg genügen.

4.3.2. Systemisches Risiko im engeren Sinne

4.3.2.1. Der Informationskanal: Indirekte Übertragung von Bankinsolvenzen

Insbesondere der vermutete Informationskanal einer Übertragung einzelner Bankinsolvenzen auf andere Banken hat für die Begründung einer spezifischen Bankenregulierung eine lange Tradition (siehe etwa *Krümmel* 1984, S. 482 f.). Der Mechanismus beruht erneut auf der schon bekannten Annahme eines systematischen Informationsnachteils der Bankgläubiger. Es wird nun angenommen, daß diese wegen eines unüberbrückbaren Informationsnachteils nicht in der Lage seien, die Qualität von unterschiedlichen Banken hinreichend genau zu unterscheiden und deshalb der Einfachheit halber annehmen würden, alle Banken würden ähnliche Geschäfts- und Risikostrukturen aufweisen (*Homogenitätsannahme*). Erschwerend käme hinzu, daß die Auswirkungen einer möglicherweise auftretenden Einzelinsolvenz auf die jeweils „eigenen“ Institute durch die Einleger nicht abschätzbar seien – insbesondere dann nicht, wenn die Bankwirtschaft ohnehin über gegenseitige Zahlungsverpflichtungen in enger Reaktionsverbundenheit stehe. So schreibt *Burghof* (1998, S. 91):

> „Eine Begrenzung der Homogenitätsannahme auf bestimmte Banken oder Regionen wird [...] der Boden entzogen, wenn die Solvenz aller Banken durch intensive Geschäftsbeziehungen und umfangreiche Zahlungsverpflichtungen direkt oder indirekt voneinander abhängt. Durch solche Risikozusammenhänge verdichten sich zu Recht die Erwartungen der Anleger, daß der Konkurs anderer Banken auch die Solvenz ihrer eigenen Bank beeinträchtigt.“

Der Mechanismus, der unter diesen Bedingungen zur Ausbreitung einer Einzelinsolvenz in das gesamte Bankensystem führt, entspricht prinzipiell dem eines Einzel-Bank-Runs: Liegen nämlich die geschilderten Informationsunsicherheiten vor, dann erzeugt die (Beinahe-)Insolvenz der ersten Bank ein *unscharfes Signal* über die Zahlungsfähigkeit der gesamten Bankenlandschaft: Es kann dann aus Sicht der Gläubiger anderer Banken rational sein, ihre Einlagen schnellstmöglich aufzulösen, um einem möglichen Vermögensverlust vorzubeugen (Multi-Bank-Run) – und zwar unabhängig von der tatsächlichen Zahlungsfähigkeit der betroffenen Banken.[76]

Außer den schlechter informierten Kleingläubigern könne dieses Verhalten unter bestimmten Bedingungen auch die besser unterrichteten Interbankengläubiger erfassen, obwohl diese normalerweise nur auf tatsächliche Verschlechterungen der Schuldnerbonität reagieren. So vermutet *Flannery* (1996/2002, S. 218 f.), daß diese – ähnlich wie die Privateinleger – unsicher über ihre eigene Urteilsfähigkeit werden und sich (vollständig) aus dem Interbankenmarkt zurückziehen könnten. Unter systemischen Aspek-

---

[76] Ein beliebtes Beispiel hierfür ist das Übergreifen von Zahlungsschwierigkeiten von der Franklin National Bank auf die Franklin Savings Bank im Zuge der Herstatt-Krise 1974 *Körnert* (1998, S. 114 f.). Während die Franklin National Bank wegen ihrer Geschäftsverbindungen zur Herstatt-Bank tatsächlich (und zurecht) in eine bedrohliche Lage kam, können die gleichzeitigen Einlagenabzüge der Franklin Savings Bank nur durch die Namensähnlichkeit erklärt werden. *Körnert* sieht darin ein Beispiel für objektiv irrationale Gründe einer Erwartungshomogenisierung.

ten wäre dies besonders problematisch, denn die volumenstärkeren Einlagen oder Kreditlinien im Interbankenverkehr haben per se einen größeren Effekt auf die Solvabilität der betroffenen Institute (*Bonn* 1998, S. 29).

Erschwerend komme hinzu, daß sich ein gleichgerichtetes „better safe than sorry"-Verhalten der (Interbanken-)Gläubiger bei zunächst nicht betroffenen Kreditinstitute auch dann ergeben könne, wenn deren Zahlungsfähigkeit unzweifelhaft feststeht und daher normalerweise keine Veranlassung zur Beteiligung an einem Multi-Bank-Run besteht. Analog zum Mechanismus des Einzel-Bank-Runs müßten zu einer solchen „ungerechtfertigten" Ansteckung weiterer Institute deren informierte Gläubiger lediglich erwarten, daß genug uninformierte Gläubiger ihre Einlagen panikartig auflösen und damit die Auflösung illiquider Aktiva bei zunächst nicht betroffenen Banken erzwingen.[77]

Insgesamt wird also in der informationsgetriebenen Übertragung von Einzelinsolvenzen ein für die Bankwirtschaft typisches Marktversagen gesehen. Der fast vollständige Zusammenbruch der Bankwirtschaft ausgehend von einer Einzelinsolvenz wird dabei für möglich gehalten. Dies könne vor allem dann ernsthaft in Betracht kommen, wenn die erste Insolvenz in der Kette auf makroökonomische Ursachen zurückgeführt wird, die für einen großen Teil der Bankwirtschaft in ähnlicher Weise verlustbringend sein können.

4.3.2.2. Dominoeffekte in den Interbankenbeziehungen

Im Unterschied zur Transmission einer Einzelinsolvenz wegen der als unüberbrückbar angesehenen Informationsnachteile der Einleger gegenüber ihren jeweiligen Kreditinstituten beruht die Ansteckungsgefahr bei den direkten Dominoeffekten nicht auf einer aktiven und gleichgerichteten Reaktion von Bankgläubigern, sondern die betroffenen Kreditinstitute gelten als passive „Opfer" der Übertragung. Diese Möglichkeit ergebe sich aus der zweiten Besonderheit der Geschäftsstruktur von Kreditinstituten, also den vielfältigen wechselseitigen Geschäftsbeziehungen über Interbankenmärkte (siehe Kap. 4.1.1.).

Kettenreaktionen werden zunächst einmal dort erwartet, wo es zu direkten *Kreditbeziehungen* unter den Banken kommt oder kommen kann (*Staub* 1999, S. 13). Zwar dienen Einlagen und Kreditlinien am Interbankenmarkt (und auch die prinzipiell fungibleren Finanzanlagen) prinzipiell dazu, die „fire sale"-Problematik illiquider Aktiva im Normalbetrieb zu entschärfen (*Bonn* 1998, S. 21). Jedoch werde dieser Effekt unter Umständen durch zusätzliche Ausfall- und Preisrisiken für die Bank erkauft. So unterliegen die in der Regel kurzfristigen und großvolumigen Interbankenforderungen ebenfalls einem Ausfallrisiko, zumal sie nicht selten unbesichert sind (*Burghof* und *Rudolph* 1996, S. 23; *Michael* 1998, S. 27). Dies gilt besonders für die „Übernachttransaktionen"

[77] Für eine Modellierung siehe *Chen* (1999) und den deutschsprachigen Überblick hierzu bei *Ibel* (2001, S. 170-175).

des kurzfristigen Liquiditätsmanagements, die als wahrscheinlichste Quelle des nationalen wie internationalen Systemrisikos angesehen werden (*Speyer* 2002, S. 76).

Die unerwartete Insolvenz oder Zahlungsunfähigkeit einer Bank habe zwangsläufig Auswirkungen auf alle direkt oder indirekt mit ihr verbundenen Institute (*Bonn* 1998, S. 28 f.). Insbesondere beim Ausfall einer bedeutenden Bank wird eine Kettenreaktion von Kreditausfällen und -kündigungen über große Teile des Bankenmarktes oder den gesamten Bankenmarkt für möglich gehalten. Analoges gelte für den Fall des gegenseitigen Anteilsbesitzes. Umgekehrt sei denkbar, daß eine von der Zahlungsunfähigkeit bedrohte Bank ihre vergleichsweise liquiden Interbankenforderungen auflöst, um kurzfristig ihre Zahlungsfähigkeit zu erhalten oder zu erhöhen, bevor sie sich dazu entschließt, illiquide Kredite unter hohen „fire sale"-Verlusten zu verkaufen. In der Modellierung dieses Problems durch *Allen* und *Gale* (2000/2002, S. 381 f.) resultiert hierdurch eine Art „Anstoßeffekt" im Netz der Interbankenforderungen, der unter bestimmten Bedingungen[78] bis in den Totalzusammenbruch des Interbankenmarktes und der Kreditwirtschaft führen kann (vgl. *Summer* 2003, S. 59 f.).

Ähnliche Kettenreaktionen werden aber auch für andere Geschäftsfelder erwartet, wo Banken im direkten Kontakt sind (*Burghof* und *Rudolph* 1996, S. 22 f.). Dabei wird die *Rolle der Finanzmärkte*, also der Devisen-, Wertpapier- und/oder Derivativmärkte, in der Literatur zunehmend als ein wichtiger potentieller Transmissionsmechanismus für Systemkrisen gesehen. Die *BIZ* (2002a, S. 2) schreibt beispielsweise:

> „In addition, a purely bank-centric approach to systemic risk may no longer be appropriate, given that financial markets tend to play a significant role as propagation channels for disturbances involving the banking system and the real economy."

Die exakten Wirkungsmechanismen bzw. die angenommenen Risikopotentiale sind allerdings noch wenig erforscht und zudem äußerst vielfältig: Anstelle der Auflösung von Interbankenforderungen könnten Banken zur Sicherung der eigenen Zahlungsfähigkeit beispielsweise auch Finanzaktiva liquidieren. Je nach Umfang solcher (erzwungenen) „fire sales" ergeben sich Preisreaktionen in den entsprechenden Märkten. Sofern Aktiva der gleichen Art auch von anderen Banken gehalten werden, resultieren hieraus Preisrisiken. Sind die Preisbewegungen hinreichend groß, kann der Wertverlust der Wertpapier- und Vermögensportfolios anderer Institute solvenzbedrohend sein (ebenda).

Auch von den im (Interbanken-)Zahlungsverkehr oder zur Abwicklung von Wertpapier-, Derivativ- und Währungstransaktionen notwendigen technischen Systemen wird vermutet, daß sie zur Quelle von Kettenreaktionen werden können (z. B. *Burghof* 1998, S. 93; *Galati* 2002, S. 65; *DeBandt* und *Hartmann* 2002, S. 273). In Abhängigkeit von der Ausgestaltung dieser Systeme könnten die Vertragspartner vor allem sogenannten

---

78 Als kritisch wird von *Allen* und *Gale* (2000/2002) vor allem die Struktur der Interbankenmärkte modelliert. Im Prinzip läßt sich in seinem Modell die Ansteckungsgefahr durch eine möglichst breite Streuung der Interbankenbeziehungen eliminieren. Tatsächlich spielt die Struktur der Interbankenmärkte auch bei empirischen Untersuchungen der Ansteckungsrisiken eine wichtige Rolle. Siehe hierzu Kap. 5.2.2.2.

Erfüllungsrisiken ausgesetzt sein („settlement risk"). Werden beispielsweise Zahlungseingänge Dritter den eigenen Einlegern bereits gutgeschrieben, obwohl diese noch nicht definitiv auf den Konten der gutschreibenden Bank eingegangen sind, geht die Bank in Höhe der noch ausstehenden Zahlung ein Kreditrisiko ein. Auch bei Wertpapier- und Währungsgeschäften kann es vorkommen, Zahlungen ohne entsprechende sofortige Gegengeschäfte (Lieferung bzw. rechtliche Übertragung des Papiers oder der Währung) zu leisten. Sofern aus solchen oder ähnlichen Gründen offene Positionen resultieren, gehen die Banken entweder ein Liquiditätsrisiko (Erhalt einer versprochenen Zahlung oder des physischen Wertpapiers zu einem späteren als dem vereinbarten Zeitpunkt) oder gar ein Kreditrisiko ein (keine Zahlung, Ausfall des Vertragspartners nach Zahlung). Bei entsprechendem Volumen der Geschäfte und/oder dem Ausfall eines wichtigen Vertragspartners kann sich aus diesen Kreditpositionen durchaus ein Kettenreaktionsrisiko ergeben.

Für den grenzüberschreitenden Handel mit Devisen hat sich mit Bezug auf das wohl bekannteste Beispiel eines solchen Dominoeffektes der Begriff „Herstatt-Risiko" eingebürgert. Dieser bezieht sich auf die Wirkung der überraschende Schließung des Bankhauses Herstatt am 26. Juni 1974 durch die deutschen Behörden (siehe *Galati* 2002, S. 63 f.): An diesem Tag hatten bereits mehrere US-amerikanische Gegenparteien definitive DM-Zahlungen ohne sofortige Gegengeschäfte in US-Dollar an das Bankhaus Herstatt geleistet und waren damit ein Erfüllungsrisiko eingegangen. Mit der Schließung der Bank kam es aber nicht mehr zu entsprechenden Gegengeschäften, so daß die betroffenen Kreditinstitute unerwartet hohe und teilweise auch bedrohliche Kreditausfälle zu verkraften hatten. Die hieraus erwachsende Unsicherheit führte zudem zu weiteren indirekten negativen Effekten im Interbankenmarkt. Insbesondere kleinere Banken wurden zwischenzeitlich praktisch vollständig vom Handel mit Devisen ausgeschlossen und mußten deutlich verschlechterte Konditionen am Interbankenkreditmarkt verkraften (*Kapstein* 1994, S. 40; *Herring* und *Litan* 1995, S. 96).

Systemische Risiken werden schließlich auf den Märkten für *derivative Finanzinstrumente* befürchtet. Die Befürchtung nährt sich dabei einerseits aus den z. T. komplexen Strukturmerkmalen sowie der (dadurch bedingten) mangelnden Transparenz der verwendeten Instrumente,[79] der mitunter geringen Marktliquidität und der relativ langen Laufzeit vieler Vereinbarungen. Die Befürchtungen hängen aber auch damit zusammen, daß das Geschäft mit Derivaten weltweit auf wenige große und für die Systemstabilität daher naturgemäß wichtigere Banken und Finanzintermediäre konzentriert ist (u. a. *IWF* 2000, S. 80 f.; *Galati* 2002, S. 64).

---

[79] Mangelnde Transparenz ist eines der Hauptprobleme, das immer wieder im Zusammenhang mit Derivativgeschäften, insbesondere im OTC-Bereich, genannt wird (siehe etwa *IWF* 2000; *Dobson* und *Hufbauer* 2001, S. 97 f.; *Deutsche Bundesbank* 2003c, S. 43). Viele dieser Geschäfte sind bilanzunwirksam. Sofern sie bilanziert werden müssen, ist ihre Bewertung wegen fehlender Marktpreise von außen nicht immer leicht nachvollziehbar.

Neben solchen eher marktstrukturellen Anknüpfungspunkten wird argumentiert, daß Derivate eine Reihe (versteckter) Risikopotentiale bergen können. Diese würden vor allem in Zeiten größerer Marktunsicherheit offenbar, wie sie beispielsweise durch Bankenkonkurse oder makroökonomische Schocks ausgelöst würden. So könnten etwa starke Preisbewegungen auf den Aktien- und Wertpapiermärkten oder sprunghafte Veränderungen der Zinsen und Wechselkurse dazu führen, daß die Zahlungsverpflichtungen aus Derivativgeschäften plötzlich unerwartet groß ausfallen und die Liquidität oder Zahlungsfähigkeit einzelner Banken sowie – über diese – weiterer Institute bedrohen könnten (z. B. *Burghof* und *Rudolph* 1996, S. 23; *IWF* 2000, S. 80).[80] Bei den insgesamt als weniger problematisch eingeschätzten börsengehandelten Finanzinnovationen äußert sich dieses Risiko in erster Linie in möglicherweise stark steigenden und als Sicherheit dienenden Einschußverpflichtungen (Marginverpflichtungen) gegenüber der jeweiligen Abwicklungsstelle für diese Transaktionen. Während hier jedoch die Durchleitung von Ausfallrisiken oder Verlusten durch die institutionelle Struktur dieser Märkte begrenzt werde, gelte dies für das weitaus volumenstärkere und individuell zwischen den Beteiligten vereinbarte OTC-Geschäft nicht in gleichem Maße (*Burghof* 1998, S. 93).

In engem Zusammenhang mit den (verdeckten) Preis- und Gegenparteirisiken steht die Befürchtung, daß bei den Nutzern der Instrumente unter Umständen eine Illusion der Absicherung entsteht (z. B. *Hellwig* 1998b, S. 145 ff.). Zwar dienen Derivate der Bewertung und der Weitergabe von Zins-, Währungs-, Aktienkurs- und neuerdings auch Kreditrisiken an Dritte. Dies eröffnet den Banken prinzipiell vielfältige Möglichkeiten zum flexiblen Management und der gezielten Steuerung ihrer Gesamtrisikoposition, insbesondere zur Absicherung ihrer Erträge gegenüber großen Veränderungen makroökonomischer Risiken (Hedging) (siehe 5.2.2.3.) Mittels derivativer Produkte können makroökonomische Risiken gesamtwirtschaftlich betrachtet aber nur verteilt, nicht vollständig beseitigt werden (*Deutsche Bundesbank* 1994, S. 44; 2003c, S. 41). Die Effektivität der Sicherung, die mit einem derivativen Geschäft erzielt werden kann, hängt aus Sicht der einzelnen Bank daher letztlich davon ab, ob der jeweilige Vertragspartner seinen Zahlungsverpflichtungen auch jederzeit nachkommen kann. Insbesondere wenn dessen eigene Zahlungsfähigkeit nicht unabhängig von den abgesicherten Risiken ist, kann die Versicherungswirkung gerade dann gefährdet sein, wenn sie am meisten gebraucht wird.

Dieses potentielle Problem wird in jüngerer Vergangenheit vor allem für Kreditderivate diskutiert, die den Transfer von Teilen des aktivseitigen Kreditrisikos an Dritte Parteien erlauben (*BIZ* 2003b, S. 137 f.; *Joint Forum* 2004; *Deutsche Bundesbank* 2004a, S. 39 ff.). Mit Kreditderivaten wird damit ein ähnliches Ziel verfolgt wie mit ei-

---

80 *Körnert* (1998, S. 107 f.) sieht darüber hinaus die Gefahr, daß einmal angestoßene Preisbewegungen sich durch marktendogene Zusammenhänge noch einmal verschärfen können. Sofern nämlich eine Problembank ein Geschäftsfeld im Derivatehandel (oder auch Wertpapierhandel) dominiert, könne es rational für andere Marktteilnehmer sein, sich in der Erwartung merklich sinkender Marktliquidität aus dem betreffenden Segment zurückzuziehen, auch wenn sie keinerlei direkte Geschäftsbeziehungen zu der Bank aufweisen. Entsprechend würden sich die die ursprünglichen Preisbewegungen verschärfen.

ner Kreditversicherung. Die Bank als „Versicherungsnehmer“ zahlt dem „Versicherungsgeber“ für die Laufzeit des Kontrakts eine Prämie für die Übernahme des Kreditrisikos aus einzelnen Geschäften oder einem (Teil-)Portfolio. Sobald das mittels einer Kennzahl gemessene Versicherungsereignis (credit event) eintritt,[81] ist der „Versicherungsgeber“ verpflichtet, den Kredit zu tilgen oder eine entsprechende Ausgleichszahlung zu leisten.

Hierbei könne nun die Absicherungswirkung unter Umständen dadurch gefährdet sein, daß die letzten Träger der Kreditrisiken im Falle von gehäuften Kreditausfällen – etwa in rezessiven Phasen – ihren Zahlungsverpflichtungen nicht mehr nachkommen könnten, weil diese ihre Zahlungsfähigkeit übersteigen würden. In diesem Fall würden die Ausfallrisiken letztlich auf die eigentlich „geschützte“ Bank zurückfallen. Diese Gefahr gelte um so mehr, als es sich bei den Verkäufern der Kreditderivate nach ersten Erhebungen nicht selten um Versicherungen und Investmentfonds handelt, die anders als Banken über wenig Erfahrungswissen im Umgang mit Kreditrisiken verfügten und weniger strengen Regulierungsvorschriften unterlägen.

Im Zusammenhang mit den Finanzmarktengagements klingt schließlich zumindest implizit das Argument durch, daß sich Derivate und andere Finanzierungstechniken zu hoch riskanten spekulativen Geschäften eignen oder gar einen besonderen Anreiz dazu geben (vgl. *Aschinger* 2001, S. 12 ff.). Der geringe Kapitaleinsatz (das hohe Leverage) verspricht bei erfolgreicher Spekulation tatsächlich große Gewinnchancen, so daß es attraktiv scheint, bewußt Risiken einzugehen. Kehrseite eines solchen Verhaltens ist jedoch, daß ungünstige Entwicklungen der Basispreise ebenso große oder gar ruinöse Verluste induzieren, die bei der Auflösung von gegenseitigen Verpflichtungen über mehrere Stufen hinweg Ansteckungseffekte erzeugen (könnten). Neben dem durch Fehlspekulationen eines einzelnen Devisenmaklers ausgelösten Konkurses der Barings-Bank im Jahr 1995, der allerdings ohne Auswirkungen auf andere Banken blieb, ist das wohl spektakulärste und in seinen Folgewirkungen bedeutendste Beispiel hierfür der Beinahezusammenbruch des Hedge Fonds Long Term Capital Management (LTCM) im September 1998 (ausführlich *Aschinger* 2001, S. 19 f.; *BIZ* 1999; *Dowd* 1999b; *IWF* 2000, S. 85 f.; *Spencer* 2000, S. 221 f.).

Akuter Auslöser der Krise war die einseitige Verkündung eines Zahlungsstopps auf Staatsschulden durch die russische Regierung am 14.8.1998 und die daran anschließende massive Abwertung des Rubel. Die damit einhergehende Verunsicherung der durch die asiatische Währungs- und Finanzkrise ohnehin sensibilisierten Marktteilnehmer führte auf den Finanzmärkten zu einer Umschichtung der Anlagevolumina in sichere Vermögenswerte – insbesondere in europäische und amerikanische Staatsanlei-

---

81 Je nach Spielart des Kreditderivats sind als zahlungsauslösende Ereignisse neben dem faktischen Kreditausfall auch Rating-Rückstufungen, Umschuldungen, Insolvenzanträge oder an Referenzanleihen gemessene Bonitätsverschlechterungen denkbar. Zu den gebräuchlichsten Formen der Krediderivate siehe *Büschgen* (1998, S. 970-979, insbesondere S. 974 ff.; *Deutsche Bundesbank* 2004a, S. 28 ff.). Eine alternative Form des Kreditrisikotransfers stellt die Verbriefung ganzer Kreditportfolios dar.

hen. Die Zinsunterschiede zu Emerging Market- und Unternehmensanleihen weiteten sich dabei in historisch einmaliger Weise aus. Diese unerwartete Entwicklung führte zu solvenzbedrohenden Verlusten bei LTCM, da dieser auf eine Einengung statt auf eine Ausweitung der Zinsunterschiede spekuliert hatte.

Als erstes und wichtigstes systemisches Problem erwies sich dann, daß die Spekulationsgeschäfte zum großen Teil durch namhafte Banken kreditfinanziert worden waren, was diese einem zum Teil erheblichen Gegenpartei- bzw. Kreditrisiko ausgesetzt hatte. Erklären läßt sich dieses Verhalten im nachhinein am ehesten mit der außerordentlichen Reputation des Managements von LTCM, das – angeführt von zwei Nobelpreisträgern der Ökonomie – in den Vorjahren enorme Renditen von ca. 40 Prozent jährlich erwirtschaftet hatte. Die Kreditfinanzierung erlaubte jedoch ein extrem hohes Leverage des Hedge Fonds mit entsprechenden Gewinnchancen. Anfang 1998 stand dieses bei ca. 16:1. Es stieg durch die eigenkapitalverzehrenden Verluste des Jahres 1998 auf 45:1 und – abermals verstärkt durch einen partiellen Rückzug der ehemaligen Kreditgeber – weit darüber hinaus. Kurz vor dem Beinahezusammenbruch am 21.9.1998 stand den Engagements in Höhe von 80 Mrd. US-Dollar gerade einmal eine Eigenkapitaldecke von 600 Millionen US-Dollar gegenüber; der Konkurs von LTCM galt daher als sicher unter den Marktteilnehmern.

Die hieraus resultierende Erwartung erzwungener und ungeordneter Auflösung von Derivativpositionen ließ Ansteckungseffekte wahrscheinlich erscheinen. Diese Befürchtung wurde zusätzlich durch das hohe Spekulationsvolumen, die bedeutende Stellung des LTCM für einige illiquide Marktsegmente und die Komplexität der Geschäftstrategie genährt. Zur Vermeidung von Dominoeffekten koordinierte schließlich die Federal Reserve Bank of New York eine private Rettungsaktion durch wichtige internationale Banken und Brokerhäuser, die am 23. September 1998 mit einer Kapitalspritze in Höhe von 3,65 Milliarden US-Dollar den Hedge Fonds vor dem Konkurs bewahrten. Auch wenn hierdurch die befürchteten noch größeren Auswirkungen eines unkontrollierten Konkurses und Deleveraging vermieden werden konnten, zeigen die Weltfinanzmärkte im Herbst 1998 – gemessen an typischen Preis-, Liquiditäts-, Bonitäts- und Volatilitätsindikatoren – eine außergewöhnliche Krisensituation an. Die „worst crisis ever" (*BIZ* 1999, S. 40) beruhigte sich schließlich nach deutlichen Zinssenkungen der Zentralbanken bereits Mitte Oktober 1998. Allgemein gelten die Ereignisse des Herbstes 1998 jedoch bei vielen Beobachtern als Zeichen für die unkontrollierbaren Risiken derivativer Finanzinstrumente und – wichtiger – für ein weitreichendes auf Wissensmangel und Risikoanreizen beruhendes Versagen der Marktkontrolle durch die jeweiligen Vertragspartner des Hedge Fonds: „LTCM's counterparties did not understand the hedge fund's risk profile when they granted credit on generous terms, mainly on the basis of its manager' reputation" (*Dobson* und *Hufbauer* 2001, S. 76).

Zusammenfassend wird damit für die Dominoeffekte auf den Interbankenmärkten eine große Vielfalt von Ansteckungskanälen postuliert, über die sich Einzelinsolvenzen in das Gesamtsystem ergeben würden. Für die gegenseitigen Liquiditätseinlagen werden vor allem unerwartet große Kreditausfälle oder Linienkündigungen befürchtet. Die im Zusammenhang mit dem Finanzmarktgeschehen diskutierten Ansteckungswirkungen sind dagegen vielfältiger und undurchsichtiger. Letztlich werden aber auch hier versteckte Dominoeffekte als problematisch angesehen, die sich aus nicht antizipierten Gegenparteirisiken und/oder Preisrisiken ergeben könnten. All dem liegt die – häufig unausgesprochene – Annahme zugrunde, das Finanzsystem neige dazu, übertriebene und konzentrierte Risiken einzugehen, die sich bei einer wie auch immer angestoßenen Erwartungsänderung schlagartig und über ebenfalls häufig unerwartete Kanäle offenbarten.

4.3.3. Systemische Risiken im weiteren Sinne

Damit nähert man sich der Abgrenzung der Systemrisiken im weiteren Sinne, der die gleichzeitige Betroffenheit der Kreditwirtschaft bzw. eine gemeinsame Anfälligkeit gegenüber einer überraschenden makroökonomischen Datenänderung (sog. „common exposure") in den Mittelpunkt der Betrachtung rückt und Konkurswellen im Bankensektor auch ohne einen Systemzusammenhang zwischen den einzelnen Instituten erklären will (vgl. *DeBandt* und *Hartmann* 2002, S. 269 ff.). Als mögliche krisentreibende Schocks gelten: unvorhergesehene Bewegungen der Konsum- und Vermögenspreise, der Zinsen, der Wechselkurse oder nichtantizipierte Rezessionen und damit verbundene (plötzliche) Veränderungen in der durchschnittlichen Rückzahlungsfähigkeit aller kreditierten Unternehmen und Haushalte einer Volkswirtschaft. Auch viele empirische Ursachenanalysen zu Systemkrisen haben einen makroökonomischen Schwerpunkt (siehe auch Kap. 6). Trotz seines etwas anderen Fokus' läßt sich der makroökonomische Erklärungsansatz mit den bisher behandelten Überlegungen zu den Kettenreaktionsrisiken vereinbaren, denn einerseits können beide Mechanismen parallel zueinander wirken und andererseits stellen die einschlägigen Erklärungsmodelle des systemischen Risikos im engeren Sinne häufig auf einen unerwarteten Schock als Auslöser eines Runs oder eines Marktzusammenbruchs ab.

Die Theorien zum Systemrisiko im engeren Sinne als auch diejenigen, die auf einen makroökonomischem Schock abstellen, haben gleichwohl ein gemeinsames methodisches Erklärungsdefizit. Sie können zwar erklären, daß ein unerwartetes Ereignis den als fragil unterstellten Bankensektor in eine Krise treiben kann. Die Schockanfälligkeit selbst wird aber nicht erklärt – oder wie es (*Borio* 2003, S. 189) treffend formuliert: „[...] the financial system is seen as *initially vulnerable*; suddenly, a shock occurs, which is then amplified by the endogeneous response of market participants" (Hervorhebung G. F.). Zudem muß bedacht werden, daß die Anfälligkeit der Kreditwirtschaft bzw. die Fragilität der Bankbilanzen nur relativ zu den makroökonomischen Datenänderungen sinnvoll bestimmt werden kann (*Kaufman* 2000, S. 85). Für das Auftreten von systemischen Bankenkrisen kommt es daher nicht nur auf das Ausmaß der (schlagartigen) Veränderungen der Rahmendaten an, sondern auch auf den Umfang der unternehmerische Vorsorgemaßnahmen seitens der Bankwirtschaft. So gesehen kann es überhaupt erst zum „gefürchteten" Zusammenbruch der Finanzintermediation, systemischen Bankenkrisen und hieraus resultierenden volkswirtschaftlichen Kosten kommen, wenn die Kreditwirtschaft *kollektiv* zu geringe Vorsorgemaßnahmen gegenüber möglichen Risiken getroffen hat.

Diese Kritikpunkte greifen in jüngster Zeit einige Arbeiten der Bank für Internationalen Zahlungsausgleich (BIZ) verstärkt auf (*Borio et al.* 2001; *Crockett* 2002; *Borio*

2003). Indem sie den Aufbau *übermäßiger und systemweiter Risiken endogen* aus dem Verhalten der Bankwirtschaft erklären, versuchen sie, eine weitere Sichtweise zum systemischen Risiko zu etablieren. Die Autoren stehen hierbei den Theorien zum systemischen Risiko im weiteren Sinne näher als denjenigen zum Systemrisiko im engeren Sinne. Dies kommt unter anderem darin zum Ausdruck, daß sie die von einzelnen Banken ausgehenden Ansteckungseffekte für volkswirtschaftlich weniger kostspielig halten, als eine verdeckte und weitreichende Anfälligkeit gegenüber makroökonomischen Datenänderungen (financial distress). Ähnlich wie *Caprio* und *Klingenbiel* (1999, S. 272 f.) vermuten, würde eine auf Bank-Runs und deren Übertragung gerichtete Analyse dazu tendieren, Risiken im Finanzsektor zu spät zu erkennen und an Symptomen zu kurieren.

Die Nähe zum makroökonomischen Ansatz zeigt sich auch in der stärkeren Betonung der Wechselwirkungen zwischen dem Realsektor und dem Finanzsektor im Konjunkturverlauf. So teilen die Autoren die Ansicht, daß der Finanzsektor prozyklisch auf die konjunkturelle Entwicklung wirken kann, wie es sich etwa in dem engen Zusammenhang zwischen der Vergabe von Bankkrediten und/oder Vermögenspreisen (für Immobilien, Aktien, andere Wertpapiere oder Währungen) mit der konjunkturellen Entwicklung zeige. Erklären läßt sich dies durch sich wechselseitig verstärkende Effekte im gesamten Marktsystem, wie bereits bei den volkswirtschaftlichen Kosten von Bankenkrisen erläutert wurden (Kap. 2.2.). So können steigende (fallende) Aktien- oder Immobilienpreise über ihren Effekt auf die Nettovermögenspositionen zu starken Ausweitungen (Verringerungen) der Kreditpositionen und der aggregierten Investitions- und Konsumtätigkeit beitragen, sofern diese Vermögenstitel als Sicherheiten für die Kreditvergabe genutzt werden (*Kiyotaki* und *Moore* 1997). Andererseits kann die verstärkte (verminderte) Vergabe von Krediten zu einer Ausdehnung (Drosselung) der Nachfrage nach Vermögensgütern und über diese zu Preissteigerungen (Preissenkungen) auf diesen Märkten führen. *Borio et al.* (2001, S. 11 f.) genügt es jedoch nicht, „normale" und für die Bank- und Volkswirtschaft unschädliche Zyklen zu erklären. Sie sehen im Finanz- und Bankensektor eine inhärente Neigung zu extremen Kredit- und Finanzmarktzyklen („Boom-Bust"-Zyklen), die durch eine finanzielle (und konjunkturelle) Überexpansion und/oder Blasenbildungen auf den Vermögensmärkten und deren anschließenden Zusammenbruch gekennzeichnet seien. Bankenkrisen würden in den Abschwüngen solcher exzessiver Entwicklungen wahrscheinlicher. Als empirische Basis für diese These dient *Borio et al.* (2001) die Erkenntnis, daß seit den 1970er Jahren viele Bankenkrisen ein Muster der Überexpansion der Kreditvergabe und/oder der Blasenbildung an den Finanzmärkten zeigt.[82] Der eigentliche Argumentationskern der Autoren bezieht sich jedoch weniger auf die (empirische) Frage, ob es solche exzessiven Kredit- und Finanzmarktzyklen gibt, sondern womit sie sich erklären lassen.

---

[82] Die These von den exzessiven Finanzmarktzyklen für die Erklärung von Bankenkrisen (und Wirtschaftskrisen) hat eine lange Tradition in der wirtschaftshistorischen und -theoretischen Forschung. Siehe hierzu *Kindleberger* (1978) oder auch *Dow* (1996, S. 702).

Borio et al. (2001, S. 5-10) und *Borio* (2003, S. 192 f.) stützen sich hierzu auf zwei ineinander verwobene Erklärungen: systematische Fehlbewertung möglicher Risikofaktoren über den Konjunkturzyklus und eine dem Finanzmarktgeschehen inhärente Anreizlogik.

Zur systematischen Fehlbewertung möglicher Risikofaktoren

Basis des Arguments der fehlerhaften Risikoeinschätzung bildet die folgende These: Während Banken die relative Risikoposition ihrer Kreditnehmer zueinander vergleichsweise exakt einschätzen können, täten sie sich schwer bei der Bewertung makroökonomischer oder systemischer Risiken, insbesondere in der zeitlichen Dimension. Mit anderen Worten: Sie antizipierten weniger gut die Abhängigkeit ihres Kreditportfolios von allgemeinen (makroökonomischen) Faktoren bzw. der allgemeinen konjunkturellen Entwicklung. Rational wäre es beispielsweise, wenn Banken bereits in der Aufschwungphase eines Konjunkturzyklus ausreichend Vorsorge für Kreditausfälle (oder Vermögensverluste) der Abschwungphase träfen. Genau dies täten diese jedoch wegen der genannten Schwäche der Marktkontrolle nicht. So würden die verfügbaren Indikatoren für die Wirksamkeit der Markt- und Wettbewerbskontrolle (etwa Zinsdifferenzen, Sicherheitsauflagen oder Ratings) eher darauf hindeuten, daß Veränderungen in der Anfälligkeit einzelner Banken oder des gesamten Sektors gegenüber makroökonomischen Datenänderungen in summa nicht rechtzeitig genug angezeigt würden, um präventive Verhaltensänderungen induzieren zu können.

Als Grund für diese kurzfristige Risikoeinschätzung kommt *erstens* in Frage, daß der Charakter des Konjunkturverlaufs sich einer auch nur annähernd exakten Voraussage, insbesondere der Wendepunkte, entzieht.[83] *Zweitens* deuten Arbeiten der psychologischen Verhaltensforschung und ihre Anwendung auf Finanzmärkte („New Behavioral Finance")[84] darauf hin, daß Wirtschaftssubjekte bei dem Versuch, mit ihrer komplexen Umwelt und ihrem Unwissen (unternehmerisch) umzugehen, auf relativ einfache Heuristiken zurückgreifen. Hierbei können sie über längere Zeiträume *systematisch* von den Verhaltensweisen abweichen, die von rationalen Individuen zu erwarten wären. Dies gilt insbesondere in Situationen, für die es wenig Erfahrungswissen gibt. Ausgehend von den Arbeiten der Nobelpreisträger *Amos Tversky* und *Daniel Kahnemann* haben sich für solche abweichenden Verhaltensweisen die Begriffe Wahrnehmungs-, Verhaltens- und Entscheidungsanomalien eingebürgert.

---

83 *Borio et al.* (2001, S. 8, insbesondere auch Fn. 13) greifen hierzu auf die österreichische Konjunkturtheorie zurück, die Konjunkturen prinzipiell als natürliches Phänomen des Wirtschaftsprozesses ansieht. Als „auslösende" Faktoren gelten hierbei vor allem größere technologische Veränderungen (Innovationen), deren Finanzierung durch den Finanzsektor zyklische Prozesse anstößt.

84 Zum Diskussionsstand innerhalb dieses Forschungsansatzes der „Behavioral Finance" siehe *Rapp* (1997), *Shleifer* (2000), *Shiller* (2000, insbes. S. 159-196) jeweils mit einer Fülle weiterer Nachweise. Die „Behavioral Finance" setzt sich in erster Linie mit der Erklärung von Aktien- und Wechselkursphänomenen auseinander. Die Anwendung auf Kreditentscheidungen durch *Borio et al.* (2001) gehört dagegen nicht zum Kern des Forschungsprogramms.

Bekannte Beispiele der in unzähligen Experimenten nachgewiesenen „Anomalien“ sind (siehe *Rapp* 1997, S. 82-87; *Economist* 2004, S. 4 f.):

(1) das Phänomen des „disaster myopia“, wonach die Wahrscheinlichkeit von extremen Verlustszenarien systematisch unterschätzt wird.

(2) Neigungen zu „Überoptimismus“ und „Kontrollillusion“, die dazu führen, kurzfristige Trends in naiver Weise langfristig fortzuschreiben,

(3) die Aversion, erkannte eigene Fehleinschätzungen zu korrigieren („regret-aversion“),

(4) die im Vergleich zu Gewinnen stärker einfließende Angst vor Verlusten („loss aversion“), die dazu führt, sich von verlustbringenden Engagements vergleichsweise spät zu trennen,

(5) sowie das allgemeine Problem der „kognitiven Dissonanz“, wonach neue Informationen generell in einer zu den bereits vorhandenen Informationen passenden Art und Weise interpretiert werden.

Die genannten psychologischen Effekte beziehen sich dabei zunächst auf das Verhalten individueller Akteure. Es lassen sich aber auch kollektive Übertreibungen erklären (hierzu *Rapp* 1997, S. 87-96; *Shiller* 2000, S. 185 ff.), die das Verhalten von Wertpapierpreisen oder die Wirkungen des Finanzsektors auf den Konjunkturzyklus über das „normale“ Maß hinaus verstärken. *Borio et al.* (2001, S. 9 f.) betonen die erste[85] und die letzte Variante solcher kognitiven Verzerrungen, die zusammengenommen dazu führen würden, daß kurzfristige realökonomische Veränderungen als Teil eines neuen, lang anhaltenden Trends interpretiert werden. Eine Umkehr des Aufbaus exzessiver Risiken wäre erst dann zu erwarten, wenn neue Informationen eindeutig die bisherige Fehleinschätzung und die damit verbundenen Verhaltensweisen widerlegen würden.

Zur inhärenten Anreizlogik

„Übertreibungen“ vor allem der Finanzmarktpreise lassen sich *drittens* auch ohne den Rückgriff auf psychologische oder soziologische Phänomene begründen. Selbst rationale Akteure neigen unter spezifischen Voraussetzungen zum Mitlaufen. In solchen Fällen eines sogenannten (rationalen) Herdenverhaltens (hierzu *Hirth* und *Walter* 2001; *Conrad* 2002) ignorieren Agenten entweder ihre eigenen Informationen und richten sich ausschließlich nach dem Verhalten oder den Entscheidungen anderer Agenten. Der Mechanismus entspricht dann im Kern dem Informationskanal der Übertragung von Ban-

---

[85] Das Problem des „disaster myopia“ wird auch von *Herring* (1999b, S. 79 ff.) mit systemische Risiken in Verbindung gebracht. Da es sich hierbei um Ereignisse mit sehr niedriger Wahrscheinlichkeit, hohen Kosten und geringer Wiederholungshäufigkeit handele, seien sie typisch für Entscheidungssituationen, für die *Tversky* und *Kahnemann* sowohl die Verfügbarkeitsheuristik als auch die „threshhold heuristic“ nachgewiesen haben. Die Verfügbarkeitsheuristik bezieht sich auf den Umstand, daß lange zurückliegende Ereignisse grundsätzlich mit einer geringeren Eintrittwahrscheinlichkeit belegt werden – also in Vergessenheit geraten. Die „threshold heuristic“ hingegen beschreibt den Umstand, daß Ereignisse mit geringer Eintrittswahrscheinlichkeit der Einfachheit halber von den Agenten vollständig ignoriert werden.

kenkrisen und muß nicht weiter erläutert werden.[86] Oder die Ursache für gleichgerichtete Entscheidungen liegt darin, daß ein von der Mehrheit abweichendes Verhalten einen geringen Gewinnanreiz enthält: Die moderne Finanzmarkttheorie zeigt zum Beispiel, daß langfristige „Fehlbewertungen" von Wertpapieren auftreten können, wenn die mit den jeweiligen Wahrscheinlichkeiten gewichtete Gewinnerwartung eines weiteren Kursanstiegs die Verlusterwartung eines „Crashs" übersteigt (*Abreu* und *Brunnermeier* 2003). Ein ähnlicher Effekt tritt ein, wenn besser informierte Akteure keine spekulative Gegenposition einnehmen, weil diese bei extremen Preissteigerungserwartungen anderer Marktteilnehmer mit hohen Verlustrisiken verbunden ist (*Shleifer* 2000, S. 46 ff.).[87] Schließlich kann ein homogenes Verhalten einen gewissen Schutz vor der individuellen Zurrechnung von Managementfehlern bieten. Mit einem solchen „hiding in the herd" begründen *Borio et al.* (2001, S. 10) z. B. die Gefahr übermäßig gleichgerichteter Kreditvergabeentscheidungen, die erst in einen Kreditboom und den anschließenden Zusammenbruch führen. So wird es Außenstehenden schwer fallen, Ertragsprobleme oder gar insolvenzbedrohende Situationen exklusiv Fehlern des Managements einzelner Banken zuzurechnen, wenn viele oder gar alle Banken mit ähnlichen Problemen zu kämpfen haben.

Viertens können vertragliche Arrangements „exzessive" Zyklen begünstigen. So sind Entlohnungsschemata von Fonds- oder Kreditmanagern häufig relativ zur Performance des Gesamtmarktes ausgerichtet. Insbesondere wenn durch sie zusätzlich die kurzfristige Renditeentwicklung oder eine generelle Volumenausweitung positiv alimentiert werden, können sie einen zusätzlichen Risikoanreiz bieten und zu exzessiven zyklischen Entwicklungen beitragen. *Fünftens* begründen *Allen* und *Gale* (1999, S. 12-14; 2000, S. 298-308) den Aufbau von Finanzmarktblasen mit dem gleichen Agency-Konflikt, der auch für die erhöhte Risikoneigung der Banken ins Feld geführt wird: Sofern Immobilien- und Wertpapierkäufe durch Banken kreditfinanziert werden, können die solchermaßen finanzierten Akteure mögliche Verluste teilweise oder ganz auf die Kreditgläubiger abwälzen. Entsprechend werden sie tendenziell dazu neigen, riskantere Wertpapierpositionen aufzubauen. Dies ist besonders dann zu erwarten, wenn generell ein hohe Unsicherheit über zukünftige Preisentwicklungen besteht. Wird gleichzeitig eine gelockerte Kreditversorgung spürbar oder wird diese von Marktteilnehmern erwartet, werden

---

86 Behandelt wird er formaltheoretisch von der sogenannten Theorie der Informationskaskade. Herzu ausführlich *Banerjee* (1992) und *Bikhchandani et al.* (1992, 1998) sowie die deutschsprachige Zusammenfassung bei *Hirth* und *Walter* (2001, S. 19-22). Siehe für eine Anwendung auf die Übertragung von Bankenkrisen im Rahmen des Informationskanals *Burghof* (1998, S. 81-88).

87 Für die Unterscheidung der beiden Hauptrichtungen der Finanzmarkttheorie ist dies ein entscheidender Punkt. Während die Vertreter der „efficient market hypothesis" davon ausgehen, daß „irrationale" Kursabweichungen durch Arbitrage sofort und kostenlos eingeebnet würden, geht die „Behavioral Finance" davon aus, daß Arbitrage-Möglichkeiten begrenzt sind. Für Kursübertreibungen müssen also zwei Elemente zusammenkommen: psychologische Wahrnehmungsbesonderheiten und nicht kostenlose Arbitrageprozesse (*Shleifer* 2000, S. 24).

Blasenbildungen auf den Finanzmärkten wahrscheinlich.[88] Ihr späterer Zusammenbruch stünde dann in einem engen Zusammenhang mit systemischen Bankenkrisen.

4.3.4. Zwischenfazit: Bankenregulierung zur Korrektur von Marktversagen auf verschiedenen Ebenen

Das vorliegende Kapitel diente der Nachzeichnung der üblicherweise vorgebrachten Argumentation für eine spezifische regulatorische Behandlung des Kreditsektors. Im allgemeinen werden hierzu zwei sich überlagernde Rechtfertigungsmuster herangezogen. Als erste Rechtfertigung wird die Notwendigkeit eines spezifischen *Gläubigerschutzes* postuliert. Dieser ergebe sich vor allem aus dem als extrem unterstellten Informationsnachteil der Kleingläubiger, der es ihnen unmöglich mache, die aus der Bilanzstruktur resultierenden besonderen Risikoanreize des Bankmanagements zu kontrollieren und die Sicherheit ihrer Einlagen zu überprüfen. Dies werde durch die Trittbrettfahrerproblem bei der Kontrolle der Bank durch eine Vielzahl von Kleingläubiger verschärft.

Das eigentliche Kernargument ist jedoch die Notwendigkeit eines staatlichen *Funktionenschutzes* im Kreditsektor. Zur Zuweisung dieser entscheidenden Ordnungsaufgabe (siehe Kap. 2) in den staatlichen Bereich wird für den Bankensektor ein vielschichtiges inhärentes Marktversagensproblem unterstellt, welches in systemischen Bankenkrisen mit unüberschaubaren realwirtschaftlichen Kosten gipfeln könne. *Burghof* und *Rudolph* (1996, S. 22) fassen den entsprechenden Gedanken treffend zusammen:

> „Da das [...] schlagartige Versagen der Bankenmärkte zu einem Abbruch eines großen Teils der wirtschaftlichen Aktivitäten führt, können im Extremfall ganze Volkswirtschaften unter diesem Schock zusammenbrechen. Schon eine geringe Wahrscheinlichkeit, daß es zu einer solch alptraumhaften Entwicklung kommen kann, genügt daher, um weitreichende Maßnahmen und staatliche Eingriffe zu rechtfertigen" (Hervorhebung G.F.)[89]

Das Argument des „schlagartigen Versagens der Bankenmärkte" wird dabei auf verschiedene, sich ergänzende Ebenen bezogen. Zusammenfassend sind dies:

(1) Das Problem der eigentlich „ungerechtfertigten" *Einzel-Bank-Runs*: Begünstigt durch asymmetrische Informationsverteilungen und die fragile Bilanzstruktur sind Banken einem besonderen Liquiditätsrisiko und über dieses einem Insolvenzrisiko

---

[88] Das eigentliche Problem ist damit der Kreditboom, der in eine Preisblase umgesetzt wird. *Allen* und *Gale* (2000, S. 304 f.) machen hierfür vor allem zwei Elemente verantwortlich: (1) Starker Kapitalimport im Zuge finanzieller Liberalisierungen sowie (2) die begrenzte Fähigkeit von Zentralbanken, in einem unsicheren oder von starken Veränderungen gekennzeichneten Umfeld die endogene Geldschöpfung wirkungsvoll zu kontrollieren. Beide Möglichkeiten sind aber offensichtlich nicht dem Bankensektor inhärent, sondern institutionelle Faktoren. Daher können solche Effekte können *sechstens* auch aus verfehlten institutionellen Arrangements auf makroökonomischer Ebene entstehen. Siehe Kap. 6.1.

[89] Diese Begründung findet man variantenreich in praktisch jeder Publikation zur Bankenregulierung. Siehe jeweils mit weiteren Nachweisen *Seifert* (1984, S. 200); *Bonn* (1998, S. 50); etwas kritischer zum Beispiel *Baltensperger* (1996, S. 294).

ausgesetzt. Schon sachlich geringfügige, aber als negativ empfundene Nachrichten könnten dazu führen, daß sich die Gläubiger an einem Bank-Run beteiligen, der auch „solvente“ Institute zu Unrecht betreffen kann (Marktversagen I). Dies verstärke zugleich die Notwendigkeit eines spezifischen Gläubigerschutzes – quasi als Schutz der Einleger vor sich selbst.

Darüber hinaus werden systemische Effekte befürchtet. Zum Systemrisiko im engeren Sinne werden gezählt:

(2) Das Problem des *Multi-Bank-Runs* über den Informationskanal: Das Informationsdefizit der Bankgläubiger, insbesondere der Kleingläubiger, begünstige die Homogenisierung ihrer Erwartungen. Ausgehend von einer Einzelinsolvenz könne sich so eine systemweite Bankenkrise mit einem vollständigen Vertrauensverlust in das Bankwesen ergeben (Marktversagen II).

(3) Das Problem versagender *Interbankenmärkte*: Wenn auch das Problem asymmetrischer Informationen auf den Interbankenmärkten generell weniger wichtig sein dürfte, so wird es für möglich gehalten, daß sich auch die Interbankengläubiger an einem Run auf eine eigentlich solvente Bank beteiligen (Marktversagen III) oder die (runbedingte) Insolvenz eines Instituts Domino-Effekte über die direkten Finanzbeziehungen auslöst (Marktversagen IV).

Während bei (2) und (3) besonderer Wert darauf gelegt wird, daß sich einzelne Insolvenzen über verschiedene Kanäle auf die gesamte Kreditwirtschaft ausbreiten können, wird der Schwerpunkt beim systemischen Risiko im weiteren Sinne auf die gleichartige Betroffenheit bzw. Anfälligkeit der Bankwirtschaft gelegt. Als mögliche Gründe hierfür werden genannt:

(4) *Systematische und kollektive Erwartungsfehler bei Kreditentscheidungen*: Endogen würde sich hierdurch eine erhöhte Schockanfälligkeit des gesamten Bankensektors ergeben, die sich dann (beinahe) zwangsläufig in weitreichenden Problemsituationen äußern müßte (Marktversagen V). Im Prinzip ist dieses Argument auch auf die zum Zeitpunkt der Krise bestehenden direkten Finanzbeziehungen der Banken untereinander anwendbar. Domino-Effekte würden nicht auftreten, wenn die Entscheidungen auf diesen Märkten mögliche makroökonomische Datenänderungen und die daraus resultierenden Folgen ex ante hinreichend genau berücksichtigen würden.

(5) *Systematische und kollektive Erwartungsfehler bei Finanzmarktengagements*: Ähnliche systematische Fehleinschätzungen werden für finanzmarktbezogene Entscheidungen postuliert. Bei der Finanzierung großer Engagements sowie beim Aufbau umfangreicher eigener Positionen auf den verschiedensten Märkten für Wertpapiere oder Immobilien würden häufig Preis- und Ausfallrisiken vernächlässigt (Marktversagen VI). Hieraus folgende Blasenbildungen zögen unweigerlich preisliche Gegenbewegungen (Preisschocks) nach sich, die zum Auslöser von Bankenkrisen werden (könnten). Dieser Zusammenhang wird neuerdings in besonderer Weise für Finanzinnovationen gesehen; deren Komplexität und Intransparenz mache systematische Fehleinschätzungen möglich.

Insgesamt wird damit davon ausgegangen, daß die wirtschaftlichen Aktivitäten der Kreditwirtschaft nicht geeignet sind, um sie allein der Wettbewerbskontrolle (Kontrollebene 1) zu unterstellen. Auch die institutionelle Zwischenlösung der Selbstregulierung (Kontrollebene 2) ist mit dieser Argumentation nicht vereinbar. „Folgerichtig" besteht im Bankwesen eine ausgesprochene Präferenz für eine sektorspezifische Sonderbehandlung (Kontrollebene 3b). Hierbei wird stillschweigend davon ausgegangen, daß staatliche Stellen sowohl die zur Kontrolle der Kreditwirtschaft notwendigen Informationen besser und kostengünstiger beschaffen und verarbeiten können als die direkten Vertragspartner (Aspekt des „Monitoring"), als auch geeignete Instrumente zu entwikkeln und einzusetzen, um das Verhalten der kontrollierten Banken auch tatsächlich zu beeinflussen (Aspekt des „Influencing").

4.4. Geläufige Bankenregulierungen

Dieser theoretische Befund führt zu einer Sonderbehandlung der Kreditwirtschaft im Rahmen der marktwirtschaftlichen Wettbewerbsordnung durch eine staatliche Bankenregulierung und -aufsicht. Die *Bankenregulierung* umfaßt dabei die sektorspezifischen gesetzlichen Normen, Vorkehrungen und Instrumente, denen Banken üblicherweise gegenüberstehen. Bei der *Bankenaufsicht* geht es dagegen um die (ständige) Überwachung der Regeltreue sowie die Verhaltensbeeinflussung und Ahndung von Regelverstößen durch ein spezielles Aufsichtsamt, das Finanzministerium, die Zentralbank oder die Träger von Einlagensicherungssystemen.[90] *Borio* (2003, S. 183, 186) unterscheidet zudem eine idealtypische Mikro- und eine Makroperspektive der Bankenregulierung und -aufsicht, die sich grob den Verständnisvarianten des systemischen Risikos zuordnen lassen. Während es bei der Mikroperspektive hauptsächlich um die Beaufsichtigung einzelner Banken mit dem Ziel des Schutzes ihrer Gläubiger bzw. der Verhinderung von Ansteckungseffekten geht, bezieht sich die Makroperspektive stärker auf die volkswirtschaftlichen Kosten krisenhafter Erscheinungen bzw. die Anfälligkeit der Branche gegenüber drastischen Datenänderungen. In der Praxis zeigt sich dies zum Beispiel darin, daß große und komplexe Institute häufig einer engeren laufenden Beaufsichtigung unterliegen. Außerdem kann die allgemeine Beobachtung und Kommentierung von Entwicklungen und Geschehnissen auf den Bankenmärkten durch die zentrale staatliche Aufsichtsinstanz eher der makroökonomischen Perspektive zugeordnet werden.

Gebräuchlicher ist jedoch eine Differenzierung der außerordentlichen Vielfalt der einschlägigen Regulierungsmuster in präventive und protektive Instrumente (siehe Abbildung 7). Beide Typen setzten zumeist bei der einzelnen Bank an und sind insofern eher der Mikroperspektive zuzuordnen. Da die Begrenzung systemischer Risiken nur indirekt adressiert wird, besitzen sie den Charakter eines Zwischenziels (*Burghof* 1998, S. 105). *Protektive Instrumente* („protective regulation") dienen als Werkzeuge des Kri-

---

90 Diese Unterscheidung in Regelebene und deren Überwachung durch eine staatliche Behörde wählen unter anderem *Goodhart et al.* (1999, S. 189 f.); *Stillhart* (2002, S. 124); *Steden* (2002, S. 4 ff.).

senmanagements oder der Krisenbewältigung der „Schadensbegrenzung". Sie zielen darauf, die Ausbreitung einer tatsächlichen oder drohenden Insolvenz einzelner Banken auf andere Kreditinstitute oder das gesamte Finanzsystem zu verhindern und/oder die einzel- und volkswirtschaftlichen Kosten von systemischen Krisen einzudämmen. Dies wird im Regelfall durch explizite oder implizite Mithaftungsgarantien zu erreichen versucht, die Banken und/oder ihre Gläubiger wirksam vor Verlusten aus einer Bankinsolvenz schützen sollen. Im Unterschied zu den protektiven Maßnahmen sollen *präventive Instrumente* der Bankenregulierung („prudential regulation") mögliche Risiken des Bankbetriebs ex ante absenken, indem sein Risikoverhalten durch quantitative und qualitative Verhaltensauflagen kanalisiert wird. Über die Begrenzung der Insolvenzwahrscheinlichkeit der einzelnen Bank soll dann auch eine insgesamt höhere Systemstabilität erreicht werden.[91]

Abbildung 7: Instrumente der staatlichen Bankenregulierung

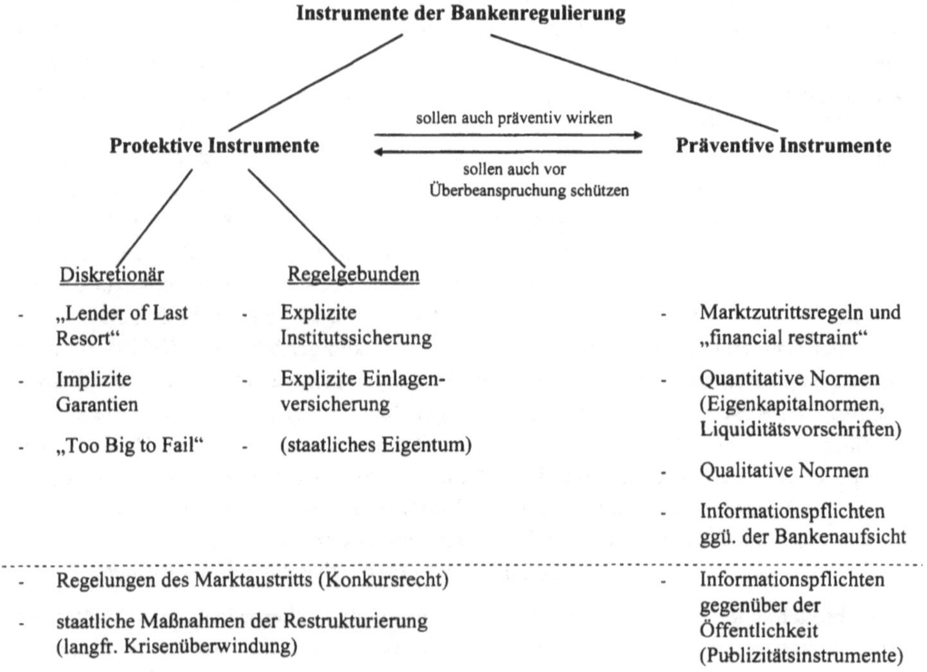

[91] Manchmal werden auch Präventions-, Protektions- und Publizitätsinstrumente unterschieden (*Bonn* 1998, S. 53 f.). Da die Zielsetzung von Publizitätsinstrumenten jedoch in der Verhinderung von Bankenkrisen – dieses Mal durch die Erhöhung der Urteilsfähigkeit der Bankgläubiger – gesehen werden kann, werden sie hier dem Bereich der präventiven Maßnahmen zugerechnet (so auch *Burghof* und *Rudolph* 1996, S. 41).

4.4.1. Protektive Instrumente der Bankenregulierung

Werden zunächst die protektiven Regulierungsmaßnahmen betrachtet, so lassen sich diese nach dem Grad der Regelgebundenheit weiter unterteilen. Vertragliche (explizite) Instrumente umfassen ein für den Krisenfall ex ante festgelegtes Hilfsleistungsversprechen für die von einem Konkurs bedrohten Banken oder ihre Gläubiger. Bei diskretionären (impliziten) Instrumenten ist für die Betroffenen dagegen unsicher, ob und in welchem Umfang im Krisenfall mit Hilfs- und Sicherungsleistungen gerechnet werden kann.

4.4.1.1. Diskretionäre Instrumente: „Lender of Last-Resort" und andere implizite Mithaftungsversprechen

Wichtige Akteure des diskretionären Krisenmanagements sind traditionell die jeweiligen Zentralbanken und gegebenenfalls deren Hilfseinrichtungen wie die BIZ oder auch der IWF. Ihre Funktion stützt sich dabei auf die Monopolstellung der Zentralbank bei der Produktion von Basisgeld, das mittels Kreditvergabe an die Geschäftsbanken jederzeit in den Geldkreislauf eingespeist werden kann. Bei schwerwiegenden Zahlungsschwierigkeiten einzelner Banken oder gar des gesamten Bankensystems können Zentralbanken daher als Kreditgeber der letzten Instanz („Lender of Last Resort", LLR) auftreten und betroffene Banken über rasche Zentralbankkredite vor dem Konkurs bewahren.[92] Dies soll zugleich verhindern, daß Banken zur Sicherung ihrer Zahlungsfähigkeit illiquide Bilanzaktiva unter großen „fire sale"-Verlusten verkaufen müssen. Der LLR-Aktionen werden daher auch als die Schaffung eines künstlichen Sekundärmarktes für solche Aktiva im Krisenfall interpretiert (*Wörner* 2000, S. 114; *Zimmer* 1993, S. 213 jeweils mit weiteren Nachweisen).

Das theoretische „Idealbild" des LLR sieht vor, daß nur kurzfristig illiquide, nicht aber insolvente Banken in den Genuß von verzinslichen und besicherten Kredithilfen durch die Zentralbank gelangen können, um den Prozeß der Marktauslese im Kreditsektor (Kontrollebene 1) nicht dauerhaft zu schwächen.[93] Hierfür kommen zwei Möglichkeiten infrage, denen eine unterschiedliche Einschätzung über die Wahrschein-

---

[92] Einen guten Überblick über die LLR-Funktion geben *Baltensperger* (1989/1990, S. 10-12, 1996, S. 296 f.); *Zimmer* (1993, S. 212-221) sowie der Sammelband von *Goodhart* und *Illing* (2002).

[93] Dies ist die Essenz der *Bagehot*-Regel, die die „klassische" Richtlinie hinsichtlich der Ausgestaltung von LLR-Operationen bildet. Sie geht auf Sir Walter *Bagehot*s (1873/1901, S. 198 f.) bekannte Untersuchung des englischen Bankwesens im 19. Jahrhundert zurück, in der er für Zentralbankinterventionen im Krisenfall folgende regelgebundene Interventionsgrundsätze formuliert: (1) Freier und nachdrücklicher Zugang zu Zentralbankkrediten für alle Banken, um Liquiditätsprobleme schnell zu beseitigen, (2) Kreditvergabe zu einem hohen Zins, um zu verhindern, daß auch Banken, die keinen Kredit benötigen, auf die LLR-Kredite zugreifen wollen, (3) Kreditvergabe nur gegen „gute Sicherheiten", um damit einerseits eine Signalwirkung über die Qualität der um Hilfe ersuchenden Banken bei den übrigen Marktteilnehmern zu erzeugen und um andererseits die Zentralbank vor Verlusten zu schützen.

lichkeit versagender Interbankenmärkte (Marktversagen III und IV) zugrundeliegt (siehe hierzu *Goodhart* und *Illing* 2002, S. 10 ff.; *Freixas et al.* 1999/2002, S. 35-37):

Erstens: Wird der Interbankenmarkt für einen jederzeit effizienten Mechanismus der Kreditallokation gehalten, dann hätte die Zentralbank in erster Linie im Rahmen ihrer allgemeinen geldpolitischen Befugnisse für ein stabiles makroökonomisches Umfeld zu sorgen. Darüber hinaus gäbe es nur zwei Fälle, in denen die Zentralbank tätig werden müßte. Bei makroökonomischen Schocks käme ihr die Aufgabe zu, durch geldpolitische Maßnahmen weitreichende und plötzliche Erwartungsänderungen der Marktteilnehmer, umfangreiche Umschichtungen in den Kredit- und Anlageportfolios sowie die befürchteten „fire sale"-Verluste zu verhindern. Da diese Schocks durch eine auf Verstetigung angelegte Geldpolitik weitestgehend vermieden werden können, könnten „echte" LLR-Operationen darüber hinaus sich auf die seltenen Fälle beschränkt werden, in denen es im Zuge eines systemweiten Multi-Bank-Runs zu einer massiven Erhöhung der Nachfrage nach Basisgeld bzw. einer starken Verknappung des Geldangebots kommt („flight to currency"). Als Gegenmittel hierfür würde eine stark expansive Geldpolitik, insbesondere in Form von Offenmarktoperationen, genügen. Ihr Ziel wäre es, die Bankwirtschaft insgesamt mit so viel Liquidität zu versorgen, daß stark negative Einkommens-, Vermögens- und Liquiditätseffekte drohender oder bereits ausgebrochener Bankenkrisen abgemildert werden („lending to the market"). Die bankindividuelle Allokation der Gesamtliquidität wird dabei den Marktteilnehmern in der Annahme überlassen, daß diese über das hierfür notwendige dezentrale Wissen verfügen – insbesondere entscheiden können, welche Banken nur kurzfristig unter Zahlungsschwierigkeiten zu leiden haben (u. a. *Goodfriend* und *King* 1988/2002; *Kaufman* 1991/2002, S. 174-178).

Zweitens kann sich die Liquiditätshilfe direkt an einzelne Kreditinstitute richten („lending to an individual institution").[94] Befürworter des individuellen LLR gehen nicht davon aus, daß die Allokation der Gesamtliquidität jederzeit schnell und reibungslos über Interbankenmärkte an nur kurzfristige illiquide Banken erfolgen kann (z. B. *Freixas et al.* 1999/2002, S. 30 f.). Wegen des Marktversagens III und IV würden gerade solche Institute um die Hilfe eines LLR ersuchen, die trotz etwaiger Sicherheiten und grundsätzlicher Solvenz ihre Liquiditätsbedürfnisse im Interbankenverkehr nicht befriedigen könnten. Auch die Überlegenheit dezentraler Marktentscheidungen in puncto Wissensverarbeitung wird von den Befürwortern individueller LLR-Operationen zumindest implizit bezweifelt. Durch ihre zentrale Stellung als Bank der Banken im volkswirtschaftlichen Zahlungssystem (und begünstigt durch etwaige Aufsichtsbefugnisse) könnten Zentralbanken im Gegenteil häufig präziseres Wissen über den tatsächlichen Liquiditätsstatus bzw. die dauerhafte Zahlungsfähigkeit einzelner Institute erlangen. Ferner würde eine zentrale Liquiditätshilfe im Regelfall schneller greifen können, als dies bei einer Koordination privater Hilfsleistungen durch konkurrierende Marktteil-

---

94 Gelegentlich wird nur darin eine LLR-Operation im eigentlichen Sinne gesehen, da eine Unterscheidung zwischen Offenmarktoperationen im Rahmen der Geldpolitik oder im Rahmen eines „lending to the market" naturgemäß schwer zu treffen seien (*Goodhart* 1999/2002, S. 231).

nehmer möglich sei. Schließlich dürfte die Bereitschaft zur Hilfeleistung bei den Zentralbanken grundsätzlich größer sein, da ihnen ihre Monopolstellung bei der Geldproduktion eine unbegrenzte Risikotragfähigkeit garantiert und sie keinem eigenen Liquiditätsrisiko unterliegen.

Einige Beobachter rechtfertigen Rettungsaktionen aber auch für offensichtlich insolvente Institute, deren Eigenkapital vollständig aufgezehrt ist (vgl. *Freixas et al.* 1999/2002, S. 37 f.). Dies betrifft in erster Linie große und für die Volkswirtschaft wichtige Banken und Finanzunternehmen. Ihr Konkurs hätte – so das Argument – über mögliche Ansteckungseffekte offensichtlich weiterreichende Folgen für die Systemstabilität als der Konkurs einer verhältnismäßig kleinen Bank. Große Kreditinstitute gelten als zu groß, um einer „normalen" Marktauslese unterliegen zu dürfen („Too Big to Fail", TBTF). Die hieraus resultierende allgemeine Erwartung, daß große Banken nie liquidiert werden, wird dabei in Kauf genommen (*Belke* 2001, S. 267). TBTF-Garantien umfassen in der Regel einen über LLR-Hilfen oder de jure bestehende Einlagensicherungen hinausreichenden vollständigen Schutz der Einleger sowie gegebenenfalls auch anderer Bezugsgruppen vor den Folgen eines Konkurses. Ein solches Vorgehen wird in eher technischer Hinsicht zudem damit gerechtfertigt, daß sich eine (öffentliche) Rekapitalisierung von TBTF-Banken als kostengünstiger erweisen könnte, als eine aufwendige vollständige Liquidation ihrer Vermögens- und Schuldenpositionen im Rahmen eines üblichen Konkursverfahrens (*Freixas et al.* 1999/2002, S. 37). Bei der technisch-administrativen Abwicklung der TBTF-Maßnahmen spielen Zentralbanken häufig eine wichtige Rolle. Allerdings sind sie selten die entscheidende Hilfsquelle. Gerade, wenn es sich bei den betroffenen Instituten um offensichtlich insolvente Banken handelt, sind staatliche (und auf Dauer) angelegte Eigenkapitalinjektionen üblicher.

Auch wenn implizite öffentliche Mithaftungsgarantien für große Kreditinstitute am wahrscheinlichsten sind, müssen sie nicht hierauf beschränkt bleiben. Sie spielen prinzipiell immer dann eine besondere Rolle, wenn das gesamte Banksystem von einer Systemkrise bedroht oder betroffen ist, so daß sich die politischen Entscheidungsträger vor die Wahl gestellt sehen, den Konkurs eines größeren Teils der Bankwirtschaft zuzulassen oder Steuermittel für die Restrukturierung aufzuwenden. Entsprechend bilden öffentliche Hilfeleistungen häufig die Vorstufe zu weiterreichenden Restrukturierungsbemühungen des Bankwesens nach einer Krise, die im weitesten Sinne zur protektiven Bankenregulierung gezählt werden könnten.

Zwar beeinflußt das Verfahren der langfristigen Krisenüberwindung die realwirtschaftlichen Auswirkungen und Kosten von Bankenkrisen (*Hoggarth* 2003). Dennoch sollen Strategien der langfristigen Krisenüberwindung und gegebenenfalls des Marktaustritts sollen hier dennoch nicht systematisch weiterverfolgt, das es stark von ihrer länderindividuellen Ausgestaltung abhängt, ob sie noch den staatlichen Instrumenten zugerechnet werden können (*Bonn* 1998, S. 342-353). Eine (überwiegend) private Alternative zum TBTF sind beispielsweise Übernahmen durch andere private Kreditinstitute, die ohne und mit vorheriger öffentlicher Stützung der betroffenen Bank erfolgen können. Auch in der Beschleunigung der Konkursverfahren für angeschlagene Banken wird ein zu öffentlichen Kapitalinjektionen alternatives Mittel gesehen (*Kaufmann* 1994; *Belke* 2001, S. 268).

4.4.1.2. Explizite protektive Instrumente

Explizite Sicherungseinrichtungen bestehen im Unterschied zu den LLR- oder TBTF-Garantien aus vertraglich fixierten Hilfsversprechen. Die Vielfalt der Ausgestaltungsmöglichkeiten läßt sich jedoch auf zwei grundsätzliche „Idealtypen" zurückführen (siehe *Baltensperger* 1996, S. 294 ff.; *Burghof* und *Rudolph* 1996, S. 44 ff., 48; *Steden* 2002, S. 130 f.):

Der Einleger kann – ähnlich wie bei der diskretionären protektiven Regulierung – geschützt werden, indem die betroffene Bank durch Liquiditäts- oder Kapitalhilfen Dritter vor dem Konkurs bewahrt wird (*Institutssicherung*). Diese *indirekte Hilfestellung* kann von der Kreditwirtschaft selbst stammen, wie es etwa für die Sicherungssysteme der deutschen Sparkassen und Genossenschaftsbanken typisch ist, oder sie wird staatlich finanziert. Eine ähnliche Wirkung haben explizite staatliche Garantien oder auch gesetzlich fixierte Haftungsbesonderheiten bei staatsnahen oder öffentlichen Banken.[95] Schließlich kann staatliches Eigentum an den Kreditinstituten als ein extremer Fall einer solchen expliziten Sicherung aufgefaßt werden – bei allen Nachteilen, die sich schon grundlegend aus einem öffentlichen Eigentum ableiten lassen.

Weitaus intensiver diskutiert werden jedoch explizite Einlagensicherungssysteme (*Einlagenversicherung, Depositenversicherung*). Anders als LLR-Operationen, implizite und explizite Garantie- und Restrukturierungsversprechen gegenüber den Banken schützen explizite Einlagensicherungen nicht die Bank selbst. Sondern sie setzen bei den Bankgläubigen an, in dem sie deren Verlustrisiko begrenzen oder gar ganz ausschalten. Die systemstabilisierende Wirkung ergibt sich dabei wie folgt: Durch die Garantie seiner Einlage wird der (Klein-)Gläubiger gegenüber den spezifischen Risiken „seiner" Bank, aber auch gegenüber den negativen externen Effekten möglicher Gläubigerruns oder Kettenreaktionen immunisiert. Für den einzelnen Gläubiger sind dann die Bankeinlagen aller vom Sicherungssystem erfaßten Kreditinstitute objektiv gleich sicher und erscheinen gleichermaßen vertrauenswürdig (*Baltensperger* 1996, S. 296). Ein rational handelnder Einlager besitzt daher selbst bei offensichtlich solvenzbedrohten Kreditinstituten oder homogenisierten Erwartungen keinen Anreiz (mehr), seine Einlage vorzeitig aufzulösen oder sich an einem Run zu beteiligen. Es kann daher auch nicht mehr zu den gefürchteten Übertragungen im Rahmen des Marktversagens II (und eingeschränkt auch III) kommen.

---

[95] Ein Beispiel für Haftungsbesonderheiten waren die für den deutschen Sparkassen und Landesbanken typische Kombination aus Anstaltslast und Gewährträgerhaftung, die zum 18. Juli 2005 bei bestehenden Übergangsfristen auf Initiative der EU entfallen sind. Während die Anstaltslast einen Bestandsschutz der Sparkassen und Landesbanken durch den jeweiligen Träger sicherte, bedeutete Gewährträgerhaftung, daß die öffentlichen Träger für die Verbindlichkeiten der betroffenen Banken einstehen mußten und damit letztlich die Steuerzahler. Zusammen begründeten die beiden Prinzipien eine unbeschränkte Haftungsmasse und damit vollständige Einlagensicherheit (siehe *Burghof* und *Rudolph* 1996, S. 76 f.).

Abbildung 8: Charakteristika expliziter Einlagenversicherungen [Angaben in Prozent]

Art der Sicherungseinrichtung		Art der Finanzierung		Art der Administration		Verpflichtungscharakter	
Fondslösung	80,2	Privat	34,1	privat	11,8	verpflichtend	88,20
Keine Fondslösung	16,5	Gemischt	57,6	gemischt	27,1	freiwillig	8,2
		Öffentlich	1,2	öffentlich	57,6		
k.A.	2,4	k.A.	7,1	k.A.	3,5	k.A.	3,6

Quelle: *Weltbank* (2005), eigene Berechnungen.

Einlagenversicherungen besitzen eine vergleichsweise junge Tradition. Erst seit Mitte der 1970er Jahre finden sie stärkere Verbreitung. Zwischen 1974 und 2003 hat sich ihre Zahl dabei von 12 auf 88 versiebenfacht. Im Regelfall sind Einlagenversicherungen als *Pflichtversicherungen* der Kreditwirtschaft *unter staatlicher Regie* organisiert, bei der die angeschlossenen Banken für die Absicherung der Einlagen vorweg eine Prämie in einen Sicherungsfonds oder gleichwertigen Einrichtung einzahlen und zusätzlich öffentliche Finanzmittel genutzt werden. Zwar kommen auch freiwillige und teilprivate oder vollständig private Trägerschaften vor. Rein private Arrangements ohne Verpflichtungscharakter bilden jedoch international die Ausnahme (*Demirgüç-Kunt* und *Kane* 2002, S. 180 f., siehe Abbildung Abbildung 8).[96]

Unabhängig von ihrer konkreten Ausgestaltung gelten Einlagenversicherungen jedoch nicht selten unter den Gesichtspunkten der wettbewerbs- und der ordnungspolitischen Systemkonformität als überlegene Lösung. Nicht nur ihre zumindest grundsätzliche Organisation nach dem Versicherungs- oder Verursachungsprinzip[97] spreche für eine engere Verbindung zwischen Entscheidung und Haftung als dies etwa bei LLR-Maßnahmen oder Staatsgarantien möglich wäre. Da sie – Versicherungszwang vorausgesetzt – die Einleger aller Banken gleichermaßen schützen, besäßen sie auch die geforderte Eigenschaft der Allgemeingültigkeit. Vor allem aber wirkt die Existenz einer allgemeinen Einlagenversicherung der verzerrenden Wirkung von TBTF-Erwartungen zugunsten großer Banken zumindest prinzipiell entgegen (*Zimmer* 1993, S. 223; *Demirgüç-Kunt* und *Kane* 2002, S. 176, 181). Eine höhere Ordnungskonformität ergebe sich – anders als bei Institutssicherungen – schließlich deshalb, weil nur die Einleger, nicht jedoch die Kreditinstitute geschützt würden. Wettbewerb und Marktauslese auf dem Bankenmarkt (Kontrollebene 1) würden grundsätzlich nicht beeinträchtigt (*Seifert* 1984, S. 274 f.).

[96] Basis der Tabelle sind 85 der insgesamt 88 expliziten Einlagenversicherungen aus *Weltbank* (2005). Siehe zur Erläuterung von Details des Datenhintergrundes *Demirgüç-Kunt et al.* (2005).

[97] Prämien oder verbandsinterne Umlagen sind ebenfalls bei Institutssicherungssystemen üblich, nicht jedoch bei expliziten staatlichen Garantien oder Haftungserleichterungen.

4.4.2. Präventive Instrumente der Bankenregulierung

4.4.2.1. Grundsätzlicher Ansatz und Rechtfertigung

Instrumente präventiver Bankenregulierung sind ähnlich vielfältig wie diejenigen der protektiven Bankenregulierung (siehe *Burghof* und *Rudolph* 1996, S. 40 ff.). Eigenkapitalnormen zählen ebenso dazu, wie Diversifikationsgebote, bewußte Beschränkungen der Wettbewerbs oder der erlaubten Geschäfte sowie organisatorische Vorschriften. Im allgemeinen liegt der Schwerpunkt der präventiven Normen auf der dauerhaften Beeinflussung des Verhaltens der Kreditinstitute oder ihrer Manager mit dem Ziel der Risikominderung.

Neben einer auf vielfältige Weise vorstellbaren direkten Senkung der Insolvenzwahrscheinlichkeit von Banken, soll sich aus präventiven Regulierungen in erster Linie ein Gegengewicht zu Anreizen der Risikoerhöhung ergeben, wie sie aus dem vergleichsweise hohen Leverage in Verbindung mit der starken Informationsasymmetrie zwischen dem Management/den Eignern der Bank und den kleinen Gläubigern begründet werden können (Kap. 4.2.1.).

Protektive und präventive Maßnahmen stehen zudem in einem komplementären Verhältnis zueinander (ebenda, S. 43). Der mit der Sicherungsgarantie verbundene spezifische Gläubigerschutz protektiver Regulierungen reduziert den Anreiz der Bankgläubiger, sich an Einzel- und Multi-Bank-Runs zu beteiligen, oder schützt dritte Kreditinstitute vor direkten Ansteckungseffekten. Er wirkt insofern zugleich präventiv. Umgekehrt sinkt die Wahrscheinlichkeit, daß protektive Regulierungen in Anspruch genommen werden (müssen), wenn präventive Instrumente insolvenzbegrenzend wirken.[98]

4.4.2.2. Beschränkungen des Marktzutritts und des Wettbewerbs

Präventive Regulierungsmaßnahmen lassen sich zum Teil dem aus wettbewerbspolitischen Fragestellungen bekannten Dreiklang der Marktstruktur, des Marktverhaltens und der Marktergebnisse zuordnen.

Zu den Normen, die hauptsächlich die Marktstruktur beeinflussen, gehören Vorschriften zur Zulassung oder allgemeiner des *Marktzugangs*. Die Vergabe der Banklizenz ist üblicherweise an gesetzlich definierte wirtschaftliche, fachliche und persönliche Kriterien geknüpft. Durch solche Beschränkungen sollen unseriöse und wirtschaftlich fragwürdige Bankgründungen und/oder ungeeignete oder unerfahrene Bankmanager von vornherein vom volkswirtschaftlich sensiblen Bereich der Finanzintermediation ausgeschlossen werden. Auch Normen, die die Gestaltungsfreiheit der betriebenen Ge-

---

98 Zum anderen wird ein pragmatisches Argument gebraucht: Eine Kontrolle des Bankverhaltens bzw. eine Beaufsichtigung des Risikogebarens sei notwendig, um dem Moral-Hazard-Problem entgegenzutreten, daß sich aus der Mithaftungsgarantie der expliziten oder impliziten protektiven Instrumente fast notwendigerweise ergebe (siehe hierzu Kap. 6.2.1.).

schäfte nach Ort und Art und damit auch den Wettbewerb eingrenzen, beeinflussen die Marktstruktur. Typische Regulierungen dieser Art sind (*OECD* 1992, Chapter 4):

(1) die Praxis, die Eröffnung von Banken oder deren Filialen von einer vorherigen Bedürfnisprüfung abhängig zu machen oder die Banklizenz generell auf ein bestimmtes geographisches Gebiet zu beschränken (Restriktionen nach dem Ort der Geschäftstätigkeit),

(2) eine generelle Abschließung der Heimatmärkte gegenüber ausländischen Finanzdienstleistern und Beschränkungen des Kapitalverkehrs.

(3) die strikte Aufteilung des Kredit- und Einlagengeschäfts, des Versicherungsgeschäfts und (bestimmter Arten) des Wertpapier- und Emissionsgeschäftes auf voneinander abgeschirmte Finanzdienstleister oder auch allgemeine Beschränkungen der Art der Geschäfte, die Kreditinstitute betreiben dürfen.

Auf die staatliche Vorabfestlegung der *Wettbewerbsergebnisse* zielen dagegen Normen, die unternehmerischen Freiheiten bei der Gestaltung der Konditionen beschränken. Hierzu zählen für die gesamte Kreditwirtschaft verbindliche und durch die Bankenaufsicht vorgegebene und überwachte Zinsobergrenzen für Sicht-, Termin- oder Spareinlagen sowie allgemeine Preiskontrollen und (direktere) Eingriffe in die Kreditentscheidungen (sog. „directed lending").

Zusammen mit der zuvor genannten Einengung der Geschäftstätigkeit wird die Vorwegnahme der Marktergebnisse mittels staatlicher Auflagen auch als das Regulierungskonzept des „financial restraint" bezeichnet. Geographische Betätigungsschranken, Abschottungen gegenüber ausländischen Wettbewerbern, Zinsbeschränkungen und (sehr) umfangreiche Einengungen der zulässigen Geschäfte sind in den meisten Industrieländern heute jedoch kaum mehr gebräuchlich. Gleichwohl waren sie historisch bedeutsam und werden auch heute noch für Entwicklungsländer gefordert, von denen angenommen wird, daß sie nicht über alternative Instrumente der präventiven Bankenregulierung verfügen (*Stiglitz* 2001, S. 6 f.). Gerechtfertigt wurde und wird die Beschränkung der unternehmerischen Freiheit *erstens* mit der Annahme, daß das Verbot von als besonders riskant eingeschätzten Geschäften einen direkten Beitrag zur Systemstabilität liefern könne. Die Normen beruhen *zweitens* auf der geschilderten Vermutung, daß ein freier Wettbewerb im Bankwesen die Risikoneigung über ein für die Systemstabilität verträgliches Maß hinaus steigern könne, weil er prinzipiell risikobegrenzenden langfristigen Gewinnerwartungen erodiere. Von der bewußten Einschränkung des Wettbewerbs und damit der Marktkontrolle wird entsprechend der folgende Anreizeffekt erwartet (z. B. *Keeley* 1990): Solange Banken durch eine restriktive Vergabepraxis der Lizenzen und/oder durch Regulierungen ihrer Geschäftstätigkeit vor (Außenseiter-) wettbewerbern geschützt werden, erhöht dies die Perspektiven für sichere Zukunftsgewinne der Eigner und damit die Attraktivität der Banklizenz. Um den künstlich erhöhten Wert der Lizenz („charter value"; „franchise value") zu sichern, würde das Kreditinstitut weniger Risiken eingehen, als es im Falle eines wettbewerblichen Marktes üblich wäre. Sinkende Konkurswahrscheinlichkeit und steigender allgemeiner Risikopuffer erzeugen zusammen – so die Folgerung – den erhofften systemstabilisierenden Effekt.

Alles in allem laufen die Maßnahmen des „financial restraint" auf die (fast) vollständige Substitution der potentiell wirksamen Kontrollwirkungen des Wettbewerbs (Kontrollebene 1) und etwaiger anderer präventiver Regulierungsmaßnahmen durch Monopol- oder Oligopolrenten hinaus. Es ist deswegen wenig übertrieben, wenn *Boot* (2003, S. 35) die Grundrichtung rückblickend wie folgt zusammenfaßt: „Market discipline was not necessary, and regulation and supervision were only of secondary importance; rents were the primary defense against moral hazard".

4.4.2.3. Quantitative Normen

Zumindest in entwickelten Ländern bilden heute *quantitative Mindestvorgaben* zu bestimmten bilanziellen oder außerbilanziellen Risikopositionen bzw. dem Verhältnis dieser zueinander den Kernbereich der präventiven Bankenregulierung (*Burghof* und *Rudolph* 1996, S. 121-124). Darunter fallen einerseits die Liquiditätsnormen (Finanzierungsregeln), die über eine Begrenzung der durch Banken betriebenen Fristentransformation die jederzeitige Zahlungsfähigkeit sichern sollen.

Das wichtigste quantitative präventive Regulierungsinstrument bilden jedoch die sogenannten Eigenkapitalnormen (Solvabilitätsnormen, Solvenzregeln). Sie verlangen von den Kreditinstituten, im täglichen Geschäft oder für einen aufsichtsrechtlich vorgegebenen Zeitraum ein bestimmtes Mindesteigenkapital im Verhältnis zu bestimmten bankentypischen Risiken einzuhalten.[99] Dabei werden im Regelfall separate Normen für die verschiedenen Risikokategorien formuliert, wobei derzeit noch hauptsächlich Kreditrisiken und Marktpreisrisiken erfaßt werden. Als Sonderfall der Eigenkapitalnomren können auch die sogenannten Diversifikationsgebote aufgefaßt werden, die mittels bestimmter Vorgaben zur Risikostreuung und -zerfällung verhindern sollen, daß Banken konzentrierte Risikopositionen eingehen. Ein Beispiel hierfür sind vor allem Großkreditregelungen, die die Höhe einzelner Kredite als auch die Summe aller Großkredite im Verhältnis zum haftenden Eigenkapital beschränken. In der allgemeinen Form lassen sich Eigenkapitalnormen wie folgt formalisieren (*Burghof* und *Rudolph* 1996, S. 123):

$$\frac{EK}{R} \geq X \quad \text{oder} \quad EK \geq X \cdot R \quad \text{u.U. mit} \quad R = \sum_{i=1}^{m} \beta_i \cdot A_i$$

Der Zähler (*EK*) des linken Ausdrucks entspricht hierbei der aufsichtsrechtlichen Definition des Eigenkapitals, die sich zwar am bilanziellen Eigenkapital orientiert, häufig aber weiter gefaßt ist, um die effektive Eigenkapitalposition abzubilden.[100] Den Nenner

---

99 Üblich ist ferner, einen absoluten Mindestbetrag an Eigenkapital zum Zweck des Lizenzerhalts vorzugeben. Eine solche Eigenkapitalnorm fällt jedoch eher beim Markzugang ins Gewicht.

100 Für aufsichtsrechtliche Zwecke werden zum bilanziellen Eigenkapital der Kreditinstitute üblicherweise weitere Passiva mit geringem Liquiditätsgrad sowie bankspezifische Bewertungsreserven hinzugezählt, die zu den Eigenmitteln zusammengefaßt werden. Zudem ist die Definition des Eigenkapitals/der Eigenmittel nicht unabhängig von den jeweiligen Bewertungsvorschriften, die den ökonomischen Gehalt der Normen verändern können. Siehe hierzu *Deutsche Bundesbank* (2002b).

bildet die Risikomeßzahl (*R*) für die jeweiligen Risiken, zu der das Eigenkapital in Beziehung gesetzt wird. Beim Hauptanwendungsfall der Eigenkapitalnormen, den Kreditrisiken, sind dies die Ausfallrisiken des gesamten Kreditportfolios. Im Versuch, den divergierenden Risiken unterschiedlicher Aktiva oder Aktivagruppen (A_i) gerecht zu werden, werden dazu häufig differenzierte Risikogewichte (β_i) vorgegeben. Man spricht dann von Risikogewichtung (Risikoadjustierung) der Eigenkapitalunterlegung, wobei unterstellt wird, daß sich Einzelrisiken zum Gesamtrisiko der Bank aufaddieren.[101] Im obigen Fall werden *m* solche Klassen unterstellt. Der Ausdruck *X* auf der rechten Seite der Gleichung gibt den Solvabilitätskoeffizienten an. Dies ist die maximal zulässige Relation zwischen dem Eigenkapital und der Summe der risikotragenden Aktiva in aufsichtsrechtlicher Definition. Dieser Solvabilitätskoeffizient ist seit 1988 zumindest im OECD-Raum durch die erste Baseler Eigenkapitalübereinkunft international auf mindestens 8 Prozent normiert (siehe Kap. 4.5.3.2.).

Mit einer aufsichtlich definierten Eigenkapitalrelation wird allgemein angestrebt, daß nicht schon geringe (unerwartete) Ertragsschwierigkeiten, erhöhte Insolvenzrisiken, Verluste für Bankgläubiger und/oder Run- und Ansteckungsgefahren nach sich ziehen. Die Begrenzung des absoluten Leverage soll gleichzeitig dazu dienen, daß Banken einen zu ihren Risiken angemessenen Eigenkapitalpuffer vorhalten und in ihrem Risikoverhalten beschränkt werden. Dabei wird – implizit oder explizit – davon ausgegangen, daß Banken im Wettbewerb zu niedrige Eigenkapitalquoten anstreben würden. Begründet wird dies einerseits mit den vermuteten banktypischen Risikoanreizen, wie sie sich aus der Bilanzstruktur ergeben würden (*Waschbusch* 2000, S. 179; *Deutsche Bundesbank* 2002b, S. 42). Zum anderen sei nicht zu erwarten, daß Banken ihren individuellen Beitrag zum systemischen Risiko – also die möglichen negativen Externalitäten ihres Geschäftsgebahrens – freiwillig angemessen bei sich internalisieren würden, in dem sie eine entsprechend höhere Eigenkapitalquote anstreben würden (*Dobson* und *Hufbauer* 2001, S. 134).

Darüber hinaus soll die aufsichtsrechtlich vorgegebene Eigenkapitalquote eine doppelte Signalfunktion erfüllen. Zum einen bieten Eigenkapitalschwellen einen direkten Anhaltspunkt für Sanktionen der Bankenaufsicht. Bankmanager werden daher in Antizipation aufsichtsrechtlicher Schritte in ihrem Verhalten sanktioniert; sie werden darauf achten, daß das (regulatorische) Eigenkapital im Verhältnis zu den eingegangenen Risiken nicht zu weit absinkt (*Gehrig* 1995, S. 754). Zum anderen werden in Eigenkapitalquoten und davon ausgehende Maßnahmen der Bankenaufsicht wichtige Anhaltspunkte für das Verhalten der übrigen Marktteilnehmer und Vertragspartner der Bank sowie der allgemeinen Öffentlichkeit gesehen (*Burghof* 1998, S. 88). Von Kreditinstituten, die in die Nähe oder sogar (vorübergehend) unter die vorgegebene Eigenkapitalschwelle geraten, wird erwartet, daß sie dann ergänzend zu staatlichen Sanktio-

---

[101] Eine Aggregation innerhalb der Art des Risikos oder gar über die unterschiedlichen Risikokategorien (Kreditrisiken, Preisrisiken, operationelle Risiken) unter Berücksichtigung gegenläufiger Portfolioeffekte auf das gesamte Risiko der Bank ist dagegen (noch) nicht gebräuchlich.

nen mit Marktsanktionen (Kontrollebene 1) rechnen müssen (*BCBS* 1999, S. 2): deutlich verschlechterte Kreditkonditionen am Interbankenmarkt, Ratingrückstufungen, absinkende Börsenkurse und/oder auch „nur" eine erhöhte Aufmerksamkeit der übrigen Marktteilnehmer.

Anders als im Ansatz des „financial restraint" gelten Markt- und Aufsichtskontrollen hierbei also als sich gegenseitig ergänzende Methoden der Verhaltenssteuerung. Gleichwohl greifen auch quantitative Vorgaben mehr oder weniger stark in die unternehmerische Gestaltungsfreiheit der Kreditinstitute ein. Auch wird – zumindest implizit – unterstellt, daß die „richtige" Eigenkapitalquote staatlich definiert werden könnte und müßte, um einzel- und volkswirtschaftliche Risiken vermeiden zu können. Erst auf der Basis dieser staatlich dekretierten Anhaltspunkte könne dann auch die Marktkontrolle wirksam werden. Mit anderen Worten: Es wird angenommen, daß staatliche Instanzen das Wissensproblem besser zu lösen vermögen, als dies durch die Koordinationskraft der anderen Kontrollebenen möglich wäre.

4.4.2.4. Qualitative Aufsichtsnormen: Die Gestaltung von Geschäftsprozessen

Die dritte Gruppe präventiver Regulierungsinstrumente mit zunehmender Bedeutung bilden *qualitative Vorgaben* (vgl. *Paul* 2000). Sie umfassen Mindestvorschriften für die bankinterne Aufbau- und Ablauforganisation und das (Risiko-)Management bestimmter banktypischer Geschäftsfelder wie etwa dem Kredit-, dem Wertpapier- oder dem Derivativgeschäft. Sie lassen sich daher am ehesten als Marktverhaltensnormen auffassen. Hierdurch wird erstens versucht, allgemeinere organisatorische Risiken zu begrenzen. So wird z. B. vorgeschrieben, die Kreditvergabe und das Kreditrisikocontrolling in der Aufbauorganisation der Bank voneinander zu trennen, um etwaige Interessenkonflikte innerhalb der Bank zu begrenzen (*Deutsche Bundesbank* 2003b).

Qualitative Vorgaben können zudem in Verbindung mit quantitativen Eigenkapitalnormen zur Steuerung der banktypischen Risiken genutzt werden. Den Banken wird hierzu unter bestimmten Voraussetzungen zugestanden, bei der Ermittlung und Einordnung der für die Eigenkapitalunterlegung wichtigen bankbetrieblichen Risiken und Risikomeßzahlen eigene Verfahren zu verwenden. Die verwendeten Methoden der Risikoermittlung und -kontrolle müssen dabei aufsichtsrechtlich vorgegebenen und durch die Bankenaufsicht kontrollierten detaillierten Mindestqualitätsstandards hinsichtlich Funktion, Transparenz und Organisation genügen. Insgesamt fungiert die Aufsicht somit als eine Zertifizierungsstelle für die verwendeten Methoden der bankinternen Risikobestimmung und -steuerung.

Die stärkere Gewichtung qualitativer Elemente wird von der Hoffnung begleitet, eine größere Nähe zu aktuellen Entwicklungen innerhalb der Bankwirtschaft sowie eine weniger starre Verhaltenssteuerung zu erreichen (*Padoa-Schioppa* 1997; siehe auch die Verweise bei *Paul* 2000, S. 287). Allerdings spiegelt sich in den qualitativen Normen ebenfalls eine gehörige Skepsis gegenüber freien unternehmerischen Entscheidungen.[102] Sonst würde es wohl kaum für notwendig erachtet, überhaupt Vorgaben für die Art und Organisation der Risikosteuerung zu machen. Die (implizite) Annahme des überlegenen Steuerungswissens auf Kontrollebene 3b ist also auch im qualitativen Regulierungsansatz vorhanden.

4.4.2.5. Informationspflichten der Kreditinstitute

Die Skepsis gegenüber der Markt- und Wettbewerbskontrolle spiegelt sich, wenn auch in abgeschwächter Form, schließlich in der letzten wichtigen Gruppe präventiver Regulierungsinstrumente wider – in den Informations- und Offenlegungspflichten der Kreditinstitute. Diese erstrecken sich von generellen Informationen zum Geschäftserfolg und zur Zusammensetzung der Bilanzpositionen bis hin zu spezifischen Transparenzvorschriften zu den eben angesprochenen internen Techniken der Risikoermittlung und -steuerung und der organisatorischer Abwicklung wichtiger Geschäftsbereiche.

Als Adressat kommen *erstens* die *Marktteilnehmer* und potentiellen Vertragspartner der Bank in Frage, deren möglicherweise bestehende Informationsprobleme in mehrfacher Hinsicht ein zentrales Element der Begründung für Bankenregulierung bilden. So bilden Informationsnachteile in Bezug auf die Zahlungsfähigkeit der Bank bzw. die von ihr eingegangenen Risiken die entscheidende Basis für den größten Teil der Gläubigerschutz- und Marktversagensargumente (Kap. 4.1.2.). Darüber hinaus konnte in Kap. 3.2.1.1 eine ausreichende Informationsversorgung möglicher Vertragspartner als Grundvoraussetzung effektiver Markt- und Wettbewerbskontrolle identifiziert werden. Die Pflicht zur Information der Marktteilnehmer ist aus diesem Grund ein naheliegendes und wenig eingriffsintensives Instrument. Sie kann prinzipiell auch verhindern, daß es bei der Produktion von Informationen durch die (potentiellen) Vertragspartner der Banken zu Trittbrettfahrertum kommt. Auch eine verstärkte Sensibilisierung der Marktteilnehmer gegenüber der Bedeutung von Informationen über das Risikoverhalten und -management ist nicht auszuschließen (*Padoa-Schioppa* 1997, S. 126).

Über die erzwungene Berichterstattung gegenüber der Öffentlichkeit hinaus verfügt *zweitens* die staatliche *Bankenaufsicht* über exklusive und weiter gefaßte Informationsrechte. Abgesehen davon, daß sich solche Rechte quasi automatisch aus der Notwendigkeit zur Überwachung der anderen Normen folgern lassen, werden exklusive Informationsrechte staatlicher Stellen mit folgenden Argumenten begründet:

(1) Es wird erwartet, daß die staatliche Sanktionierung der Bankwirtschaft *zeitnäher und kontinuierlicher* erfolgt als bei reiner Marktkontrolle (*Crockett* 2002, S. 981, ähnlich *Lane* 1993, S. 70). Begründet wird dies erneut mit der Furcht vor informationsbedingten Überreaktionen der Marktteilnehmer, die bis hin zu einem (systemweiten) Marktversagen führen könnten. Zudem neigen Kreditinstitute verständli-

[102] Dabei ist allerdings zu beachten, daß auch die qualitativen Aufsichtsstandards eine Reihe quantitativer Elemente enthalten – etwa hinsichtlich der Vorgaben über welche Zeiträume Risikopotentiale errechnet werden müssen (siehe *Paul* 2000).

cherweise dazu, sensible oder strategisch bedeutsame Informationen zur ihrer Geschäftstätigkeit gegenüber der Öffentlichkeit zu verschweigen, weil sie befürchten, mögliche Konkurrenten könnten diese dazu nutzen, temporäre Wettbewerbsvorteile einzuebnen (u. a. *Flannery* 2001, S. 112).[103] Bei einer grundsätzlich neutralen und zur Verschwiegenheit verpflichteten Aufsichtsinstanz bestehe dieses Problem dagegen nicht. Es sei also davon auszugehen, daß staatliche Stellen – gestützt auf ihr Recht zur vor Ort-Aufsicht – eine (in jeder Hinsicht) bessere Qualität der Informationsgewinnung und -verarbeitung gewährleisten können. Entsprechend wirksamer könnten auch Verhaltensweisen sanktioniert werden, die die Systemstabilität gefährden würden (*Crockett* 2002, S. 984). Auch sei die Zurückhaltung von exklusiven Informationen staatlicher Instanzen gerechtfertigt, da diese systemstabilisierende Marktreaktionen beschleunigen oder gar auslösen könnten.

(2) Wenn (zusätzlich) das Argument aus Kap. 4.3.3. herangezogen wird, wonach die Marktkontrolle bei der Einschätzung der Entstehung von Systemrisiken über die Zeit komparative Nachteile hätte, scheint das Argument der zentralen Erfassung und Auswertung von Informationen über Risikopositionen der einzelnen Banken zusätzliches Gewicht zu erhalten: Solange nämlich Märkte selbst bei hinreichender Information nicht in der Lage wären oder aber nicht über ausreichend Anreize verfügten, systemische Risiken im Gesamtmarkt zu erkennen und diese in Marktpreise umzusetzen, erwüchse der staatlichen Aufsicht die Aufgabe, solche Risiken zu ermitteln, darüber zu informieren und gegebenenfalls die Banken zu einer Berücksichtigung der konsolidierten Risikoposition des Finanzsystems bei ihren einzelwirtschaftlichen Entscheidungen zu zwingen (*Hellwig* 1998b, S. 148 f; *Crockett* 2002, S. 985; *EZB* 2005b, S. 62 ff.).

4.5. Besonderheiten der Regulierungsbegründung in der internationalen Sphäre: Die übliche Position zum zweiten Subsidiaritätstest

4.5.1. Die zunehmende Internationalisierung des Bankgeschäfts

Die dargelegte Marktversagensargumentation einschließlich der daraus gefolgerten Ausgestaltung staatlicher Regulierungs- und Aufsichtsinstrumente wird heute nicht mehr auf den nationalen Kontext begrenzt. Kapital- und Bankenmärkte unterliegen seit Mitte der 1970er Jahre ausgeprägten Globalisierungsprozessen.

Die Gesamtheit möglicher Indikatoren offenbart diesen Trend zur Globalisierung der Bankenmärkte deutlich (*Speyer* 2002, S. 74 f.; *McCauley* et al. 2002). Bei bestehenden nationalen Unterschieden halten Kreditinstitute mittlerweile einen bedeutenden Teil

---

[103] Insofern hat die Pflicht zur Marktinformation unter wettbewerbspolitischen Gesichtspunkten quasi eine natürliche Grenze. Wenn Wettbewerbshandlungen im Vorfeld angekündigt werden müssen (Erwartungstransparenz) erlahmt eine wichtige Triebkraft des Wettbewerbs. Der Terminologie *Wolls* (1967) folgend muß sich Markttransparenz daher auf Instrumente der Qualitätstransparenz gegenüber dem Nachfrager nach Bankdienstleistungen beschränken.

ihrer Verbindlichkeiten und Forderungen grenzüberschreitend. Besonders deutlich ist dieser Trend bei den Interbankenforderungen, denen unter systemischen Aspekten eine hervorgehobene Rolle zukommt. In Deutschland waren beispielsweise im Mai 2005 fast 37 Prozent (1.014,5 Mrd. Euro von 2.764,7 Mrd. Euro) aller Interbankenkredite grenzüberschreitend. In der EU waren es im Jahr 2004 sogar bereits über 44 Prozent.[104] Die Internationalisierung der Geschäftstätigkeit geht außerdem einher mit der transnationalen Ausdehnung der Unternehmensorganisationen über Repräsentanzen, Filialen und/oder selbständige Tochtergesellschaften. Zusammen mit grenzüberschreitenden Forderungen bewirkt dies steigende Marktanteile ausländischer Banken auf (fast) allen regionalen Märkten (siehe Abbildung 9).

Abbildung 9: Anteil ausländischer Banken an inländischen Forderungen in wichtigen Regionen 2001 [nach BIZ-Statistik, in Prozent]

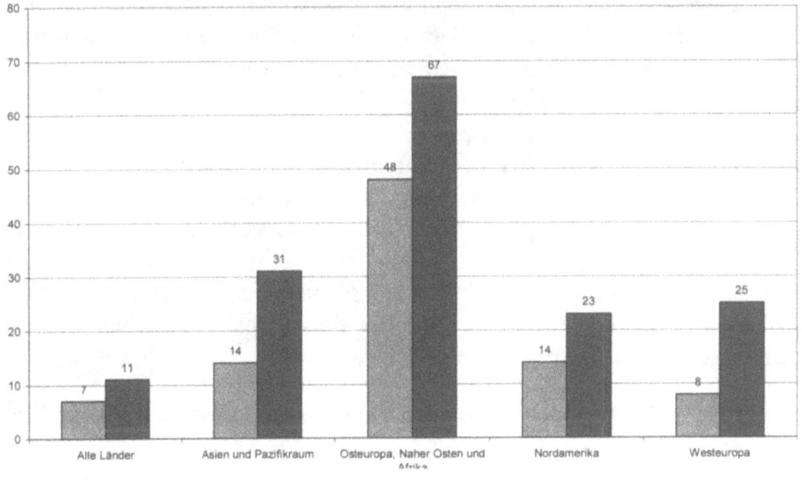

Helle Balken = Forderungen ausländischer Tochtergesellschaften im Inland ausschließlich grenzüberschreitender Forderungen aus dem Ausland.

Dunkle Balken = Forderungen einschließlich grenzüberschreitender Forderungen aus dem Ausland.[105]

Quelle: Zahlenangaben nach *McCauley* (2002, S. 53).

---

104 Zu den Zahlenangaben siehe *Deutsche Bundesbank* (2005, S. 16) sowie *EZB* (2004a, S. 83 f.).

105 Die Unterscheidung zwischen grenzüberschreitenden Geschäften und solchen, die über Tochtergesellschaften im Ausland abgewickelt werden, ist statistisch durchaus bedeutend. Würde man die grenzüberschreitenden Forderungen bei der Berechnung von Marktanteilen nicht hinzurechnen und statt dessen auf rein inländische Forderungen von Tochtergesellschaften blicken (hellere Balken), würde der Marktanteil ausländischer Banken generell unterschätzt (*McCauley et al.* 2002, S. 51, 56).

Die Ursachen für die fortschreitende Internationalisierung der Bankenmärkte sind vielschichtig (*Aschinger* 2001, S. 37 ff.; *Sket* 2002, S. 253 ff.). Hauptsächlich sind sie jedoch in erweiterten informations- und kommunikationstechnischen Möglichkeiten mit ihrer transaktionskostensenkenden Wirkung sowie nationalen, bilateralen und multilateralen Deregulierungs- und Liberalisierungsfortschritten im Finanz- und Realsektor zu suchen, wobei letztere im Zuge der jüngsten Bankenkrisen einen zusätzlichen Schub erhalten haben. So hat beispielsweise die Bereitschaft zur Marktöffnung auch bei zuvor zögerlichen Schwellen- und Entwicklungsländern zugenommen, um beispielsweise die Rekapitalisierung der angeschlagenen Finanzsysteme zu erleichtern (*Simmons* 2001, S. 604 f.).

Auch transnationale Zusammenschlüsse und Unternehmenskäufe (mergers & aquisitions, M&A) im Banksektor haben absolut und in Relation zu rein nationalen Bankzusammenschlüssen weltweit zugenommen (*Buch* und *DeLong* 2001; *Diedrich* 2002, S. 246 ff.; siehe Abbildung 10). *Focarelli* und *Pozzolo* (2001, S. 2311 f.) kommen beispielsweise für den OECD-Raum zu dem Ergebnis, daß sich zwischen 1990 und 1999 die Anzahl nationaler und internationaler Bankzusammenschlüsse mehr als verdoppelt hat. Im gesamten Zeitraum zählen sie 546 grenzüberschreitende M&A, was einem Anteil von insgesamt 12,9 Prozent entspricht. Dieses Ergebnis wird jedoch erheblich beeinflußt von dem mit nur 4,9 Prozent geringen Anteil transnationaler Zusammenschlüsse in den USA. Ohne die USA beträgt die Quote internationaler M&A 25,4 Prozent. Eine Begleiterscheinung dieses Prozesses ist die Konzentration des internationalen Bankgeschäfts auf eine relativ geringe Anzahl organisatorisch hochkomplexer internationaler Bank- und Finanzkonzerne. Solche Konglomerate sind häufig zugleich jenseits der „klassischen" Bankgeschäfts tätig, so daß die geschäftspolitischen Unterschiede zwischen verschiedenen Intermediären verschwimmen.

Abbildung 10: Grenzüberschreitenden Fusionsaktivitäten im Bankensektor

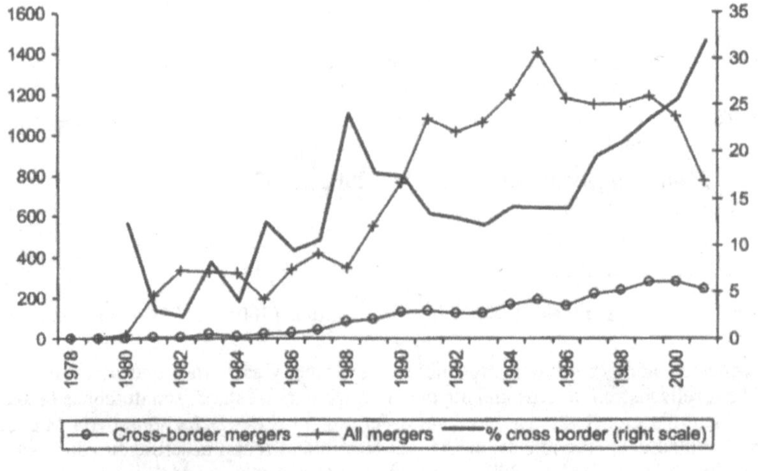

Quelle: *Buch* und *DeLong* (2001, S. 34).

4.5.2. Argumente für die Internationalisierung der Bankenregulierung und Bankenaufsicht

Die Öffnung der Finanzmärkte und die Internationalisierung des Bankgeschäfts haben seit Mitte der 1970er Jahre einen (politischen) Prozeß der Regelsetzung angestoßen, der auf eine stärkere internationale Angleichung wichtiger bankaufsichtlicher Normen sowie die intensivierte Koordination ihrer administrativen Durchsetzung hinausläuft. Der zweite Subsidiaritätstest wird damit in der Realität in wichtigen Regulierungsbereichen zugunsten einer verstärkten Zentralisierung entschieden. Hinsichtlich der Verbreitung und des Grads der rechtlichen Angleichung gelten Bankenregulierung und -aufsicht sogar als das Gebiet, auf dem internationale Koordinationsbemühungen besonders weit fortgeschritten sind (*Herring* 2000).

Wichtige Einflußgeber dieser Entwicklung waren und sind neben einzelnen Staaten und ihren Regulierungsbehörden, dem IWF und der Weltbank eine Vielzahl informeller internationaler Koordinationsgremien. Das bedeutendste dieser Gremium ist der bei der Bank für Internationalen Zahlungsausgleich (BIZ) angesiedelte Baseler Ausschuß für Bankenaufsicht (Basel Commitee on Banking Supervision, BCBS). Als informeller Zusammenschluß von Repräsentanten der Zentralbanken und der Aufsichtsbehörden aus den Ländern der G-10 einschließlich Luxemburgs[106] formuliert das BCBS seit 1975 einvernehmliche Standards für die Regulierungs- und Aufsichtspraxis international tätiger Banken. Dies erfolgt zunehmend in enger Zusammenarbeit mit den Aufsichtsbehörden aus anderen Ländern sowie in Kooperation mit Aufsichtsgremien, die für andere Unternehmen des Finanzsektors (vor allem Versicherungen, Wertpapierhandelsunternehmen) zuständig sind. Gemessen an den Daten der Veröffentlichung haben sich die Abstimmungsbemühungen in den letzten Jahren beschleunigt.[107] Inhaltlich lassen sich diese den beiden Zielen zuordnen, die das BCBS selbst formuliert.[108]

(1) In technisch-administrativer Hinsicht soll gewährleistet werden, daß sich keine international tätige Bank durch eine geschickte rechtliche Konstruktion ihrer Organisation einer effektiven Aufsicht entziehen kann (Koordination und Allokation der Regeladministration für das grenzüberschreitende Bankgeschäft).

(2) In inhaltlich-materieller Hinsicht sollen die Standards sicherstellen, daß (weltweit) eine angemessene Aufsicht stattfindet (Prinzip der Mindestharmonisierung).

Die vom BCBS vorgelegten Standards haben dabei keinen völkerrechtlich bindenden Charakter. Da sie bloße Empfehlungen – also „soft law" – sind, verfügt das BCBS auch

---

106 Belgien, Deutschland, Frankreich, Großbritannien, Italien, Japan, Kanada, Niederlande, Schweden, Schweiz, Spanien, USA.

107 Alle Publikationen des BCBS sind im Internet zugänglich unter: http://www.bis.org/bcbs/publ.htm und http://www.bis.org/publ/bcbsc001.htm

108 Siehe hierzu die homepage des BCBS unter http://www.bis.org/bcbs/aboutbcbs.htm. Für die Geschichte der Arbeit des BCBS siehe die kurze Selbstdarstellung in *BCBS* (2001) und *Kapstein* (1994); *Herring* und *Litan* (1995); *Walker* (2001). Auf den zuletzt genannten Arbeiten beruhen große Teile des folgenden Kapitels.

nicht über formelle Sanktionsmöglichkeiten bei Nichtbeachtung. Ihre rechtliche oder informelle Umsetzung obliegt allein den nationalen Parlamenten bzw. den Aufsichtsbehörden und Zentralbanken. Dennoch haben sie mittlerweile ein breite Akzeptanz gefunden – auch jenseits der an der Formulierung direkt beteiligten Staaten. In der EU wurden und werden sie beispielsweise über zum Teil parallel entwickelte Harmonisierungsrichtlinien in nationales Recht umgesetzt und in der praktischen Koordination durch mehr oder weniger formelle multilaterale Gremien sowie bilaterale Vereinbarungen begleitet (*EZB* 2000, S. 68 f.; *Speyer* 2002, S. 78 f.).

Die theoretische Basis für die verstärkten Koordinationsbemühungen bilden vier Argumente, wobei die ersten drei die kritische Position zum Wettbewerb der Regelsysteme (siehe Kap. 3.3.2.) für den Bereich der Bankenmärkte konkretisieren.[109]

Die *erste Begründung* entspricht im wesentlichen einer Erweiterung der These vom systemischen Risiko um eine internationale Komponente. Sie lautet generell, daß bei freiem Kapitalverkehr und offenen Märkten für Finanzdienstleistungen grenzüberschreitende negative Externalitäten möglich würden, denen am besten durch internationale Angleichung, Koordination und Administration bankaufsichtlicher Regelungen begegnet werden könnte.

So bringt es die Internationalisierung der Geschäftstätigkeit von Banken mit sich, daß diese bekannte und neue geschäftspolitische Risiken jenseits ihres Heimatlandes eingehen. Zu den neuen Risikokategorien zählen beispielsweise Wechselkurs- oder transnationale Erfüllungsrisiken (Stichwort: Herstatt-Risiko, siehe Kap. 4.3.2.2.), aber auch politische Risiken. Sofern Gläubiger und Aufsichtsbehörden des Inlandes die im oder mit dem Ausland betriebenen Geschäfte von Banken nicht oder nur sehr umständlich kontrollieren oder beeinflussen können, bestehe die Gefahr, daß systemische Risiken für inländische Märkte unerkannt bleiben könnten. Als Wirkungskanal wird zumeist auf die transnationalen Verflechtungen der Interbankenmärkte verwiesen, wobei auch hier Phänomene des „pure contagion" für möglich gehalten werden; grenzüberschreitende Einleger-Runs gelten dagegen als weniger wahrscheinlich.

Die Angst vor negativen externen Effekten ist eng verknüpft mit der kritischen Einschätzung von Unterschieden in der Regulierungsintensität. So könnten Zonen geringer Regulierungsintensität eine (potentielle) Gefahr für die internationale Finanzmarktsicherheit darstellen, weil die dort tätigen Banken über ihre globalen Geschäftsbeziehungen Auslöser von Kettenreaktionen werden könnten. Weiterhin ist es bei offenen Märkten für Finanzdienstleistungen und bei Gültigkeit des Ursprungs- oder Heimatlandprinzips für die Regulierung möglich, daß in auf einem spezifischen Markt sehr unterschiedlich regulierte Banken tätig sind. „Zu lax" regulierte Banken aus Fremdstaaten könnten – so die These – durch eine mangelhafte Kontrolle ihres Geschäftsgebarens und in Abhängigkeit vom Umfang der wirtschaftlichen Partizipation im Gastland

---

[109] Allgemeine Überblicke bei *Kapstein* (1994, S. 6 ff.); *Herring* und *Litan* (1995, S. 80 f.); *Goodhart et al.* (1999, S. 173-183); *Herring* (2000, S. 324 f.).

systemische Risiken erhöhen oder Bestimmungen zum Schutz der Bankgläubiger unterlaufen.

Während das erste Argument letztlich die Marktversagensthese um eine internationale Komponente erweitert, liegt der *zweiten Begründung* explizit die Befürchtung eines versagenden Institutionenwettbewerbs im Bereich der Bankregulierung zugrunde. Konkret wird befürchtet, daß der institutionelle Wettbewerb im Bereich der Bankenregulierung zu einer (fast) vollständigen Erosion der Regulierungsqualität führen könnte. Zur Verhinderung eines systemdestabilisierenden „race to the bottom" oder „competition in laxity" bei unkoordinierten Aufsichtsmaßnahmen sie daher die internationale Angleichung bankaufsichtlicher Normen (auf hohem Sicherheitsniveau) insgesamt geboten (siehe etwa *Goodhart et al.* 1999, S. 175).

Ein prominenter Vertreter dieser These ist *Sinn* (2002, S. 402 f.; 2003b, S. 320 ff.; 2003c, S. 150 ff.). Ausgangspunkt seiner Überlegungen ist, daß sich bei geschlossenen Märkten ein Regulierungsgleichgewicht zur Bekämpfung der Informationsasymmetrien zwischen Banken und ihren Gläubigern und der hieraus resultierenden bankentypischen Risikoanreize einstellen würde, das ein hohes Sicherheitsniveau garantiere, den Banken aber auch entsprechende Regulierungskosten aufbürde. Dieses Gleichgewicht gerate in Gefahr, sobald Banken potentiellen Einlegern oder Financiers aus Drittstaaten gegenüberstehen oder nationale Einleger zwischen unterschiedlich regulierten Banken wählen könnten. Diese hätten es dann mit einem neuen und schwerwiegenden Informationsproblem zu tun. Sie müßten nämlich für die Plazierung ihrer Einlagen entscheiden, welches komplexe nationale Regulierungsgeflecht eine hohe oder die höchste Einlagensicherheit gewährt.[110] Da dies an prohibitiv hohen Transaktionskosten (und kognitiven Barrieren) scheitern müsse, würde sich das typische Problem der adversen Selektion ergeben. Sie würden ihre Einlage den Banken anvertrauen, die die höchsten Zinsen zahlen könnten. Unterstellt man zusätzlich einen engen Zusammenhang zwischen Regulierungsintensität, Kostenbelastung und Bankensicherheit, dann werden regelmäßig die Banken höhere Zinsen zahlen, die „lax" reguliert werden und entsprechend weniger sicher wären.

Die geringen Kosten eines niedrigen Sicherheitsniveaus verschaffen der Bank damit einen Vorteil im internationalen Wettbewerb um Einlagen. Regulierungsbedingt können sie Marktanteile auf sich vereinigen, wenn die ausländischen Bankgläubiger die Risiken nicht richtig erkennen können. Zudem werden sich mobile Bankunternehmen im Wege

---

[110] *Sinn* (2003a,b) bezieht sein Argument ausdrücklich auf präventive Regulierungsmuster (insbesondere Eigenkapitalnormen) und auf Gläubiger, die nicht durch Einlagensicherungssysteme geschützt sind. Dies sind vorwiegend die Zeichner von Anleihen oder Interbankengläubiger.

Die Frage des Systemwettbewerbs bei protektiven Instrumenten wird dagegen wenig thematisiert. Eine Ausnahme bildet *Wörner* (2000, S. 113-115). Dieser hält gleichwohl ein „race to the bottom" für unwahrscheinlich, da sich die Qualität einer Einlagensicherung durch die Bekanntgabe der Deckungsquote relativ leicht ermessen lasse. Da sich außerdem die internationale Regulierungsanstrengungen de facto auf präventive Regulierungen beschränken, wird auch hier auf eine nähere Erörterung der protektiven Instrumente verzichtet.

der Regulierungsarbitrage den Standort aussuchen, der sie mit den geringsten Regulierungskosten belastet. Entscheidend sei jedoch, die regelsetzenden Instanzen kein Interesse daran entwickeln würden, im Ausland anfallende negative Externalitäten bei den heimischen Banken zu internalisieren, weil sie dann mit Abwanderungseffekten zu rechnen hätten bzw. die Kosten einer verschärften Regulierung den heimischen Steuerzahlern aufbürden müßten (*Sinn* 2003c, S. 326). Hieraus entstehe der Anreiz, das Regulierungsniveau generell abzusenken, um Unternehmen des Kreditsektors für die heimische Jurisdiktion anzuziehen bzw. ihnen Wettbewerbsvorteile zu verschaffen. Wollten nun die Behörden (oder Regierungen) anderer Länder diesen Vorteil ausgleichen, so bleibe ihnen nichts anderes übrig, als sich den niedrigeren Standards anzunähern. Im Endeffekt könnte sich so ein vollständiges „race to the bottom" im Sicherheitsniveau der Bankenregulierung ergeben. Letztlich würden dadurch alle Beteiligten schlechter gestellt. Kurzfristige Wettbewerbsvorteile würden mittelfristig auch im eigenen Land als erhöhte systemische Risiken spürbar. Der Erosionseffekt gleicht damit insgesamt einem Gefangenendilemma, das bei der unkoordinierten Wahl nationaler Regulierungen entstehen könnte (vgl. *Wörner* 2000, S. 123 f.).

Solche Erosionseffekte werden dabei in Abhängigkeit von der konkreten Organisation des Auslandsgeschäfts begründet.[111] Beispielhaft sei dies für Fall der Organisation des internationalen Bankgeschäfts über unselbständige Auslandsfilialen einer Bank aus Land A dargestellt. Hier könne der Konkurs der Mutterbank im Haftungsverbund über die bekannten Kanäle (Dominoeffekte, Erwartungshomogenisierungen) auch im Gastland B systemische Effekte auslösen (*Dermine* 1996, S. 68; *Wörner* 2000, S. 128 f.): Sofern die erwarteten volkswirtschaftlichen Kosten des Konkurses der Auslandsniederlassung in Land B für das für die Aufsicht zuständige Heimatland A vergleichsweise gering seien, bestehe für dieses kein Anreiz, das Sicherheitsniveau oder die Regulierungsintensität so zu erhöhen, daß auch mögliche negative volkswirtschaftliche Effekte im Ausland B berücksichtigt würden. Die Kosten der Regulierung müßten nämlich dann im Inland A getragen werden, kämen aber zu einem großen Teil dem Ausland bzw. den dortigen Bankgläubigern zu Gute. In ähnlicher Weise hätte auch die Zentralbank aus Land A im Krisenfall kaum ein Interesse, durch eigene „Lender of Last Resort"-Aktivitäten die Auslandsniederlassungen der Problembank (oder gar weitere durch diese angesteckte Institute) zu stützen. Sie würde sich darauf verlassen, daß Land B aus Gründen der Systemsicherheit bei den heimischen Banken helfend eingreifen würde. Der Umfang dieser Hilfe entspräche dann der destabilisierenden negativen Externalität

---

[111] Die Frage der Organisation ist nicht unerheblich, da sie die unternehmensinterne Haftungsstruktur und die aufsichtsrechtliche Zuständigkeit gemäß der noch zu diskutierenden internationalen Absprachen definiert. Insbesondere macht es einen Unterschied, ob Banken jenseits des Heimatlandes über unselbständige Filialen oder über rechtlich selbständige Tochtergesellschaften aktiv sind. In beiden Fällen unterliegen sie zwar der konsolidierten Aufsicht durch das Heimatland, insofern gilt das Ursprungslandprinzip. Bei rechtlich selbständigen Tochtergesellschaften haben aber die Regulierungsbehörden des Gastlandes stärkere aufsichtsrechtliche Befugnisse.

in Land B, die durch eine mangelhafte Aufsicht oder ein zögerliches Einschreiten der Behörden aus Land A verursacht wird.

Auch das *dritte Argument* für die Harmonisierung von internationalen Regulierungsnormen bezieht sich auf die Effekte unterschiedlicher Regulierungsniveaus. Von der Bankwirtschaft (*Weber* 2001, S. 250) sowie nationalen Regulierungsbehörden (*Artopeus* 2001, S. 27 f.) wird betont, daß durch Differenzen in den Regulierungsniveaus oder der Höhe der Prämien für Einlagensicherungssysteme erzeugte Unterschiede in den Kostenbelastungen für die international aktiven Kreditinstitute bei Gültigkeit des Ursprungslandprinzips zu unterschiedlichen Wettbewerbsbedingungen führen. Aus Sicht der Banken, die in die „teuren" heimischen Regulierungen eingebundenen sind, stellen sich damit die „billigen" ausländische Regulierungen als ein „unfairer" Wettbewerbsvorteil der ausländischen Banken im Heimatmarkt dar. Eine Angleichung der Wettbewerbsbedingungen sei daher im Interesse eines fairen globalen Bankenwettbewerbs geboten („level the playing field"). Dies gelte um so mehr, wenn die ausländischen Banken trotz geringerer Regulierungsniveaus mit der gleichen impliziten Unterstützung der Zentralbank des Gastlandes rechnen können, wie es oben beschrieben wurde (*Herring* und *Litan* 1995, S. 75). Ein ähnliches Argument – folgt man ihm – läge auch dann nahe, wenn überhaupt keine ausländischen Banken in heimischen Märkten aktiv sind und/oder die Standortmobilität von Bankunternehmen eingeschränkt ist. Ein „unfairer" Wettbewerbsvorteil wird dann darin gesehen, daß Standorte mit geringer Regulierungsintensität „ungerechtfertigt" zusätzliches Bankgeschäft – etwa via Internet – anziehen können und damit Arbeitsplätze, Steuereinnahmen und die Systemstabilität in „besser" regulierten Ländern gefährden.

Das *vierte Argument* für einheitliche Aufsichtsstandards wird vor allem von großen international aktiven Banken und Finanzunternehmen vorgebracht (etwa *Breuer* 2000, S. 5, 9). Diese erhoffen sich durch eine Vereinheitlichung der Regulierungspraxis eine merkliche Erleichterung bei der Erfüllung der bankrechtlichen Anforderungen in unterschiedlichen Jurisdiktionen und eine bessere Berechenbarkeit der Regulierungsergebnisse. So unterliegen große Bankkonzerne allein in der EU Berichtspflichten bei bis zu 20 Aufsichtsbehörden (*Boot* 2003, S. 37). Daher dürften sich durch die Vereinheitlichung der Regeln in der Tat massive Senkungen des „Compliance"-Aufwands ergeben. Das Argument der Transaktionskostensenkung kann umgekehrt auch aus Sicht der Aufsicht ins Feld geführt werden. Bei global tätigen Unternehmen spräche einiges dafür, diese auch nur einer Regulierungsinstanz zu unterstellen, die bei der Beschaffung der notwendigen Informationen Skaleneffekte erzielen könnte (vgl. *Herring* 2000, S. 325 f.). Es wundert daher nicht, daß insbesondere von Seiten der Banken zumindest für die EU auch für eine einheitliche Behörde nach dem Muster der EZB plädiert wird (*BdB* 2004, S. 22).

Wird von dem zuletzt aufgeführten Transaktionskostenargument abgesehen, so wird summa summarum die Besonderheit der internationalen Regulierungsaufgabe in grenzüberschreitenden negativen externen Effekten gesehen, denen durch eine wohlfahrtsverbessernde Koordinierung der Regulierungsbemühungen auf supranationaler Ebene begegnet werden müsse: Externalitäten führten nicht nur zu der Anreicherung der bekannten systemischen Risiken um internationale Komponenten; aus ihnen wird zugleich die Grundlage für die Befürchtung eines „race to the bottom" in der Regulierungsqualität abgeleitet. Nur durch eine (Mindest-)Harmonisierung auf geeignet hohem Niveau ließen sich Erosionseffekte und destabilisierende Aufsichtslücken zweckmäßig bekämpfen. Mit dieser „systemic harmonization" (*Goodhart et al.* 1999, S. 178) könnte schließlich auch das Spielfeld für internationale Bankgeschäfte so eingeebnet werden, daß ein fairer Leistungswettbewerb darauf stattfinden könne – im (völligen) Widerspruch zur Linie der Argumentation für einen Wettbewerb der Systeme.[112]

4.5.3. Konkrete internationale Angleichungsschritte

4.5.3.1. Technisch-administrative Koordination

Die theoretische Diskussion um die Effekte der zunehmende Internationalisierung des Bankgeschäfts zeigt sich auch in den konkreten Regulierungsschritten, die vom BCBS vorangetrieben worden. In den ersten 15 Jahren seines Bestehens waren die Bemühungen auf die Koordination der laufenden Beaufsichtigung gerichtet – also die technisch-administrative Koordination. Dabei war und ist es Ziel, kein international aktives Bankunternehmen aus einer effektiven Aufsicht zu entlassen. Schwerpunktmäßig geht es bei der technisch-administrativen Koordination bis heute um die Allokation von aufsichtlichen Rechten und Pflichten für international tätige Banken auf verschiedene Länder sowie die dazu notwendigen Maßnahmen des Informationsaustausches.

Für die Zuständigkeit kommen grundsätzlich zwei Prinzipien in Frage. Nach dem Bestimmungslandprinzip wären allein die Behörden des Gastlandes für die protektive und präventive Regulierung von Auslandsniederlassungen in ihrer Jurisdiktion zuständig („host country control"). Das Ursprungs- oder Herkunftslandprinzip ordnet die Zuständigkeit dagegen den Behörden des Mutterlandes zu („home country control"). Beide Prinzipien haben Vor- und Nachteile.

– Gegen das Bestimmungslandprinzip sprechen die Unterbindung des Systemwettbewerbs im Gastland und die (transaktions-)kostenträchtige Vervielfachung der Berichtspflichten international tätiger Banken wie auch der Informationsaufwand der Behörden des Gastlandes. Letztere sehen sich häufig außer Stande, die Zahlungsfähigkeit und Risikoposition eines in ihrer Jurisdiktion tätigen ausländischen Filiale vollständig zu ermessen, da diese von der Zahlungsfähigkeit der Muttergesellschaft abhängt.

---

112 In der Diskussion wird gleichwohl erheblich unterschiedlich beurteilt, in welchen Fällen ein „level the playing field" angebracht ist. Selbst bei einer grundsätzlichen Befürwortung eines offenen Systemwettbewerbs herrscht jedoch weitgehend Einigkeit, daß internationale Mindeststandards überall dort notwendig sind, wo Risiken für die globale Finanzmarktstabilität entstehen können (siehe beispielsweise *Herring* und *Litan* 1995, S. 81; *Goodhart et al.* 1999, S. 175). Dabei bestehen jedoch erhebliche Auffassungsunterschiede, wie diese Standards der „prudential regulation" formuliert werden sollten.

- Gegen das Ursprungslandprinzip lassen sich demgegenüber vor allem die oben diskutierten Probleme eines möglicherweise versagenden Systemwettbewerbs anführen. Aus Sicht des Gastlandes betrifft dies vor allem die Furcht vor „ungerechtfertigten“ Wettbewerbsvorteilen ausländischer Banken sowie vor etwaigen negativer Externalitäten oder vor hieraus erwachsenden impliziten Interventionsverpflichtungen (*Dermine* 1996, S. 68 f.). Aus Sicht des Heimatlandes stellt sich darüber hinaus spiegelbildlich die Frage, ob es selbst bei Zuordnung der Zuständigkeit bereit und fähig ist, sämtliche Auslandsgeschäfte von komplexen Bankkonzernen ohne Unterstützung des Gastlandes zu überwachen oder eine LLR-Verantwortung auch im Ausland zu übernehmen.

Die Evolution der technisch-administrativen Zusammenarbeit spiegelt entsprechend immer wieder den Widerstreit dieser Argumente. Konkrete Maßnahmen standen dabei zumeist in enger Verbindung zu einigen mehr oder weniger spektakulären (Beinahe-) konkursen grenzüberschreitend tätiger Einzelbanken (*Herring* und *Litan* 1995, S. 97). Den Ausgangspunkt internationaler Angleichungsbemühungen bildet z. B. der Konkurs der Herstatt Bank im Juni 1974 (siehe Kap. 4.3.2.2.). Hier wurde den deutschen Behörden vorgeworfen, sie hätten durch die unangekündigte Schließung der Herstatt-Bank als auch durch ihre mangelnde Bereitschaft zur Übernahme einer LLR-Verantwortung für die internationalen Ausstrahleffekte des Konkurses die Krisensituation unnötig zugespitzt. Als Gegenbeispiel gilt das Verhalten der amerikanischen Federal Reserve Bank (Fed) beim Management der Krise der Franklin National Bank wenig später. Im Gegensatz zu den deutschen Behörden stellte die Fed hierbei alle Fremdwährungsverbindlichkeiten der damals 20. größten Bank der USA als auch die Gläubiger der Londoner Niederlassung unter den vollständigen Schutz ihrer LLR-Maßnahmen und konnte damit ausländische Systemrisiken vermeiden (*Kapstein* 1994, S. 40-57).

Die Diskussion um die regulatorischen Konsequenzen der Herstatt-Krise führte schließlich zum sogenannten Baseler Konkordat aus dem Jahr 1975, die folgende fünf Grundsätze enthält (siehe *Kapstein* 1994, S. 48 f.; *Walker* 2001, S. 88 f.):

- Die Aufsicht über ausländische Bankniederlassungen obliegt der gemeinsamen Verantwortung der Behörden des Heimat- und Gastlandes.
- Es soll damit sichergestellt werden, daß kein Institut der Aufsicht entgehen kann und daß diese Aufsicht sowohl aus Sicht der Heimat- als auch des Gastlandes als zureichend eingeschätzt wird.
- Bezüglich der Vorschriften zur Liquiditätshaltung wurden die Normen des Gastlandes maßgebend, wobei es den Behörden des Gastlandes obliegt, die ausländischen Bankniederlassungen diesbezüglich zu überwachen.
- Für den Kern der präventiven Bankenregulierung, die Sicherung der Zahlungsfähigkeit, wurde dagegen das Heimatlandprinzip vereinbart. Seit 1978 soll zudem die Beaufsichtigung internationaler Bankkonzerne auf konsolidierter Basis zu erfolgen. Dabei variiert die Strenge des Prinzips nach Maßgabe der rechtlichen Konstruktion der betrachteten Bankkonzerne. Während bei unselbständigen Auslandsfilialen das Heimatland zweifelsfrei zuständig sein sollte, sollten für selbständige und getrennt kapitalisierte Auslandsniederlassungen die gastländischen Behörden die primäre

Zuständigkeit besitzen. Die Heimatbehörden sollten jedoch das Verhalten von Auslandstöchtern bei ihren Entscheidungen im Hinblick auf mögliche Risiken und ihre moralische (Hilfs-)verpflichtung im Krisenfall mitbedenken.

- Zur praktischen Vereinfachung der sich aus den Zuständigkeiten ergebenden administrativen Probleme wurde darüber hinaus ein weitgehender Informationsaustausch vereinbart. Dies trägt vor allem dem Umstand Rechnung, daß ausländische Behörden in den Gastländern der durch sie beaufsichtigten Bankniederlassungen in der Regel weder über ausreichende Kenntnisse noch über Rechte zur Sammlung von lokalen Informationen verfügen.

Das Baseler Konkordat hat eine breit angelegte Pfadabhängigkeit etabliert. Grundsätzlich erfolgt seither die Beaufsichtigung der Zahlungsfähigkeit internationaler Bankkonzerne nach dem Ursprungslandprinzip. Gleichzeitig werden jedoch auch Elemente des Bestimmungslandprinzips deutlich, mit denen vor allem den systemischen Belangen des Gastlandes Rechnung getragen werden soll. Diese Dualität ist über eine Reihe von Anpassungen bis heute erhalten geblieben.

Die erste wichtige Anpassung erfolgte 1983 (siehe *BCBS* 1983) nach dem Konkurs der italienischen Banco Ambrosiano. Diese hatte für ihre teils betrügerischen Aktivitäten bestehende Lücken in den Aufsichtssystemen geschickt ausgenutzt, indem sie für ihre internationale Aktivitäten eine luxemburgische Finanzholding zwischenschaltete, für die sowohl Umfang der Beaufsichtigung als auch die Zuständigkeitsfrage latent ungeklärt geblieben waren (*Kapstein* 1994, S. 53 ff.; *Herring* und *Litan* 1995, S. 101-103; *Walker* 2001, S. 100 f.). Um solche Ereignisse in Zukunft zu vermeiden, wurde einerseits die Zuständigkeit des Mutterlands für komplexe Finanzkonzerne weiter und konkreter gefaßt; außerdem wurde der sogenannte „Dual Key“-Mechanismus etabliert, der eine wechselseitige Kontrolle der Aufsichtsqualität sicherstellen sollte (*Walker* 2001, S. 103). Dieser erlaubt bzw. verlangt einseitige Maßnahmen bis hin zur Schließung von Auslandstöchtern, wenn eine der beteiligten Behörden den Eindruck gewinnt, das Aufsichtsrecht, die behördliche Aufsichtskapazität und/oder die Kooperationsbereitschaft im jeweils anderen Land würden nicht ausreichen, um internationale Bankkonzerne angemessen zu beaufsichtigen.

Die letzte Überarbeitung des Baseler Konkordats aus dem Jahr 1992 steht im engen Zusammenhang mit der Schließung der Bank for Credit and Commerce International (BCCI) am 5. Juli 1991 (siehe hierzu *Kapstein* 1994, Chapter 7; *Walker* 2001, S. 123 f.). Die 1972 in Pakistan gegründete BCCI war ebenfalls rechtlich so strukturiert, um Aufsichtslücken für kriminelle Geschäfte (Geldwäsche, Drogenfinanzierung) ausnutzen zu können. Ihren formellen Sitz hatte sie in Luxemburg, wohingegen der geschäftliche Schwerpunkt und auch das operative Management in Großbritannien angesiedelt waren. Zwar hatte es schon einige Jahre zuvor ernstzunehmende Hinweise auf zweifelhafte Geschäftspraktiken und überhöhte Risiken der BCCI gegeben. Bis zu ihrer durch eine von der Bank of England mit mehr als 60 anderen Staaten koordinierte Aktion vergingen gleichwohl mehrere Jahre.

Die zögerliche Schließungspolitik zeigte erneut Lücken in der Praktikabilität des Baseler Konkordats von 1983 auf. Abgesehen davon, daß die BCCI ihre geschäftliche

Struktur schon vor der Überarbeitung aufgebaut hatte, wird vor allem bemängelt, daß keine der beteiligten Behörden ein Interesse an der Übernahme der (koordinierenden) Verantwortung zeigte. Die luxemburger Behörden schon deshalb nicht, weil sie – obwohl formell zuständig – nicht über die Kapazitäten verfügten, einen Finanzkonzern zu beaufsichtigen, der 98 Prozent seines Geschäftes außerhalb von Luxemburg durchführte; die englischen Behörden fühlten sich formell nicht zuständig und fürchteten zugleich, durch eine vorschnelle Schließungspolitik einen weiterreichenden Run auf andere Banken auszulösen. Aus diesem Grund scheinen sie auch die Möglichkeiten des „Dual-Key"-Mechanismus nicht ausgeschöpft zu haben. Um ähnliche Koordinationsschwierigkeiten künftig zu vermeiden, wurden die Regeln des Konkordats erneut geändert. In der heutigen Form lauten sie (*BCBS* 1992):[113]

- Alle internationalen Bankkonzerne sind durch eine Heimatlandbehörde auf konsolidierter Basis zu beaufsichtigen.
- Die Gründung ausländischer Bankniederlassungen bedarf der Zustimmung sowohl der Heimatlandbehörde als auch der des Gastlandes.
- Die Behörden des Heimatlandes haben das Recht, Informationen im Gastland zu sammeln.
- Falls die Behörden des Gastlandes zu dem Schluß gelangen, eines der drei vorgenannten Prinzipien könne durch die Bankenaufsicht des Heimatlandes nicht gewährleistet werden, können und sollen sie im Dienste der Sicherheit der (internationalen) Bankenmärkte restriktive Maßnahmen ergreifen. Diese können von der Beeinflussung der Heimatlandaufsicht bis hin zum Verbot von ausländischen Niederlassungen reichen.

Die ersten drei Prinzipien erneuern vor allem die heimatlandbezogenen Elemente des ursprünglichen Konkordats. Das vierte Prinzip (und eingeschränkt auch das dritte) kann aus Sicht des Gastlandes als eine Stärkung des „Dual Key"-Mechanismus – also des Bestimmungslandprinzips – interpretiert werden (*Kapstein* 1994, S. 166; *Walker* 2001, S. 123 ff.). Durch die Ausweitung der Befugnisse können gegebenenfalls der Marktzutritt und bestehenden Geschäftsaktivitäten ausländischer Banken verhindert werden. Dahinter steht erneut das theoretische Argument, daß Aufsichtslücken im Ausland zu systemischen Risiken und/oder kostspieligen Rettungsaktionen im Inland Anlaß geben können. Im BCCI-Fall wurde dies vor allem von der Bank of England reklamiert. Obwohl der Konkurs der BCCI keine ernstzunehmenden systemischen Effekte verursachte (die Großgläubiger hatten sich schon weit vor der Schließung zurückgezogen), sah sich diese nämlich veranlaßt, einige kleinere englische Banken und die nationalen Einleger der BCCI durch LLR-Maßnahmen zu schützen (*Wörner* 2000, S. 129).

Die Baseler Empfehlungen finden Widerhall in nationalen, regionalen und anderen globalen Vereinbarungen zur Regulierung der Bankenmärkte – etwa in den GATS-Vereinbarungen zur gegenseitigen Öffnung der Märkte für Finanzdienstleistungen (*Key*

---

[113] Für den Originaltext siehe Anhang, Abbildung A-2.

1999, S. 67, 73 f.; *Bagheri* und *Nakajima* 2002, S. 518 f.) oder auch im US-amerikanische Regulierung des Marktzutritts ausländischer Banken über den Foreign Bank Supervision Enhancement Act 1991 (*Kapstein* 1994, S. 167, 171 f; *Herring* und *Litan* 1995, S. 106).

Die rechtlichen Vorgaben des Europäischen Binnenmarktes weichen demgegenüber partiell vom Dualitäts-Prinzip ab (*EZB* 2000, S. 62-69; *Wörner* 2000, S. 140 ff.). Die Verfahrensfragen der ersten und zweiten Bankrechtskoordinierungsrichtlinie (einschließlich der BCCI-Folgerichtlinie) konstituieren hier die Prinzipien der nationalen Zuständigkeit sowie der gegenseitigen Anerkennung. Das Prinzip der nationalen Zuständigkeit entspricht dem Ursprungslandprinzip (konsolidierte Heimatlandaufsicht) der Baseler Vereinbarungen. Das Prinzip der gegenseitigen Anerkennung („Europäischer Paß") geht dagegen über die Baseler Regelungen hinaus, indem über die automatische und gegenseitigen Anerkennung der Zulassungsregeln anderer EU-Staaten die Möglichkeit des Veto-Rechts der Behörden des Gastlandes gegenüber Auslandsniederlassungen aus anderen Ländern der EU entfällt. Die EU-weite Zustimmung zu diesem Prinzip wird dabei vielfach darauf zurückgeführt, daß die jeweiligen Aufsichtsbehörden auch ohne einen ausgeprägten gegenseitigen Überwachungsprozeß darauf vertrauen können, daß in den anderen EU-Ländern ein gleichermaßen hohes Sicherheitsniveau erreicht wird. Daher wird auch die weitgehende Angleichung der materiell-rechtlichen Dimension des Aufsichtsrechts in der EU, die einer Vorab-Beschränkung des Systemwettbewerbs gleichkommt, als begrüßenswerte Voraussetzung für im Vergleich zu den bisherigen Baseler Bestimmungen einfachere Zulassungsbestimmungen für ausländische Banken angesehen (*Kapstein* 1994, S. 145; *Herring* und *Litan* 1995, S. 90, 92; *Fratianni* und *Pattison* 2001, S. 210).[114,115]

Insgesamt müssen das Baseler Konkordat, seine Evolutionsstufen und seine Einbindung in nationale oder internationale Vereinbarungen als technisch-administrative Verfahrensregeln interpretiert werden, die dem Zweck dienen, mögliche Lücken in der Beaufsichtigung von international tätigen Bankkonzernen zu schließen und die dazu notwendigen Verfahren der Konsolidierungspraxis, des Informationsaustausches und der Amtshilfe möglichst effizient zu gestalten. Den Kern der Absprache bilden dabei die (konsolidierte) Heimatlandaufsicht und das „Dual-Key"-Prinzip, das auch dem Gastland bei Zweifeln über die Qualität der Heimatlandaufsicht weitreichende Rechte einräumt.

---

114 *Wörner* (2000, S. 146-149) weist gewisse Einschränkungen auch für den Bereich der Zulassungsvorschriften nach. So beziehen sich diese nur auf Bankunternehmen, nicht jedoch auf Bankprodukte. Für diese besteht eine sogenannte „escape"-clause, nach der die Gastländer bestimmte Bankgeschäfte aus „Allgemeininteresse" vom Grundsatz der gegenseitigen Anerkennung ausschließen können.

115 Im Ansatz der EU wird daher ein Vorbild für die weitere Behandlung von Aufsichtsfragen auch auf globalen Finanzmärkten gesehen – etwa im Rahmen des GATS-Prozesses (z. B. *Bagheri* und *Nakajima* 2002, S. 526). Die Mindestharmonisierung der materiellrechtlichen Dimension von Aufsichtsregeln erleichtere die weitergehende Durchsetzung des Heimatlandprinzips auf Basis der gegenseitigen Anerkennung und des dadurch angestoßenen Systemwettbewerbs.

Dies geschieht unter der Annahme, daß Banken tatsächlich einer Beaufsichtigung bedürfen und Regelungslücken ernste Konsequenzen haben können. Entsprechend werden auch Beschränkungen des Marktzutritts und über diesen des institutionellen Wettbewerbs im Gastland allgemein für gerechtfertigt gehalten. Unabhängig davon zeigen die Vereinbarungen jedoch nicht an, *welche* materiellen Regeln genügen, um die Zielsetzung einer adäquaten Aufsicht über internationale Bankkonzerne zu erreichen und *woran* etwaige Zugangsverweigerungen im Rahmen des „Dual Key"-Mechanismus gemessen werden sollten.

4.5.3.2. Materiell-rechtliche Koordination: Basel I und Basel II

Um genau diese materiell-rechtliche Komponente hat sich das BCBS ab Mitte der 1980er Jahre verstärkt bemüht (*Calomiris* und *Litan* 2000, S. 293). Auch wenn die Bemühungen heute detaillierte Empfehlungen zu einzelnen Aufsichts- und Regulierungsmethoden umfassen, bildet die Harmonisierung der Eigenkapitalnormen nach wie vor das Herzstück internationalen Bankenregulierung. Die entsprechenden Empfehlungen sind im Baseler Eigenkapitalstandard (Baseler Akkord, kurz: Basel I) aus dem Jahr 1988 niedergelegt (*BCBS* 1988). Der Hintergrund der ersten Baseler Vereinbarung wird häufig wie folgt beschrieben (*Kapstein* 1994, S. 103 f.; siehe auch Kap. 7.2.3.2.): *Erstens* zeigten sich zu Beginn der 1980er Jahre vor allem die britischen und US-amerikanischen Behörden besorgt über die sinkende Eigenkapitalquoten vieler in ihren Jurisdiktionen ansässigen und tätigen Kreditinstitute. Die damit verbundene grundsätzliche Angst vor gestiegenen internationalen systemischen Risiken wurde *zweitens* durch die Folgen der Schuldenkrise der frühen 1980er Jahre genährt, die den Banken aus den Industrieländern große Verluste bescherte. Hinzu kamen *drittens* erhebliche internationale Unterschiede in den Eigenkapitalbestimmungen, denen wettbewerbsverzerrende Wirkungen zugeschrieben wurden. So galt insbesondere in internationale Expansion japanischer Banken gegenüber ihren US-amerikanischen Konkurrenten als direkte Folge laxerer Eigenkapitalbestimmungen in Japan (*Buchmüller* und *Macht* 2003, S. 414).

Die Argumente weisen einen deutlichen Bezug zu der theoretischen Rechtfertigung von internationalen Harmonisierungsbestrebungen im Vorkapital auf. Während sich die ersten beiden Argumente vor allem auf das Problem „globaler Systemstabilität" beziehen, fällt das dritte Argument vornehmlich in die Kategorie des „level the playing field". Es wundert daher auch nicht, daß beide Begründungsmuster sowohl bei Basel I als auch bei Basel II herangezogen werden. So lautet die Begründung von Basel I:

> „Two fundamental objectives lie at the heart of the Committee's work on regulatory convergence. These are, *firstly*, that the new framework should serve to *strengthen the soundness and stability of the international banking system*; and *secondly* that the framework should be in fair and have a high degree of consistency in its application to banks in different countries with a view to *diminishing an existing source of competitive inequality among international banks*." (*BCBS* 1988, S. 1, Hervorhebung G. F.)

Hieran hat sich bis heute nichts geändert. Die gleiche Begründung findet sich auch im endgültigen Basel II-Regelwerk. In der deutschen Übersetzung heißt es:

„Das fundamentale Ziel der Arbeit des Ausschusses bei der Revision der Eigenkapitalvereinbarung von 1988 war, eine Rahmenvereinbarung zu entwickeln, die die *Solidität und Stabilität* des internationalen Bankensystems weiter *stärken* und gleichzeitig Kohärenz dahingehend sicherstellen würde, daß die Regelungen zur angemessenen Eigenkapitalausstattung *keine* wesentliche Quelle von *Wettbewerbsverzerrungen zwischen international tätigen Banken* sein werden." (*BCBS* 2004, S. 2, Hervorhebung, G. F.).

Eine mögliche „race to the bottom"-Gefahr im Wettbewerb der Regulierungssysteme wird vom BCBS zwar nicht explizit als ein Begründungselement herangezogen. Dieses Argument dürfte aber zumindest implizit mitschwingen (etwa *Padoa-Schioppa* 1997, S. 124). In der wissenschaftlichen Debatte spielt es dagegen eine bedeutendere Rolle. So schreibt *Sinn* (2003b, S. 307):

„The Basel Accords [...] can be seen as a reaction to the perceived failure of international systems competition in the context of banking regulation. If systems competition had functioned well, common minimum equity and risk assessment rules would not have been necessary. [...] the various banking crises have created sufficiently serious doubts concerning the self regulatory forces of international systems competition."

Wie jede Eigenkapitalnorm besteht auch die erste Baseler Übereinkunft aus drei Elementen, die die allgemeine Definition der Eigenkapitalnorm $EK \geq X \cdot R$ näher spezifizieren (siehe Kap. 4.4.2.3.; *Vollmer* 2002, S. 325). *Erstens* konnten sich die Vertreter des BCBS nach langem Ringen auf eine einheitliche Definition des Eigenkapitals *(EK)* für aufsichtsrechtliche Zwecke einigen. Als Eigenkapitalpuffer kann seitdem neben dem Kernkapital (eingezahlte Aktien, offene Rücklagen) auch sogenanntes Ergänzungskapital in gleicher Höhe herangezogen werden. Dieses umfaßt im wesentlichen nachrangige Verbindlichkeiten mit langer Laufzeit sowie bestimmte Formen stiller Reserven. Um eine verhaltenssteuernde Wirkung entfalten zu können, muß das einheitlich definierte Eigenkapital *zweitens* in ein Mindestverhältnis zu dem zu begrenzenden bankbetrieblichen Risiken gesetzt werden. Das erste Baseler Protokoll setzt dazu einen Solvabilitätsquotienten von acht Prozent fest ($X = 0{,}08$). Die Eigenmittel müssen also mindestens acht Prozent der risikotragenden Aktiva und bestimmter bilanzunwirksamer Geschäfte ausmachen. Diese wurden *drittens* zunächst ausschließlich auf Kreditrisiken bezogen. Zur Bestimmung der gesamten Risikoposition *R* des Bankportfolios konnte man sich hierbei auf die 1988 keineswegs überall gebräuchliche Risikoadjustierung einigen. Differenzierte Anrechnungsfaktoren erlauben es, die Kapitalunterlegungspflicht einzelner Kreditforderungen in Abhängigkeit von der Art der Forderung und des Kreditnehmers auch unter die Schwelle von 8 Prozent zu drücken. Sie reichen von null Prozent für als risikolos empfundene Kredite an Regierungen im OECD-Raum bis hin zu 100 Prozent für Kredite an Nichtbanken oder Banken außerhalb des OECD-Raums. Allgemein bestimmt sich die Risikomeßzahl $R = \sum_{i=1}^{m} \beta_i \cdot A_i$ für Kreditrisiken anhand der Werte in der folgenden Tabelle.

Abbildung 11: Risikogewichtung nach Basel I

Aktivaklasse (A_i)	Risikogewichtung (β_i)
Bargeld; Forderungen an Zentralregierungen und Zentralbanken aus OECD-Staaten; Forderungen an Zentralregierungen und Zentralbanken in sonstigen Ländern, falls sie auf Landeswährung lauten	0,0
Forderungen an internationale Organisationen; Forderungen an Gebietskörperschaften in OECD-Ländern; Forderungen an Kreditinstitute in OECD-Ländern; Forderungen an Banken in anderen Ländern mit einer Laufzeit bis zu einem Jahr	0,2
Gewerbliche Realkredite	0,5
Übrige Forderungen, insbesondere Kredite an private Nichtbanken, Unternehmensbeteiligungen	1,0

Quelle: *Vollmer* (2002, S. 325).

Bis heute wurde der Baseler Akkord mehrfach angepaßt, ohne nennenswerte Korrekturen an der Eigenkapitaldefinition vorzunehmen oder von dem Solvabilitätskoeffizienten von acht Prozent abzuweichen. Die wesentlichste Überarbeitung erfolgte 1996, als die Unterlegungspflicht mit Eigenkapital auf Marktpreisrisiken ausgedehnt wurde. Dieser Schritt wird in der Regel als eine notwendige aufsichtsrechtliche Reaktion auf die Globalisierung der Kapitalmärkte, die Intensivierung des Wettbewerbs im Finanzsektor und der damit einhergehenden zunehmenden Verwendung komplexer (derivativer) Finanzmarktinstrumente durch Kreditinstitute interpretiert (*Padoa-Schioppa* 1997, S. 125; *Deutsche Bundesbank* 1998, S. 70 ff.).

Neben der Ausdehnung der Mindesteigenkapitalanforderungen auf diese zusätzliche Risikoklasse ist das 1996er Papier vor allem deshalb bemerkenswert, weil es erstmals ein starkes qualitatives Element in die internationale Aufsichtspraxis einführte. Den Banken ist seitdem erlaubt, den Risikogehalt ihrer Finanzmarktgeschäfte mittels interner mathematisch-stochastischer Risikosteuerungsmodelle (sogenannte „Value at Risk"-Verfahren) selbst zu bestimmen, mit dem auf Basis von Vergangenheitsdaten das maximale Verlustrisiko innerhalb eines bestimmten Wahrscheinlichkeitsrahmens täglich neu abgeschätzt werden kann. Dazu muß das entsprechende System strengen qualitativen und quantitativen Anforderungen der Bankaufsichtsbehörden genügen (*Paul* 2000, S. 288).[116] Insbesondere muß die Prognosequalität regelmäßig überprüft werden (sog. „back-testing"), und es müssen unerwartete Extremereignisse simuliert werden, die mit den auf Vergangenheitsdaten basierenden Prognosen möglicherweise nur unzureichend erfaßt wurden (Streß-Tests).

116 Die qualitativen und quantitativen Anforderungen selbst beruhen ebenfalls stark auf einigen Empfehlungen zu zweckmäßigen Verfahren der Risikosteuerung mit Derivaten, die das BCBS und andere internationale Koordinationsgremien im Bereich der Finanzmärkte in den Jahren zuvor erarbeitet hatten (siehe *Rudolph* 1997, S. 138, 145).

Diese geschilderten Bestimmungen zur Eigenkapitalregulierung von Markt- und Kreditrisiken stehen derzeit vor einem erneuten Umbruch. Nach einem aufwendigen Konsultationsverfahren in den Jahren 1999 bis 2004 wurde mit dem zweiten Baseler Akkord (Basel II, *BCBS* 2004) im Juni 2004 eine grundlegend überarbeitete Orientierungsnorm für die internationale Eigenkapitalregulierung vorgestellt. Diese soll nach Abschluß der letzten Feinabstimmungen in Stufen in den Ländern der G-10 eingeführt werden und den ersten Akkord ablösen. In den Mitgliedsstaaten der EU geschieht dies auf Basis der „Capital Requirements Directive“ (CAD), die die Mitgliedsstaaten verpflichtet, die Baseler Vereinbarung mit leichten Änderungen bis zum 1. Januar 2008 einzuführen (hierzu ausführlich *Cluse* und *Cremer* 2006). Das ausgesprochen komplexe Basel II-Regelwerk wird hierbei häufig als ein Paradigmenwechsel hin zu einer marktnäheren und endgültig an qualitativen Elementen ausgerichteten Bankenregulierung und -aufsicht angesehen. Das Grundgerüst besteht aus drei Säulen (siehe *BCBS* 1999a, 2004; *Deutsche Bundesbank* 2001, 2004b; *Vollmer* 2002; EZB 2005a):

Säule 1:	Mindesteigenkapitalanforderungen für Kredit-, Marktpreis- und operative Risiken
Säule 2:	Bankaufsichtlicher Überprüfungsprozeß (supervisory review process)
Säule 3:	Erweiterte Offenlegungspflichten und Marktdisziplin

Die *erste Säule* führt den Grundgedanken von Basel I weiter. Bei Beibehalt des Mindestkapitalkoeffizienten in Höhe von acht Prozent wird die Unterlegungspflicht jedoch deutlich verfeinert. Damit sollen die regulatorischen Eigenkapitalforderungen dem tatsächlichen Risikogehalt der Bankaktiva besser angenähert werden als dies durch das wenig differenzierte Vorgehen im Rahmen von Basel I möglich war. Die Annäherung des regulatorischen an das ökonomische Kapital soll vor allem durch die bankindividuellere Bestimmung der Kreditrisiken erreicht werden. Hierbei reagiert der BCBS auch auf Veränderungen der bankbetrieblichen Methoden der Risikosteuerung, in dem zum Beispiel die bankaufsichtliche Behandlung von verbrieften (Kredit-)forderungen und von typischen Riskominderungsstrategien (Sicherheiten, Kreditderivate) explizit einer Angleichung unterworfen werden, was vielfach zur Reduktion der Eigenmittelunterlegung führen dürfte (siehe *Deutsche Bundesbank* 2001, S. 16 f., 20 ff.; 2002b, S. 52; 2004b; S. 83 ff.).

Zur Ermittlung der Eigenkapitalunterlegung stehen den Banken drei Verfahren offen, die sich hinsichtlich der Verfeinerung und der Risikosensitivität der Eigenkapitalunterlegung sowie der zur Anwendung notwendigen Managementkapazität erheblich unterscheiden. Am einfachsten ist der sogenannte *Standardansatz*, der dem aus Basel I bekannten Verfahren ähnelt. Wie bisher werden einzelne, wenngleich deutlich verfeinerte Risikogewichte nach verschiedenen Kreditkategorien aufsichtsrechtlich vorgegeben (siehe Abbildung 12). Neu ist jedoch, daß sich der Risikogehalt einzelner Forderungen nach der Bewertung der betreffenden Schuldner durch eine externe und durch die Bankaufsicht anzuerkennende Rating-Agentur richten soll.[117] Damit bedient sich die Bankenaufsicht erstmals auch offiziell explizit von Märkten ausgehenden Signalen, wenn auch die Risikogewichtung letztlich weiterhin starren aufsichtlichen Vorgaben unterliegt.

Abbildung 12: Risikogewichtung nach Basel II auf Grundlage eines externen Ratings durch Standard & Poor's

	Risikogewichtung β_i nach Aktivagruppe A_i			
		Kreditinstitute		
Rating	**Staaten**	**Option 1**	**Option 2**	**Nichtbanken**
AAA bis AA-	0,0	0,2	0,2	0,2
A+ bis A-	0,2	0,5	0,5	0,5
BBB+ bis BBB-	0,5	1,0	0,5	1,0
BB+ bis BB-	1,0	1,0	1,0	1,0
B+ bis B-	1,0	1,0	1,0	1,5
Unter B-	1,5	1,5	1,5	1,5
Ohne Rating	1,0	1,0	0,5	1,0

Quelle: *Deutschen Bundesbank* (2004b, S. 77).

Das zweite und das dritte Verfahren, die sogenannten *Internal Rating Based-Ansätze (IRB-Ansätze)*, weichen von dieser nach wie vor bestehenden Starrheit deutlich ab. Wie bereits bei den Marktpreisrisiken können Banken in Zukunft den für die Eigenkapitalunterlegungspflicht maßgeblichen Risikogehalt von Krediten durch interne Verfahren (sog. internes Rating) weitestgehend selbst bestimmen. Grundlage der Eigenkapitalunterlegung sollen dabei die unerwarteten Verluste eines Kreditportfolios sein, die nicht bereits durch Wertberichtigungen abgedeckt sind. Hierzu müssen die folgenden vier Parameter des Risikos jedes einzelnen Kredits bankintern ermittelt werden (*Vollmer* 2002, S. 328; *BCBS* 2004, Tz. 244 ff.):

- Ausfallwahrscheinlichkeit des Kreditnehmers innerhalb des nächsten Jahres,
- Forderungshöhe bei Ausfall,
- (prozentualer) Verlust des Kredits bei Ausfall,
- Restlaufzeit des Kredits.

---

117 Auf das Urteil externer Ratingagenturen wird verzichtet beim sog „aufsichtlichen Privatkundenportfolio" (Kredite an einzelne Kreditnehmer im Gesamtvolumen unter 1 Mio. Euro), dem pauschal ein Risikogewicht von 0,75 zugeordnet wird, sowie bei durch Grundpfandrechte oder gewerbliche Immobilien besicherten Krediten (Risikogewichte: 0,35 bzw. 0,50) und unbesicherten Forderungen in Verzug (1,50). Siehe *Deutsche Bundesbank* (2004b, S. 78).

Diese werden dann unter Zuhilfenahme einer aufsichtlich vorgegebenen Risikogewichtungsfunktion in die jeweilige Eigenkapitalunterlegungspflicht umgesetzt, wobei steigende Ausfallwahrscheinlichkeiten mit einer größeren Eigenkapitalunterlegung einhergehen. Die Banken haben dabei die Wahl zwischen dem IRB-Standardansatz, bei dem nur der erste Parameter intern geschätzt wird, und einem fortgeschrittenen IRB-Ansatz, bei dem auch die übrigen Risikoparameter geschätzt werden. Um die IRB-Ansätze verwenden zu dürfen, müssen die komplexen statistischen Verfahren des internen Ratings ebenfalls strengen aufsichtlichen Vorgaben genügen, die denen ähneln, die seit 1996 für die Anerkennung interner Risikosteuerungsmodelle für Marktpreisrisiken verwendet werden (siehe *Deutsche Bundesbank* 2001, S. 27; 2003).

Die Verfeinerung der Eigenkapitalnormen im Bereich der Kreditrisiken ist jedoch nur ein Teil der Neufassung der Eigenkapitalnormen. Mit Basel II werden erstmals auch Risiken des technisch-organisatorischen Bereichs einer Bank (operative Risiken) explizit in die Kapitalunterlegungspflicht einbezogen, so daß das regulatorische Eigenkapital nunmehr insgesamt acht Prozent der Summe der Kredit-, Markt- und operativen Risiken nicht unterschreiten darf. Diese Ausdehnung wird vor allem damit begründet, daß das komplexe moderne Bankgeschäft in weit höherem Maße von der Funktionsfähigkeit der Informations- und Kommunikationssysteme abhängt als noch vor wenigen Jahren. Zur Bestimmung der Risiken stehen ebenfalls drei (interne) Verfahren zur Verfügung, die sich im Komplexititätsgrad und in der Risikosensitivität unterscheiden (hierzu *Deutsche Bundesbank* 2004b, S. 86 f.).

Die *zweite Säule* von Basel II, der „supervisory review process", ist Ausdruck einer Umorientierung zu einer verstärkt qualitativen Bankenaufsicht. Allgemeines Ziel des Überprüfungsverfahrens, das mit einer Intensivierung der „Vor Ort"-Aufsicht einhergeht, ist die Verbesserung der Beurteilung der Risikosteuerungsfähigkeit der Gesamtbank. Die größere Nähe zu und der permanente Dialog mit den betroffenen Banken im aufsichtlichen Überprüfungsprozeß sollen nicht nur der Beurteilung, Verbesserung und Zertifizierung der internen Risikosteuerungsmodelle für Kredit-, Marktpreis- und operative Risiken und anderer einschlägiger bankaufsichtlicher Normen dienen. Sondern sie sollen den Aufsichtsbehörden vor allem ein Gesamtbild über die individuelle Risikoposition der Bank vermitteln, in die auch die Auswirkungen möglicher exogener Schocks oder nicht explizit durch die Eigenkapitalnormen der Säule I erfaßter Risiken eingehen. Nach Maßgabe dieser Einschätzung soll es dann in Zukunft im Ermessen der Bankaufsichtsbehörden liegen, die aus Säule I abgeleiteten Mindestkapitalanforderungen im Einzelfall zu erhöhen. Die Bankenregulierung und -aufsicht gewinnt damit neben dem qualitativen auch einen verstärkt diskretionären Charakter.

Die *dritte Säule* von Basel II dient dagegen ausdrücklich der Stärkung der Marktdisziplin (Kontrollebene 1). Durch erweiterte Offenlegungs- und Berichtspflichten über die betriebliche Struktur, das Eigenkapital sowie zur Ermittlung einzelner Risikokomponenten (z. B. angewandte Berechnungsmethoden für einzelne Risikokategorien oder die Gegenüberstellung von ex ante Risikoeinschätzung und ex post Risikoeintritt) sollen potentielle Vertragspartner der Kreditinstitute in die Lage versetzt werden, die Qualität der Bank und ihrer Risikosteuerungsverfahren selbst zu beurteilen und entsprechend das Bankmanagement zu kontrollieren.[118]

4.5.4. Trends in der Internationalisierung der Bankenregulierung

Insgesamt haben die maßgeblich vom BCBS entwickelten Standards eine vergleichsweise weitreichende Anerkennung gefunden. Dies gilt neben der technisch-administrativen Zusammenarbeit vor allem für die Eigenkapitalvorschriften. Einschließlich einiger Erweiterungen liegt der erste Baseler Akkord mittlerweile der Ausgestaltung des zentralen Instruments präventiver Bankenregulierung in mehr als 100 Ländern zugrunde; er gilt dabei auch weit über den ursprünglichen Adressatenkreis internationaler Bankkonzerne hinaus auch für kleinere Banken von eher regionaler oder lokaler Bedeutung (*Deutsche Bundesbank* 2001, S. 16; *Ho* 2002, S. 649). Inhaltlich lassen sich bei der Internationalisierung eindeutige Trends feststellen, die sich auch in der Evolution nationaler Regulierungsmaßnahmen widerspiegeln (*Calomiris* und *Litan 2000*, S. 292 ff.).

Erstens haben sich – wie erörtert – die Koordinationsbemühungen zunehmend von dem zu Beginn losen Informationsaustausch oder der technisch-organisatorischen Abstimmung der grenzüberschreitenden Bankenaufsicht gelöst. Zwar spielen solche Fragen auch heute noch eine wichtige Rolle; der Schwerpunkt der Arbeit des BCBS liegt jedoch vermehrt auf Bemühungen der materiell-rechtlichen Angleichung der Normen. Es wird hierbei auf globaler Ebenen ein Konzept verfolgt, das dem Grundgedanken der EU-Binnenmarktordnung ähnelt: Ein weltumspannender Wettbewerb in der Bankwirtschaft und die dazu notwendige Öffnung heimischer Märkte werden – zumindest implizit – nur auf Basis einer Mindestharmonisierung der Regulierungsnormen für sinnvoll erachtet. Dies sei einerseits erforderlich, um systemische Risiken zu vermeiden und um der Gefahr eines „selbstzerstörerischen“ Wettbewerbs der Regulierungssysteme zu entgehen. Es sei anderseits Bedingung dafür, daß sich überhaupt ein freier Leistungswettbewerb unter gleichen Regeln entfalten könne.

Zweitens: Der Gegenstandsbereich der materiell-rechtlichen Abstimmung wurde hierzu stetig ausgedehnt. So wurden im Zuge des Prozesses der gezielten Angleichung der Eigenkapitalnormen immer mehr Risikokategorien Harmonisierungsempfehlungen unterzogen. Außerdem bilden heute auch andere (lose) „best practice“-Empfehlungen zum (organisatorischen) Management von bankbetrieblichen Risiken oder seiner aufsichtlichen Behandlung und Überprüfung sowie weitere bankrelevante Regeln (z. B. Vergabe von Organkrediten, Geldwäsche) einen wichtigen Teil der Koordinationsbemühungen.

Drittens: Die Ausdehnung der Koordinationsbemühungen geht einher mit einer intensivierten Zusammenarbeit des BCBS mit anderen (internationalen) Aufsichtsgremien des Finanzsektors. Ausgehend von ersten Koordinationsbemühungen Anfang der

---

118 Siehe hierzu im Detail *Deutsche Bundesbank* (2005, S. 82-85).

1980er Jahre wurde diese Arbeit mit der Gründung eines gemeinsamen Forums für die Beaufsichtigung von Finanzkonglomeraten 1996 verstärkt, an dem neben dem BCBS, die globalen Organisationen für die Wertpapieraufsicht (International Organization of Securities Commissions, IOSCO) und für die Versicherungsaufsicht (International Association of Insurance Supervisors, IAIS) teilnehmen. Das bis dato wichtigste Ergebnis dieses Prozesses ist das 1999 veröffentlichte Papier „Supervision of Financial Conglomerates", mit dem neben einem Überblick über mögliche Problemfelder auch erste grundlegende Prinzipien der Zusammenarbeit und Beaufsichtigung festgelegt werden.

Die branchenübergreifenden Abstimmungsversuche können als ein Spiegelbild von Bemühungen auf nationaler Ebene angesehen werden, die Aufsicht von Wertpapierhandelsfirmen, Versicherungsunternehmen und Banken unter dem Dach einer Allfinanzaufsicht zu vereinigen. Da die Motivation der nationalen und internationalen Koordination auf diesen Regulierungsgebieten derjenigen der ursprünglichen Baseler Bemühungen ähnelt, soll die Frage der Notwendigkeit einer Allfinanzaufsicht hier nicht weiterverfolgt werden. Der Vollständigkeit halber sollen die wesentlichen Argumente jedoch zumindest genannt werden (*Padoa-Schioppa* 1997, S. 128 ff.): *Erstens* würden unterschiedliche Regulierungen für ökonomisch ähnliche Finanzdienstleistungen den Wettbewerb zwischen den verschiedenen Intermediären „verzerren". *Zweitens* könnte dies zu einer ausgeprägten Regulierungsarbitrage zwischen Standorten und/oder Zuständigkeiten führen. Besonders problematisch wäre dies bei großen internationalen Finanzinstituten, bei denen Arbitrageprozesse sogar innerhalb der Unternehmensorganisation möglich sind. Da konglomerate (internationale) Unternehmensstrukturen nicht zuletzt wegen der Vielzahl der betroffenen Behörden und Länder besonders schwer zu beaufsichtigen seien, bestehe *drittens* die Gefahr von unerkannten unternehmensinternen Ansteckungspotentialen und (hiervon ausgehenden) systemischen Risiken. Diese seien schließlich nur durch einen verstärkten Informationsaustausch oder die Angleichung der Bestimmungen für ähnliche Risiken über verschiedenen Intermediäre hinweg zu vermeiden.

Viertens: Die Veränderungen des Kerns der internationalen Bankenregulierung, insbesondere der Eigenkapitalnormen, spiegeln oder bedingen zudem eine verbreitet feststellbare Entwicklung der Regulierungskultur *auf nationaler Ebene* seit den 1960er Jahren (*Boot et al.* 2000; *Boot* 2003). Hierbei wurde zunächst die weitverbreitete Kombination von „financial restraint" und impliziten LLR-Garantien zunehmend durch explizite Sicherungseinrichtungen und eine präventive Eigenkapitalregulierung mit indirekten Risiksteuerungsanreizen abgelöst. Heute werden zudem verstärkt qualitative Regulierungselemente propagiert und eingesetzt. Hierin kann insgesamt eine Veränderung der Regulierungskultur hin zu marktnäheren oder weniger eingriffsintensiven Formen der Rahmensetzung gesehen werden. Der tendenzielle Rückzug der Staatskontrolle (Kontrollebene 3b) zeigt sich auch darin, daß die größere Bedeutung der Zertifizierung bankbetrieblicher Methoden der Risikosteuerung einschließlich der organisatorischen Abläufe im Rahmen eines „System-TÜVs" (*Paul* und *Paul* 2003, S. 389) von Bemühungen begleitet ist, die die Markt- und Wettbewerbskontrolle (Kontrollebene 1) durch eine

Erweiterung und Angleichung der Offenlegungs- und Informationspflichten stärker zu nutzen suchen.

Fünftens: Der relativ große Verbreitungsgrad der Baseler Empfehlungen täuscht darüber hinweg, daß die Regulierungslandschaft international trotz allem erheblich variiert. So gehen die Koordinationsbestrebungen des BCBS erst seit der Verabschiedung der „Core Principles of Banking Regulation" (*BCBS* 1997) im Jahr 1997 bewußt über den OECD-Raum hinaus, um auch für Entwicklungs- und Schwellenländer Orientierungsnormen zu formulieren.[119] Innerhalb des Hauptadressatenkreises der Industrieländer zeigen sich darüber hinaus Unterschiede bei nationalen Interpretation und Umsetzung einzelner (wichtiger) Teilbereiche der Baseler Empfehlungen oder auch bei der Zuordnung der nationalen Aufsichtskompetenzen zu hierfür in Frage kommenden Instanzen. Außerdem beschränkt sich die de facto-Harmonisierung bisher weitgehend auf die präventive Bankenregulierung mit dem Schwerpunkt auf den Eigenkapitalnormen. Protektive Regulierungen, insbesondere Einlagensicherungssysteme, unterliegen dagegen keinen expliziten Harmonisierungsbestrebungen, wenn von den losen Empfehlungen des IWF (*Hall* 2001, S. 147 ff.) und des *FSF* (2001) abgesehen wird. Eine Ausnahme bildet hier die EU. Hier werden mit der 1994 verabschiedeten Einlagensicherungs-Richtlinie einheitliche Mindeststandards für die Ausgestaltung und transnationale Implementierung von Einlagensicherungssystemen vorgegeben (hierzu *Wörner* 2000, S. 168-173).

Wegen dieser Einschränkungen ist es ein äußerst komplexes Unterfangen, die weltweite Vielfalt bankrelevanter protektiver und präventiver Normen abzubilden. Ein erster umfassender Versuch wird derzeit im Rahmen eines Weltbankprojektes unternommen, dessen erste Ergebnisse zwei Datenbanken über die Charakteristika von Einlagensicherungssystemen und präventiven Regulierungsmustern sind und die sowohl organisatorische als und materiellrechtliche Unterschiede erkennen lassen.[120]

Trotz der länderspezifischen Regulierungsmuster untermauern die empirische Verbreitung einzelner Regulierungen als auch die starken Bemühungen um eine internationale Angleichung wichtiger bankaufsichtlicher Normen die zu Beginn von Kap. 4 geäußerte Einschätzung, daß die Notwendigkeit einer spezifischen Staatskontrolle (Kontrollebene 3b) im Bankensektor kaum bestritten wird. Allgemeine Rechtfertigung hierfür ist – wie gesehen – das mehrfache Marktversagenspostulat, das dem Bankensektor eine inhärente Instabilität zuschreibt, die die Entstehung von systemischen Ban-

119 Im einzelnen umfassen die „Core Principles" 7 Gruppen von Mindeststandards: Voraussetzungen einer wirksamen Aufsicht (Grundsatz 1), Zulassung und Struktur von Banken (Grundsätze 2 bis 5), Aufsichtliche Vorschriften und Mindestanforderungen (Grundsätze 6 bis 15), Methodik der laufenden Aufsichtstätigkeit (Grundsätze 16 bis 20), Informationsbedarf der Aufsicht (Grundsatz 21), Eingriffsbefugnisse der Aufsicht (Grundsatz 22) sowie Anerkennung der Grundsätze zur Überwachung international tätiger Banken (Grundsätze 23 bis 25).

120 Vgl. hierzu die Abbildungen A-3 und A-4 im Anhang, die auf *Weltbank* (2003, 2005) beruhen. Vgl. auch die Erklärungen bei *Barth* und *Levine* (2001) und *Demirgüç-Kunt et al.* (2005). Zur organisatorischen Struktur siehe *Dobson* und *Hufbauer* (2001, S. 102-111).

kenkrisen begünstige. Im internationalen Kontext kommt eine zusätzliche These hinzu. Grob zusammengefaßt lautet diese wie folgt: Aus der Notwendigkeit einer Regulierung der Kreditwirtschaft im nationalen Bereich folgt bei Öffnung der Märkte quasi automatisch eine Notwendigkeit zur Angleichung der Normen auf internationaler Ebene, um die national einmal erkämpfte Systemstabilität international nicht aufs Spiel zu setzen. Die besondere Sorge um die internationale Systemstabilität entspringt hierbei letztlich der Befürchtung, der institutionelle Wettbewerb würde die durch ein Marktversagen auf nationaler Ebene begründbare Regulierung und Beaufsichtigung der Bankwirtschaft unwirksam werden lassen. Dies ist der Kern des *Sinn*schen (2003a, S. 321) Selektionsprinzips:

> „The selection principle says that it is unlikely that systems competition will work, since governments have concentrated on those economic activities where market failed. Reintroducing the markets through the back door of the systems competition is likely to bring about the same kind of market failure that induced governments to become active in the first place."

Wird dieser Auffassung gefolgt, so müßten tatsächlich beide Subsidiaritätstests zugunsten der zentraleren Koordinationsebene entschieden werden – einmal wegen des allgemeinen Versagens der Marktkontrolle auf Bankenmärkten und zum zweiten wegen des Versagens des Systemwettbewerbs.

5. Kritik an den verschiedenen Marktversagenspostulaten für den Bankenmarkt

Die in Kap. 4 dargelegte Rechtfertigung der doppelten Notwendigkeit für eine spezifische nationale oder internationale staatliche Steuerungsebene im Bankensektor ist zwar weit verbreitet. Sie ist aber nicht unumstritten. Vielmehr besteht eine vielschichtige kritische Gegenposition, die der Wettbewerbskontrolle (Kontrollebene 1) und der Selbstregulierung (Kontrollebene 2) eine weitaus höhere Ordnungskraft für Bankenmärkte zuschreibt als dies üblicherweise geschieht – jedenfalls unter der Voraussetzung, daß funktionsfähige marktwirtschaftliche Basisinstitutionen bestehen, die den Wettbewerb absichern und nicht verzerren (Kontrollebene 3a).

Die Gegenposition soll im folgenden Kapitel dargelegt werden, wobei sich die Strukturierung an den in den Kapiteln 4.1 bis 4.3. aufgespannten Marktversagenspostulaten orientiert. Kritisch zu prüfen sind dabei: die Interpretation der Fragilität der Bankbilanzen und die hierauf beruhende Bewertung von Einzel-Bank-Runs (Marktversagen I, siehe Kap. 5.1.), die theoretische Fundierung der These vom systemischen Risiko im engeren Sinne (Marktversagen II bis IV, siehe Kap. 5.2.1.) sowie die Überlegungen zu inhärenten Übertreibungsneigungen bei der Kreditvergabe und bei den Finanzmarktengagements (Marktversagen V und VI, siehe Kap. 5.2.2.).

5.1. Zum Argument fragiler Bankbilanzen

5.1.1. Banken als Unternehmer im Umgang mit asymmetrischer Information, Transaktionskosten und Opportunismus

Für die These vom vielfachen Marktversagen und die hieran anknüpfende Begründung einer spezifischen Bankenregulierung bildet die Fragilität der Bankbilanzen das erste zentrale Element (siehe Kap. 4.1.). Illiquidität der Bankaktiva, Fristentransformation und runbegünstigende Sichtdepositen sind aber per se noch kein Grund für eine Sonderregulierung. Ließe sich diesen Strukturmerkmalen ein eigener, durch andere freiwillige Vertragsbeziehungen zwischen Wirtschaftssubjekten kaum reproduzierbarer Wert zuschreiben, dann verlöre das Argument der Regulierungsbedürftigkeit viel von seiner Überzeugungskraft. So wäre etwa bezogen auf die Notwendigkeit eines besonderen Gläubigerschutzes und die Gefahr von Banken-Runs (Marktversagen I, II und III) zu fragen: Warum ist die Bilanzstruktur fragil? Warum stellen die Einleger den Banken überhaupt inhärent gefährdete Geldbeträge zur Verfügung?

Die Beantwortung dieser Fragen erfordert es, sich mit der ökonomischen Ratio der verschiedenen Geschäftsformen und der Logik ihres Zusammenspiels zu beschäftigen. Da auch Banken zu der Gruppe der Unternehmen gehören, bietet sich hierzu ein Umweg über die Unternehmenstheorie an (*Schüller* 1983; *Leipold* und *Schüller* 1986): Reale Marktprozesse sind durch Prozesse des vorstoßenden und nachahmenden Wettbewerbs gekennzeichnet, in denen ständig gewinnversprechende Aktivitätsfelder entstehen und wieder verschwinden. Wichtige Gründe für solche Gewinnmöglichkeiten sind asymmetrisch verteilte Informationen und konstitutionelles Unwissen der Wirtschaftssubjekte. Hierdurch fallen Transaktionskosten – also Kosten der Informationsbeschaffung, der Vertragsaushandlung, der Vertragskontrolle und der Vertragsdurchsetzung – bei individuellen (auf die Zukunft gerichteter) Verträgen an; und es bleiben Tauschmöglichkeiten ungenutzt. Der Wunsch, die Folgen solcher „Friktionen" zu überwinden, bietet zugleich Anreize für unternehmerisches Handeln aller Wirtschaftssubjekte.[121] Sofern damit eine subjektive Gewinnchance verbunden ist (*Kirzner* 1983, S. 215 ff.), können „findige" (*Kirzner*) und „schöpferische" (*Schumpeter*) Unternehmer durch das Angebot neuartiger Vertragsmuster mit eigener Verfügungsrechtestruktur zur Senkung von Transaktionskosten und damit zur Minderung von Knappheit beitragen.[122] Damit ist die Entwicklung vieler Vertrags- und Transaktionsspezifika als das Ergebnis eines langen wettbewerblichen „Entdeckungsverfahrens" interpretierbar. Da Unternehmen selbst ein Geflecht aus freiwilligen Verträgen unterschiedlicher Wirtschaftsubjekte sind, können auch sie als (immer nur vorläufig erprobte) Verfahren der Knappheitsminderung angesehen werden (*Leipold* und *Schüller* 1986, S. 6, 19).

Weil zu jedem Zeitpunkt Unkenntnis über das (maximal) erreichbare Maß an Transaktionskostensenkung bei den Wirtschaftssubjekten besteht, muß sich das unternehmensspezifische Vertragsgeflecht ständig im Wettbewerb mit anderen Vertragsformen bewähren. Dieser Markttest vollzieht sich jedoch nicht im institutionenfreien Raum (siehe Kap. 3.1.). Das Handeln von Unternehmen und die von ihnen angebotenen Verträge werden unter anderem durch die jeweils gültigen Unternehmensverfassungen entscheidend mitbestimmt (*Leipold* und *Schüller* 1986, S. 21-23). Wettbewerbsprozesse lassen sich daher auch nicht unter Ausschluß der für die jeweiligen Transaktionen relevanten weiteren institutionellen Arrangements analysieren.[123] Dies gilt vor allem dann, wenn im Marktgeschehen Unternehmen aufeinander treffen, die sehr unterschiedlichen formalen Regeln unterliegen. Im Fall der Bankwirtschaft müßte daher in erster Linie der Einfluß der spezifischen staatlichen Regulierungs- und Aufsichtsvorschriften mitbetrachtet werden, um die Spezifika der Geschäftstrukturen zu erklären. Die Analyse wird hierdurch jedoch derart erschwert, daß hiervon zunächst abgesehen wird.[124]

---

121 Da Marktwirtschaften von jedem Einzelnen zukunftsgerichtetes Handeln und den Umgang mit der Ungewißheit verlangen, ist auch jedes Wirtschafssubjekt bis zu einem gewissen Grad tagtäglich zu unternehmerischem Handeln gezwungen. Das tatsächliche Gespür für die Entschlüsselung von komplexer Entscheidungssituationen variiert dabei von Person zu Person (*von Mises* 1940/1980, S. 246 ff.; *Kirzner* 1983, S. 207 ff.). Es ist daher auch nicht verwunderlich, daß sich im Marktverhalten unterscheidbare Unternehmertypen erkennen lassen (*Heuß* 1965, *Fehl* 1987).

122 Unternehmertum wird häufig mit Einzelunternehmern gleichgesetzt. Der Unternehmerbegriff ist aber auch auf Organisationsgebilde übertragbar (*Fehl* 1987, S. 36). Wenn in der Folge von unternehmerischem Handeln gesprochen wird, ist damit das Markhandeln von Banken als Organisationen gemeint.

123 Auch das Maß an „findigem Unternehmertum" wird hiervon mitbestimmt (*Fehl* 1987, S. 36 f.).

124 Der Einfluß der Regulierungen auf die Bilanzstruktur von Kreditinstituten wird bei der Kritik an den herrschenden Regulierungsinstrumenten aufgegriffen. Siehe vor allem Kap. 6.2.

Die Basis der folgenden Argumentation lautet damit wie folgt: Alternative Intermediationsformen und Wettbewerb vorausgesetzt, hängt das Überleben der Kreditinstitute von ihrer Fähigkeit ab, immer wieder aufs Neue Gewinnmöglichkeiten zu entdecken und zu nutzen. Hierzu muß das Vertragsgeflecht „Kreditinstitut" ökonomische Vorteile für die Bankkunden bringen, sonst würden sie nicht freiwillig die entsprechenden Verträge eingehen. Hierbei bietet insbesondere die Erarbeitung von Potentialen zur Transaktionskostensenkung in den Finanzbeziehungen zwischen sparenden und investierenden Wirtschaftssubjekten vielfältige Ansatzpunkte bankwirtschaftlichen Handelns. Finanzbeziehungen besitzen im allgemeinen das Spezifikum, daß Leistung (Finanzierung) des Gläubigers und Gegenleistung (verzinste Rückzahlung) des Schuldners zeitlich auseinander fallen (*Hartmann-Wendels et al.* 1998, S. 87; *Weber* 1999, S. 15). Die tatsächliche Rückzahlung ist schon wegen des begrenzten Wissens über künftige Datenänderungen des Kreditnehmers und -gebers unsicher. Auch sind Informationen zwischen dem Kreditgeber und dem Kreditnehmer asymmetrisch verteilt. Diese Konstellation entspricht einer typischen Prinzipal-Agenten-Problematik, in der der Gläubiger (Prinzipal) mit einem opportunistischen Verhalten des Schuldners (Agent) rechnen muß (siehe *Hartmann-Wendels et al.* 1998, S. 97-110; *Fritsch et al.* 2003, S. 280-295).

Vor Vertragsabschluß besteht für den Kreditgeber die Schwierigkeit, die Fähigkeiten und charakterlichen Besonderheiten des Schuldners (hidden characteristics) und/oder die Erfolgsaussichten des von diesem geplanten Projektes (hidden information) sicher zu beurteilen. Nach Vertragsschluß hängt der Erfolg des Projektes vom tatsächlichen Verhalten des Kreditnehmers und von nichtantizipierbaren Bedingungen der Umwelt (z. B. Änderungen des institutionellen Rahmens durch den Gesetzgeber, Verhalten der Nachfrager und Konkurrenten usw.) ab. In jedem Falle besitzt der Schuldner einen opportunistisch nutzbaren Handlungsspielraum. Das darin liegende moralische Risiko („moral hazard") kann sich wie folgt zeigen:

- Sinkende Anstrengungen des Schuldners, die zu sinkenden Ertragserwartungen mit einer verringerten Rückzahlungsfähigkeit führen.
- Veränderungen im Projektrisiko, die Schuldner zu seinem Vorteil auf Kosten des des Gläubigers vornimmt („asset-substitution", „risk shifting").
- Geschickt verschleierte Untertreibung des tatsächlichen Projektertrags. Dies zwingt den Gläubiger zur Aufwendung zusätzlicher Mittel, um diese Verschleierung zu enttarnen („costly state verification").

Diese Problematik asymmetrischer Informationen wird durch unterschiedlich hohe beziehungsspezifische Investitionen in das Zustandekommen und die Dauerhaftigkeit von Finanzierungsbeziehungen verstärkt (vertragsspezifisches Sach- und Humankapital). Da diese Anstrengungen für alternative Vertragsbeziehungen meist wertlos sind, können Vertragspartner mit der niedrigeren spezifischen Investition leichter Nachverhandlungen verlangen, um nachträglich größere Teile aus dem Tauschgewinn (der Quasi-Rente) für sich zu beanspruchen. Der Vertragspartner mit der höheren spezifischen Investition steht einem solchen sogar vollständig beobachtbaren Ausbeutungsversuch („Raubüberfall", „hold up") hilflos gegenüber, will er die geleisteten spezifischen Investitionen nicht verlieren. Er ist sprichwörtlich in die vertragliche Beziehung eingeschlossen („lock in"-Effekt). Da es allein auf die Wertdifferenzen der spezifischen Investitionen ankommt und diese sich mit dem Verhalten der Beteiligten ändern können, ist die Richtung des Opportunismus innerhalb des Zeitablaufs von Finanzverträgen offen (*Boot* 2000, S. 16 f.): Der Kapitalgeber wird unter Umständen einer Aufweichung der Finanzierungsbedingungen zustimmen müssen, wenn er mehr in die Finanzbeziehung investiert hat und der Kapitalnehmer über alternative Finanzierungsquellen verfügt („soft budget constraints"). Ist umgekehrt die Abhängigkeit des Debitors gegenüber dem Kreditor größer, unterliegt er der Gefahr, daß die Finanzierungsbedingungen zu seinem Nachteil verändert werden.

Daraus folgt: Vertragsbeziehungen sind auch im finanziellen Bereich wegen des Einflusses von Transaktionskosten unvollständig. Die Absichten des jeweilig anderen Vertragspartners sind nicht vollständig beherrschbar. Gäbe es keine vertraglichen und/oder organisatorischen Gegenmittel, würde die Antizipation von opportunistischem Verhalten die Vermittlung von Finanzierungsgeschäften erheblich erschweren oder gar unmöglich machen.

Ein Beispiel für eine solche Problematik liefern *Stiglitz* und *Weiss* (1981). In ihrem grundlegenden Beitrag zur Kreditrationierung[125] zeigen sie, daß bei einem Überschuß an Kreditnachfrage die Erhöhung der Kreditzinsen keine gewinnmaximale Strategie für die (potentiellen) Gläubiger sein muß, wenn sie die Ausfallrisiken der von ihnen finanzierten Projekte wegen asymmetrischer Informationen nicht beurteilen können. Grundlage hierfür ist der folgende Zusammenhang: Eine Anhebung des Zinses hat bei asymmetrischen Informationen zwei gegenläufige Auswirkungen auf den erwarteten Gewinn des Gläubigers. (1) Einmal steigt der Gewinn pro erfolgreich zu Ende geführtem Projekt. (2) Steigenden Zinsforderungen können jedoch mit größerer Wahrscheinlichkeit Schuldner nachkommen, die Projekte mit besonders hohen Risiken durchführen wollen. Gleichzeitig lassen sich Kreditnehmer mit niedrigeren Projektrisiken durch höhere Zinssätze von ihrem Finanzierungswunsch tendenziell abbringen. Die aus dieser adversen Selektion unter den Schuldnern drohenden Kreditausfälle können aus Sicht des Gläubigers so weit gehen, daß der gewinnerhöhende Effekt (1) überkompensiert wird. Es existiert daher ein Zinssatz mit maximaler Gewinnerwartung, über den hinauszugehen es sich nicht lohnt. Gleichzeitig werden dabei pauschal einige Kreditanträge abgelehnt, obwohl sich dahinter lohnende Projekte und „ehrliche" Schuldner verbergen.[126] Die „Überschußnachfrage" bleibt also bestehen. Es entsteht eine verdeckte Kreditrationierung.

Der Mechanismus der Kreditrationierung zeigt zweierlei. Asymmetrische Informationsverteilungen können zum einen dazu führen, daß volkswirtschaftlich vorteilhafte

---

[125] Siehe ausführlich hierzu auch *Freixas* und *Rochet* (1997, S. 137-157); *Hartmann-Wendels et al.* (1998, S. 166-170).

[126] Der gleiche Effekte läßt sich mit der Antizipation eines „moral hazard" bereits finanzierter Kreditnehmer begründen (*Stiglitz* und *Weiss* 1981, S. 402 ff.; *Bester* und *Hellwig* 1987). Diese werden versuchen, ihre mit der Anhebung der Zinsen tendenziell fallenden Gewinnerwartungen durch eine vom Gläubiger nicht beobachtbare Steigerung der Projektrisiken zu kompensieren.

Finanzierungsbeziehungen nicht zustandekommen, Tauschmöglichkeiten also nicht genutzt werden. Gemessen an einem vollständigen neoklassischen Markt müßte man dies als „Marktversagen“ werten. Diese Interpretation greift jedoch zu kurz, denn asymmetrische Informationsverteilungen, unvollständige Voraussicht und spezifische Investitionen gehören nun einmal zum Alltag des Wirtschaftslebens.

Realitätsnäher muß die pauschale Ablehnung von Kreditanträgen daher als eine einzelwirtschaftlich rationale Reaktion auf Verhaltensrisiken interpretiert werden (*Zimmer* 1993, S. 127). Sie ist Ausdruck der Normalität der Vertragspartnerwahl in Marktprozessen. Das ist aber meist nicht das „letzte Wort“ bei freiwilligen Wahlentscheidungen.

In Analogie zu den allgemeinen unternehmenstheoretischen Überlegungen bieten solche und ähnliche transaktionskostenbedingte Friktionen nämlich einen erheblichen Anreiz zur unternehmerischen Entdeckung von innovativen Vertrags- und Organisationsmustern mit über Zinsen und Mengen hinausreichenden Aktionsparametern. Diese These wird auch von der mikroökonomischen Theorie der Finanz- und/oder Bankintermediation vertreten, die Banken als freiwillige „Koalition individueller Anleger“ (*Vollmer* 1999, S. 31) auffaßt. Ihre Kernaussage lautet, „that financial intermediaries emerge endogenously to solve financial market imperfections that spring from various types of asymmetric information problems“ (*Freixas* und *Santomero* 2002, S. 2). Aus den modellgestützten Überlegungen der modernen Intermediationstheorie lassen sich dabei zugleich wesentliche Elemente der Fragilität der Bankbilanzen ökonomisch rationalisieren.[127] Damit wird indirekt dazu beitragen, einige der wichtigsten Regulierungsargumente zu entkräften.

5.1.2. Zum Problem der Illiquidität von Bankkrediten

Im Aktivgeschäft hilft die Theorie der Finanzintermediation insbesondere, die ökonomischen Vorteile von Bankkrediten aufzuzeigen und zugleich die Ursachen für ihre Illiquidität zu erhellen.

---

[127] Die vorliegende Darstellung beschränkt sich auf Kernaussagen der Intermediationstheorie, die für die Frage der Regulierungsnotwenigkeit des Bankensektors wichtig sind. Ausführliche Darstellungen der Theorie der Finanzintermediation bieten beispielsweise *Baltensperger* (1996); *Vollmer* (1999, 2001); *Gorton* und *Winton* (2002); *Stillhart* (2002).

Wie *Schmidt et al.* (1999, S. 40) treffend formulieren versuchen die relativ umfangreichen mikroökonomischen Modelle zu zeigen, daß “banks [...] can, under *specific* conditions, solve *specific* information and incentive problems in the relationships with savers and investors in ways which are, in a *specific* sense, better than the way in which these problems could be solved either by direct financing or by financing via capital markets“ (Hervorhebung im Original). Kritisch an diesem Ansatz ist daher zu sehen, daß für dynamische Wettbewerbsprozesse, „echtes“ Unternehmertum, Organisations- und Produktinnovation sowie institutionellen Wandel kein Platz ist und Banken lediglich als passive Agenten modelliert werden (*Scholtens* und *van Wensveen* 2000, S. 1249 ff.).

Dennoch können aus den Modellen Erkenntnisse darüber gewonnen werden, worin sich die unternehmerische Leistung der Bankwirtschaft ausdrückt. Die Kritik von *Scholtens* und *van Wensveen* relativiert sich damit zumindest etwas.

Bankkredite gehören zunächst einmal zur Klasse der Fremdkapitalfinanzierungen oder der Schuldverträge. Ihre wichtigsten Kennzeichen sind vor der Kapitalüberlassung vertraglich festgeschriebene *Zins- und Tilgungszahlungen*, die das finanzierte Unternehmen *unabhängig vom tatsächlichen Ertrag* oder Projekterfolg zu leisten hat, will es nicht gerichtlich belangt werden. Wie die im Anschluß an *Jensen* und *Meckling* (1976) entwickelte Finanzierungstheorie aufzeigt, bringt diese feste und erfolgsunabhängige Zahlungsverpflichtung aus Sicht des Kreditgebers im Hinblick auf zwei der genannten Opportunismusgefahren Vorteile (siehe *Hellwig* 1998b, S. 131; *Stillhart* 2002, S. 78 ff.).

- Für den Kreditgeber bringt sie den Vorzug sinkender Informationskosten, denn er kann leicht erkennen, ob der Agent seinen Verpflichtungen nachkommt. Zudem wird der Fremdkapitalgeber solange von zusätzlichen Kontrollanstrengungen absehen, wie der Agent seine Verpflichtungen vertragsgerecht erfüllt. Zur kostenträchtigen Überprüfung der tatsächlichen Zahlungsfähigkeit (costly state verification) wird es daher erst kommen, wenn Zins- oder Tilgungszahlungen ausbleiben – im Unterschied zur Eigenkapitalfinanzierung, bei der dies ständig notwendig ist. Nimmt man zusätzlich an, daß der Gläubiger die tatsächliche Zahlungsfähigkeit (notfalls unter Mithilfe von Gerichten) in jedem Fall aufdecken kann,[128] wird der Schuldner bereits ex ante von der Untertreibung der Projekterträge absehen. Die Fremdfinanzierung bietet damit insgesamt eine anreizkompatible Gegenmaßnahmen gegen dieses moralische Risiko (*Gale* und *Hellwig* 1985).
- Die vom tatsächlichen Projekterfolg unabhängige Zahlungsverpflichtung vermindert aus Sicht des Kreditgebers zugleich das Problem eines mangelnden Arbeitseinsatzes beim Kreditnehmer. Da dieser jede über das vertraglich vereinbarte Rückzahlungsversprechen hinausgehenden Erträge für sich behalten kann, werden außergewöhnliche Anstrengungen für ihn attraktiv. Auch dies steht im Gegensatz zur Eigenkapitalfinanzierung, wo Mehrerträge aus übermäßigem Arbeitseinsatz zumindest prinzipiell mit den Eigenkapitalgebern geteilt werden müssen, denen das Risidualeinkommen zusteht.

Erfolgsunabhängige Zahlungsverpflichtungen des Schuldners und auf den Fall der ausbleibenden Zahlungen beschränkte Kontrollanstrengungen sind wichtige Kennzeichen des Kreditvertrags. Da sie jedoch prinzipiell für jede Art Fremdkapitalfinanzierung gelten, wird eine typische Kreditbeziehung hiermit nur unvollständig beschrieben. Als wichtige zusätzliche Vorteile des typischen Bankkredits gelten die im Vergleich zu Anleihenemissionen noch höhere Flexibilität und noch größere Gestaltungsoffenheit individueller Vertragsabsprachen zwischen dem Kreditgeber und dem Schuldner. Die in der Praxis des Kreditvertrags beobachtbaren *Eingriffsrechte und Auflagen* des Gläubigers (sog. „covenants") gehen zum Teil weit über bloße Zins- und Tilgungsvereinbarungen hinaus. Sie lassen sich ebenfalls als unternehmerische Reaktion auf die Probleme des Opportunismus und des „konstitutionellen Unwissens" in unvollständigen

---

[128] Wegen dieser leichten Überprüfbarkeit gelten Fremdkapitalforderungen im Vergleich zu Ansprüchen aus Eigenkapitalüberlassung zudem als gerichtlich besser durchsetzbar (*Shleifer* und *Vishny* 1997, S. 752).

Vertragsbeziehungen interpretieren (ausführlich *Zimmer* 1993, S. 125-132). Oft sind „covenants" gegen das Problem zusätzlicher Risikoanreize gerichtet, die sich bei der Schuldfinanzierung aus der asymmetrischen Verteilung möglicher Gewinne und Verluste aus besonders riskanten Strategien ergeben. Um übermäßige Risiken zulasten der Kreditgeber zu verhindern, enthalten viele Kreditzusagen beispielsweise Auflagen hinsichtlich der Investitionsstrategie oder sichern dem Kreditnehmer weitreichende Managementrechte für den Fall des Erreichens als riskant eingeschätzter Bilanzrelationen zu.

Darüber hinaus bestehen Gegenmittel gegen die Schwierigkeit der vorvertraglichen Qualitätsunterscheidung durch die Bank und der sich hieraus ergebenden Problematik der adversen Selektion unter den Kreditnehmern. So bedeutet die Vereinbarung von *externer Kreditsicherheiten* zwar für den Schuldner ein zusätzliches Verlustrisiko, doch signalisieren Sicherheiten zugleich eine hohe eigene Rückzahlungsfähigkeit und -willigkeit, die von weniger vertrauenswürdigen Schuldnern nur ungern imitiert werden dürfte. Diesem Signal der Schuldner („signalling") entspricht auf der Gläubigerseite die Methode des „screening": Geschickte Kombinationen aus Zins- und Sicherheitenforderungen können zu einer Aufspaltung der Gesamtnachfrage nach Finanzierungsmitteln führen (*Jaffee* und *Stiglitz* 1990, S. 866 f.). So werden hohe Kreditsicherheiten und niedrige Zinsen eher von vertrauenswürdigen Unternehmern mit wenig riskanten Projekten gewählt, weil diese sich vertragsgemäß verhalten wollen und daher nicht mit dem Verlust der Sicherheiten rechnen müssen.[129]

(Besonders) hohe Sicherheiten und – gleichbedeutend – große Eigenmittel oder ein ausgeprägtes Reputationskapital erleichtern jedoch auch den Zugang zu marktnäheren Finanzierungsinstrumenten als dem Bankkredit, so daß nicht offensichtlich ist, warum hier die Bank einen komparativen Vorteil haben sollte. Häufig wird der Wert einer Bankbeziehung daher gerade für solche (potentiellen) Schuldner betont, die nicht über ausgeprägte Signalisierungsmöglichkeiten dieser Art verfügen (*Diamond* 1991; *Holmstrom* und *Tirole* 1997). Die Überwindung möglicher (Opportunismus-)Risiken in diesen Fällen wird auf ein durch Dritte nicht oder nur schwer reproduzierbares unternehmensspezifisches Wissen auf Seiten der Banken zurückgeführt, das den Informations- und „Know How"-Vorsprung des Schuldners ausgleicht. Dieses Wissen schützt die Bank zugleich vor Nachverhandlungen („hold up") durch den Schuldner, da sie die finanzierten Projekte notfalls auch ohne die Hilfe des Unternehmers mit ähnlichem Erfolg fortführen könnte (*Diamond* und *Rajan* 2001, S. 291). Insoweit dies gelingt, schlagen Banken gleichsam eine Brücke zwischen dem finanzwirtschaftlichen und dem realwirtschaftlichen Sektor einer Volkswirtschaft.[130]

---

129 Kreditsicherheiten erfüllen neben dieser Sortierungsfunktion auch andere ökonomische Funktionen. So wirken sie nach Vertragsabschluss ebenfalls risikomindernd und richten somit die Interessen von Gläubiger und Schuldner in einem gewissen Ausmaß gleich. Sie ausführlich zur Ökonomik von Kreditsicherheiten *Bigus et al.* (2005).

130 *Diamond* und *Rajan* (2001) sprechen dann von „Liquiditätsschöpfung" durch den Intermediär. Dies erinnert an *Schumpeter* (1912/1934, S. 109 f., 153-156), der die Beson-

Investitionen in beziehungsspezifisches Wissen können sich auch beidseitig durch Bank und Schuldner lohnen, wenn diese über einen längeren Zeitraum in einer geschäftlichen Beziehung stehen. Tatsächlich wird in solchen durch gegenseitiges Vertrauen gestützten (impliziten) Bindungen eine institutionelle Ersatzlösung zu mehr oder weniger starken Überwachungsanstrengungen gesehen (Hausbankeneffekt, „relationship banking").[131] Die Bank gelangt hierbei regelmäßig in den Besitz exklusiver Informationen über den Schuldner, die sie zur Sicherung ihres Kreditengagements und eines längerfristig gleichmäßigen Einnahmestroms nutzen kann. Da sich der Schuldner hierdurch in eine Abhängigkeits- und Ausbeutungsgefahr begibt („hold up" durch die Bank), wird er auf die Hilfe eines „relationship lender" nur dann eingehen, wenn er per Saldo Vorteile davon erwartet. Allgemein spreche der vertrauensvollere Umgang mit sensiblen Informationen und die Hoffnung auf stetig fließende Finanzierungsmittel aus Sicht der Schuldner für eine implizite Bindung. Dies gelte gerade auch für „kritische" Zeiten. So sehen *Burghof* und *Rudolph* (1996, S. 12) den „relationship lender" im Vorteil gegenüber anderen Financiers, wenn Sanierungsentscheidungen getroffen werden müssen. Banken wären wegen ihres spezifischen Wissens besser in der Lage, die tatsächliche Lebensfähigkeit der Unternehmen zu beurteilen und könnten daher etwaige Konkurskosten vermeiden. Ein weiterer Vorzug wird in der „Katalysatorfunktion" (*Zimmer* 1993, S. 132) von Krediten oder von Bürgschaftszusagen einer angesehenen Bank beim Zugang zum Kapitalmarkt gesehen. Diese können gleichsam als geliehenes Reputationskapital für die Aufnahme von Eigenkapital oder standardisiertem Fremdkapital genutzt werden.[132]

---

derheit der Banken darin sieht, daß sie Unternehmen der Realsphäre mittels endogener Kredit- oder Geldschöpfung mit Kaufkraft versorgen, um damit die Auslösung von Ressourcen aus „alten" Verwendungen zu ermöglichen. So ähnlich argumentiert heute *Bossone* (2001). Allerdings muß einschränkend bemerkt werden, daß diese „*Schumpeter*-Funktion" (*Polster* 2001, S. 54) – also die Auswahl innovativer Unternehmer – auch von anderen Unternehmen der Finanzsphäre wahrgenommen werden kann (siehe ders., S. 58).

131 Siehe jetzt und im folgenden *Boot* (2000) und *Stillhart* (2002, S. 48-52). Die Diskussion um die Bedeutung impliziter Bindungen entstammt im wesentlichen der Analyse unterschiedlicher Systeme der Unternehmenskontrolle. Langfristige Bindungen sind danach typisch für bankbasierte Finanzsysteme wie das Deutschlands oder Japans. *Mayer* (1988) kommt in seinem vielzitierten Vergleich mit den kapitalbasierten Finanzsystemen Englands und den USA zu dem Schluß, daß Hausbankbeziehungen ein (beinahe) wirkungsgleiches Substitut zu externen Kontrollsystemen darstellen. Moderne empirische Studien zum Zusammenhang zwischen der Entwicklung und Struktur des Finanzsektors und dem allgemeinen volkswirtschaflichen Wohlstand können diese Behauptung nur eingeschränkt stützen. Auch wenn die Debatte hierüber keineswegs als abgeschlossen gelten kann (siehe Kap. 2.1.), ist die prinzipielle Wirkung des Hausbankeneffektes allgemein anerkannt.

132 Sowohl der Effekt der „geliehenen Reputation" als auch die Überlegenheit in Sanierungsfragen beruht auf der Annahme, daß andere Gläubiger zur Überwindung der entsprechenden Informationsprobleme weniger wirkungsvoll in der Lage sind. Dies wird zumeist über ein Trittbrettfahrerproblem unter den Aktionären oder Anleihengläubigern auf Kapitalmärkten begründet (etwa *Burghof* und *Rudolph* 1996, S. 12; *Beck et al.* 2001, S. 190). Einschränkend sei jedoch angemerkt, daß es hierfür auch Marktlösungen gibt – etwa die Konzentration von Anteils- oder Anleihenbesitz (*Shleifer* und *Vishny* 1997, S. 753).

Die „typische" Kreditbeziehung, zu der neben den Merkmalen des Schuldvertrags auch die oben aufgeführten Gestaltungsmöglichkeiten und die Stellung der Bank als „relationship lender" zählen, lindert damit insgesamt das Problem asymmetrischer und unvollständiger Informationen einer Finanzbeziehung. Allgemein wird der aktivseitige unternehmerische Vorteil der Banken darin gesehen, daß es ihnen gelingt, kostengünstig Informationen über (potentielle) Kreditnehmer zu sammeln, zu verarbeiten und die aus der Ausleihung von Krediten erwachsenden (Verhaltens-)Risiken erfolgreich zu managen. Die Bank als Gläubiger gelangt dabei in den Besitz exklusiver Schuldner-Informationen. Da solche Informationen nicht ohne weiteres durch Dritte reproduzierbar sind, läßt sich der Wert von Kreditforderungen nur schwer gegenüber anderen Marktteilnehmern signalisieren. Dies führt dazu, daß Kreditforderungen illiquide sind (*Zimmer* 1993, S. 130).

Für die Frage der Regulierungsbedürftigkeit der Kreditwirtschaft hat dies ernste Folgen: *Erstens* kann die Illiquidität von Kreditforderungen wenig als Grundlage eines spezifischen Regulierungsarguments herangezogen werden, da die Kreditbeziehung als spontane institutionelle Lösung eines Marktversagensproblems im Schuldner-Gläubiger-Verhältnis interpretiert werden muß, wie es sich als Folge möglichen Opportunismus ergeben kann. Wenn Sekundärmärkte für Kreditforderungen fehlen oder schwach entwickelt sind, dann kann darin folglich der Ausdruck eines spezifischen unternehmerischen Wissensvorsprungs der Bank gesehen werden. Aus diesem spezifischen Wissensvorteil folgt aber *zweitens*, daß Informationsasymmetrien zwischen den Einlegern und ihrer Bank bis zu einem gewissen Grad nicht zu vermeiden sind (*Hellwig* 1998b, S. 133). Auch das zweite Basisargument kann damit für sich allein genommen nicht für die Begründung einer gesonderten Bankenregulierung herangezogen werden. Man muß sich damit der Frage zuwenden, warum die Gläubiger der Bank die (unvermeidliche) Informationsasymmetrie akzeptieren und Bankunternehmern finanzieren. Dies soll im nächsten Kapitel geschehen.

5.1.3. Zur Passivseite der Bankbilanz: Warum nutzen Einleger die Bank als Intermediär?

Grundsätzlich muß die freie Entscheidung der Gläubiger über Art und Struktur der Finanzierung als Spiegel der Besonderheiten der jeweiligen Unternehmen und ihrer institutionellen Verankerung aufgefaßt werden (*Schüller* 1987, S. 69). Erklärungsbedürftig im Fall von Banken sind daher:

(1) die von der normativen Begründung der Bankenregulierung herausgestrichene niedrige Eigenkapitalquote, die sich ungünstig auf die Wahl der Risiken der Bankaktiva auswirken kann, weil zusätzliche Erträge einer riskanten Strategie der Bank (und ihren Anteilseignern) exklusiv zufallen, mögliche Verluste aber von Fremdkapitalgläubigern und gegebenenfalls der Gesamtwirtschaft mitgetragen werden müssen (siehe Kap. 4.2.1.),

(2) die Tatsache, daß ein guter Teil des Fremdkapitals leicht oder sofort kündbar ist, die Bank also insgesamt Fristentransformation betreibt und sich damit einem Run-Risiko aussetzt.[133]

Zu (1): Zur niedrigen Eigenkapitalquote

Sieht man von möglichen Eigenarten des regulatorischen Umfelds von Banken ab, so läßt sich direkt an die Diskussion um die Vorteile der Schuldfinanzierung aus dem vorangegangenen Kapitel anknüpfen. Hierbei konnte gezeigt werden, daß die Gläubiger durch feste Zinsvereinbarungen von der Notwendigkeit zur permanenten Informationsbeschaffung über das Verhalten ihrer Schuldner entlastet werden. Zudem wirken sich feste Zahlungsverpflichtungen günstig auf das Sorgfalts- und Anstrengungsniveau des Schuldners aus.

Weil die Gläubiger diese Effekte gegen die möglicherweise risikoerhöhenden Anreize niedriger Eigenkapitalquoten abwägen, liegen zwei Erklärungen für die im Vergleich zu anderen Branchen hohen Fremdkapitalquoten von Banken nahe. *Erstens*: Mögliche Risiken werden durch den Nutzen einer überwiegenden Fremdkapitalfinanzierung überkompensiert und/oder gelten aus Sicht der Einleger als kontrollierbar. *Zweitens* könnten riskante Geschäftsstrategien bzw. die Risiken im Aktivgeschäft – zumindest im Durchschnitt – weniger ins Gewicht fallen als dies von der normativen Regulierungstheorie erwartet wird. Niedrige Eigenkapitalquoten können daher auch als ein Hinweis darauf interpretiert werden, daß das Aktivgeschäft der Banken mit solch geringen Risiken behaftet ist, daß sich eine übermäßige Risikovorsorge durch hohe Eigenmittel erübrigt.

Genau dies ist der Erklärungskern des wohl bekanntesten Beitrags zur Theorie der Finanzintermediation von *Diamond* (1984).[134] Dieser geht der Frage nach, warum überhaupt auf die Hilfe von Banken (und anderen Finanzintermediären) zurückgegriffen wird, um Projekte zu finanzieren. Kurz formuliert wird die Existenzberechtigung von Banken darin gesehen, daß die Kontrolle mehrerer opportunistischer Kreditnehmer durch einen Intermediär Skaleneffekte in der Informationsverarbeitung und Kreditnehmerkontrolle sowie Diversifikationsvorteile beim Umgang mit Kreditrisiken ermöglicht.[135] Die Interaktion von Kreditnehmern (Schuldner), Sparern (Gläubiger) und einer Bank wird von Diamond in einem zweistufigen Prinzipal-Agent-Modell mit folgenden vereinfachenden Annahmen abgebildet.

---

[133] Die folgenden Argumentation orientiert sich stark an *Hellwig* (1998a, S. 332-340; 1998b, S.130-140).

[134] Siehe zum Modell von *Diamond* (1984) und verwandten Arbeiten auch *Baltensperger* (1996, S. 272-277); *Freixas* und *Rochet* (1997, S. 29 ff.); *Vollmer* (1999, S. 32-37); *Stillhart* (2002, S. 37-45).

[135] Die hieraus für die Banken erwachsende Funktion wird daher auch als „Delegierte Überwachungsfunktion“ („delegated monitoring“) bezeichnet. „Monitoring“ umfaßt alle Maßnahmen, die gegen opportunistisches Verhalten des Kreditnehmers getroffen werden – also auch die bereits diskutierten Vertragsmerkmale einer Kreditbeziehung (*Freixas* und *Rochet* 1997, S. 29).

(1) Es existieren *n* identische Kreditnehmer (Unternehmer), die in Periode 1 für *n* Projekte Finanzmittel im Umfang von je 1 Geldeinheit benötigen.

(2) Die Verteilung der Projekterträge ist für alle *n* unabhängigen Projekte gleich und den Kapitalgebern und -nehmern ex ante bekannt. Die individuellen Projekterträge in Periode 2 sollen damit lediglich von der Realisierung zufälliger Umweltzustände abhängen, nicht jedoch von den Anstrengungsniveaus der Unternehmer.

(3) Ferner existieren $n \cdot m$ Sparer, die in der Lage wären, die *n* Projekte *anteilig* jeweils in Höhe von $\frac{1}{m}$ Geldeinheiten zu finanzieren.

(4) Diamond beschränkt sich auf ein „costly state verification"-Problem in Periode 2: Der ex post-Informationsvorteil und das daraus resultierende „moral hazard" des Unternehmers bestehen darin, die tatsächlich realisierte Rendite gegenüber dem Gläubiger untertreiben zu können.

(5) Die Sparer können Informationsnachteile aus (4) durch Kontrollkosten in Höhe von jeweils *K*, die den Unternehmern angelastet werden, einebnen und damit die Projekterträge in Periode 2 vollständig und richtig beobachten. Von anderen Transaktionskosten und der Möglichkeit, die Anreizwirkungen eines typischen Kreditvertrags zu nutzen, wird abgesehen.

(6) Alternativ kann die Finanzierung über *eine* Bank vermittelt werden, wobei Delegationskosten in Höhe von *D* entstehen.

(7) Alle Akteure werden als risikoneutral unterstellt. Dies führt dazu, daß es allein auf die Erwartungswerte der Kosten- und Ertragsgrößen ankommt, nicht jedoch auf ihre Streuung.[136]

Anhand der untenstehenden Abbildung lassen sich nun die relevanten Transaktionskostenkalküle aufzeigen. Die obere Hälfte der Abbildung zeigt dabei den Fall der direkten Kontrolle der Kreditnehmer durch ihre Gläubiger; die untere demonstriert den Fall der Einschaltung der Bank.

Allgemein ist Intermediation nur dann attraktiv, wenn die Transaktionskosten für die Kontrolle des Unternehmens bei Einschaltung von Banken unter denen für die direkte Kontrolle liegen. Bei Bankintermediation entsteht zunächst einmal den Vorteil, daß die direkten Kosten der Kontrolle durch die Reduktion der Zahl der „Überwacher" und der damit verbundenen Kreditbeziehungen pro Unternehmen von *mK* auf *K* und damit gesamtwirtschaftlich von *nmK* auf *nK* fallen.[137] Allerdings steht diesem Vorteil der Nachteil gegenüber, daß nun anstelle des Unternehmens die Bank über opportunistische Verhaltensspielräume verfügt, dieser also quasi auf die Bank übergeht. Eine direkte Kontrolle der Bank brächte in diesem Prinzipal-Agenten-Zusammenhang keine Kosten-

---

136 Die Ergebnisse des Modells lassen sich aber auch mit risikoaversen Akteuren reproduzieren. Siehe hierzu *Diamond* (1984, S. 409) und mit etwas anderem Fokus *Spencer* (2000, S. 170).

137 Aus diesem Grund wird das Diamondsche Modell in der Regel auch zur Erklärung des aktivseitigen komparativen Vorteils der Bank benutzt. Man würde somit eine weitere Begründung für die Vorteilhaftigkeit der Kreditvergabe erhalten (siehe etwa *Vollmer* 1999).

ersparnis, da anstelle der Unternehmer nun die Bank mit Kontrollkosten in Höhe von jeweils *K* belastet werden müßte. Die gesamtwirtschaftlichen Kontrollkosten stiegen im Vergleich zu direkter Finanzierung sogar von *nmK* auf *nmK* +*nK*.

Abbildung 13: Delegierte Kreditnehmerkontrolle durch die Bank

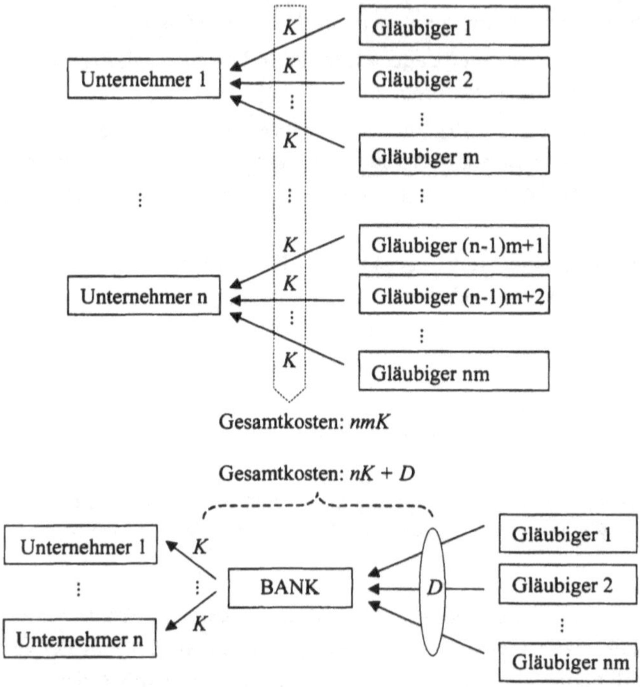

Quelle: Eigene Darstellung in Anlehnung an *Freixas* und *Rochet* (1997, S. 30).

Die Intermediation über eine Bank ist für Bankgläubiger, finanzierte Unternehmen und für die Volkswirtschaft daher nur dann günstig, wenn die Bankeinleger ohne direktes „monitoring" von wahrheitsgemäßen und noch dazu sicheren Rückzahlungen ihrer Einlage ausgehen können. Bei *Diamond* (1984) wird die wahrheitsgemäße Weiterleitung der Erträge durch die Bank mittels eines Fremdkapitalvertrags sichergestellt, der neben einem festen Rückzahlungsversprechen nicht pekuniärer Strafkosten (Insolvenzkosten, Gerichtsverfahren, Imageverluste usw.) in Höhe der Differenz zwischen der ex ante vereinbarten Rückzahlung und der tatsächlichen Rückzahlung vorsieht. Die von der Bank zu tragenden pekuniären Strafkosten im Fall nicht vertragsgerechter Rückzahlung bezeichnet Diamond als Delegationskosten *D*.[138]

---

138 Für die Bank (und die Volkswirtschaft) ist diese Vertragskonstruktion mit dem Nachteil verbunden, daß Kosten der Delegation auch dann anfallen, wenn die Erträge der finanzierten Projekte zwar wahrheitsgemäß an die Einleger weitergereicht werden, durch nicht

Entscheidend ist nun, daß die Höhe der Delegationskosten *D* keine gegebene Größe ist, sondern positiv von der Insolvenzwahrscheinlichkeit der Bank abhängt. Diese kann jedoch durch unternehmerisches Handeln der Banken erheblich begrenzt werden: Durch die Finanzierung mehrerer der *n* Projekte kann die Bank ihre Risiken mittels Diversifikation begrenzen und die Ertragsflüsse für sich und ihre Einleger sicherer gestalten. Kann sie damit ihre eigene Konkurswahrscheinlichkeit soweit reduzieren, daß die Gesamtkosten der direkten Finanzierung (*nmK*) unter denen der indirekten Finanzierung (*nK+D*) liegen, ist Intermediation attraktiv.[139]

Der eigentliche Grund für die Einsparung der Kontrollkosten bei der Einschaltung eines Intermediärs ist damit nicht in der Vertretungsbeziehung an sich zu suchen, sondern in der unternehmerischen Fähigkeit der Bank, ihre eigenen aktivseitigen Kreditrisiken im Wege der Diversifikation erfolgreich zu managen (siehe etwa *Baltensperger* 1996, S. 276). Schon mit den einfachen Diamondschen Überlegungen läßt sich somit begründen, daß die Bank über eine vergleichsweise geringe Eigenkapitalquote verfügt, wenn es ihr gelingt, Risiken auf der Aktivseite erfolgreich zu begrenzen (*Burghof* und *Rudolph* 1996, S. 17).[140]

Allerdings besteht *in diesem Modellrahmen* für die Bank keine Möglichkeit zur nachträglichen Risikoerhöhung („asset substitution"), da ausschließlich ein „costly state verification"-Problem dargelegt wird (siehe Annahme 4). So könnte die Bank ihr Kreditportfolio beispielsweise auf vergleichsweise wenige Kreditnehmer konzentrieren, um damit unter Inkaufnahme zusätzlicher Risiken Transaktionskosten bei der Kontrolle der Kreditnehmer zu sparen (*Hellwig* 1998b, S. 132; 1998a, S. 336). In der Realität dürfte das Problem der Risikoerhöhung jedoch insgesamt weniger relevant sein. So dürfte das Bankmanagement im Regelfall ein Interesse an der Erhaltung seines Arbeitsplatzes und der Stärkung der Einkommensperspektive haben, und auch die Aktionäre dürften ihre

---

kontrollierbare Umstände aber geringer als erwartet ausfallen. Annahme (2) führt grundsätzlich zu einer positiven Konkurswahrscheinlichkeit der Bank und damit zu positiven erwarteten Delegationskosten D. Diese sind zugleich als volkswirtschaftliche Kosten interpretierbar, die aus der Informationsasymmetrie bezüglich der wahren Projekterträge resultieren (siehe *Baltensperger* 1996, S. 274).

139 Im modelltheoretischen Grenzfall sind die Delegationskosten sogar Null. Es würden dann noch Kosten in Höhe *nK* anfallen.

140 Nach *Allen* und *Santomero* (1997; 2001) und *Scholtens* und *van Wensveen* (2000) ist dagegen die mikroökonomische Intermediationstheorie relativ blind gegenüber der traditionellen Funktion Risikomanagement. Das ist insofern richtig, als das Risikomanagement der Banken – wie bei *Diamond* (1984) – meist durch Diversifikation und Banken als passive Agenten modelliert werden. Dagegen erscheint es plausibel, daß Banken im Wettbewerb gezwungen werden, ihre „Monitoring"- und Risikomanagement-Technologien zu verbessern. Die vielfältigen vertraglichen Gestaltungsmerkmale des Bankkredits können – wie gesehen – in diesem Sinne interpretiert werden. Dabei dürfte auch die absolute Höhe der Kontrollkosten *K* von der unternehmerischen Findigkeit des Finanzintermediärs abhängen. Die „Funktion", die Banken beim Management von Risiken einnehmen, ist daher ein Problem unternehmerischen Handelns. Das schließt unter anderem ein, daß sich Banken dazu entschließen, Risiken gerade nicht zu verteilen oder zu vermeiden, sondern bewußt in Kauf zu nehmen.

Haftungsmittel nicht gerne bewußt aufs Spiel setzen oder setzen lassen. Vielmehr sind sie daran interessiert, die Insolvenzwahrscheinlichkeit der Bank durch eine angemessene Risikovorsorge abzusenken, z. B. mittels des beschriebenen Diversifikationseffektes. Allenfalls ein „gambling for resurrection" in der Nähe eines Konkurses ist schon wegen der leichten Veränderbarkeit der Risikopositionen – zumindest wenn man die einzelne Bank betrachtet – nicht vollständig auszuschließen.

Allerdings müssen für die Erklärung niedriger Eigenkapitalquoten auch die weiteren positiven Effekte der Fremdfinanzierung aus Sicht der Einleger mitbedacht werden. Sowohl die Überlegungen zur Kreditfinanzierung als auch das im Anschluß an *Diamond* (1984) entwickelte Verständnis der Finanzintermediation weisen darauf hin, daß ein komparativer Vorteil der Bank in der Fähigkeit besteht, Informationen über potentielle Kreditnehmer zu erzeugen und zu verarbeiten. Es erscheint daher plausibel, daß die Bankgläubiger tendenziell auf Fremdkapitalfinanzierungen mit festem Zinsversprechen zurückgreifen, da sie selbst bei größter eigener Anstrengung die notwendigen Informationen nie vollständig reproduzieren könnten. Anstelle dessen weisen sie der Bank die unternehmerisch Kompetenz zu, mögliche Risiken in Eigenregie zu steuern und zu begrenzen (*Hellwig* 1998b, S. 131 ff., 138).

Faßt man die niedrige Eigenkapitalquote von Banken insgesamt als das spontane Ergebnis freiwilliger Finanzierungsentscheidungen der Bankgläubiger auf, dann verlieren die hieraus gewonnenen Argumente zur Regulierungsbedürftigkeit an Überzeugungskraft. Gerade die Delegation des Umgangs mit Kreditrisiken an ein Unternehmen, das dazu besser befähigt ist, macht die Vermittlung von Finanzierungsgeschäften über den Intermediär (im Vergleich zur direkten Finanzierung) attraktiv. Niedrige Eigenmittel des Bankintermediärs sprechen dann einerseits für – im Durchschnitt – weniger verlustanfällige Bankaktiva. Andererseits kann der hohe Anteil der Fremdkapitalfinanzierung als Reaktion auf den komparativen Vorteil der Informationsverarbeitung interpretiert werden (*Stillhart* 2002, S. 83).[141]

zu (2): Zur Frage der Kündbarkeit von Bankeinlagen

Die bisherigen Überlegungen greifen gleichwohl (noch) zu kurz. Sie können nicht erklären, warum Bankverbindlichkeiten sofort (oder leicht) kündbar sind. Diese Charakteristik begründet jedoch das besondere Liquiditätsrisko und die Run-Problematik, die als Basis der elementaren Marktversagensargumentation dient. Eine Beschäftigung mit der Ökonomik dieses Vertragsmerkmals ist daher notwendig. Die mikroökonomische Theorie der Finanzintermediation hält hierzu zwei Erklärungsansätze bereit.

Erstens: Im Anschluß an *Diamond* und *Dybvig* (1983) wird der ökonomische Gehalt der Sichtdepositen darin gesehen, daß hierdurch eine Versicherung gegen Illiquidität

---

141 Indirekt läßt sich dies auch aus anderen Überlegungen zur Finanzierungstheorie folgern (siehe hierzu *Polster* 2001, S. 39 f. und 45 f.). Geringere Risiken schlagen sich zum Beispiel darin nieder, daß der Liquidationserlös der Aktiva eines Unternehmens im Konkursfall vergleichsweise hoch ausfällt. In solchen Fällen lohnt sich eine starke Finanzierung über Eigenmittel nicht, da die besonderen Kontrollrechte wenig eigenen Wert besitzen.

zwischen den Sparern ermöglicht wird.[142] Der Wunsch nach einer solchen Versicherung läßt sich wie folgt begründen: Normalerweise sind die Individuen Risiken ausgesetzt, die einen vorzeitigen und unerwarteten Konsumbedarf hervorrufen können (plötzliche Erkrankungen, andere Notfälle, unerwartete Großreparaturen usw.). Individuell kann man sich hiergegen nun entweder schützen, indem jederzeit Barreserven in Höhe möglicher Konsumbedarfe bereitgehalten werden und entsprechend auf zinsbringende Anlagen verzichtet wird. Oder es wird ein Intermediär eingeschaltet, der den Umstand ausnutzen kann, daß die besonderen Liquiditätsbedarfe der Individuen normalerweise nicht miteinander korreliert sind. Dieser bildet einen Liquiditätspool zwischen verschiedenen Individuen zur Absicherung gegen unerwartete Liquiditätsbedarfe, für den er aus Vorsichtsgründen insgesamt eine geringere Reserve an liquiden Mitteln vorgehalten muß, als dies bei Eigenvorsorge der Fall wäre (*Freixas* und *Rochet* 1997, S. 20). Ökonomischer Kern der Versicherungsfunktion ist daher erneut ein Diversifikationsvorteil – dieses Mal auf der Passivseite.[143] Sichteinlagen bei Banken (aber auch andere vergleichsweise liquide Anlagen) sichern den Einlegern damit insgesamt die leichte Verfügbarkeit der Sparsumme für unerwartete Liquiditätswünsche, *ohne* auf die Vorteile einer Anlage von „freien Mitteln" in renditebringende längerfristige Projekte auf der Finanzierungsseite verzichten zu müssen.

Wegen der durch die Bank betriebenen Fristentransformation ist diese Liquiditätsversicherung zwar permanent durch Bank-Runs bedroht. Allerdings ist nicht ohne weiteres begründbar, warum die Gläubiger der Bank dieses Problem nicht ex ante in ihre Entscheidung einbeziehen sollten. Der Nutzen der run-begünstigenden „first come, first serve"-Charakteristik von Sichtdepositen dürfte von den Einlegern daher insgesamt höher eingestuft werden als das mögliche Risiko eines Runs, so daß sich das Marktversagensargument relativiert.

Zweitens: Einen anderen Nutzen der Sichteinlage, der der Run-Problematik entgegengestellt werden muß, betonen *Calomiris* und *Kahn* (1991). Sie sehen in den Eigenschaften der Sichtgeldeinlagen einen „billigen Kontrollmechanismus" (*Zimmer* 1993, S. 136), um das Bankmanagement zu disziplinieren und opportunistischen Verhaltensweisen vorzubeugen. Sie knüpfen hierzu an die Erkenntnis an, daß kurze Laufzeiten bzw. die Möglichkeit, Forderungen die Prolongation zu verweigern, wirkungsvoll Verhaltensunsicherheiten begrenzen können (siehe *Stillhart* 2002, S. 84 ff.). Nur weil das Bank-Management weiß, daß schädigender Opportunismus zur sofortigen Kündi-

142 Für detaillierte Darstellungen des Modells von *Diamond* und *Dybvig* (1983) siehe beispielsweise *Breuer* (1993, S. 109-120); *Baltensperger* (1996, S. 277-283); *Vollmer* (1999, S. 37-41).

143 In verschiedenen Erweiterungen und Ergänzungen begründen auch andere Autoren die Vorteilhaftigkeit von schnell verfügbaren Sparformen gegenüber alternativen Anlagen. Hierbei wird jeweils ein Pooling- und/oder Informationsvorteil der Bank in den Mittelpunkt gestellt, der es ihr erlaubt, ein für ihre Kunden aus verschiedenen Blickwinkeln verbessertes Anlageportfolio zusammenzustellen (siehe *Stillhart* 2002, S. 60-72). So begründen etwa *Kashyap et al.* (2002) eine Diversifikationspotential zwischen passivseitigen Depositen und aktivseitigen Kreditlinien.

gung aller Einlagen und zur Auflösung der Bank sowie zum Verlust des Arbeitsplatzes führen kann, wird es sich ex ante um eine vorsichtige Geschäftspolitik bemühen. In dieser Sichtweise verlieren Bank-Runs viel von ihrem Schrecken. Sie können als „unavoidable consequence of an efficient arrangement that keep bankers honest“ (*Calomiris* 1999, S. 5) interpretiert werden. Die mit den Sichtdepositen verbundene Run-Drohung wird deshalb auch in neueren Modellen zur Darstellung der Finanzintermediation verwendet, um wohlfahrtsverbessernde Intermediationsformen zu begründen. Sie wirkt wie eine implizite Selbstverpflichtung auf eine verläßliche Nutzung der unternehmerischen Fähigkeiten durch die Bank (siehe etwa *Diamond* und *Rajan* 2001). Die von der Konstruktion der Sichteinlage ausgehende Run-Gefahr bleibt zudem nicht ohne Einfluß auf das Verhalten der Bankgläubiger: Sie werden sich um besseres Wissen über die Qualität der Bank bzw. ihres Managements bemühen, um zu vermeiden, daß sie zu den Einlegern gehören, die im Fall einer solvenzbedrohenden Situation zu spät reagieren und Vermögensverluste erleiden. Mit der Möglichkeit eines Runs ist damit zugleich ein Anreiz verknüpft, der Informationsasymmetrie von der Gläubigerseite entgegenzuwirken.

5.1.4. Zwischenfazit und Abschwächung des Regulierungsarguments mit Bezug auf die Einzelbank

Die Interpretation der Fragilität der Bankbilanzen als (unintendierte) Konsequenz eines transaktionskostengünstigen institutionellen Arrangements freiwilliger Marktentscheidungen eröffnet insgesamt einen kritischen Blick auf die eng verwobenen Regulierungsargumente mit Bezug auf die Einzelbank (spezifischer Gläubigerschutz, Einzel-Bank-Run). Insbesondere muß in Betracht gezogen werden, daß die möglichen negativen Konsequenzen der Fragilität aus Sicht der Bezugsgruppen durch die hierdurch bewirkten Vorteile überkompensiert werden. Jede Regulierung, die in diesem Zusammenhang eingreift, riskiert daher, daß die spezifischen Vorteile aus der Bilanzstruktur verlorengehen. So ist die Illiquidität der Bankkredite als Ausdruck des spezifischen Wissens der Banken interpretierbar, das den Bankgläubigern zusätzliche Ertragschancen aus Projekten erschließt, die ohne Banken nicht finanziert würden. In ähnlicher Weise eröffnet die Sichteinlage für die Einleger die Möglichkeit, an den Erträgen langfristiger Anlagen zu profitieren, ohne kurzfristigen Konsumrisiken ausgesetzt zu sein. Und schließlich kann die niedrige Eigenkapitalquote entweder als Spiegel dafür interpretiert werden, daß Banken ihre Risiken vergleichsweise gut zu meistern verstehen oder daß sich die Einleger über die schnelle Auflösung ihrer Positionen vergleichsweise gut gegen opportunistisches Verhalten schützen können.

Aber nicht nur die problematisierende Sicht auf die Bilanzstruktur und damit die Basis der Regulierungsargumente muß hinterfragt werden. Auch generell ist die These erheblich in Zweifel zu ziehen, Einzel-Bank-Runs seien – sobald sie auftreten – ohne Ausnahme als ein Versagen der Selbst- und Marktkontrolle zu interpretieren (Marktversagen I, Kap. 4.2.2.). Eine genau gegenteilige Interpretation ergibt sich zum Beispiel, wenn die Run-Drohung wie bei *Calomiris* und *Kahn* (1991) als wirksames Kontrollinstrument aufgefaßt wird, das Schlimmeres verhindern kann. Auch wenn die Run-Problematik in den größeren Zusammenhang des Denkens in Marktprozessen gestellt wird, ergibt sich eine andere Interpretation:

Die Marktversagenslogik betont zumeist einseitig den Fall „ineffizienter" Bank-Runs, bei dem lebensfähige Banken im Zuge „ungerechtfertigter" Gerüchte (unscharfer Signale) in den Konkurs gezwungen werden. Schalterstürme können aber genauso gut begründet sein, falls sich die Bank als unvermögend erwiesen hat, die unvermeidlichen Probleme asymmetrischer Information und konstitutionellem Unwissens bei ihren Intermediationsentscheidungen erfolgreich zu managen. Ihr runbedingter Austritt aus dem Markt wäre Ausdruck einer funktionierenden Wettbewerbskontrolle im Finanzsektor (*Benston* 2000, S. 191) und damit grundsätzlich als „effizienzsteigernd" zu betrachten.[144]

Eine marktprozeßtheoretische Betrachtung verlangt daher für die Begründung einer gesonderten Bankenregulierung eine präzisere Abschätzung der Wahrscheinlichkeit beider Szenarien: Für die Interpretation der Einzel-Bank-Runs als Ausdruck funktionsfähiger Marktkontrolle spricht, daß nicht alle Bankgläubiger gleichermaßen uninteressiert und uninformiert sind. Zwar dürften die Bezugsgruppen der Bank unterschiedlichen Anreizen zur Investition in Informationen unterliegen (siehe *De Ceuster* und *Maschelein* 2003, S. 753-757; *EZB* 2005b, S. 59 f.). So ist die Produktion von Informationen durch die Kleingläubiger wegen der von den Regulierungsbefürworten besonders betonten Trittbrettfahrerproblematik, der Kosten-Nutzen-Erwägungen und der kognitiven Fähigkeiten tendenziell weniger zu erwarten. Die persönlichen Vermögensfolgen eines Bankkonkurses sichern aber zumindest ein Mindestinteresse an der Solvabilität der Bank. Großgläubigern oder nachrangig besicherten Fremdkapitalgebern, zu denen vor allem die Interbankengläubiger gehören, kann dagegen aus plausiblen Gründen ein vitales Interesse an der Überwachung „ihrer" Banken unterstellt werden – nicht zuletzt deshalb, weil sie anders als die Kleingläubiger im Regelfall nicht einer Einlagensicherung unterliegen. Auch darf angenommen werden, daß sie ohnehin über ein besseres unternehmerisches Gespür für die Beschaffung und Bewertung aller zugänglichen Informationen zur Qualität und Zahlungsfähigkeit der Banken verfügen.

Vor diesem Hintergrund werden „ungerechtfertigte" Run-Phänomene unwahrscheinlich: Einerseits ist es plausibel, daß informierte Gläubiger mit größerer Wahrscheinlichkeit über zutreffende „Informationen mit realem Kern" (*Krümmel* 1984, S. 480) verfügen und entsprechend als erste ihre Einlage auflösen oder Anschlußfinanzierungen verweigern werden. Da dieses Verhalten zudem ein relativ präzises Signal über die Bankqualität bildet, dürften die uninformierten Einleger erst im zweiten Schritt davon mitgerissen werden. Zwar ist nicht auszuschließen, daß das Verhalten der Großgläubiger

---

[144] Ähnlich argumentieren *DeBandt* und *Hartmann* (2002, S. 258). Sie beschreiben den Fall, daß das Signal eindeutig ist und bisher verdecktes „moral hazard" oder qualitativ schlechtes Risikomanagement der Bank offenbart: „*Ceteris paribus* such an outcome [...] would also be ‚efficient', as opposed to a scenario where banks continue to accumulate losses."

fehlinterpretiert wird und es infolgedessen zu ungerechtfertigten Runs kommt.[145] Gleichwohl dürfte dies weder der Normalfall sein. Noch ist davon auszugehen, daß dies unweigerlich in die Insolvenz führt, denn die betroffenen Banken werden versuchen, ungerechtfertigten Liquiditätsabzügen mit auf Aufklärung und Schadensbegrenzung gerichteten Maßnahmen entgegenzutreten. Da solche Maßnahmen aber vor allem für über den Einzel-Bank-Run hinausreichende systemische Risiken diskutiert werden, soll hierauf an dieser Stelle nicht weiter eingegangen werden. Dies gilt auch für marktendogene Mittel, die der generellen Uninformiertheit der Kleingläubiger entgegenwirken.

Einzel-Bank-Runs können damit insgesamt zwar vorkommen, sind keineswegs Ausdruck versagender Wettbewerbs- und Marktkontrolle. Die Möglichkeit eines Zusammenbruchs einzelner Institute kann so auch nicht als Begründung für eine weitreichende Bankregulierung dienen. Niemand wird zwar bestreiten, daß vom Zusammenbruch einer einzelnen Bank negative externe Effekte auf die lokale Umgebung, die langsam reagierenden Einleger und andere Vertragspartner ausgehen können. Konträr zur Marktversagensthese müßten Schalterstürme, die ineffiziente Banken zur Aufgabe ihres Geschäftsbetriebs bringen, aber generell als positive Externalität aufgefaßt werden, da sie den jeweiligen Konkurrenten wichtige Informationen für die Anpassung ihrer eigenen Pläne und Geschäftspraktiken im Wettbewerb als „Entdeckungsverfahren" liefern. Insbesondere wäre zu vermuten, daß Konkurrenten, die mit einer größeren Einlagensicherheit werben können, die Möglichkeit zum schnellen Markteintritt nutzen werden. Von einer entsprechenden Nachfrage nach Bankprodukten kann wohl ausgegangen werden (*Benston* und *Kaufman* 1996, S. 692; *Kaufman* 1996, S. 19).

Gerade die negativen Externalitäten eines Bank-Runs auf die später reagierenden Bankgläubiger werden aber häufig als Regulierungsargument im Rahmen der Befürwortung eines spezifischen Gläubigerschutzes (Kap. 4.2.) herangezogen. Gegen dieses Argument führt aber *Krümmel* (1984, S. 476 f.) zurecht an, daß die Entscheidung der Geldanlage auf dem freien Willen der Einleger beruht. Diese berücksichtigen allgemein neben der individuellen Risikoneigung auch die erwarteten Nutzen-Risikoeigenschaften der verschiedenen Vermögenstitel (*Kath* 1983, S. 268 f.). Es ist also davon auszugehen,

---

145 Siehe etwa das Modell von *Chari* und *Jagannathan* (1988). Sie unterscheiden zwei Gruppen von Agenten: informierte und uninformierte Einleger. Für informierte Einleger gibt es zwei Gründe ihre Einlage aufzulösen. Entweder sie erhalten (1) eine präzise und negative Information über die Zahlungsfähigkeit der Bank oder (2) sie unterliegen einer unerwarteten Konsumnotwendigkeit und wollen daher die Liquiditätsversicherung durch die Bank in Anspruch nehmen. Uninformierte Einleger können dagegen als Indikator der Zahlungsfähigkeit ihrer Bank nur die Länge der Schlange vor dem Bankschalter beobachten. Im Modell sind unter diesen Voraussetzungen „effiziente" wie „ineffiziente" Bank-Runs denkbar, da die uninformierten Einleger nicht wissen, ob die Länge der Schlange mit der Qualität der Bank zusammenhängt oder ob es sich hierbei um die ganz normale Reaktion der (informierten) Einleger auf eigene unerwartete Bedürfnisse nach Liquidität handelt. Aufgrund der Unschärfe des Signals „Länge der Schlange" kann es auch zu einem Bank-Run kommen, wenn die Qualität der Bankaktiva eigentlich nicht negativ betroffen ist. Siehe hierzu auch *Burghof* (1998, S. 70-78) sowie *DeBandt* und *Hartmann* (2002, S. 264) und *Stillhart* (2002, S. 61 f.) jeweils mit Verweisen auf verwandte Arbeiten.

daß die Bankeinleger auch die Gefahr eines Bank-Runs bzw. die Folgen eines späten Reagierens bei ihrer Anlageentscheidung beachten werden (siehe die Vorkapitel). In einer marktwirtschaftlichen Ordnung kann eine Selbstinformation über die Risiko-Ertrags-Aspekte der Geldanlage sogar von ihnen erwartet werden. Da den Sparern alternative Banken und in jüngerer Zeit auch vermehrt Anlageformen mit spezifischen Ausstattungsmerkmalen offen stehen, dürfte sich auch ein risikoscheuer Anleger in hohem Maße gegen weitreichende Vermögensverluste selbst schützen können, z. B. in dem er seine Gesamtvermögen auf mehrere Banken und alternative Analageinstrumente verteilt (*England* 1988, S. 323).[146]

Wenn also die Freiwilligkeit der Einlage dazu führt, daß ein spezifischer Gläubigerschutz kaum mehr zu begründen ist, dann werden auch hieraus abgeleitete oder verwandte Argumente fraglich. So werden die Einleger bei ihrer Anlageentscheidung in gleicher Weise potentielle Koordinationsprobleme der Überwachung des Bankmanagements in Rechnung stellen, da diese ebenfalls zu den erwähnten Nutzen-Risikoeigenschaften der Vermögenstitel gehören. Aus diesem Grund muß die von *Dewatripont* und *Tirole* (1994) bemühte „representation hypothesis" in ihrer Stichhaltigkeit bezweifelt werden. Zwar ist richtig, daß sich durch die Zentralisierung von Kontrollanstrengungen prinzipiell Kontrollkosten sparen lassen, wodurch die Einleger entlastet werden. Doch muß diese Kontrolle weder staatlich erfolgen, um den transaktionskostensenkenden Effekt zu erzielen. Noch ist gesagt, daß es keine alternativen marktendogenen institutionellen Arrangements geben kann, die einer möglichen „Unterproduktion" von Kontrollanstrengungen kostengünstiger entgegenwirken; so legt es etwa das Argument von *Calomiris* und *Kahn* (1991) nahe.

Da die Zentralisierungsnotwendigkeit – unabhängig von der Begründung über Gläubigerschutz oder Einzel-Bank-Runs – vor allem mit der Vielzahl von Kleingläubigern im Bankbetrieb bei unterstellt starken Informationsnachteilen begründet wird, kann hiergegen auch der ganz grundsätzlicher Einwand vorgebracht werden: *Baltensperger* (1996, S. 300) fragt zurecht, warum nicht auch die Verhaltensrisiken anderer Unternehmen mit ähnlichen Arrangements wie der Bankenregulierung begrenzt werden, wenn diese überwiegend durch Kleingläubiger finanziert werden.[147] In anderen Wirt-

---

146 Auch wenn sich diese Argumentation vor allem auf den Aspekt der Schutzbedürftigkeit der Bankeinleger bezieht, die aus der als extrem unterstellten Informationsasymmetrie und den sich daraus ergebenden Risiko- und Runanreizen abgeleitet werden, läßt sie sich auch auf den Aspekt der Schutzwürdigkeit übertragen, der vor allem für die protektiven Instrumente von erheblicher Bedeutung ist. Beim Argument des Schutzes des Vermögens „kleiner Leute" gerät man jedoch fast unweigerlich in die Nähe einer sozialpolitischen Denkrichtung, die aus dem Problem der Eigenvorsorge ein gesellschaftlich Verantwortung macht. Mit *Dowd* (1999a, S. 39, Fn. 1) läßt sich hierauf antworten: „In any case, even if one were sympathic to paternalistic considerations, it is still unclear why ‚small' depositor should benefit at the expense of the taxpayer, since the typical taxpayer is just as ‚small' as the typical depositor."

147 Dies wird noch deutlicher, wenn man die Einschätzung *Benstons* (2000, S. 190) teilt: Hiernach ist sogar die These von der außergewöhnlichen Undurchsichtigkeit der Bankaktiva, also der außergewöhnlichen Informationsasymmetrie, bestreitbar. Zumindest im

schaftszweigen wird dagegen der allgemeinen Unternehmensverfassung (z. B. Hauptversammlung, Aufsichtsrat, Übernahmemärkte, Entlohnungsschemata usw.) vertraut. Konsequenterweise wäre daher zu fragen (*Richter* 1991, S. 60): Warum reicht diese Methode nicht für die Bankenwirtschaft aus?

5.2. Zu den Thesen systemischer Risiken

5.2.1. Zum Informationskanal der Übertragung von Bankenkrisen

5.2.1.1. Differenzierung im Wettbewerb

Die im vorangegangenen Kapitel geäußerte Skepsis gegenüber einer Regulierungsbegründung, die vom Einzel-Bank-Run (Marktversagen I) oder dem damit eng zusammenhängenden Gläubigerschutzgedanken ausgeht, ist nicht ohne weiteres auf die Argumente übertragbar, die systemische Risiken in den Mittelpunkt der Analyse stellen. Im engeren Sinne beziehen sich diese, wie in Kap. 4.3.1. dargelegt, auf die Übertragung von einzelnen Bankkonkursen auf das gesamte Bankwesen, wobei zwischen der indirekten informationsgetriebenen Übertragung (Informationskanal) und der direkten Ansteckung durch Dominoeffekte unterschieden wird.

Wendet man sich zunächst dem Informationskanal der Übertragung zu (Marktversagen II), so wären im marktprozeßtheoretischen Verständnis nur solche Ansteckungen als ein Versagen der Markt- oder Wettbewerbskontrolle interpretierbar, bei denen offensichtlich unbeteiligte Banken betroffen wären. In Analogie zum Einzel-Bank-Run ist die Regulierungsbedürftigkeit daher davon abhängig, wie wahrscheinlich solche ex post „unbegründete" Folgekonkurse bei anderen Banken oder gar des gesamten Bankensystems (irrationale Ansteckungseffekte, „pure contagion") tatsächlich sind.

Die regulierungskritische Position, die in besonders rigoroser Weise von der „Free Banking"-Schule vertreten wird, hält dies für extrem unwahrscheinlich. Sie sieht keinen Grund, warum es den Marktteilnehmern im Wettbewerb nicht gelingen könnte, die Unterscheidung in „unschuldig" und „schuldig" zuverlässig zu treffen.

Exkurs: „Free Banking" und Währungswettbewerb[148]

Eine besonders rigorose Gegenposition zur herrschenden Marktversagenslogik nimmt die „Free Banking"-Schule ein, die sogar das staatlich Notenbankmonopol als unverhältnismäßigen und wettbewerbsschädlichen Eingriff in die Freiheitsrechte der Kreditwirtschaft auffaßt und daher jede Art von Regulierung der Banken ablehnt. Ihre Aussagen stützen sich in ihrer empirischen Evidenz auf Erkenntnisse über das 18., 19. und frühe 20. Jh., als ausgedehnte staatliche Regulierungs- und Aufsichtssysteme noch unüblich waren. *Schuler* (1992) zählt in seinem umfangreichen Überblick immerhin 69 „Free Banking"-Episo-

---

Vergleich zu komplexen Industrieproduktionen, die weit in die Zukunft gerichtet sind und auch eine hohe technische Urteilsfähigkeit voraussetzen, dürften die Bankaktiva grundsätzlich leichter zu bewerten sein und damit auch marktfähiger sein.

148 Zu den Vertretern zählen vor allem *Dowd* (1992, 1993, 1996); *Selgin* und *White* (1994); *Selgin* (1996). Überblicke und Abgrenzungen liefern unter anderem *Geue* (1998) und *Terres* (1999, S. 167-214).

den in 57 Ländern und/oder Kolonien. Zwar sind solche historischen Bezüge immer nur bedingt geeignet, um daraus für die Bedingungen heutiger Bankenmärkte noch gültige Schlüsse ziehen zu können (hierzu *Burghof* 1998, S. 97 ff.; *Spencer* 2000, S. 214).

Gleichwohl wird auch in dieser Arbeit aus Mangel an Alternativen noch mehrfach auf solche Erfahrungen aus freieren Banksystemen zurückgegriffen, um daraus „Mustervoraussagen" (*von Hayek*) zu gewinnen. Im wesentlichen sind dies die Erfahrungen aus Schottland (1716-1848) sowie aus Kanada und aus den USA des 19. und frühen 20. Jahrhunderts (siehe Kap. 5.2.2.2.2.; 7.2.2.).

Daher soll das Funktionsprinzip des Währungswettbewerbs erläutert werden: In „Free Banking"-Systemen gibt es *kein Zentralbankgeld*, sondern die Notenausgabe erfolgt wettbewerblich. Banken unterliegen den gleichen allgemeinen Regeln der Wettbewerbsordnung wie andere Unternehmen, insbesondere was ihr Verhältnis zu ihren Gläubigern anbelangt – also den Inhabern von Guthaben und/oder Noten. Ein weiteres Kernelement ist die Zusage der Banken, die ausgegebenen Noten jederzeit in Gold oder einen anderen werttragenden Vermögensgegenstand umzutauschen. *Terres* (1999, S. 168, 213-217) betont unter Bezug auf *von Hayek* (1977) im Unterschied zu anderen Befürwortern des Währungswettbewerbs, daß sich im Laufe der Evolution von Geldordnungen auch rein reputationsbasierte private Währungen durchsetzen könnten.

Durch die wettbewerbliche Geldemission gibt es auch *keine Zentralbank*, die mittels geldpolitischer Befugnisse und Instrumente für die Steuerung des gesamtwirtschaftlichen Geldangebots zuständig wäre oder als „Lender of Last Resort" zur Verfügung stünde. Die Vertreter der „Free Banking"-Schule erwarten – anders als kritische Stimmen (etwa *Dow* 1996) – nicht, daß ein wettbewerblicher Geldausgabeprozeß zur ungebremsten Erhöhung der Geldmenge und damit zur Inflation führt. Grundlage hierfür ist zunächst einmal die Konvertibilität der Noten in das Reservemedium. Neben einer Haftungsreserve in Form von Eigenkapital müssen die notenemittierenden Banken jederzeit eine Reserve an Gold oder Warengeld zur Befriedigung der durchschnittlichen Konvertibilitätsforderungen vorhalten. Im Gewinninteresse einer einzelnen Bank ist es zwar, mit einer geringen Menge des Reservemediums ein hohes Volumen zinstragender Kredite zu vergeben und/oder eine großes Volumen der eigenen Währung auszugeben. Bei einer übermäßigen Ausdehnung der eigenen Notenproduktion muß die Bank aber damit rechnen, daß die Notenbesitzer die Glaubwürdigkeit der Konvertibilitätszusage testen werden. Dem möglichen Gewinn aus einer maßlosen Noten- und Kreditausgabe stehen damit die Beschaffungskosten des Reservemediums sowie die möglichen Kosten einer Illiquidität oder einer (runbedingten) Insolvenz gegenüber.

Zu dieser Disziplinierungsdrohung tritt das sogenannte Prinzip des „adverse clearing" zwischen den unterschiedlichen Banken (zum Überblick *Schuler* 1992, S. 17 ff.; *Selgin* 1996, S. 258-265; *Terres* 1999, S. 182-187). Für eine mit geringen Risiken und Kosten verbundene Notenemission oder Kreditvergabe müssen die ausgegebenen Noten möglichst lang im Umlauf bleiben, ohne eingelöst zu werden. Dies wurde in historischen Systemen dadurch erreicht, daß vertrauenswürdige Institute ihre Noten jeweils gegenseitig akzeptierten und gegenüber dem Publikum in das Reservemedium einlösten. Bei der Zirkulation unterschiedlicher Noten haben die Banken untereinander einen Clearing-Mechanismus etabliert, der regelmäßig die Verrechnung der jeweiligen Notenbestände sicherstellte. Der Saldo der jeweiligen Notenbestände wurde durch den Transfer des Reservemediums untereinander ausgeglichen. Dies geschah zunächst auf bilateraler Basis, später jedoch auch multilateral unter Einschaltung einer zentralen Verrechnungsstelle (Clearing House, CH). Eine Überemission eigener Noten mußte früher oder später einen zu Bedenken Anlaß gebenden negativen Verrechnungssaldo gegenüber den jeweils anderen Banken zur Folge haben und damit – in Antizipation – eine restriktivere „Politik" bei der Notenemission auslösen, um nicht aus den Clearing-Mechanismen ausgeschlossen zu werden.

Entscheidend für die Geldwertsicherung ist jedoch, daß eine übermäßige Expansion der Geldmenge unter dem Prinzip des „adverse clearing" prinzipiell nur dann möglich ist, wenn alle am System beteiligten Banken gleichermaßen ihre Notenemission ausdehnen. Da einzelne Banken mit einem abweichenden Verhalten Anteile im Währungswettbewerb hinzugewinnen können, ist dies eher unwahrscheinlich (*Dowd* 1996, S. 685). Da hierdurch einer Überemission (enge) Grenze gesetzt sind, ist eine Zentralbank zur Sicherung des Geldwertes nicht notwendig. Das gleiche Maß an Stabilität ist auf freien Währungsmärkten ebenso erreichbar.

Ein funktionierender Währungswettbewerb setzt neben einer Wettbewerbsordnung (*Schüller* 1977, S. 41 ff.) voraus, daß die Noteninhaber die Kaufkraft der Banknoten hinreichend genau unterscheiden können. In historischen „Free Banking"-Systemen wurde dies in erster Linie durch einen Sekundärmarkt für die emittierten Noten ermöglicht (*Selgin* 1996, S. 222 f.): Banknoten wurden vom Publikum immer dann mit einem Abschlag von ihrem Nominalwert gehandelt, wenn Zweifel an der Zahlungsfähigkeit oder Liquidität der betreffenden Institute bestanden. Die Wechselkurse der Noten spiegelten damit das relative Risiko der Kreditinstitute zueinander wider – ähnlich wie heute Wechselkurse Länderrisiken spiegeln. Die gegenseitige Akzeptanz der Noten zum Nominalwert im Clearing-System wurde umgekehrt als wertvolles Vertrauenssignal gewertet.

Allerdings ist umstritten, ob das System des nationalen Währungswettbewerbs eine heute noch ernstzunehmende Alternative zu einer modernen zweistufigen Geldordnung ist. Der Streit wird dabei im wesentlichen um die richtige Deutung der historischen Erfahrungen geführt. Einerseits ist die tatsächliche Leistungsfähigkeit des Systems – gemessen an der monetären Stabilität und Krisenanfälligkeit – strittig (*Bordo* und *Schwartz* 1995; *Neldner* 2003). Zudem könnten andere Institutionen oder Regulierungen ihre Stabilität gestützt haben. So waren einige „Free Banking"-Systeme durch verschärfte Haftungsregeln der Eigenkapitalgeber gekennzeichnet (*Saunders* und *Wilson* 1997), die nachweislich risikomindernd gewirkt haben (*Esty* 1998). In Schottland waren bis 1865 alle bis auf drei große Edinburgher Banken als „partnerships" organisiert: Ihre Besitzer waren damit unbeschränkt haftbar gegenüber den Noteninhabern. In den USA war es bis zur Einführung einer allgemeinen staatlichen Einlagensicherung 1933 üblich, daß Bank-Aktionäre im Bankrottfall einer doppelten Haftung in Höhe ihrer nominellen Anteile am Eigenkapital unterlagen („double liability").

Zur Begründung der kritischen Gegenposition müssen die Bedingungen für die Ausdehnung von Einzelinsolvenzen auf „unschuldige" Institute über den Informationskanal genauer analysiert werden. Damit ein nennenswerter Teil der Bankenlandschaft durch Abzug von Forderungen in Insolvenzgefahr gerät, muß sich der Liquiditätsverlust über einen längeren Zeitraum vollziehen, begleitet von einem massenhaften Umtausch von Giralgeld in Zentralbankgeld (*Bonn* 1998, S. 30 f.). Für einen solchen „run to currency" oder „flight to currency" müssen die Erwartungen der Bankgläubiger jedoch (fast) vollständig gleichgerichtet sein.[149] Das führt zur entscheidenden Frage:

Wie wahrscheinlich ist eine Homogenisierung der Erwartungen und Verhaltensweisen der Bankgläubiger?

Diese Frage wird von Regulierungsbefürwortern mit dem Hinweis auf ähnliche und gefährliche Risikostrukturen und dauerhafte und unabänderliche Informationsasymmetrien zwischen Banken und ihren Gläubigern beantwortet. Die Einlagensicherheit unterschiedlicher Banken ließe sich infolgedessen durch die Gläubiger nicht unterscheiden, was ein panikartiges Übergreifen einer Krise von Bank zu Bank wahrscheinlich mache. Damit der Mechanismus der Erwartungshomogenisierung aber tatsächlich in dieser Weise greift, müssen zwei Bedingungen erfüllt sein: (1) Banken neigen im Wettbewerb tatsächlich zu ähnlichen und noch dazu erhöhten Risiken; (2) die Gläubiger haben keine Möglichkeit, Einlagensicherheit und Risikostruktur verschiedener Kreditinstitute zu unterscheiden.

In Bezug auf die erste Bedingung der Erwartungshomogenisierung erscheint es zunächst wenig plausibel, daß eine hohe Wettbewerbsintensität erhöhte Risikoneigungen in der Breite der gesamten Kreditwirtschaft begünstigt. Zwar gibt es empirisch viele

---

149 Ein „run to currency" – also der Umtausch von Guthaben in Noten – ist in reinen „Free Banking"-Systemen kein Problem, da die Banken ihre Noten selbst drucken können. Problematisch ist dagegen der Versuch, die Einlösefähigkeit in das zugrundeliegende Reservemedium zu testen („redemption run") (hierzu *Terres* 1999, S. 94 f.).

Beispiele für ex post verfehlte Anpassungs- und Ausweichstrategien im Wettbewerb der Banken untereinander oder mit alternativen Intermediären (*Bonn* 1998, S. 303-306). Auch ist es immer möglich, daß einzelne Banken der Versuchung kurzfristiger Gewinnchancen risikoreicher Unternehmensstrategien nicht widerstehen können oder unbewußt hohe Risiken eingehen. Entscheidend für die Frage der Ansteckung ist jedoch, daß „gesunde" Banken im Wettbewerb nicht dazu gezwungen sind, solche Strategien zu imitieren (*England* 1988, S. 330; *Dowd* 1996, S. 681 f.). Im Gegenteil: Langfristige Gewinnaussichten oder Marktanteile lassen sich am ehesten steigern, wenn sich Konkurrenzinstitute mit vorsichtiger Strategiewahl von den „Hasadeuren" absetzen. Beispielsweise hängt die zukünftige Gewinn und damit die Überlebensfähigkeit einer Bank unter Wettbewerbsbedingungen stark von ihrem Vertrauens- oder Reputationskapital ab (siehe *Boot* und *Greenbaum* 1993, S. 268 f.). Jedes (risikoaverse) Management, das seine langfristigen Gewinnchancen nicht verspielen möchte, wird daher auf riskante Strategien verzichten müssen, die diese Reputation gefährden. Hierfür kommen eine Fülle von vorsorglichen Strategien in Frage – unter anderem die Höhe des Haftungspotentials oder die Teilung von Risiken mit Dritten –, die als wettbewerbliche Aktionsparameter eingesetzt werden können und müssen, um die Bankkunden von der Vertrauenswürdigkeit der Bank zu überzeugen. Die Angst vor „pure contagion" kann dabei geradezu katalytisch auf solche Bemühungen wirken:

> „Indeed, if a bank believes that its competitors are taking excessive risks, the *most rational course of action* is for it to *distance itself* from them [...] in anticipation of the time when they start to suffer losses and lose confidence" (*Dowd* 1996, S. 682, Hervorhebung G. F.).

Mit diesem Differenzierungsanreiz wird nicht nur die Wahrscheinlichkeit exzessiver Finanzmarktzyklen (Marktversagen V und VI, siehe Kap. 5.2.3.) beschränkt, vor allem wird homogenisierten Erwartungen (Marktversagen II) die rationale Grundlage weitgehend entzogen.

5.2.1.2. Marktendogene Lösungen gegen asymmetrische Informationen in der Gläubiger-Bank-Beziehung

Der Differenzierungsanreiz ist aber nur eine Seite der Medaille. Er wäre wertlos, wenn sich vorsichtige Strategien nicht tatsächlich im Wettbewerb verwerten ließen. Gerade dies wird mit dem Hinweis auf die unabänderliche Informationsasymmetrie zwischen Banken und ihren Gläubigern von Befürwortern des Marktversagensarguments unterstellt. Dies schließt – zumindest implizit – die Annahme ein, daß es keine außerstaatlichen Möglichkeiten gibt, die Informationsasymmetrie zwischen Banken und deren Gläubigern zu reduzieren. Um dieser zweiten Bedingung der Erwartungshomogenisierung zu entsprechen, müßten aber sowohl die Kreditinstitute auf „Signalling" vollständig verzichten als auch die Gläubiger keinerlei Anstrengungen unternehmen, ihren Informationsnachteil zu reduzieren (*England* 1988; S. 317; *Knorr* 1999, S. 361). In Anbetracht der möglichen Folgen dauerhaft asymmetrischer Informationsverteilungen für „unschuldige" Banken und Einleger ist dies kaum vorstellbar. Sofern damit Gewinnchancen verbunden sind, sollte das unternehmerische Handeln aller Beteiligten zudem alternative vertragliche und/oder institutioneller Arrangements hervorbringen (*England*

1988, *Steden* 2002, S. 106-109), die über die bereits diskutierten Bilanzcharakteristika hinausreichen. Die exakte Ausgestaltung solcher Arrangements kann für die heutige Zeit gleichwohl nur hypothetischer Natur sein, da das Verhalten der Banken und ihrer Vertragspartner von dem spezifischen regulatorischen Rahmen für Kreditinstitute überlagert wird. Regulierungskritiker unternehmen jedoch – zum Teil in Analogie zu gebräuchlichen Mustern in anderen Industrien und gestützt auf die historischen Erfahrungen – den Versuch, die allgemeine Richtung möglicher Maßnahmen anzuzeigen.

Erstens: Sofern die Run-Drohung eine reale Gefahr ist – und davon ist auszugehen –, werden haftende Banken und ihre Manager versuchen, ihre Vertrauenswürdigkeit und Qualität auf verschiedenste Art und Weise zu signalisieren, um einer Insolvenz vorzubeugen (*England* 1988, S. 322). Hierzu bieten sich neben vertrauensbildenden Maßnahmen – wie Werbung oder Markennamen – vor allem relativ hohe Eigenmittel (und Liquiditätsreserven) an, die als zusätzliche Haftungsreserve der Sicherheit der Einlagen dienen und die Solvenz der Bank vor unerwarteten Verlusten oder Veränderungen wichtiger Rahmendaten schützen können (*Dowd* 1996, S. 681).[150] Allerdings ist eine große Eigenkapitalquote nicht kostenlos. Die Einleger müssen auf Zinszahlungen verzichten, um die Aktionäre für das übernommene Risiko zu entschädigen. Solange die Entscheidungen der Bank(manager), Aktionäre und Einleger frei von staatlicher Einflußnahme sind, sollten sich im Wettbewerb Eigenkapitalquoten herausbilden, die den Präferenzen der Beteiligten entsprechen (*Dowd* 1996; 1997; 1999a). In diesem Sinne kann jede von staatlicher Einflußnahme unberührte Entscheidung über die Eigenkapitalausstattung als optimal interpretiert werden (*Dowd* 1997, S. 97).[151] Bezogen auf die Frage der Einlagen- und Runsicherheit formuliert *Dowd* (1996, S. 681) folgerichtig:

> „Competition between banks should then ensure that banks converge on whatever degree of capitalisation their customers demand. [...] If bank customers want safe banks, market forces will ensure to get them."

Eine vollständige Erosion der Eigenkapitaldecke aller Banken im Wettbewerb – also ein „race to the bottom" der freiwilligen Sicherheitsstandards – kann deshalb nur auftreten, wenn die Einleger keine Präferenz für die Sicherheit ihrer Einlagen entfalten. Hierbei dürfte es sich aber wohl um einen pathologischen Fall handeln.

Gegen diese Argumente wendet *Miles* (1995) ein, daß die Banken ihre Qualität gegenüber ihren Einlegern nicht hinreichend genau signalisieren können, selbst wenn sie es wollten. Als Grund hierfür nennt er erneut asymmetrisch verteilte Informationen und undurchsichtige Bankbilanzen. Weil die Einleger nicht in der Lage wären, den Wert der

---

150 Die betriebswirtschaftliche Literatur nennt unter anderem die Funktionen des Bankeigenkapitals als Verlustdeckungsmittel, als Vertrauenssignal und als Mittel des Gläubigerschutzes (siehe *Burghof* und *Rudolph* 1996, S. 127-131; *Büschgen* 1998, S. 1084 f.).

151 Dies deckt sich mit der aus der Diskussion um die wettbewerbspolitischen Leitbilder gewonnenen Erkenntnis, daß es nicht *die* optimale Unternehmensgröße gibt. Vielmehr sind Unternehmensgrößen (unintendierte) Beiprodukte des unternehmerischen Bemühens um die kostengünstige Befriedigung von Konsumentenpräferenzen (*Krüsselberg* 1996, S. 171).

Bankaktiva zu ermitteln, würden sie grundsätzlich höhere (als optimale) Zinsen auf ihre Einlagen fordern. Im Umkehrschluß müsse dies dazu führen, daß Banken niedrigere Eigenkapitalquoten und/oder höhere Risiken wählen, um Gewinne machen zu können.

Diese Argumentation ist wie die bisherigen Marktversagensargumente ebenfalls wenig überzeugend (*Dowd* 1999a, S. 40-43), da dann auch andere Industrien mit unliquiden und schlecht zu bewertenden Vermögensgegenständen und/oder vielen Kleingläubigern Regulierungen der für Banken typischen Art unterliegen müßten. Zudem wird damit erneut eine Effizienznorm im neoklassischen Verständnis unterstellt, die realen Marktsituationen nicht gerecht werden kann. Mit dem gleichen Argument ließe sich jede Art von Informationsasymmetrie für die Forderung staatlicher Eingriffe mißbrauchen, was aber einen perfekt informierten zentralen Planer voraussetzen würde. In realen Gesellschaften sind asymmetrische Informationen in erster Linie Voraussetzung und nicht Problem einer produktiven Arbeitsteilung. Allerdings kann unter realistischen Bedingungen nicht vollständig ausgeschlossen werden, daß Bankmanager sich verkalkulieren oder opportunistisch verhalten.

Zweitens: Aus den daraus erwachsenden Verlustrisiken der Gläubiger und Eigentümer von Banken ergeben sich – wie schon bei der Diskussion des Einzel-Bank-Runs betont – Anreize, das Management effektiv zu überwachen. Diese schlagen sich in einer steigenden Nachfrage nach Informationen nieder, so daß der Informationsnachteil auch von Seiten der Gläubiger reduziert wird (*England* 1988, S. 322 f., 331; *Dowd* 1999a, S. 40 f.). Auch wenn dadurch die Informationsnachteile von Kleingläubigern nicht vollständig zu beseitigen sein dürften, folgt hieraus noch keine Regulierungsbedürftigkeit. De Kleingläubiger können auch ohne eigene Kontrollanstrengungen von den Kontrollanstrengungen der besser dazu befähigten Bezugsgruppen einer Bank profitieren. Neben den Großeinlegern und Interbankengläubigern kommen hierzu auch (Groß-)Aktionäre in Frage, die als Empfänger der Residualeinkommen das größte persönliche Risiko eingehen. Als kritischer Einwand gegen die These kontrollinteressierter Aktionäre ließe sich der schon mehrfach bemühte Interessenkonflikt zwischen Aktionären und Fremdkapitalgläubigern anführen. Gerade in der Nähe des Konkurses hätten die Aktionäre zusammen mit dem Management ein Interesse am „gambling for profit" zu Lasten der Kleineinleger (siehe Kap. 4.2.1.). Dieser Zusammenhang läßt sich empirisch jedoch nicht generell nachweisen (*De Ceuster* und *Maschelein* 2003, S. 754). Auch wegen des Differenzierungsanreizes der Banken kann davon ausgegangen werden, daß der theoretisch ableitbare Konflikt zwischen Aktionären und Einlegern in der Realität weniger Bedeutung besitzen dürfte. Aber selbst dann könnten die Kleingläubiger noch auf die Kontrollbemühungen nachrangig besicherter Fremdkapitalgeber zählen. Da diese im Unterschied zu den Aktionären noch nicht einmal theoretisch von einer Risikoerhöhung profitieren könnten, besitzen sie unzweifelhaft einen lohnenden Anreiz, die Geschäftsleitung „ihrer" Banken wirksam zu überwachen.

Entsprechend spiegelt sich die Qualität unterschiedlicher Banken in der unterschiedlichen Marktbewertung der durch sie emittierte Aktien oder Anleihen wider. Empirisch läßt sich erhärten, daß Finanzmarktpreise Informationen über die tatsächliche Zahlungsfähigkeit der Banken enthalten und damit Signalwirkung entfalten können (*De Ceuster* und *Maschelein* 2003, S. 754; *EZB* 2005b, S. 62) – ähnlich wie das für den Sekundärmarkt für Banknoten in historischen „Free Banking"-Systemen nachweisbar ist. Selbst wenn die Kleingläubiger eigene Informations- und Kontrollanstrengungen minimieren, profitieren sie damit von quasi-automatischen Mechanismen zur Unterscheidung der Einlagensicherheit.

Auch darf die Wirkung von Lerneffekten der Gläubiger möglicherweise bestehende Informationsasymmetrien nicht unterschätzt werden. So mögen die Einleger beispielsweise noch während der Runphase ein besseres Verständnis über die tatsächliche Zahlungsfähigkeit der jeweils betroffenen Banken entwickeln, die Ansteckungseffekte schnell abschwächen (*Kaufman* 2000, S. 95 f.).

Drittens: In einem unregulierten Umfeld tun sich unternehmerische Chancen auf, die vorhandenen Informationen für die Kleineinleger aufzubereiten und/oder Banken bei der Signalisierung ihrer „wahren" Qualität zu unterstützen. Neben traditionellen Informationsmedien (Zeitungen, Fernsehen usw.) kommt hierfür auch eine Reihe von spezialisierten Unternehmen in Frage, die dem Bereich der Selbstregulierung (Kontrollebene 2) zugerechnet werden können. Die Aufbereitung von Informationen durch Dritte wird heute vor allem von Rating-Agenturen und privaten Zertifizierungsstellen erwartet (*England* 1988, S. 323 ff.; *Dowd* 1999a, S. 45 f.; *Steden* 2002, S. 106-109). Ihr Spezialisierungsvorteil besteht in der Produktion und im Verkauf von Informationen über den Solvabilitätsstatus einzelner Banken und anderer Unternehmen. Auf diese Weise läßt sich der Informationsnachteil aller Einleger vermindern. Die Bestimmung der bankadäquaten Risikozuschläge auf die Zinshöhe durch die Einlager würde dadurch ebenfalls erleichtert. Der Wettbewerb der Informationsdienste dürfte zudem eine Differenzierung möglicher Bewertungsmethoden oder -standards hervorbringen. Damit würde das letztlich nicht (perfekt) lösbare Problem, den besten Standard zu kennen und zu wählen, entschärft (*Steden* 2002, S. 108).

Die Existenz von Rating-Agenturen oder Zertifizierungsintermediären, die nach dem Gewinnprinzip arbeiten, erfordert eine Zahlungsbereitschaft potentieller Nachfrager (siehe *Wörner* 2000, S. 83 ff.). Für die (Klein-)Einleger ist dies mindestens gewöhnungsbedürftig, wenn nicht unwahrscheinlich – unter anderem auch deshalb, weil sie sich auf die Produktion der Informationen durch andere verlassen oder auf den Schutz vor Opportunismus durch die schnelle Auflösbarkeit ihre Einlage vertrauen. Deshalb werden Banken selbst im Angebot von Bonitätsausweisen eine Bringschuld im Wettbewerb sehen. „Gesunde" Banken haben einen starken Anreiz, ihr Sicherheitsprofil gegenüber der Konkurrenz hervorzuheben. Auch „gefährdete" Institute werden sich dem Wettbewerb nicht entziehen können. Sie werden sich schon deshalb externen Bonitätsprüfungen durch Rating-Agenturen unterziehen, weil die Nichtteilnahme als ein negatives Vertrauenssignal gewertet werden könnte (*Dowd* 1999a, S. 45). Der Einwand eines möglichen Interessenkonflikts der Rating-Unternehmen, der sich aus einseitig bankfinanzierten Bewertungen ergeben könnte, ist berechtigt, doch nicht überzeugend. Überleben und Erfolg einer Rating-Agentur im Wettbewerb hängen in hohen Maße von ihrer Reputation ab. Sie wird daher nur dann zu bankenfreundlichen Beurteilungen neigen, wenn sich hierdurch Wettbewerbsvorteile erzielen lassen. „Schönwetter"-Prognosen würden jedoch rasch von der Wirklichkeit eingeholt und von der Konkurrenz als solche bloßgestellt – vermutlich durch die gleichen direkten Kommunikationsmittel, wie sie auch von Banken benutzt würden. Auch nutzt die Kreditwirtschaft selbst die Informationen der Rating-Agenturen bei ihren Kreditvergabeentscheidungen an andere Banken, so daß auch von dieser Seit ein Druck zu schuldneradäquaten Bewertungen entsteht.

Wörner (2000, S. 85 f.) sieht aber trotz überwiegend positiver Einschätzung von Rating-Agenturen einen Bedarf an staatlicher Aufsicht, wenn er abschließend feststellt: „Eine marktendogene Korrektur des Marktversagens vermögen sie indes nicht zu leisten, da auch einer Rating-Agentur eine vollständige Beseitigung der Informationsmängel nicht gelingen kann". Rating-Agenturen hätten letztlich keine sanktionsbewährte Möglichkeit, opportunistische Verhaltensweisen der Bankmanager oder die Verschleierung von Informationen vollständig auszuschließen. Der Grund wird darin gesehen, daß sie sich in erster Linie an den Bilanzdaten der jeweiligen Banken orientieren, diese aber aufgrund der schnellen Veränderbarkeit der Risikopositionen der Kreditinstitute nur bedingt aussagekräftig seien. Schon deshalb könne nicht ausgeschlossen werden, daß Veränderungen der Bankrisiken zu spät erkannt würden, um eine präventive Marktkontrolle zu ermöglichen. Diese Tendenz zu verspäteten Warnungen durch die Rating-Agenturen wird auch durch vereinzelte neuere empirische Arbeiten über deren Verhalten bei den jüngsten Finanzkrisen belegt – allerdings bezogen auf Länderratings. *Borio et al.* (2001, S. 11) nehmen dies sogar als zusätzlichen Beleg für ein mangelndes Risikobewußtsein der Finanzmarktakteure (Marktversagen V und VI). Die Einwände sind entsprechend ernstzunehmen.

So wird niemand bestreiten, daß Ratings sich als fehlerhaft erweisen können. Niemand wird auch leugnen, daß eine Gefahr für die Systemstabilität erwachsen kann, wenn fehlerhafte Rating-Bewertungen entgegen ihrem eigentlichen Sinn einen Banken-Run und/oder die Homogenisierung von Erwartungen begünstigen. Auch wenn man sich nicht auf die Norm „einer vollständigen Beseitigung der Informationsmängel" beziehen will, wird bei einer solchen Argumentation aber implizit immer unterstellt, daß staatliche Aufsichtsstellen besser in der Lage seien, ein entsprechendes Wissen zu generieren und zu nutzen (siehe hierzu auch Kap. 6.3.). Empirische Studien zeigen jedoch, daß Finanzmarktpreise auf Veränderungen von Ratings reagieren, was darauf hindeutet, daß diese Informationen enthalten, die anderer Stelle nicht öffentlich verfügbar sind (siehe *De Ceuster* und *Maschelein* 2003, S. 758). Es wundert daher auch kaum, daß Finanzmarktteilnehmer in hohem Maße auf die Bewertung der Rating-Agenturen zurückgreifen. Sicher sind Zertifizierungen, Ratings, und Gütesiegel kein Allheilmittel gegen Opportunismus oder gegen asymmetrische Informationen; in unregulierten Bankensystemen dürfte ihnen aber eine ungleich bedeutendere Stellung zukommen als es ohnehin heute schon auf den Finanzmärkten der Fall ist.[152]

Viertens: Schließlich könnten zur Bonitätsbeurteilung der Banken auch Selbstregulierungseinrichtungen (etwa verbandseigene Zertifizierungsstellen) der Kreditwirtschaft

152 Darüber hinaus sind Ratings bei weitem nicht die einzigen institutionellen Arrangements, die für die Verminderung des Informationsnachteils der Einleger vorstellbar sind. Nach *England* (1988, S. 324 f.) könnten beispielsweise professionelle Vermögensverwalter gegen Bezahlung nach den für ihre Kunden bestmöglichen Anlagemöglichkeiten suchen.

beitragen, wenn die Bemühungen einzelner Banken nicht ausreichen, um das Systemrisiko auszuschließen. Ein Anreiz hierfür könnte neben dem gemeinsamen Interesse an stabilen Bankenmärkten auch darin liegen, die hohen direkten staatlichen Regulierungskosten zu vermeiden (*Steden* 2002, S. 107).

Insgesamt ist die vollständige Homogenisierung der Erwartungen auf Seiten der (Klein-)Einleger, die für die Entstehung eines ernsthaften Systemrisikos im Wege des Informationskanals gegeben sein müßte, in einem wettbewerblichen Banksystem kaum zu erwarten. Einerseits bestehen vielfältige Anreize zur Differenzierung im Wettbewerb. Ein wettbewerbliches Bankwesen dürfte daher insgesamt sehr heterogen sein. Die Vielzahl der Präferenzen heterogener Einleger, Aktionäre und Bankmanager macht dabei bankindividuelle unterschiedliche Anlagecharakteristika, Strategien und Sicherheitsniveaus wahrscheinlich.

Bankenpleiten können dabei nicht ausgeschlossen werden. Jedoch werden sie aufgrund der größeren Heterogenität immer auf einzelne oder wenige Institute begrenzt bleiben (*England* 1988, S. 329 f.). Zudem vermitteln vielfältige marktendogene Möglichkeiten zum Abbau von Informationsasymmetrien den Sparern eine hinreichende Urteilsfähigkeit, um „gesunde" von „ungesunden" Banken zu unterscheiden. Der befürchtete Totalumtausch der Bankguthaben in Zentralbankgeld („flight to currency") ist daher als ein unrealistischer Grenzfall des Informationskanals der Krisenübertragung anzusehen. Wahrscheinlicher ist ein Szenario, bei dem abgezogene Einlagen bei vertrauenswürdigen Instituten wieder eingezahlt werden („flight to quality"). Dies kann *direkt* durch die Einleger geschehen, die sich an dem Run auf die erste Bank in der Kette beteiligen. Sofern diese die abgezogenen Einlagen jedoch in Sachwerte (z. B. Immobilien oder Gold) investieren, entscheidet das Verhalten der Vorbesitzer, ob die Gelder dem Bankwesen *indirekt* wieder zufließen (siehe *Bonn* 1998, S. 30). Solange Einleger eine hohe Präferenz für die Sicherheit ihrer Einlagen haben und solange allgemeine Regeln (Kontrollebene 3a) eine Wettbewerbsordnung konstituieren, die diesen Präferenzen Geltung verschafft, wird die Wettbewerbskontrolle (Kontrollebene 1) insgesamt tendenziell in Richtung einer hohen Einlagensicherheit drängen („competition to safety").

Die Höhe des Eigenkapitalpuffers ist hierbei vielleicht der wichtigste Parameter im Wettbewerb um Einlagensicherheit. Die Vertreter des „Free Banking"-Gedankens erwarten folgerichtig im Durchschnitt höhere Eigenkapitalquoten, als dies heute üblich ist. Sie begründen dies unter anderem damit, daß in Abwesenheit jeglicher staatlicher Sicherungseinrichtungen die Überlebensfähigkeit der Banken entscheidend von dem durch das Eigenkapital garantierten Risikopuffer bestimmt ist. Dies gilt nicht nur in Bezug auf die Frage der Run-Anfälligkeit und Differenzierungsfähigkeit (Marktversagen I, II und III). Es gilt gerade auch für den direkten Übertragungskanal von Bankenkrisen im Interbankenmarkt (Marktversagen IV). Je geringer die Eigenkapitalquote, desto größer ist ceteris paribus das Ansteckungsrisiko (*Kaufman* 2000, S. 93).

Als indirekten Hinweis zur Bestätigung dieses Arguments kann die Tatsache herangezogen werden, daß Banken in den regulierungsarmen Systemen des 19. Jh. in der Tat mit höheren Eigenkapitalquoten als heute operiert haben (*Berger et al.* 1995, S. 401 ff.; *Dowd* 1996, S. 681; *Saunders* und *Wilson* 1999).[153] Zudem halten moderne Banken nachweislich höhere Eigenkapitalquoten vor, wenn sie in höherem Maß einer Disziplinierung durch die Marktkräfte ausgesetzt sind – ganz so, wie es die regulierungskritischen Stimmen im Anschluß an die Kerngedanken des „Free Banking" vermuten (*Bauman* und *Nier* 2003).

Diese Beobachtungen legen den Schluß nahe, daß in freien Bankensystemen Bilanzbesonderheiten und Risikopotentiale angemessen durch die Bezugsgruppen der Banken berücksichtig werden und eine den Präferenzen entsprechende Systemstabilität erzeugt wird. Über die häufig für die Instabilität des Banksektors herangezogenen Maße (Barreservequote, Eigenkapitalquote, Anteil sofort kündbarer Forderungen) kommt *Kaufman* (2000, S. 84) daher in seinem historischen Rückblick zu dem Schluß: „on average the market set the correct ex-ante values for the three fragility ratios".

5.2.2. Zum Dominorisiko auf dem Interbankenmarkt

5.2.2.1. Einzelwirtschaftliche Motive für Interbankengeschäfte

Die kritischen Positionen zum Einzel-Bank-Run und einer weitreichenden Erwartungshomogenisierung (Marktversagen I, II und III), wie sie in den Vorkapiteln behandelt worden sind, beruhen zum Teil auf der Annahme, daß besser informierte Gläubigergruppen eine überlegene Urteilsfähigkeit aufweisen, die „ungerechtfertigte" Run-Phänomene unwahrscheinlich werden läßt. Hierzu zählen in erster Linie die Akteure des Interbankenmarktes. Ein entscheidender Prüfstein für die Notwendigkeit einer umfassenden Regulierung ist damit die Frage, inwieweit sich aus dem Verhalten dieser Akteure ebenfalls systemische Risiken ergeben können.

Zur Beantwortung dieser Frage muß man sich dem relativ jungen Forschungsfeld der Analyse von Interbankenmärkten zuwenden.[154] Hier werden schwerpunktmäßig die direkten Übertragungen von Bankinsolvenzen oder Insolvenzen anderer Finanzmarktakteure in das Gesamtsystem untersucht; diese gelten – wie gesehen – als zweites wichtiges Element des Systemrisikos im engeren Sinne (Dominoeffekte, Marktversagen IV). Zur Erinnerung: Dominoeffekte beschreiben den Umstand, daß die Zahlungsunfähigkeit einer Bank Forderungsausfälle bei anderen Banken auslöst, die wiederum an dritte Ban-

---

[153] Indirekt dient dies auch als Beleg dafür, daß umfangreiche (staatliche) Sicherungseinrichtungen, die den Bankgläubigern Verlustrisiken abnehmen, die Notwendigkeit zur Eigenvorsorge schwächen. Siehe zu dieser „moral hazard"-Problematik ausführlich Kap. 6.2.1.1.

[154] Einen guten Einblick in die Kernaussagen der teilweise komplexen formalen Untersuchungen von Interbankenmärkten geben *Staub* (1999); *DeBandt* und *Hartmann* (2002, S. 267 ff.) sowie *Summer* (2003). Ein guten Einstieg in die empirischen Erkenntnisse bietet *Upper* (2004).

ken weitergereicht werden können. Einschlägige Arbeiten hierzu setzen allgemein an den wechselseitigen Beziehungen auf Geld-, Kredit-, und Finanzmärkten einschließlich der hierbei benutzten Zahlungs- und Abwicklungssysteme an. Zwar sind enge finanzielle Interaktionen auch zwischen Nichtbanken üblich, ohne daß diese reguliert würden (*Summer* 2003, S. 46). Allerdings wird für den Finanzsektor ein besonders großes direktes Ansteckungspotential erwartet. Hierfür werden geschäftsfeldübergreifende Charakteristika der Interbankenbeziehungen verantwortlich gemacht: hohe Volumina, überwiegend unbesicherte (und in der Höhe schwankende) Forderungen[155] und nach außen hin mangelnde Transparenz.

Die Argumentation der Regulierungsbefürworter verlöre jedoch viel an Überzeugungskraft, wenn sich die Verflechtungen der Interbankenmärkte und ihre institutionelle Struktur – ähnlich wie die Fragilität der Bankbilanzen im allgemeinen – mit ökonomischen Zweckmäßigkeitsüberlegungen rekonstruieren ließen. Hierzu müssen zwei Fragenkomplexe untersucht werden:

(1) Welche positiven Effekte besitzen die wechselseitigen Geschäftsbeziehungen für einzelne Banken und für das gesamte Banksystem?

(2) Gibt es institutionelle Arrangements, die möglichen Risiken auf einzel- oder gar gesamtwirtschaftlicher Ebene vorbeugen können?

Zur Beantwortung der ersten Frage muß man an den Beweggründen der Kreditinstitute für Interbankenbeziehungen ansetzen. Neben dem Wunsch, durch Interbankenbeziehungen mehr Informationen über die Geschäftspartner zu erlangen oder strukturelle Einlagenüberschüsse weiterzureichen (*Upper* 2004, S. 20) dürften im wesentlichen zwei Versicherungsmotive für die vielfältigen Engagements auf Interbankenmärkten sprechen (*Staub* 1999, S. 16). Diese lassen sich zumindest grob den wichtigsten Marktsegmenten zuordnen: Für die wechselseitigen (kurzfristigen) Kreditengagements auf den Geld- und Kreditmärkten ist dies der Wunsch der Banken, Liquiditätsüberschüsse und -engpässe kostengünstig auszugleichen (Motiv der Liquiditätsversicherung). Die Engagements auf Märkten für Währungen, Wertpapiere und innovative Finanzprodukte lassen sich dagegen in erster Linie mit dem Wunsch nach einer bewußten unternehmerischen Steuerung der bankbetrieblichen Risiken begründen (Motiv des Risikomanagements). Es bietet sich daher an, beide Marktsegmente im folgenden getrennt voneinander zu behandeln.

5.2.2.2. Gegenseitige Kreditbeziehungen der Akteure im Interbankenmarkt

5.2.2.2.1. Liquiditätssichernde Wirkung von Interbankeneinlagen

Kurzfristige Liquiditätsüberschüsse und -engpässe gehören zum Alltag des Bankgeschäfts. Sie entstehen, wenn die Ein- bzw. Auszahlungen bei einer Bank über einen be-

---

[155] Unbesichert meint dabei *auch*, daß die Interbankenforderungen im Regelfall nicht durch Einlagensicherungssysteme geschützt werden.

stimmten Zeitraum nicht deckungsgleich sind und daher die von den Banken angestrebten Liquiditätsreserven unter- oder überschritten werden. Liquiditätsüberschüsse können dabei kurzfristig an andere Banken weitergereicht werden, um damit einen (zusätzlichen) Zinsertrag zu erwirtschaften. Banken mit einem Liquiditätsengpaß nutzen dagegen die Möglichkeit kurzfristiger Interbankenkredite, um zur Befriedigung der Auszahlungswünsche eigener Einleger bzw. zur Bedienung anderer eigener Verpflichtungen auf die (kostspielige) Liquidierung von Bankaktiva verzichten zu können. Auf einer sehr allgemeinen Ebene muß daher kritischen Stimmen entgegengehalten werden, daß Interbankenkredite eine Funktion der Versicherung auf Gegenseitigkeit gegen das bankentypische Liquiditätsrisiko erfüllen (können) (z. B. *Cocco et al.* 2003, S. 4 f.). Ihre Begrenzung oder regulatorische Beeinflussung würde daher unter Umständen mit einer Minderung der Versicherungsleistung einhergehen.[156]

Gleichwohl ist das Argument eines durch einen unerwarteten Forderungsausfall ausgelösten Dominoeffekts nicht völlig von der Hand zu weisen. Dies gilt insbesondere deshalb, weil die für Unternehmenskredite typischen Besicherungsstrategien im Interbankenbereich weniger verbreitet sind.[157] Eine an diesem Problem ansetzende regulatorische Sonderbehandlung wäre aber nur dann gerechtfertigt, wenn die Interbankengläubiger nicht in der Lage wären, die entsprechenden Ausfallrisiken selbst zu kontrollieren – also unternehmerisch nach Ersatzlösungen hierfür zu suchen. Wird von der Möglichkeit abgesehen, daß Interbankengläubiger per se so gut informiert sind, daß sie auf jegliche Schutzmechanismen verzichten können, muß sich das Fehlen von Sicherungsklauseln aus dem Wert anderer struktureller Besonderheiten von Interbankenforderungen erklären lassen. Soweit systematische Studien zu diesen Strukturen überhaupt existieren,[158] lassen sich einige der von den Regulierungsbefürwortern ins Feld geführten Besonderheiten auch umgekehrt deuten – nämlich als ein Hinweis, daß sich die Akteure möglicher Ansteckungsrisiken bewußt sind (*Michael* 1998, S. 29).

So dominieren bei den gegenseitigen Einlagen und Transaktionen kurze bis sehr kurze Laufzeiten. In Analogie zu den Überlegungen zu den Sichtdepositen läßt sich dies

---

156 Einschränkend muß hierbei angemerkt werden, daß die große Aktivität auf den Geldmärkten teilweise durch regulatorische und/oder geldpolitische Anforderungen selbst zu erklären ist. So ist die Nachfrage nach kurzfristigen Interbankeneinlagen auch von der Notwendigkeit bestimmt, staatlich gesetzte Reserveanforderungen zu erfüllen (*Cocco et al.* 2003, S. 5)

157 Allerdings zeigt sich in den letzten Jahren ein Trend zu stärkere Besicherung auch der Interbankenkredite – insbesondere bei mittleren und längeren Fristen (*EZB* 2004b, S. 60 ff.).

158 Die Beurteilung der Geld- und Interbankenkreditmärkte wird dadurch erschwert, daß es – bis auf wenige Ausnahmen – keine verläßlichen statistischen Daten zur Gesamtstruktur der Märkte gibt. Verfügbare Studien zur Marktstruktur konzentrieren sich zudem auf einzelne Länder. Hierbei ist zusätzlich zu beachten, daß sich die Bedeutung des Interbankenkreditgeschäfts von Land zu Land zum Teil erheblich unterscheidet. Während in den USA nur etwa 4 Prozent der Bilanzsumme der Geschäftsbanken aus Krediten an andere Banken besteht, sind es in Deutschland oder Großbritannien in etwa 27 Prozent (siehe *Upper* 2004, S. 20; *Wells* 2002, S. 176).

erstens als ein Schutzmittel gegen unerwartete Kreditausfälle interpretieren. So lassen sich bei kurzen Fristen einerseits mögliche Verlustrisiken grundsätzlich leichter abschätzen. Zudem kann bei sich andeutenden Schwierigkeiten gegebenenfalls mit Linienkündigungen reagiert werden. *Zweitens:* Auch die volumenmäßige Konzentration der Geschäfte auf wenige große und bedeutende Akteure wird plausibel. Da es sich hierbei um Institute mit nachgewiesen guter Bonität und Reputation handelt, dürften Ausfallrisiken geringer und fehlende Besicherungsklauseln verständlich sein. Hiermit korrespondiert *drittens* die Erkenntnis, daß große und kleine Banken unterschiedlich in die Geldmarktgeschäfte eingebunden sind. *Furfine* (1999, insbesondere S. 37-42) zeigt in seiner Untersuchung der Mikrostruktur des US-amerikanischen Geldmarktes (Federal Funds Market), daß größere Banken ihre Kreditengagements weit stärker streuen. Kleinere Banken verlassen sich dagegen auf wenige Beziehungen, um schwankende Liquiditätssalden auszugleichen. Darin kann eine Bestätigung des Wertes impliziter Bindungen für den Interbankenbereich gesehen werden: Kleine Banken haben ähnlich wie reputationsschwache Unternehmen einen Signalisierungsnachteil gegenüber potentiellen Gläubigern, der – im Sinne einer geliehenen Reputation – durch eine langfristige(re) und exklusive(re) Kreditbeziehung überwunden werden kann. Zu einem ähnlichen Schluß kommen neuerdings auch *Cocco et al.* (2003) für die Übernachttransaktionen im portugiesischen Interbankenmarkt der Jahre 1997-2002. Die Autoren identifizieren deutliche Hinweise, daß gegenseitige Liquiditätseinlagen tatsächlich eine Versicherungsfunktion erfüllen. So bestehen langfristige „lending relationships" vor allem zwischen Kreditinstituten mit gegenläufigen Liquiditätsrisiken. Besonders auffällig ist darüber hinaus, daß diese überdurchschnittlich intensiv genutzt werden, wenn die jeweiligen Banken einem außergewöhnlichen Refinanzierungsbedarf unterliegen – also der Wert einer Versicherung besonders groß ist. Grundsätzlich gibt es daher gute Gründe, die den Dominoeffekten (Marktversagen IV) implizit zugrundeliegende Annahme von Fehleinschätzungen der Marktteilnehmer anzuzweifeln.

Zudem spricht zumindest theoretisch vieles dafür, daß der Versicherungsfunktion des Interbankenmarktes auch bei „ungerechtfertigten" Run-Phänomenen und deren Übergreifen in das Gesamtsystem eine entscheidende Bedeutung zukommen kann (Marktversagen I, II und III). So könnten andere Banken bereit sein, betroffene Banken durch einen spontanen Hilfskredit zu stützen – also quasi als privater „Lender of Last Resort" aufzutreten. Ratio und Wirkung einer solchen selbstregulatorischen Sicherung (Kontrollebene 2) stellen sich dabei wie folgt dar:

Zunächst bietet die Vergabe von Überbrückungskrediten eine Gewinnchance für die potentiellen Gläubiger (etwa *Terres* 1999, S. 95 f.). Es ist daher grundsätzlich mit einiger Wahrscheinlichkeit davon auszugehen, daß sich Kredithilfen ergeben werden – zumal für mögliche Liquiditätsüberschüsse aus einem „flight to quality"-Verhalten der Kleineinleger kurzfristig nach profitablen Anlagemöglichkeiten gesucht wird. Da potentielle Kreditgeber bei einem (ungerechtfertigten) Konkurs eines Konkurrenzinstituts jedoch Marktanteile hinzugewinnen würden, wird es „natürliche" Grenzen für ein solches Verhalten geben. Ein bedeutenderer Beweggrund für (koordinierte) Hilfsaktionen mit dem Charakter eines privaten Ersatz-"Lender of Last Resort" dürfte daher das gemeinsame „konstitutionelle Interesse" der Kreditwirtschaft an einem funktionsfähigen

Bankensektor sein. Aus der Theorie zur Selbstregulierung ist bekannt, daß eigennütziges Handeln unterdrückt wird, wenn es um die Sicherung eines öffentlichen Gutes geht (siehe Kap. 3.2.2.). Im Fall von Bankenkonkursen kann das konstitutionelle Interesse gerade in ihren negativen Externalitäten – also der Möglichkeit zu Kettenreaktionen gesehen werden. Eingeschränkt kann dies auch für die vom Realsektor ausgehenden Rückkoppelungen einer sich ausbreitenden Bankenkrise angenommen werden. Die Angst vor einer Systemkrise bietet damit einen starken Anreiz, nach unternehmerischen Lösungen gegen die Ausbreitung von Krisenerscheinungen zu suchen, und zwar nicht nur nachträglich, sondern auch vorsorglich durch Sicherungsallianzen. Da für den Interbankenmarkt zudem wiederholte Interaktionen zwischen den Akteuren typisch sind, dürfte eine weitere entscheidende Voraussetzung für zeitweise uneigennütziges Verhalten grundsätzlich erfüllt sein – oder wie es *Kaufman* (1994, S. 140 f.) formuliert:

> „[... A]t times, it is in the best interest of the other banks in the same market area to come to assistance of a liquidity troubled but economically solvent bank to prevent contagion, even though the assistance supports a competitor whose elimination would also benefit these banks. The fear of contagion is viewed as the greater of two evils."

Mit einiger Gewißheit kann daher davon ausgegangen werden, daß runbedrohte oder liquiditätsschwache Banken zumindest eine Zeitlang die Insolvenz durch spontane Liquiditätshilfen anderer Institute vermeiden können. Genauso wichtig ist aber auch die Signalwirkung spontaner Kredithilfen für die Einschätzungen und Reaktionen der einfachen Einleger im Rahmen des Einzel-Bank-Runs oder des Informationskanals (Marktversagen I und II). Die auf Basis privater Gewinnerwartungen geschnürten Hilfsallianzen sind sehr glaubwürdig, weil sie mit einem Ausfallrisiko für den Hilfskreditgeber verbunden sind. Sie kommen also nur dann zustande, wenn die Kreditgeber davon ausgehen, daß die um Liquiditätshilfe bittende Bank kurzfristig illiquide, aber nicht insolvent ist (*Dowd* 1993, S. 188; *Selgin* 1996, S. 218 f.). Sofern die einfachen Bankgläubiger diese Logik verstehen – und davon darf ausgegangen werden –, kann die spontane Kreditzusage eines „fashion leader" die Gleichrichtung der Verlusterwartungen bei den einfachen Einlegern aufheben.

Insgesamt wird damit auf dem Umweg über den Interbankenmarkt die Möglichkeit ex post ungerechtfertigter Einzel- und Multi-Bank-Runs weiter reduziert – einmal wegen der direkten Liquiditätswirkungen von Hilfskrediten, zum zweiten aufgrund der Signalwirkung solcher Kredite. Nur tatsächlich insolvente Institute müßten folgerichtig aus dem Markt ausscheiden, weil sie die notwendige Liquiditätshilfe nicht erhalten können oder weil sich Interbankengläubiger mit Recht zurückziehen. Im marktprozeßtheoretischen Verständnis wäre dies jedoch nicht mehr als ein Marktversagen zu interpretieren, sondern im Gegenteil als Ausdruck funktionierender Markt- und Wettbewerbskontrolle.

Gegen eine solche positive Einschätzung der Versicherungswirkung von Interbankeneinlagen wird neuerdings ein schwerwiegender theoretischer Einwand laut: Danach können die Versicherungsleistungen des Interbankenmarktes aus Sicht der einzelnen Bank als eine implizite Garantie interpretiert werden, sich jederzeit mit ausreichender (Überbrückungs-)liquidität versorgen zu können. Dieses jeder Versicherung innewohnende „moral hazard"-Problem führe nicht nur zu einer Schwächung der

Marktdisziplin (*Freixas et al.* 2000/2002, S. 417), sondern beeinflusse auch die bankindividuelle Entscheidung über die Höhe der Liquiditätsreserven negativ (*Staub* 1999, S. 27). Auf der makroökonomischer Ebene äußere sich dies in einer Unterinvestition in liquide Reserven – also einem weiteren Marktversagen. Die durch die zu geringe Bereitstellung des Kollektivguts „Gesamtliquiditätsreserve" erhöhte Anfälligkeit des gesamten Bankensystems könne dann nicht mehr ausreichend untereinander abgefedert werden.

Ein verwandtes Argument liefern *Aghion et al.* (2000, S. 717). Zwar könne der Interbankenkreditmarkt die Kreditinstitute untereinander im Normalfall gegen Illiquidität versichern. Damit würden krisenhafte Erscheinungen grundsätzlich unwahrscheinlicher. Komme es aber – aus welchen Gründen auch immer – dennoch zu einem unerwarteten Konkurs, dann könnte dies von den Einlegern als Signal gewertet werden, daß die anderen Banken nicht zu einer Rettungsaktion in der Lage seien und daher ebenfalls in Liquiditätsschwierigkeiten stecken müßten. Ein Multi-Bank-Run (Marktversagen II) wäre daraufhin möglicherweise die naheliegende und verständliche Reaktion. Aus theoretischer Sicht muß die Schwere dieses „moral hazard"-Problems vor allem deshalb bezweifelt werden, weil davon ausgegangen wird, daß Liquiditätshilfen kostenlos sind und keine Maßnahmen getroffen werden, um über die Rechtmäßigkeit einer Hilfe entscheiden zu können. Da sich dieser Einwand mit der bisherigen Argumentation deckt, muß hierauf nicht eingegangen werden.

Aus den genannten Gründen (Wissensvorsprung, Gewinninteresse) sind „ungerechtfertigte" Inter-Bank-Runs (Marktversagen III) oder Verweigerungen lohnender Liquiditätshilfen damit außerordentlich unwahrscheinlich. Auf einer rein theoretischen Basis kann jedoch weder ein „moral hazard"-Effekt der Liquiditätseinlagen vollständig ausgeschlossen werden, noch ist zweifelsfrei sicher, daß Interbankengläubiger ihre Urteilsfähigkeit im Fall einer akuten Bankenkrise behalten oder aber Interbankenkredite unter fehlerhaften Rückzahlungserwartungen vergeben werden.

Wie *Furfine* (2002, S. 811) zu Recht bemerkt, hängt die ökonomische Relevanz des Gesamtproblems versagender Interbankenmärkte damit letztlich davon ab, ob „the interbank markets actually fail in practice". Der empirischen Untersuchung dieses Problems kann man sich auf verschiedenen Wegen nähern:

(1) über die Abschätzung systemischer Risiken in modernen Interbankenmärkten,

(2) über die Analyse der Interbankenbeziehungen in historischen Bankensystemen mit geringerer Regulierungsintensität.

Trotz ihrer prinzipiell schlechten statistischen Erfaßbarkeit und Erfassung verdichten sich in letzter Zeit die Hinweise, daß die Interaktionen auf den Geld- und Interbankenkreditmärkten im großen und ganzen wenig anfällig für Marktversagen sind. Der Schwerpunkt der neueren Untersuchungen liegt dabei auf der Abschätzung möglicher Dominoeffekte (Marktversagen IV). So kommt *Furfine* (2003) in seiner Simulationsstudie der bilateralen Übernachttransaktionen des US-amerikanischen Geldmarktes in den Monaten Februar bis März 1998 zu dem Schluß, daß selbst der Ausfall des größten Schuldners keine weitreichenden Ansteckungseffekte auslösen würde. Lediglich 1 Prozent der gesamten Bankaktiva würden in diesem Fall ebenfalls verloren gehen. Dies deckt sich mit den Ergebnissen der Studien von *Sheldon* und *Maurer* (1998) für die Schweiz der Jahre 1987-1995 und *Blavarg* und *Nimander* (2002) für Schweden. Etwas kritischer stellen sich dagegen die Ansteckungsrisiken in den Untersuchungen des deutschen Interbankenmarktes durch *Upper* und *Worms* (2002) und des britischen durch *Wells* (2002, 2004) dar. Im Unterschied zu *Furfine* (2003) erfassen diese Studien die gesamten Interbankenkreditbeziehungen – also nicht nur die kurzfristigen – und können damit prinzipiell das Problem von Dominoeffekten vollständiger abschätzen. *Upper* und *Worms* (2002) kommen dabei z. B. für Deutschland zu dem Schluß, daß zum Teil größere Ansteckungsrisiken insbesondere im Sparkassen- und Genossenschaftssektor bestehen, wenn dort ein Spitzeninstitut ausfiele. Der Kreditbankensektor, zu dem auch die Großbanken zählen, erweist sich dagegen als krisenresistenter.

In allen Studien erweisen sich zudem die Größe der ersten Bank in der Kette als auch das Ausmaß der tatsächlich von den Gläubigern zu tragenden Verluste auf ihre Ausleihungen als kritische Einflußgrößen auf die Ansteckungswirkung. Während Verlustquoten bis zu der Grenze der historischen maximal üblichen 40 Prozent weitgehend unproblematisch sind (es werden nur relativ wenige Banken mitgezogen, und auch der Umfang der insgesamt betroffenen Bankaktiva bleibt gering), steigt die Ansteckungsgefahr danach zum Teil dramatisch an (siehe hierzu die Angaben bei *Upper* und *Worms* 2002, S. 4 f.; *Wells* 2002, S. 179 ff.; *Furfine* 2003, S. 119 f.).

Auch die Struktur der Verflechtungen dürfte das tatsächliche Ansteckungsrisiko beeinflussen (siehe Abbildung 14). *Upper* (2004) stellt dazu in Anschluß an *Allen* und *Gale* (1999/2002, S. 387 ff.) vier stilisierte Strukturen vor, deren Risikopotentiale jedoch empirisch noch nicht systematisch erforscht sind.

Die geringsten Ansteckungsrisiken ergeben sich in einer vollständigen Struktur, bei der jede Bank mit jeder anderen in Kontakt tritt und so mögliche Ausfallrisiken im Interbankengeschäft breit streut. Am „gefährlichsten" wäre eine Kreditkette, bei der Banken jeweils nur eine Interbankenbeziehung eingehen, Ausfälle also entlang der Kette weitergereicht würden. Dazwischen steht das „unterbrochene System", bei dem es zwar relativ leicht zu Ansteckungen kommen kann, diese aber auf einen kleineren Kreis von Banken beschränkt blieben. Das deutsche Interbankensystem dürfte noch am ehesten dem vierten zweistufigen Typ ähneln, der ebenfalls mit mittleren Risiken verbunden ist. Lokal verankerte Sparkassen und Genossenschaftsbanken refinanzieren sich typischerweise schwerpunktmäßig über ihre jeweiligen Spitzeninstitute, die dann ihrerseits breiter gestreut auch mit gruppenfremden Banken in Interaktion treten.[159]

---

[159] Damit erklären *Upper* und *Worms* (2002) auch die im Vergleich zum Privatbankensektor größeren Ansteckungsrisiken im Sparkassen- und Genossenschaftssektor. Die Vermutung liegt nahe, daß das Refinanzierungsverhalten zumindest im Sparkassensektor (und eingeschränkt auch im Genossenschaftsverbund) auf die Charakteristika der Sicherungssysteme zurückgeführt werden kann, die jeweils eine Institutssicherung versprechen. *Upper* und *Worms* (2002, S. 20 ff.) versuchen in einem zweiten Schritt, diesen Effekt in die Berechnungen mit einzubeziehen. Sie kommen zu dem Ergebnis, daß die protektiven Instrumente die Ansteckungsgefahr erheblich einschränken, wenn auch nicht vollständig beseitigen können. Allerdings weisen sie selbst zurecht daraufhin, daß dieser Effekt nicht

Abbildung 14: Mögliche Strukturen von Interbankenbeziehungen

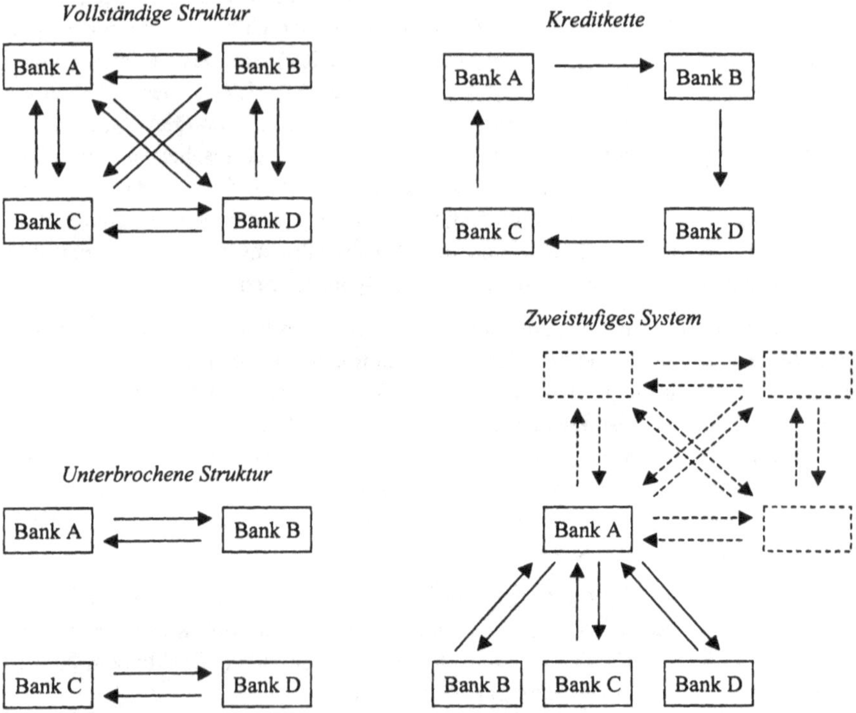

Quelle: Eigene Darstellung in Anlehnung an *Upper* (2004).

Die insgesamt optimistische Grundtendenz, die aus den genannten Studien zur Funktionsfähigkeit der Interbankenmärkte abzulesen ist, läßt sich sogar für den Zeitraum der von den Regulierungsbefürwortern häufig hervorgehobenen russischen Finanzkrise 1998 und des daran anschließenden (Beinahe-)Zusammenbruchs des Hedge Fonds LTCM nachweisen.[160] So zeigt *Furfine* (2002) für den amerikanischen Geldmarkt der zweiten Jahreshälfte 1998, daß die wechselseitige Vorsorgung mit Liquidität reibungslos funktioniert hat, es also nicht zu einem panikartigen Rückzug aus dem Interbanken-

---

zwangsläufig eine Rechtfertigung für die entsprechenden Sicherungsinstrumente mit sich bringt, weil deren Kosten mitbedacht werden müssen. Diese werden normalerweise in einem „moral hazard"-Effekt großzügiger Sicherungssysteme gesehen (siehe ausführlich Kap. 6.2.1.).

160 Weitere Einzelfallstudien sind bisher selten. Eine Ausnahme bildet die Abschätzung der Kettenreaktionsrisiken beim letztlich durch eine „Too Big to Fail"-Politik verhinderten Zusammenbruch der Continental Illinois Bank 1984, der damals siebtgrößten Bank der USA. Eine offizielle Studie des US-amerikanischen Kongresses kommt im Nachgang zu dem Ergebnis, daß, selbst bei der Annahme von weit über die tatsächlichen Verhältnisse hinausreichenden Verlustquoten, praktisch keine Ansteckungsgefahr bestanden hat (*Kaufman* 2000, S. 104).

geschäft gekommen ist (Marktversagen III). Die Funktionsfähigkeit der gegenseitigen Versicherungen spiegelt sich auch in der Studie von *Cocco et al.* (2003, S. 18 f.), die für den fraglichen Zeitraum eine Intensivierung der auf impliziten Bindungen beruhenden Kreditflüsse in Portugal identifizieren. Dies läßt sich durchaus als Hinweis auf die Bereitschaft zu spontanen Kredithilfen in Krisenzeiten unter den Banken deuten.

Bei aller gebotenen Vorsicht können die Studien insgesamt dahingehend gewertet werden, daß ein Versagen der Interbankenmarktkoordination unter den Bedingungen einer verläßlichen Geldpolitik wenig wahrscheinlich ist. Eine Regulierungsnotwendigkeit würde sich also kaum ergeben. Interbankenmärkte sind jedoch immer vor dem Hintergrund der bereits bestehender Bankenregulierung zu sehen. Daher ist einzuräumen, daß die vergleichsweise gute Krisenfestigkeit teilweise auf solche institutionellen Faktoren zurückzuführen sein könnte. In ähnlicher Weise zeigt *Furfine* (2002) auch, daß die starken Zinssenkungen, die die US-amerikanische Notenbank zur Beruhigung der Märkte beim LTCM-Fall unternommen hat, wirkungsvoll weitergeben wurden. Inwieweit der Interbankenmarkt ohne diese Zinsschritte ebenfalls reibungslos funktioniert hätte, ist im Nachhinein nicht zu beurteilen.

5.2.2.2.2. Institutionalisierte Versicherungen gegen Systemrisiken in historischen Banksystemen

Ein zusätzlicher Beleg für die Funktionsfähigkeit der Interbankenmärkte und die Bereitschaft zur gegenseitigen Hilfe im Wege der Selbstregulierung (Kontrollebene 2) kann aus dem Wissen über historische Banksysteme gewonnen werden.

Allgemein wird von freieren Banksystemen berichtet, daß mehr oder weniger spontane Rettungsaktionen zur Verhinderung von systemischen Krisen weit verbreitet waren (siehe *Schuler* 1992, S. 18, 23). Die US-amerikanische Bankengeschichte des 19. Jahrhunderts bis zur Gründung der Federal Reserve Bank als Zentralbank im Jahr 1913 ist dabei besonders illustrativ, da sie durch eine Reihe größerer Bankenkrisen gekennzeichnet war (siehe auch Kap. 7.2.2.). Kern der dort vorherrschenden Selbstregulierungen waren die aus dem Verrechnungsverkehr hervorgegangenen Clearing Houses (CH). So zeigen *Rolnick et al.* (1998, 2000) für den US-amerikanischen Bundesstaat New England, daß die als dominierende Clearingstelle fungierende Suffolk-Bank bereits während einer Bankenkrise des Jahres 1837 auch ohne die Unterstützung anderer Institute erfolgreich als privater LLR aufgetreten ist. Das Suffolk-System kann als Vorläufer weiterreichender Selbstregulierungen gegen systemische Krisen angesehen werden, die sich ab Mitte des 19. Jh. etablierten.

Beginnend mit der Bankenkrise 1857 sind die US-amerikanischen Clearing Houses, insbesondere die New York Clearing Association (NYCA), dazu übergegangen, auf Basis bewährter Kreditierungs- und Verrechnungsmethoden des Interbankenverkehrs institutionalisierte Formen des Hilfskredits zu entwickeln, um Einlegerruns zu begegnen.[161] Im Kern ging es dabei um die spontane Ausgabe (illegalen) Ersatzgeldes durch das Clearing House, wodurch die Zahlungsfähigkeit einzelner Banken oder des gesamten Bankensystems gegenüber den Einlegern im Krisenfall deutlich erhöht werden konnte. Diese Funktion übernahmen die sogenannten „clearing house loan certificates“, die an runbedrohte Banken auf Grundlage von durch diese gestellten Sicherheiten und nach Bonitätsprüfung durch das zentrale „CH-Commitee“ ausgegeben wurden. Die Zertifikate, die zunächst ausschließlich im Interbankenverkehr eingesetzt wurden, hatten dabei zwei Wirkungen:

Erstens setzte die Entlastung im Interbankenzahlungsverkehr einen größeren Teil der kurzfristige verfügbaren (Bar-)Reserven der betroffenen Bank direkt für die Auszahlungswünsche des Publikums frei und wirkte so dem Run-Problem direkt entgegen. *Zweitens* wurde mit der Ausgabe der „loan certificates“ ein positives und glaubwürdiges Vertrauenssignal ausgesendet, was die Unsicherheit der Einleger über die Zahlungsfähigkeit der betroffenen Bank drastisch herabsetzte und der panikartigen Auflösung von Einlagen den Boden entzog. Dieser Vertrauenseffekt beruhte zum einen darauf, daß das „CH-Commitee“ wegen seiner zentralen Stellung im Interbankenverkehr außergewöhnlich gut über die Zahlungsfähigkeit der unterschiedlichen Institute informiert war. Zum anderen wurde der Wert der „loan certifcates“ durch alle am Clearing House angeschlossenen Banken garantiert, so daß diese für Verluste gemeinsam hafteten, die über die gestellten Sicherheiten hinausreichten.[162]

Später wurde Ersatzgeld mit deutlich geringeren Nominalbeträgen auch direkt für die Zahlungsbedürfnisse des breiten Publikums emittiert – meist begleitet von einer teilweise verbotenen, aber durch die Behörden tolerierten Aufhebung der Konvertibilität von Bankguthaben in Banknoten. Die Zahlungsansprüche des einfachen Einlegers verlagerten sich so von der einzelnen Bank auf das gesamte Clearing-System und waren damit deutlich besser besichert. Die Notwendigkeit sank, eine etwaige Unsicherheit über die jeweilige Zahlungsfähigkeit der unterschiedlichen Banken durch einen Run zu testen. Dies wurde auch dadurch unterstützt, daß das CH im Fall einer akuten Krise keine Informationen über den Solvabilitätsstatus einzelner Banken, sondern nur noch über das gesamte Clearing-System – also die gesamte Haftungsmasse – bereitstellte.

Insgesamt konnte durch die Ausgabe des Ersatzgeldes im Krisenfall kurzfristig die Elastizität des Geldangebots merklich erhöht werden, wie es heute etwa von LLR-Maßnahmen der Zentralbank erwartet wird. Akzeptanzprobleme des illegalen Notgelds beim Publikum hat es kaum gegeben. Gestützt durch weitere vertrauensbildende Maßnahmen[163] hat das Publikum sowohl das Haftungsversprechen als glaubwürdig empfunden

---

161 Siehe jetzt und im folgenden *Timberlake* (1984/2002); *Gorton* (1985); *Gorton* und *Mullineaux* (1987); *Zimmer* (1993, S. 183-192); *Kroszner* (2000, S. 159-162).

162 Darüber hinaus hatte das „CH-Commitee“ das Recht, direkt auf die Reserven der beteiligten Banken zuzugreifen und so zusätzliche Haftungs- oder Barmittel für das Publikum freizusetzen.

163 Siehe hierzu *Horwitz* (1992, S. 164-170). Dieser berichtet z. B. von ausgeprägten Werbe- und Informationskampagnen und einer engen Zusammenarbeit der vertrauenswürdigen

als auch den ökonomischen Nutzen der spontanen Geldsurrogate erkannt (*Dowd* 1993, S. 189). Dieser Nutzen läßt sich auch dadurch belegen, daß – trotz (teilweise) Illegalität – praktisch keinerlei Verluste für die Einleger durch die Ausgabe des Notgelds auftraten. Der einzige nennenswerte Verlust trat 1890 in Philadelphia auf. Er belief sich auf 1,8 Prozent einer insgesamt 9,7 Millionen Dollar umfassenden Notgeldemission – also auf 170.000 Dollar. *Timberlake* (1984/2002, S. 138 f.) schreibt daher zutreffend:

> „The most extraordinary fact associated with the several clearing house episodes between 1857 and 1907 is that the losses from all these various note issues, spurious and otherwise, *were negligible!*" (Hervorhebung im Original)

Die Notmaßnahmen der CH entsprachen zwar insgesamt in der Zielsetzung und der Wirkung weitgehend staatlichen LLR-Aktionen oder Einlagensicherungssystemen. Im Unterschied hierzu sind sie spontan und marktendogen entstanden. Die Teilnahme am Versicherungsmechanismus der Clearing Houses war dazu an eine Reihe von Auflagen (u. a. Höhe der permanenten Einlagen oder des Eigenkapitals sowie Informationspflichten gegenüber dem CH) und Sanktionsmöglichkeiten (u. a. die äußerst schmerzliche Ausschlußdrohung) geknüpft, die heutigen Aufsichtsinstrumenten durchaus ähneln (*Gorton* und *Mullineux* 1987, S. 461).

Aus dieser Ähnlichkeit sollte jedoch nicht geschlossen werden, daß ihre Fortentwicklung zu heutigen Formen der staatlichen Aufsicht grundsätzlich unbedenklich wäre (*Dowd* 1994, S. 294 f., 304 f.). Da die Mitgliedschaft in einem CH freiwillig war, muß man die Einhaltung der Auflagen grundsätzlich als Preis der Mitgliedschaft verstehen, den die Banken durch Nichtteilnahme vermeiden konnten. Zudem besaßen die Mitglieder Anreize, das Preis-Leistungsverhältnis insgesamt möglichst günstig zu gestalten. Die positive Mitwirkung an den eigenen Regeln sicherte grundsätzlich die schnelle Anpassungsfähigkeit und Angemessenheit der entsprechenden Arrangements. Dies schloß auch die Antizipation möglicher Prinzipal-Agenten- und Trittbretterfahrer-Probleme unter den Clubmitgliedern ein. So wurde das etwa von *Goodhart* (1988, S. 44 f., 103 f.) postulierte Trittbrettfahrerproblem bei der Vergabe von Hilfskrediten gerade dadurch gemindert, daß die Entscheidung über Hilfeleistungen (oder Notgeldemissionen) an ein unabhängiges Exekutivgremium delegiert wurde. Auch die hieraus erwachsende Gefahr eines eigenmächtigen oder wenige Mitglieder bevorteilenden Verhaltens dieses Gremiums wurde durch eine größere Nähe zu den Verantwortlichen und eine deutlichere Spürbarkeit von Kosten und Nutzen des Gesamtarrangements merklich reduziert – zumindest im Vergleich zu Zentralbankinterventionen. Gleiches gilt für das „moral hazard" (*Goodhart* 1988, S. 54 f.), das möglicherweise aus der Versicherungsleistung oder aus einem nachlässigen Verhalten des „CH-Commitee" erwachsen konnte: So konnte es zwar in seltenen Fällen vorkommen, daß selbst insolvente Banken im Interesse des Gesamtsystems gerettet wurden. Die Praxis, solche Banken nach Ende einer

---

Banken oder der CH mit den lokalen Unternehmern, um die Akzeptanz des Notgeldes für Tauschzwecke zu erhöhen. Einige Banken sind ungerechtfertigten Runs bei Konkurrenzinstituten zum Teil auch dadurch begegnet, daß sie keine Wiederanlage dieser Mittel bei sich zuließen.

Panik aus dem System auszuschließen und die Aufsichtsintensität durch das CH in einer Krise deutlich zu erhöhen, bildete aber ein wirksames Gegenmittel gegen „moral hazard" (*Gorton* und *Mullineaux* 1987, S. 464, 466).

Schließlich läßt sich auch das von einigen Kritikern postulierte Problem der Wettbewerbsbeschränkung durch solche selbstregulatorischen Einrichtungen der Bankwirtschaft (etwa *Moore* 1999, S. 468) empirisch nicht nachweisen. Theoretisch läßt sich dies mit der prinzipiellen Offenheit des Marktes für Clearing House-Dienstleistungen begründen (*Dowd* 1994, S. 295). So verlor 1855 die bereits erwähnte Suffolk-Bank ihre Stellung als privater LLR und Regulierungsinstanz an ein neu gegründetes Clearing-System, weil sie Markt- und Machtposition zu weitgehend gegenüber den angeschlossenen Kreditinstituten ausgedehnt hatte und diese sich unternehmerisch um eine Ersatzlösung bemühten (*Dowd* 1993, S. 166)

Zwar ist es sicher richtig, daß eine überschaubare Anzahl von Mitgliedern sowie persönliche Beziehungen und politisches Unternehmertum im Zentrum des Clubs die Hilfsaktionen erleichtert haben.[164] Dennoch dürfte die *Goodhart*sche (1988, S. 44) These von der eher zufälligen und zeitraumbezogenen Erfolgsgeschichte der US-amerikanischen Clearing Houses nicht zutreffen. Ingesamt sind die Clearing Houses ein „historisches Musterbeispiel" (*Zimmer* 1993, S. 183) für erfolgreiche Bemühungen um Selbstregulierung gegenüber der Gefahr systemweiter Bankenkrisen. Ein zentraler Erfolgsfaktor hierfür dürfte ihre flexible Organisationsstruktur gewesen sein (*Gorton* 1985; *Gorton* und *Mullineaux* 1987).[165] Während sie in Normalzeiten im wesentlichen als lose institutionalisierte Verrechnungsstellen im Interbankenverkehr fungierten, mutierten sie in Krisenphasen zu stärker integrierten und regulierten Verbänden mit zentralbankähnlichem Charakter. *Calomiris* (2000a, S. 176) beschreibt die CH daher auch als einen Mechanismus, der eine kollektive Versicherungslösung in „Streßzeiten" mit starken Elementen der Marktdisziplin zu verbinden vermochte. So konnten die CH

---

164 Unternehmertum und persönliche Beziehungen als Erfolgfaktoren (teil-)privater „bail outs" betont auch *Moore* (1999, S. 465-469) in seiner Analyse des frühen englischen Bankwesens. Er führt die Erfolge spontaner privater Rettungsaktionen auf die ausgeprägte Clubatmosphäre des englischen Bankwesens zurück. Aus dem „Club Spirit" oder dem ethischen Code dieses auf engen persönlichen Beziehungen beruhenden „old boys network" (S. 466) erwuchs eine gegenseitige Hilfsverpflichtung bzw. eine informale private Versicherung untereinander, die damit verbunden war, unter Verzicht auf private Gewinne, im wohlverstandenen Eigeninteresse freiwillig zu einer Verbesserung des öffentlichen Gutes Stabilität beizutragen. Allerdings sieht er auch in einem solchen informellen Netzwerk eine Rolle für Zentralbanken: erstens in dem sie informelle Hinweise auf Unternehmensstrategien geben, die unter systemischen Aspekten gefährlich werden könnten; zweitens bei Bankenkrisen, die die spontanen Hilfeeinrichtungen überlasten würden – wie es etwa ein Fall des „flight to currency" im zweistufigen Bankwesen nahelegen würde.

165 *Zimmer* (1993, S. 192) unterstreicht ebenfalls diese Flexibilität in der Anpassung an die jeweilige Bedrohungssituation für das Bankensystem. Anders als viele heute übliche Aufsichtsinstrumente trat der Aufsichts-, Sanktions- und Hilfsmechanismus der CH nur dann sichtbar in Kraft, wenn eine akute Krise drohte.

zu einer gemeinsamen Produktion von Vertrauen in das Gesamtsystem beitragen, wenn dieses am nötigsten war.

Organisierte private Rettungsmaßnahmen waren in abweichender Form auch in anderen historischen Banksystemen üblich. In Kanada wurde das Krisenmanagement im Unterschied zur USA z. B. vor allem durch Übernahmen insolventer durch „gesunde" Banken vollzogen (*Bordo* 1999, S. 621). Dies geschah mit Hilfe der koordinierenden Rolle der Canadian Bankers Association. Vertreter der „Free Banking"-Lehre halten Zusammenschlüsse bzw. Übernahmen von Problembanken daher auch für einen natürlichen, wenn nicht den natürlichsten Krisenbewältigungsmechanismus (*Selgin* 1996, S. 219 f.).

5.2.2.2.3. Zusammenfassung

Kap. 5.2.2.2. diente der Untersuchung der Frage, inwieweit von den bankübergreifenden Kreditgeschäften ernstzunehmende Dominoeffekte ausgehen können, weil Banken z. B. ihre Kreditwürdigkeit gegenseitig unzureichend einzuschätzen vermögen.

Anders als die Regulierungsbefürworter annehmen, spricht vieles dafür, daß die Interbankgläubiger bei der Überwachung anderer Institute aus Eigeninteresse und unter dem Druck der Wettbewerbskontrolle (Kontrollebene 1) eine zentrale Stellung einnehmen können. Darüber hinaus deutet die überwiegende Zahl der empirischen und theoretischen Erkenntnisse darauf hin, daß das Dominorisiko im Bereich der Interbankenkredite häufig übertrieben dargestellt wird. Entsprechend dürften die für diesen Bereich postulierten Marktversagenstatbestände in der Realität eine untergeordnete Rolle spielen. Eher dienen die gegenseitigen Kreditbeziehungen der Versicherung gegen (unerwartete) Liquiditätsrisiken, wobei die Charakteristika der Interbankeneinlagen (Kurzfristigkeit, Konzentration auf gute Bonitäten) darauf hindeuten, daß sich die Interbankengläubiger möglicher Risiken bewußt sind. Die Beziehungen des Interbankenmarktes wirken daher insgesamt eher lindernd als verschärfend auf das Problem „systemische Bankenkrise".

Insbesondere die historischen Erfahrungen zeigen zudem, daß die Versicherungsfunktion gerade im Krisenfall wirkungsvoll ist, für den heute umfangreiche präventive Regulierungsmuster gefordert werden und bestehen. Der Verzicht auf typische staatliche Sicherungs- und Regulierungssysteme in historischen Bankensystemen war demnach geeignet, spontane institutionelle Vorkehrungen auf Ebene des Gesamtsystems (Kontrollebene 2) hervorzurufen, die die ohnehin bestehenden bankindividuellen Differenzierungsanreize wirkungsvoll ergänzten (*England* 1988, S. 327). So haben die Marktteilnehmer durchgängig unternehmerische Lösungen gefunden, um das Aufkommen und die Folgen systemischer Bankenkrisen, insbesondere die Ansteckung „gesunder" durch „ungesunde" Banken, zu verhindern. Hieraus kann insgesamt als Mustervorhersage im Sinne *von Hayeks* der Schluß gezogen werden: Freie(re) Bankenmärkte sind durch Wettbewerbskontrolle (Kontrollebene 1) und Selbstregulierung (Kontrollebene 2) so zu ordnen, daß ein hohes Maß an Systemstabilität auch ohne (nennenswerte) staatliche Interventionen gewährleistet werden kann.

Hiergegen könnte mit *Burghof* (1998, S. 98 f.) eingewandt werden, daß dieser Schluß auf moderne Banksysteme nicht zwingend übertragbar ist. So ist nicht ganz von der Hand zu weisen, daß es sich bei den Banken der „Free Banking“-Zeit nicht um Depositenbanken mit einer breiten und uninformierten Anlegerschaft gehandelt hat. Auch dürften sich die Bankrisiken verändert haben (siehe hierzu das folgende Kapitel). Allerdings kann einer solchen Argumentation grundlegend entgegengehalten werden, daß das Bankgeschäft auch in historischer Zeit gemessen am damaligen Kenntnisstand der Bevölkerung außerordentlich komplex gewesen sein dürfte, so daß sich aus einer Veränderung der Komplexität noch kein Regulierungsargument ergibt.

Wichtiger ist aber ohnehin, daß auch die neueren empirischen Erkenntnisse über die Stabilität der Interbankenmärkte dafür sprechen, daß die gegenseitigen Interbankeneinlagen auch unter heutigen Kapitalmarktbedingungen eine Versicherungsfunktion erfüllen – und zwar auch in Zeiten angespannter Liquiditätslage.

5.2.2.3. Zur Rolle der vielfältigen Engagements auf den Finanzmärkten

Auch wenn die positive Einschätzung der Interbankenkredite aus dem Vorkapitel geteilt wird, muß diese nicht zwingend auf die Interaktionen von Kreditinstituten auf Märkten für andere Finanzinstrumente, insbesondere für Finanzinnovationen, übertragbar sein. Für die Einschätzung der Bedeutung möglicher systemischer Risiken von Derivaten bietet es sich erneut an, von ihrem ökonomischen Zweck auszugehen.

Die Funktion von Derivaten besteht allgemein darin, eine „isolierte Bewertung, Bündelung und Weitergabe“ (*Deutsche Bundesbank* 1994, S. 44) von Marktpreisrisiken (Zinsen, Wechselkurse, Vermögenspreise), seit neuestem aber auch verstärkt Kreditrisiken, zu ermöglichen. Die hierdurch bewirkte Erweiterung der Handelbarkeit von Risiken versetzt die jeweiligen Nutzer in die Lage, Risikopositionen den individuellen Präferenzen entsprechend zu steuern. Weil der dem Derivat zugrundeliegende Basistitel oder die zugrundeliegende Kreditforderung hierzu nicht selbst transferiert werden muß, kann dies zudem vergleichsweise kostengünstig bewerkstelligt werden. Derivate können hierbei – wie jede Art von Finanzgeschäft – mit der Intention der Risikobegrenzung (Absicherungsgeschäfte, Hedging) oder der bewußten Inkaufnahme oder gar Erhöhung von Risiken (Spekulation) betrieben werden.[166]

Zwar dürften beide Motive den Einsatz von Derivaten durch Banken bestimmen. Die entsprechenden Derivativengagements von Banken werden jedoch in erster Linie mit dem Grundmotiv des Risikomanagements in Verbindung gebracht (*Staub* 1999, S. 16). Dies ist schon deshalb verständlich, weil makroökonomische Risiken, zu deren Steuerung Derivate genutzt werden können, die Zahlungsfähigkeit einer Bank in anderer Weise bedrohen können als etwa der Ausfall eines Kreditnehmers. Während unternehmensspezifische Risiken immer nur in einem Ausschnitt der Bankbilanz spürbar

---

[166] Darüber hinaus eignen sie sich zu risikofreien Arbitragegeschäften. Siehe hierzu die einschlägige bankbetriebliche Literatur, wie z. B. *Büschgen* (1998, S. 453) oder *Priewasser* (2001, S. 100).

werden, betreffen makroökonomische Konjunktur-, Zins-, oder Wechselkursrisiken große Teilbereiche oder gar das gesamte Kreditportfolio einer Bank gleichzeitig. Eine Rezession erhöht beispielsweise die Ausfallwahrscheinlichkeit vieler oder gar aller Kreditnehmer, und eine Wechselkursabwertung läßt die Höhe der Fremdwährungsverbindlichkeiten in heimischer Währung gerechnet steigen. Im Unterschied zu unternehmensspezifischen Risiken lassen sich solche Effekte jedoch nicht durch Diversifikation vermeiden, sondern die Auswirkungen müssen prinzipiell von der Bank getragen werden. Will sich die Bank dennoch hiervon isolieren, dann eröffnen Derivate die Möglichkeit, die Auswirkungen makroökonomischer Datenänderungen an Dritte weiterzugeben bzw. durch Dritte kompensieren zu lassen.

Der Bedarf an derivativen Absicherungsstrategien hängt dabei einerseits davon ab, inwieweit sich das Ausmaß (potentieller) makroökonomischer Risiken verändert. Je größer diese sind, desto eher werden die Banken zu Absicherungsstrategien greifen. So ist es sicher kein Zufall, daß das Wachstum der Märkte für innovative Finanzprodukte zunächst im engen Zusammenhang mit dem Niedergang des Bretton Woods-Systems stand, in dessen Gefolge der Bedarf an unternehmerischen Lösungen gegen mögliche Wechselkurs- und Zinsvolatilitäten stieg (*Hellwig* 1998b, S. 141).[167] Auch vor dem Hintergrund, daß Bankenkonkurse oder gar Systemkrisen häufig mit makroökonomischen Datenänderungen in Verbindung gebracht werden, wird der Einsatz von Derivaten verständlich.

Der Niedergang des Bretton Woods-Systems oder der allgemeine Wunsch nach Sicherungsmöglichkeiten gegen Marktrisiken sind aber nur zwei Faktoren, die das enorme Wachstum der Märkte für innovative Finanzprodukte erklären. Darüber hinaus spielen massive Veränderungen im Finanzsektor seit Mitte der 1970er Jahre ein bedeutende Rolle, die es den Banken zunehmend erschwert haben, die Auswirkungen von makroökonomischen Risiken selbst zu tragen und so für ihre Kunden zu eliminieren (*Hellwig* 1998b, S. 142). So haben Banken traditionellerweise versucht, aus ihren Gewinnen einen (relativ) liquiden Reservestock zu akkumulieren, von dem sie in „schlechten Zeiten“ zehren konnten. Diese Strategie des „intertemporal smoothing“ (*Allen* und *Santomero* 1997) ist jedoch vergleichsweise kostenintensiv und hängt davon ab, daß die Banken mit großer Sicherheit eine ausreichende Intermediationsmarge erwirtschaften können.

Nationale und internationale Liberalisierungsfortschritte sowie die tendenzielle Ablösung der Regulierungsstrategie des „financial restraint“ im Bankwesen, das Vordringen der Informationstechnologie sowie neue Anlagemöglichkeiten und Intermediäre außerhalb der Bankwirtschaft haben jedoch für Banken zu drastischen Veränderungen

[167] Die Geschwindigkeit der innovativen Anpassung an die (potentielle) Möglichkeit, dauerhafter Wechselkursschwankungen war dabei bemerkenswert hoch. Schon kurz noch dem Niedergang des Bretton Woods-Systems scheinen die Marktteilnehmer keinerlei Schwierigkeiten mit dem „Floating“ mehr zu empfinden. Im Gegenteil: Verglichen mit der Unsicherheit unerwartet großer Paritätsänderungen eines Fixkurssystems, wurde das „neue“ flexible Wechselkurssystem als wohltuend empfunden (*Molsberger* 1978, S. 166).

ihres wettbewerblichen Umfeldes geführt, die insgesamt einen Druck auf die Intermediationsmarge (Zinsmarge) im traditionellen Bankgeschäft erzeugt haben. Dieses ist in der Folge unter dauerhaften Neuerungsdruck geraten. Insbesondere das auf impliziten Bindungen beruhende „relationship banking" zu den Nichtbankschuldnern war und ist hiervon betroffen. Prognosen gehen schon seit langem davon aus, daß die Bankloyalität in (fast) allen Geschäftsbereichen des Aktiv- und Passivgeschäfts weiter sinken wird (*Priewasser* 1994, S. 58; 2000, S. 299). Ausdruck des veränderten Wettbewerbsumfelds ist auch, daß bei Unternehmen mit guter Bonität oder ausreichender Reputation das Gewicht kapitalmarktnaher Instrumente der Unternehmensfinanzierung relativ zum „klassischen" Bankkredit zunimmt. Im Passivgeschäft entspricht dem der Trend, daß Privatkunden verstärkt alternative Anlagemöglichkeiten zu Bankeinlagen prüfen und gegebenenfalls nutzen. Entsprechend geht der über Banken (und Versicherungen) gehaltene Vermögensanteil privater Haushalte im Vergleich zu Pensionsfonds, Investmentfonds und anderen neuen Intermediären zurück (*Allen* und *Santomero* 1998; 2001 für die USA; Schmidt et al. 1999, S. 53 ff., 63 für Europa). Es liegt daher insgesamt nahe, in der verstärkten Entwicklung und Nutzung von Derivaten durch Banken auch eine Anpassungsstrategie der Bankwirtschaft zu sehen, bei der das „intertemporal smoothing" zunehmend durch die Weitergabe von makroökonomischen Risiken ersetzt wird (*Allen* und *Santomero* 1997; 2001, S. 286 f.; *Hellwig* 1998a, S. 341 ff.; 1998b, S. 144 f.).[168]

Heute bildet die Kreditvergabe häufig nur den ersten Schritt in einem komplexen Prozeß, in dem es darum geht, die damit verbundenen Risiken zu managen (*Allen* und *Santomero* 1998, S. 1474). Dabei werden nicht nur makroökonomische Risiken mittels derivativer Instrumente abgespalten. In zunehmendem Maße werden auch Kreditrisiken (Ausfall- und Bonitätsrisiken) mittels moderner Finanzmarktinstrumente an andere Marktteilnehmer weitergegeben oder mit diesen geteilt.

---

168 Die Beschreibung der Entwicklung des Bankgeschäfts wurde bewußt vereinfacht. Es soll aber *erstens* nicht der Eindruck entstehen, die Nutzung von Derivaten wäre die einzig mögliche Anpassungsstrategie für Banken, die sich einem intensivierten (internationalen) Wettbewerb gegenübersehen. Länderübergreifend haben Banken z. B. verstärkt Provisionserträge als Einnahmequelle erschlossen (für Deutschland *Gischler* 2003, S. 320 f.). *Zweitens* weisen die Anpassungsstrategien der Bankwirtschaft zum Teil erhebliche länderspezifische Unterschiede auf (*Schmidt et al.* 1999; *Hackethal* 2001). Während die Gesamtbedeutung der Banken für die volkswirtschaftliche Intermediationsleistung – in welcher Form auch immer – vor allem in den USA und Frankreich abnimmt, ist dies für andere Länder keineswegs eindeutig. Gerade in Deutschland und Japan bilden Kredite nach wie vor die wichtigste externe Finanzierungsquelle. Insgesamt stellen die Autoren sogar eine bemerkenswerte Konstanz (Ausnahme: Frankreich) in der Gesamtcharakteristik der wichtigsten Finanzsysteme fest. Inwieweit es sich hierbei nur um eine verzögerte Anpassung an den Gesamttrend einer insgesamt stärkeren Kapitalmarktnähe handelt, ist nicht zweifelsfrei zu entscheiden. Entsprechend dürfte auch abzuwarten sein, ob im Wettbewerbsgeschehen implizite Bindungen (eventuell in neuer Form) eine Chance haben, das Spektrum der Wettbewerbsparameter dauerhaft zu bereichern, wie es etwa *Boot* (2000, S. 19 f.) vermutet.

Die neuartigen Finanzprodukte eröffnen damit aus Sicht der Banken erweiterte Möglichkeiten zur Minderung „alter" und „neuer" bankentypischer Risiken. Die transaktionskostengünstige Erweiterung der Handlungsalternativen durch Finanzinnovationen auf mikroökonomischer Ebene führt auf der volkswirtschaftlichen Ebene zudem zur Erhöhung der Marktliquidität und zur Zunahme der Informationsqualität von Finanzmarktpreisen: Die mit der Handelbarkeit verbundene getrennte Bewertung von Markt- und zunehmend auch Kreditrisiken erhöht die Menge der in die Preisbildung eingehenden Präferenzen und Informationen, erleichtert Arbitrageprozesse und steigert die Vernetzungsintensität vormals getrennter Märkte. Insgesamt ist daher davon auszugehen, daß Derivate über die Erweiterung der Produktpalette die gesamtwirtschaftliche Risikoallokation verbessern. Da sie damit letztlich der Beseitigung von „Marktunvollkommenheiten" dienen, darf im Gegensatz zu den geäußerten Befürchtungen auch davon ausgegangen werden, daß sich die Systemstabilität durch die Nutzung und Verbreitung innovativer Finanzprodukte insgesamt erhöht. Denn die Möglichkeit zu verbesserter Risikoallokation und -diversifikation bringt einerseits einen direkten stabilisierenden Effekt für die einzelnen Institute. Andererseits weisen stärker vernetzte Finanzmärkte eine erhöhte Fähigkeit zur Absorption unerwarteter Schocks auf als separierte Märkte (etwa *Deutsche Bundesbank* 1994, S. 46 f.; *Issing* und *Bischofsberger* 1996, S. 116 f.; *Deutsche Bundesbank* 2004a, S. 36 f.).

Gleichwohl müssen auch die von Regulierungsbefürwortern ins Feld geführten (versteckten) Risikopotentiale der verstärkten Finanzmarktengagements ernst genommen werden, und es muß geprüft werden, ob sie die geschilderten positiven Effekte auf mikro- und makroökonomischer Ebene nicht sogar überwiegen könnten. In Kap. 4.3.2.2. wurde vor allem die vom Ausfall eines wichtigen Vertragspartners ausgehende Gefahr eines weitreichenden Dominoeffektes in noch dazu konzentrierten, wenig transparenten und wegen der geringeren Marktliquidität preisvolatileren Märkten hervorgehoben. Da hohe Preisvolatilitäten aber auch als Ausdruck einer großen Informationsverarbeitungskapazität gedeutet werden können (*Deutsche Bundesbank* 2004a, S. 43), spricht dies aus sich heraus nicht für systemdestabilisierende Effekte des Einsatzes von Derivaten. Auch die tendenzielle Konzentration des Geschäfts auf hoch bonible und zum Management der entsprechenden Risiken befähigte Finanzintermediäre kann analog zu den Überlegungen zum Interbankenkreditmarkt als präventive Risikobegrenzungsstrategie interpretiert werden.

Nicht von der Hand zu weisen ist dagegen der Einwand, daß sich möglicherweise eine Sicherheitsillusion ergeben könnte, weil die Sicherungswirkung der genannten Instrumente darauf beruht, daß die letztendlichen Träger der Risiken mögliche Fehleinschätzungen ohne Auswirkungen auf Dritte kompensieren können (*Hellwig* 1998a, b; *Deutsche Bundesbank* 1994, S. 45). Entsprechend würde beim Ausfall eines für die Sicherungsleistung des Gesamtmarktes wichtigen Marktteilnehmers tatsächlich die Gefahr eines versteckten Dominoeffektes entstehen können.

Dieser Einwand läßt jedoch außer Acht, daß sich die Marktteilnehmer unternehmerisch um die Schaffung von Vertrauen, die Durchsetzung von Verträgen und eine präventive Begrenzung solcher verdeckten (Ausfall-)Risiken der modernen Finanzinstrumente bemühen (müssen). Tatsächlich ist das enorme Wachstum dieser Märkte anders nicht erklärbar (*Kroszner* 1999b, S. 355). Am offensichtlichsten ist dies für börsengehandelte Finanzinstrumente. Hier haben Terminbörsen vielfältige institutionelle Arrangements zur Erhöhung der Marktliquidität und zur Kontrolle möglicher Risiken von Derivaten entwickelt (*Kroszner* 1999a, S. 598-604; *IWF* 2000, S. 90-93).[169] Unter anderem dienen hierzu Standardisierungen der gehandelten Vertragstypen, verschiedenste Informationspflichten und Teilnahmevoraussetzungen der Marktteilnehmer sowie die Überwachung der Verträge und gegebenenfalls Verfahren der Streitschlichtung durch die Börsenorganisation. Besonders wichtig ist zudem die Sanktionierung eines Fehlverhaltens der am Handel Beteiligten (im Regelfall eine Ausschlußdrohung) durch eine gemeinsam eingerichtete Abwicklungsstelle – also wieder ein Clearing House (CH). Diesem kommen häufig weitere wichtige Funktionen für den reibungslosen Ablauf der Handels zu. So kann es beispielsweise für die Aufrechnung von gegenseitigen Zahlungsverpflichtungen über einen bestimmten Zeitraum („Netting") sorgen und so die Zahl der Transaktionen und die notwendigen Transaktionsvolumina signifikant reduzieren.

Die wichtigste Funktion des CH ist jedoch, daß es im Regelfall als zentrale Gegenpartei (Central Counterparty) für jede Transaktion auftritt, die die Abwicklung eines Geschäfts jederzeit garantiert und damit die befürchteten Erfüllungsrisiken (Ausfallrisiken) eines Vertragspartners eliminiert. Im Vergleich zu bilateralen Vertragsmustern senkt dies auch das indirekte systemische Risiko, daß sich Marktteilnehmer in Zeiten höherer Marktunsicherheit aus einzelnen Marktsegmenten zurückziehen, weil sie über die Bonität ihrer Gegenparteien unsicherer werden (*Hills et al.* 1999, S. 132). Das CH sichert sich seinerseits gegen eine etwaige Zahlungsunfähigkeit der an den Transaktionen Beteiligten ab, indem einerseits das maximale Vertragsvolumen beschränkt wird; zum anderen müssen die Vertragspartner in Abhängigkeit von der Entwicklung der Basiswerte der Termingeschäfte (Zinsen, Wechselkurse usw.) variable Kapitaleinschüsse (Marginverpflichtungen) als Sicherheiten an die Abwicklungsstelle leisten (siehe z. B. *Büschgen* 1998, S. 460). Diese Marginverpflichtungen sind eine bewußt gestaltete institutionelle Besonderheit, um den Wünschen nach Begrenzung von (Verlust-)risiken und nach Erhöhung der Marktliquidität gleichzeitig Rechnung zu tragen (*Edwards* 2002, S. 283). Es wäre daher verfehlt, sie als problematische Quelle von Dominoeffekten aufzufassen. Zwar ist nicht auszuschließen, daß diese Verpflichtungen im Zuge einer schlagartigen Verschiebung der Basispreise größer werden als erwartet oder daß gar ein Marktteilnehmer ausfällt, weil er nicht mehr in Lage ist, den Verpflichtungen nachzukommen. Doch sind für einen solchen Fall weitere marktendogene und risikobegrenzende Regelungen üblich: Hierzu zählen einerseits die Schaffung einer gemeinsamen Haftungsmasse oder eines Reservefonds im Clearing House, die zusätzlich zu den individuellen Kapitaleinschüssen zur Deckung von Verlusten herangezogen werden können, sowie ex ante festgelegte Verlustteilungs- oder Nachschußregeln unter den Marktteilnehmern.

---

[169] Einen detaillierten Überblick hierüber liefern auch *BIZ* (1997) sowie *Hills et al.* (1999).

Insgesamt erlauben die vertraglichen Beziehungen einer Terminbörse damit einerseits die transaktionskostengünstige Abwicklung des Handels einschließlich der Identifikation vertrauenswürdiger Vertragspartner; andererseits werden Folgen und Risiken des Ausfalls eines (großen) Handelspartners für die einzelnen Teilnehmer begrenzt, ohne daß hierfür auf eine (umfangreiche) staatliche Regulierung zurückgegriffen werden müßte: Während in Normalzeiten der Verbund unter den Mitgliedern des CH eher lose ist, wird die Verbindung in Krisenzeiten enger. Die Systeme bieten also eine latente und variable Integrationslösung der daran beteiligten Handelspartner, die vom Gesamtzustand des Marktes abhängt. Der Unterschied zu dem im 19. Jh. gebräuchlichen Clearing-Mechanismen zwischen verschiedenen, notenemittierenden Banken ist hierbei nicht allzu groß. Während diese vor allem in Zeiten einer akuten systemweiten Bankenkrise ähnliche Mechanismen zur Haftungs- und Risikoteilung (z. B. einen privaten LLR) boten, befindet sich die vertraglich-organisatorische Struktur der Terminbörsen in einem „permanent panic mode" (*Kroszner* 1999a, S. 607). Die Marktteilnehmer sind also im Wege der Selbstregulierung (Kontrollebene 2) ständig darauf vorbereitet, die mit dem Finanzmarktgeschehen verbundenen systemischen Risiken zu kontrollieren.[170]

Auch die Empirie spricht für diese These. Nach der Erfahrung von mittlerweile ca. 150 Jahren haben sich die Arrangements als sehr robust selbst gegenüber schwerwiegenden makroökonomischen Schocks, ungünstigen Marktentwicklungen oder dem Ausfall eines wichtigen Clearing-Mitglieds gezeigt. Ein „race to the bottom" der Sicherheitsstandards im Wettbewerb unterschiedlicher Terminbörsen ist ebenfalls nicht nachweisbar (*Kroszner* 1999a, S. 604). Im Gegenteil: Da die am Handel teilnehmenden Unternehmen an unterschiedlichen Börsen Geschäfte tätigen, teilen einige Clearing Houses im Interesse der Risikobegrenzung seit der Krise der Barings-Bank 1995 Informationen mit Konkurrenzbörsen (*IWF* 2000, S. 92).

Wie aber steht es mit den weitaus bedeutenderen börsenunabhängigen OTC-Märkten, die als besonders problematisch hinsichtlich des Systemrisikos gelten? Zunächst einmal ist die Grenze zu börsengehandelten Produkten fließend. Innovative Finanzprodukte werden üblicherweise zu Beginn ihres Lebenszyklus' ausschließlich zwischen einigen wenigen Akteuren eingesetzt, die in besonderer Weise über das dazu notwendige Know How zu verfügen meinen. Auch vor diesem Hintergrund wird die Konzentration des Geschäfts auf einige wenige Intermediäre verständlich. Bei der späteren Imitation durch andere Marktteilnehmer durchlaufen sie nicht selten einen Prozeß der Standardisierung und Verbesserung der institutionellen Absicherung gegenüber möglichen Risiken (*Flannery* 2000, S. 104). Allein aus der Tatsache einer von außen (zeit-

---

170 Entstehung, Organisationsstrukturen und Entwicklung von Börsen gelten allgemein als Musterbeispiel für erfolgreiche und flexible Selbstregulierungen, wenngleich der Börsenhandel heute selbst einer starken staatlichen Regulierung unterliegt (*Pirrong* 1998). Außerdem muß beachtet werden, daß Börsen heute weitgehend als private und von den Mitgliedern bzw. Marktteilnehmern unabhängige Unternehmen verfasst sind, so daß sich der beschriebene „Clubcharakter" nicht mehr wie früher aus der personellen Einheit von Vertragspartnern und Besitzern der Börse ergibt, sondern aus den vertraglichen Beziehungen des Börsenbetreibers mit den Marktteilnehmern.

weise) schwer zu erkennenden Risikostruktur oder hohen Komplexität ergibt sich damit noch kein Regulierungsbedarf, solange davon ausgegangen werden kann, daß sich die Marktteilnehmer im eigenen oder gemeinsamen Interesse um eine Verbesserung der Ertrags-Risiko-Merkmale der Instrumente bemühen. Es überrascht daher wenig, daß von den Marktkräften begünstigte Produkt- und Organisationsinnovationen auch für den OTC-Bereich nachweisbar sind (*Kroszner* 1999a, S. 608-614; 1999b, S. 356 ff.). So gründen Banken und Finanzintermediäre zur Abwicklung des OTC-Handels verbreitet Spezialunternehmen („special purpose vehicles", SPV) mit sehr hoher Bonität, um die durch Intransparenz und mitunter lange Vertragslaufzeiten gesteigerten Informationsasymmetrien und Sicherheits- und Glaubwürdigkeitsbedürfnisse der Marktgegenseite zu erfüllen.[171]

Außerdem spielen auch hier selbstregulatorische Elemente eine wichtige Rolle. Die bedeutendste Quelle dieser Regeln ist ein Rahmenabkommen der International Swap Dealers Association (ISDA), das in seiner ursprünglichen Form aus dem Jahr 1985 stammt (hierzu *Partnoy* 2002). Hierin werden bestimmte Vertragsinhalte international standardisiert vorgegeben – insbesondere die (organisatorische) Verfahrensweise bei Vertragsbruch oder anderen Rechtsstreitigkeiten und die Verfahren der Ermittlung von Marginverpflichtungen. Die individuelle Anpassung von OTC-Vereinbarungen erfolgt dagegen in bilateraler Abstimmung. Die vereinbarten Spezifika werden durch ein Bestätigungsschreiben der Vertragspartner festgehalten. Beide Dokumente zusammen bilden die Grundlage für Streitschlichtungen im OTC-Bereich, die durch private Schiedsgerichte oder durch staatliche Gerichtsbarkeiten (vor allem in New York und London) erfolgen können.

Auch Rating-Agenturen kommt eine zentrale Stellung bei der Überwindung von Informationsasymmetrien und der daraus folgenden Unsicherheit zu. Sie erzeugen durch die Zertifizierung der Vertrauenswürdigkeit und Zahlungsfähigkeit der am Handel teilnehmenden Unternehmen für die Marktgegenseite ein positives Vertrauenssignal, das die Haftungsmasse der Clearing Houses zumindest partiell ersetzen kann. Außerdem wirken sie bei der Definition von Organisations- und Risikostandards für den OTC-Handel mit. Dies geschieht in enger Kooperation mit den am Handel teilnehmenden Unternehmen und ihrer Organisationen. So müssen beispielsweise die SPV bestimmte Streßszenarien simulieren können, von deren Ergebnis es abhängt, ob vorab festgelegte Maßnahmen der Risikobegrenzung ergriffen werden müssen. Zudem haben sich vertragliche Mechanismen herausgebildet, die bei ex ante festgelegten Signalschwellen für

---

[171] Das im Vergleich zu allen anderen Marktsegmenten stärkere Wachstum der OTC-Märkte läßt sich auf drei Faktoren zurückführen: Verbesserte Risikomanagementtechnologien und das Vordringen der Informations- und Kommunikationstechnologie erleichtern erstens das gegenseitige Monitoring und lassen den Wert standardisierter und durch Clearing Houses garantierter Zahlungen relativ sinken; zweitens steigt mit dem Wunsch nach individueller Risikoabsicherung auch die Nachfrage nach hoch spezialisierten Produkten, und drittens – aber wohl mit etwas geringerer Bedeutung – unterliegen börsennotierte Produkte in stärkerem Ausmaß einer offiziellen Regulierung, was sie tendenziell verteuert (*Kroszner* 1999a, S. 608, Fn. 15).

eine verschlechterte Bonität oder Liquidität eine geordnete Abwicklung der offenen Positionen auslösen und damit das Risiko eines ungeordneten Konkurses lindern sowie die Planungssicherheit im Krisenfall erhöhen.[172] Die gesamte Organisationsstruktur weist damit ähnliche Vorteile beim Umgang mit Preis- und Ausfallrisiken auf wie diejenige der stärker institutionalisierten Terminbörsen, ohne auf die Flexibilität der OTC-Produkte verzichten zu müssen.

5.2.2.4. Sonderfall: Zum Dominorisiko in den Abwicklungssystemen für Zahlungen und andere Transaktionen

Bliebe die Frage nach den Erfüllungsrisiken bei großvolumigen (grenzüberschreitenden) Zahlungen in eigener oder fremder Währung bzw. bei den zur Abwicklung von Wertpapiertransaktionen notwendigen Systemen. In Analogie zu den bisherigen Überlegungen würde sich bei hierbei nur eine Notwendigkeit zu einer regulatorischen Sonderbehandlung des Bankensektors ergeben, wenn etwaige Risiken nicht durch die institutionelle Ausgestaltung der Abwicklungssysteme begrenzt werden könnten. Tatsächlich bestehen in den drei wichtigsten Klassen dieser Systeme (Zahlungsverkehr, Fremdwährungstransaktionen, Wertpapiertransaktionen) solche institutionalisierten Sicherungen, so daß systemische Risiken auch in diesem Bereich insgesamt eine untergeordnete Rolle spielen dürften.

So sind bei den Zahlungsverkehrssystemen zwei Typen gebräuchlich (*DeBandt* und *Hartmann* 2002, S. 273 f.): In Netto-Settlement-Systemen werden die gegenseitigen Zahlungsverpflichtungen der beteiligten Banken über eine gewisse Zeitspanne (zumeist einen halben Tag) gesammelt, um sie nach einer Aufrechnung abzuwickeln. Dieses „Netting" geschieht – wie bei der Börsenorganisation – zumeist über den Umweg eines Clearing Houses. Hierdurch reduziert sich nicht nur das kurzfristige Liquiditätsrisiko der Beteiligen; auch der Gesamtumfang von Kreditpositionen sinkt. Unter Umständen akkumuliert sich jedoch das Erfüllungsrisiko über den Tag. Netto-Abrechnungssysteme begegnen dieser Problematik oft durch Verlustaufteilungs- und/oder Garantievereinbarungen oder Vorkehrungen zur Begrenzung offener Positionen, die Ähnlichkeit mit den institutionellen Arrangements der Terminbörsen besitzen.

---

[172] Die verwendeten Signale sind vielfältig. *Kroszner* (1999a, S. 613) nennt: Ratingverschlechterung des Mutterunternehmens oder des SPV, verfehlte Eigenkapital- oder Sicherheitenanforderungen, Bankrott oder Zahlungsunfähigkeit des SPV oder der Muttergesellschaft. Auch Maßnahmen von Regulierungsbehörden fallen hierunter. Für diesen Umstand bieten sich mehrere Erklärungen an. Einerseits könnten regulatorische Maßnahmen als zusätzliches Risiko für die Erfüllbarkeit der Verträge aufgefaßt werden, so daß es sich aus Sicht der Marktteilnehmer anbietet, hierauf mit risikobegrenzenden Verfahrensweisen zu reagieren. Plausibel erscheint jedoch auch, daß Regulierungsbehörden zugetraut wird, über möglicherweise überlegene Informationen zu verfügen. Insofern würden sich Markt- und Staatskontrolle in diesem Punkt wirkungsvoll ergänzen – eine Vermutung, die ja bereits bei der Wirkung von Eigenkapitalnormen diskutiert wurde. Dabei ist jedoch zu beachten, daß ein etwaig überlegenes Wissen der Regulierungsbehörden auch auf ihrem privilegiertem Zugang zu Informationen beruhen dürfte. Es kommt daher darauf an, ob dieser Zugang ordnungspolitisch zu rechtfertigen ist. Siehe hierzu Kap. 6.3.

Brutto-Abrechnungssysteme vermeiden dagegen offene Kreditpositionen (fast) vollständig, indem sämtliche Zahlungen sehr schnell ohne Netting-Vereinbarungen abgewickelt werden („Real Time Gross Settlement"). Weil sie die Dauer der Erfüllungsrisiken theoretisch auf Null reduzieren können, gelten sie unter systemischen Aspekten auch als die prinzipiell überlegene Lösung. Durch die Bruttoabrechnung kann es jedoch zu Warteschlangenproblemen oder gar zu einem Totalstillstand der Zahlungen („gridlock") kommen, wenn avisierte Geldbeträge nicht verabredungsgemäß eingehen. Zur Begrenzung der entsprechenden Liquiditätskosten lassen auch Brutto-Abrechnungssysteme kurzfristig offene Positionen zu, wenn hieraus resultierende Risiken durch die Bereitstellung von Sicherheiten und/oder Strafzahlungen verringert werden.[173]

Den dritten Typ bilden sogenannte *Korrespondenzbankensysteme*, die vor allem für die transnationale Zahlungen kleinerer Banken eine erhebliche Rolle spielen. Hierbei wird eine Korrespondenzbank für die Abwicklung der Zahlungen zwischen den Banken eingeschaltet. Die Bank garantiert die gegenseitigen Zahlungen, rechnet sie gegebenenfalls gegeneinander auf und übernimmt damit eine ähnliche Funktion wie die Clearing Houses der Netto-Abrechnungssysteme. Ihr Ausfall kann daher erhebliche Folgen für die beteiligten Banken haben. Da aber vor allem kleinere Banken betroffen wären, ist dies unter systemischen Aspekten weniger bedeutend.

Auch für Erfüllungsrisiken im Handel mit Devisen (Herstatt-Risiko), der nicht nur wegen seines außerordentlichen Volumens als eine wichtige Quelle systemischer Risiken gilt, haben sich in der Zwischenzeit überzeugende Lösungen der Risikobegrenzung gefunden (siehe *Galati* 2002, S. 67-73). Hierzu gehört neben den bereits diskutieren institutionellen Strukturen der nationalen Abwicklungssysteme auch die internationale Angleichung ihrer Betriebszeiten. Hierdurch konnte z. B. die Dauer des Erfüllungsrisikos im Devisenhandel, die Mitte der 1990er Jahre noch bei bis zu 3 Geschäftstagen gelegen hatte (ebenda, S. 64), erheblich reduziert werden. Die (fast) vollständige Eliminierung gelang aber erst durch eine private Initiative der sogenannten Group of 20 (G-20), einer Gruppe wichtiger Devisenmarktteilnehmer. Diese gründeten 1997 mit der CLS Bank International ein zweckgebundenes Finanzinstitut, das seitdem als zentrale internationale Gegenpartei bei Devisengeschäften fungiert und die Fremdwährungszahlungen der Mitgliedsbanken liquiditätsschonend koordiniert. Zur Vermeidung von Liquiditäts- und Erfüllungsrisiken bestehen einerseits aufwendige Anforderungen an die technische und organisatorische Infrastruktur der angeschlossenen Banken. Andererseits müssen die Mitglieder umfangreiche Risikobegrenzungs- und Verlustteilungsregeln akzeptieren, um am CLS-System teilnehmen zu können.

---

173 *DeBandt* und *Hartmann* (2002, S. 286-288) beziehen sich auf eine kleine Zahl empirischer Studien, die auf Basis von Simulationsrechnungen potentielle Systemrisiken in den Zahlungs- und Abrechnungssystemen abschätzen. Die Studien kommen allgemein zu dem Schluß, daß wenig Evidenz für eine tatsächliche Bedrohung gegeben ist. Da die fraglichen Studien zum Teil bereits bei der Behandlung der gegenseitigen Liquiditätsversicherung zitiert wurden, wird auf eine weitere Diskussion verzichtet.

Ähnliche Mechanismen der Risikovermeidung wie bei großvolumigen Zahlungen und Devisentransaktionen sind auch bei den Abrechnungssystemen von Wertpapiertransaktionen üblich, so daß diese kaum als Quelle oder Übertragungskanal von systemischen Risiken in Frage kommen (*EZB* 2004b, S. 111 ff., Appendix C). Beispielsweise treten die Börsenbetreiber auch bei Nichtderivativtransaktionen zunehmend als zentrale Gegenparteien auf, was Kredit- und Liquiditätsrisiken mindert und die Marktliquidität steigert. Alternativ hierzu bestehen Möglichkeiten zu Wertpapierleihgeschäften unter den an das System angeschlossenen Parteien, um zwischenzeitliche Lieferschwierigkeiten einzelner Banken zu begrenzen. Darüber hinaus sorgt heute praktisch jedes Abrechnungssystem dafür, daß die letztendliche Übertragung des Eigentums an Wertpapieren gleichzeitig mit der Übertragung der Zahlungen erfolgt, damit keine offenen Positionen bei Käufern oder Verkäufern entstehen („Delivery versus Payment").

5.2.2.5. Zwischenfazit zu systemischen Risiken im Interbankenmarkt

„Historically, the private markets have been very sensitive to credit risk issues for both individual institutions and for the system as a whole." Dieses Zitat von *Kroszner* (1999a, S. 614) faßt in vielerlei Hinsicht die optimistischere Gegenposition zur Frage systemischer Risiken auf Interbankenmärkten, insbesondere zu direkten und indirekten Dominoeffekten, zusammen. Bezogen auf die einzelnen Risikobereiche läßt sich diese Position wie folgt zusammenfassen:

Finanzinnovationen schirmen Banken – entgegen vielfach geäußerter Befürchtungen – summa summarum gegenüber makroökonomischen Schocks ab und tragen daher prinzipiell zur Begrenzung systemischer Risiken bei. So spricht *erstens* die überwiegende empirische Evidenz für eine systemstabilisierende Wirkung innovativer Finanzprodukte und die Robustheit der entsprechenden Märkte selbst in kritischen Situationen. Die *Deutsche Bundesbank* (2004a, S. 44) attestierte dies jüngst zum Beispiel für den Bereich der Kreditderivate, wenn sie schreibt:

> „Insbesondere hat [der Markt für Kreditrisikotransfer, G. F.] den Lackmustest der zurückliegenden Rezession – mit dem damit verbundenen Anstieg der Kreditrisiken sowie der eingetretenen Kreditereignisse – gut gemeistert."

Zweitens: Zwar können Derivative und andere Finanzmarktengagements dazu genutzt werden, sehr riskante spekulative Positionen eingehen, die mit entsprechenden Verlustrisiken verbunden sind. Dies zeigt nicht zuletzt der Fall des Hedge Fonds LTCM, der gern als besonderes Negativbeispiel herhalten muß (siehe hierzu Kap. 4.3.2.2.). Der hieraus gezogene Schluß eines Marktversagens auf Finanzmärkten muß jedoch in seiner Absolutheit erheblich eingeschränkt werden, denn spekulative Engagements im allgemeinen und die der Hedge Fonds im speziellen wirken im Regelfall stabilisierend und stärken damit die Transaktions- und Informationseffizienz der Kapitalmärkte.

Drittens: Allerdings unterliegt der Umgang mit neuartigen Finanzprodukten einem Lernprozeß. Fehleinschätzungen der mikro- und makroökonomischen Risikopotentiale sind hierbei nie völlig auszuschließen. So mußten im Fall des Hedge Fonds LTCM die eigentlich besser informierten Interbankengläubiger hohe Verluste aus ihren Kreditzusagen verkraften, weil sie mögliche Risiken aus ihren Engagements unzureichend berücksichtigt hatten. Auch wenn dies tatsächlich für eine partiell versagende Marktkontrolle in diesem Einzelfall spricht, muß beachtet werden, daß Verluste immer auch Verhaltensänderungen und Innovationen im Risikomanagement oder der institutionellen Absicherung anregen, die eine Wiederholung solcher Fälle unwahrscheinlicher machen (*BIZ* 1999, S. 16; *Dowd* 1999b, S. 8). So berichten etwa *Calomiris* und *Litan* (2000, S. 291), daß Banken ihre Kreditvergabe gegenüber Hedge Fonds direkt nach dem LTCM-Debakel erheblich eingeschränkt haben. Mittlerweile scheint sich hingegen wieder eine etwas lockerere Kreditpolitik durchzusetzen, was sich jedoch vorwiegend damit begründen läßt, daß Banken nunmehr auf weiterentwickelte Techniken des Risikomanagements zurückgreifen und die Kreditarrangements stärker besichern (*EZB* 2004b, S. 129 f.).

Viertens handelt es sich bei Unternehmenskrisen, die mit dem Einsatz von Derivaten in Verbindung gebracht werden, bisher um Einzelfälle. Wenngleich spektakulär und von außen nicht immer leicht nachvollziehbar, haben sie, verglichen etwa mit dem traditionellen Kreditgeschäft, nur geringe Verluste erzeugt (*Hellwig* 1998b, S. 145). Dies liegt unter anderem daran, daß das direkte Verlustrisiko von Derivaten selbst beim Ausfall eines Vertragspartners in den Wiederbeschaffungskosten besteht – also in dem Betrag, der aufgewendet werden muß, um eine als abgesichert unterstellte Position wieder zu schließen. Auch deshalb wurden Auswirkungen spektakulärer Ausfälle im Derivativgeschäft im großen und ganzen leicht von den Märkten absorbiert (*Dowd* 1999b, S. 8). Selbst der LTCM-Fall hat letztlich nur kurzfristige Erschütterungen der Märkte ausgelöst.

Dies liegt *fünftens* im wesentlichen an der Fähigkeit der Marktteilnehmer, mögliche Risikopotentiale durch (vertragliche) Selbstorganisation (Kontrollebene 2) ex ante zu begrenzen. Außerdem zeigt die Krise des LTCM, daß selbst das partielle Versagen solcher auf Krisenprävention gerichteten Institutionen nicht ins Chaos führt. Vielmehr ergreifen die Marktteilnehmer dann spontane protektive Maßnahmen des Krisenmanagements. Gerade wegen der befürchteten systemischen Risiken kam es bei LTCM zu der in Kap. 4.3.2.2. beschriebenen Rettungsaktion durch andere Marktteilnehmer. Ob es hierzu tatsächlich der Koordinations- und Überzeugungskraft der Federal Reserve Bank sowie der deutlichen Zinssenkungen durch die Zentralbanken bedurft hätte (also einer teilweisen Einmischung seitens der Kontrollebene 3b), ist im Nachhinein nur schwer zu beurteilen.[174] Allerdings gab es nachweislich einen im Volumen sogar größeren rein privaten und damit vollständig spontanen Rettungsplan des Großanlegers Warren Buffet (*Börsen-Zeitung* 1998). Dieser wurde wohl abgelehnt, weil hierdurch die persönlichen Verluste der Fondsmanager und ihrer Kreditgeber – also das Ausmaß der Haftung –

---

174 Aus den gleichen Gründen kann über die potentiellen Auswirkungen eines ungeregelten Konkurses des LTCM im Nachhinein nur spekuliert werden. Es bestehen aber Zweifel, daß Kettenreaktionen und Preisbewegungen die Stabilität der Weltfinanzmärkte so fundamental erschüttert hätten, daß von einem Marktversagen gesprochen werden müßte (*Dowd* 1999b, S. 7 f.)

größer gewesen wären als bei dem durch die Zentralbank koordinierten „Bail Out" (*Dowd* 1999b, S. 3-7).

Alles in allem spricht damit selbst der bisher bedeutendste Fall einer Krise im Zusammenhang mit komplexeren Finanzprodukten nicht für ein Marktversagen. Vor allem aber spricht er nicht die Notwendigkeit einer regulatorischen Sonderbehandlung, denn das „konstitutionelle" Interesse der Marktteilnehmer an einem funktionsfähigen Finanzmarkt ermöglichte eine private Rettungsaktion zur Begrenzung möglicher Folgewirkungen. Dies deckt sich im übrigen mit den historischen Erfahrungen aus freieren Bankensystemen, wo sich ähnliche protektive Lösungen gegen unbegründete Einzel- und Multi-Bank-Runs und Kettenreaktionen (Marktversagen I-IV) ebenfalls spontan entwickelt haben.

Diese Fähigkeit zur Selbstorganisation durch die Kreditinstitute spiegelt sich heute auch in den gegenseitigen *Liquiditätseinlagen* über die Märkte für kurzfristige und mittelfristige Interbankenkredite. Die hieraus erwachsenden Verflechtungen tragen – entgegen der These von den Dominoeffekten – in erster Linie zur Versicherung der Marktteilnehmer gegen unerwartete Liquiditätsengpässe bei, zumindest muß davon ausgegangen werden, daß der Wert der Versicherung das Risiko der Ansteckung übersteigt. Empirische Studien deuten entsprechend darauf hin, daß Kettenreaktionsrisiken in diesem Bereich eher unbedeutend sind. Allerdings hängen die Risiken von der Struktur der Märkte ab. Folgt man den theoretischen Überlegungen von *Allen* und *Gale* (2000/2002) und *Upper* (2004), so dürfte die fortschreitende internationale Integration der Interbankenmärkte die Versicherungsleistung grundsätzlich verbessern: Je mehr Beziehungen auf Gegenseitigkeit jede einzelne Bank besitzt oder besitzen kann, je mehr sie also Risiken streut oder streuen kann, desto ausgeprägter ist die Versicherungsleistung (ähnlich auch *EZB* 2000, S. 54; *Ibel* 2001)

Etwas weniger eindeutig ist die Beurteilung der Muster der Selbstorganisation im Bereich der *Zahlungsverkehrssysteme* und der *Systeme zur Abwicklung von Wertpapiertransaktionen*. Das liegt vor allem daran, daß einige dieser Systeme zumindest zum Teil durch die Zentralbanken und/oder andere staatliche Stellen mitgetragen werden, also ohnehin der Einmischung durch die Kontrollebene 3 unterliegen.[175] Unabhängig hiervon läßt sich jedoch eine regulatorische Schlußfolgerung zweifelsfrei ziehen: Da

---

175 Die institutionelle Vielfalt der Zahlungssysteme ist außerordentlich groß. Die *BIZ* (2003a, insbesondere Tab. 15, 16, 21 ab S. 194) erfaßt neben der hier thematisierten Art der Abrechnung unter anderem die Zielgruppe, die Art der Datenübertragung, die Anforderungen an eine Mitgliedschaft und den Zentralisierungsgrad der fraglichen Systeme. Da Zahlungsverkehrssysteme häufig von Zentralbanken oder in Kooperation mit diesen betrieben werden, sind auch nicht alle der Selbstregulierung im weitesten Sinne zuzuschreiben. Entsprechend sind systemische Risiken, die möglicherweise aus Fehlkonstruktionen erwachsen, auch nur dann als Marktversagen oder Versagen der Selbstorganisation zu interpretieren, wenn Zahlungsverkehrssysteme ausschließlich von privater Seite betrieben werden. Sonst müßten sie konsequenterweise (partiell) einem Staatsversagen zugeordnet werden. Analog gilt dies im übrigen auch für die Abwicklungssysteme von Wertpapier-, Fremdwährungs- und Derivattransaktionen, soweit diese nicht von privaten Akteuren betrieben werden (Tab. 17, S. 201 ff.).

Kettenreaktionsrisiken in den Abrechnungssystemen am Ort ihrer Entstehung begrenzt, wenn nicht sogar vollständig beseitigt werden können, eignen sie sich wenig zur Begründung einer spezifischen *Banken*regulierung. Vielmehr muß es darum gehen, die Settlement-Systeme an sich krisenfester zu gestalten (*Flannery* 2000, S. 103). Ob es hierzu ebenfalls der staatlichen Aufsicht bedarf, soll nicht weiter diskutiert werden (hierzu kurz *EZB* 2004b, S. 114 f.). Die Gründung der CLS Bank durch die Akteure der Devisenmärkte, die geschilderten Selbstregulierungen auf den Derivativmärkten und bei privat getragenen Wertpapierbörsen weisen jedoch ziemlich deutlich darauf, daß die Betreiber und Nutzer von Abrechungssystemen in Eigenregie um die Begrenzung möglicher Risikopotentiale bemüht sind.

Die Gefahr versagender Interbankenmärkte spielt also insgesamt eine untergeordnete Rolle. Die Akteure dieser Märkte besitzen – trotz mancher empirisch nachgewiesener Fehleinschätzung – am ehesten die Erfahrung, die technischen und organisatorischen Möglichkeiten und das Wissen, mit Risiken unternehmerisch umzugehen und institutionelle Lösungen zur Begrenzung von Risikopotentialen zu finden. Die Angst vor „pure contagion"-Phänomenen oder sonstigen Ansteckungseffekten dürfte hierbei geradezu katalytisch auf selbstregulatorische Anstrengungen wirken. Dem Marktversagen I, II, III und IV kann damit eine realistisch-optimistische Sichtweise entgegengesetzt werden. Es muß daher noch geklärt werden, wie es um das Marktversagen V und VI bestellt ist, welches aus den genannten Gründen nicht zweifelsfrei von den bisher behandelten Phänomenen zu trennen ist.

5.2.3. Zum Systemrisiko im weiteren Sinne

Zur Erinnerung: Die These, die in Kap. 4.3.3. vorgestellt wurde, lautete in ihrer allgemeinen Form: Banken (und andere Finanzmarktteilnehmer) begründen endogen durch kollektive Fehleinschätzungen möglicher zukünftiger systemischer Risiko- und Verlustpotentiale nicht beherrschbare Kreditbooms und Finanzmarktblasen (Marktversagen V und VI). Empirisch ist dem Argument von Bankenkrisen, die durch platzende Finanzmarktblasen und versiegende Kreditbooms ausgelöst werden, zumindest oberflächlich kaum etwas entgegenzusetzen. Tatsächlich stehen viele der kostspieligsten historischen und modernen Bankenkrisen in einem mehr oder weniger engen Zusammenhang hiermit (siehe *Allen* und *Gale* 1999, S. 19 f.; *Kaminsky* und *Reinhardt* 1999; Kap. 6.4.). Auch die für die Begründung des Bubble-Phänomens herangezogenen psychologischen und rationalen Erklärungen erscheinen insgesamt geeignet, das Verständnis der mikroökonomischen Zusammenhänge auf Finanzmärkten zu verfeinern. Die Kritik an dieser Stelle richtet sich deshalb vornehmlich gegen die Bewertung solcher Erscheinungen als Marktversagen und die hieraus abgeleitete Regulierungsnotwendigkeit.

Insbesondere in der politischen Diskussion wird häufig der Eindruck erweckt, die Finanzmärkte hätten sich wegen ihrer Neigung zur Blasenbildung von den realwirtschaftlichen Zusammenhängen entfernt, und Finanzmarktakteure würden sich in irgendeiner Form irrational verhalten. Bei näherem Hinsehen entpuppt sich diese These jedoch als Trugschluß (*Schüller* 1997/2002, S. 103 ff.): Finanzmärkte stehen in einem engen interdependenten Zusammenhang zum Gütermarktgeschehen. Realwirtschaftliche Dispositionen werden durch die Akteure der Finanzmärkte ständig einer auf die Zukunft gerichteten Bewertung unterzogen, die sich in den Veränderungen der Preise für Vermögensgüter (und ihrer Property Rights) niederschlagen. Diese Preise können niemals im Sinne des Konzepts der statischen Informationseffizienz vollständig informativ sein, also den Anforderungen der „efficient market hypothesis" gerecht werden. Denn dann wäre das als bekannt unterstellt, was es zu entdecken gilt. Insbesondere würde es sich für die Marktteilnehmer nicht mehr lohnen, in private Informationen zu investieren. Realistischerweise muß dagegen unterstellt werden, daß die Preisbildung nicht transaktionskostenfrei verläuft und Ausdruck konkurrierender Verfahren der Informationsbeschaffung und -nutzung ist. Dies mag einer der Gründe sein, warum sich die moderne Theorie zunehmend vom Nirwana-Konzept der statischen Informationseffizienz absetzt und statt dessen stärker die für die Erzeugung und Nutzung von Preissignalen tatsächlich vorzufindenden Prozesse in den Mittelpunkt der Untersuchungen rückt.

Bei der Informationsverarbeitung durch die Marktteilnehmer ist es aus „psychologischen" oder „rationalen" Gründen niemals auszuschließen, daß diese sich auch gehäuft in der Einschätzung der Gewinnmöglichkeiten und den hieraus resultierenden Kaufs- und Verkaufsentscheidungen irren. „Unter- und Übertreibungen" sind also denkbar. Im marktprozeßtheoretischen Verständnis unterscheidet sich jedoch ihre Bewertung erheblich von der These des Marktversagens VI. Dies liegt insbesondere daran, daß es zu einem Zeitpunkt *t* unmöglich ist, ein Kriterium für „Richtigkeit" eines Finanzmarktpreises oder das Ausmaß einer Preisblase anzugeben. Noch nicht einmal ex post – also zum Zeitpunkt $t + x$ – herrscht Einigkeit, wo die Grenze einer Blasenbildung verläuft oder welche Blasen als irrational zu bezeichnen wären. *Peter Garber* (2000), der eine umfangreiche kritische Analyse zu vermeintlichen historischen Bubble-Phänomenen verfaßt hat, kommt daher auch zu dem Schluß: „... that bubble theories are the easy way out – that are simply names that we attach to the part of asset price movement that we cannot easily explain" (S. 126).

Unabhängig davon läßt sich empirisch nachweisen, daß viele der Bewertungs- und Preisbildungsanomalien auf Kapitalmärkten nach ihrem allgemeinen Bekanntwerden mit der Zeit eingeebnet wurden, weil Arbitrageprozesse eingesetzt haben. In einem dynamischen Verständnis gilt damit letztlich die auch von Vertretern der zurecht kritisierten „efficient market hypothesis" gezogene Schlußfolgerung, „that stock markets are remarkebly efficient in its utilitization of information" (*Malkiel* 2003, S. 80).[176] Blasenbildungen kommen vor, müssen aber als Ausdruck des normalen marktwirtschaftlichen Suchprozesses gewertet werden, in dem ständig Hypothesen über die zu-

---

176 Diese Schlußfolgerung steht in enger Verbindung zu der allgemeinen Aussage *von Hayeks* (1945) über die Vorteile einer dezentralen Informationsverarbeitung auf Märkten. Die Bedeutung seiner Arbeiten für die moderne Finanzmarkttheorie diskutiert ausführlich *Streissler* (2000).

künftige Gewinnchancen getestet werden. Regulierungsforderungen, die dies bezweifeln, stehen auf einem weichen Fundament.[177]

Eine ähnliche Problematik ergibt sich für die Anwendung der rationalen und psychologischen Theorien des Herdenverhaltens auf Kreditbooms durch *Borio et al.* (2001), die den Kern der Marktversagensthese V ausmacht. Zunächst spricht einiges dafür, daß es sich bei solchen Phänomenen um Ausnahmefälle handelt, weil Banken bei ihren Kreditvergabeentscheidungen einen Anreiz haben, sich von „unvorsichtigen" Konkurrenten abzusetzen (siehe Kap. 5.2.1.1.). Allerdings wird niemand bestreiten können oder wollen, daß auch die Kreditvergabe anfällig für unternehmerische Irrtümer sowohl auf der Angebots- als auch auf der Nachfrageseite sein kann.[178] Dies führt zum Kern der österreichischen Konjunkturtheorie, auf die sich auch *Borio et al.* (2001, S. 8, insbes. Fn. 13) beziehen: Kreditzinsen können wegen unvermeidlicher Informationsdefizite unter den langfristigen natürlichen Zins fallen. Sie stoßen damit eine Kreditausweitung an, die sich ex post als übermäßig herausstellen kann. Dies ist wahrscheinlicher, wenn die Marktteilnehmer außergewöhnlich unsicher über die zukünftigen Marktpotentiale oder Wachstumschancen sind. Auch dies betonen *Borio et al.* (2001, S. 8) zurecht.

Wie steht es aber mit der Bewertung des Boom-Bust-Phänomens? Es ist sicher kein Zufall, daß Kreditbooms (und Finanzmarktblasen) häufig in engem Zusammenhang mit außergewöhnlichen realwirtschaftlichen Neuerungen oder entschlossenen marktwirtschaftlichen Reformen – also „guten" Neuigkeiten im Sinne der Finanzmarkttheorie – stehen. Prinzipiell eröffnen sich hierdurch neue (noch) ungenutzte Gewinnchancen; es ergibt sich ein Raum für zusätzliche Hypothesen, die im Wettbewerb getestet werden können (etwa *Willgerodt* 2000, S. 356). Werden diese Hypothesen von Banken mitgetragen, weil auch diese sich eine Gewinnchance erhoffen, können sich Kreditbooms ergeben. Mehr noch: Die Kreditvergabe ist – wie schon *Schumpeter* (1912/1934) betont – notwendig, um Produktionsfaktoren aus alten in neue Verwendungen umzulenken. Ist dies erst einmal gelungen und sind die Hypothesen ausgetestet, dann folgt (fast) automatisch eine rezessive Phase, in der sich der Kreditzins dem natürlichen Zins wieder annähert. Kreditzyklen und die durch sie ausgelösten oder auch nur beeinflußten Konjunkturen sind damit notwendige Voraussetzung und Begleitprozeß für die „schöpferische Zerstörung".

Wer in diesen Zusammenhang eingreifen will, steht vor einem grundsätzlichen Problem. Er muß ex ante entscheiden, welches Maß an Kreditausweitung noch durch zu-

---

177 Selbst weniger von der Informationseffizienz der Kapitalmärkte überzeugte Autoren wie *Shleifer* (2000, S. 192 f.) sehen deshalb keinen staatlichen Interventionsbedarf, wenn der Investorenschutz durch das Rechtssystem gewährt wird.

178 Hierzu mag beitragen, daß Kredite bilateral ausgehandelt werden und die Informationen über erzielte Konditionen wenig(er) nach außen dringen. Im Vergleich zu offenen Kapitalmärkten können damit beide Marktseiten tendenziell weniger Informationen zur Antizipation der zukünftigen Nachfrage- und Wettbewerbsbedingungen nutzen. Insbesondere fehlen ihnen wichtige Informationen über die geplanten oder erfolgten Finanzierungsvolumina der Wettbewerber, die sich auf Primärmärkten prinzipiell aus dem Emissionsvolumen ablesen lassen (so *Streissler* 2000, S. 89-92).

künftige realwirtschaftliche Gewinnchancen und Wachstumspotentiale – also fundamentale Faktoren – gedeckt ist. Dies herauszufinden ist aber gerade Aufgabe des wettbewerblichen Prozesses der Wissensgenerierung und -nutzung und der hierdurch entstehenden Wissensdiffusion.

Das Dilemma für politische Entscheidungsträger wäre weniger bedeutend, wenn wenigstens der Nutzen einer (extremen) „schöpferischen Zerstörung" in der Boomphase mit Sicherheit durch die Kosten einer durch die folgende Rezession begünstigten systemischer Bankenkrise aufgezehrt würde. Dann könnte es sich lohnen, das Risiko ausgeprägter Zyklen von vorneherein zu begrenzen, um damit auf einen stetigeren Entwicklungspfad einzuschwenken. So argumentieren zumindest implizit *Borio et al.* (2001, S. 48), wenn sie Regulierungsmaßnahmen fordern, die antizyklisch und damit dämpfend auf „exzessive" Zyklen wirken sollen.[179] Dies setzt aber nicht nur voraus, daß die den Boom-Bust-Zyklen zugrundeliegenden Transaktionen ex ante identifiziert und entsprechend verhindert werden können. Es setzt auch voraus, daß die Gefahr von Boom-Bust-Zyklen mit anschließender systemischer Bankenkrise tatsächlich der Regelfall ist.

Gerade in diesem Zusammenhang verstärken sich Hinweise, daß Kreditbooms und Finanzmarktblasen auf makroökonomischer Ebene weniger problematisch sind, als die Marktversagensthesen V und VI nahelegen. So ist es keineswegs typisch, daß ein Kreditboom in eine schwere und lange Rezession oder in eine Bankenkrise führt. In der empirischen Studie von *Tornell* und *Westermann* (2002) über 39 Länder mittleren Einkommens im Zeitraum 1980-1999 können zwar Krisenereignisse (Banken- und/oder Währungskrisen) häufig mit einen vorherigen Kreditboom in Verbindung gebracht werden. Jedoch werden für die Wahrscheinlichkeit, daß ein Boom in eine Krise führt, gerade einmal 6 Prozent ermittelt. Wenn also der typische Kreditboom in einer „sanften Landung" („soft lending", S. 117) endet, relativiert sich die Interventionsnotwendigkeit erheblich.

Außerdem muß der Nettonutzen eines Boom-Bust-Zyklus bei etwaigen Regulierungsforderungen im Blick behalten werden. *Ranciere et al.* (2004) ermitteln dazu beispielsweise über den Zeitraum von 1980 bis 2001 für eine Reihe von Entwicklungs- und Schwellenländern den Zusammenhang zwischen Schwankungen des volkswirtschaftlichen Kreditangebots und dem langfristigen Wachstum. In der Gesamtschau kommen sie zu dem Ergebnis, daß zwar eine umfassende innere und äußere Liberalisierung der Banken- und Finanzmärkte das Risiko von Boom-Bust-Zyklen einschließlich daraus folgender Bankenkrisen in sich bergen. Diesen (kurzfristigen) Kosten müsse aber entgegengehalten werden, daß die betroffenen Volkswirtschaften über den gesamten Zeitraum per Saldo höhere Wachstumsraten erwirtschaftet werden. Für die Bewertung von Kreditexzessen folgt hieraus, daß: „... policies intended to eliminate risk taking and

---

[179] Eine Möglichkeit hierzu wären antizyklische Eigenkapitalforderungen, die im konjunkturellen Aufschwung verschärft und im Abschwung gelockert werden (siehe *BIZ* 2002b, S. 154 f.).

fragility might have the unintended effect of blocking the forces that generate financial deepening and growth" (*Ranciere et al.* 2004, S. 48).[180]

Insgesamt führen also weder Kreditbooms zwingend in eine Bankenkrise, noch muß der Nettonutzen eines Boom-Bust-Zyklus zwingend negativ sein. Daher spricht vieles dafür, daß eine permanente ex ante Begrenzung von Kreditbooms mehr Schaden als Nutzen bringt, weil sie den Prozeß der „schöpferischen Zerstörung" hemmen und entsprechend Wachstumschancen verspielen kann. Dem Marktversagensargument V wird damit ebenso der Boden entzogen wie dem Marktversagensargument VI.

5.3. Zwischenfazit und weitere Schritte

Zusammenfassend müssen die Thesen vom vielfachen Marktversagen auf Bankenmärkten im Lichte der vorgestellten Erkenntnisse und Erfahrungen erheblich eingeschränkt werden. Nicht nur gibt es genügend Argumente, die die einzelnen Marktversagenstatbestände I bis VI in ihrer theoretischen und empirischen Relevanz in Zweifel ziehen. Auch historische Erfahrungen aus weniger regulierten Bankensystemen legen den Schluß nahe, daß die Wettbewerbskontrolle (Kontrollebene 1) den Bankenmarkt in einem Ausmaß ordnen kann, wie es heute kaum noch für möglich gehalten wird. Wo die Wettbewerbskontrolle nicht genügt, scheint das Systemrisiko Grund genug für die Marktteilnehmer zu sein, sich in Eigenregie um entsprechende risikobegrenzende institutionelle Arrangements (Kontrollebene 2) zu bemühen. Dies belegen wiederum historische, aber auch jüngere Erfahrungen, wie sie heute für den Bereich des Handels mit Finanzinnovationen und Wertpapieren gemacht werden.

Dieser überwiegend positiven Einschätzung von Markt- und Selbstkontrolle muß jedoch die empirische Erfahrung aus Kapitel 2.2. entgegengehalten werden, daß es sich bei systemischen Bankenkrisen und Boom-Bust-Zyklen keineswegs um historische Einzelfälle handelt. Dies führt die bisherige Diskussion gewissermaßen in ein Dilemma:

- Entweder sind Systemkrisen doch Ausdruck vielfachen Marktversagens; dann wäre die theoretische Gegenposition trotz vieler historischer und moderner Illustrationen letztlich verfehlt.
- Oder aber die Kritik am Marktversagensargument wird zurecht geäußert; dann dürfte es eigentlich erst gar nicht zu systemischen Bankenkrisen kommen.

Ein möglicher Ausweg aus diesem Dilemma bestünde unter Umständen in dem folgenden marktevolutorischen Argument: Danach wären sinkende Intermediationsmargen im „klassischen" Bankgeschäft ein Hinweis darauf, daß die Bankwirtschaft ihre komparativen Vorteile bei der Überleitung von Sparmitteln in Investitionen und bei der damit einhergehenden Transformation von Fristen, Losgrößen und Risiken an andere Formen

---

180 Insofern relativiert sich auch die von den obigen Schilderungen abweichende Erkenntnis des *IWF* (2004, S. 152 f.), wonach in den Entwicklungsländern etwa 75 Prozent der exzessiven Kreditbooms in eine Bankenkrise gemündet sind.

der Finanzintermediation verliert. Als Beleg mögen die sinkende Bedeutung des Banksparens im Vergleich zu anderen Formen der Vermögensbildung und die stärkere Nutzung der Kapitalmärkte für die Unternehmensfinanzierung dienen, wie sie in Kap. 5.2.2.3. angesprochen wurden. Zwar besteht für Banken ein Anreiz, sich unternehmerisch auf ein verändertes Wettbewerbsumfeld einzustellen. Gelänge dies jedoch nicht in ausreichendem Maß oder in ausreichender Geschwindigkeit, dann könnten systemische Bankenkrisen - zugespitzt formuliert - indizieren, daß die Intermediation über Banken eine insgesamt ineffiziente Lösung des Problems der Vermittlung von Ersparnissen in Investitionen unter veränderten Wettbewerbsbedingungen ist. Krisen würden nur anzeigen: Banken haben in großer Breite den Markt- und Wettbewerbstest nicht bestanden; Krisen wären notwendig, um bei den Unternehmen des Finanzsektors Lernprozesse wohlfahrtsverbessernd zu beschleunigen.[181] Aus einer hayekianisch-evulotorischen Sichtweise ist diese Interpretation durchaus zulässig. Nimmt man jedoch den „Free Banking"-Gedanken ernst, dann müßte erwartet werden können, daß die von Wettbewerb und Marktkräften angestoßene Veränderung des Finanzsektors selbststabilisierend und ohne (schwere) systemische Krisen verläuft, wie es sich etwa im Bereich der Finanzinnovationen im großen und ganzen zeigt und gezeigt hat. Dieser vermeintliche Widerspruch löst sich allerdings auf, wenn man einen zentralen Einflußfaktor auf die Verhaltensweisen der Wirtschaftssubjekte in die Analyse einschließt, der in der bisherigen Diskussion weitgehend vernachlässigt wurde.

Wird zugelassen, daß staatliches Handeln im Zentrum von systemischen Bankenkrisen stehen könnte, dann ergibt sich ein wichtiger Perspektivenwechsel. Bei näherem Hinsehen läßt sich das Phänomen „systemische Bankenkrise" in den ordnungsökonomischen Analyserahmen von Kap. 3. einordnen. Im folgenden soll die These vertreten werden, daß sich Bankenkrisen im wesentlichen aus wirtschaftspolitischen Fehlleistungen erklären lassen - einmal im Rahmen der allgemeinen Ordnungspolitik (Kontrollebene 3a) und zum anderen bei der Bankenregulierung selbst (Kontrollebene 3b). Spiegelbildlich zum Optimismus hinsichtlich der Funktionsfähigkeit der Marktkontrolle und Selbstregulierung auf Bankenmärkten mündet dies in die Vermutung, daß Staatsversagen die wichtigste Ursache von Bankenkrisen ist – und zwar historisch wie in modernen Zeiten.

---

181 Auch dies hätte im übrigen Folgen für die Notwendigkeit von Bankenregulierungen. Ist es tatsächlich richtig, daß andere Intermediationsformen mit aus Sicht der Sparer und Unternehmen ähnlichen oder gar gleichen „Funktionen" weniger systemische Risiken bergen, dann würde die Bankenregulierung mit der Zeit immer weniger Geschäfte betreffen; sie würde sich also von selbst „erledigen" (*Bhattacharya et al.* 1998, S. 763).

6. Staatsversagen und Bankenkrisen

6.1. Staatsversagen auf der Ebene der allgemeinen Ordnungspolitik (Kontrollebene 3a)

Jede Bankenkrise beruht auf einer länderspezifischen Kombination aus krisenauslösenden Ereignissen, tieferliegenden Ursachen für die Anfälligkeit des Banksystems und krisenverschärfenden Einflüssen (*Kaufman* 2000; *Schmidt* 2001). Entsprechend unüberschaubar ist die Literatur, die mit unterschiedlichen Methoden (vertiefende Fallstudien, vergleichende ökonometrische Untersuchungen) aus individuellen Ländererfahrungen verallgemeinerbare Verlaufsmuster herausfiltert. Die meisten Untersuchungen versuchen dazu, einen analytischen Zusammenhang zwischen dem Verhalten einer Reihe makroökonomischer Variablen und dem Auftreten von Bankenkrisen herzustellen.[182]

Dem liegt einmal die ordnungspolitische Erkenntnis zugrunde, daß Planungssicherheit in intertemporalen Vertragsbeziehungen des Finanzsektors ohne ein stabiles und voraussehbares makroökonomisches Umfeld nicht gewährleistet werden kann. Insbesondere die Verwirklichung des Primats der Geld- und Währungspolitik (*Eucken*) wurde in Kap. 3 als elementare Grundvoraussetzung für die Funktionsfähigkeit der marktwirtschaftlichen Ordnung herausgestellt. Die Folgen der Nichtverwirklichung für die Systemstabilität zeigen sich daher auch erwartungsgemäß. Ein hoch volatiles geldpolitisches Umfeld oder ein anfälliges makroökonomisches Klima wirken krisenbegünstigend (siehe etwa Lindgren et al. 1996; *IWF* 1998, S. 80; *Caprio* und *Honohan* 1999, S. 44 ff.). Unter den als Krisenursache in Frage kommenden volkswirtschaftlichen Aggregaten werden am häufigsten genannt: Einbruch der Wachstumsraten, hohe oder sich schnell ändernde Inflationsraten, Zinsänderungen im In- oder Ausland, ein allgemein hohes Realzinsniveau, Rückgang des (realen) Kreditwachstums oder -volumens, mehr oder weniger drastische Abwertungen bzw. massive Überbewertungen, Veränderungen der Terms of Trade sowie platzende Blasen an den Vermögensmärkten. Da diese Ursachenkomplexe in ökonometrischen Studien oder vertiefenden Fallstudien jedoch keineswegs einheitlich identifiziert werden, ergeben sich naturgemäß Deutungsschwierigkeiten in den entsprechenden makroökonomischen Ansätzen.[183]

Dies liegt in erster Linie daran, daß makroökonomische Schieflagen (häufig) nur an der Oberfläche als Krisenursache interpretierbar sind. Sie können zwar als Auslöser für

---

182 Siehe beispielsweise *Lindgren et al.* (1996); *IWF* (1997, S. 245-249; 1998, S. 90-94); *Demirgüç-Kunt* und *Detragiache* (1998); *Caprio* und *Honohan* (1999); *Caprio* und *Klingenbiel* (1999); *Kaminsky* und *Reinhart* (1999); *von Hagen* und *Ho* (2003). Die hier aufgeführten empirischen Beobachtungen beziehen sich im wesentlichen auf diese Studien. Aus den Beobachtungen wird auch versucht, Prognosemodelle abzuleiten, die die Wahrscheinlichkeit einer systemischen Bankenkrise mittels der Beobachtung verschiedener ungünstiger makroökonomischer Entwicklungen vorherzusagen suchen. Verweise finden sich zum Beispiel in *Schmidt* (2001).

183 Siehe *Schmidt* (2001, S. 252 ff.). So ist beispielsweise ökonometrisch nicht eindeutig nachweisbar, daß stark schwankende Inflationsraten oder Terms of Trade-Effekte tatsächlich zu Banken- und/oder Währungskrisen beitragen.

systemische Krisen einen mehr oder weniger hohen Erklärungsbeitrag liefern. Die eigentlichen Gründe für Systemkrisen müssen aber in Verfehlungen der Wirtschafts(ordnungs-)politik – also auf den Kontrollebenen 3a und 3b – gesucht werden, die Anfälligkeiten des Finanzsektors begünstigen oder erzwingen.

Für die Außenwirtschaftsordnung manifestiert sich dies beispielsweise in der Problematik von *Wechselkursfixierungen*. Diese spielen gerade bei den, gemessen an den volkswirtschaftlichen Kosten, besonders gravierenden kombinierten Währungs- und Finanzkrisen („Twin Crises") eine entscheidende Rolle. Die Erfahrung lehrt, daß unglaubwürdige Wechselkursversprechen anfällig sind gegen spekulative Attacken durch die Devisenmarktakteure: Die Stabilität eines Systems fixierter Wechselkurse hängt dabei von einer Vielzahl inländischer und ausländischer prozeßpolitischer und/oder institutioneller Variablen ab, die Richtung und Umfang der Kapitalströme bestimmen. Eine überraschende Erhöhung des Zinsniveaus im Land, an das der Wechselkurs gebunden ist, kann beispielsweise ebenso einen Abfluß von Kapital und damit (unkontrollierbare) Abwertungstendenzen bewirken, wie fortbestehende positive Inflationsdifferenzen oder eine mit dem Wechselkursversprechen inkonsistente Fiskalpolitik (*Weber* 1999). Problematisch ist dies, weil zwischen einem fraglich gewordenen System fester Wechselkurse und der Stabilität des heimischen Bankwesens vielfältige Interdependenzen bestehen. Diese können dazu führen, daß sich Zahlungsbilanzkrisen und (systemische) Krisenerscheinungen im Banksektor gegenseitig bedingen und verstärken (*Mishkin* 1997, S. 85 ff.; *IWF* 1997, S. 248 f.; *Kaminsky* und *Reinhart* 1999, S. 475; *Glick* und *Hutchinson* 2001, S. 37 ff.):

– So kann einerseits eine restriktive Geldpolitik, die zur Verteidigung eines unter Abwertungsdruck stehenden Wechselkurses ergriffen wird, negativ auf die Stabilität der Bankenmärkte auswirken. Direkt verschlechtern sich durch Zinserhöhungen der Zentralbank die Refinanzierungsbedingungen für die heimischen Kreditinstitute und über diese die der Realwirtschaft. Eine kreditverknappende Wirkung von Zinserhöhungen ist zudem indirekt über verschärfte Prozesse der adversen Selektion oder des moralischen Fehlverhaltens potentieller Kreditnehmer im Zuge von Zinserhöhungen begründbar, die durch Kreditinstitute antizipiert werden (*Mishkin* 1997, S. 63 ff.).[184] Insbesondere, wenn sich die fragliche Volkswirtschaft ohnehin am Rand einer Rezession befindet, können die Verteidigungsmaßnahmen der Zentralbank den Anstoß für einen Einbruch der realwirtschaftlichen Aktivität und begleitende Konkurse im Bank- und Realsektor geben.

---

[184] Es sei angemerkt, daß eine überraschend restriktive Geldpolitik als Krisenauslöser auch ohne ein unglaubwürdiges Wechselkursversprechen in Frage kommt. So birgt der Wechsel von einer Hochinflationspolitik auf eine stabilitätsorientierte Geldpolitik (Politik der Disinflation) immer die Gefahr einer Stabilisierungskrise, da sich die Finanzmarktakteure in Zeiten hoher Inflation anders verhalten als bei niedrigen Inflationsraten. *Demirgüç-Kunt* und *Detragiache* (1998, S. 97) betonen beispielsweise, daß chronische hohe Raten der Geldentwertung zu einer tendenziellen Überausdehnung des Finanzsektors führen können. Eine dann als erforderlich angesehene drastisch restriktivere Politik kann daher in eine Anpassungskrise führen.

- Ein solcher Teufelskreis zwischen unglaubwürdig gewordenen festen Wechselkursen und Bankenkrisen ist besonders ausgeprägt, wenn der Wechselkurs nicht verteidigt werden kann oder wegen hoher politischer Opportunitätskosten auf eine Verteidigung verzichtet wird. In solchen Fällen werden *drastische Abwertungen* wahrscheinlich, die von verstärkten Tendenzen fluchtartiger Kapitalbewegungen begleitet sein können. Die gesamte Volkswirtschaft, besonders aber der Bankensektor, wird hierdurch vor erhebliche Anpassungsprobleme gestellt. In erster Linie ergibt sich die Schwierigkeit der Bedienung von Verbindlichkeiten in fremder Währung. Da deren Wert, in Inlandswährung gerechnet, schlagartig stark steigt, werden Liquiditäts- und Solvabilitätsprobleme möglich, wenn nicht sogar wahrscheinlich. Banken können hiervon entweder direkt betroffen sein, wenn sie sich selbst im Ausland refinanziert haben und ihre aktivseitigen Kreditpositionen hauptsächlich in heimischer Währung denominiert sind; oder sie sind es indirekt, wenn ihre Kreditnehmer gleichzeitig existenzbedrohende Verbindlichkeiten in fremder Währung aufweisen.
- Eine hohe Auslandsverschuldung geht mit besonders gravierenden Risiken für die Stabilität der betroffenen Bankensysteme einher, wenn Währungsrisiken nicht abgesichert werden. Systeme fixer Wechselkurse befördern der Erfahrung nach ein solches Verhalten (*Knorr* 1999, S. 353): Bestehen und funktionieren Wechselkursversprechen bereits über einen längeren Zeitraum, wird es erfahrungsgemäß wahrscheinlich, daß die inländischen Kreditnehmer im Vertrauen hierauf auf Absicherungsmaßnahmen verzichten oder verstärkt ausländische Finanzierungsquellen nutzen. Die Wechselkursfixierung führt so zu einer Fremdwährungsverschuldung, die sich im Falle einer Abwertung als nicht tragfähig erweisen kann. Gerade bei Banken ist dies wahrscheinlich, da sie das zusätzliche Risiko der Fristentransformation zwischen kurzfristigen Auslandsverbindlichkeiten und langfristigen Inlandsforderungen eingehen. Können die betroffenen Banken (und/oder ihre eigenen Schuldner) die entsprechenden Verbindlichkeiten dann nicht mehr fristgerecht tilgen oder können sie keine neue Verbindlichkeiten einwerben, dann sind systemische Bankenkrisen eine beinahe „logische" Folge.
- Wegen der vielfältigen Gründe, die Angebot und Nachfrage am Devisenmarkt bestimmen, ist die Kausalität zwischen Bankenkrisen, hoher Fremdwährungsverschuldung und Destabilisierung eines Fixkurssystems ebenso in umgekehrter Richtung vorstellbar und empirisch belegbar. So veranlassen Krisenanzeichen im Finanzsektor (z. B. gehäufte Kreditausfälle oder spektakuläre Unternehmenskrisen) die Finanzmarktteilnehmer nicht selten zur Neubewertung der entsprechenden Länderrisiken. Ein solcher „Weckruf" kann zur Kündigung von Kreditpositionen und insgesamt zur Umkehr der Kapitalströme führen, was die beschriebenen Konsequenzen für die Glaubwürdigkeit stabiler Wechselkurse mit den sich hieraus ergebenden Effekten auf die Lebensfähigkeit des Bankwesens hat. In ähnlicher Weise sind destabilisierende Währungsumschichtungen denkbar, wenn inflationstreibende Wirkungen ausgedehnter staatlicher Rettungsmaßnahmen für einen angeschlagenen Bankensektor oder die Einführung von Kapitalverkehrskontrollen zum Schutz vor Kapitalflucht antizipiert werden.

Unabhängig von der Richtung der Wechselwirkung zwischen Schieflagen in der Zahlungsbilanz und im Bankwesen läßt sich hieraus eine verallgemeinerungsfähige Aussage zum Problem der systemischen Bankenkrisen gewinnen: Sofern diese tatsächlich in engem Zusammenhang mit einem System fester Wechselkurse stehen, sind sie nicht Ausdruck eines Marktversagens, sondern ordnungspolitischer Verfehlungen, die ihrerseits nicht selten mit einer mangelhaften geld- und währungspolitischen Schulung der politischen Entscheidungsträger oder ihrer Berater in Verbindung gebracht werden können.

Die angesprochenen Wechselwirkungen spiegeln sich tatsächlich in den empirischen Erkenntnissen über systemische Bankenkrisen. So ist das Vorfeld einer Bankenkrise einerseits häufig durch reale Aufwertungen gekennzeichnet, die den aufgelaufenen Abwertungsdruck wiedergeben. Andererseits ist nicht selten ein erhöhtes Realzinsniveau im Krisenland feststellbar (*Demirgüç-Kunt* und *Detragiache* 1998; *Kaminsky* und *Reinhardt* 1999). Dies kann entweder Ausdruck einer restriktiven Geldpolitik sein, die zur Verteidigung des Wechselkurses ergriffen wird; oder es ist Zeichen des Bemühens der Bankwirtschaft, eine Liquiditätskrise durch erhöhte Einlagenzinsen zu vermeiden oder aufzuschieben. Der letzte Fall spräche dann eher für den zweiten der oben angesprochenen Wirkungskanäle, nach dem Krisen im Bankensektor drastischen Währungsabwertungen vorausgehen, zumindest aber beide Phänomene auf den gleichen interdependenten Ursachenkomplex zurückgeführt werden. Daraus läßt sich m. E. folgern: Die Entscheidung für ein System fester Wechselkurse kann zwar krisenverschärfend wirken, ist jedoch nicht die einzige Ursache von systemischen Bankenkrisen. Gerade für Länder mit einem anfälligen makroökonomischen Umfeld oder zur Wechselkursfixierung inkonsistenten wirtschaftspolitischen Weichenstellungen gilt dabei das Urteil *Mishkins* (1997, S. 86): „Therefore, a pegged exchange rate system [...] is like putting the economy on a knife edge".

Andere makroökonomische Konstellationen leisten häufig einen höheren Erklärungsbeitrag als reale Aufwertungen und hohe Realzinsen. Insbesondere Einbrüche im nominellen oder realen Wachstum, im Kreditvolumens oder seinem Wachstum sowie platzende Vermögenspreisblasen werden fast einhellig als krisenauslösende Faktoren identifiziert (*Schmidt* 2001, S. 253). Letztlich spiegelt sich darin die historisch abgesicherte Erkenntnis, daß mit systemischen Bankenkrisen besonders häufig im Zuge sich abkühlender konjunktureller Entwicklungen zu rechnen ist (*Gorton* 1988; *Calomiris* und *Gorton* 1991/2000; siehe auch Kap. 7.2.); dann treten nämlich vermehrt Unternehmensinsolvenzen, Kreditausfälle oder sinkende Realwerte von Kreditsicherheiten oder Finanzvermögenstiteln auf. Bei näherem Hinsehen bilden platzende Aktienkurs- oder Immobilienpreisblasen sowie Rückgänge im Kreditvolumen allerdings häufig nur das Ende einer zuvor unangemessen starken Expansion der gesamtwirtschaftlichen Aktivität, gemessen am realen Produktionspotential. Es gibt daher empirische Evidenz, daß Boom-Bust-Zyklen im Zentrum ausgedehnter Banken- und/oder Währungskrisen stehen und daß diese konjunkturelle Einbrüche verschärfen können.

Dies wird – wie bereits erläutert – vielerorts als Ausdruck kollektiver Fehleinschätzungen der Finanzmarktakteure gedeutet (Marktversagen V und VI). Eine eingehende

Analyse zeigt jedoch, daß zyklische Übertreibungen ebenfalls in engen Zusammenhang mit institutionellen Fehlarrangements und Fehlsteuerungen stehen bzw. stehen können.

Im Bereich der Außenwirtschaftsordnung betrifft dies nicht nur die Gefahr eines trügerischen Sicherheitsversprechens, das von einem System fester Wechselkurse ausgehen kann. Auch das angemessene Ausmaß und der richtige Zeitpunkt einer Liberalisierung des kurz- und langfristigen Kapitalverkehrs werden diskutiert. Mit Blick auf die Beobachtung, daß gerade in den 1990er Jahren vermehrt solche Volkswirtschaften von Bankenkrisen (und Währungskrisen) getroffen wurden, die vergleichsweise stark in die internationale Arbeitsteilung und die Weltfinanzmärkte eingebunden waren, wird der ordnungspolitische Fehler selbst von marktfreundlichen und staatskritischen Stimmen in einer vorschnellen Liberalisierung des Kapitalverkehrs gesehen (bspw. *Caprio* und *Honohan* 1999, S. 48). Vor der Erschließung ausländischer Finanzierungsquellen – so die These vom fehlerhaften „Sequencing“ weiter –, sei unbedingt die Regulierung der Banken- und Finanzmärkte auf das international übliche Niveaus anzupassen, um eine hohe Verwendungsqualität der Finanzströme und ausgereichten Kredite sicherzustellen und exzessive Übertreibungen zu vermeiden. Wie erläutert kann das Auftreten eines Booms jedoch auch als Ausdruck der erweiterten Markt- und Gewinnchancen bei einem institutionellen Umbruch gewertet werden, und auch die empirische Evidenz zur Dramatik dieses Phänomens ist nicht eindeutig.[185]

Überdies liegen die tieferen Ursachen von Risikoballungen im Zuge zyklischer „Übertreibungen“ zuforderst in grundlegenden Defekten in der Markt- und Unternehmensordnung. Ein besonders grundlegender Defekt besteht dabei (erneut) in der *Verletzung des Primats der Währungspolitik.* So werden übermäßige Kreditvergabeentscheidungen und hieraus resultierende Preisblasen erleichtert, wenn dies die Geldpolitik durch einen unzureichend restriktiven Einsatz der entsprechenden Instrumente zuläßt (*IWF* 1998, S. 81, 92). Angesichts der Bedeutung dieses Zusammenhangs und der wirt-

---

185 So sprechen die bereits zitierten Berechnungen von *Ranciere et al.* (2004) für Entwicklungsländer und Schwellenländer tendenziell dafür, daß Bankenkrisen im Zuge eines durch außenwirtschaftliche Öffnung beförderten Boom-Bust-Zyklus der Strategie der dauerhaften Abschottung und Wettbewerbsbeschränkung per saldo vorzuziehen sind, weil sie per saldo den wirtschaftlichen Aufholprozeß beschleunigen können und krisenbegünstigende institutionelle Arrangements aufdecken (siehe Kap. 5.3.). Im nachhinein dürfte es beispielsweise wenig verwunderlich sein, daß das ostasiatische Wirtschaftswunder mit jährlichen Wachstumsraten zwischen fünf und sieben Prozent über beinahe zwei Jahrzehnte von einer konjunkturellen Abkühlung abgelöst wurde. Eine solche Sichtweise legt die Einschätzung nahe, daß die Krisenerscheinungen der Emerging Markets in den 1990er Jahren „may someday viewed as mere hiccups, a small price to pay if capital market integration puts countries on a faster trajectory towards integration with the industrialized world“ (*Rogoff* 1999, S. 24). Neben der generellen Vorsicht gegenüber boombegrenzenden Regulierungsmaßnahmen spricht einiges dafür, daß sich bei der Öffnung der Finanzmärkte häufig die folgende fundamentale Entscheidung stellt: „ [....] the trade-off is *not fragility versus no fragility*. The trade-off is: *fragility and growth versus no fragility and no growth.* [...] From the finding that liberalization has lead to more bumpiness, one should not conclude that liberalization per se is bad either for growth or for welfare” (*Ranciere et al.* 2004, S. 46).

schaftlichen Folgen von geplatzten Blasen wird auch in der der jüngeren geldtheoretischen und geldpolitischen Literatur verstärkt diskutiert, ob, wie und zu welchem Zeitpunkt Zentralbanken auf Blasenbildungen an den Finanzmärkten oder allgemeiner Vermögenspreisinflationen (asset price inflation) reagieren sollten (*Crockett* 2003; *Issing* 2003; *Mussa* 2003; *EZB* 2005d). Grundsätzlich ist diesbezüglich eine zurückhaltende Position zu empfehlen. So ist es zunächst einmal höchst fraglich, ob eine „ungerechtfertigte" Blasenbildung genau und rechtzeitig genug zu identifizieren wäre, um hieraus eine sinnvolle Interventionsstrategie ableiten zu können (siehe auch Kap. 5.2.3.). Aber selbst, wenn dieses Wissensproblem mit der Zeit zumindest für extreme Blasenbildungen zu lösen wäre, wie einige vermuten (z. B. *Issing* 2003, S. 20; *Mussa* 2003, S. 26), müssen die volkswirtschaftlichen Kosten der im Raum stehenden Reaktionsvorschläge bedacht werden. Ein *„bewußtes Anstechen"* einer Blase – etwa durch eine radikale Zinserhöhung – scheidet als Option generell aus, weil dies zu unkalkulierbaren Reaktionen der Marktteilnehmer und damit zu extremen volkswirtschaftlichen Kosten führen würde. Deshalb wird alternativ vorgeschlagen, die Zentralbank solle lediglich die *Folgen* von geplatzten Preisblasen (oder allgemeiner einer sich abzeichnenden Krise) durch eine entsprechend expansive Geldpolitik *lindern*. In dieser Weise ist z. B. die US-amerikanische Notenbank verfahren, nachdem die Aktienpreisblase bei Technologiewerten um die Jahrtausendwende geplatzt war, aber auch beim bereits erläuterten LTCM-Fall. Auch hierbei bestehen jedoch gravierende negative Wirkungen, die das Vorgehen im Nachhinein fragwürdig erscheinen lassen. Zum einen kann es dazu kommen, daß massive Erleichterungen des Zugangs zu Zentralbankliquidität dem Aufbau neuer Blasen an anderer Stelle Vorschub leisten. Zum anderen hat die asymmetrische Interventionsstrategie beinahe automatisch ein erhebliches „moral hazard"-Problem zur Folge: Weil sich die Marktteilnehmer nun sicher sein können, daß mögliche Kosten von Übertreibungen durch die Zentralbanken gelindert werden, verändert sich das Risikoverhalten, und Blasenbildungen werden in Zukunft eher wahrscheinlicher als unwahrscheinlicher.

Als generelle geldpolitische Leitlinie wäre daher allenfalls denkbar, daß die Zentralbank Boom-Bust-Zyklen insgesamt glättet, indem sie bereits beim Aufbau von Preisblasen gegensteuert und bei deren Zusammenbruch im Interesse der Finanzmarkstabilität eine etwas lockere Geldpolitik verfolgt als dies unter dem reinen Preisniveauziel angebracht erschiene (*Crockett* 2003). Hiergegen spricht jedoch einerseits das bereits genannte Wissensproblem, das besonders in der Frühphase einer Preisblase kaum zu lösen sein wird. Andererseits besteht auch hier die Gefahr eines „moral hazard", wenn auch vielleicht in abgeschwächter Form. Und schließlich könnte die Zentralbank in einen permanenten Konflikt bei der Verfolgung der beiden Ziele Preisniveaustabilität und (kurzfristige) Finanzmarktstabilität geraten, was ihre Reputation bei der Inflationsbekämpfung auf Dauer gefährden würde (*Issing* 2003, S. 22).

Insgesamt ist daher die bewährte geldpolitische Strategie der konsequenten Verstetigung vorzuziehen, die auf die bewußte Bekämpfung von Blasenbildungen und ihrer Folgen mittels „harter" geldpolitischer Instrumente verzichtet, aber mittelfristige monetäre Entwicklungen für die Inflationsprognose im Auge behält. Zusätzlich könnte die Zentralbank transparente und nachvollziehbare Urteile über das Niveau der Vermögenspreise abgeben (*Issing* 2003, S. 21 f.). Diese würden in den Meinungsbildungsprozeß der Marktteilnehmer einfließen, ohne daß dabei das Wissen angemaßt würde, das richtige Niveau der Vermögenspreise zu kennen. Bei einer verstetigten Geldpolitik dürften große monetäre Expansionen darüber hinaus ohnehin sehr unwahrscheinlich sein, die den Nährboden für kostspielige Boom-Bust-Zyklen bilden. Finanzmarktstabilität wird also bei verläßlicher monetärer Steuerung quasi automatisch als willkommener Nebeneffekt mitgeliefert.

Eine konsequent am Ziel der Preisniveaustabilität ausgerichtete monetäre Strategie läuft zudem nicht Gefahr, zu einem Mittel der bloßen Symptomkorrektur für solche Fälle zu verkommen, in denen Blasenbildungen andere institutionelle oder strukturelle Ursachen haben (ähnlich *EZB* 2005d, S. 67). Insbesondere kann für das Auftreten von Boom-Bust-Zyklen auch die Verletzung ordnungspolitischer Grundsätze verantwortlich sein (*Theurl* 1999; *Weber* 1999). So werden gehäufte Fehleinschätzungen von Risiken wahrscheinlich, wenn die Evaluierung und Sanktionierung von potentiellen Gläubigern (oder auch der sie finanzierenden Intermediäre) durch die Marktteilnehmer erschwert werden. Zu den Ordnungsbedingungen, die dies begünstigen, zählen: unklar definierte Eigentumsrechte, ein fehlendes oder schuldnerfreundliches Konkursrecht, ein auf Verschleierung der „wahren" Vermögenspositionen angelegtes Bilanzrecht, eine schwache Rechtssicherheit usw. An prominenter Stelle steht außerdem die Einmischung staatlicher Stellen in die Art, den Umfang und die Richtung der Kreditvergabeentscheidungen aus sozial-, struktur- oder industriepolitischen Gründen („directed lending"). Zusammen tragen diese Faktoren dazu bei, daß die Kreditvergabe der Markt- und Wettbewerbskontrolle weitgehend entzogen wird. Gepaart mit informellen institutionellen Bedingungen wie tradierten Neigungen zu Korruption, zu Vetternwirtschaft oder zur Begünstigung befreundeter oder familiär verknüpfter Unternehmen („connected lending", „crony capitalism") kann keine dauerhaft tragfähige Kreditvergabepraxis erwartet werden. Ein Marktversagen muß hierfür nicht unterstellt werden.

Zwar wird niemand bestreiten, daß auch individuelle Managementfehler, die Vernachlässigung des bankbetrieblichen Risikomanagements und nicht antizipierbare exogene Schocks bei systemischen Bankenkrisen eine wichtige Rolle spielen können und gespielt haben.[186] Bereits auf der allgemeinen ordnungspolitischen Ebene (Kontrollebene 3a) müssen jedoch staatliche Fehlleistungen diskutiert und als gewichtiger Kri-

---

[186] So zählt *Bonn* (1988, S. 304) allgemeine Managementfehler und verfehlte Anpassungsstrategien auf Veränderungen des Wettbewerbsumfeldes neben einer Reihe institutioneller Faktoren zu den Krisenursachen. Letztlich dürfte die Insolvenz einer Bank auch tatsächlich immer auf Fehler im Management zurückzuführen sein. Kennzeichen einer systemischen Bankenkrise ist jedoch gerade, daß solche Fehler gehäuft oder gar einheitlich in der Kreditwirtschaft auftreten. Soll die These vom Differenzierungsanreiz im Wettbewerb nicht gänzlich verworfen werden, so muß nach Gründen für eine solche Einförmigkeit gesucht werden. Es liegt daher nahe, die letztendlichen Ursachen einer Bankenkrise in den institutionellen Rahmenbedingungen zu suchen, unter denen Wettbewerbsprozesse mit den individuellen Managemententscheidungen ablaufen. Aus diesem Grund wird es hier für gerechtfertigt gehalten, auf die breite Vielfalt unternehmensindividueller Krisenursachen nicht näher einzugehen.

sengrund anerkannt werden. Staats- und Institutionenversagen bildet demnach den Nährboden für systemische Probleme im Finanzsektor und/oder dessen Verletzlichkeit gegenüber externen und internen Datenänderungen. Im Einklang mit der zu Beginn vertretenen These wären „versagende" Bankenmärkte dann nur Spiegel mehr oder weniger verbreiteter staatlicher Fehlleistungen. Eine besondere Regulierungsbedürftigkeit würde sich hieraus nicht ergeben – nur die ordnungspolitische Forderung nach Verwirklichung der einfachsten Standards der Wettbewerbsordnung.

Dieser Argumentation ist jedoch ein gravierender Einwand entgegenzuhalten: Mit Blick auf praktisch alle jüngeren Krisenerfahrungen, insbesondere in den aufstrebenden Volkswirtschaften und in den Transformationsländern, wird nahezu einhellig im *Fehlen von Bankenregulierungen* nach internationalen Standards ein wichtiger, wenn nicht der wichtigste Krisengrund gesehen und mithin ein besonders *ernstes Staatsversagensproblem* vermutet.[187] Entsprechend schließt die Mehrzahl der politischen Handlungsempfehlungen die Forderung ein, den institutionellen Rahmen für Banken an diese internationalen Standards anzupassen.

6.2. Staatsversagen auf der Ebene der Bankenregulierung: Ordnungspolitische Fehler auf Kontrollebene 3b

Eine solche Position setzt voraus, daß die gebräuchlichen bankaufsichtlichen Regeln überhaupt geeignet sind, systemische Bankenkrisen zu verhindern. Wie im folgenden Kapitel gezeigt werden soll, sind daran erhebliche Zweifel anzumelden. Insbesondere die „Free Banking"-Schule stellt dem Marktversagensargument in diesem Zusammenhang die „legal restriction theory of crises" (*Selgin* 1996) entgegen: Hiernach sind durch staatliche Regulierung und deren Administration begünstigte systematische Fehlanreize und erzwungene Handlungsbeschränkungen für die Akteure auf Finanz- und Bankmärkten letztendlich Quelle von systemischen Bankenkrisen. Klassifiziert man diese Gegenposition weiter, dann befinden sich unter den gebräuchlichsten Maßnahmen der Staatskontrolle:

(1) Regulierungen, die die Funktionsfähigkeit der Markt- und Wettbewerbskontrolle unterhöhlen und damit Anreize bieten, größere Risiken einzugehen als dies sonst der Fall wäre. Dies betrifft vor allem (fehlgestaltete) protektive Instrumente.

(2) Regulierungen, die wirtschaftliche Freiheitsrechte der Bankwirtschaft so begrenzen, daß diese ihre Intermediationsfunktionen, insbesondere den Umgang mit Risiken, nur unzureichend erfüllen kann, ihrer wettbewerblichen Aktionsparameter (teilweise) beraubt wird oder das unternehmerische Handeln verlernt.

(3) Schließlich kann die stabilitätsgefährdende Umsetzung bestehende Regulierungen ebenfalls dazu beitragen, systemische Risiken wider der Regulierungsintention zu erzeugen.

---

[187] Eine etwas kritischere Position mit Bezug auf die asiatischen Volkswirtschaften bezieht beispielsweise *Terberger-Stoy* (2000).

6.2.1. Probleme und Fehlanreize protektiver Regulierungsinstrumente

6.2.1.1. „Moral Hazard“ durch Aufweichung der Haftung

Die Befürworter eines freien Bankenmarktes befürchten *risikoerhöhende* Wirkungen und eine ausgedehnte Schwächung der Marktkontrolle vor allem von der Klasse der protektiven staatlichen Regulierungsmaßnahmen. Dies läßt sich zunächst anhand der möglichen Fehlanreize von staatlichen Einlagen- und Institutssicherungssystemen zeigen.[188] Der grundlegende ordnungspolitische Mangel dieser Institutionen besteht darin, daß sie den außerordentlich wichtigen Zusammenhang zwischen Entscheidung und Haftung mehr oder weniger bewußt aufweichen (können). Für Bankleitung, Bankeigner und/oder Einleger ergibt sich hieraus – je nach Ausgestaltung – das für Versicherungen jeder Art typische „moral hazard“-Verhalten.

Erstens lohnt es sich für den versicherten Einleger nicht mehr, die Sicherheit seiner Bankeinlagen ständig zu überprüfen, solange er von der Zahlungsfähigkeit der Sicherungseinrichtungen selbst ausgeht. Die für eine wirksame Marktkontrolle notwendigen Monitoring-Anstrengungen werden daher in dem Maße unterbleiben, in dem mögliche Verluste durch die Versicherung gedeckt sind.[189] *Zweitens* besteht dann auch keine Notwendigkeit zur Umschichtung der Einlagen zu anderen Banken, um sich vor drohenden Verlusten zu schützen. Eine „flight to quality“, wie sie von regulierungskritischen Stimmen als Ausdruck der Marktkontrolle angesehen und empirisch für regulierungsarme Regime belegt wird, wird bei Anzeichen für die Verschlechterung der Ertragslage einer Bank somit kaum mehr auftreten. Zusätzlich verliert *drittens* das Eigenkapital (teilweise) seine Funktion als Risikopuffer und Qualitätssignal, wodurch ein wesentlicher Wettbewerbsparameter freier Bankenmärkte in seiner Wirkungsweise tangiert wird. Die rationale Antwort auf eine weitgehende Einlagensicherung ist aus Sicht der Bank und ihrer Eigner die Reduktion der Eigenkapitalquote, weil dadurch c. p. die durch die Transformation der Einlagen in Kredite erwirtschafteten Erträge auf eine geringere Anzahl von Residualeinkommensempfängern verteilt werden müssen. Durch die risikolose Ausnutzung dieses Leverage-Effektes steigt *viertens* der Anreiz, im Vergleich zu einem regulierungsfreien Umfeld überhöhte Risiken einzugehen oder die zur Befriedigung der durchschnittlichen Einlagenabzüge notwendigen Liquiditätsreserven abzuschmelzen. Bei erfolgreichen riskanten Geschäften verbessern die Eigner und/oder die Manager ihre Gewinnsituation, wohingegen mögliche Verluste überproportional von den Trägern der Versicherung übernommen werden. Zur Sicherung der Einlage wird – jedenfalls wenn die Sicherungseinrichtung staatlich getragen wird – *fünftens* systematisch privates Risikokapital durch Steuermittel ersetzt (*Kaufman* 1996, S. 22).

---

[188] Zu den Anreizwirkungen einer Einlagenversicherung mit durchaus unterschiedlicher Einschätzung der Bedeutung der Problematik *Benston* (1991, S. 221 f.); *Dowd* (1993, S. 296-301; 1996, S. 683 f.); *Zimmer* (1993, S. 223 f.); *Selgin* (1996, S. 213 f.); *Demirgüç-Kunt* und *Kane* (2002).

[189] Bei Institutssicherungen dürfte dies besonders gravierend zu Buche schlagen, da diese die Einlagen prinzipiell unbegrenzt der Verlustgefahr entziehen.

Entscheidend ist jedoch, daß eine umfangreiche Einlagenversicherung *sechstens* der Wettbewerbskontrolle insgesamt ihre Wirkung nimmt: Teile der aus einer hohen Risikoneigung resultierenden höheren Erträge werden – außerhalb des Konkurses – in Form höherer Zinsen an die Bankgläubiger weitergeben. Da diese ihrerseits mögliche Risiken der Bankstrategie nicht mit in die Entscheidung einbeziehen müssen, verliert der Zins (und die in ihm enthaltene Risikoprämie) seine volkswirtschaftliche Steuerungsfunktion. Banken, die eine vorsichtige Geschäftspolitik betreiben, in dem sie etwa mit einer vergleichsweise hohen, aber teuren Eigenkapitalquote ihre Kunden schützen (wollen), werden nur selten eine gleichwertige Verzinsung bieten können. Sie werden über kurz oder lang ihre Strategie ändern, oder sie werden im Wettbewerb von den unvorsichtigeren Banken verdrängt (*Dowd* 1996, S. 683). Ein zusätzlicher wettbewerbsverzerrender Effekt ist darüber hinaus zulasten anderer Intermediäre zu erwarten, sofern diese keiner Einlagenversicherung unterliegen.

Die negativen Effekte von Einlagensicherungssystemen lassen sich analog für andere protektive Regulierungsmuster aufzeigen. Ordnungspolitisch besonders bedenkliche Haftungsaufweichungen bieten dabei „Too Big to Fail"-Garantien. Diese werden zwar aus Gründen des Systemschutzes manchmal gefordert. Können jedoch große und (damit) für das gesamte Kreditsystem wichtige Banken (oder ihre Kreditnehmer) mit einer de facto Staatsgarantie durch die Zentralbank oder andere staatliche Stellen rechnen, verschärfen sich „moral hazard"-Anreize bestehender Sicherungseinrichtungen erheblich. Zudem sind ernste Wirkungen auf den Wettbewerb der Banken untereinander zu befürchten, da vor allem kleinere Banken die Kosten einer erhöhten „moral hazard"-Problematik und der tendenziell höheren Volumina möglicher „bail outs" mitzutragen hätten, ohne selbst auf eine entsprechende Hilfe hoffen zu können.[190]

Die Argumentation gegen Haftungsaufweichungen läßt sich schließlich auf die älteste und am wenigsten umstrittene protektive Regulierungsmaßnahme übertragen: die Funktion der Zentralbank als „Lender of Last Resort" (LLR).[191] Auch LLR-Aktivitäten können eine funktionsfähige Wettbewerbskontrolle untergraben, risikoerhöhend wirken und zu „moral hazard" führen. Vor allem, wenn die Banken unabhängig von ihrer Geschäftsqualität und ihrer Risikovorsorge mit einem „bail out" durch die Zentralbank

---

190 Ein ähnliches Problem stellt sich für Banken im Staatsbesitz. Da diese definitionsgemäß nicht (oder nur sehr eingeschränkt) dem Selektionsmechanismus der Wettbewerbskontrolle unterliegen, können sich auch hier ernste „moral hazard"-Gefahren und Wettbewerbseffekte gegenüber privaten Kreditinstitute ergeben. Ungeachtet der Frage, welche Konsequenzen sich hieraus auf die Systemstabilität ergeben, gibt es fundierte empirische Hinweise, daß ein umfangreicher Staatsbesitz hinsichtlich der ersten Ordnungsaufgabe einer funktionsfähigen Finanzintermediation einschließlich der hiervon ausgehenden Wachstums- und Entwicklungswirkungen negativ zu beurteilen ist (*Barth et al.* 2001a, S. 14 f.; 2001b, S. 47 f.). Auch unter politökonomischen Erwägungen gibt es gute Gründe gegen Banken im Staatseigentum, weil im Falle eines Staatsversagens der Zugriff auf Steuergelder noch leichter zu bewerkstelligen sein dürfte als bei der offenen Unterstützung insolventer privater Banken.

191 Siehe hierzu *Terres* (1999, S. 92-101, insbesondere 99 f.); *Selgin* (1996, S. 213); *Dowd* (1996, S. 683 f.).

rechnen können, sind negative Auswirkungen auf das Risiko- und Geschäftsgebahren und das Systemrisiko nahezu unvermeidlich. Dies gilt um so mehr, als daß die Regulierungskritiker im Interbankenmarkt eine (im Regelfall) ausreichende Möglichkeit sehen, die Liquiditätsstützung einzelner solventer, aber unverschuldet illiquider Banken zu übernehmen.

Alles in allem lassen sich daher drei schädliche Wirkungen protektiver Regulierungsformen erwarten: *Erstens* kann sich aktivseitig die Risikoneigung und mithin das Insolvenzrisiko der geschützten Banken im Durchschnitt erhöhen. *Zweitens* werden Maßnahmen der individuellen Vorsorge gegen (systemische) Risiken – insbesondere der Eigenkapitaldeckung und Reservenhaltung – reduziert. Auch aus diesem Grund ist es problematisch, die bilanziellen Besonderheiten der Bankwirtschaft als Ausgangspunkt der Regulierungsforderung zu machen. Denn geringe Eigenkapitalquoten können ebenso gut als direkte Folge zu großzügiger protektiver Maßnahmen und damit einer institutionell bedingten Einlagensicherheit angesehen werden – oder wie *Boot et al.* (2000, S. 8) schreiben: „Obviously, regulation has made them [banks, G.F.] special." *Drittens* werden die Verhaltensmuster der Kreditinstitute in einem gewissen Ausmaß gleichgerichtet, da auf Sicherheit gerichtete Differenzierungsstrategien im Wettbewerb unterliegen.

Zusammen ergibt sich konsequenterweise eine der eigentlichen Intention der Versicherungslösung entgegengesetzte Wirkung: Das Auftreten von weitreichenden Bankenkrisen wird nicht reduziert; die Anfälligkeit für und die Wahrscheinlichkeit von Systemkrisen kann sogar zunehmen, weil Wettbewerbs- und Eigenkontrolle durch die Banken und ihre Kunden beschränkt werden und die Anfälligkeit für (politisch induzierte) Veränderungen der Rahmenbedingungen oder makroökonomischer Aggregate steigt. Bezogen auf den LLR formuliert *Dowd* (1996, S. 683) diese weitreichende Befürchtung wie folgt:

> „Ironically, the LLR can then produce the very instability that proponents of central banking often claim would arise under free banking. In fact, someone who observed this instability might easily attribute it to the market itself, and falsely believe that the banking system actually needs the LLR support that is, in reality, undermining it. A major cause of banking instability – the LLR – could easily be mistaken for its cure – and, unfortunately often is."

Das „moral hazard" protektiver Regulierungsinstrumente läßt sich darüber hinaus auch empirisch erhärten (ausführlich *Steden* 2002, S. 154 ff.). Einen ersten Hinweis liefert das deutliche und schnelle Absinken der Eigenkapitalquoten US-amerikanischer Banken nach der Einführung der auch im internationalen Vergleich recht großzügigen staatlichen Einlagensicherung der Commercial Banks durch die Federal Deposit Insurance Corporation im Jahr 1933.[192] Auch gibt es eine Reihe von Hinweisen, daß andere Marktteilnehmer staatliche Sicherheitsgarantien in ihren Entscheidungen tatsächlich berücksichtigen. *Belke* (2001, S. 262) berichtet etwa, daß die Risikoprämien der Anleihen amerikanischer Großbanken Mitte der 1980er Jahre massiv gefallen sind, nachdem

192 Zu der Entstehungsgeschichte der FDIC siehe Kap. 7.2.2.3.3.

die US-Regierung eine offizielle „Too Big to Fail"-Garantie für diese Banken ausgesprochen hatte. Auch Rating-Urteile berücksichtigen staatliche Sicherheitsversprechen. Die deutschen Landesbanken bekamen dies beispielsweise zu spüren, als sie kurz nach Bekanntgabe der EU-rechtlich erzwungenen Aufhebung von Anstaltslast und Gewährträgerhaftung eine deutliche Rating-Rückstufung verkraften mußten und damit ihren Wettbewerbsvorteil auf den Refinanzierungsmärkten gegenüber privaten Instituten zwischenzeitlich verloren (*NZZ* 2004, S. 13). Bei der Rating-Agentur Fitch wird sogar ein sogenannten „Financial Support Rating" geführt, das die Wahrscheinlichkeit eines „bail outs" fallierter Banken durch die jeweiligen Regierungen anzeigt. *Baumann* und *Nier* (2003, S. 140) zeigen auf dieser Basis, daß implizite Garantien Banken tatsächlich dazu veranlassen, weniger Kapital vorzuhalten als vergleichbare Kreditinstitute ohne oder mit geringerem „bail out"-Schutz. Außerdem läßt sich zeigen, daß Banken im Schutz von staatlichen Sicherheitsnetzen stärker als andere Unternehmen der finanziellen Sphäre mit vergleichbarer Eigenkapitalausstattung wachsen (siehe *Dobson* und *Hufbauer* 2001, S. 102). Schließlich offenbart eine Reihe neuerer Untersuchungen einen systematischen Zusammenhang zwischen ausgedehnten Sicherheitsnetzen und individuellen und systemischen Bankrisiken (*Steden* 2002, S. 156 mit weiteren Nachweisen; Kap. 6.4.). *Kaufman* (1996) zeigt beispielsweise in seinem langfristigen Überblick für die USA, daß die Insolvenzquote im Bankwesen mit Einführung von LLR-Optionen und Einlagensicherungssystemen gegen den Trend im Realsektor insgesamt gestiegen ist.

Eine ähnliche risikoerhöhende Wirkung kann darüber hinaus indirekt von jeder Haftungsaufweichung ausgehen – unabhängig davon, ob dies durch die Bankenregulierung oder eher im Rahmen der bereits diskutieren Kontrollebene 3a geschieht. Risikoerhöhende Effekte besitzen beispielsweise auch sozial- und strukturpolitisch motivierte Subventionen oder implizite (staatliche) Garantien für Kredite im Wohnungsbau, in „strukturschwachen" Gebieten, in ausgewählten Branchen oder für Exportgeschäfte sowie „bail out"-Erwartungen gegenüber internationalen Organisationen wie dem IWF. Da hierbei Zinsen für Investitionsentscheidungen ohne oder mit stark verringerten Risikoprämien kalkuliert werden, neigen Banken – staatlich begünstigt – zur Konzentration ihrer Risiken in den (zins-)subventionierten Bereichen (*Weber* 1999). Es ergibt sich eine Gleichrichtung des Verhaltens und damit eine erhöhte Anfälligkeit gegenüber Schocks, die auf diese spezifischen Geschäftsbereiche gerichtet sind.

Implizite Haftungsübernahmen und staatlich begünstigte Verzerrungen in der Kreditallokation können zudem eine Erklärungslücke in der Ursachenanalyse der jüngeren Krisen der Emerging Markets schließen (*Theurl* 1999, S. 243): Die im Vorkapitel angesprochenen grundlegenden Defekte der Markt- und Unternehmensverfassung (Kontrollebene 3a) sprechen eigentlich dafür, daß sich potentielle Geldgeber, insbesondere aus dem Ausland, mit Finanzierungszusagen zurückhalten werden. Nicht tragfähige, von Kapitalimporten getriebene „lending booms" dürften daher in einem institutionell fragwürdigen Umfeld erst gar nicht entstehen.[193] Haften jedoch Dritte für mögliche Investitionsrisiken, dann führt das hieraus resultierende „moral hazard“ solange in einen Kreditboom, wie davon ausgegangen wird, daß mögliche Verluste auch tatsächlich von diesen Dritten getragen werden. Erst wenn erste Zeichen erkennbar sind, daß „bail-out“-Erwartungen enttäuscht werden könnten (z. B. weil ein besonders spektakulärer Konkurs umfangreiche fiskalische Belastungen hinterläßt), kommt es zu merklichen Erwartungsänderungen. Diese lassen den Kreditboom versiegen, bewirken gegebenenfalls eine Umkehr der Kapitalströme und steigern entsprechend die Gefahr systemischer Bankenkrisen. Boom als auch sein Zusammenbruch im Zuge enttäuschter oder unglaubwürdiger „bail out“-Hoffnungen werden rational erklärbar, so daß kein Marktversagen (V und VI) vorliegt.

6.2.1.2. Eindämmung von „moral hazard“ durch sachgerechte Ausgestaltung protektiver Bankenregulierungen?

Der kritischen Position – wie sie etwa von der „Free Banking“-Schule vertreten wird – wird entgegengehalten, daß die geschilderten „moral hazard“-Gefahren durch eine entsprechende Ausgestaltung der Instrumente der Bankenregulierung so zu begrenzen sind, daß ein Systemschutz möglich ist, ohne die Erhöhung von Risiken institutionell zu erzwingen. Entsprechende Ordnungsvorstellungen zur „Hilfe im System“ sind außerordentlich vielfältig. Daher kann hier nur die allgemeine Stoßrichtung aufgezeigt und diskutiert werden. Im Prinzip läßt sich die Palette der Vorschläge dahingehend strukturieren, ob eine Umgestaltung (und/oder Regelbindung) der protektiven Instrumente selbst erfolgen soll oder ob die Begrenzung der „moral hazard“-Anreize am ehesten den präventiven Instrumenten zugetraut wird.

Für alle protektiven Instrumente läßt sich zunächst argumentieren, daß es zur Begrenzung von „moral hazard“ *auf Seiten der Banken* allein darauf ankommt, daß nicht diejenigen direkt oder indirekt von der Hilfe profitieren, die mit ihren Verhalten die Insolvenz der Bank herbeigeführt oder begünstigt haben (*Freixas et al.* 1999/2002, S. 42; *Goodhart* 1999/2002, S. 239 f.). Gleiches gilt für diejenigen, die vergleichsweise kostengünstig ein mögliches Fehlverhalten korrigieren können. Entscheidend ist in dieser Sichtweise daher, daß die für bankbetriebliche Entscheidungen zuständigen Manager (und gegebenenfalls Aktionäre) nicht aus der Haftung entlassen werden. Dies kann zum Beispiel bedeuten, daß die Bank im Konkursfall geschlossen, aufgelöst oder an neue

---

[193] Man kann noch einen Schritt weitergehen: *Theurl* (1999, S. 240 f.) sieht in Übereinstimmung mit den empirischen Erkenntnissen zur Gestalt von Finanzsystemen aus Kap. 2.1. die Gefahr, daß Mängel in der Wettbewerbsordnung dazu führen, daß die Intermediation insgesamt verstärkt über Bankbeziehungen abgewickelt und entsprechend anfällig wird für die geschilderten Krisenphänomene. Ähnlich äußert sich *Rogoff* (1999. S. 37 ff.), der letztlich die geringe Ausbildung von Eigenkapitalmärkten für die Anfälligkeit gegenüber Bankenkrisen verantwortlich macht. Für die internationalen Kapitalströme erkennt er dabei einen „debt bias“, der unter anderen darin besteht, daß Gläubigerpositionen für internationale Fremdkapitalkontrakte, insbesondere Bankkredite, wesentlich besser abgesichert und rechtlich durchsetzbar sind.

Eigner überführt wird, gleichzeitig aber die Bankgläubiger durch Einlagen- und Institutssicherungssysteme entschädigt werden.

Vor diesem Hintergrund ist sicher richtig, daß Einlagenversicherungen ordnungspolitisch dem System eines Institutsschutzes vorzuziehen sind. Denn dann können etwaige Konkurrenzinstitute von vorsichtigeren Geschäftsstrategien zumindest dann profitieren, wenn fallierte Banken aus dem Wettbewerb ausscheiden. Der Mechanismus der Marktdisziplin würde partiell greifen. Auch ihre Präventivwirkung würde teilweise und indirekt über die Insolvenzdrohung (einschließlich des Arbeitsplatzverlustes der Manager) aufrecht erhalten. Gleichwohl bestünde weiterhin eine indirekte Subventionierung der Unvorsichtigen durch die Vorsichtigen. Auch würde die Kontrollwirkung des Wettbewerbs erst spät und schlagartig greifen, denn die geschützten Gläubigergruppen hätten selbst nahe am Konkurs nach wie vor keinen Anreiz, sich um eine präventive Risikobeurteilung ihrer Bank zu kümmern.

Um auch dieses indirekte gläubigerbezogene „moral hazard" zu vermeiden, werden weitere Konstruktionsüberlegungen diskutiert (ausführlich *Steden* 2002, Kap. VI), die sich auch in der Vielfalt real existierender Sicherungseinrichtungen widerspiegeln (siehe Abbildung 15). *Bezogen auf die Gläubiger* zielen dabei viele Konstruktionsvorschläge darauf, den Schutzumfang der Sicherungseinrichtungen zu verringern. Typische Forderungen sind etwa prozentuale oder absolute Begrenzungen des Versicherungsschutzes oder die vollständige Ausklammerung bestimmter Gläubigergruppen, insbesondere der Interbanken- oder Auslandsgläubiger. Prinzipiell sind solche Maßnahmen geeignet, die Markt- und Wettbewerbskontrolle zu stärken, weil die Bankgläubiger nun selbst „etwas zu verlieren" haben und umgekehrt die Banken zumindest einen eingeschränkten Anreiz bekommen, mit einer erhöhten Einlagensicherheit ungeschützte Kunden hinzuzugewinnen.

Abbildung 15: Verbreitung „moral hazard"-begrenzender Charakteristika expliziter Einlagenversicherungen [Angaben in Prozent]

Schutz von Interbankengläubigern		prozentuale Begrenzung des Schutzumfangs (Co-Insurance)		absolute Begrenzung des Schutzumfangs		Risikoangepaßte Prämien	
Ja	16,5	ja	25,9	Ja	94,1	ja	28,5
nein	78,8	nein	74,1	Nein	5,9	nein	72,9
k.A.	4,7	k.A.	0,0	k.A.		k.A.	3,6

Quelle: *Weltbank* (2005), eigene Berechnungen.

Insgesamt sind damit Vorschläge ordnungspolitisch einem vollständigen, unbedingten und staatlichen Schutz der Gläubiger (und Banken) in jedem Fall vorzuziehen, die auf eine stärkere Angleichung von Entscheidung und Haftung zielen. Dies geschieht jedoch um den Preis, daß das eigentliche Regulierungsziel unter Umständen nur noch eingeschränkt erreicht werden kann: Durch die Begrenzung der Mithaftungsgarantie verbleibt automatisch ein (Rest-)Risiko von Bank-Runs und Übertragungsmöglichkeiten für den ungeschützten Teil der Einlagen bestehen. Deutlich wird dies etwa bei der Frage, wie mit den Interbankengläubigern umgegangen werden soll. Auf der einen Seite verfügen diese über vergleichsweise bessere Informationen und die bessere Risikotragfähigkeit als Kleineinleger; dies spricht dafür, sie vom Schutz der Einlagensicherungssysteme auszunehmen. Auf der anderen Seite wird gerade in den Interbankenbeziehungen eine Quelle von Ansteckungseffekten vermutet. Letztlich erfordert daher jedes Einlagensicherungssystem eine Entscheidung im Konflikt zwischen „Systemschutz durch Einlagensicherung" und „Markt- und Wettbewerbskontrolle mit Abzugsgefahr" (*Baltensperger* 1996, S. 297). Dieser Konflikt läßt sich selbst bei intensivsten Bemühungen um die bestmögliche Konstruktion der Einlagensicherungssysteme auf der Gläubigerseite niemals vollständig lösen.

In eine etwas andere Richtung weisen daher Vorschläge, die die *Ausnutzung etwaiger Schutzeinrichtungen* durch die daran beteiligten und profitierenden Banken ex ante unwahrscheinlicher machen sollen. Ziel ist es auch hier, den Haftungszusammenhang zu stärken, diesmal jedoch für die Banken und nicht für die Gläubiger. Das naheliegendste Mittel hierfür wird häufig darin gesehen, die von den Banken zu zahlende Prämie für die Sicherungseinrichtung dem tatsächlichen Risiko der Bank anzupassen. Im Vergleich zu der heute noch dominierenden „flat rate" auf das gesamte oder Teile des Einlagevolumens hätte dies den Vorteil, daß Banken für riskante Strategien einen höheren Beitrag an die Sicherungseinrichtung entrichten müßten. Das „moral hazard" der Ausnutzung des Sicherungseinrichtung zulasten vorsichtigerer Konkurrenzinstitute würde durch diese Stärkung des Rechnungszusammenhangs zweifellos begrenzt; im theoretischen Grenzfall würde es sogar zu einer vollständigen Internalisierung möglicher negativer Externalitäten kommen. Umstritten ist allerdings, ob, wie und durch wen eine solche Prämie in risikoadäquater Weise kalkuliert, überwacht und durchgesetzt werden könnte, ohne hierfür auf intensive Überwachungen der operativen Geschäftstätigkeit der Kreditinstitute wie in der herkömmlichen Bankenaufsicht zurückgreifen zu müssen. Dem Zugewinn der Vermeidung von „moral hazard" und der Erhöhung von präventiven Handlungsanreizen müssen daher immer die Nachteile einer unter Umständen kostspieligen Prämienkalkulation und/oder Beschränkung der unternehmerischen Freiheitsrechte gegenübergestellt werden.

Bereits diese wenigen Beispiele verdeutlichen, daß sowohl hinsichtlich der „idealen" Ausgestaltung der gläubigerbezogenen als auch der bankbezogenen Merkmale von Einlagensicherungssystemen theoretische Uneinigkeit herrscht. Da zudem zumindest umstritten ist, ob das „moral hazard"-Problem nicht ohnehin sämtliche möglichen Vorteile einer Einlagensicherung überwiegt, könnte man die Teilnahme an solchen Systemen auch freistellen, die Konstruktion von Einlagensicherungssystemen der staatlichen (Mit-)Organisation und (Mit-)Administration entziehen und damit der Bankwirtschaft (und ihren Kunden) selbst überlassen. Dies legen die *von Hayek*sche These von der Nichtzentralisierbarkeit des Wissens für komplexe Problemstellungen und die theoretischen und empirischen Erkenntnisse über die Selbstregulierungsfähigkeit der Wirtschaftssubjekte auch nahe. Gleichwohl wird im Regelfall eine Versicherungspflicht für notwendig erachtet (z. B. *Zimmer* 1993, S. 228, 256 ff.). Dieser Forderung, der bei fast

90 Prozent der bestehenden Sicherungssysteme[194] nachgekommen wird, beruht auf folgendem Einwand (*Goodhart* 1988, S. 78 ff.): Die freiwillige Bereitstellung einer Einlagenversicherung würde erstens an einem inhärenten Interessenkonflikt zwischen sicheren und unsicheren Instituten scheitern. Vertrauenswürdige Banken würden sich solange nicht an der Finanzierung beteiligen, wie unsichere Banken keine risikoadäquaten Prämien zahlen oder entsprechend durch die Einlagensicherung überwacht würden (Problem der adversen Selektion). Zweitens seien aber gerade solche Prämien unter Banken, die im Wettbewerb zueinander stehen, unmöglich durchzusetzen. Es bedürfe daher eines staatlichen Eingriffs, um die Versicherung zu erzwingen. Ein solcher Versicherungszwang hat aber notwendigerweise den Nachteil, daß nun tatsächlich die „unsicheren" Institute durch die „sichereren" indirekt subventioniert würden und es je nach Ausgestaltung der Systeme im Versicherungsfall zu anderen dramatischen Wirkungen kommen könnte.[195, 196]

Unabhängig davon ist nicht ohne weiteres einzusehen, warum sich nicht im Wettbewerb um Bankkunden herauskristallisieren könnte, ob Systeme des Einlagenschutzes einen so offensichtlichen Mehrwert für die daran angeschlossenen Banken sowie Kleineinleger und andere Gläubigergruppen bieten, daß keine Bank auf eine Teilnahme verzichten kann. *Benston* und *Kaufman* (1996, S. 693) vermuten etwa, daß sich nur solche Lösungen am Markt behaupten könnten, die das komplizierte Wechselspiel zwischen dem Umfang des Versicherungsschutzes und den Konfliktbeziehungen oder Opportunismusgefahren am kostengünstigsten zu bewältigen vermögen. Da aber auch nicht auszuschließen ist, daß sich in einem wettbewerblichen Bankwesen aus Sicht aller Beteiligten überlegene private Lösungen des Systemschutzes jenseits von Einlagensicherungssystemen ergeben könnten, spricht insgesamt einiges dafür, die Organisation und Finanzierung vollständig der Privatwirtschaft zu überlassen, die sich im Wettbewerb um die beste Lösung bemühen würde (so im Ergebnis auch *Steden* 2002, S. 202).

Allerdings muß dann in Kauf genommen werden, daß diese bei rein privater Finanzierung wohl niemals einen vollständigen Schutz bieten können. Durch Häufungen der Inanspruchnahme von Sicherungseinrichtungen, wie sie im Fall einer Systemkrise typisch sein dürften, könnte sich leicht eine Überforderung einstellen (*Zimmer* 1993, S. 228 ff.; *Wörner* 2000, S. 89 ff.).[197] Modellrechnungen für den Sicherungsfonds des

---

194 Siehe hierzu Abbildung 8.

195 So wird derzeit befürchtet, daß die Entschädigungseinrichtung der Wertpapierhandelsunternehmen (EdW) im Zuge der durch Anlagebetrug ausgelösten Insolvenz der Phoenix Kapitaldienst GmbH überfordert sein dürfte. Die Folge wäre, daß zur Befriedigung der Gläubiger eine Sonderumlage in einer solchen Höhe notwendig würde, daß Folgekonkurse unter den zwangsangeschlossenen Finanzdienstleistungsinstituten denkbar wären (*Mewes* und *Sterzenbach* 2005; *Marwede* und *Westpfahl* 2005).

196 *Dowd* (1996) erwartet daher auch, daß sich in einem wettbewerblichen Bankwesen keine freiwilligen Einlagensicherungen ergeben würden.

197 Theoretischer Hintergrund hiervon ist, daß Bankenkrisen im allgemeinen in die Kategorie von Katastrophenrisiken fallen. Diese zeichnen sich dadurch aus, daß bei ihrem Eintritt die Verpflichtungen des Versicherungsgebers nicht mehr unabhängig voneinander verteilt sind. Da es ihm in solchen Fällen unmöglich ist, Verluste bei einem Versicherungsneh-

deutschen Bankgewerbes zeigen zum Beispiel, daß bereits der Konkurs einzelner größerer Privatbanken, Sparkassen oder Genossenschaftsbanken das Fondsvermögen mehr als aufzehren würde (*Steden* 2002, S. 160 ff.). Es ist daher anzunehmen, daß private Sicherungseinrichtungen ihre Hilfsversprechen genau bei Eintritt einer systemischen Bankenkrise einschränken müssen, um überhaupt marktendogen hervorgebracht werden zu können. Zwar kann vermutet werden, daß das Schutzniveau durch nationale und internationale Rückversicherungs- und Überlaufeinrichtungen zwischen unterschiedlichen Einlagensicherungssystemen gesteigert werden kann (*Steden* 2002, S. 205). Ein vollständiger Schutz dürfte jedoch niemals möglich sein.

Die entscheidende Frage ist aber sowieso, ob eine Begrenzung des Deckungsumfangs überhaupt ein Problem ist. Denn nicht nur ist die Beschränkung des individuellen Sicherungsniveaus im Hinblick auf die Markt- und Wettbewerbskontrolle geboten. Auch würde – wie gesehen – ein Bankwesen, das durch starke Differenzierung der Geschäftsstrategien und Sicherungsniveaus gekennzeichnet ist, weniger für systemische Risiken anfällig sein; ein privates Sicherungssystem müßte daher ausschließlich dafür Sorge tragen, das Restrisiko von Einzelkonkursen bzw. der durch sie ausgelösten versicherten Verluste der Gläubiger abzufedern. Ein vollständiger Systemschutz dürfte vor dem Hintergrund der kritischen Position zum allgemeinen Marktversagen auf Bankenmärkten daher weder erwünscht noch notwendig sein.

Wer ihn trotzdem garantieren will, muß zwangsläufig auf Steuermittel bzw. den „Lender of Last Resort“ der Zentralbank (LLR) vertrauen (*Wörner* 2000, S. 89). Dieser kann entweder in Ergänzung oder als Ersatz zu den Systemen der Einlagensicherung greifen. Jedenfalls dann, wenn die Hilfsleistungen nicht ausschließlich in Form des „lending to the market“ erfolgen, verschiebt sich die „moral hazard“-Problematik automatisch auf die Ebene der Zentralbank.

Befürworter von individuellen LLR-Operationen sehen in Analogie zu den Ausgestaltungsvarianten der Einlagensicherungen Möglichkeiten, die „moral hazard“-Problematik anreizkompatibel zu begrenzen. So wird die bereits diskutierte *Bagehot*-Regel von *Goodhart* (1999/2002, S. 230 ff.) so gedeutet, daß die darin enthaltene Forderung nach „guten Sicherheiten“ als Voraussetzung für Zentralbankkredite darauf zielt, die Rückzahlungswahrscheinlichkeit von Hilfskrediten zu erhöhen und damit die Zentralbank vor möglichen Verlusten oder einer übermäßigen Inanspruchnahme zu schützen. Die von Kritikern individueller Liquiditätshilfen betonte Frage der Unterscheidung in insolvente und illiquide oder auch „schuldige“ und „unschuldige“ Institute hält *Goodhart* dagegen für ein zweitrangiges Problem, weil eine solche Entscheidung unter dem Zeitdruck einer drohenden Systemkrise ohnehin nicht sachgerecht zu fällen sei. Eine weitere institutionelle Gegenmaßnahme wird im Prinzip der „konstruktiven Vieldeutigkeit“ gesehen (vgl. *Freixas et al.* 1999/2002, S. 40 f.; *Moore* 1999, S. 457 ff.).[198]

---

mer durch Gewinne bei anderen auszugleichen, funktioniert das Grundprinzip jeder Versicherung – die Diversifikation der Risiken – hier nicht mehr.

198 So auch *Baltensperger* (1989/1990, S. 11). Dieser sieht bei einem Vergleich mit in der Realität vorherrschenden Form einer risikounabhängigen Einlagensicherung Effizienz-

Danach können „moral hazard"-Probleme begrenzt werden, wenn ex ante unsicher ist, ob, wie und in welchem Umfang die Zentralbank als LLR für den Krisenfall zu Verfügung stehen wird – wenn sie also einen diskretionären Handlungsspielraum bei der Gewährung und Ausgestaltung etwaiger Liquiditätshilfen besitzt.

Mit Einschränkung beruhen beide Forderungen jedoch *erstens* auf einer grundlegend problematischen Perspektive: Um überhaupt einen Zentralbankkredit an individuell ausgewählte Banken normativ rechtfertigen zu können, muß unterstellt werden, daß die Zentralbank ein überlegenes Wissen besitzt, der sie in die Lage versetzt, die Liquiditätsbedarfe einzelner Banken zielgenauer zu steuern und zu befriedigen als dies die Akteure des Interbankenmarktes könnten. Es muß also ein Versagen der Interbankenmärkte unterstellt werden. *Zweitens* kann die prinzipielle Möglichkeit zu diskretionären Hilfsleistungen der Zentralbank (oder anderer staatlicher Stellen) in ein kaum überbrückbares politökonomisches Dilemma führen. Die theoretische Grundlage hierfür bildet das aus der Geldpolitik bekannte Problem der Zeitinkonsistenz (siehe *Sijben* 2002). Danach ist zu bezweifeln, daß eine etwaige Selbstverpflichtung der Zentralbank auf eine starke Begrenzung von Unterstützungsleistungen glaubwürdig sein könnte. Eine Selbstverpflichtung gerät immer dann unter politischen und öffentlichen Druck, wenn tatsächlich eine Bankenkrise auftritt, denn die hiermit verbundenen Folgen für Kleineinleger und die Realwirtschaft machen es schwer, Hilfsaktionen zu unterlassen. Folge hiervon kann sein, daß das gesamte Bankensystem auf die eine oder andere Weise mit impliziten Garantien rechnet, selbst wenn diese für den Krisen offiziell ausgeschlossen werden.[199] Dieser Zusammenhang ist sowohl bei Kritikern als auch Befürwortern protektiver Bankenregulierung anerkannt. Gleichwohl werden hieraus vollständig andere Schlüsse gezogen.

Kritiker plädieren gerade auch deshalb für die Abschaffung des Geldschöpfungsmonopols der Zentralbanken, zumindest aber für einen regelgebundenen Verzicht auf individuelle LLR-Operationen und damit die Begrenzung der Unterstützungsleistungen der Zentralbank auf Offenmarktoperationen am Interbankenmarkt („lending to the market"). Diese Forderung fußt zum einen darauf, daß sich in einem zweistufigen Geldwesen das Restrisiko eines „run to currency" theoretisch nicht vollständig ausschließen läßt, wenn es durch die Umschichtung von Mitteln zu sicheren Banken im Krisenfall („flight to quality") als extrem unwahrscheinlich anzusehen ist. Zum anderen basiert sie auf der Erkenntnis, daß ein Versagen der Interbankenmärkte wenig wahrscheinlich ist. Wenn es also überhaupt einer staatlichen Intervention bedarf, dann genügt es, zur Verhinderung systemischer Krisen und/oder eines Totalzusammenbruchs des Geldangebots in äußerst

vorteile der impliziten und diskretionären LLR-Politik, der hierdurch die entstehenden Fehlanreize von Versicherungsleistungen gemindert werden können.

199 Die bereits erwähnte Datenbank der *Weltbank* (2005) dokumentiert z. B., daß bei den jeweils letzten Versicherungsfällen für die expliziten Einlagensicherungssysteme der Dekkungsumfang nicht selten auch auf nicht versicherte Gläubiger ausgedehnt wurde (25 von 73 dokumentierten Fällen). Siehe auch den Überblick zu existierenden Einlagensicherungssystemen im Anhang, Abbildung A-3.

seltenen Fällen den Interbankenmarkt zu unterstützen und auf die Selektionsfähigkeit der dort tätigen Akteure zu vertrauen.

Befürworter individueller LLR-Aktionen diskutieren hingegen vor allem die institutionelle Umgestaltung bestehender Regulierungen als möglichen Ausweg aus der „moral hazard“-Problematik. *Goodhart* (1999/2002, S. 241) formuliert diese Auffassung wie folgt:

> „It is very well for academic liberals to claim that the best long-term course for the economy would be for the authorities to allow any bank to close its doors, while restricting their assistance to generalized OMO [open market operations, G. F.]. Even if the externalities generated by the resultant panic were not so severe as to make this line of action socially wasteful, it would not be politically acceptable, in the sense that a government doing so would suffer extreme unpopularity.“[200]

Die realen Alternativen reduzieren sich in dieser Sichtweise auf die Entscheidung zwischen politökonomisch nicht zu vermeidenden Blankogarantien und einer Ausgestaltung des regulatorischen Umfeldes der Bankwirtschaft, die auf eine Begrenzung des unvermeidlichen „moral hazard" solcher Garantien zielt. Vor dem Hintergrund, daß die bloße Existenz eines LLR oder die Erfahrung einmal erfolgter impliziter Garantieleistungen zu ihrer weiteren Ausnutzung anreizen, dürfte allerdings fraglich sein, ob eine solche Beschränkung im Rahmen der protektiven Instrumente möglich ist, insbesondere wenn ein politökonomisch motiviertes „too big to fail“ ausgeschlossen werden soll. Selbst grundsätzlich regulierungskritische Stimmen befürworten daher aus pragmatischen Gründen den Einsatz präventiver Regulierungsinstrumente als Gegengewicht zu (unvermeidlichen) „moral hazard“-Gefahren – am besten in einer Form, die die Funktionsweise der Markt- und Wettbewerbskontrolle im Rahmen der Staatskontrolle bestmöglich nachbildet. Exemplarisch hierfür ist die pragmatische Position von *Benston* und *Kaufman* (1996). In einer Auseinandersetzung mit der *Dowd*schen (1996) „Free Banking“-Sicht schreiben sie:

> „We [...] agree with Dowd's laissez-faire position, with two exceptions. We also would prefer a world in which the government does not provide de facto or de jure deposit insurance. But, this is not the world in which we live. Consequently, we opt for a regulation that mimics the way free markets would operate. We also accept the existence of government-owned central banks, although comparable private central banks may do less harm to the aggregate economy. But dreaming will not make it so and we do not want the perfect to be the enemy of the good“ (S. 696).

---

200 Diese Argumentation basiert implizit auf der Annahme, daß die breite Öffentlichkeit im konkreten Krisenfall ein echtes Interesse an „bail outs“ aufbringen würde. Die Erfahrungen mit anderen Interventionen zeigt aber auch, daß ein vermeintlich öffentliches Interesse häufig nur von gut organisierten privaten Interessen benutzt wird, um die tatsächlichen Motive einer Intervention zu verschleiern. Eine streng polit-ökonomische Untersuchung würde daher vor allem bei den großen Banken ein erhebliches „bail-out“-Interesse sehen und eventuell auch bei den durch sie kreditierten Unternehmen. Siehe auch *Belke* (2001, S. 276 ff.) für einen Überblick möglicher Interessenlagen hinsichtlich eines TBTF.

6.2.2. Probleme und Fehlanreize präventiver Regulierungsinstrumente

Auf den ersten Blick wirkt diese Argumentation überzeugend. Allerdings setzt sie voraus, daß die einschlägigen präventiven Regulierungsmuster auch geeignet sind, die Risikoneigung des Banksektors dauerhaft zu begrenzen oder die systemische Stabilität im allgemeinen zu erhöhen.

Eine typisches Eigenart bankenspezifischer Regulierungen ist, daß sie generell die *wirtschaftlichen Freiheitsrechte* der Bankwirtschaft beschränken. Dies ist besonders kritisch, wenn dies Rechte betrifft, die für dessen Wettbewerbs- und Innovationsfähigkeit essentiell sind. Zur effizienten Erbringung ihrer Intermediationsleistungen müssen Banken beispielsweise in der Lage sein, die von ihnen übernommenen Risiken in Eigenregie zu begrenzen und eigenständig die Verfahren des Risikomanagements weiterzuentwickeln. Regulierungen, die eine solche unternehmerische Suche nach der bestmöglichen Risikosteuerung unterhöhlen, gefährden damit grundsätzlich die Gesamtstabilität des Finanzsystems. Neben dem Verbot, eigenes Geld zu emittieren, betrifft dieser grundlegende Einwand vor allem die Strategie des „financial restraint" und – in abgeschwächter Form – jede Form von Beschränkungen der Geschäftstätigkeit durch modernere Instrumente der präventiven Bankenregulierung.

6.2.2.1. Wettbewerbsbeschränkungen, Anpassungsmängel und gesteigerte Schockanfälligkeit durch „financial restraint"

Wie gesehen, zielt die Strategie des „financial restraint" auf weitreichende Marktzutrittsbeschränkungen und Vorgaben der Marktergebnisse in der Bankwirtschaft. Bereits auf den ersten Blick ist diese Strategie daher ordnungspolitisch äußerst fraglich:

So engt das *Verbot bestimmter Bankgeschäfte* notwendigerweise die Handlungsfreiheit und damit die Diversifikationsfähigkeit einzelner Banken oder des gesamten Bankwesens ein. Ein solcher Effekt resultierte zum Beispiel aus der sortimentspolitischen Trennung der Geschäftsfelder zwischen Investment- und Geschäftsbanken in den angloamerikanischen Trennbankensystemen. Gerechtfertigt wurde diese Trennung einerseits mit der Annahme, daß der direkte Besitz von Unternehmensanteilen oder das Engagement im Effekten- und Emissionsgeschäft durch Geschäftsbanken zu einer Erhöhung ihrer Risiken und damit der Insolvenzwahrscheinlichkeit führen müsse. Dies ist aber insofern ein wenig schlagkräftiges Argument, als daß auch im Kreditgeschäft praktisch jedes beliebige Risiko eingegangen werden kann (*Benston* 1991, S. 219). Die in den letzten Jahren erfolgte verstärkte Auflockerung des Trennbankenprinzips in den USA und anderswo wird von regulierungskritischen Stimmen entsprechend begrüßt (siehe Kap. 7.2.2.4.).

Die Entscheidung zwischen Trenn- und Universalbankensystem muß über einen möglichen Diversifikationsvorteil gleichwohl weitere ökonomische Wirkungen im Auge behalten. So werden für Universalbanken beispielsweise Interessenkonflikte bei der Ausübung des Kredit- und Investmentgeschäftes befürchtet. Danach könnte es sich für einzelne Banken lohnen, ihren Kunden besonders die Aktien der Unternehmen zum Kauf zu empfehlen, bei denen die Bank einen relativ hohen Außenstand an Krediten hat oder bei dem die Bank ein Mandat im Investmentgeschäft hat. Allerdings ist nicht ohne weiteres einzusehen, warum solche Interessenkonflikte nicht auch im Rahmen der Wettbewerbskontrolle aufgedeckt und gegebenenfalls gemildert werden könnten (*Benston* 2000, S. 194). Trennbankensysteme gehen allerdings im Regelfall auf gesamtwirtschaftlicher Ebene mit einer stärker kapitalmarktorientierten Finanzierungsstruktur einher. Die Frage der sortimentspolitischen Regelungen betrifft damit unmittelbar auch die in Kap. 2. angesprochenen Innovations-, Wachstums- und Entwicklungswirkungen des gesamten Finanzsystems. Die empirische Evidenz hierzu liefert – wie gesehen – gemischte Ergebnisse. Über die Vorteilhaftigkeit von Trenn- und Universalbankensystemen ist daher insgesamt weder theoretisch noch empirisch abschließend zu beurteilen. Solange dies so bleibt, sind sortimentspolitische Freiheitsbeschränkungen nicht zu rechtfertigen.

Deutlicher wird die Problematik regulatorisch erzwungener Diversifikationsschranken ohnehin bei *geographischen Beschränkungen der Geschäftstätigkeit*, wie sie national und international bestehen können. Zwar werden solche Freiheitsbeschränkungen mit dem Argument des Schutzes des Wettbewerbs innerhalb der Kreditwirtschaft gerechtfertigt. Dies ist jedoch wenig plausibel, da es einerseits für Bankprodukte relativ enge Substitute gibt, andererseits mit geographischen Betätigungsschranken Marktzutrittsschranken künstlich geschaffen werden, die zu lokalen oder regionalen Monopolisierungstendenzen führen (können). Zudem können sie wie auch die sortimentspolitischen Beschränkungen entgegen ihrer Intention zur Erhöhung der Risikoanfälligkeit im Bankensektor beitragen. Mangelnde Diversifikationsmöglichkeiten machen Banken anfällig gegenüber lokalen oder regionalen Veränderungen der Rahmenbedingungen oder der realwirtschaftlichen Aktivität. Auch die Weitergabe von regionalen Problemlagen an andere Banken und geographische Räume wird wahrscheinlicher, da innerhalb einzelner Institute naturgemäß wenig Ausgleichmöglichkeiten hierfür bestehen. Darüber hinaus werden im Krisenfall mögliche Übernahmen des insolventen Instituts durch Banken aus einem anderen geographischen Betätigungsgebiet erheblich eingeschränkt und mithin eine wichtige private Strategie der Krisenbewältigung (so *Selgin* 1996, S. 208-210).

Am offenkundigsten ist aber die schädliche Wirkung der Beschränkung der unternehmerischen Freiheit durch *Zinsregulierungen*, wie sie in fast allen großen Industrienationen nach dem Zweiten Weltkrieg mit dem Argument der Gefährlichkeit exzessiver Wettbewerbsprozesse im Bankensektor üblich waren und noch heute in Entwicklungs- und Schwellenländern vermehrt festzustellen sind. Grundsätzlich sollen Zinsregulierungen der Bankwirtschaft eine ausreichend große Zinsmarge garantieren und damit die Widerstandsfähigkeit gegen Liquiditäts- und Ertragseinbußen stärken. Allerdings haben die Einleger *erstens* ein Interesse an möglichst hoch verzinsten Anlagen bei ähnlicher Sicherheit. Soll die Zinsregulierung die Banken erfolgreich schützen, dürfen daher den Einlegern keine Alternativanlagen zur Verfügung stehen. In ihrer Zinsgestaltung beschränkte Banken werden möglichen neuen Konkurrenten, die diese Kundenpräferenzen erfüllen können, grundsätzlich nicht begegnen können und im Einlagengeschäft Marktanteile verlieren. Ertrags- und Liquiditätskrisen werden regulierungsinduziert wahrscheinlicher. *Zweitens* hängt die Wettbewerbs- und Überlebensfähigkeit der Bankwirtschaft unter einem rigiden Zinsregime stark von der allgemeinen Wirtschafts- und

Geldpolitik ab. Abgesehen von neuen Finanzprodukten sind die naheliegendsten Anlagealternativen zu Bankeinlagen kurzfristige Staatsanleihen und andere festverzinsliche Wertpapiere. Die Zinsregulierung muß daher in jedem Fall dem Zins dieser Anlageformen angepaßt werden. Mißachtet die Geldpolitik diesen elementaren Zusammenhang, induziert dies unweigerlich eine Liquiditätskrise im Bankensektor. So macht beispielsweise ein dauerhafter Inflationsdruck früher oder später eine kontraktive Geldpolitik mit höherem Zins unumgänglich. Wenn der zulässige Einlagenzins dann nicht entsprechend angepaßt wird, werden die Banken in erhebliche Refinanzierungsschwierigkeiten geraten – zumal Zinserhöhungen wegen der durch sie betriebenen Fristentransformation im Regelfall nicht sofort an die Kreditnehmer weitergeben können. Alles in allem steigert damit eine auf Wettbewerbsbeschränkung ausgerichtete Zinsregulierung die Schockanfälligkeit des Bankensektors gegenüber einer inadequaten und/oder wechselhaften Geld- und Wirtschaftspolitik (siehe *Selgin* 1996, S. 211 f.).

Unter ordnungspolitischen Aspekten ist zudem äußerst bedenklich, daß die Strategie des „financial restraint“ über die Errichtung von weitreichenden nationalen und internationalen Marktzutrittsschranken auf die Garantie von Monopol- und Oligopolrenten zielt. Es wird also eine Marktsstruktur angestrebt oder zumindest begünstigt, in der die Leistungsfähigkeit der Unternehmen nicht ständig durch (potentielle) Konkurrenten und Konsumenten getestet wird. Wie aus anderen Bereichen bekannt ist, bietet jede Art Regulierungsrente darüber hinaus vielfältige Ansatzpunkte zu korruptem oder andersartig begünstigendem Behördenverhalten, zu politischer Einflußnahme sowie zu Fehlallokationen. Vor diesem Hintergrund wird es um so unverständlicher, warum Muster des „financial restraint“ noch immer für Entwicklungs- und Schwellenländer gefordert werden (*Stiglitz* 2001), wo erwiesenermaßen die „rule of law“ so schwach ist, daß solchen Verhaltensweisen wenig Einhalt geboten werden kann.

Hinzu tritt ein dritter Aspekt. Insbesondere die Überlegungen von *Kane* (1988; 1999) legen es nahe, daß die über Regulierungsrenten erzeugte Stabilität des Bankenmarktes gegenüber Veränderungen des Wettbewerbsumfeldes äußerst anfällig sein kann. Eine auf Wettbewerbsunterdrückung zielende Regulierungsstrategie bewirkt drei grundlegende Probleme. *Erstens* müssen die Bankkunden die Kosten wenig wettbewerblicher Märkte schultern, in dem sie tendenziell niedrigere Anlagezinsen und höhere Kreditzinsen verkraften müssen. Sie werden daher *zweitens* stets nach alternativen Anlage- und Finanzierungsprodukten suchen und ihr Vermögen umschichten, sobald sich solche Gelegenheiten bieten. Auf diese Suche nach Alternativen können die dem „financial restraint“ unterliegenden Banken *drittens* jedoch nur ungenügend reagieren. Sie können daher unter Umständen in ernste Ertragsschwierigkeiten geraten (*Benston* 1991, S. 218 f.).

Auch ohne weiter ins Detail wettbewerbsbeschränkender Regulierungen des „financial restraint“ gehen zu können, ist daher insgesamt das Urteil eindeutig: Ihre Aufhebung ist – sofern nicht längst erfolgt – dringend geboten, weil sie entgegen der Intention Ineffizienzen und (zusätzliche) Risiken erzeugt, die bei zunehmendem (internationalen) Wettbewerb und bei transaktionskostengünstigen Umgehungsmöglichkeiten – etwa im Zuge von technischen Neuerungen – offenbar werden.

6.2.2.2. Wirkung und Effektivität von Eigenkapitalnormen

Auch für die (relativ) unumstrittenen präventiven Eigenkapitalregulierungen, wie sie heute den Kern nationaler und internationaler Regulierungsanstrengungen ausmachen, ist zumindest offen, ob damit risikomindernde Effekte auf mikroökonomischer und makroökonomischer Ebene überhaupt erzielt werden können.

So ist grundsätzlich zweifelhaft, ob sich überhaupt ein Zusammenhang zwischen einer bestimmten Höhe an Eigenkapital und dem Insolvenzrisiko einer Bank nachweisen läßt (*Schneider* 2002, S. 4 ff.; *Fritz-Aßmus* und *Tuchtfeldt* 2003, S. 281). Außerdem können Banken einen Anreiz besitzen, bei Einführung einer starren Eigenkapitalquote, entgegen der Absicht der Aufsicht, ein höheres maximales Überschuldungsrisiko im Bankportfolio einzugehen.[201] Grund hierfür ist, daß die Vorgabe eines festen Leverages neben einem direkten Volumeneffekt (Einschränkung des Aktivavolumens) auch einen indirekten Struktureffekt auf die Wahl der Bankaktiva besitzt. Hierbei kann es sich in einzelnen Fällen lohnen, die Reduktion der Eigenkapitalrendite durch eine Erhöhung der eingegangenen Risiken (und damit auch des Konkursrisikos) überzukompensieren.

Dieses Problem der Substitution weniger riskanter durch riskante Aktiva ließe sich zwar durch die Vorgabe „theoretisch korrekter" Risikogewichtungen der einzelnen Bankaktiva beheben – so wie es auch für die Prämiengestaltung der Einlagenversicherungen gefordert wird. Dies würde bedeuten, daß die Bankenaufsicht für jedes Aktivum in Abhängigkeit seines Beitrags zum Gesamtrisiko eine eigene Kapitalunterlegung fordert, was insgesamt dazu führt, daß eine von der Aufsicht vorher festgelegte Insolvenzwahrscheinlichkeit nicht überschritten wird. Tatsächlich folgt die in Kap. 4.5.3.2. angesprochene Praxis der Risikogewichtung einzelner Aktiva oder Aktivagruppen in etwa diesem Gedanken.[202] Innerhalb der einzelnen Risikokategorie bleibt dabei jedoch weiter der Anreiz bestehen, bei gegebenen Eigenkapital das maximal mögliche Risiko einzugehen (*BCBS* 1999, S. 20; *Frenkel* und *Menkhoff* 1999, S. 46).[203]

---

201 Dies zeigen die Arbeiten in Anschluß an *Köhn* und *Santomero* (1980) und *Kim* und *Santomero* (1988). Siehe hierzu auch *Burghof* (1998, S. 126-141); *Stillhart* (2002, S. 168 ff.); *Vollmer* (2002, S. 333-336).

202 Die in der Aufsichtspraxis bisher verwendeten Risikogewichte dürfen gleichwohl „viel zu grob" (*Vollmer* 2002, S. 336) erscheinen, um der theoretischen Forderung auch nur annähernd zu entsprechen. Darüber hinaus bildeten die bisher gültigen Eigenkapitalnormen Portfolioeffekte nicht ab. Durch die starre Vorgabe von Risikogewichten wurden Risiken nur addiert. Nicht berücksichtigt wird dabei, daß sich Gewinne und Verluste unterschiedlicher Bankaktiva gegenläufig verhalten können und damit die Volatilität des (erwarteten) Gesamtgewinns einer Bank herabsetzen. Da zumindest im Rahmen der fortgeschrittenen Risikobemessungsansätze von Basel II solche Effekte verstärkt Beachtung finden, muß dies innerhalb des Ansatzes als Fortschritt betrachtet werden (*U.S. Shadow Financial Regulatory Committee* 2000).

203 Auch ist es denkbar, daß bei Einführung einer bindenden Eigenkapitalvorschrift das Bankportfolio zunächst um diejenigen Aktiva bereinigt wird, die sich innerhalb einer Risikoklasse am leichtesten auf Sekundärmärkten veräußern lassen – also den höchsten Liquiditätsgrad aufweisen (*Weiland* 1999, S. 182).

Vor allem aber ist es vor dem Hintergrund, daß Banken ihre Existenz gerade ihrem komparativen Vorteil bei der Bewertung und beim Umgang mit Risiken verdanken, gewagt, den Regulierungsbehörden zuzutrauen, die theoretisch korrekten Risikogewichte treffen zu können.[204] Wenn die zur Risiko- und Verhaltensdisziplinierung notwendigen Informationen wegen des komparativen Vorteils der Banken nicht zugängig sind, dann kann eine wie auch immer gesetzlich definierte Eigenkapitalvorschrift nur zufällig mit den von den Einlegern und Anteilseignern gewünschten Risiko-Eigenkapital-Relation übereinstimmen (*Dowd* 1999a, S. 45). Die Bestimmung der „richtigen" Eigenkapitalquote sollte daher allein der Marktkontrolle überlassen werden. Alles andere wäre im *von Hayek*schen Verständnis eine „Anmaßung von Wissen" (*Schneider* 1986, S. 102). Die derzeitige Eigenkapitalunterlegungspflicht von acht Prozent aus dem Baseler Abkommen und die hiermit zusammenhängenden Risikogewichte für spezifische Aktivagruppen sind damit letztlich willkürlich gewählt und lassen sich theoretisch nicht ableiten (*Paul* 2000, S. 286; *Schneider* 2002, S. 6).

In diesem Zusammenhang ist ein weiterer Aspekt zu beachten, der direkt an die in Kapitel 5.1. aufgeworfenen Fragen der Effizienz der Intermediationsform Bank anknüpft (*Stillhart* 2002, S. 176 ff.). Die Arbeiten von *Diamond* und *Rajan* (2001) und anderen deuten darauf hin, daß die tendenziell fragile Bilanzstruktur der Kreditwirtschaft Voraussetzung für eine reibungslose Intermediation der Sparmittel in riskante Anlagen ist. Eine künstliche Eigenkapitalforderung kann dann zwar *im günstigsten Fall weniger instabile Bilanzstrukturen* und somit eine Senkung des Konkursrisikos und der Wahrscheinlichkeit negativer externer Effekte bewirken; sie diskriminiert aber zugleich gegenüber der Sparform Bankeinlage mit ihrem individuellen und volkswirtschaftlichen Nutzen (*Gorton* und *Winton* 2002, S. 100). Selbst wenn Eigenkapitalnormen einen positiven Stabilisierungseffekt hätten, könnte es daher sein, daß dieser in einer volkswirtschaftlichen Gesamtbetrachtung durch die negativen Auswirkungen auf die Effektivität der Finanzintermediation überkompensiert würde (*Berger et al.* 1995, S. 425).

Unter volkswirtschaftlichen Gesichtspunkten wird zusätzlich befürchtet, daß Eigenkapitalnormen die Zyklen der gesamtwirtschaftlichen Aktivität verstärken, wenn sich das tatsächliche (risikogewichtete) Eigenkapital-Aktiva-Verhältnis der Bankbilanzen dem regulatorisch vorgegebenen Wert annähert (Problem der *Prozyklizität; Blum* und *Hellwig* 1996). Diese Situation ist typisch für konjunkturell schwierige Situationen mit getrübten Gewinnaussichten oder bei einem ohnehin volkswirtschaftlich problematischen makroökonomischen Schock mit entsprechenden korrelierten Ertragseinbußen der gesamten Kreditwirtschaft. Falls die Banken dieser Konstellation nicht durch eine Erhöhung der Eigenmittel begegnen können oder wollen, sind sie im Interesse der Erfül-

---

[204] Ließe sich dieses Wissensproblem jedoch lösen, so ist darüber hinaus davon auszugehen, daß das Regulierungswissen auch für die Ausgestaltung der Einlagensicherungssysteme nutzbar gemacht werden könnte. Eine den tatsächlich eingegangen Risiken entsprechende Prämienstruktur der Einlagensicherungssysteme hätte dann prinzipiell den gleichen Effekt auf das Verhalten der Banken und ihrer Manager, wie eine risikoadjustierte Eigenkapitalnorm. Sie verlöre (zumindest teilweise) ihre Berechtigung (zu dieser Frage *Bhattacharya et al.* 1998; *Santos* 2001, S. 47 f.; *Stolz* 2002, S. 8 f.).

lung der bindenden Eigenkapitalnorm dazu gezwungen, ihr Kreditgeschäft zu begrenzen. Mit der so induzierten Verknappung des Kreditangebots (einschließlich hieraus resultierender Multiplikatoreffekte) wird die gesamtwirtschaftliche Investitionstätigkeit verringert. Allgemeiner formuliert bedeutet dies, daß die Kreditvergabeentscheidungen gerade in konjunkturellen Abschwungphasen oder bei makroökonomisch relevanten exogenen Schocks stärker korreliert sind und damit stärker prozyklisch wirken, als dies bei Abwesenheit einer Eigenkapitalnorm der Fall wäre. Da es sich bei den angesprochenen Bilanzpositionen um Bestandsgrößen handelt, eine Anpassung aber in der Regel über Stromgrößen – also etwa Neukredite – erfolgt, kann sich eine vergleichsweise geringe prozentuale Änderung der (erwarteten) Eigenkapitaldecke im Zuge einer Wertberichtigung oder -schwankung auf langfristige Aktiva in der kurzen Frist wesentlich stärker auswirken.

Vor diesem Hintergrund kann auch eine Verschärfung der Eigenkapitalforderungen im Interesse einer verbesserten Krisenprävention problematisch sein, falls die Kreditwirtschaft darauf (allein) durch eine aktivseitige Anpassung ihr Bilanzen reagiert. Dies dürfte etwa für den Fall ungünstiger Finanzierungsbedingungen auf den Kapitalmärkten charakteristisch sein. Auch die Angst vor negativen Signalwirkungen zusätzlicher Eigenkapitalaufnahme begünstigt eine solche vorwiegend aktivseitige Reaktion. Schlimmstenfalls wird in diesem Zusammenhang vermutet, daß regulatorisch erzwungene Anpassungen der Aktiva zu einem „Credit Crunch" führen oder zumindest dazu beitragen können. Davon wären noch dazu gerade die Unternehmen besonders betroffen, bei deren Finanzierung Banken einen komparativen Vorteil besitzen dürften.[205] Der geschilderte Zusammenhang macht überdies deutlich, warum die als Marktversagen V bezeichnete These von exzessiven Kreditzyklen mit großer Sorgfalt analysiert werden muß, bevor regulatorische Schlußfolgerungen gezogen werden.

Auch wenn es durchaus Argumente gibt, die für Eigenkapitalnormen in anderen Modellzusammenhängen risikomindernde Effekte nachweisen (vgl. *Santos* 2001; *Stolz* 2002 mit weiteren Nachweisen), muß auch diese Regulierungsform insgesamt skeptisch betrachtet werden. Problematisch ist zudem, daß Eigenkapitalvorschriften – ähnlich wie die Maßnahmen des „financial restraint" – für Prozesse der Regulierungsarbitrage (RA) anfällig sind, was ihre langfristige Wirksamkeit fraglich werden läßt (*BCBS* 1999b, S. 21-26; *Jones* 2000). Durch geschickte Umschichtungen innerhalb und zwischen den mit unterschiedlichen Risikogewichten versehenen Aktivagruppen kann z. B. die effektive Eigenkapitalbelastung reduziert werden, ohne gleichzeitig die Risikoposition nennenswert zu verändern. Formal identische regulatorische Eigenkapitalquoten können daher mit sehr unterschiedlichen Gesamtrisiken verbundenen sein, so daß die aufsichtsrechtlich definierte Eigenkapitalquote an Aussage- und Steuerungskraft verliert.

---

205 So werden z. B. die Finanzierungsengpässe in den USA Anfang der 1990er Jahre und jüngst die Krise des japanischen Immobiliensektors mit den im Rahmen der 1. Baseler Eigenkapitalrichtlinie 1988 international verschärften und inhaltlich umstrukturierten Eigenkapitalanforderungen in Verbindung gebracht (siehe *Blum* und *Hellwig* 1996, S. 42 f.; *BCBS* 1999b, S. 30 f.; *Gorton* und *Winton* 2002, S. 98 f. jeweils mit weiteren Nachweisen).

RA kann auch durch die bereits diskutierten Techniken des Risikohandels und der Risikoabsicherungen mittels derivativer Instrumente betrieben werden. Ein weiteres Instrument der RA (*BCBS* 1999b, S. 21-26; *Jones* 2000, S. 41-47) ist zudem die Verbriefung von (Kredit-) Forderungen. Hierbei werden zuvor nicht marktfähige Kreditforderungen oder andere Aktiva in handelbare Wertpapiere (Asset Backed Securities) umgewandelt, deren Bedienung und Tilgung ihrerseits von der Bedienung der ursprünglichen Forderungen abhängt. Diese Wertpapiere werden in der Regel durch ein rechtlich selbständiges Unternehmen (Special Purpose Vehicle, SPV) begeben, das die fraglichen Aktiva im Vorfeld von der Bank kauft oder sie ohne den Umweg über die Bank direkt übernimmt. Es sind aber auch Konstruktionen denkbar, bei denen nur das in den Forderungen enthaltene Kreditrisiko an das Spezialunternehmen übertragen wird. Je nach Konstruktion stellt die Bank für diese SPV unterschiedlich weitreichende Kredit- und Liquiditätsgarantien bereit, um den verbrieften Forderungen gute Ratings zu verschaffen. Sofern die Gesamtstruktur des Securitization-Geschäfts die Bank zu einer geringeren Eigenkapitalunterlegung verpflichten, als dies bei den ursprünglichen bilanzgebundenen Transaktionen der Fall gewesen wäre, wird Eigenkapital freigesetzt. Dieses kann für andere Zwecke genutzt werden. Zumindest erhöht sich die aufsichtrechtlich definierte Eigenkapitalquote, ohne daß sich die Risikoposition materiell (wesentlich) verändert hat.[206]

Auf den ersten Blick erscheint dieser Umstand aus verschiedenen Gründen problematisch. *Erstens* werden für die RA zur Zeit vorwiegend Forderungen geringer Ausfallwahrscheinlichkeit genutzt. Ihre Auslagerung bewirkt eine sinkende Durchschnittsqualität der in der Bilanz verbleibenden Aktiva. Über die Umgehung der regulatorischen Eigenkapitalforderung könnte sich *zweitens* das „moral hazard" der Einlagensicherungssysteme „durch die Hintertür" verschärfen, auf dessen Begrenzung ja gerade die Eigenkapitalforderungen gerichtet sind. Und *drittens* erschweren die komplexen (rechtlichen) Konstruktionen der RA ein zielgenaues Eingreifen der Aufsicht in problematischen Fällen.

Allerdings darf nicht übersehen werden, daß RA eine Angleichung der regulatorischen Eigenkapitalanforderungen an die von den Marktteilnehmern als sinnvoll erachtete Kapitalunterlegung bewirkt (ökonomisches Eigenkapital).[207] Sofern die marktmäßige Bewertung die tatsächliche Risikoposition genauer abbildet als die aufsichtliche Vorgabe, korrigiert Regulierungsarbitrage Überregulierungen und künstlich erhöhte

206 Nach Schätzungen von *Jones* (2000, S. 47-49) liegt das Volumen dieser Arbitragetätigkeit mittlerweile bei über 25 Prozent, in Einzelfällen sogar bei 50 Prozent des risikogewichteten Kreditvolumens.

207 So z. B. *Hartmann-Wendels et al.* (1998, S. 258). *Berger et al.* (1995, S. 419) sehen sogar einen gegenläufigen Effekt bei regulatorischen und marktmäßigen Eigenkapitalforderungen. Falls die Securitization bewirkt, daß die Kredit- und Eigenkapitalgeber mit einer Erhöhung der Insolvenzwahrscheinlichkeit der Bank, zumindest aber einer geringeren Befriedigungsquote ihrer Forderungen rechnen, werden sie auf eine Verbesserung der Kapitalbasis dringen. Damit steigt die marktmäßige Eigenkapitalforderungen, während die regulatorische gleichzeitig formal sinkt.

Kapitalkosten und kann helfen, regulatorisch erzeugte Wettbewerbsnachteile gegenüber anderen Intermediären in den relevanten Geschäftsfeldern auszugleichen. Auch die grundsätzlich positiven volkswirtschaftlichen Effekte von Finanzinnovationen sind bereits erwähnt worden: Sofern Techniken der RA gleichzeitig auf eine Anhebung der „risikofreien" Rendite zielen, sind sie effizienzsteigernd und sollten nicht durch aufsichtsrechtliche Maßnahmen erschwert werden (*Jones* 2000, S. 38 f.; S. 49 f.).

Ob RA also positiv oder negativ im Sinne der Systemstabilität beurteilt wird, hängt damit letztlich – wie die gesamte Argumentation hinsichtlich von Regulierungsforderungen – davon ab, ob der freien Marktkontrolle zugetraut wird, ökonomisch „richtige" Eigenkapitalquoten zu bestimmen bzw. die Auswirkungen von RA und Finanzinnovationen auf die Bank- und Systemstabilität „korrekt" zu beurteilen. Vor dem Hintergrund der überlegenen Kapazität der Marktteilnehmer bei der Wissensverarbeitung sprechen hierfür überwiegende Argumente. Das fundamentale Wissensproblem staatlicher Instanzen legt damit insgesamt ein gehöriges Maß an Vorsicht gegenüber quantitativen Eigenkapitalnormen nahe.

Innovationskraft und -geschwindigkeit auf den internationalen Finanz- und Bankenmärkten, die zunehmende Komplexität von Finanzierungs- und Risikosteuerungsinstrumenten und die Möglichkeit zu RA führen schließlich dazu, daß Regulierungsinstanzen immer nur mit Verzögerung auf die tatsächlichen Begebenheiten innerhalb der Finanzwirtschaft reagieren können (so beispielsweise *Frenkel* und *Menkhoff* 1999, S. 46; *Calomiris* und *Litan* 2000, S. 284; *Oatley* 2000, S. 39). Wenn Normen deshalb nicht schon bereits (teilweise) zum Zeitpunkt ihrer Einführung hinsichtlich ihrer Fähigkeit veraltet sind, zielgenau die tatsächlichen bankbetrieblichen Risiken zu steuern, dann ist es zumindest wahrscheinlich, daß „gut gemeinte" Regulierungen durch sachliche Arbitrageprozesse langfristig ineffektiv werden. Das in Kap. 3.2.3.3. allgemeine Problem der Sicherung der Effektivität spezifischer staatlicher Normen in hochinnovativen Märkten dürfte gerade auf Bankenmärkten eine erhebliche Relevanz besitzen.

Damit erscheint es in jedem Fall fraglich, ob die stärkere Ausdifferenzierung der Risikoklassen von Eigenkapitalnormen (oder auch der Prämien von Einlagensicherungssystemen), wie sie bisher hauptsächlich betrieben worden ist, überhaupt theoretisch überzeugend ist (*Boot et al.* 2000, S. 11 f.). Dieses „fine tuning" der Standards läuft grundsätzlich Gefahr, an „Wissensanmaßung" und Regulierungsarbitrage zu scheitern. Der Gesetzgeber wird daher ständig vor neuen Anpassungsproblemen im „unending game of strategy" (*Kane*) mit den Regulierten stehen, die organisatorisch zu bewältigen sind. Darüber hinaus ist zu befürchten, daß schon kleine regulierungsbedingte Verschiebungen der Kosten in einem hoch wettbewerblichen Umfeld die Gefahr unintendierter Nebenwirkungen steigern, weil sie zu merklichen Veränderungen der Wettbewerbsposition der Bankwirtschaft gegenüber alternativen Intermediären führen können.

6.2.2.3. Ordnungspolitische Bedenken gegen qualitative Regulierungen

Aufgrund der auch empirisch nachgewiesenen Schwierigkeiten mehr oder weniger starrer und detailreicher quantitativer Normen werden qualitative Elemente der Bankenregulierung neuerdings verstärkt als überlegene Vorgehensweise propagiert, bei der die Aufsichtsbehörden als Zertifizierungsstelle für bankinterne Methoden der Risikomessung und -steuerung fungiert. Jüngste Beispiele für diese Form der flexibleren Verhaltenssteuerung sind die Verwendung von bankeigenen „Value at Risk"-Modellen (VaR) für die Bestimmung von Marktpreisrisiken und die Implementierung vergleichbarer interner Methoden zur angemessenen Eigenkapitalunterlegung von Kreditrisiken und operativen Risiken im Rahmen von Basel II (siehe Kap. 4.4.2.4.; 4.5.3.2.). Die Überlegenheit des qualitativen Ansatzes wird neben der ressourcensparenden Vermeidung von Doppelarbeiten bei der Bestimmung des Eigenkapitals für bankinterne und regulatorische Zwecke damit begründet, daß das überlegene Wissen und die Innovationsfähigkeit der Bankwirtschaft in puncto effektiver Risikosteuerungstechniken auch für die Aufsichtspraxis nutzbar gemacht wird und Banken einen Anreiz zur permanenten Verbesserung ihrer Risikosteuerungstechniken erhalten. Umgekehrt soll die staatliche Aufsicht von dem Problem entlastet werden, das „ökonomische richtige" Eigenkapital (für jede einzelne Bank eigenhändig) festzulegen; auch soll die Aufsichtspraxis flexibel an den neuesten Stand des bankbetrieblichen Risikomanagements angepaßt werden können (*Sanio* 2005, S. B3).

Bei näherem Hinsehen dürfte aber zu befürchten sein, daß die in der offiziellen Pressemitteilung zu Verabschiedung von Basel II (Juni 2004) enthaltene Zielsetzung „to *encourage* improvements in risk management" (Hervorhebung G. F.) bald an ihre Grenzen stoßen wird. Zwar ist es richtig, daß die vorgesehenen internen Risikomeß- und Risikosteuerungsverfahren für viele, vor allem kleinere Banken einen qualitativen Fortschritt bei der Bewertung und Vergabe von Krediten bedeuten werden. Doch ist zum einen keineswegs sicher, ob sich die Verbesserung der Risikosteuerung nicht auch im Wettbewerb der Banken untereinander ergeben kann. Zum anderen unterliegt auch die qualitative Aufsichtsmethode dem Problem der Wissensanmaßung (*Paul* 2000; *Paul* und *Paul* 2003). Der umfangreiche aufsichtliche Kriterienkatalog, den die internen Systeme erfüllen müssen, um anerkannt zu werden, greift weit die unternehmerische Gestaltungsfreiheit ein. Bankindividuelle unternehmerische Findigkeiten werden daher vorwiegend darauf gerichtet sein, diese Kriterien zu erfüllen – unabhängig davon, ob dabei unter betriebswirtschaftlichen Kosten-Nutzen-Risiko-Aspekten die beste Methode herausspringt. Im Gegensatz zu den Beteuerungen der Aufsichtsbehörden steht damit immer zu befürchten, daß die Innovationsneigung im Bereich des Risikomanagements nach dem Abebben der durch Basel II erzwungenen Veränderungen dauerhaft sogar sinkt, was unter systemischen Aspekten wenig ermutigend ist (*Paul* und *Paul* 2003, S. 390). Für große Institute deutet sich dies im übrigen bereits an. So wird erwartet, daß diese ihre internen Risikosteuerungsmethoden im Einzelfall „abspecken" müssen, um den aufsichtlichen Anforderungen zu genügen (*Priewasser* und *Fuhrmeister* 2002, S. 851).

Die tendenzielle Erzwingung bestimmter Risikosteuerungsverfahren könnte aber nicht nur das unternehmerische Element im Umgang mit bankbetrieblichen Risiken zurückdrängen. Sie wiegt auch aus anderen Gründen schwer. So wird davor gewarnt, daß die angestrebte höhere Risikosensitivität der im Rahmen von Basel II zulässigen internen Risikosteuerungsmodelle (aber auch die Nutzung von Rating-Urteilen) zu verstärkten prozyklischen Effekten beitragen könnte, weil die Banken in konjunkturellen Abschwungphasen stärker als bisher ihre Kreditvergabe einschränken müßten, um die Eigenkapitalunterlegungspflichten erfüllen zu können (*Reisen* 2000; *Allen* und *Saunders* 2004; *Kashyap* und *Stein* 2004). Außerdem ist die Geeignetheit der vorgesehenen Verfahren der Risikomessung und -steuerung wie bereits bei der Integration der internen Modelle für die Steuerung von Marktpreisrisiken Ende der 1990er Jahre keineswegs erwiesen und auch nicht dauerhaft zu erwarten.[208] Daher besteht die Gefahr, daß die aufsichtsrechtliche Einengung der Gestaltungsfreiheit eine Kontroll- und Sicherheitsillusion bei Banken und ihren Kunden erzeugt (ähnlich *Schneider* 2002, S. 10). Dies ist unter systemischen Aspekten kritisch zu beurteilen. Erweisen sich etwa die erzwungenen Methoden im Krisenfall als unzureichend, so dürfte dies eher zur Homogenisierung der Erwartungen, ähnlichen Reaktionsmustern der Banken und damit zu möglichen Marktversagensproblemen beitragen, anstatt sie zu lindern. Vor dem Hintergrund der von der „Free Banking"-Schule vertretenen Erwartung eines Differenzierungsanreizes wundert es auch nicht, daß stellenweise davor gewarnt wird, eine „übertriebene" Gleichrichtung des Marktverhaltens mittels aufsichtsrechtlicher Vorgaben zu erzwingen (*Köhler* 2003, siehe auch Kap. 7.2.3.2.).

Aber selbst wenn diese Kritik nicht geteilt oder die zugrundeliegenden Defekte für heilbar gehalten werden, bringt der Übergang zu qualitativen Regulierungen in ordnungspolitischer Hinsicht weitere Probleme. Zunächst belastet der Systemwechsel die Banken mit zusätzlichen Kosten. Da diese vor allem in der Implementierungsphase den Charakter von „sunk costs" besitzen, wird zurecht befürchtet, daß die Anforderungen für kleinere Banken besonders belastend wirken und damit einen Wettbewerbsnachteil bedeuten können (*Priewasser* und *Fuhrmeister* 2002, S. 853). Zudem haben qualitative Regulierungen konstruktionsbedingte eigene Regulierungsdefizite (*Paul* 2000, S. 292-296; *Fritz-Aßmus* und *Tuchtfeldt* 2003, S. 282 ff.). Einerseits erzeugt die ständige Überprüfung der angewandten Verfahren einen hohen zusätzlichen Personalbedarf bei den Aufsichtsbehörden, was die Kosten der Regulierung zusätzlich nach oben treiben dürfte.[209] Schwerer wiegt, daß den Bankaufsehern im Zertifizierungsprozeß ein

---

208 Diese Kritik trifft neben der Frage, ob sich operationale Risiken überhaupt sinnvoll mathematisch erfassen lassen, vor allem die gängigen VaR-Verfahren der Risikosteuerung. Diese geben mit einer bestimmten Wahrscheinlichkeit (dem Konfidenzniveau) an, wie hoch der maximal zu erwartende Verlust an einem Geschäftstag ist. Kritisch ist dabei zum einen, daß die Berechnungen auf Vergangenheitsdaten, auf zum Teil fragwürdigen Annahmen über die Verteilung von Gewinnen und Verlusten und – im Fall der Marktpreisrisiken – der Marktliquidität gerade in Streßzeiten beruhen (*Rudolph* 1997, S. 150 f.; *Danielsson et al.* 2001; *Schneider* 2002, S. 8 ff.). Kritisch ist aber auch, daß die VaR-Methode keine Aussage über die möglichen Verluste in dem Bereich zulassen, der durch das Konfidenzniveau nicht abgedeckt ist (*Paul* 2000, S. 289; *Steden* 2002, S. 99 f.). Eine typische Aussage ist zum Beispiel, daß der mögliche Maximalverlust (der „Value at Risk") die Schwelle von 100 Mio. Euro mit 99 Prozent Wahrscheinlichkeit nicht übersteigt. Dies bedeutet jedoch, daß der Verlust mit einprozentiger Wahrscheinlichkeit in unbestimmbarer Höhe über die 100 Mio. hinausgehen kann.

209 Gerade in Deutschland trifft dieser Effekt erneut die Banken direkt, denn die Bundesanstalt für Finanzdienstleistungsaufsicht (BaFin) wird im wesentlichen durch eine Umlagen unter den beaufsichtigten Unternehmen finanziert.

diskretionärer Handlungsspielraum verbleibt. Bei dem kaum zu heilenden Wissensnachteil der Aufsichtsmitarbeiter über die Funktionen hochkomplexer Risikosteuerungsmodelle bietet dieser nicht nur Anlaß zu der Befürchtung, daß Banken zusätzliche Verhaltensspielräume erhalten, die sie in opportunistischer Weise und unter dem Schleier der für die Öffentlichkeit erzeugten Sicherheitsillusion ausnutzen könnten. Gerade die Aufsicht selbst könnte in die Lage versetzt werden, einzelne Banken nach Gutdünken (oder auch unter politischem Druck) gegenüber Konkurrenzinstituten zu bevorzugen oder zu benachteiligen. Die ordnungspolitisch gebotene Forderung nach allgemeingültigen Regeln wird hierdurch erheblich aufgeweicht; die Aussagekraft von Eigenkapitalregeln – sofern sie überhaupt einen Wert besitzen – leidet; Wettbewerbsverzerrungen wären zu befürchten. Vor diesem Hintergrund ist es problematisch, daß die Behörden im aufsichtsrechtlichen Überprüfungsprozeß im Rahmen von Basel II (Säule II) ausdrücklich einen relativ (weiten) Ermessensspielraum erhalten, nach Beurteilung der Gesamtsituation der Bank auch höhere Eigenkapitalforderungen durchzusetzen, als sich nach den internen Steuerungstechniken der Säule I ergeben würden. Auch ungeachtet etwaiger Detailprobleme ist damit zweifelhaft, inwieweit die Verstärkung qualitativer Elemente eine substantielle ordnungspolitische Verbesserung darstellt.

6.2.3. Prozessuales Staatsversagen: Probleme der adäquaten Regulierungsumsetzung

Die Problematik diskretionärer Handlungsspielräume qualitativer Regulierungen führt direkt zu einem *dritten fundamentalen Einwand* gegenüber staatlichen Regulierungen des Bankensektors. Dieser richtet sich nicht so sehr gegen die Ausgestaltung solcher Institutionen. Sondern er bezieht sich auf die *Umsetzung* bestehende Normen *im Regulierungsalltag* und die Anreize für die darin involvierten Behörden (*Bonn* 1998, S. 314 ff., 398-404; *Knorr* 1999, S. 355 ff.; *Mishkin* 2001, S. 21 f.).

Die verhaltenssteuernde Wirkung von Regulierungen hängt entscheidend davon ab, ob sie auch umgesetzt werden. Dies wird von der Handlungsfähigkeit und -bereitschaft der zuständigen Behörden bestimmt, welche wiederum vom institutionellen Rahmen für die Behörde selbst determiniert werden. Rahmenbedingungen, die die *Handlungsfähigkeit* herabsetzen, sind in vielfacher Weise vorstellbar und nachweisbar: ungeklärte rechtliche oder polizeiliche Befugnissen der Aufsicht, Doppelzuständigkeiten unterschiedlicher Behörden, eine nicht aufgabengerechte Ausstattung mit Sachmitteln oder Humankapital usw. Hinzu tritt das allgemeine Problem einer mangelnden Einsatzflexibilität und Innovationsfähigkeit öffentlicher Behördenapparate.

Die *Handlungsbereitschaft* berührt dagegen direkt das Verhalten von Politikern und von Mitarbeitern der Regulierungsbehörde. Dabei muß in Rechnung gestellt werden, daß selbst potentiell wirksame protektive und präventive Regulierungsmaßnahmen nicht immer im Sinne des Gesetzgebers (oder der breiten Öffentlichkeit) administriert werden müssen. So besteht – wie gesehen – die Gefahr, daß Sicherungseinrichtungen im Krisenfall über ihre formalrechtliche Deckungsgrenze auch auf andere ungeschützte Gläubiger der fallierenden Bank ausgedehnt werden oder Banken in marktinkonformer Weise unter die „bail out"-Garantie eines „Too Big to Fail" geraten. Bankaufsichtsbehörden sind darüber hinaus anfällig, drohende Schieflagen oder gar erkannte systemische Probleme nicht entschieden genug anzugehen. Neben den genannten Gründen (Handlungsfähigkeit, Wissensmangel) ist hierfür vor allem das Eigeninteresse der Mitarbeiter solcher Behörden verantwortlich. So besitzen die besser informierten Regulierungsagenten vielfältige Anreize, Schwierigkeiten einzelner Institute zunächst gegenüber der Öffentlichkeit und der Politik – also ihren Prinzipalen – zu verschleiern, relevante Informationen zu unterdrücken oder sich gegenüber von der Insolvenz bedrohten Instituten als großzügig zu erweisen. Ähnlich wie bei der ad hoc-Ausdehnung protektiver Instrumente kann dies *erstens* einer unbegründeten Sorge um die Systemstabilität entspringen. Grundlage ist dabei die Befürchtung, durch vorschnelle Reaktionen negative Signalwirkungen bei Kleinsparern und anderen Vertragspartnern der betroffenen Bank zu erzeugen und damit Run-Phänomene zu induzieren, die unter Umständen zu verhindern gewesen wären. *Zweitens* kann die Ausgestaltung der Normen eine Rolle spielen: Die Furcht der Behörde vor starken prozyklischen makroökonomischen Effekten starrer Eigenkapitalnormen bis hin zum „Credit Crunch" begünstigt unter Umständen ein zögerliches Eingreifen (*Blum* und *Hellwig* 1996, S. 69).

Bankenpleiten deuten aber *drittens* immer auch auf eine im Vorfeld unsachgemäße Durchführung der Aufsicht hin. Gerade weil die staatliche Aufsicht über die Kreditwirtschaft mit dem Argument verteidigt wird, daß sich aus der Markt- und Wettbewerbskontrolle keine genügend großen Präventivwirkungen gegen systemische Risiken ergeben würden, hängt die Reputation der Behörden entscheidend davon ab, daß es zu keinen größeren Schieflagen im Kreditsektor kommt. Eine um ihre Reputation fürchtende Regulierungsbehörde oder ein um seinen Arbeitsplatz oder seine Karriere besorgter Behördenmitarbeiter wird im Eigeninteresse daher dazu neigen, Banken bewußt und illegal einen mit den geltenden Normen nicht konformen Verhaltensspielraum einräumen, damit diese sich aus eigener Kraft aus der schwierigen Ertragslage befreien können. Dieses „regulatory forbearance" kann aber geradezu den gegenteiligen Effekt haben. Während des bürokratischen Glücksspiels in der Hoffnung auf Besserung könnten sich die Verluste der Bank und mithin die Wirkungen auf Gläubiger und Systemstabilität noch verschärfen – etwa weil „gambling for profit"-Strategien fehlschlagen. Begünstigt wird dies sicher dann, wenn großzügige explizite Einlagensicherungssysteme die Notwendigkeit zeitnaher Eingriffe durch staatliche Stellen aus Sicht der betroffenen Gläubiger und der Öffentlichkeit reduzieren (*Kaufman* 1996, S. 24). Ein zögerliches Vorgehen der Aufsicht kann schließlich *viertens* auch mit Korruption oder anderen Formen der behördlichen Begünstigung in Verbindung stehen. Solange Regulierungsbehörden bei Zulassung, Aufsicht oder Schließung von Banken über einen diskretionären Verhaltensspielraum verfügen, ist dies niemals auszuschließen. Auch vor diesem Hintergrund erscheint es problematisch, verstärkt auf qualitative Aufsichtselemente zu setzen.

Auch gegen „regulatory forbearance", ähnliches Fehlverhalten und politische Einmischung in den Regulierungsalltag werden institutionelle Gegenmaßnahmen diskutiert. Dabei soll vor allem dem Mangel an Handlungsbereitschaft entgegengewirkt werden. Gegen die Neigung der politischen Entscheidungsträger zu exzessiven „bail out"-Garantien dürfte allerdings nur wenig Kraut gewachsen sein. Ein wirksames Gegenmittel gegen politisch bedingte oder verschärfte Krisensituationen wird in Analogie zu bewährten Strategien im Bereich der Geldpolitik häufig darin gesehen, die Aufsichtsbehörden und/oder die Träger von Einlagensicherungssystemen dem politischen Einflußbereich zu entziehen, indem Aufsichtbehörden eine weitgehende institutionelle und finanzielle Unabhängigkeit zugestanden wird (*Quintyn* und *Taylor* 2004). Tatsächlich läßt sich vermuten, daß damit ein gewisses Gegengewicht geschaffen werden kann. Dies geschieht jedoch um den Preis, daß das behördliche Eigenleben unter Umständen sogar weiter wächst, in dem sich die Aufsichtsbehörden beispielsweise im Sinne der Bürokratietheorie für immer umfang- und detailreichere Regulierungen stark machen. Auch „capture"-Gefahren können erwachsen.

Der Wert einer unabhängigen Aufsichtsinstanz dürfte daher vor allem davon abhängen, ob zu der Unabhängigkeit wirksame Gegengewichte geschaffen werden. Ein besonders starkes Mittel hierfür ist *erstens*, Behörden und gegebenenfalls auch einzelne Mitarbeiter für offensichtliche Fehlleistungen (politisch) haftbar zu machen – also wirkungsvoll zu sanktionieren (*Knorr* 1999, S. 356). Eine etwas weichere Maßnahme sind *zweitens* Informationspflichten gegenüber dem Parlament, den für die Aufsicht zuständigen Ministerien, den beaufsichtigten Unternehmen oder der Öffentlichkeit, weil dadurch das Behördenverhalten und Aufsichtsmethoden vor und/oder nach konkreten Aktivitäten einem (öffentlichen) Rechtfertigungsdruck ausgesetzt wird (hierzu *Hüpkes et al.* 2006, S. 6-10). Als *dritte* Möglichkeit wird schließlich diskutiert, den Behörden ihre „forbearance"-Möglichkeiten institutionell zu nehmen.

In diese Richtung zielen Vorschläge, die auf eine *schnelle*, *automatische* und transparente *Reaktion* der Aufsichtsbehörden gegenüber Problembanken setzen (*Bonn* 1998, S. 398-404). Besonders bekannt ist in diesem Zusammenhang der Vorschlag eines Systems der „structured early intervention and resolution" (SEIR) (siehe *Kaufman* 1996, S. 29-34), nach dem der Aufsicht gestufte Aufsichtsreaktionen bindend vorgeschrieben werden sollen. In Abhängigkeit von gesetzlich festgelegten Eigenkapitalschwellen reichen diese von intensivierten Überwachungen von Problembanken bis hin zu ihrer zwangsweise Schließung. Darüber hinaus muß die Aufsicht für den Fall eines Bankenkonkurses umfangreich gegenüber der Öffentlichkeit berichten. Diskretionäre Handlungsspielräume sowie Verschleierungsmöglichkeiten der Aufsicht werden dadurch in jedem Fall verringert.[210]

Das Konzept der SEIR ist allerdings nur dann überzeugend, wenn der Hauptfehler in „schlecht" administrierten Regeln gesehen wird, die wegen eines nicht heilbaren Marktversagensproblems normativ geboten erscheinen. Wie gesehen, darf dies erheblich bezweifelt werden. Dies tun im übrigen selbst die Befürworter des Konzepts (siehe *Kaufman* 1994; 1996). In ihren Augen sind bindende Aufsichtsreaktionen vor allem eine pragmatische Strategie, die nur dort Anwendung finden sollte, wo (a) die Geld- und Fiskalpolitik außer Stande ist, ein schwankungsarmes makroökonomisches Umfeld mit entsprechend hoher Planungssicherheit zu schaffen, wo es (b) aus politökonomischen

---

[210] In abgeschwächter Form hat dieser Vorschlag Anfang der 1990er Jahre tatsächlich Einzug in die US-amerikanische und auch die neuseeländische Regulierungspraxis gehalten (siehe *Mayes* 2000; *Spencer* 2000, S. 221).

Gründen unmöglich erscheint, die „moral hazard“-Probleme impliziter Garantien für den Banksektor aufzulösen und wo (c) die zur Begrenzung dieser Anreize geschaffene präventive Regulierungen nicht entschieden genug umgesetzt werden (*Kaufman* 1996, S. 41). Dies darf jedoch nicht darüber hinwegtäuschen, daß es sich um eine zweitbeste Strategie handelt, die an den Symptomen eines staatlich erzeugten „moral hazard“-Problems und der damit einhergehenden Verdrängung der Marktkontrolle ansetzt, nicht jedoch an einem objektiv vorliegenden Marktversagen im Bankensektor.[211]

6.3. Zur Gestaltung von Informationspflichten

Eine naheliegende Alternative zu extensiven Regulierungsbestimmungen sind daher auch die vergleichsweise wenig eingriffsintensiven Transparenz- und Publizitätsvorschriften für Kreditinstitute (siehe Kap. 4.4.2.5.). Dies gilt nicht nur, wenn man – wie hier – die These vom Versagen der Wettbewerbs- und Marktkontrolle für ein wenig überzeugendes Regulierungsargument hält; es gilt auch innerhalb der Marktversagensargumentation. Da die meisten Regulierungsforderungen auf die eine oder andere Weise auf dem Argument marktendogen nicht heilbarer Informationsasymmetrien zwischen Banken und ihren Bezugsgruppen beruhen, liegt es nahe, diesen Schwierigkeiten durch die zwangsweise Veröffentlichung von Schlüsselinformationen zu begegnen.

Mit Blick auf ein effektives „Monitoring“ der Kreditinstitute durch ihre Vertragspartner ist es grundsätzlich zu begrüßen, daß dies in jüngerer Zeit vermehr geschieht. Es ist jedoch offensichtlich, daß Art, Frequenz und Umfang der zu veröffentlichenden Informationen (mit) darüber entscheiden, ob die Vertragspartner in die Lage versetzt werden, die tatsächliche Risikoposition der Bank zu evaluieren und die Marktdisziplinierung wirksam werden zu lassen. Insbesondere Rechnungslegungsvorschriften, die darauf zielen, eine der tatsächlichen Marktlage entsprechende Bewertung der Bankaktiva („value-to-market“) vorzugeben, sind vor diesem Hintergrund als vorteilhaft zu bewerten (z. B. *Bonn* 1998, 268 ff.; *Schneider* 2002, S. 10 f.). Es lassen sich aber in ähnlicher Weise auch weiterreichende Offenlegungspflichten rechtfertigen – etwa hinsichtlich der verwendeten Methoden der internen (und externen) Risikobewertung bilanzieller und außerbilanzieller Finanzmarktgeschäfte und der hieraus resultierenden Ergebnisse.

Die dritte Säule des neuen Baseler Abkommens, wonach Banken detaillierte qualitative und quantitative Angaben zur ihren Risiken, ihrem Eigenkapital und ihrer Methoden des Risikomanagements machen müssen, ist ein Beispiel für solchermaßen erweiterte Informationspflichten, die eine präzise Evaluierung durch die Marktteilnehmer ermöglichen sollen. Besonders weit geht auch die Umgestaltung des rechtlichen Rahmens für Kreditinstitute in Neuseeland. Bei Abschaffung jedweder protektiver Regulierung wird dort überwiegend auf umfangreiche Informationspflichten vertraut. Diese

---

211 Die Argumentation wechselt daher von der normativen Ebene, die eigentlich für eine Aufhebung der Regulierung spricht, auf die politische Ebene. Mit *Selgin* (1997) kann man *Kaufman* (1996) und anderen daher auch vorwerfen, eine inkonsequente Haltung zu vertreten.

werden zusätzlich dadurch abgesichert, daß Bankmanager bei nachweislichen Fehlinformationen für etwaige Schädigungen der Einleger voll mit ihrem Privatvermögen haften und mit Gefängnisstrafen rechnen müssen (*Mayers* 2000, S. 33-41). Dies deutet darauf hin, daß die *Durchsetzung* von Informationspflichten in einem wettbewerblichen Bankwesen noch nicht einmal zwingend einer staatliche Behörde anvertraut werden muß, auch wenn dies ein vergleichsweise wenig problematischer Eingriff ist. Zur freiwilligen und ehrlichen Veröffentlichung von Informationen dürfte der Markt- und Wettbewerbsdruck zusammen mit (persönlichen) Haftungsrisiken gehörig beitragen.

Vor diesem Hintergrund wird fraglich, ob es ordnungskonform ist, den staatlichen Aufsichtsbehörden Informationen zu verschaffen, die über diejenigen der Öffentlichkeit hinausreichen (*Knorr* 1999, S. 362). Heute wird zwar häufig argumentiert, daß sich Informationsrechte der Öffentlichkeit und der Aufsichtsbehörden wirkungsvoll ergänzen können. So könnten Bankaufseher aus Rating-Urteilen, aus Zinsdifferenzen bei Bankschuldverschreibungen verschiedener Institute oder aus hieraus gewonnenen Indikatoren marktgetriebene Informationen über die Solvabilität von Banken für ihre Arbeit erhalten.[212] Allerdings wird die Präzision der Marktsignale nicht zuletzt wegen des vermeintlichen Marktversagens VI bezweifelt (hierzu *EZB* 2005b, S. 63). Der Verzicht auf einen privilegierten Zugang zu zusätzlichen und exklusiven Informationen über Sondermeldungen an die Aufsicht und Vor-Ort-Kontrollen der Aufsicht würde daher dazu führen, daß den Marktteilnehmern unter Umständen wichtige Signale für die Beurteilung von Vertragspartnern fehlen würden und sich Risikopotentiale ergeben könnten. Die wenigen empirischen Erkenntnisse zu dieser Problematik deuten tatsächlich darauf hin, daß Aufsichtsbehörden und Marktteilnehmer gegenseitig von ihren Informationen bei der Kontrolle von Banken profitieren können (*Berger et al.* 2000; *EZB* 2005b). Wegen der Lucas-Kritik muß diese Erkenntnis aber durchaus mit Vorsicht genossen werden (*Berger et al.* 2000, S. 666). Denn das Vorhandensein staatlicher Auf-

---

212 Dieser Effekt wird von einer Gruppe US-amerikanischer Ökonomen (*U.S. Shadow Financial Regulatory Commitee* 2000) zum Anlaß genommen, eine interessante quantitative Regulierungsalternative vorzuschlagen. Auch eine im European Shadow Financial Regulatory Commitee zusammengeschlossene Gruppe europäischer Ökonomen hat sich dem Vorschlag angeschlossen (*Benink* und *Schmidt* 2001, S. 328 ff.). Im Kern wollen beide Gruppen die unter systemischen Aspekten besonders wichtigen Großbanken dazu verpflichten, einen festen (Mindest-)Prozentsatz ihrer Verbindlichkeiten als nachrangige und handelbare Schuldverschreibungen herauszugeben (Subordinated Debt). Damit geht die Erwartung einer zweifachen Stärkung der Marktkontrolle einher: *Erstens* dürften die Inhaber der nachrangig besicherten Forderungen ein hohes Interesse daran haben, die Solvabilität der Bank permanent im Auge zu behalten. Von daher ist ein direkter Kontrolleffekt zu erwarten. *Zweitens* geben Kurse und Renditedifferenzen dieser Bonds einen indirektes Signal über die Bonität der Bank, das von anderen Marktteilnehmern (oder aber auch der Aufsicht) genutzt werden kann. Allerdings hat auch das „Subordinated Debt"-Konzept Schwächen. Neben Praktikabilitätsproblemen, die gerade für kleine Banken oder wenig liquide Kapitalmärkte erwartet werden (*EZB* 2005b), löst man sich einerseits ebenfalls nicht vollständig vom quantitativen Ansatz und greift in die unternehmerischen Freiheitsrechte ein. Zum anderen ist keineswegs gesichert, daß die Gläubiger der nachrangigen Forderungen im akuten Krisenfall nicht ebenfalls unter eine „bail out"-Garantie fallen würden, wenn dies auch nicht zwingend zu erwarten wäre.

sicht allein könnte ein eigenes „moral hazard“ bei der Produktion von Informationen durch die Marktteilnehmer vermitteln (Aspekt des Monitoring). Sie schränken ihre Bemühungen ein, weil sie davon ausgehen, daß staatliche Behörden die Kontrolle der Banken sicherstellen. Dies würde aber auch die Chance verspielen, die eine erweiterte Markt- und Wettbewerbskontrolle hinsichtlich der Verhaltenssteuerung von Banken erlaubt. Die in Kap. 5.2. aufgeführten empirischen Erkenntnis deuten jedenfalls darauf hin, daß eine erweiterte Marktkontrolle die Banken zur höheren Eigenkapitalquoten und damit c.p. zu mehr Sicherheit zwingt – zumindest historisch auch ohne die hoheitliche Gewaltandrohung (Aspekt des Influencing).

Alles in allem spricht daher wenig dafür, den staatlichen Behörden einen privilegierten Zugang zu Bankinformationen zu gewähren, um hierdurch die Zahlungsfähigkeit einzelner Institute von einander zu unterscheiden. Allenfalls könnten sie als Agent der Öffentlichkeit fungieren, indem sie für die Durchsetzung allgemeiner Informationspflichten sorgen. Auch könnte ihnen – ähnlich wie schon bei der geldpolitischen Diskussion – die Rolle zukommen, auf Basis der gesammelten Informationen nachvollziehbare Urteile über die Systemstabilität zu generieren und in den Prozeß der Meinungsbildung einzuschleusen.

6.4. Zusammenfassung und empirische Erkenntnisse

Zusammenfassend hat die Analyse der üblich gewordenen Regulierungsmuster im Bankwesen eher zu einer Verschärfung der Kritik an dem damit eingeschlagenen Weg geführt. Abgesehen von der enormen Kostenbelastung, die sie erzeugen, ist die Mehrzahl der protektiven und präventiven Regulierungsinstrumente wenig überzeugend. Im Gegenteil: Es ist wahrscheinlich, daß sie einzelwirtschaftliche und systemische Risiken begünstigen (können), wenn nicht hervorrufen, die dann später als vermeintliche Marktversagensprobleme gedeutet werden.

Protektive Regulierungsinstrumente begünstigen über ihre „moral hazard“-Effekte nicht nur eine erhöhte Risikoneigung. Auch die als Branchenbesonderheit dargestellten niedrigen Eigenkapitalquoten der Banken können zumindest teilweise auf explizite und implizite Garantien zurückgeführt werden. In wettbewerbspolitisch bedenklicher Weise werden dabei zudem die Sparform Bankeinlage und damit Banken gegenüber anderen Formen der Vermögensanlage und Intermediären bevorzugt, die nicht mit solchen staatlichen Garantien rechnen können.

Aus ordnungspolitischer Sicht gänzlich abzulehnen ist die Strategie des „financial restraint“. Insofern ist es zweifellos ein Fortschritt, daß die Mehrheit der Länder von solchen Instrumenten Abstand genommen hat. Denn die Errichtung von Marktzutrittsbarrieren und Beschränkungen der wettbewerblichen Aktionsparameter führen zu Ineffizienzen, Überkapazitäten und einer sinkenden Anpassungs- und Innovationsfähigkeit im Bankwesen, was dieses anfällig gegenüber nicht antizipierten Veränderungen der Regulierungsstrategie oder gegenüber makroökonomischen Schocks macht.

Schließlich sind auch quantitative und qualitative Normen in bezug auf Risikoverhalten und makroökonomische Wirkungen strittig, weil das Wissensproblem staatlicher

Stellen nie zu lösen sein wird, weil Beschränkungen der unternehmerischen Freiheitsrechte in einem komplexen und innovativen Umfeld leicht umgangen werden können und weil staatliche Regelbildungs- und Regeladministrationsprozesse anfällig für eigeninteressiertes und eigenmächtiges Verhalten der darin eingebundenen Akteure sind. Darüber hinaus kann das bloße Vorhandensein eines staatlichen Eingriffs die Gefahr einer Immunisierung der Regulierten oder ihrer Vertragspartner gegen eigenes Fehlverhalten bergen: Selbstverschuldete Verluste, die grobe Vernachlässigung einfachster bankbetrieblicher Vorsichtsregeln oder allgemein mangelhaftes Präventivverhalten können immer auch der Bankenaufsicht mitangelastet werden. Deswegen kann auch nicht davon ausgegangen werden, daß die umfangreiche Bankenregulierung und -aufsicht mit privilegierten Informationsrechten einer regulierungsfreien Bankwirtschaft im Rahmen allgemeiner Ordnungsregeln vorzuziehen ist. Allenfalls als Korrektiv zuvor erzeugter „moral hazard"-Gefahren kann ihr eine gewisse Rolle zugewiesen werden.

Ordnungspolitisch konsequent wäre es daher, diese Gefahren zu beseitigen und auch stärker als bisher im Rahmen internationaler Koordinationsbemühungen darauf hinzuwirken, anstatt immer detailliertere Regulierungsstandards zu konstruieren. Weitgehend unproblematisch erscheinen vor dem Hintergrund nachweislich bestehender Informationsasymmetrien lediglich Zwänge zur Veröffentlichung von Informationen, wenngleich durchaus strittig ist, ob sich solche Zwänge in einem regulierungsfreien Bankwesen im Wettbewerb um den Bankkunden nicht von selbst ergeben würden.

Alles in allem sprechen damit überwiegende Argumente dafür, daß die Gefahr des Staatsversagens real ist und dem Argument des Marktversagens nüchtern und schonungslos gegenübergestellt werden muß. Dies betrifft – wie gesehen – die Kontrollebenen 3a und 3b gleichermaßen.

Trotz der im Einzelfall höchst unterschiedlichen Einflußfaktoren zeigen dies auch die jüngeren Krisenerfahrungen deutlich (siehe *Schmidt* 2001, S. 260-270 mit weiteren Nachweisen). So sind die *lateinamerikanischen Bankenkrisen* seit Ende der 1970er Jahre auf eine Reihe institutioneller Fehlleistungen zurückzuführen, insbesondere auf der Kontrollebene 3a. Besonders häufige Krisenursachen waren dabei völlig verfehlte oder unzureichend aufeinander abgestimmte Geld-, Fiskal- und Wechselkurspolitiken und massive Einmischungen staatlicher Stellen in alle Bereiche des Wirtschaftslebens. Fixierte und marktwidrige Wechselkurse, eine hohe (kurzfristige) Auslandsverschuldung von Unternehmen und Banken und versiegende Kredit- und Immobilienbooms, die mehr oder weniger entschlossenen Liberalisierungen der heimischen Bankenmärkte folgten, sind dagegen maßgeblich für die Krisen in *Skandinavien* der frühen 1990er Jahre gewesen. Auch in der *südostasiatischen Währungs- und Finanzkrise* 1997/1998 haben marktwidrige Währungsregime eine entscheidende Rolle gespielt. Fiskal- oder geldpolitische Fehlsteuerungen, wie sie in Lateinamerika gang und gäbe waren, hat es dagegen in den asiatischen „Tigerstaaten" nicht gegeben. Der Eindruck eines im Vergleich zu anderen Schwellen- und Entwicklungsländern stabilen makroökonomischen Klimas mag auch einer der Gründe gewesen sein, warum die Asienkrise die Mehrzahl der Beobachter überrascht hat. Ungeachtet aller länderspezifischen Unterschiede ist diese jedoch letztlich auf allgemeine Defekte in der Markt- und Unternehmensordnung, vor allem den „moral hazard"-Anreizen umfangreicher impliziter Garantieerwartungen, den damit verbundenen (informellen) Schwächen der Wirtschafts- und Unternehmensordnungen („connected lending“, „crony capitalism“) und starker industriepolitisch motivierter Einmischungen der Regierungen in die Kreditallokation („directed lending“) geschuldet.[213] Die im Zentrum der Krise stehenden kurzfristigen Kapitalströme in die asiatischen Emerging Markets waren aber auch angebotsseitig begünstigt (*Dobson* und *Hufbauer* 2001, S. 130 ff.) – zum einen durch „bail out“-Erwartungen an den IWF, zum anderen durch die erste Baseler Eigenkapitalvereinbarung (Basel I), die kurzfristige Interbankenkredite durch im Vergleich zu anderen Kreditformen niedrigere Risikogewichtungen künstlich begünstigt hatte. Angebots- und nachfrageseitige Faktoren haben gemeinsam die Kredit- und Immobilienbooms mit starker Risikokonzentration (und wirtschaftlichen Vermachtungen) begünstigt, die von einer vornehmlich kurzfristigen und volumenstarken Auslandsverschuldung[214] getrieben wurden und später im Zentrum der Wechselkursabwertungen, scharfer Rezessionen und tiefer Bankenkrisen der Region gestanden haben. Das Problem der unzureichenden Zuordnung von Entscheidung und Haftung spielt schließlich in der *japanischen Bankenkrise* der 1990er Jahre eine entscheidende Rolle. Auch hier haben fallende Aktien-, Anleihen- und später auch Immobilienpreise Fehlentwicklungen und Anfälligkeiten im Finanzsektor aufgedeckt, wie sie Jahre zuvor durch intransparente Buchungsregeln sowie eine traditionell enge und vielfältige Verknüpfung zwischen Staat, Bürokratie, Banken und Industrie entstanden waren.

Ein besonders krasses Beispiel verfehlter institutioneller Arrangements im Bereich der Bankenregulierung selbst bietet die *Krise der US-amerikanischen „Savings & Loans Institutions“ (S&L)* der 1980er Jahre, die mit dem Konkurs des Einlagensicherungsfonds endete und die den Steuerzahler je nach Rechnung zwischen 150 Milliarden und 500 Milliarden US-Dollar gekostet hat. Das sich in mehreren Krisenwellen ausbreitende Debakel, bei dem zwischen 1980 und 1994 1.295 „S&L“, aber auch andere Banken geschlossen wurden,[215] ist auf eine Mischung folgender Faktoren zurückzuführen (ausführlich *Kane* 1989; *Bonn* 1998, Kap. 3; *Kaufman* und *Wallison* 2001, S. 30 f.)

– Geographische und produktpolitische Beschränkungen der Diversifikations- und Handlungsfähigkeit auf beiden Seiten der Bilanz sowie die seit dem Zweiten Weltkrieg bestehenden US-amerikanischen Zinsregulierung (Regulation Q) bedingten eine geringe unternehmerischen Anpassungsfähigkeit auf Veränderungen des Wett-

---

213 Das „moral hazard“-Problem wird gemeinsam mit der problematischen Wechselkursfixierung und einer weitgehend tolerierten Verquickung wirtschaftlicher und politischer Machtpositionen nahezu einhellig als zentraler Krisengrund in Asien genannt. Siehe etwa *Krugman* (1998); *Corbett* und *Vives* (1999, S. 73 ff.); *Corsetti et al.* (1999, S. 128 ff.); *Eichengreen* (1999, S. 158); *Haggarth* (2000, S. 15-45).

214 Die häufig beklagte geringe Fristigkeit der Auslandsverschuldung (in Asien vor allem in Form von Bankkrediten) ist im übrigen durchaus auch als Ausdruck eines gesteigerten Risikobewußtseins der ausländischen Anleger zu deuten (*Terberger-Stoy* 2000, S. 97), denn kurze Laufzeiten bieten – wie gesehen – einen gewissen Schutz vor „bösen Überraschungen“.

215 Zahlenangaben bei *Ibel* (2001, S. 37)

bewerbsumfelders. Diese wurde ab Ende der 1960er Jahre in zunehmenden Maße offenbar, als die Banken dem Aufkommen von Geldmarktfonds als Anlagealternative zur Umgehung der Regulation Q wenig entgegenzusetzen hatten[216] – ähnlich wie den Zinserhöhungen der späten 1970er Jahre und mehreren regionalen konjunkturellen Sondersituationen.

- Es ist daher als unmittelbare Folge dieser Elemente des „financial restraint" zu betrachten, daß schon vor Ausbruch der eigentlichen Krise 1980 der „S&L"-Sektor mit ernsten Ertragsschwierigkeiten zu kämpfen hatte, die er zunächst kaum in Eigenregie bekämpfen konnte. Die regulatorische Reaktion hierauf bestand einerseits in Lockungen der entsprechenden Zins- und Anlagerestriktionen, was eine Reihe ungeübter (und krimineller) Banken dazu nutzte, ihre Geschäftstätigkeit in extrem unvorsichtiger Weise auszudehnen.
- Der Kern des Problems bestand aber im Zusammenspiel mehrerer institutioneller Faktoren: Auf der einen Seite standen die „moral hazard"-Anreize einer äußerst großzügigen staatlichen Einlagensicherung[217] und die hierdurch zurückgedrängte Marktkontrolle. Auf der anderen Seite wurden aufkommenden Krisenanzeichen aber auch nicht staatlicherseits angegangen, wie es wenigstens systemlogisch gewesen wäre, sondern es wurde in „regulatory forbearance" verfallen, die sich in fragwürdigen Gesetzesänderungen, Verschleierungstaktiken, Einflußnahme von Politikern auf die Regulierungsbehörden und lax administrierten Regeln der Bankschließung äußerte. Dies geschah unter dem Eindruck ausgeprägter Lobbying-Aktivitäten und in der doppelten Hoffnung, der angeschlagene Sektor und der überlastete Einlagensicherungsfonds würden Zeit gewinnen, um vor dem Bankrott bewahrt zu werden. Dadurch konnten sich technisch insolvente „Zombie"-Institute (*Kane*) am Markt halten, die nicht nur mit aggressiven und riskanten Strategien („gambling for resurrection") die Krise vertieften und verlängerten, sondern darüber hinaus vorsichtigen Konkurrenten Einlagen abwerben konnten.

Die genannten Krisenerfahrungen geben im Gesamtblick darüber hinaus Anlaß zu folgender Vermutung: Ordnungspolitische Fehler werden erst dann in den Entscheidungen der Finanzmarktakteure spürbar, wenn sie nicht mehr durch langfristige Wachstumsaussichten oder glaubwürdige „bail out"-Erwartungen in den betroffenen Regionen überkompensiert werden können. So sind nach *Kane* (1999, S. 266 ff., 278 f.) viele der systemischen Bankenkrisen der 1980er und 1990er Jahre unmittelbare Folge institutioneller Gesamtarrangements, die auf eine künstliche Stabilisierung der Bankgewinne und/oder eine Verzerrung der Investitionsentscheidungen angelegt waren.

---

216 Bei den US-amerikanischen „Saving and Loans" handelt es sich um Spezialbanken, deren Geschäfte institutionell bedingt aktivseitig im wesentlichen auf (Festzins-)Hypothekarkredite für den (privaten) Wohnungsbau und passivseitig auf kurzfristige Spareinlagen begrenzt waren (*Bonn* 1998, S. 87).

217 Diese wurde noch dazu – wohl aus Angst vor Banken-Runs – zu Beginn der Krise 1980 von 40.000 US-Dollar auf 100.000 US-Dollar pro Einleger ausgedehnt (*Benston* 1991, S. 222).

Eine solche Regulierungsstrategie ist einer ständigen doppelten „Gefahr“ ausgesetzt: Zum einen werden Bankkunden versuchen, eine vergleichbare Einlagensicherheit ohne eine dauerhafte Subventionierung durch den Steuerzahler zu erreichen – also die Opportunitätskosten einer durch Wettbewerbsbeschränkungen und impliziten Mithaftungsgarantien künstlich erhöhten Bankensicherheit (entgangene Zinsen, mangelnde Produktvielfalt) genau abwägen. Sobald sich Alternativanlagen bieten, werden sie gegebenenfalls auf diese zurückgreifen und damit die künstlich geschützten Banken unter Ertragsdruck setzen.

Zum zweiten könnten die Opportunitätskosten der künstlichen Stabilisierung den langfristigen Nutzen auch aus Sicht der staatlichen Stellen übersteigen, so daß es früher oder später zu einem Wechsel der Regulierungsstrategie kommen wird. Hierbei wird sich die Krisenwahrscheinlichkeit im Finanzsektor im Regelfall zunächst einmal erhöhen. Dies hängt damit zusammen, daß Lernprozesse der Banken über längere Zeit fehlgesteuert wurden (*Benston* 1991, S. 218 f.). Sind diese gewohnt, durch Staatsinterventionen in ihren Wettbewerbsparametern erheblich eingeschränkt zu sein, oder können sie mit Regulierungsrenten also staatlich gesicherten Gewinnen rechnen, dann müssen tragfähige Marktstrategien wieder neu erlernt werden, wenn sich das regulatorische Umfeld ändert. Ähnlich entwertet jede fundamentale Änderung der Makropolitik zuvor erfolgreiche Management- und Anpassungsstrategien der Kreditwirtschaft (*Lindgren et al.* 1996, S. 55 f.). Auch kostspielige Umgehungsstrategien der Branche selbst können sich beim Regimewechsel im nachhinein als ineffiziente Strategie erweisen.

Da überkommene Regulierungssysteme gerade im Zuge der Öffnung der Kapitalmärkte nach innen und nach außen unter Druck geraten und angepaßt werden – etwa weil die heimischen Banken verstärkt unter Wettbewerbsdruck durch Auslandsbanken und neue Wettbewerber geraten oder weil sich neue „Exit“-Möglichkeiten bieten –, wundert es auch nicht, daß es für die zeitliche Abfolge „Liberalisierung/Deregulierung vor Bankenkrise“ eine vergleichsweise deutliche empirische Evidenz gibt. Folgerichtig lassen sich viele der modernen Bankenkrisen als heilsame, wenn auch schwerwiegende Anpassungskrisen unter den Bedingungen offener Kapitalmärkte interpretieren bzw. als eine (notwendige) Begleiterscheinung der Ablösung des „financial restraint“ durch marktnähere Regulierungsmuster.[218] Die Dokumentation *Körnerts* (2002) legt eine solche Einschätzung z. B. für die Bankenkrisen in *Norwegen, Schweden* und *Finnland* Anfang der 1990er Jahre nahe: Zwar sind die skandinavischen Kredit- und Immobilienbooms und anschließenden Zusammenbrüche auch steuerlichen Faktoren und den bekannten Fehlanreizen fixierter Wechselkurse sowie ebenfalls recht großzügiger Einlagengarantien geschuldet. Allerdings wird auch die zum Teil starke Vernachlässigung des bankbetrieblichen Risikomanagements im Zuge der binnen- und außenwirtschaftlichen Liberalisierung als Krisengrund beklagt. Hierin muß aber ebenfalls kein (eindeuti-

---

218 Dies kann teilweise auch erklären, warum das traditionelle Bankgeschäft bei veränderten Wettbewerbsituationen rückläufig ist. Diese Bewegung kann danach zum Teil als Abbau eines zuvor durch staatliche (Zins-)Garantien begünstigten „Überinvestments“ interpretiert werden (vgl. aber kritisch *Edwards* 1996, S. 61).

ges) Marktversagen gesehen werden, wie es bei oberflächlicher Betrachtung naheliegen könnte. Denn verbreitete Schwächen in der bankinternen Risikosteuerung können sehr wohl als Ausdruck von fehlgesteuerten Lernprozessen gewertet werden, die bei der Ablösung der Regulierungsstrategie des „financial restraint" und der sich hieraus ergebenden neuen Marktkonstellationen und -chancen offenbar werden.

Insgesamt erhärten damit die knapp umrissenen Krisenerfahrungen die Einschätzung, daß systemische Bankenkrisen in aller Regel auf Fehler in der Ordnungspolitik – also ein Staatsversagen zurückzuführen sind. Die fragwürdige Notwendigkeit präventiver und protektiver Regulierungen läßt sich dabei nicht nur in den genannten Fallstudien erkennen. Auch ökonometrische Arbeiten deuten zunehmend in diese Richtung. So können *Heinemann* und *Schüler* (2004, S. 110-114) keinen Zusammenhang zwischen der Regulierungsintensität und der Krisenwahrscheinlichkeit bzw. -häufigkeit ermitteln. Regulierungen wären damit im besten Fall unwirksam. *Barth et al.* (2001a) kommen in ihrer Studie über das Zusammenwirken der realen institutionellen Gesamtarrangements der Bankenmärkte in 107 Ländern zu einem ähnlichen Ergebnis. Dabei zeigen sie auch, daß viele Regulierungsmaßnahmen entgegen ihrem postulierten Zweck sogar krisenbegünstigend wirken. Neben Aktivitätsrestriktionen und Marktzutrittsschranken betrifft dies erwartungsgemäß vor allem Einlagensicherungssysteme. Die Existenz eines (ungünstig ausgestalteten) Einlagensicherungssystems ist danach mit einer signifikanten Erhöhung der Krisenwahrscheinlichkeit verbunden – und zwar unabhängig davon, ob dem „moral hazard"-Effekt durch eine rigorose Präventivregulierung entgegengewirkt wird.[219] Der krisenbegünstigende „moral hazard"-Effekt wird auch von anderen Untersuchungen vielfach bestätigt. Einige davon deuten zudem darauf hin, daß großzügige protektive Regulierungen im allgemeinen krisenverlängernd und -verteuernd wirken und zudem die Entwicklung marktbasierter Finanzierungsformen hemmen (*Demirgüç-Kunt* und *Kane* 2002, S. 190 f.).

Insgesamt läßt sich der These vom vielfachen Marktversagen auf Bankenmärkten damit ein weiteres Gegenargument entgegenstellen: Vermeintliche Marktversagenstatbestände sind keine marktimmanenten Phänomene, sondern Folge von Haftungslücken und anderen institutionellen Fehlanreizen, die auch aus der Bankenregulierung selbst stammen können. Wenn Präventivverhalten, Wettbewerbskontrolle, Fähigkeit zur Selbstregulierung und Anpassungsflexibilität der Wirtschaftssubjekte in ordnungspolitisch unvertretbarer Weise geschwächt werden, werden systemische Bankenkrisen wahrscheinlich. Mit *Weber* (1999, S. 30) sind sie aber als das Ergebnis eines „Marktmangels" statt als Ausdruck von „Marktmängeln" zu interpretieren.

Nicht nur empirisch liegt es daher nahe, daß dem Ziel einer effizienten und wohlstandsfördernden Finanzintermediation im allgemeinen und dem stabiler Bankenmärkte im besonderen am besten durch eine institutionelle Begleitung der Finanzmärkte gedient ist, bei der die Möglichkeiten einer erweiterten Markt- und Wettbewerbskon-

---

219 Ob präventive Regulierungen oder eine Umgestaltung „moral hazard" korrigieren können, ist gleichwohl umstritten (vgl. *Hoggarth* und *Reidhill* 2003, S. 110).

trolle konsequent ausgeschöpft werden. Allgemein dürften die Marktteilnehmer – wenn sie nicht gegenüber staatlichen Stellen bewußt benachteiligt werden – in der Lage sein, die Risiken von Banken in ihren Entscheidungen trennscharf genug zu berücksichtigen (Aspekt des Monitoring). Damit hierzu auch genügend Anreize bestehen, müssen aber Mithaftungsversprechen glaubwürdig begrenzt oder beseitigt werden. Es wundert daher auch nicht, daß die Abkehr von „Too Big to Fail"-Vorkehrungen oder diskretionären Zentralbankinterventionen in jüngerer Zeit wieder vermehrt als zentrales Problem der Institutionen der Bankenmärkte angesehen wird. Ob hingegen die Begrenzung von „moral hazard"-Gefahren durch immer komplexere Formen der präventiven Regulierung – wie durch das 2. Baseler Regelwerk – eine auf Dauer vielversprechende Strategie ist, darf vor dem Hintergrund des inhärenten Wissensmangels staatlicher Behörden, den enormen Regulierungskosten und den bisher nicht immer überzeugenden Präventionsleistungen bezweifelt werden. Insofern ist auch die Warnung von *Barth et al.* (2001a, S. 41) naheliegend:

> "These [empirical, G. F.] findings raise a cautionary flag regarding reform strategies that place excessive reliance on countries adhering to an extensive checklist of regulatory and supervisory practices that involve direct, government oversight of and restrictions on banks. Instead, this paper's findings suggest that regulatory and supervisory practices that (1) force accurate information disclosure, (2) empower private-sector corporate control of banks, and (3) foster incentives for private agents to exert corporate control work best to promote bank performance and stability."

Die Erfahrung von „regulatory forbearance" relativiert zudem das letzte Argument für die Staatskontrolle im Bankensektor, das auf der Unterstellung beruht, die Möglichkeiten und Willen der Bankenaufsicht zur Verhaltensbeeinflussung riskant wirtschaftender Banken würden die der Marktteilnehmer in jedem Fall übersteigen, da diese nicht auf das hoheitliche Gewaltmonopol zurückgreifen könnten (Aspekt des Influencing).

7. Evolution von Bankenregulierungen als Interventionskette?

Die Konzentration auf die anreizkompatible Umgestaltung bestehender Regulierungsmuster, wie sie heute in der Hauptsache betrieben wird, wird nur verständlich, wenn man sie im Zusammenhang mit den Faktoren der Ordnungsentstehung sieht (siehe Kap. 3.2.). Denn die bis auf wenige Ausnahmen hohe Intensität der Regulierung auf Bankenmärkten ist nicht schlagartig entstanden, sondern in einem längeren Prozeß.

Nun ist bekannt, daß die Gewöhnung an institutionelle Arrangements nichts mit ihrer Bewährung und auch nichts mit theoretischer Rechtfertigung zu tun haben muß (*Schneider* 2002, S. 4). Entgegen der quasi-einheitlichen Befürwortung der Sonderregulierung des Banksektors könnte die zunehmende Regulierungsdichte nämlich durchaus auch mit einer *von Mises*schen Interventionskette verglichen werden (*Vollmer* 2002, S. 340 f.). Zur Erörterung und Bewertung einer solchen Gegenposition lohnt es sich, an den Anfang einer möglichen Interventionskette zurückzugehen.

7.1. Theorie: Der Zusammenhang zwischen zweistufiger Geldordnung und der Gefahr von Folgeinterventionen

Dazu kommt man nicht umhin, sich theoretisch mit den Funktionszusammenhängen zweistufiger Geldordnungen auseinanderzusetzen. Diese Zweistufigkeit kann zur Ordnungsproblematik der Bankwirtschaft in mehrfacher Hinsicht beitragen.

Aus dem Zentralbankmonopol folgt systemlogisch zunächst auch eine Verantwortung der Zentralbank für die Qualität des Geldes. Dabei ist zu beachten, daß diese Qualität entscheidend davon abhängt, wie die Kreditinstitute mit ihrer endogenen Geldschöpfungsmöglichkeit umgehen. Aus geldpolitischer Perspektive ergibt sich hieraus, daß die Zentralbank die möglichen Verhaltensweisen der Kreditinstitute (und ihrer Vertragspartner) bei der Steuerung der Gesamtgeldmenge in Rechnung stellen muß, will sie inflationäre oder deflationäre Prozesse vermeiden. Zentralbanken greifen dazu auf ein breites Spektrum geldpolitischer Analysemethoden und Instrumente zurück, auf das hier nicht näher eingegangen werden kann.

Aus bankpolitischer Perspektive ist eine verläßliche Zentralbankpolitik zum einen deshalb wichtig, weil die Monopolisierung des Geldangebots in Händen einer Organisation die Gefahr plötzlicher Veränderungen der geldpolitischen Parameter birgt, die problematische Effekte auf die Bankenliquidität haben können. Wie oben dargelegt, haben sprunghafte Veränderungen der Geldpolitik zu vielen Bankenkrisen entscheidend beigetragen. Auch übermäßige Kreditexpansionen und Vermögenspreisblasen sind durch den unzureichend restriktiven Einsatz geldpolitischer Instrumente häufig begünstigt worden.

Aus bankpolitischer Sicht ist jedoch ebenso bedenkenswert, daß die endogene Geldschöpfungsmöglichkeit der Geschäftsbanken zu zwei miteinander verwobenen Schwierigkeiten führt:

Erstens ist die Möglichkeit zur endogenen Geldschöpfung durch die Geschäftsbanken eine wichtige Wurzel für die häufig beklagte inhärente Instabilität des Bankwesens. Denn die umlaufende Geldmenge, die zu einem guten Teil aus Bankeinlagen besteht, ist wegen der durch Banken betriebenen Fristentransformation nur teilgedeckt durch Zentralbankgeld (oder andere kurzfristige liquide Aktiva bei den Geschäftsbanken). Wären dagegen alle geldnahen Bankeinlagen jederzeit und tatsächlich in Zentralbankgeld eintauschbar, könnte das Bankensystem sogar einen systemweiten Banken-Run („flight to currency") meistern. Sofern aber die endogene Geldschöpfungsmöglichkeit dazu genutzt wird, Fristentransformation zu betreiben oder die Zentralbankgelddeckung herabzusetzen, werden Banken niemals in der Lage sein, einem großangelegten Abzugsbegehren des Publikums dauerhaft nachzukommen. Die inhärente Instabilität des Bankwesen läßt sich daher in einer zweistufigen Geldordnung mit ausgedehnter endogener Geldschöpfungsmacht kaum vermeiden.

Zweitens: Das eigentliche ordnungspolitische Problem besteht daher darin, daß die Zweistufigkeit moderner Geldordnungen für den einzelnen Bankeinleger *qualitative Gleichheit* des unmittelbaren Zentralbankgeldes und des mittelbaren Giralgeldbestandes *suggeriert* – unabhängig davon, von welcher Bank dieser stammt. Grundlage hierfür ist zum einen wieder das Konvertibilitätsversprechen von Buchgeld in Zentralbankgeld. Da sich zum anderen das Vorrecht der Banken zur endogenen Geldschöpfung (*David Ricardo* spricht sogar von einem „ungeheuerlichen Vorrecht der Banken", siehe *Ricardo* 1817/1972, S. 265) letztlich aus dem Monopol der Zentralbank ableiten läßt, wird eine Verantwortung zur Mithaftung der Zentralbank für beide Geldformen begründbar. Eine Verantwortung für die Auswirkungen der giralen Geldschöpfung ergibt sich also quasi systemlogisch.

Die naheliegendste Form einer Verantwortungsübernahme besteht dabei in einer „Lender of Last Resort"-Vorkehrung, die die Inhaber von Giralgeld vor den Folgen einer mißbräuchlichen Verwendung des endogenen Geldschöpfungsrechts durch die Geschäftsbanken abschirmt. LLR-Aktivitäten führen jedoch – jedenfalls dann, wenn sie sich nicht auf ein „lending to the market" beschränken – in das bereits mehrfach angesprochene Dilemma beinahe unvermeidlich erzeugter „moral hazard"-Effekte. Soll verhindert werden, daß im Zuge dessen weitere LLR-Operationen wahrscheinlicher werden, dann muß die Qualität des Giralgeldes über alternative Mechanismen sichergestellt werden, bevor es zur Inanspruchnahme der Zentralbankhaftung kommt. Sofern dies über andere protektive Instrumente geschieht, bleibt „moral hazard" im System bestehen. Es läßt sich letztlich nur begrenzen, in dem den Banken durch präventive Regulierungen immer detaillierter vorgeschrieben wird, wie sie mit ihrer Fähigkeit zur Buchgeldschöpfung umzugehen haben. Eine Interventionskette im Bereich der institutionellen Rahmenbedingungen des Bankwesens ist die Folge. Ursächlich hierfür ist die endogene Geldschöpfungsmöglichkeit der Geschäftsbanken, die eine inhärente Instabilität im Bankwesen bei gleichzeitiger Letztverantwortung des Geldschöpfungsmonopolisten begründet oder zumindest theoretisch begründen kann.

Mit einiger Berechtigung kann zusammenfassend festgehalten werden, daß die Zweistufigkeit des Geldwesens über diskretionäre Handlungsspielräume der Zentralbanken und endogene Geldschöpfungsmacht der Geschäftsbanken Gefahren für die Stabilität des Geldwesens induziert. Da jedoch die herkömmlichen Mechanismen, die zur Kontrolle dieser Problematik vorgeschlagen werden, Züge von Interventionsketten tragen, lohnt es sich, eine traditionsreiche institutionelle Grundsatzdiskussion aufzugreifen:

Insbesondere Ökonomen der Chicago-School sehen die Hauptgefahr für das Geld- und Bankwesen in einer nicht kontrollierten Monopolmacht im monetären Sektor. Als Alternative zu bestehenden Regulierungsmustern fordern sie daher eine mehrfache Regelbindung dieser Monopolmacht, um ein stabiles inflations- und deflationsfreies monetäres Umfeld zu gewährleisten. Der geldpolitische Teil einer solcher Regelbindung ist weitgehend bekannt. Er zielt auf die Zentralbanken, deren monopolistisches Privileg mittels geldpolitischer Regeln (oder weicherer Formen der institutionellen Begrenzung) in ihren diskretionären Handlungsspielräumen beschränkt werden sollen.

Die Chicago-School will aber nicht nur das Verhalten der Zentralbanken, sondern auch die Buchgeldschöpfung der Geschäftsbanken mittels einer strengen Regelanforderung kanalisieren. Damit soll der vermeintlich inhärenten Instabilität der Bankwirtschaft vorgebeugt werden und mit ihr den u. U. unkalkulierbaren Folgen für die gesamtwirtschaftliche Geldmenge. Kern dieser Forderung ist der sogenannte 100 %-Reserve-Plan, wie er maßgeblich von einer Gruppe Chicagoer Ökonomen um *Henry C. Simons* und *Irving Fischer* 1933 bis 1935 entwickelt und später vor allem durch *Milton Friedman* (1959, S. 65 ff.) vertreten wurde.[220] Die Idee des 100 %-Reserve-Plans besteht darin, daß die Geschäftsbanken ihre Sichteinlagen zu 100 % durch Zentralbankgeld decken sollen. Dadurch würden sie die Möglichkeit verlieren, über diese Reserven hinausreichende Giralgeldschöpfung zu betreiben. Gleichzeitig würde es keinen endogenen Effekt mehr auf die Gesamtgeldmenge geben.

Offensichtlich würde damit die als Regulierungsgrund herangezogene inhärente Instabilität des Bankwesens vollständig beseitigt. Denn das Bankensystem würde jederzeit über ein dem Sichtgeldbestand entsprechendes Volumen an Zentralbankguthaben verfügen. Auch könnten einzelne Banken keine Fristentransformation auf Basis der Sichtgelder mehr betreiben, so daß sich jede Form von Regulierung erübrigen würde, die sich auf das Problem der Fristentransformation beziehen würde. Insbesondere würden keine „moral hazard"-anfälligen Arrangements wie LLR, Blankogarantien oder Einlagensicherungssysteme mehr benötigt und mit ihnen die zur Vermeidung des „moral hazard" ergriffenen Präventivmaßnahmen.[221] Da damit auch die Gefahr von Interventionsketten gebannt würde, ist der Chicago-Plan tatsächlich eine eingriffsarme und effektive Alternative zu herkömmlichen Regulierungen.[222]

---

220 Siehe zur zeitgenössischen internationalen Diskussion des Chicago-Plans *Angell* (1935); *Hart* (1935) sowie *Lutz* (1936).

221 *Friedman* (1959, S. 66) verspricht sich daher die beiden aus seiner Sicht bestehenden Hauptdefekte zweistufiger Geldordnungen, die „extensive governmental intervention into lending and investment activities that should preferably be left to the market" und die inhärente Instabilität, gleichzeitig zu beseitigen.

222 Es wundert daher auch nicht, daß er in modernen Varianten hin und wieder als bankpolitische Reformalternative propagiert wird. Ein prominentes Beispiel dieser sogenannten „narrow banking"-Ansätze ist *Litan* (1987, Chap. 5, insbes. S. 166 ff.). Hiernach sollen Banken ihr Kreditgeschäft organisatorisch (und rechtlich) vom Einlagengeschäft trennen. Der Teilbereich des Einlagengeschäfts wird zusätzlich darauf verpflichtet, ausschließlich in hochliquide und gut diversifizierte Anlageportfolios zu investieren, um mögliche Ver-

Allerdings geht auch von der Chicago-Regel eine Beschränkung der unternehmerischen Freiheitsrechte der Bankwirtschaft aus – sogar eine ausgesprochen weitreichende. Aus diesem Grund müssen einige ernstzunehmende theoretische Gegenargumente gegen eine solche Form von Regulierung im Auge behalten werden (*Selgin* 2000, S. 98 f.; *Stillhart* 2002, S. 147 ff.). Hierzu kann erneut auf die moderne mikroökonomische Theorie der Finanzintermediation zurückgegriffen werden (siehe Kap. 5.1.). Diese legt nahe, daß insbesondere die run-anfällige Bilanzstruktur der Geschäftsbanken Spiegel und zugleich Voraussetzung sein kann für eine effiziente Finanzintermediation und ihre positiven volkswirtschaftlichen Effekte. Vor diesem Hintergrund könnte der Chicago-Plan ähnlich wie auch die heute vorherrschenden Eigenkapitalnormen gesamtwirtschaftliche Kosten in Form geminderter Intermediationsleistungen verursachen, die gegen den unzweifelhaft vorhandenen risikomindernden Effekt abgewogen werden müssen. Sofern etwa der komparative Wettbewerbsvorteil der Bankwirtschaft tatsächlich in der Fähigkeit zur Transformation von Fristen und der Übernahme der hieraus erwachsenden Risiken liegt, könnte der Zwang zur fristenkongruenten Finanzierung einen massiven Eingriff in die volkswirtschaftliche Arbeits- und Wissensteilung bedeuten.

Zudem müßte in diesem Fall davon ausgegangen werden, daß Banken nach Ausweichmöglichkeiten gegenüber der Beschränkung ihrer unternehmerischen Freiheiten suchen werden. Zum Beispiel werden sie geldähnliche Einlagenformen kreieren („near money") oder auf Kreditlinien anstelle von Einlagen ausweichen, die nicht unter entsprechende Regeln fallen würden, ihnen aber trotzdem die Möglichkeit zur Fristentransformation böten.[223] Weil von dieser Regulierungsarbitrage destabilisierende Effekte auf die Bankwirtschaft und Geldmenge durch die Hintertür wieder eingeführt werden könnten, ist auch nicht auszuschließen, daß sich eine eigene Art von Interventionskette innerhalb der 100 %-Reserve-Regel ergeben kann, um dies zu verhindern.[224]

---

lustrisiken zu verringern. Ähnliche Ansätze wollen nur die Banken einer Einlagenversicherung unterstellen, die eine vollständige Fristenkongruenz sicherstellen und/oder in hoch liquide Aktiva oder in sichere kurzfristige Staatsanleihen investieren (siehe zur Diskussion *Spencer* 2000, S. 217; *Stillhart* 2002, S. 145 ff.).

223 Eine weitere Möglichkeit bestünde darin, keine Fristentransformation mehr zu betreiben, sondern die damit verbundenen Risiken auf den Einleger zurückzuverlagern. Längerfristige Projekte könnten dann nur dadurch finanziert werden, daß sich Anleger finden, die auch zu längerfristigen Finanzierungen bereit wären. Banken würden nur noch eine Mittlerrolle einnehmen, ohne direkte Fristentransformationsrisiken einzugehen. Da jedoch von der Fristentranformation ein Wert ausgeht, scheint diese Möglichkeit eher unwahrscheinlich. Wahrscheinlicher wäre statt dessen, daß sich die Sparer um Möglichkeiten der Fristentransformation außerhalb der Bankwirtschaft bemühen würden. Zum Beispiel könnten sie verstärkt auf Wertpapiermärkte zurückgreifen, wo der Liquiditätsaspekt durch die jederzeitig Verkäuflichkeit der Papiere gewährleistet wird.

224 Das Problem der Regulierungsarbitrage wird angedeutet von *Fischer* (1990, S. 1162), der befürchtet, daß „the system would have required frequent legislative or dicretionary rule changes to keep up with private sector attempts to circumvent the artificial barrier, and would have increased monetary uncertainty. Rather than prevent sharp changes in velocity, the 100 percent reserve proposal, by mandating the use of inefficient methods of banking, would have ensured continuing shifts in velocity". *Friedman* (1959, S. 73 f.) be-

Mit ihrer Konzentration auf die Probleme der Teildeckung des Buchgeldes durch Zentralbankgeld (sog. „fractional reserve banking") übersehen die Vertreter des Chicago-Plans tendenziell auch, daß die Teildeckung in einem wettbewerblichen Bankwesen mit starken Zügen des „Free Banking" keineswegs so problematisch sein muß, wie im zweistufigen System. Denn eine entscheidende Problematik moderner Geldordnungen kann – wie dargelegt – darin gesehen werden, daß über die Monopolisierung des Geldangebots und die Teilhabe der Geschäftsbanken hieran die qualitative Gleichheit des Giralgeldes mit dem Zentralbankgeld suggeriert wird. Dagegen würden die Einleger bei Geldwettbewerb in einem dem „Free Banking" ähnlichen System niemals die qualitative Gleichheit unterschiedlicher (Giral-) Geldemittenten unterstellen; sondern sie würden sich präventiv darum bemühen, vertrauenswürdige Banken von weniger vertrauenswürdigen zu unterscheiden.[225]

Aus diesem Grund würden auch die „flight to currency"-Probleme, wie sie letztlich als Rechtfertigung für den Reserven-Plan herangezogen werden, kaum auftreten. Würde eine Teildeckung in einem wettbewerblichen System überleben, müßte sie zugleich als Ergebnis eines evolutorischen Ausleseprozesses verstanden werden. Daß dies nicht vollständig aus der Luft gegriffen ist, belegen indirekt die modernen Interpretationen der Geldgeschichte, die die Durchsetzung von teilgedeckten (Papier-)Währungen und giralen Geldformen gegenüber vollgedeckten Edelmetallwährungen letztlich auf ökonomische Effizienzvorteile zurückführen.

In modernen Geldordnungen ginge es dagegen – wie gesehen – darum, Stützungsaktionen glaubhaft auf makroökonomische LLR-Funktionen („lending to the market") zu begrenzen. Dazu wäre es zum einen notwendig, die suggerierte Gleichheit von Zentralbank- und Giralgeld zu durchbrechen, um den Wettbewerb um die Einlagensicherheit unter Geschäftsbanken nicht zu verzerren und zugleich privaten Stützungsaktionen breiteren Raum zu geben; zum anderen müßte die Geldpolitik insgesamt verstetigt werden, damit die Wirtschaftssubjekte ausreichend monetäre Planungssicherheit besitzen, auf deren Grundlage sie die unterschiedliche Sicherheit ihres Giralgeldes beurteilen können.

Zusammenfassend muß damit dem Chicago-Plan zweierlei entgegengehalten werden. Durch die enge Beschränkung der Geschäftstätigkeit der Banken kann sich zum einen ein Konflikt zum Wunsch einer volkswirtschaftlich effizienten Finanzintermediation ergeben, sofern die Übernahme von Transformationsrisiken durch Banken und die endogenen Geldschöpfungsmöglichkeiten einen Beitrag hierzu liefern. Zum zweiten gibt es ernstzunehmende Argumente, daß die gewünschten Stabilitätswirkungen auch

---

tont daher auch, daß die Reserveverpflichtung verzinst werden müsse, um die Attraktivität von „near money" zu begrenzen und den Plan praktisch umsetzen zu können.

225 Für *Selgin* (1996, S. 221 f.) und andere Vertreter des „Free Banking"-Gedankens ist zudem die Monopolisierung des Geldangebots durch eine Zentralbank häufig die eigentliche Ursache krisenhafter Erscheinungen. Solange Banken durch Emission eigenen Geldes auf die Schwankungen oder Ausschläge in der Geldnachfrage reagieren können, ergeben sich keine Liquiditätsengpässe (siehe auch *Terres* 1999, S. 94).

auf andere Weise erreicht werden können. Anhänger der „Free Banking"-Lehre präferieren einen offenen Währungswettbewerb, den *Friedman* selbst ablehnt; Befürworter zweistufiger Geldordnungen vermuten dagegen, daß sich Zentralbankinterventionen auf die Stabilisierung der Gesamtgeldmenge begrenzen ließen, ohne dabei „moral hazard"-Effekte zu erzeugen.

Darüber hinaus muß der Chicago-Plan auch immer vor dem historischen Hintergrund betrachtet werden, vor dem er aufgekommen ist – nämlich der Großen Depression bzw. der Weltwirtschaftskrise, die nicht nur in den USA zu einer ausgesprochen großen Unzufriedenheit mit der Ausgestaltung der zweitstufigen Geldordnung geführt hat.[226] Es lohnt sich daher, die historische Entstehungsgeschichte und empirische Bewährung zweistufiger Geldordnungen bis einschließlich der Zeit der Großen Depression nachzuvollziehen und dabei danach zu fragen, ob das theoretische Interventionskettenargument eine empirische Entsprechung findet. Dies gilt um so mehr, als die Weltwirtschaftskrise bzw. die sie begleitenden Bankenkrisen der Ausgangspunkt vieler der heute gebräuchlichen Muster der Bankenregulierung ist.

7.2. Zur empirischen Evidenz für Interventionsketten im Banksektor

Zur empirischen Untersuchung des Interventionskettenarguments bietet es sich an, an die Begründung des doppelten Subsidiaritätstests in Kap. 3 anzuknüpfen. Dieser fußt auf einer begründbaren Skepsis gegenüber staatlichen Regelsetzungen, die über ein Mindestmaß an allgemeinen Ordnungsregeln hinausreichen. Dem „Steuerungs- und Entwicklungsoptimismus", der offizielle Äußerungen zur Fortentwicklung von branchenspezifischen Regeln im allgemeinen und denen für die Bankwirtschaft im speziellen bis heute prägt, wurden dazu vor allem politökonomische und evolutorische Argumente entgegengehalten. Danach wirkt die Evolution staatlicher Regeln keineswegs immer und automatisch wohlfahrtsverbessernd, wie es normative Regulierungstheorien nahelegen. Je anspruchsvoller die Regulierungsziele sind, desto größer ist die Gefahr von Zielverfehlungen, unintendierten Nebeneffekten oder interessengeleiteten Sondervergünstigungen. Diese können in schwer korrigierbare Pfadabhängigkeiten münden, die schlimmstenfalls den Charakter einer Interventionskette aufweisen.

Wird vor diesem Hintergrund die Evolution der Bankenregulierung bis zu ihren Anfängen zurückverfolgt, so stellt sich entsprechend die Frage, ob interventionskettenartige Entwicklungsmuster identifiziert werden können, die die heute bestehende Regulierungsdichte in der Wurzel fraglich werden ließen. Nach Deutungen des Evolutionsmusters durch die „Free Banking"-Schule kann daran kaum ein Zweifel bestehen (*Dowd*

226 Die extreme Unzufriedenheit insbesondere mit der US-amerikanischen Geldordnung der 1930er Jahre spiegelt sich etwa in einer umfangreichen Aufzählung von *Angell* (1935, S. 2 ff.) – in Auszügen: „1. Bank failures were incredibly numerous and nearly continues in the period of 1919-33. [...] 4. The system of fractional reserves held as 'backing' for demand deposit liabilities has not worked successfully. [...] 5. Taken as a whole, our present monetary and banking system has also failed to promote stability in the economic life of the country."

1993, S. 38-40; *White* 1997, S. 95 f.):[227] (a) Die Monopolisierung des Geldangebots und andere Beschränkungen der wirtschaftlichen Freiheitsrechte nehmen den Banken die Möglichkeit, sich in Eigenregie vor systemischen Risiken zu schützen, und die Schockanfälligkeit wird erhöht. (b) Die dadurch erhöhte Wahrscheinlichkeit von Systemkrisen macht einen Schutz der Einzelgläubiger notwendig oder erzeugt Wünsche nach systemstabilisierenden Institutionen. (c) Zum Schutz der Gläubiger oder zum Systemschutz geschaffene LLR-Optionen und Systeme der Einlagensicherung erzeugen – entgegen ihrer Intention – weitere Risiken für die Systemstabilität. Schlimmer noch, sie bedingen und verstärken sich gegenseitig. Im Ergebnis kommt es zu einer völlig verfehlten Regulierungspolitik und einer vollständigen Verdrängung der privatwirtschaftlichen Selbstregulierung („crowding out“).

Ob diese „pessimistische“ Sicht allgemein zutrifft, läßt sich jedoch unmöglich für alle Geld- und Bankverfassungen gleichermaßen beantworten. Regulierungen scheinen allgemein mehr oder weniger unkoordinierte Reaktionen auf akute Bankenkrisen gewesen zu sein. Häufig waren Regulierungen für die Banken schon vor der Etablierung von Zentralbanken üblich. Der theoretische Zusammenhang aus dem Vorkapitel zwischen der Schaffung einer Zentralbank und einer *hieraus resultierenden* Notwendigkeit zu Folgeregulierungen kann historisch also nicht immer eindeutig bestätigt werden (*Capie* 1997, S. 28). Dennoch liefern exemplarische Analysen für einige wichtige Entwicklungsschritte der banktypischen Rahmenbedingungen bestätigende Hinweise auf interventionskettenartige Fehlreaktionen.

7.2.1. Anwendungsfall I: Die Entwicklung der Bank of England als politökonomischer Prozeß

Der erste Schritt dieser Analyse muß zwangsläufig eine Antwort auf die Frage geben, warum es den von den Vertretern der „Free Banking“-Schule bevorzugten Wettbewerb unter privaten notenemittierenden Banken nicht mehr gibt. Die Ablösung der wettbewerblichen Notenemission durch Zentralbanken wird von den Kritikern des „Free Banking“-Gedankens und Befürwortern zweistufiger Geldordnungen zumeist als effizienz- und stabilitätssteigerndes Ergebnis eines langen institutionellen Entwicklung beurteilt, bei dem sich die Überlegenheit der zentralen Kontrolle des Geldangebots und auch der „Lender of Last Resort“-Funktion schrittweise herausgebildet habe. Selbstregulierungs- und Selbsthilfeeinrichtungen der Bankwirtschaft werden entsprechend lediglich als Zwischenschritte oder zufällige Erfolgsgeschichten angesehen (*Goodhart* 1988, S. 71 ff.). Bereits in Kap. 5.2.2.2.2. konnte jedoch nachgewiesen werden, daß der Erfolg solcher historischer Selbsthilfeeinrichtungen weniger als „Glücksache“ interpretiert werden muß, sondern im wesentlichen auf für die damalige Zeit innovative institutionelle Anpassungen der Bankwirtschaft an systemische Risiken zurückzuführen ist.

---

[227] „A vicius circle was set up in which banks weakness appeared to justify government intervention to cure it, but progressive doses of that medicine only made the underlying disease worse – and therefore apparently even more necessary – and the patient went from bad to worse” (*Dowd* 1993, S. 3).

Die uneingeschränkte Vorteilhaftigkeit einer zweistufigen Geldordnung wird auch dann fraglich, wenn die Umstände und die Geschichte der Evolution von Notenbanken genauer untersucht werden. Die Entwicklung scheint dabei allgemein dem Muster eines Tausches zwischen der jeweiligen Regierung und der betroffenen Bank zu gehorchen (*Tilly* 2001, S. 25). Am Anfang stand hierbei nicht selten das fiskalische Interesse der Regierung nach im Vergleich zu den üblichen Marktkonditionen günstigeren Finanzierungsbedingungen für Staatsschulden. Private Bankiers oder Geldgeber waren hierzu in der Regel nur dann bereit, wenn sie im Gegenzug dauerhaft gesicherte Privilegien gegenüber möglicher Konkurrenz erhielten. Illustrativ für einen solchen Tausch ist das Beispiel der Bank of England (*Schüller* 1977, S. 39 f.; *Tilly* 2001, S. 5-12), deren Privilegien bis zu ihrer Gründung im Jahr 1694 zurückreichen: Als Reaktion auf ein günstiges Darlehen in Höhe von 1,2 Mio. Pfund an die englische Monarchie wurde der Bank of England zunächst als einziger Aktienbank mit beschränkter Haftung zugestanden, Geldnoten zu emittieren. Dieses mit staatlicher Unterstützung über die folgenden Jahrhunderte verteidigte Privileg verschaffte der Bank of England zugleich eine kaum anfechtbare Sonderstellung im englischen Bankwesen als wichtigster Kreditgeber für andere Banken und damit auch eine gewisse wirtschaftliche Machtposition. Andere private Notenemissionen waren dagegen nur in der im Vergleich zur Bank of England nachteiligen Rechtsform der „Partnerships" möglich. Diese Restriktion begrenzte die Größe, die Diversifikationsfähigkeit und letztlich auch die Fähigkeit dieser Banken, auf gesteigerte Geldhaltewünsche seitens des Publikums mit einer schnellen Ausdehnung der Notenemission zu reagieren. Verschiedene Krisen dieser kleinen und schwach kapitalisierten „Zettelbanken" belegen deren vergleichsweise große rechtsformbedingte Krisenanfälligkeit (siehe hierzu *Dowd* 1992, S. 174 f.; 1993; S. 223-229). Zwar führte eine besonders schwerwiegende Bankenkrise der Jahre 1825-26 zu einer Aufhebung dieses rechtlich bedingten Nachteils, jedoch nur außerhalb Londons, dem damals wichtigsten Bankenplatz. Gleichzeitig wurde die landesweite Zirkulation der Noten der Bank of England und ihre Verwendung als wichtigstes Reservemedium durch weitere Gesetze gestärkt. Nach weiteren Bankenkrisen in den 1830er und 1840er Jahren und der weithin bekannten Currency-Banking-Kontroverse um die zweckmäßige Ausgestaltung der Geldordnung legte schließlich die Peelsche Bankakte im Jahr 1844 den Grundstein für die endgültige Zementierung der Monopolstellung bei der Notenausgabe sowie der generellen Trennung von Geschäfts- und Zentralbankfunktionen.

Die Entwicklung der Sonderstellung der Bank of England einschließlich ihrer LLR-Funktion ist damit insgesamt nur eingeschränkt als ein von ökonomischen Zweckmäßigkeiten bestimmter Evolutionsprozeß zu verstehen. Hierfür spricht zwar, daß die Urverfassung der bis 1946 noch privaten Bank of England bis heute als Vorbild für viele weitere Zentralbanken gilt. Dies darf jedoch nicht darüber hinwegtäuschen, daß auch bei der Gründung vieler der heute bestehenden zentralen Notenbanken andere Motive ökonomische Zweckmäßigkeitsüberlegungen dominiert haben (dürften).[228] Nach

[228] Nach *Capie* (1997, S. 25) gab es um 1900 lediglich 18 Länder mit einer Zentralbank, 1950 bereits 59, um 1960 dann 161 Zentralbanken.

Bordo und *Redish* (1987, S. 414 ff.) geht z. B. die Gründung der kanadischen Zentralbank 1935 auf eine Mischung aus nationalistischen Einstellungen, sinkendem Glauben an freie Märkte im Zuge der Großen Depression und einen deutlich zunehmenden internationalen Druck hinsichtlich geldpolitischer Koordinationsanstrengungen zurück, nicht jedoch auf eine Überlegenheit in der ökonomischen Effizienz, denn das kanadische Bankwesen besaß nachweislich auch ohne eine offizielle Zentralbank bis über die Weltwirtschaftskrise hinaus eine außerordentliche Systemstabilität.

7.2.2. Anwendungsfall II: Die frühe US-amerikanische Bankengeschichte als Interventionskette?

7.2.2.1. Von der Unabhängigkeit bis zur „National Banking"-Ära

Gerade letzteres steht im deutlichen Gegensatz zum US-amerikanischen Pendant. Trotz makroökonomisch und wirtschaftsstrukturell vergleichbarer Merkmale erlebten die USA über den gesamten Zeitraum ab Ende des 18. Jahrhunderts bis in die Zeit der Weltwirtschaftskrise immer wieder Bankenkrisen und weitreichende Runs der Bankeinleger. Als Krisenjahre von besonderer Bedeutung nennt *Calomiris* (2000b, S. 3 f.) 1819, 1837, 1839, 1857, 1861, 1973, 1884, 1890, 1893, 1896, 1907, und 1931-1933. Dies ist auch im internationalen Vergleich die mit Abstand höchste Zahl (*Selgin* 1996, S. 196 f.; *Bordo* 1990/2002, S. 116 f.). Zudem ist es den USA trotz mehrfacher Anpassungen der regulatorischen Rahmenbedingungen offensichtlich nicht gelungen, den Bankensektor hinreichend zu stabilisieren.

Hintergrund und Sinnhaftigkeit der ergriffenen Regulierungsschritte sollen deshalb im folgenden näher untersucht werden. Hier soll die These vertreten werden, daß die aufeinanderfolgenden Regelwahlentscheidungen der frühen US-amerikanischen Regulierungsgeschichte weitgehend mit der These einer zielwidrigen Interventionskette vereinbar sind. Konkret geht es dabei um folgende entscheidende institutionelle Bruchstellen: (1) die Ablösung der „Free Banking"-Periode durch den National Banking Act (NBA) 1863, (2) die Gründung der Federal Reserve Bank als Zentralbank 1913 sowie (3) die regulatorischen Folgen der Weltwirtschaftskrise Mitte der 1930er Jahre.

Freilich ist die Analyse auch nur der wichtigsten Ereignisse in der US-amerikanischen Bankengeschichte äußerst schwierig und entsprechend Gegenstand einer umfangreichen Literatur (z. B. *Friedman* und *Schwartz* 1963; *Calomiris* 2000b). Das gesamte Institutionengefüge einschließlich seiner hieraus erwachsenden Interessenkonstellationen ist aber von einer komplexen Pfadabhängigkeit geprägt. Diese reicht bis in die Gründungszeit der USA Ende des 18. Jh. zurück. Zwei Eigenarten aus dieser Zeit haben dabei über den gesamten Zeitraum mehr oder weniger dauerhaft Bestand (*Bonn* 1998, S. 66-88; *Tilly* 2001, S. 19 ff.):

- Die konkurrierende Gesetzgebung und Institutionenbildung auf zentralstaatlicher und einzelstaatlicher Ebene: So wurde mit der Unabhängigkeit verfassungsmäßig verankert, daß nur die zentrale Ebene Münzgeld und offizielle Dollarnoten begeben durfte. Dies erfolge in Form der bis nach dem I. Weltkrieg üblichen metallischen Goldwährung, deren Kernelement das Konvertibilitätsversprechen der Noten in

Gold zu festem Kurs bildete. Gleichzeitig war aber weiterhin die Emission von Banknoten durch private Banken erlaubt, die in der Regel als Aktienbanken mit beschränkter Haftung der Eigentümer gegründet wurden. Die Konzessionierung dieser notenemittierenden Banken behielten sich die einzelnen Bundesstaaten vor. Die Folge der konkurrierenden Gesetzgebung (sog. „dual banking") war eine äußert unübersichtliche Konzessionierungspraxis, bei denen Banklizenzen je nach konzessionierender Instanz oder gar fallweise an unterschiedlichste Kriterien gebunden waren (*Tilly* 2001, S. 19). Wie in Europa ähnelte die Konzessionierungspraxis dabei insgesamt meist einem Tausch, bei dem die Privilegien einer Bankkonzession den fiskalischen Interessen der staatlichen Instanzen entgegenkamen (*Dowd* 1993, S. 183; *Calomiris* 2000b, S. 43-46). Neben der Vorgabe bestimmter Relationen zwischen dem Notenumlauf und Eigenkapital oder den Liquiditätsreserven war es beispielsweise üblich, die Lizenzierung („bank charter") an die Abführung einer Bank- oder Notensteuer, eine Gewinnbeteiligung der öffentlichen Hand, einen öffentlichen Aktienanteil, den Zugang zu verbilligten Krediten oder einen Beitrag zu lokalen öffentlichen Gütern zu binden (*Sylla* 1999, S. 262-266).

- Die Lizenzen enthielten ferner das für die gesamte amerikanische Regulierungsgeschichte prägende Verbot, (weitreichende) Filialnetze zu errichten (sog. „*branching restrictions*"). Dieses Verbot konnte von der Begrenzung auf eine einzige Geschäftsstelle („unit banking") bis hin zu maximal einzelstaatlichen Filialnetzen („statewide branching") reichen (*Calomiris* 2000b, S. 58-63). Einzige Ausnahme bildeten bis 1836 zwei notenemittierende Banken (First Bank of United States, 1791-1811, Second Bank of United States, 1816-1836) mit zentralstaatlicher Lizenz. Als „national banks" mit Sitz jeweils in Philadelphia verfügten sie als einzige über eine US-weite Betätigungserlaubnis. Da ihnen lizenzierungsbedingt Größen- und Diversifikationsvorteile erwuchsen, nahmen sie bald eine zentralbankähnliche Stellung im US-amerikanischen Bankwesen ein. Diese erlaubte es ihnen nicht nur, die Geschäftstätigkeit der kleineren „state banks" zu fördern oder gegebenenfalls zu bedrohen. Vor allem in den agrarisch geprägten Staaten des Südens und Westens wurden in dieser Zeit auch lautstarke Befürchtungen vor einer Ballung der finanziellen Macht an der Ostküste laut. Diese Befürchtung war sicher einer der Gründe, warum 1836 die Lizenz der 2. US-Bank nach heftigen Auseinandersetzungen nicht erneuert wurde und sich die Bundesebene Mitte des 19. Jh. für einige Zeit völlig aus dem Bankwesen zurückzog (*Tilly* 2001, S. 19). Dieser Rückzug dürfte gleichwohl auch von den eher im Norden der USA angesiedelten Banken betrieben worden sein, die von restriktiven Filialgesetzgebungen auf einzelstaatlicher Ebene direkt profitierten. Entsprechend der Regulierungsidee des „financial restraint" waren die „branching"-Verbote nämlich mit einer mehr oder weniger deutlichen Aussicht auf eine monopolartige Marktstellung für die lizenzsierten Banken verbunden. Die Vermutung liegt daher nahe, daß das hierdurch verankerte Privileg maßgeblich zur Etablierung einer mächtigen Interessengruppe beigetragen hat, die sich aus

Angst vor dem Wertverlust der jeweiligen Banklizenzen immer wieder Liberalisierungsbestrebungen erfolgreich widersetzen sollte (siehe *Dowd* 1993, S. 183 f.).[229]

Der erste „Erfolg" dieser Gruppe läutete allerdings zugleich die zumindest in einigen Staaten freiheitlichste Periode der US-amerikanischen Bankengeschichte in der Mitte des 19. Jahrhunderts ein. Mit der Ablehnung der Konzessionsverlängerung der „Second Bank of the US", dem Rückzug der Bundesebene aus der Konzessionierungs- und Regulierungspraxis und unter dem Eindruck einiger schwererer Bankenkrisen der Gründungszeit begann die sogenannte „Free Banking"-Periode, die von Michigan (1837) sowie New York und Georgia (1838) ausging und eine größere Zahl der amerikanischen Bundesstaaten erfaßte.[230] Wichtigstes gemeinsames Kennzeichen der einzelstaatlichen „Free Banking"-Gesetze war eine *deutlich liberalere Konzessionierungspraxis*. Durch eine Abkehr von der Einzelfallgesetzgebung durfte nunmehr die Banklizenz für eine notenemittierende Bank nicht mehr verweigert werden, sofern bestimmte Markteintrittsbedingungen und Verhaltensnormen befolgt wurden. Im wesentlichen gehörten hierzu (*Dowd* 1993, S. 184; *Hasan* und *Dwyer* 1994, S. 272): ein Mindesteigenkapital der notenemittierende Bank, die Deckungspflicht der ausgegebenen Noten durch Gold oder Staatsanleihen, die unbedingte und staatlich durchgesetzte Konvertibilität der Noten sowie die für den US-amerikanischen Bankenmarkt typische doppelte Haftung der Anteilseigner („double liability"), wonach die Aktionäre im Insolvenzfall mit dem Doppelten ihrer Nominalbeteiligung für Verluste einstehen mußten. Neben diesem umfangreichen Katalog an Zulassungsbedingungen haben auch die Filialverbote weiterbestanden, so daß die US-amerikanische Freibankenzeit auch nur bedingt mit dem schottischen Modell vergleichbar ist.[231]

Die vergleichsweise ausführliche Darstellung der institutionellen Besonderheiten ist unverzichtbar, um die Entwicklungen bis zum ersten der hier näher beleuchteten Regulierungsschritte beurteilen zu können. Die Erleichterung des Marktzutritts löste zunächst erwartungsgemäß einen Gründungsboom in der Finanzbranche mit einer Verdoppelung der Zahl der Banken bis zum amerikanischen Bürgerkrieg aus. Allerdings war auch die Freibankenzeit durch zahlreiche kleinere und größere Bankenkrisen gekennzeichnet.

---

[229] Ob die Lobby-Arbeit der um ihre lokalen Monopolstellungen fürchtenden Banken oder die Angst vor Machtballungen letztlich entscheidend für die Verweigerung der Lizenzverlängerung war, ist im nachhinein nicht mehr zu klären. Siehe die Diskussionen bei *Dowd* (1993, S. 183 f.); *Bonn* (1998, S. 67); *Calomiris* (2000b, S. 46).

[230] Gegen Mitte des 19. Jh. besaßen 18 der 32 Staaten eine solche gesetzliche Basis, die sich zumeist am New Yorker Vorbild orientierte.

[231] *Dowd* (1993, S. 170-172, Tabellen 8.1 und 8.2.) weist zudem darauf hin, daß nicht notwendigerweise ein Zusammenhang zwischen einem „Free Banking"-Gesetz und einem wettbewerblichen Bankensystem bestanden hat. Zum einen war es denkbar, daß eine ungünstige Ausgestaltung der jeweiligen Gesetze trotz liberaler Markzutrittsregeln im Kern wenig wettbewerblich blieb. Zum anderen existierten bereits vor den „free banking laws" eine Reihe von wettbewerblicheren Bankensystemen, die über die gesamte Zeitspanne erhalten blieben, ohne jemals „Free Banking"-Gesetze erlassen zu haben. Hierzu zählt *Dowd* vor allem die Staaten des Südens und Südwestens, die sich durch eine insgesamt großzügigere Filialgesetzgebung auszeichneten.

Entsprechend gilt die „Free Banking"-Periode nicht selten als Ausdruck der Gefahren, die sich aus einem weitgehenden Rückzug der staatlichen Handlungsträger auf die Systemstabilität ergeben könnten.

Bei näherem Hinsehen erscheint jedoch die Interpretation der Ereignisse als Zeichen erhöhter Instabilität freierer Bankensysteme als zu oberflächlich (siehe *Dowd* 1993, S. 154 f., 162 ff., 185 f.): *Erstens* haben sich die amerikanischen „Free Banking"-Systeme auch nicht durch eine generell höhere Instabilität ausgezeichnet. Hierfür spricht schon, daß vor allem das Beispiel New Yorks von einer Reihe anderer Staaten kopiert wurde und sowohl vor als auch nach der „Free Banking"-Periode zahlreiche krisenhafte Erscheinungen im amerikanischen Bankwesen zu verzeichnen waren. *Zweitens* sind die fraglos existierenden Bankenprobleme nicht im Sinne der „contagion"-Hypothese interpretierbar. Sofern es überhaupt zu Ansteckungseffekten gekommen ist, waren diese auf eine klar abgrenzbare Gruppe von Banken mit ähnlichen Charakteristika beschränkt; panikartige Ansteckung gar über Staatengrenzen hinweg hat es dagegen nicht gegeben. Dies bestätigt die Vermutung, daß Bankeinleger selbst im Krisenfall in der Lage sind, vertrauenswürdige Banken herauszufiltern. Beides deckt sich im übrigen mit den Erfahrungen, die mit anderen freieren Bankensystemen außerhalb der USA bis in die jüngere Vergangenheit gemacht wurden (*Schuler* 1992, S. 26 ff.; *Chu* 1996).[232]

Letztlich entscheidend ist jedoch *drittens*, daß sich die Krisenerscheinungen weitestgehend auf staatliche Einflußnahme zurückführen lassen, die die Krisenanfälligkeit erhöht und die Marktauslesefähigkeit geschwächt haben. Das Beispiel Michigans des Jahres 1837 ist hierfür illustrativ. Hier war die Mehrzahl der unter dem neuen „Free Banking"-Gesetz konzessionierten Banken bereits nach kurzer Zeit wieder aus dem Markt ausgeschieden. Dieser offensichtliche Fehlschlag läßt sich aber nicht direkt mit dem „free banking law" begründen. Eine Rolle mag z. B. ein kurz darauf erlassenes Gesetz gespielt haben, das den Banken erlaubte, die Konvertibilität ihren Noten gegen Gold in Eigenregie aufzuheben (Suspendierungsgesetz). Es unterdrückte das für die Beschränkung von Überemissionen elementare Prinzip des „adverse clearing" und gab damit

---

232 Auch ein weiterer Kritikpunkt an der „Free Banking"-Periode läßt sich entkräften. Die Krisen werden nicht selten auch mit dem sogenannten „wildcat banking" in Verbindung gebracht, wonach – insbesondere in neu besiedelten Gebieten – in betrügerischer Absicht Banken gegründet worden seien, die unter Mißachtung der Deckungsvorschriften eine große Menge an Banknoten emittierten, um hiermit kurzfristig große Gewinne machen zu können (vgl. *Bonn* 1998, S. 69 f.). Die darin enthaltene Hypothese einer zu betrügerischen Absichten verleitenden liberalen Gesetzgebung mit entsprechend negativen Folgen für die Systemstabilität kann jedoch als widerlegt gelten: So genügen nur wenige Bankenkonkurse den typischen Voraussagen des „wild cat banking". Weder ist empirisch zu beobachten, daß die Banken der „Free Banking"-Periode generell eine kurze Lebensdauer aufwiesen oder an geographisch schwer zugänglichen Orten gegründet worden wären. Noch läßt sich zeigen, daß die Noteninhaber im Durchschnitt nennenswerte Verluste erlitten hätten, wie es bei betrügerischen Absichten zu erwarten gewesen wäre. Diese Erkenntnis dürfte sich daher durchaus mit dem starken Differenzierungsanreiz in wettbewerblichen Banksystemen begründen lassen, nach dem sich vertrauenswürdige Banken durch eine solide Emissionspraxis einen Wettbewerbsvorteil verschaffen würden.

tatsächlich Anreize zum „wildcat banking“. Die Schwächung der Marktkontrolle hatte – wie in anderen Staaten auch – insolvenzaufschiebende Wirkung. Allerdings sind die Negativwirkungen von Suspendierungen der Goldeinlösepflicht theoretisch bestreitbar (siehe auch das nächste Kapitel).

Der entscheidende Krisengrund dürfte deshalb die für alle Gesetze typische und fiskalpolitisch motivierte Deckungspflicht der Noten mit zentral- und/oder einzelstaatlichen Regierungsanleihen gewesen sein. Glaubwürdigkeit und Überlebensfähigkeit der notenemittierenden Banken waren hierdurch auf Gedeih und Verderb an die Zahlungsfähigkeit und -willigkeit der entsprechenden Regierungen gekoppelt. Es wundert daher auch nicht, daß die Mehrzahl der Bankzusammenbrüche unmittelbar mit Phasen eines Preisverfalls solcher Regierungsanleihen korreliert, wie sie durch Angst vor Zahlungsmoratorien oder durch einschneidende politische Ereignisse (aufziehender Bürgerkrieg) ausgelöst wurden. Ebenso wenig wundert die nachweislich krisenverschärfende Wirkung enger „branching“-Restriktionen (*Calomiris* 2000b, S. 8). Im Gegensatz dazu bewirkten die vergleichsweise liberalen Filialgesetzgebungen des Südens eine relativ hohe Krisenresistenz, da sie die Diversifikationsfähigkeit der Banken zu stärken vermochten – eine Erkenntnis, die sich im Rückblick noch mehrfach bestätigen sollte. Es ist damit kaum übertrieben, wenn *Dowd* (1993, S. 165) abschließend schreibt: „... the losses that put so many of the ‚free banks' out of business were ultimately caused by fiscal and, at an even more basic level, by political factors“.[233]

7.2.2.2. „National Banking"-Ära und Gründung der Federal Reserve Bank

Auf die Phase des amerikanischen „Free Banking“ folgte die „National Banking“-Ära (1863-1914). Ihr regulatorisches Kernstück war der National Currency Act (Februar 1863), der nach einer unwesentlichen Revision 1874 in den National Banking Act (NBA) umbenannt wurde. Die entscheidende institutionelle Neuregelung der „National Banking“-Ära bildete die Vereinheitlichung der bis dahin vorherrschenden Währungsvielfalt. Als Motive hierfür werden angeführt (*Bonn* 1998, S. 70): die Hoffnung auf die Beendigung der Kette von Bankenkrisen der Frühphase sowie die Beflügelung des Handels durch die Schaffung einer nationalen Währung. Wichtigste Neuregelung des National Currency Act war entsprechend das nunmehr bundeseinheitliche Konzessionsrecht für notenemittierende Banken („national charter“). Durch die Ablösung der bis dahin vorherrschenden „state charters“ wurden gleichzeitig die Grundlagen für die fortan dauerhaft starke Stellung der Bundesebene im Bankwesen und für dessen

233 *Hasan* und *Dywers* (1994) bieten in ihrer historischen Analyse ein etwas differenzierteres Bild. Sie stützen zwar die These, daß Bankenkrisen der „Free Banking“-Periode durch fallende Anleihenpreise (mit-)begründet waren; jedoch trifft dies nicht zwingend für alle der von ihnen beobachteten Krisen zu. Sie nennen gleichwohl andere externe staatliche Gründe: Im Falle von Indiana 1954 führte beispielsweise ein Gesetz des Staates Ohio, das die Verwendung von Noten aus Indiana für das eigene Staatsgebiet unter Strafe stellte, zu einer drastisches Ausweitung der Konvertibilitätswünsche. Im Fall von Wisconsin 1861 war es eine Kombination aus dem drohenden Bürgerkrieg und einem Suspendierungsgesetz.

Regulierung gelegt. Abgesehen von verschärften Vorschriften hinsichtlich der Eigenkapitalausstattung,[234] führte die „National Banking"-Ära jedoch den „Free Banking"-Gedanken für notenemittierende Banken auf bundesstaatlicher Ebene fort. Bei einem weiterhin regelgebundenen Markteintritt und bei Abwesenheit einer Zentralbank bestanden folgende zentrale Vorschriften (*Sylla* 1972, S. 249 f.; *Horwitz* 1992, S. 149-156; *Bonn* 1998, S. 70 ff.):

(1) Die nunmehr zentral vom Schatzamt der Bundesregierung gedruckten Banknoten durften von einzelnen Banken nur emittiert werden, wenn diese Emission durch die Hinterlegung von Regierungsanleihen beim Währungsministerium gedeckt waren. Zusätzlich bestand eine Emissionshöchstgrenze von 90 Prozent bezogen auf den Nominalwert der Anleihen bzw. auf deren Marktwert, falls dieser unter dem Nominalwert lag.

(2) Neben den Deckungsvorschriften für Noten wurde ferner ein kompliziertes dreistufiges Reservesystem für Bankeinlagen geschaffen, das die bis dahin informellen Muster für die Liquiditätssicherung der Bankwirtschaft fest institutionalisierte. Die „National Banks" der zentralen Reservestädte New York (sowie später Chicago und St. Louis) waren verpflichtet, 25 Prozent ihrer Einlagen in Basisgeld zu halten (Gold, Dollarbargeld). Auf der zweiten Stufe standen die Institute der regionalen Reservestädte, die ebenfalls 25 Prozent Reserven halten mußten, die Hälfte davon aber als verzinste Einlage bei den Banken der zentralen Reservestädte halten konnten. Die unterste Stufe bildeten die Banken außerhalb der Reservestädte. Diese konnten 60 Prozent ihrer fünfzehnprozentigen Reserveverpflichtung ebenfalls als verzinste Einlagen bei den Instituten der regionalen und zentralen Reservestädte halten. In diesem pyramidenartigen Reservesystem konnte damit jeder Geldbetrag zweimal als Einlage und zweimal als gesetzliche Bankreserve dienen (*Tilly* 2001, S. 21).

(3) Letzte zentrale institutionelle Besonderheit der „National Banking"-Ära war das vollkommene „branching"-Verbot für die Banken mit nationaler Konzession, die fortan als Einzelfilialbanken („unit banks") betrieben wurden. Zwar bestanden in einzelnen Bundesstaaten für die noch in der „Free Banking"-Zeit konzessionierten Banken teilweise weiterhin größere Freiheiten bei der Filialgründung. Da aber vor allem die südlichen Staaten mit relativ liberalen Filialgesetzgebungen im Zuge des Bürgerkriegs den Totalzusammenbruch ihrer Banken erleben mußten und der „state charter" durch eine diskriminierende Notensteuer an Attraktivität verlor,[235] wurden

[234] Diese behinderten zumindest in den jungen westlichen Gebieten die Erfolgsaussichten von Banken mit bundesstaatlicher Konzession erheblich, weil es hier deutlich schwieriger war, sich das notwendige Eigenkapital zu beschaffen (*Sylla* 1972, S. 241).

[235] Diese betrug ab 1866 ein Prozent für Banken mit nationaler Konzession im Vergleich zu zehn Prozent bei bundesstaatlicher Konzession.

die meisten amerikanischen notenemitierenden Banken schon bald nach dem Bürgerkrieg als Einzelfilialen gegründet.[236]

Bereits die Aufzählung der wesentlichen Merkmale der „National Banking"-Ära läßt die Vermutung zu, daß es den gesetzgeberischen Instanzen tatsächlich wenig um die nachhaltige Stabilisierung des Bankwesens ging. Zumindest aber dürften die Ursachen der vorangegangenen Bankenkrisen fehlgedeutet worden sein. Denn zuvor nachweislich krisenverschärfende Regelungen, insbesondere die Notendeckung durch Staatsanleihen und die engen „branching"-Verbote, wurden beibehalten und zum Teil sogar erweitert. Der überwiegende Teil der Literatur sieht daher in den Deckungsvorschriften (und der Notensteuer) die fortgesetzte Dominanz fiskalischer Motive auf Seiten der Gesetzgeber und im „unit banking" die fortgesetzte Durchsetzungsstärke der „anti branching forces" (siehe z. B. *Sylla* 1972, S. 240; *Horwitz* 1992, S. 149; *Tilly* 2001, S. 20).

Vor diesem Hintergrund wundert es auch nicht, daß die „National Banking"-Ära zumindest in puncto Krisenverhinderung als Fehlschlag gewertet werden muß. Hierfür spricht schon die bloße Zahl an Bankenkrisen von ernstzunehmenden Ausmaßen in den Jahren 1873, 1884, 1890, 1893, 1896 und 1907. Diese sind ebenfalls Gegenstand einer differenzierten historischen Debatte mit durchaus unterschiedlichen Ansichten über Krisenausbreitung und -gründe.[237] Dabei werden zwei allgemeine Ursachenkomplexe gemeinsam anerkannt: *Erstens* haben wohl jeweils exogene Einflüsse (konjunkturelle Abschwungphasen, Aktienkursrückgänge, Ernteausfälle oder Kapitalflucht ausländischer Gläubiger) sowie individuell zweifelhafte Geschäftspraktiken einzelner Banken eine wichtige Rolle als Krisenauslöser gespielt. Da zumindest die erste Gruppe von Einflüssen auch im krisenfreien Nachbarland Kanada zu spüren war, genügt dies als Erklärung jedoch nicht. Daher sind sich die historischen Analysen *zweitens* einig, daß alle drei institutionellen Besonderheiten der „National Banking"-Ära krisenverschärfend gewirkt haben.

Die Wirkung der „branching"-Verbote ist bereits an anderen Stellen behandelt worden, so daß hierauf nicht ausführlich eingegangen werden muß. Neben der Schwächung der Diversifikationsfähigkeit und Krisenresistenz verhinderten die „branching"-Verbote z. B. auch den etwa für Kanada typischen Übernahmemarkt als naheliegende Variante des spontanen Krisenmanagements (siehe Kap. 5.2.2.2.2.). Zugleich wurde durch sie der effektive und kostengünstige Liquiditätsausgleich bei regionalen Schocks (z. B. regional

---

236 Für die später konzessionierten Banken *ohne* Notenemissionsrecht galten dagegen je nach Bundesstaat unterschiedliche Filialvorschriften. Gegen Ende des 19. Jh. traten dabei zunehmend andere Geschäftsformen – wie das Scheckgeschäft und das klassische Einlagen- und Kreditgeschäft – in den Vordergrund der Banktätigkeit, so daß es wieder zu einer Bedeutungsverschiebung hin zu den State Banks kam. Insgesamt war damit die Phase des „National Banking" ebenso wie die Frühphase durch eine ausgeprägte Dualität von zentral- und einzelstaatlichen Regeln geprägt. Eine über die Grenzen von Bundesstaaten hinausreichende geographische Ausdehnung einer einzelnen Bank war dagegen nach wie vor unmöglich (Verbot des „interstate branching").

237 Siehe *Bordo* (1990/2002); *Calomiris* und *Gorton* (1991/2000); *Mishkin* (1991); *Horwitz* (1992); *Wicker* (2000).

begrenzten Ernteausfällen) erheblich erschwert. Nicht selten wird daher das Vertrauen in das für die USA typische Korrespondenzbankensystem, das sich nahtlos in das gesetzlich fixierte pyramidenartige Reservesystem einfügte, auch als spontane Ausweich- und Ersatzlösung für das Verbot bundesweiter Filialnetze angesehen. Das Reservesystem erwies sich jedoch ebenfalls als institutionelle Schwachstelle des Bankenmarktes, da Kettenreaktionen entlang der Struktur der Interbankeneinlagen im System erleichtert wurden.

Einerseits konnte ein regional hohe Nachfrage nach Banknoten (oder entsprechende Konvertibilitätsforderungen) zu Liquiditätsproblemen der am Ende der Kette stehenden Banken der zentralen Reservestädte – also vornehmlich der New Yorks – führen. Dies war regelmäßig im Herbst (Frühjahr) zu beobachten, wenn der Bargeldbedarf in den ländlichen Gebieten mit der Erntesaison (Aussaat) anwuchs. Solche saisonalen Besonderheiten führten daher im Normalfall zu einer Anspannung der Liquiditätsdecke in den zentralen Reservestädten, die jedoch im allgemein beherrschbar und auch planbar war. Nach Erkenntnissen von *Wicker* (2000) genügt daher vermutlich auch nur die besonders schwerwiegende Krise von 1893 dem Muster einer von den ländlichen Gebieten ausgehenden und dann bis nach New York ausstrahlenden Ursachenkette. Maßgeblicher Grund hierfür dürften besonders schwerwiegende Ernteausfälle gewesen sein. Typischerweise nahmen die Suspendierungen der Einlösung von Einlagen in Banknoten sowie die Bankenkonkurse jedoch die andere Richtung im Reservesystem – von den Reservezentren in die ländlichen Gebiete (*Tilly* 2001, S. 20 f.). Insofern hatte die Stellung New Yorks als zentrales Finanzzentrum, die durch die Vorschriften des NBA und die schon länger bestehenden „branching"-Verbote begünstigt wurde, eine bedenkliche Kehrseite, weil sie die Anfälligkeit des gesamten Systems von der Stabilität des New Yorker Bankenmarktes abhängig machte. Der Konkurs einer Bank im Reservezentrum – aus welchen Grund auch immer – wurde dabei fast unmittelbar an die regionalen Banken weitergereicht. Dieses Muster bestätigen die Analysen von *Wicker* (2000) und *Calomiris* und *Gorton* (1991/2000) einhellig.[238]

Neben das „branching"-Verbot und das pyramidenartige Reservesystem trat die Problematik der bereits aus der Frühphasen der amerikanischen Bankengeschichte bekannten und – etwa im Vergleich zu Kanada – strengen Deckungsregeln. Preisschwankungen der deckungsstockfähigen Anleihen beeinflußte dabei nicht nur unmittelbar das maximal mögliche Volumen an ausgegebenen Banknoten. Die strenge Deckungspflicht machte es den privaten Emissionsbanken praktisch unmöglich, auch außergewöhnlichen Geldhaltewünschen des Publikums nachzukommen, da dies einen entsprechenden frei verfügbaren Bestand an deckungsstockfähigen Staatsanleihen vorausgesetzt hätte. Gerade im Fall einer Bankenkrise ist dies fatal, da die Emissionsbanken nicht mit einer

---

238 Hinzu kommt, daß sich die Art der Schockanfälligkeit in den ländlichen Gebieten gegenüber derjenigen an der Ostküste unterschied. Die Banken der Reservestädte waren weitaus stärker in die nationalen und internationalen Kapitalmärkte eingebunden, so daß es nicht verwundert, daß starke Einbrüche auf den Wertpapiermärkten oder spektakuläre Finanzfehlinvestitionen zu den exogenen Krisenursachen gezählt werden.

kurzfristigen Erhöhung des Volumens an ausgegebenen Noten reagieren konnten. Makroökonomisch gesehen begünstigten die strengen Deckungsregeln daher eine mangelnde Elastizität des Geldangebots im Krisenfall. Die Anhänger der „Free Banking"-Schule (*Horwitz* 1992, S. 150 f.; *Selgin* 1996, S. 221 f.) betonen dieses Problem zurecht als wichtigen Krisengrund der „National Banking"-Ära.

Von anderen Stimmen wird das Problem der mangelnden Elastizität des Geldangebots hingegen auf das Fehlen einer Zentralbank mit ihrer systemstabilisierenden „Lender of Last Resort"-Funktion zurückgeführt. Entsprechend wird die Gründung der Federal Reserve Bank als Zentralbank durch den Federal Reserve Act (FRA) im Jahr 1913 als echte institutionelle Verbesserung der Stabilität der Bankenmärkte interpretiert. Eine solche Interpretation des FRA erscheint jedoch zweifelhaft:

Erstens hat die bisherige Analyse gezeigt, daß die Instabilität der US-amerikanischen Bankenmärkte in erster Linie auf institutionelle Defizite zurückzuführen war. Ein Marktversagen im prozeßtheoretischen Verständnis hat dabei auch deshalb nicht vorgelegen, weil die Einleger in der „National Banking"-Ära gesunde von ungesunden Banken zu unterscheiden vermochten; um irrationale Panikphänomene scheint es sich daher in den wenigsten Fällen gehandelt zu haben. Zudem war die Zahl der letztlich geschlossenen Banken – möglicherweise mit der Ausnahme von 1893 – relativ klein (*Wicker* 2000, S. 1 f.). Die Krise von 1907, die letztlich zur Gründung der Federal Reserve führte, wird von *Calomiris* und *Gorton* (1991/2000, S. 147) angesichts der besonders geringen Zahl der Bankenkonkurse sogar als ein „Non Event" eingestuft. Interessant ist ein Vergleich des Banksektors mit Nichtbankunternehmen in dieser Zeit. *Kaufman* (1994, S. 134-139; 2000, S. 81-84) ermittelt, daß Insolvenzrate und Gläubigerverluste im Bankwesen über die Gesamtzeit der „National Banking"-Ära im Branchenvergleich gering waren. Er führt dies im wesentlichen auf die vergleichsweise große Sicherheit der Bankeinlagen zurück und erklärt damit – analog zu den Überlegungen der Intermediationstheorie – auch die geringeren Eigenkapitalquoten im Bankwesen.[239]

Zweitens konnte in Kap. 5.2.2.2.2. gezeigt werden, daß die Bankwirtschaft über Clearing Houses, die Ausgabe von Notgeld und die Suspendierung der Konvertibilität von Sichteinlagen in Bargeld durchaus in der Lage war, spontan die Geldangebotselastizität zu erhöhen. Ebenfalls unter Bezugnahme auf das kanadische Beispiel werden die Clearing Houses daher zurecht als marktendogene „second best"-Hilfslösungen interpretiert, die die destablisierende Wirkung der „branching"-Restriktionen zu einem großen Teil auszugleichen vermochten (*Dowd* 1994, S. 300 ff.; *Bordo* 1999, S. 621; *Calomiris* 2000a, S. 176). Weniger eindeutig zu beurteilen ist dagegen das zentrale Ergebnis von *Wicker* (2000, S. 115 ff., 140, 145 f.), wonach die New York Clearing Association durch die rechtzeitige Zusammenführung der gesamten Bargeldbestände der

---

239 Als weitere Faktoren für die geringen Verlustquoten nennt *Kaufman* (1994, S. 136, 138) die bereits erwähnte Praxis der doppelten Haftung für die Bankeigentümer („double liability"); zum anderen der Umstand, daß die Behörden auf einen Run üblicherweise recht zügig mit einer (zeitweise) Schließung der Bank reagiert haben.

Mitgliedsbanken und die damit verbundene Vermeidung der Suspendierung der Konvertibilität in der Lage gewesen wäre, die Krisen von 1893 und 1907 weitaus stärker abzumildern, wenn nicht vollständig zu vermeiden (ähnlich auch *Tilly* 2001).

Richtig hieran ist wohl, daß es im NYCA über den gesamten Zeitraum tatsächlich Interessenkonflikte zwischen reservearmen und -starken Banken gegeben hat, die zu tendenziell frühzeitigeren Suspendierungen geführt haben. Unter Umständen hat dies sogar panikbegünstigend gewirkt. Gleichwohl ist die Wirkung von Suspendierungen in der Literatur nach wie vor stark umstritten, da vieles dafür spricht, daß mit diesem Instrument auch Schlimmeres verhindert werden kann (*Friedman* und *Schwartz* 1963, S. 163-167; *Selgin* 1996, Chapter 11). Für die schnelle Einschränkung der Zahlungspflicht bei einer drohenden systemweiten Krise spricht, daß die Banken Zeit gewinnen können, um Problembanken auszusortieren. Auch signalisiert die Suspendierung, daß das CH die negativen Effekte für Kunden und Realwirtschaft geringer schätzt, als sie sich bei einer vollständigen Bankenpanik ergeben würden (*Gorton* und *Mullineaux* 1987, S. 465). Dagegen spricht, daß der Einsatz von Notgeld hierdurch wahrscheinlicher wird, weil die Einleger in Erwartung der Suspendierung der Konvertibilität erst recht Bargeld anstelle von Sichteinlagen halten wollen, was krisenverstärkend gewirkt haben mag (*Timberlake* 1984/2002, S. 137 f.). Unabhängig davon können aber die Notgeldemissionen der CH insgesamt jedoch als großer Erfolg der marktendogenen Systemstabilisierung angesehen werden – gerade auch vor dem Hintergrund des äußerst ungünstigen institutionellen Rahmens.

Außerdem war die zögerliche Haltung des NYCA in den fraglichen Krisen verständlich. 1893 lagen Krisenursache und -schwerpunkt außerhalb des eigentlichen Clearing Systems, nämlich bei den Banken der ländlichen Gebiete. Eine eindeutige Beistandsverpflichtung oder -notwendigkeit hat für diese nur lose über das Korrespondenzbankennetz einbezogenen ländlichen Banken nicht bestanden. Dies gilt auch für 1907, als der Krisenherd der Knickerbocker-Trust war, der ebenfalls nicht in das Clearing-System eingebunden war (*Friedman* und *Schwartz* 1963, S. 159 f.). Die Verweigerung eines Hilfskredits an diesen Trust durch das NYCA ist daher konsistent mit der bisherigen Argumentation, nach der nur die Banken in den Genuß institutionalisierter Hilfskredite gelangen dürfen, die hierfür auch ihren „Clubbeitrag" zahlen. Zudem hat die Mitgliedschaft in einem Clearing House die Reputation der betroffenen Banken in Krisenzeiten nachweislich erhöht. So waren während der Krise des Jahres 1907 die Mitgliedsbanken weitaus weniger stark von Einlagenabzügen betroffen als Nicht-Mitglieder. Illustrativ für diese vertrauensstiftende Rolle der CH – wenngleich eher anekdotisch – ist auch der Versuch der New Yorker Trusts, in den Krisentagen Ende Oktober 1907 ein eigenes CH zu gründen (*Kroszner* 2000, S. 162). Auch wenn das New Yorker Clearing House womöglich mehr zur Krisenverhinderung hätte tun können und damit die Gründung der Federal Reserve regelrecht herausgefordert hat (*Wicker* 2000), spricht viel für folgende die Position von *Timberlake* (1984/2002, S. 140 f.) und anderen regulierungskritischen Stimmen:

Danach kann der Ruf nach Gründung einer einheitlichen Notenbank als Fehlinterpretation der Krisen der „National Banking"-Ära, insbesondere der des Jahres 1907, angesehen werden. Diese hatten ihre Ursachen letztlich in den Strukturmerkmalen des amerikanischen Bankwesens (Reservevorschriften, „branching"-Verbote, geringe Elastizität des Geldangebots), die die unternehmerische Freiheit im allgemeinen und bei der Krisenprävention und -bewältigung im speziellen einschränkten. Insgesamt erscheint damit auch die Notwendigkeit der Gründung der Federal Reserve Bank mit LLR-Funktion aus Stabilitätsgründen im Rückblick zumindest zweifelhaft. Viel eher kann hierin ein weiteres (unintendiertes) Glied einer Kette von Eingriffen in die Bankwirtschaft gesehen werden, die die Selbstheilungsfähigkeit im US-amerikanischen Bankwesen bis zu Beginn des 20. Jahrhunderts mehr oder weniger stark untergraben hatten.

Zur Gründung der Federal Reserve mögen aber auch einige weitere Faktoren beigetragen haben. So führte die ungeklärte Legalität des Notgeldes dazu, daß die Ursachen seiner öffentlichen Akzeptanz und die Gründe seiner ökonomischen Zweckmäßigkeit im politischen Willensbildungsprozeß nicht einfach zu vermitteln waren (*Timberlake* 1984/2002, S. 140). Nicht unbedeutend dürfte auch gewesen sein, daß damals gerade in intellektuellen Kreisen die europäischen Vorbilder einheitlicher Zentralbanken populär waren und daß insgesamt ein politisches Klima vorherrschte, in dem interventionistische Lösungen der Bankenpolitik bevorzugt wurden. Und schließlich hätte sich die zentrale staatliche Ebene bei einer Rückkehr zum vollständigen Währungswettbewerb um alternative Einnahmequellen bemühen müssen (*Dowd* 1993, S. 190).

Der Federal Reserve Act schuf letztlich ein föderales Zentralbankensystem mit 12 unabhängigen Zentralbankdistrikten, dessen geldpolitische Koordinierung bis in die 1930er Jahre unter der losen Führung der Federal Reserve of New York erfolgte (*Bonn* 1998, S. 75). Eine Mitgliedschaft war nur für die „National Banks" verpflichtend; diese wurden wie auch in der „National Banking"-Ära weiterhin als Einfilialbank betrieben; einzelstaatlich lizenzierte „State Banks" konnten dem System freiwillig beitreten. Sie nutzen diese Möglichkeit aber kaum, so daß das US-amerikanische Bankensystem seinen dualistischen Charakter, wenn auch in abgeschwächter Form, behielt (*Tilly* 2001, S. 21). Banknoten wurden dabei nur noch von den Reserve Banks ausgegeben. Ihre Deckung erfolgte ab 1917 zu 40 Prozent mit Gold und zu 60 Prozent mit Handelswechseln, die die Mitgliedsbanken bei den Federal Reserve Banks diskontieren konnten. Im Vergleich zu der vorherigen Deckungspflicht mit Staatsanleihen führte der Federal Reserve Act damit zweifelsfrei zu einer Erhöhung der Geldangebotselastizität. Darüber hinaus konnte das Federal Reserve System die Geldbasis mit Offenmarktoperationen – also mit dem Kauf von Staatsanleihen – stützen. Solche Käufe mußten jedoch im Gegensatz zur Geldschöpfung über die Diskontierung von Handelswechseln vollständig mit Goldreserven gedeckt sein (*Eichengreen* 1992, S. 194, 296).

7.2.2.3. Die Große Depression und ihre regulatorischen Folgen

7.2.2.3.1. Verlauf der Bankenkrisen der Großen Depression

Der wichtigste Test für die Fähigkeit der noch jungen US-amerikanischen Zentralbank, das Bankwesen von den Verwerfungen des 19. Jahrhunderts zu befreien, sollte ein gutes Jahrzehnt nach ihrer Gründung mit der Weltwirtschaftskrise anstehen. Die Große Depression der Jahre 1929-1933, die praktisch die gesamte entwickelte Welt erfaßte, ist dabei ebenfalls Gegenstand einer intensiven theoretischen und wirtschaftshistorischen Diskussion.[240] Wie auch in anderen Ländern markiert die Weltwirtschaftskrise zugleich eine zentrale Wegscheide für die Entwicklung der Geld- und Bankenordnung (*Gorton* und *Winton* 2002, S. 81 f.).

Die amerikanische Erfahrung ist jedoch in zweierlei Hinsicht außergewöhnlich. *Erstens* mußten die USA über den gesamten Zeitraum des Abschwungs außergewöhnlich viele Bankenkonkurse verkraften.[241] Dabei stiegen die Insolvenzzahlen, gemessen am Niveau der „National Banking"-Ära (1865-1913) und der nochmals konkursreicheren Zeit der 1920er Jahre außergewöhnlich deutlich an.

Abbildung 16: Anstieg der Zahl der Bankenkonkurse in den 1920er Jahren und in der Großen Depression

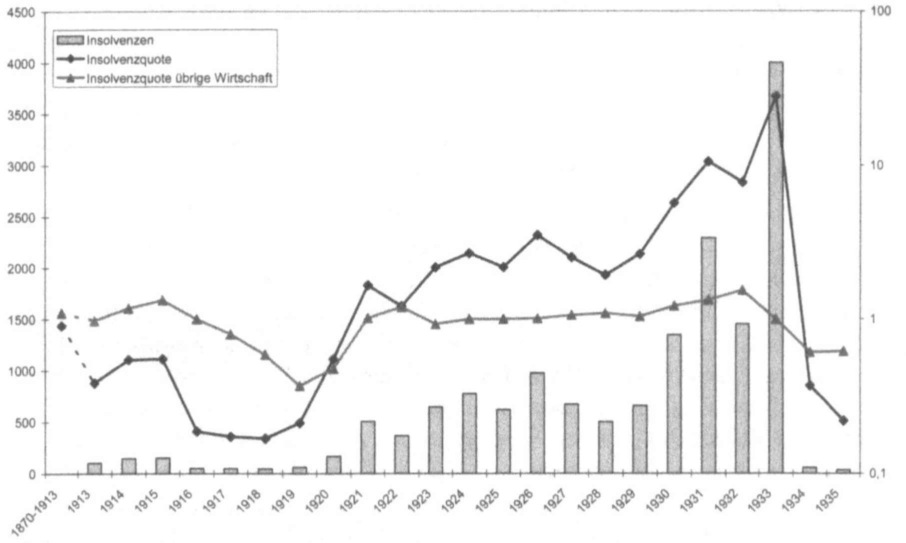

Quellen: *Bonn* (1998, S. 79); *Kaufman* (2000, S. 83) für die Zeit von 1870-1913.

Zwischen 1929 und 1933 mußten insgesamt gut 9.000 Kreditinstitute – allein 1933 waren es ungefähr 4.000 – ihre Schalter schließen. Dies entsprach in etwa einem Drittel

---

240 Die folgenden Ausführungen beruhen – wenn nicht direkt gekennzeichnet – auf Angaben bei *Friedman* und *Schwartz* (1963, Chapter 7); *Bernanke* (1983); *Calomiris* (1993), *Romer* (1993); *Wicker* (1996); *Bonn* (1998, S. 76-85); *Ibel* (2001, S. 28-33); *Calomiris* und *Mason* (2003b).

241 Damit stehen sie grundsätzlich nicht allein. Mindestens 16 andere Länder sahen sich im Zuge der Weltwirtschaftskrise solchen mehr oder weniger weitreichenden Bankenkrisen ausgesetzt, jedoch lange nicht alle Länder (*Ibel* 2001, S. 33; *Gorton* und *Winton* 2002, S. 82).

der gesamten Bankwirtschaft (*Friedman* und *Schwartz* 1963, S. 351). Die außergewöhnlich hohe Zahl wird daher *zweitens* auch als eine Ursache dafür angesehen, daß die amerikanische Rezession bei vergleichbarer Deflationsentwicklung (vgl. *Termin* 1993, S. 90) besonders tief und lang ausgefallen ist (vgl. *Romer* 1993, S. 22 f.).[242] Neben der allgemeinen Verunsicherung, die sich ausbreitete, werden im wesentlichen die zwei Transmissionskanäle der Bankenkonkurse in den Realsektor genannt, die bereits in Kap. 2.2. angedeutet worden sind (vgl. *Calomiris* 1993):

- *Friedman* und *Schwartz* (1963) betonen die drastische Verringerung des Geldangebotsmultiplikators und damit des Geldangebots insgesamt sowie die daraus resultierende Deflation über die Krisenjahre. Sie schreiben dabei auch dem direkten Vermögensverlusten der Einleger in Höhe von 2,5 Milliarden Dollar eine Rolle zu, gleichwohl eine untergeordnete.[243]
- *Bernanke* (1983) ergänzt diese Sichtweise unter Bezug auf *Fisher* (1933). Danach waren vor allem drastisch steigende Finanzierungskosten bzw. – allgemeiner –Intermediationskosten und der durch sie induzierte Zusammenbruch des volkswirtschaftlichen Kreditangebots für die Verschärfung der Rezession verantwortlich. Der Mechanismus hierfür beruht auf den Effekten einer nicht antizipierten Deflation auf die Nettovermögenspositionen bei Banken und ihren Schuldnern. Zum einen erhöhte die Deflation den Realwert von Verbindlichkeiten bei den Bankschuldnern massiv gegenüber den laufenden Einkommen, was die Schuldendienstfähigkeit,

---

242 Über die Ursachen der Großen Depression wird nach wie vor viel diskutiert. Einen Erklärungsbeitrag liefern sicher auch nicht antizipierte Schocks. So begann die konjunkturelle Abschwächung im August 1929. Als eigentlicher Ausgangspunkt der Rezession gilt jedoch nach herrschender Auffassung der drastische Kursverfall an der New Yorker Börse zwischen dem 24.10.1929 („black thursday") und dem 28.10.1929 („black tuesday"). Hierauf folgte ein langanhaltender Einbruch des Aktienmarktes, bei dem zwischen September 1929 bis Juli 1932 90 Prozent des Aktienvermögens „vernichtet" wurden.

Der drastische Rückgang der Aktienkurse verunsicherte die Konsumenten und wirkte über Vermögenseffekte auf das private Konsumverhalten. *Romer* (1993) erklärt mit dem dadurch induzierten massiven Einbruch des Konsums die erste scharfe Krisenphase der Jahre 1929 bis 1930 und den Beginn der verstärkten Deflation. Gemessen an früheren Problemlagen war der konjunkturelle Einbruch der ersten beiden Krisenjahre zwar groß, aber auch nicht wesentlich größer als etwa in den Jahren 1908 oder 1914. Zudem lassen sich die frühen und scharfen realwirtschaftlichen Korrekturen teilweise auch mit vorangegangenen Fehlallokationen und Übertreibungen auf dem Aktienmarkt in der langen Phase der Prosperität der 1920er Jahre und eines generellen Optimismus begründen. Es fällt jedoch schwer, die folgenden (weltweiten) Ereignisse mit einer solchen realwirtschaftlichen Krisentheorie allein zu begründen. Siehe hierzu und für die Diskussion über die Gründe des Beginns der Weltwirtschaftskrise auch *Haberler* (1976).

243 *Friedman* und *Schwartz* (1963, S. 351 ff.) stufen diesen direkten Effekt schon deshalb als vergleichsweise mild ein, weil im Vergleich zu dem Vermögenseffekt, der durch den Einbruch der Aktienmärkte entstanden ist, mild ausgefallen ist. Für wichtiger erachten sie daher auch den indirekten multiplikativen Effekt der Bankenkonkurse auf das aggregierte Geldangebot. Dieser ist erheblich stärker ausgefallen als etwa in Kanada, das hinsichtlich anderer Indikatoren in vergleichbarem Ausmaß unter der Rezession gelitten hat – gleichwohl ohne Bankenkonkurse.

Konsumbereitschaft und Erwartungsbildung belastete. Zum zweiten bedrohten Kreditausfälle und sinkende Werte des Finanzvermögens die wirtschaftliche Existenz der Banken selbst, so daß diese sich gezwungen sahen, ihr Kreditangebot drastisch einzuschränken, woraus wiederum (multiplikative) Effekte in der Realwirtschaft resultierten.[244]

7.2.2.3.2. Ursachenanalyse: Markt- oder Staatsversagen?

Angesichts der Bedeutung der geschilderten finanziellen Faktoren für Tiefe und Länge der Depression, wundert es zunächst nicht, daß dies Anlaß für massive regulatorische Veränderungen gab, die in Kap. 7.2.2.3.3. näher erläutert werden. Für die rückblickende Beurteilung der Notwendigkeit dieser Maßnahmen ist muß jedoch vorab geklärt werden, ob die Bankenkrisen der Weltwirtschaftskrise als Ausdruck eins gigantischen Marktversagens gewertet werden können.

Bei näherem Hinsehen muß ein solches Urteil jedoch in mehrfacher Hinsicht in Frage gestellt werden: *Erstens* bestehen begründete Zweifel daran, ob die Bankenkrisen überhaupt die gesamte USA betrafen (Systemkrise). *Zweitens* ist fraglich, ob ihre Ursachen und ihre Ausbreitung im Sinne der Marktversagensthese gewertet werden können – also als eine wenig differenzierende Gläubigerreaktionen. Und *drittens* spricht vieles dafür, daß die tieferen Ursachen auch der Großen Depression und der sie begleitenden Bankenkrisen am ehesten in einem Staatsversagen zu suchen sind.

Der erste Kritikpunkt an der Marktversagensthese wird vor allem von *Wicker*s (1996) umfangreichen empirischen Analyse gestützt, in der das Marktversagensargument hinsichtlich seiner geographischen Ausdehnung erheblich eingeschränkt wird. Er kommt zu dem Schluß, daß bestenfalls die vierte der vier von *Friedman* und *Schwartz* (1963) identifizierten Krisenwellen in das Muster einer landesweiten Systemkrise paßt.[245] Bei den Bankenkonkursen bis 1933 hat es sich dagegen um regional begrenzte Phänomene mit Schwerpunkt in den ländlichen Gebieten gehandelt,[246] so daß hierin im wesentlichen die (verschärfte) Fortsetzung der bereits begonnenen Bankkonsolidierung der 1920er Jahre gesehen werden kann (siehe *Ibel* 2001, S. 33 f.; *Calomiris* und *Mason* 2003b, S. 3-7).

Wichtiger ist jedoch der zweite Kritikpunkt, wonach sich die fraglichen Krisen kaum auf panikartige Einlegerreaktionen zurückführen lassen, wie es zur Rechtfertigung von Bankenregulierung notwendig wäre. Hierfür spricht bereits die Tatsache, daß über ein

---

244 Weniger wahrscheinlich scheint indes die in den 1930er Jahren populäre Einschätzung, nach der der Rückgang der Kreditmenge überwiegend auf einen Rückgang der Kreditnachfrage zurückzuführen ist. Siehe *Calomiris* und *Mason* (2003a).

245 *Friedman* und *Schwartz* (1963) identifizieren folgende Zeiträume gehäufter Konkurse: 1. Welle (November 1930 – Januar 1931), 2. Welle (Marz/April – August 1931); 3. Welle (September – Dezember 1931), 4. Welle (Ende 1932 – März 1933).

246 Der Krisenschwerpunkt in den ländlichen Gebieten steht im deutlichen Gegensatz zu den Erfahrungen der „National Banking“-Ära, in der der Schwerpunkt zumeist im New Yorker Geldmarkt lag (*Wicker* 1996).

Drittel der Bankenkonkurse außerhalb der vier Krisenwellen stattgefunden hat. Neuere empirische Arbeiten von *Calomiris* und *Mason* (1997, 2003b) deuten zudem darauf hin, daß trotz der ungeheuren wirtschaftlichen Zerrüttungen nur die Banken aus dem Markt ausgeschieden sind, denen bereits im Vorfeld eine erhöhte Krisenanfälligkeit – etwa gegenüber (regionalen) Veränderungen der Rahmenbedingungen und Wirtschaftsdaten – bescheinigt werden kann.[247] Trotz der zweifellos massiven Unsicherheit der Einleger während der Großen Depression hat es damit keine (nennenswerte) Homogenisierung der Erwartungen gegeben. Vielmehr waren die Einlagenabzüge Ausdruck einer funktionsfähigen Marktkontrolle – „a source of market discipline that penalizes banks for observable weakness“ (*Calomiris* 1999, S. 6).

Für die Bankenkrisen bis 1933 gibt es daher keinen Grund, von einem landesweiten Marktversagen im Sinne des „pure contagion“ zu sprechen. Selbst Regulierungskritiker müssen gleichwohl anerkennen, daß dies für die abschließende und besonders schwerwiegende Konkurswelle des Jahres 1933 nicht (uneingeschränkt) gilt, die erst mit nationalen Bankfeiertagen zwischen dem 13. und 15. März 1933 beendet werden konnte. Zumindest in geographischer Hinsicht kann diese als nationales und systemweites Phänomen aufgefaßt werden. Auch die sonst eher kritischen *Calomiris* und *Mason* (2003b, S. 26) können in ihrer Untersuchung nicht ausschließen, daß es hierbei zu „echten“ Ansteckungseffekten und „unbegründeten“ Panikreaktionen der Einleger gekommen ist.

Aber auch diese Erkenntnis ist aus zwei Gründen nicht zwingend ein Argument für Marktversagen. Zum einen dürfte die Verunsicherung unter den Einlegern 1933 nach drei Jahren fortgesetzter Bankenkonkurse und anhaltender Deflation ein vorher nie gekanntes Ausmaß erreicht haben. Zum zweiten ist eine solche Sichtweise geeignet, die tieferliegenden Ursachen der Bankenpleiten zu übersehen oder zu verharmlosen. Nachweislich haben exogene Schocks und makroökonomische Faktoren wie die sinkenden Preise für Agrarprodukte, der Verfall der Aktienpreise, der massive Rückgang der Vermögenswerte sowie die hierdurch bewirkte Verunsicherung weiter Kreise der Bevölkerung krisenbegünstigend gewirkt (*Gorton* und *Wilson* 2002, S. 82). Wie auch in den jüngeren Krisenepisoden (siehe Kap. 6.4.) können solche Faktoren aber kaum das gesamte Ausmaß der Krise erklären. Die entscheidende Frage lautet deshalb: Warum gab es eine solche große Zahl wirtschaftlich geschwächter Banken?

Die Antwort hierauf ist in einer Kombination verschiedener institutioneller Einflüsse zu suchen. Im ganzen ist das US-amerikanische Beispiel wie überhaupt die Weltwirtschaftskrise Ausdruck eines besonders weitreichenden Staatsversagens in der Geld-, Währungs- und Bankenordnung. Ohne auf die zum Teil sehr nuancierten Interpretationsunterschiede eingehen zu können, sind für die Tiefe der amerikanischen Rezession und die sie begleitenden und verschärfenden Bankenkrisen verantwortlich: (1) eine verfehlte Politik der Federal Reserve (und anderer Zentralbanken), (2) das Festhalten

---

[247] Einschränkend sei angemerkt, daß *Calomiris* und *Mason* (2003b, S. 28) nur Federal Reserve-Mitgliedsbanken untersuchen. Die Krisenursachen von Nichtmitgliedsbanken – obwohl prozentual und absolut stärker betroffen – werden dagegen nicht analysiert.

am Festkurssystem des Gold-Devisen-Standards, (3) institutionelle Defizite, zum großen Teil fortgeschrieben aus der „National Banking"-Ära.

Zu (1): Verfehlte Politik der Federal Reserve

Einen – wenn nicht den wichtigsten – Beitrag liefert die völlig verfehlte Geldpolitik der Federal Reserve Bank. Diese hat nicht nur eine scharfe Deflation über (fast) den gesamten Zeitraum bis 1933 zugelassen, sie ist außerdem nicht entscheidend gegen die sich ausbreitenden Schwierigkeiten im Finanzsektor eingeschritten, *obwohl* sie 1913 genau zu diesem Zweck gegründet worden war.[248] Eine entschlossene Verbilligung der Zentralbankliquidität – sei es über ausgedehnte Offenmarktoperationen (*Friedman* und *Schwartz* 1963) oder prinzipiell problematischere direkte „Lender of Last Resort"-Maßnahmen (*Calomiris* 1993, S. 72-75) – hätte es den Banken leichter gemacht, die sich zuspitzenden Einlagenabzüge zu kompensieren und sie vor der Notwendigkeit bewahrt, ihre eigenen Aktiva vorzeitig und verlustbringend aufzulösen. Dagegen wurden die Zentralbankzinsen vor der dritten und vierten Krisenwelle sogar erhöht, bei den anderen Wellen ist zumindest eine zu passive Politik festzustellen. Die Ursachen für diese „konservative Gesamtmentalität" der Fed (*Tilly* 2001, S. 21) sind vielfältig: *Erstens* dürfte die in der dezentralen Organisationsstruktur begründete Langwierigkeit der Abstimmungsprozesse innerhalb des für diese Fragen zuständigen Offenmarktausschusses und seines Nachfolgegremiums ab Frühjahr 1930 eine wichtige Rolle gespielt haben. Insbesondere kam es nach dem Tod von *Benjamin Strong* 1928 zu einem Machtvakuum in diesem Gremium (*Friedman* und *Schwartz* 1963, S. 407-419). Das Fehlen einer dominanten (Unternehmer-)Persönlichkeit führte gleichzeitig zu einer relativen Machtverschiebung zulasten des zentralen Reserveplatzes New York, dem für das Krisenmanagement früherer Jahre eine zentrale Bedeutung zugekommen war. Dies äußerte sich 1933 zum Beispiel darin, daß Liquiditätshilfen der 12 Distriktbanken untereinander zunehmend erschwert und teilweise sogar verweigert wurden (siehe *Eichengreen* 1992, S. 325 f.).

Zweitens dürfte die zögerliche Haltung auf eine fehlerhafte Interpretation der Geschehnisse zurückzuführen sein. Mehr als umstritten ist, ob die ersten beiden Bankenkrisen der frühen Phase tatsächlich ein hausgemachtes Problem der Bankwirtschaft waren, wie es die Fed vermutete und die daher wenig gegen die sich ausbreitenden Probleme tat. Auch die Angst der Fed vor einer wiederaufkeimenden Finanzmarktspekulation wird als Argument für eine zu wenig expansive Politik genannt. Ab Anfang 1932 erfolgte dann zwar ein Strategiewechsel; die nun expansivere Geldpolitik wird aber ebenfalls als (noch) zu zögerlich angesehen. Insbesondere faßte die Fed die wieder steigenden Reserven der Bankwirtschaft zu Unrecht als Zeichen monetärer Erleichterung auf, anstatt als Zeichen rationaler Selbstvorsorge der Kreditwirtschaft nach den

---

[248] Der Fed wird dabei indirekt noch eine weitere Mitschuld zugeschrieben. So dürfte die Erwartung, mit der Gründung der Zentralbank im Jahr 1913 endgültig das Finanzsystem stabilisiert zu haben, überhaupt erst zum Aufbau der Aktienblase beigetragen haben. Insofern wird auch verständlich, daß die Zinserhöhung, die zum Platzen dieser Blase führte, ebenfalls als ein Fehler der Fed gewertet wird (vgl. *Ibel* 2001, S. 29).

ersten drei Krisenwellen, in denen sich die Banken zudem nicht auf den LLR der Zentralbank verlassen konnten. *Drittens* wird das geldpolitische Fehlverhalten auch damit begründet, daß sich die Federal Reserve-Banken zumindest zu Beginn nicht verantwortlich für die besonders stark betroffenen, aber wegen ihrer einzelstaatlichen Lizenzen nicht dem System angeschlossenen Banken fühlten.[249]

Zu (2): Festhalten am Festkurssystem

Die US-amerikanische Geldpolitik wurde *viertens* faktisch durch die Funktionsweise des Gold-Devisen-Standards bestimmt.[250] Als zentraler Bestandteil der Weltwährungsordnung trug dieses System fester Wechselkurse zugleich eine entscheidende Mitverantwortung dafür, daß die Weltwirtschaftskrise die gesamte entwickelte Welt gleichzeitig erfassen konnte (*Eichengreen* 1992, S. xi). Wie bereits in Kap. 6.1. für moderne Bankenkrisen nachgewiesen wurde, kann sich in jedem Festkurssystem für die Zentralbank ein Entscheidungskonflikt ergeben zwischen der Stabilität des Wechselkurses nach außen und der Stabilität des Bankensystems nach innen. Sieht sich die Zentralbank gezwungen oder entscheidet sie sich, einer Abwertungstendenz durch eine restriktive Geldpolitik zu begegnen, so verteuern sich hierdurch die Refinanzierungsmöglichkeiten der heimischen Kreditwirtschaft und über diese auch die der inländischen Wirtschaft. Außerdem entsteht ein deflatorischer Druck, der tendenziell den Realwert von bestehenden Verbindlichkeiten erhöht und damit Kreditausfälle wahrscheinlicher werden läßt. Können diese Effekte nicht durch eine ausreichende Preis- und Lohnflexibilität im Inland kompensiert werden und/oder ist das Kreditsystem nicht in der Lage, die Verschlechterungen seiner Refinanzierung und die möglicherweise steigenden Aktivrisiken zu verkraften, dann werden Bankenkrisen wahrscheinlicher. Genau dieser zentrale Zielkonflikt stellte sich auch für die Federal Reserve während der Krisenjahre. Durch die 40prozentige Deckungspflicht der Dollar-Banknoten mit Gold konnte das Federal Reserve-System nur in dem Maße zusätzliche Banknoten in Umlauf bringen, in dem es über ausreichende Goldreserven verfügte. Im Inland hing die Einhaltung der Deckungsverpflichtung von der Bargeldhaltung und den inländischen Konvertibilitätsforderungen ab. Durch das internationale Festkurssystem hing die Höhe der Goldreserven aber auch davon ab, inwieweit ausländische Zentralbanken ihre Dollarreserven in Gold eintauschten.

---

[249] Grundsätzlich positiver schätzt *Wicker* (1996, S. 154-157) die Rolle der Federal Reserve Bank ein. Danach gelang es der Zentralbank zumindest, die in den Krisen der „National Banking"-Ära entscheidenden Verwerfungen des New Yorker Bankenmarktes zu verhindern, in dem die Reservebestände dort stabilisiert werden konnten.

[250] Anders als der reine Goldstandard des 19. und frühen 20. Jh. wurde der Wechselkurs zwischen den beteiligten Ländern hierbei nicht mehr automatisch durch die Goldparität, sondern politisch festgelegt. Darüber hinaus konnten von den beteiligten Ländern neben Gold auch eine der beiden Reservewährungen Dollar und Pfund Sterling als Deckungsmittel verwendet werden. Die Möglichkeit, das internationale Reservemedium selbst drucken zu können, erlaubte den beiden Reserveländern eine relative Freiheit ihrer Wirtschafts- und insbesondere Geldpolitik, solange die anderen beteiligten Ländern ihre Währungsreserven nicht in das unterlegte Gold umtauschen wollten.

Jede Konvertibilitätsforderung des Auslandes in Gold reduzierte die Goldreserven der amerikanischen Notenbank. Entsprechend schwand die Möglichkeit zur primären Liquiditätsschöpfung durch das Zentralbanksystem. Tatsächlich wurden die USA in der fraglichen Zeit mehrfach mit einem Abwertungsdruck bzw. mit (drohenden) Goldexporten – insbesondere durch die dollarreservenstarke französische Zentralbank – konfrontiert. Die Zinserhöhungen vor dem Börsencrash und nach dem Ausscheiden Großbritanniens aus dem Festkurssystem im September 1931 sowie die allgemein zögerliche Liquiditätspolitik werden daher teilweise der Angst zugeschrieben, hiermit das Ende des Gold-Devisen-Standards und eine massive Abwertung des Dollars zu provozieren.[251] Auch die allgemeine Angst vor einer Dollarabwertung im Vorfeld der entscheidenden Krise von 1933 hängt wohl hiermit zusammen – im engen Zusammenhang zum US-amerikanischen Wahlkampf stehend. In dieser Phase mischten sich auch erstmals die zunehmenden Konvertibilitätsforderungen der Inländer („internal drain") mit den ebenfalls zunehmenden Eintauschbegehren der ausländischen Besitzer von Dollarguthaben („external drain"). Das lange Festhalten am Goldstandard über den Zeitpunkt der Abwertung Großbritanniens in 1931 hinaus wird daher zumeist als weiterer krisenverstärkender Faktor interpretiert, über dessen tatsächliche Wirkung auf die Bankenkrisen noch Uneinigkeit besteht (siehe z. B. *Wicker* 1996, S. 161 f.). Ebenso ist man sich uneins, ob sich aus dem Gold-Devisen-Standard eine tatsächliche Restriktion für das Han-

---

[251] Das Ausscheiden Großbritanniens und auch anderer Länder kann dabei als Folge der Konstruktionsdefizite des Gold-Devisen-Standards – also als ordnungsbedingt – angesehen werden. Einmal führte die Politisierung der Wechselkurse und ein unglücklich gewähltes Referenzjahr für die Fixierung schon zu Beginn zu unrealistischen Wechselkursen. Entscheidend war jedoch, daß sich die beteiligten Länder in der Folge nicht entsprechend der Funktionsbedingungen des Gold-Devisen-Standards verhielten. Diese hätten verlangt, daß Länder mit unterbewerteten Währungen, die einen Gold- oder Devisenimport unterlagen, eine expansive Geldpolitik betreiben hätten müssen. Dies trifft auf Frankreich und vor 1930/31 auch auf die USA zu. Anstelle dessen wurden hier die außenwirtschaftlichen Effekte auf die Geldbasis durch Sterilisation unterbunden. Mit der Hortung von Gold- und Devisenreserven lastete der gesamte Anpassungsdruck asymmetrisch auf den Ländern, deren Währungen von den Märkten als überbewertet empfunden wurden. So sahen sich Deutschland und Großbritannien dazu gezwungen, im Angesicht schwindender (Gold-)Reserven eine um so stärkere und den binnenwirtschaftlichen Gegebenheiten unangemessen starke monetäre Restriktionspolitik zu betreiben. Daher spricht einiges dafür, daß das Scheitern des Goldstandards ebenso wie die Depression selbst zu einem guten Teil der viel zu zögerlichen Geldpolitik Frankreichs und vor allem der USA zugeschrieben werden kann, die als bestimmendes Ankerland zumindest in der frühen Phase in der Lage gewesen wären, die weltweite Deflationsspirale zu stoppen (in diesem Sinne *Haberler* 1976, S. 239 f.; *Bernanke* und *James* 1991, S. 39 ff.). So gefährdete in den USA ein Kapitalabzug ausländischer Gläubiger nicht in dem Maße die Zahlungsfähigkeit des Bankensektors wie in kleineren Volkswirtschaften, in denen der prozentuale Anteil der ausländischen Einleger im Bankenwesen deutlich größer ausfiel (*Termin* 1993, S. 92). Zum Scheitern des Festkurssystems dürfte auch beigetragen haben, daß die durch deflatorische Tendenzen erzielten positiven Wettbewerbseffekte auf den Gütermärkten nicht voll zum Tragen kommen konnten, weil die Länder mit Goldzuflüssen dem mit protektionistischen Maßnahmen entgegentraten bzw. ein politisch unsicheres Klima mit nationalistischen und protektionistischen Züge verbreitete, das die anspruchsvollen Spielregeln eines Festkurssystems von vornherein in Frage stellte.

deln der Fed ergab (*Eichengreen* 1992, S. 289-98, 323-332; *Calomiris* 1993, S. 66 f.; *Romer* 1993, S. 33 f.; *Termin* 1993, S. 94-96), oder ob die Fed eigentlich über ausreichende Goldreserven verfügte, um die Konvertibilitätsforderungen erfüllen zu können, diese nur nicht entschieden genug einsetzte (*Friedman* und *Schwartz* 1963).

Unabhängig davon ist aber die restriktive Politik der Federal Reserve in jedem Fall als verfehlt zu bezeichnen. Allein auf dieses Versäumnis zu rekurrieren, greift jedoch zu kurz, denn so werden die Krisen häufig implizit einem Marktversagen zugeschrieben, das durch ein entsprechende LLR-Politik zu heilen gewesen wäre.

Zu (3): institutionelle Defizite

Empirisch ist eine solche Interpretation aber selbst für die Große Depression nicht gerechtfertigt. Werden zusätzlich zu den geldpolitischen Fehlern der Fed die institutionellen Bedingungen der US-amerikanischen Bankenmärkte in die Ursachenanalyse einbezogen, so liegt es mit *Selgin* (1996, S. 204 f.; 250 f.) nahe, „a more fundamental role of governmental interference" in der Bankenordnung für die katastrophalen Auswirkungen der Rezession in den USA zu sehen.

So haben mit Sicherheit politische Faktoren z. B. die Konstruktion und die Arbeit der Reconstruction Finance Cooperation (RFC) aus dem Jahr 1932 beeinflußt. Diese kann als eine Art staatlicher LLR interpretiert werden, denn sie sollte notleidende, aber grundsätzlich solvente Banken durch (vorübergehende) Kredithilfen wieder lebensfähig machen. Tatsächlich kam die RFC ihrer Aufgabe auch mit einem gewissen Erfolg nach. Nach heftigen Auseinandersetzungen der politischen Lager wurde Anfang 1933 jedoch beschlossen, daß die RFC in der Folge alle diejenigen Banken bekannt geben sollte, die einen Behelfskredit erhielten oder erhalten hatten. Da eine solche Veröffentlichung jedoch von den Einlegern als negatives Vertrauenssignal mißgedeutet werden konnte und es entsprechend zu Runs kam, unterließen es die Banken fortan überwiegend, um Hilfe zu ersuchen (*Bonn* 1998, S. 81).

Deutlicher wird die institutionelle Bedingtheit der entscheidenden Krise von 1933 jedoch, wenn die Praxis der schließlich verhängten Bankfeiertage mit der des 19. Jh. verglichen wird (*Friedman* und *Schwartz* 1963, S. 328-330; *Selgin* 1996, S. 248, 250 f.). So unterschied sich zunächst einmal die Ausgestaltung der Suspendierung von Bankgeschäften. Anders als in früheren Krisenperioden wurde über die gesamte Zeit von 1929-1933 nicht nur die Konvertibilität von Einlagen in Basisgeld unterdrückt, sondern das gesamte Bankgeschäft stillgelegt. Auch Notgeldemissionen konnten daher nicht stattfinden. Clearinghäuser in New York und an anderen Orten bemühten sich mehrfach um eine Erlaubnis beim Finanzministerium; diese wurde jedoch mit dem Hinweis verwehrt, die Notgeldemission obliege allein der Federal Reserve Bank, die dafür über das Monopol verfüge (*Selgin* 1996, S. 204 f.). Darüber hinaus erfolgten die Suspendierungen erst dann, als sich die Banken bereits in ernsten Liquiditätsschwierigkeiten befanden und damit mögliche Reserven weitgehend verbraucht waren.

1933 kommt ein weiterer Aspekt hinzu. Die Schließung der Banken erfolgte vollständig unkoordiniert: Beginnend mit Nevada im späten Oktober 1932, erließen immer mehr Bundesstaaten Bankfeiertage für die von ihnen konzessionierten Banken. Diese umfangreiche und unkoordinierte Schließung verursachte einerseits einen verstärkten

Abzug der Interbankeneinlagen, als sich die suspendierten Banken unter der errichteten Schutzglocke um einer Verbesserung ihrer Liquiditätsposition bemühten. Andererseits nährten sie in zunehmendem Maße die Erwartung der Einleger anderer Staaten, bald ebenfalls eine vollständige Schließung des Kreditsystems zu erleben. Zum Schutz vor den Folgen kam es zu einer erneuten Erhöhung der Einlagenabzüge, so daß die bundesweiten Bankfeiertage Anfang März vermutlich als unvermeidliche Folge der unkoordinierten Notmaßnahmen verstanden werden können (*Friedman* und *Schwartz* 1963, S. 326 f.).

Abbildung 17: Größenvergleich insolventer und aller Banken in den USA während der Weltwirtschaftskrise

	Einlagen pro Bank (in 1.000 US-Dollar)	
Jahr	Insolvente Banken	Alle Banken
1929	349,99	1.977,77
1930	620,07	2.165,08
1931	737,13	2.183,29
1932	486,60	1,903,38
1933	899,18	2.257,90

Quelle: *Shugart* (1988, S. 94).

Die bisher genannten Faktoren genügen aber trotz ihrer negativen Wirkungen insgesamt kaum, um die extreme Schließungswelle der Jahre 1929-1933 erklären zu können. Wie in früheren Krisen auch, dürfte hierfür vor allem die institutionell bedingte Verletzlichkeit des Bankensystems verantwortlich sein. „Branching"-Verbote auf bundes- und einzelstaatlicher Ebene stützten nach wie vor das „archaische Einzelbankensystem" (*Haberler* 1976, S. 237), das den außergewöhnlichen und teilweise regional beschränkten Veränderungen der makroökonomischen Rahmendaten vergleichsweise hilflos ausgeliefert war. Die Folge hiervon war erneut, daß die Mehrzahl der Insolvenzen auf kleinere Banken entfiel, wie Abbildung 17 zeigt.

Diese aggregierte Darstellung verdeckt gleichwohl etwas, daß Ausmaß und Auswirkungen der Bankenkrisen zwischen 1929 und 1933 in Abhängigkeit von den einzelstaatlichen Lizenzierungs- und Regulierungsmaßnahmen regional höchst unterschiedlich auffielen. Eine besonders umfangreiche empirische Analyse hierzu bietet *Mitchener* (2003), der die große Vielfalt einzelstaatlicher Regulierungsmuster in Beziehung zu den beobachteten Suspendierungsquoten setzt. Diese lagen zwischen null Prozent und knapp 100 Prozent. Es gab also einerseits Staaten, die praktisch keinerlei Bankenschließungen erlebten, während andere ihr gesamtes Banksystem „verloren". So lag der Durchschnitt der jährlichen Suspendierungsquoten in den nordöstlichen Staaten bei ca. vier Prozent, während die Staaten des Mittleren Westens auf weit über 10 Prozent kamen. Darüber hinaus bestätigen die empirischen Ergebnisse *Mitchener*s (2003) erneut die Problematik der Beschränkung von Filialgründungen. In allen durchgeführten Regressionen hat das Verbot von Filialgründungen einen signifikant positiven bzw. die Erlaubnis zu (eingeschränkten) Filialnetzen einen signifikant negativen Einfluß auf die Suspendierungsquote.[252] Darüber hinaus finden sich auch Hinweise darauf, daß eine längere Amtszeit der Bankenaufseher sowie eine alleinige Verantwortung für die Lizenzvergabe durch die Aufsicht die Insolvenzrate deutlich erhöht. Dies läßt sich nach *Mitchener* (2003, S. 16 ff.) – gestützt auf Aussagen von Beobachtern dieser Zeit – dahingehend interpretieren, daß ein höheres Maß an diskretionären Handlungsspielräumen die Bankenaufseher anfällig für Rent-Seeking und Korruption machte, wodurch die Prüfung der Bankwirtschaft nicht immer nach „harten Kriterien" erfolgte. Gleichwohl haben andere Regulierungen die Stabilität der Bankenmärkte in den 1930er Jahren erhöht und Run-Probleme begrenzt.[253] Ob dies aber grundsätzlich im Widerspruch zu den Aussagen der „Free Banking"-Schule oder einer allgemein regulierungskritischen Position steht, erscheint fraglich, da die Ergebnisse immer vor dem Hintergrund der bestehenden institutionellen Bedingungen an anderer Stelle interpretiert werden müssen. So erfassen *Mitcheners* empirische Ergebnisse nur eingeschränkt die Rolle der Federal Reserve Bank; auch den möglichen Einfluß bundesweiter Filialnetze können sie nicht abbilden, da es diese nicht gab.

Ein erneuter Vergleich mit Kanada, das unter realwirtschaftlichen Gesichtspunkten ähnlich von der Weltwirtschaftskrise betroffen war, kann dieses analytische Problem verringern. Hier verhinderten – wie schon in der „National Banking"-Ära – die landesweiten Filialnetze, ein aktiver Übernahmemarkt und die immer noch bestehende Möglichkeit der eigenverantwortlichen Notgeldemission innerhalb des Bankensektors jeden Bankenkonkurs während der großen Depression (*Selgin* 1996, S. 204, 208 f.).[254] Alles in

---

252 23 der damals 48 Bundesstaaten besaßen ein Einzelfilialensystem, während nur acht der Staaten staatenweites „branching" ausdrücklich gestatteten. Die verbleibenden Staaten praktizierten eine Zwischenform (also regionale oder zumindest stadtweite Filialnetze) oder besaßen überhaupt keine Filialgesetzgebung. Letzteres lief zumeist darauf hinaus, Filialen ebenfalls weitgehend zu verbieten.

253 So setzt die alleinige Verantwortung der Aufsicht für die Schließung von Banken ohne Einschaltung von Gerichten die Insolvenzrate herab; auch hohe Eigenkapitalanforderungen wirkten krisenmildernd. *Mitcheners* (2003) Studie neigt aber insgesamt dazu, die Problematik der Bankenschließungen zu überschätzen, als sie sich auf Banken konzentriert, deren Zahlungen suspendiert wurden (S. 13, Fn. 16). Nach einer Suspendierung weitergeführte Banken werden dabei gleich behandelt wie solche, die endgültig in Konkurs gingen.

254 Bei diesem Vergleich mit Kanada müssen allerdings noch weitere Faktoren beachtet werden (*Calomiris* 1993, S. 76 ff.): (1) Kanada war auch deshalb weniger anfällig, weil der Verschuldungsgrad vor der Großen Depression geringer war. Deflatorische Tendenzen hatten daher geringere Realvermögenseffekte als in den USA. (2) Der höhere Konzentrationsgrad des kanadischen Systems könnte zudem Nachverhandlungen und Krisenmanagement vereinfacht haben. Anders sehen dies *Kryzanowski* und *Roberts* (1993). Diese erkennen zwar an, daß das kanadische Bankwesen wegen seiner weitreichenden Filialnetze weniger anfällig für regionale Schocks war. Die Abwesenheit von Bankenkonkursen führen sie gleichwohl auch auf eine „forbearance"-Politik und auf implizite Garantien der kanadischen Regierung zurück. Für diese Interpretation mag sprechen, daß die kanadische Regierung während der Krisen 1907 und 1914 tatsächlich helfend eingegriffen hat (*Bordo* 1991/2002). Dagegen spricht, daß staatliche Hilfsleistungen in Kanada erst 1907 und gegen den Widerstand der Bankwirtschaft eingeführt wurden und es auch vor diesem

allem deuten die empirischen Erkenntnisse zu den Bankenkrisen der Großen Depression damit darauf hin, daß die institutionellen Gegebenheiten – insbesondere die Markteintrittsbarrieren in Form von „branching"-Verboten – die Ausbreitung der Krisen insgesamt, vor allem aber ihre regionale Konzentration erheblich beeinflußt haben.

Zusammenfassung:

Die Bankenkrisen der Großen Depression müssen insgesamt als Ausdruck eines weitreichenden und komplex verwobenen Staatsversagens sowohl in der Geld- und Währungspolitik als auch in der Bankenordnungspolitik im engeren Sinne verstanden werden. Dieses kann vielfach nur vor dem Hintergrund der langen pfadabhängigen Entwicklung der Ordnungsmuster verstanden werden. Die Persistenz der Probleme des amerikanischen Bankenmarktes über den gesamten frühen Zeitraum mit ihrem Kulminationspunkt in der Weltwirtschaftskrise passen dabei gut in das Muster einer sich selbst verstärkenden Interventionskette. Einer der prominentesten Vertreter der „Free Banking"-Schule bringt diesen Gedankengang auf den Punkt (*Dowd* 1993, S. 200):

> „A system that had been set up to counter an (imaginary) market failure – to counter the inherent instability of banking under laissez faire – had ended up producing government failure on an unprecedented scale. The ultimate irony was that the roots of the most public finance disaster in US history lay in the unit banking system which had been set up in the first place to raise revenue for the government."

Ob bei der Betrachtung der Regulierungsschritte auch die Gründung der Federal Reserve Bank als grundsätzlicher Fehler angesehen werden muß, wie es das obige Zitat nahelegt, ist dagegen weniger eindeutig, wenngleich die Geschehnisse in Kanada, die empirischen Ergebnisse der „Free Banking"-Schule und die theoretischen Überlegungen zu Interventionsketten diese Interpretation stützen. Außerdem sollten die Hinweise nachdenklich stimmen, daß die Gründung der Fed das Risikoverhalten der Einleger verändert hat, indem sie erst später auf verschlechterte makroökonomische und bankindividuelle Risikofaktoren reagierten (*Gorton* 1988). Mit großer Sicherheit hätte aber eine entschiedene expansive Geldpolitik die Folgen der Großen Depression auf die Bankwirtschaft zumindest abmildern können. Mit Einschränkung war aber das geldpolitische Versagen erst auf einer nachgelagerten Stufe relevant. Man könnte es als prozeßpolitisches Staatsversagen bezeichnen. Inwieweit die früher übliche Notgeldemission ein Ersatz gewesen wäre, läßt sich nur schwer beantworten. *Gorton* (1988, insbes. S. 222) geht in seiner Simulationsstudie jedoch so weit, daß die makroökonomischen Bedingungen der Großen Depression in der „National Banking"Ära weit weniger starke Auswirkungen gehabt hätten, weil es zu einer entsprechenden Notgeldproduktion gekommen wäre:

> „[...] had the downturn of the thirties come during the National Banking Era, losses to depositors would have been four to five times lower; the number of banks failed during the thirties was roughly twenty-five times what it would have been had the pre-Federal Reserve System institutions been in place."

Datum keine Bankenkrise gegeben hatte (*Calomiris* 2000b, S. 19). Siehe zur Diskussion auch *Gorton* und *Winton* (2002, S. 84).

Insgesamt zeigen die empirischen Arbeiten zur Ausbreitung von Bankenkrisen im frühen amerikanischen Bankenmarkt darüber hinaus, daß die normative Theorie zur Bankenregulierung das Problem der Homogenisierung der Erwartungen der Einleger und anderer Bezugsgruppen – im Sinne einer „unbegründeten" Ansteckung – übertreibt. Zum einen sind makroökonomische Einflußgrößen wichtig für das Auftreten von Bankenkrisen. Zum anderen waren die Einleger über den gesamten Zeitraum alles in allem gut in der Lage, „gesunde" von „ungesunden" bzw. „solvente" von „insolventen" Instituten zu unterscheiden. Dies gilt sogar für den wohl historischen Sonderfall der Krisenjahre zwischen 1929 und 1933. Panikartige oder auf asymmetrischen Informationen beruhende Runs sind auch hierbei weitgehend die Ausnahme geblieben. Dabei ist gleichzeitig zu beachten, daß die die effektiven Verlustraten, die Gläubiger über den gesamten Zeitraum zu tragen hatten, deutlich geringer waren, als es die bloße Zahl der Bankenkonkurse vermuten läßt. *Shugart* (1988, S. 93) dokumentiert für die Zeit der Großen Depression effektive Verlustraten bei den Bankeinlegern von 57 Cent bis 2,15 US-Dollar je 100 US-Dollar – also gerade einmal maximal 2 Prozent. *Gorton* (1988, S. 223) dokumentiert für die Zeit der „National Banking"-Ära zum Teil noch deutlich geringere Verluste.

Schließlich zeigt der oben angesprochene Wunsch der Banken bzw. der Clearing Houses, am Höhepunkt der Krise Notgeld emittieren zu dürfen, daß selbstregulatorische Elemente nach wie vor existierten, um „ungerechtfertigte" Anschlußkonkurse zu vermeiden. Zu einem vollständigen „crowding out" der Kooperation unter den Banken war es bis dahin durch die Etablierung der Federal Reserve Bank nicht gekommen. Dies steht in gewissen Gegensatz zu Erwartungen, die auch diesbezüglich ein „moral hazard" staatlicher Regulierung prognostizierten. Die weiterhin bestehende Kooperationswilligkeit wird dabei zumeist durch eher anekdotische Erkenntnisse gestützt (*Calomiris* und *Mason* 1997, S. 868 f., 881 f.): So stellten die Mitgliedsbanken des Chicago Clearing House während der Chicagoer Panik 1932 einer großen Mitgliedsbank gemeinsam Liquidität und Haftungsreserven zur Verfügung, damit diese sich für die vergleichsweise anspruchsvollen Bedingungen für Hilfskredite der RFC qualifizieren konnte. Die vorangegangene Diskussion unter den Bankiers Chicagos (und New Yorks) deutet zudem darauf hin, daß diese tatsächlich „ungerechtfertigte" Ansteckungseffekte im Sinne der Marktversagenshypothese befürchteten. Diese Furcht vor negativen externen Effekten veranlaßte die Bankiers zu helfen. Dies entspricht weitgehend den Erwartungen der „Free Banking"-Schule, die in spontanen Hilfsaktionen ein probates Mittel zur Krisenbewältigung sieht und eine spontane Kooperation der im Wettbewerb stehenden Banken immer dann erwartet, wenn das Bankwesen in seiner Gesamtheit bedroht ist.

7.2.2.3.3. Bewertung der regulatorische Folgen

Vor dem Hintergrund der letztlich ordnungsbedingten Krisenerscheinungen wäre es im Anschluß an die Weltwirtschaftskrise naheliegend gewesen, die Geld- und Bankordnungspolitik grundlegend neu zu orientieren und damit der Markt- und Wettbewerbskontrolle im Bankensektor einen breiteren Raum zu geben. Anstelle einer Deregulierung der geographischen Betätigungsschranken für Banken und einer Rückbesinnung auf eine Konzeption der Selbstregulierung, wurde in den USA (und anderenorts)[255] der Staatseinfluß auf den Bankensektor noch einmal erheblich ausgedehnt; zugleich kamen zu den institutionellen Versäumnissen der Vorjahre neue hinzu.

Die entscheidende Wegmarke für den US-amerikanischen Bankenmarkt ist das Inkrafttreten des Banking Act (Juni 1933) und in seiner baldigen Novellierung (1935). Im wesentlichen ergaben sich hierdurch drei für die Zeit nach dem II. Weltkrieg prägende Regulierungen des privaten Bankensektors; in ähnlicher Weise wurden diese für den Sektor der „Savings and Loans" (S&Ls) nachempfunden (*Bonn* 1998, S. 82-89): (1) die endgültige Beerdigung des „Free Banking"-Gedankens, (2) die Umsetzung der Strategie des „financial restraint", die (3) Einführung einer Einlagensicherung mit massiven „moral hazard"-Anreizen.

Zu (1): Das *Ende der „Free Banking"-Ära* läßt sich daran erkenn, daß das Notenbankmonopol endgültig auf die Federal Reserve Bank überging (*Friedman* und *Schwartz* 1963, S. 445-449; *Bonn* 1998, S. 85). Für die Koordination der Geldpolitik wurde ein unabhängiges zentrales Entscheidungsgremium (Board of Governors) neu geschaffen. Ihm wurde die alleinige geldpolitische Befugnis übertragen, mit dem Ziel, die in der Krise zutage getretenen Konflikte zwischen den 12 Distrikten des Federal Reserve-Systems künftig auszuschließen. Hinzu kamen erweiterte Kompetenzen für die Aufsicht und die Regulierung der Bankwirtschaft sowie die Ausweitung ihres Refinanzierungsrahmens. Je nach Einschätzung der weiter oben diskutierten Frage, ob Zentralbanken generell Vorteile gegenüber einer wettbewerblichen Geldemission aufweisen, wird man die Straffung und den organisatorischen Ausbau des Federal Reserve-Systems unterschiedlich beurteilen. So können die Reformen einerseits als institutioneller Lernprozeß zur Steigerung der Effektivität des staatlichen „Lender of Last Resort" betrachtet werden, um die negativen Erfahrungen mit der Bewältigung der Bankenkrisen der 1930er Jahre künftig zu vermeiden. Die Anhänger der „Free Banking"-Schule werden darin aber eher die verpaßte Chance sehen, einen stabilitätsmindernden Pfad institutioneller Entwicklungen wieder zu verlassen.

Zu (2): Das zweite Element des Regelrahmens bestand in der festen Verankerung der wettbewerbsfeindlichen *Regulierungsstrategie des „financial restraint"*. In der Logik des unter (1) Behandelten liegt, daß wenig an der wichtigsten Krisenursache, den „branching restrictions", geändert wurde. Eine gewisse „Liberalisierung" ergab sich lediglich insofern, als es fortan keine unterschiedliche Behandlung von zentralstaatlich und einzelstaatlich konzessionierte Banken innerhalb eines Bundesstaates mehr gab. Die Reichweite der Filialgründungserlaubnis richtete sich jetzt nach der Gesetzgebung auf Ebene des jeweiligen Bundesstaates. Bestand ein vollständiges „branching"-Verbot, so

---

255 Die Weltwirtschaftskrise bildet in vielen Ländern die Wegmarke für eine Ausdehnung des Staatseinflusses auf die Bankwirtschaft – allerdings mit durchaus unterschiedlichen Nuancierungen. Für Hintergrund und Entstehungsgeschichte des deutschen KWG vom 5. Dezember 1934 siehe z. B. *Born* (1967); *Möschel* (1972, Kap. 3); *Müller* (2003).

galt dies von nun an für „State Banks“ und „National Banks“ gleichermaßen. Maximal war dabei ein einzelstaatenweites Filialnetz möglich. Filialnetze über die Grenzen von Bundesstaaten hinweg („interstate branching“), wie sie in Kanada bestanden, wurden weiterhin unterbunden.[256] Die Marktzutrittschranken wurden in diesem Bereich also kaum verändert – eher im Gegenteil: Für zentralstaatlich konzessionierte Banken kam eine Bedürfnisprüfung hinzu. Das bis dahin geltende Prinzip des „Free Banking“, nach dem jeder eine Bank eröffnen konnte, der die formalen Bedingungen hierfür erfüllte, wurde damit endgültig aufgehoben.

Darüber hinaus wurde das für die USA typische *Trennbankensystem* manifestiert, wodurch die Geschäftstätigkeit der Bankwirtschaft auch in qualitativer Hinsicht kanalisiert wurde. Der relevante Teil des Gesetzespakets ist nach den Namen der beiden Hauptverhandlungspersonen als Glass-Steagall-Act (GSA) bekannt geworden (siehe z. B. *Kroszner* und *Rajan* 1994, S. 811). Der GSA schuf – im Gegensatz etwa zum deutschen Universalbankenmodell – zwei Klassen von Banken, deren Geschäftsfelder streng voneinander getrennt wurden. Kreditbanken („commercial banks“) waren von nun an allein für das klassische Kredit- und Einlagengeschäft zuständig. Die Investmentbanken („investment banks“) durften hingegen allein das Wertpapierhandels- und Emissionsgeschäft betreiben. Ihnen war es zudem erlaubt, Beteiligungen an (Industrie-)Unternehmen zu halten.

Ein wichtiges Argument für diese Regelung war *erstens* die Warnung vor möglichen Interessenkonflikten bei der Ausübung verschiedener Geschäftsfelder durch eine Bank (siehe auch Kap. 4.4.2.2.): Banken könnten ihre kleinen und schlechter informierten Privatkunden zur Zeichnung von Wertpapieremission derjenigen Unternehmen verleiten, bei denen sie gleichzeitig fragwürdige und vom Ausfall bedrohte Kreditengagements besaßen. Begründet wurde dieser Schritt aber *zweitens* auch mit der damals populären Auffassung, Bankenkrisen im allgemeinen und die der Großen Depression im speziellen seien zu einem guten Teil auf unseriöse und riskante Wertpapiergeschäfte der Kreditbanken und einen ruinösen Wettbewerb in der Bankwirtschaft zurückzuführen. Die schon aus der Frühphase des amerikanischen Bankwesens bekannte Angst vor einer zu großen Ballung von finanzieller (und wohl auch politischer) Macht bei den großen Banken trat *drittens* ebenfalls wieder als Begründungselement hervor.

Das Argument des stabilitätsgefährdenden ruinösen Wettbewerbs spielte schließlich eine wichtige Rolle beim dritten Element des „financial restraint“ – der flächendeckenden Einführung von Zinskontrollen mittels der sogenannten Regulation Q. Von der Einführung von absoluten und durch das Federal Reserve System kontrollierten Zinsobergrenzen auf Spar- und Termineinlagen sowie eines allgemeinen Zinsverbot bei Sichteinlagen wurden die ebenfalls in Kap. 4.4.2.2. angesprochene Effekte erwartet – also die Unterbindung eines als „ungesund“ empfundenen Überbietungswettbewerbs um Einleger im Interesse einer erhöhten Systemstabilität (siehe *Bonn* 1998, S. 84).

---

256 Letzte Schlupflöcher, über Finanzholdings eine geographische Ausdehnung des Geschäftsbereichs zu erzielen, wurden 1956 mit dem Bank Holding Act gesetzlich geschlossen. Siehe *Bonn* (1998, S. 85, Fn. 102).

Zu (3): Die letzte und zweifellos prägendste Neuerung des Banking Act bildete die Einführung einer zunächst temporären, ab 1935 dann permanenten Einlagenversicherung auf zentralstaatlicher Ebene. Träger dieser Versicherung wurde die Federal Deposit Insurance Corporation (FDIC), deren Eigenkapital hauptsächlich von der Regierung, zum Teil aber auch von den 12 Distriktbanken des Federal Reserve-Systems stammte. Alle Mitgliedsbanken wurden der Versicherungspflicht unterworfen, einzelstaatlich konzessionierte Banken konnten der Regelung freiwillig beitreten. Die Finanzierung dieser Sicherungseinrichtung erfolgte ab 1935 mittels einer risikounabhängigen Prämie in Höhe von $^{1}/_{12}$ Prozent des gesamten Einlagenvolumens. Die maximale Sicherungshöhe betrug zunächst 2.500 US-Dollar pro Einleger, 1935 jedoch bereits 5.000 US-Dollar, wodurch schon 1935 ca. 97 Prozent der Einlagen vollständig versichert waren.[257] Zudem wurde die FDIC mit weitgehenden Aufsichts- und Krisenmanagementkompetenzen ausgestattet.[258] Die Aufsichtsbefugnisse wurden aber insgesamt zwischen drei Bundesbehörden – dem Finanzministerium, dem FRS und der FDIC – aufgeteilt (*Bonn* 1998, S. 83 f.; *FDIC* 1998, S. 28-39; *Kaufman* und *Wallison* 2001, S. 28 f.).

Angesichts der Diskussion über die Krisenursachen der Großen Depression sowie der wettbewerbsfeindlichen und risikoerhöhenden Wirkungen von „financial restraint" und von großzügigen Einlagensicherungssystemen liegt es nahe, das Maßnahmenpaket des Banking Act insgesamt als ein weiteres Glied der Interventionskette im US-amerikanischen Bankensektor anzusehen.

Tatsächlich hält keine der behaupteten positiven Wirkungen der einzelnen Elemente der institutionellen Veränderungen einer genauen Überprüfung stand. Wie in Kap. 6.5. ausgeführt wurde, trugen Zinskontrollen, „branching"-Beschränkungen und großzügige Einlagensicherungssysteme nachweislich sogar eine Hauptschuld daran, daß die USA in den 1980er und 1990er Jahren erneut von einer massiven Krisenwelle im Bankensektor heimgesucht wurden.

Es kann auch nicht behauptet werden, die nachteiligen Wirkungen der Elemente des Banking Act seien zum Zeitpunkt der Gesetzgebung nicht bekannt gewesen. Dies gilt vor allem für die „moral hazard"-Effekte risikounabhängiger Einlagensicherungssysteme, mit denen nach der Gründung der Federal Reserve Bank in den 1920er Jahren wenig erfolgreich auf einzelstaatlicher Ebene experimentiert worden war (*White* 1983, S. 208-217; 1997; *Calomiris* und *White* 1994/2000, S. 166-179). So mußten Bundesstaaten mit Einlagensicherungssystemen in den 1920er Jahren weit mehr Bankenkonkurse verkraften als Staaten ohne solche Einrichtungen. Die Geschichte der einzelstaatlichen Einlagensicherungssysteme legt im übrigen ebenfalls ein lebhaftes Zeugnis für

257 Nach dem Zweiten Weltkrieg wurde sowohl das Einlagensicherungssystem des S&L-Sektors als auch das des Privatbanken-Sektors unter dem Druck der geschützten Banken im Gleichschritt bis auf eine Deckungshöhe von je 100.000 US-Dollar ausgedehnt (siehe *White* 1997, S. 94; *Bonn* 1998, S. 103).

258 Vor allem wirkte die FDIC mittels eigener Kreditlinien bei der Erleichterung von Bankenzusammenschlüssen und damit Festigung der Kapitalbasis mit (*FDIC* 1998, S. 37 f.)

die hierbei vorherrschenden Sonderinteressen ab. So weist *White* (1983, S. 191-197) ganz im Sinne der Vorhersagen der Neuen Politischen Ökonomie bzw. der „capture"-These nach, daß mit Einlagensicherungen vor allem dort experimentiert wurde, wo das wenig diversifizierte und damit schock-, krisen- und runanfällige „unit banking"-System vorherrschte und entsprechend eine starke „unit banking"-Lobby an der Sicherung ihrer Wettbewerbs- und Machtposition interessiert war. Einlagensicherungen wurden vor der Gründung der FDIC wohl mehrheitlich dazu mißbraucht, die ineffizienten und risikoanfälligeren „unit bank"-Strukturen im Interesse der Banken selbst zu konservieren (*Economides et al.* 1996, S. 685 f.).[259] In Bundesstaaten mit großzügigeren Diversifikationsregeln („statewide branching") und damit auch größeren und besser diversifizierten Kreditinstituten wurde dagegen niemals ernsthaft die Einführung von Sicherungssysteme erwogen.[260]

Entsprechend bestand bis weit in die 1920er Jahre ein harter Interessengegensatz zwischen den beiden Staatengruppen. Dieser verhinderte auch die Etablierung einer zentralstaatlichen Einlagensicherung, obwohl seit 1886 150 (!) unter dem Einfluß der „unit banking"-Lobby stehende Gesetzesinitiativen hierfür nachgewiesen worden sind. Da zudem der Einfluß dieser Lobby Mitte der 1920er im Zuge einer ersten Konsolidierungswelle im Bankensektor zu schwinden begann, läßt sich die Gründung der FDIC durch den Banking Act (1933) nicht ausschließlich im Sinne der für die Experimente der 1920er Jahre tragfähigen „capture"-These erklären.

Calomiris und *White* (1994/2000) betonen in ihrer überzeugenden Analyse den Einfluß weiterer Einflußfaktoren, die für die pfadabhängige Entwicklung von Regulierungen im allgemeinen bedeutsam sein können (siehe Kapitel 3.2.3.2.). Wichtig war zweifellos, daß im Gefolge der Großen Depression Fragen der Bankenordnung stärker in das Bewußtsein der breiteren Öffentlichkeit gerückt und damit wählerwirksam geworden sind. Der Wunsch der Öffentlichkeit nach sicheren Banken mischte sich dabei allerdings zu einem erheblichen Teil mit populistischen Diskreditierungen der Kreditwirtschaft. Vor allem den Großbanken wurde zu Unrecht die Hauptschuld an den Bankenzusammenbrüchen gegeben. Hierdurch wurde dem Anliegen der „unit banking"-Lobby neuer Auftrieb gegeben. Die öffentliche Meinung ist hierbei vor allem von dem Hauptprotagonisten für die Einführung einer Einlagensicherung, dem Kongreßabgeordneten *Henry Steagall*, aufgenommen und beeinflußt worden. Als politischer Unternehmer betonte er die Notwendigkeit, den „einfachen" Depositoren durch eine Versicherung ihrer Einlagen den Anreiz für panikartige Abzüge zu nehmen; nur so könne das Vertrauen in die Kreditwirtschaft gestärkt werden.

---

259 Die Einführung von Einlagensicherungssystemen regte zudem massiv zu Neugründungen kleiner, schlecht diversifizierter und kapitalisierter „Unit Banks" an, die dann beinahe zwangsläufig konkursanfälliger waren. Insofern ist die Einführung von Einlagensicherungssystemen auch Ausdruck fiskalpolitischer Interessen etwa der Bundesstaaten an (Lizenz-)Einnahmen durch Neugründungen (siehe *Economides et al.* 1996, S. 685 f.)

260 Eine weitere Erklärung für die geringe Anfälligkeit und damit den geringen Wunsch nach Einlagensicherungssystemen sieht *White* (1983, S. 192, 204) in den vergleichsweise höheren Eigenkapitalanforderungen dieser Staaten.

Neben den größeren Banken der Ostküste und größeren Teilen der Regierungsadministration von Roosevelt war insbesondere der Vorsitzende des einflußreichen „Banking and Currency Commitee", Senator *Carter Glass*, anfänglich ein erklärter Gegner einer staatlichen Einlagensicherung. Kurz vor der Verabschiedung des Banking Act (1933) gaben Senator Glass und andere ihren Widerstand jedoch auf. Die Literatur schreibt diesen „Sinneswandel" ebenfalls einem komplizierten politökonomischen Kalkül der Beteiligten zu (*Shugart* 1988, S. 96-100; *Economidis et al.* 1996, S. 695-700). Während es der „unit banking"-Lobby vor allem um die Verbesserung ihrer Wettbewerbsposition gegenüber den Großbanken ging, wird die Zustimmung von Senator Glass als ein politischer Kompromiß interpretiert: Nur so konnte er – trotz Bedenken – das von ihm favorisierte Trennbankensystem gegen die in den späten 1920er aufkommenden Universalisierung des Bankgeschäfts durchsetzen, welche er als einen Hauptgrund für die Große Depression ansah.

Zumindest mit Blick auf die Erfahrungen der 1920er Jahre ist die Entscheidung für das Trennbankensystem jedoch als übertriebene Reaktion auf wenige spektakuläre und betrügerische Einzelfälle aufzufassen (*Kroszner* und *Rajan* 1994, S. 820-822, 829 f.). Entgegen der damals sowohl in der Öffentlichkeit als auch von Senator Glass vehement vertretenen Auffassung läßt sich festhalten: Das über die 1920er Jahre stetig wachsende Engagement der „commercial banks" im Investmentgeschäft (Effekten- und Emissionsgeschäft), das durch eine partielle Deregulierung von Aktivitätsbeschränkungen begünstigt wurde, war weder krisenauslösend, noch hat es verstärkend gewirkt. *Kroszner* und *Rajan* (1994) weisen für die betreffende Zeit sogar niedrigere Verlustquoten und höhere Renditen der von den Kreditbanken begleiteten Wertpapieremissionen im Vergleich zu denen der Investmentbanken nach. Auch zeigen sie, daß die umstrittene Problematik möglicher Interessenkonflikte bei den Kreditbanken sowie ihre möglicherweise bestehenden Spezialisierungsnachteile ex ante in der Marktbewertung der Wertpapieremissionen berücksichtig wurden. Mögliche Interessenkonflikte wurden also von den Märkten effektiv in den Rechnungszusammenhang einbezogen und damit ökonomisch kontrolliert.

Mit Blick auf die empirisch nicht haltbaren Vorwürfe gegen die aufkommende Universalisierung des Bankgeschäfts, liegt eine andere Interpretation der letztlich einmütigen gesetzlichen Verankerung des Trennbankensystems nahe. Es kann hierin mit einiger Berechtigung eine auch unter den Banken willkommene Möglichkeit gesehen werden, den Markt zwischen Investmentbanken und Kreditbanken kartellartig aufteilen zu können (*Shugart* 1988, S. 98). Hierfür spricht z. B., daß dieser Vorschlag im Vorfeld von einflußreichen Bankiers und Wertpapierhändlern unterstützt wurde (*Selgin* 1996, S. 211).[261] In ähnlicher Weise liegt es nahe, daß die mit der Regulation Q verbundene Reduktion der Intensität des Zinswettbewerbs am Ende auch die größeren Banken zu-

---

261 *Shugart* (1988) sieht in den Interessen des US Treasury eine *dritte* potentielle Triebkraft. Durch die Unterbindung des Emissions- und Effektengeschäfts der Kreditbanken mußten diese im Rahmen ihres Liquiditätsmanagements kurzfristige Unternehmensanleihen gegen Staatsanleihen substituieren.

friedengestellt hat, die sich am heftigsten gegen die „moral hazard"-trächtigen Garantien der FDIC gewehrt hatten.

Die (schrittweise) Aufgabe des Widerstands gegen die umfassende und verpflichtende Einlagensicherung wird häufig auch der drastischen Verringerung der Bankenkonkurse im ersten Jahr nach ihrer Einführung und damit ihren kurzfristigen Stabilisierungseffekten zugeschrieben.[262] Dieses Argument überzeugt jedoch nur bedingt. *Erstens* schreibt sogar der erste Jahresbericht der FDIC diese Verbesserung einer Reihe anderer Faktoren zu (siehe *FDIC* 1998, S. 32).[263] *Zweitens* dürfte eine Veränderung der vorgesehen institutionellen Struktur der permanenten Einlagenversicherung zwischen dem ursprünglichen Plan aus dem Jahr 1933 und der Novelle des Banking Act 1935 die Akzeptanz erhöht haben (*FDIC* 1998, S. 28, 35, 38; *Kaufman* und *Wallison* 2001, S. 29 f.): Ursprünglich war geplant, daß die Banken bei unzureichenden Fondsreserven in ihrer Gesamtheit unbeschränkt für die von der Konkurrenz verursachten Schäden haften sollten. Die Regelung aus dem Jahr 1935 verlangte zwar, daß die Großbanken relativ stärker zur Finanzierung der FDIC herangezogen und die Zugangsvoraussetzungen zum Sicherungssystem anspruchsvoller wurden,[264] sie verlagerte aber die Haftung im Falle nicht ausreichender Reserven der Einlagensicherung auf die FDIC, also letztlich auf den Steuerzahler.

Wird die Entstehungsgeschichte und Ergebnis der Regulierungsschritte nach der Großen Depression zusammengefaßt, ist es mit *Calomiris* (2002, S. 16) plausibel, das Gesamtpaket als „lose-lose"-Kompromiß zulasten der Öffentlichkeit zu bezeichnen. Die Etablierung der FDIC und die Aufspaltung der Geschäftsfelder zwischen Investmentbanken und Kreditbanken sowie das weiterhin bestehende Verbot, die Geschäftstätigkeit mittels Filialgründungen geographisch auszudehnen, haben die ineffiziente Struktur der Bankenmärkte konserviert und vor allem den Interessen der kleinen „unit banks" gedient. Die Gründung der FDIC verhinderte zudem, daß die Mitte der 1920er im Gefolge gelockerter „branching"-Restriktionen begonnene Konsolidierung des Banksektors fortschreiten konnte.

Am Beispiel der USA zeigt sich damit insgesamt: Die Entwicklung der realen Bankenregulierung genügt kaum den Idealvorstellungen der normativen Regulierungstheo-

---

262 Tatsächlich verringerte sich die Anzahl der Konkurse von 4.000 auf 57 zwischen 1933 und 1934.

263 Die *FDIC* (1998, S. 32 f.) nennt ein verbessertes makroökonomisches Umfeld nicht zuletzt wegen einer geänderter Geldpolitik; finanzielle Unterstützungsmaßnahmen des FRC zur Rekapitalisierung der Bankwirtschaft sowie den umfangreichen Ausleseeffekt der Krisenperiode 1929-1933. Letztlich dürfte auch ein Lerneffekt der Geldinstitute zur gestärkten Krisenresistenz beigetragen haben, der sich einer deutlich erhöhten eigenbestimmten Liquiditätsvorsorge äußerte.

264 Entgegen der ursprünglichen Regelung wurden nicht nur die versicherten Einlagen, sondern alle Einlagen als Bemessungsgrundlage für die abzuführenden Beiträge zur Einlagensicherung einbezogen. Da der Anteil hoher Einlagen bei den größeren Banken tendenziell größer war, hatten diesen einen relativen Nachteil (*Kaufman* und *Wallison* 2001, S. 29).

rie. Vielmehr haben politökonomische Erklärungsmuster eine hohe Erklärungskraft. Die seit Beginn der US-amerikanischen Regulierungsgeschichte aktive Lobby der kleinen bzw. auf eine Filiale beschränkten Banken vermochte sich nach der Weltwirtschaftskrise erneut durchzusetzen. Die politische Kraft der kleinen Banken ist dabei jedoch nicht nur Ursache der Pfadentwicklung, sie ist zugleich (unintendiertes) Ergebnis der Regulierungsphilosophie, in der „branching"-Verbote seit dem frühen 19. Jh. fest verwurzelt waren und durch das Nebeneinander einzel- und zentralstaatlicher Regulierungsbefugnisse und die hieraus erwachsenden Interessen („dual banking") gestützt wurden.[265]

Zugleich bestätigen die US-amerikanischen Erfahrungen auch die nachhaltige Bedeutung von historisch einmaligen Interessenkonstellationen und des politischen Unternehmertums für die Fortentwicklung von Regulierungspfaden und das Abblocken naheliegender Pfadwechsel. Anstatt nach den Krisenerfahrungen die institutionelle Alternative der weitreichenden Öffnung der Bankenmärkte für den landesweiten Wettbewerb anzustreben, wurde die Zustimmung der zunächst benachteiligten Großbanken durch Wettbewerbsbeschränkungen zulasten der Öffentlichkeit erkauft. Neben den Zinskontrollen kann auch die Etablierung des Trennbankensystems – wenngleich in seiner ökonomischen Unter- bzw. Überlegenheit gegenüber dem Universalbanksystem nach wie vor umstritten – eingeschränkt so interpretiert werden.

Ob auch die Stärkung des Federal Reserve-Systems als vollständig sachwidrige Entscheidung aufzufassen ist, kann nicht abschließend beurteilt werden. Das Verhalten der geldpolitischen Entscheidungsträger während der großen Krise, die selbstregulatorischen Aktivitäten der Clearing Houses bis in den Große Depression hinein und das nur durch äußerst anspruchsvolle Regulierungen zu verhindernde „moral hazard" Problem eines LLR sprechen eher für die Auffassung der „Free Banking"-Schule. Auch das mehrfach bemühte kanadische Beispiel, wo die Gründung der Zentralbank nach der Weltwirtschaftskrise kaum durch mangelnde Krisenfestigkeit eines freien Banksystems erklärt werden kann (siehe Kap. 7.2.1.), stützen diese Vermutung. Die Erfahrungen aus anderen Ländern legen jedoch nahe, daß eine anspruchsvolle institutionelle Gestaltung der Zentralbankverfassungen zumindest in puncto Geldwertstabilität genauso gut funktionieren kann.

---

265 Zwei Kommentare der wichtigsten Befürworter des Banking Act (1933) belegen eindrucksvoll, daß die Gesetzgebung (hauptsächlich) auf die Konservierung der kleinen Banken und (damit) auf die Sicherung eines organisierten Nebeneinanders einzel- und zentralstaatlich konzessionierter Banken zielte.

Henry Steagall kommentiert: „This bill will perserve independend dual banking in the United States [...] that is what this bill is intended to" (zit. nach *White* 1983, S. 197).

Senator *Vandenberg*, der Autor des Kompromisses, ist noch eindeutiger: „If there is one purpose more than another [...], it is the *purpose to protect the smaller banking institutions* [...]." (zit. nach *Economidis* 1996, S. 699 f.)

7.2.2.4. Jüngere Entwicklungen der US-amerikanischen Regulierungsgeschichte: Grenzen der Pfadabhängigkeit und Pfadwechsel

Die bisher skizzierte US-amerikanische Bankengeschichte zeigt, daß Entwicklungspfade der institutioneller Rahmenbedingungen eine äußert große Persistenz besitzen können, selbst wenn diese krisenbegünstigend wirken. Nimmt man die jüngeren Entwicklungen der Bankenregulierung in den USA hinzu, so läßt sich aber auch zeigen, daß die Rücknahme oder die Korrektur ungünstiger institutioneller Arrangements nicht vollständig durch Pfadabhängigkeiten verhindert werden. So wurde in den USA ab den 1980er Jahren eine schrittweise Deregulierung im Bankensektor eingeleitet, die praktisch alle der seit der Großen Depression bestehenden Regulierungselemente einschließt:

(1) die schrittweise Aufhebung der Zinskontrollen und weiterer Aktivitätsrestriktionen Anfang der 1980er Jahre;

(2) die Reform der ungünstig ausgestalteten Einlagensicherungssysteme des „S&L"-Sektors und des Privatbankensektors durch den Federal Deposit Insurance Corporation Improvement Act (FDICIA) 1991;

(3) die schrittweise Lockerung der „branching"-Verbote bis hin zum Riegle-Neal Act (RNA) 1994;

(4) die Aufhebung des Glass-Steagall Act durch den Gramm-Leach-Bliley Act (GLBA) 1999.

Mit jeweils anderer Gewichtung läßt sich auch diese Umorientierung auf die wesentlichen Einflußfaktoren der Regelbildung zurückführen, wie sie im ordnungsökonomischen Grundlagenteil erarbeitet wurden. So läßt sich das Timing der beginnenden Deregulierung wohl am besten aus einer Mischung von technischen und ökonomischen Einflußfaktoren erklären, die das seit der Großen Depression bestehende Institutionengefüge zunehmend fraglich werden ließen, vor allem aber das sie stützende langfristig stabile Interessengruppengleichgewicht außer Kraft setzten. Gleichzeitig zeigen die einzelnen Deregulierungsschritte, daß die Art der Gesetzgebung weiterhin unter dem Einfluß politökonomischer Interessenkonstellationen stand (hierzu *Calomiris* 2002, S. 16; *Kroszner* 2001, S. 40 f.; *Kroszner* und *Strahan* 2001, S. 240 f.; *Axarlis* 2004).

Erstens verloren die durch den „financial restraint" geschützten Banken durch eine Reihe von technischen und bankwirtschaftlichen Innovationen, die zum guten Teil auf die Umgehung bestehender Aktivitätsrestriktionen gerichtet waren, zunehmend Marktanteile an andere Finanzintermediäre. In ähnlicher Weise führten informationstechnische Fortschritte und verbesserte Methoden der Finanz- und Kreditanalyse zu einer tendenziellen Entwertung des Wissensvorteils, den vor allem die kleineren Banken aus ihrer lokalen Verankerung zu ziehen vermochten. Zusammen mit dem langsam beginnenden Wettbewerb durch ausländische Banken und dem Vordringen neuer kapitalmarktorientierterer Finanzierungsformen für Unternehmen (vor allem Commercial Papers) wurden die institutionell verankerten Regulierungsrenten der Banken mehr und mehr erodiert. Die Regulierungen schlugen sogar um in einen Wettbewerbnachteil für die ganze Branche, so daß sich die Banken verstärkt um eine Aufhebung der entsprechenden Vorschriften bemühten.

Zweitens: Spätestens mit der Wahl Ronald Reagans zum Präsidenten kam ein markt- und deregulierungsfreundlicheres politisches Klima hinzu. Insofern liefern auch ordnungspolitische Vorstellungen für die Regelfortentwicklungen einen Erklärungsbeitrag. Diese dürften jedoch im Vergleich zu den Wirkungen der Krisenerfahrungen der 1980er und 1990er Jahre eine eher geringes Erklärungsgewicht aufweisen. Dies wird schon daran deutlich, daß in die Regierungszeit Reagans eine Reihe offen durchgeführter und präventiv ausgesprochener „Too Big to Fail"-Garantien zur Rettung großer Banken durch die Federal Reserve Bank im Rahmen ihrer kurzfristigen Kreditoperationen fallen (hierzu *Kaufman* und *Wallison* 2001, S. 32; *Belke* 2001, S. 266).

Drittens: Gerade in der Minderung der Anpassungsflexibilität durch den „financial restraint" liegt eine wesentliche (frühe) Ursache der desaströsen „S&L"-Krise der 1980er Jahre (siehe Kap. 6.4.) und auch der Probleme im Kreditbankensektor. Die schrittweise Aufhebung der Zinsbeschränkungen aus der Regulation Q sowie anderer Restriktionen im Aktivgeschäft in den frühen 1980er Jahren sind daher wohl am ehesten als Notmaßnahme zu interpretieren, um den krisengeschüttelten „Saving & Loans" neue Geschäftsfelder zu eröffnen, die Lösung der Krise zu vereinfachen und gleichzeitig den Einfluß der Regulierungsbehörden zu sichern. Auch der Einfluß der „S&L"-Lobby auf das Gesamtpaket der ergriffenen Regulierungsmaßnahmen wird deutlich. Forbearance der Regulierungsbehörden und die Anhebung der Deckungsgrenze der Einlagensicherung standen nämlich unter erheblichem Einfluß der entsprechenden Lobby-Gruppen (*Axarlis* 2004, S. 13 f.).

Viertens: Die Dauerkrise der „S&L" zusammen mit der sich parallel ausbreitenden Krise bei den Geschäftsbanken und die im Anschluß hieran durchgeführten Rettungsaktionen offenbarten im Umkehrschluß die zunehmenden Kosten des bestehenden und innovationshemmenden (pfadabhängigen) Regelsystems aus viel zu großzügig ausgestalteten Einlagensicherungssystemen, anderen risikobegünstigenden Maßnahmen sowie massiven Beschränkungen der unternehmerischen Freiheitsrechte durch die restriktive Filialgesetzgebung und qualitative Betätigungsschranken. Hierdurch erhöhte sich in der Politik und in der breiten Bevölkerung die Bereitschaft zu substantiellen Veränderungen.[266]

---

266 *Bonn* (1998, insbesondere S. 125 f., S. 128 ff.; S. 150-170) bietet eine differenzierte Analyse der sich parallel entwickelnden Bankenprobleme des „S&L"-Sektors und der „Commercial Banks". Hiernach ist die Krise der „Commercial Banks" neben der großzügigen Einlagensicherung, die zu sinkenden Eigenkapitalquoten geführt hatte, sowie den weiter bestehenden „branching"-Retriktionen auch in den Fernwirkungen der Schuldenkrise der 1980er Jahre begründet, von denen die „Commercial Banks" besonders stark betroffen waren. Deren starkes Kreditengagement gegenüber Entwicklungsländern läßt sich dabei in hohem Maße auf eine Reihe von staatlichen Subventionen auf solche Kredite zurückführen. Insgesamt kommt *Bonn* (1998, S. 159) bezüglich der Krise der „Commercial Banks" zu folgendem bemerkenswerten Schluß: „Anpassungsdruck von außen, aber auch regulierungsbedingt mangelnde Flexibilität bei der Reaktion darauf ziehen sich insoweit weiterhin wie ein roter Faden durch die chronologische Aufarbeitung von Bankenkrisen in den Vereinigten Staaten: Stabilisierungskonzepte aus den 30er Jahren wirken

Ein erstes Ergebnis dieses Stimmungswandels war die unter dem Eindruck der enormen volkswirtschaftlichen Kosten der Bankinsolvenzen der 1980er Jahre zustande gekommene substantielle Veränderung der Einlagesicherungssysteme durch den Federal Deposit Insurance Corporation Improvement Act (FDICIA) 1991. Dieser wirkte einerseits der krisenverschärfenden diskretionären „Forbearance"-Problematik entgegen, indem Eingriffe der Bankenaufsicht nach dem Prinzip des „prompt corrective action" bindend vorgeschrieben wurden (siehe Kap. 6.2.3.). Andererseits verringerte er die „moral hazard"-Problematik durch die Einführung risikogestaffelter Prämien sowie die Rückverlagerung der Kosten von Rettungsaktionen auf die Banken, wie es im ursprünglichen Plan aus dem Jahr 1933 bereits vorgesehen war (siehe *Kaufman* und *Wallison* 2001, S. 32 f.). Bei näherem Hinsehen enthalten Entstehungsgeschichte und Inhalt des FDICIA gleichwohl eine Reihe von Hinweisen auf Interessengruppengegensätze, die fortbestanden und weiter reichende Reformbemühungen verhinderten (*Kroszner* und *Strahan* 2001, S. 244-248). Dies zeigt sich zum einen darin, daß der FDICIA trotz allem weiter an dem Prinzip der Einlagensicherung mit hohen Deckungsgrenzen festhält. Da die Umgestaltung im wesentlich darauf zielt, das „moral hazard"-Problem zu entschärfen, fällt die Regulierungsreaktion überwiegend in die Kategorie der Symptomkorrektur. Weitgehend unberücksichtigt und einigen gesetzgeberischen Versuchen zum Trotz blieben dagegen die (noch bestehenden) Diversifikationsschranken, die nachweislich erneut krisenbegünstigt gewirkt hatten.

Die bedeutendste Pfadabhängigkeit der US-amerikanischen Bankenregulierung, das Verbot von bundesstaatenübergreifenden Filialnetzen („interstate branching"), endete daher erst im Jahr 1994 mit dem Riegle-Neal-Act (*Kroszner* 2001). Dieser bildet den Endpunkt einer schrittweise Liberalisierung, die Anfang der 1970er auf der Ebene der Bundesstaaten ihren Anfang genommen hatte. Unter dem Eindruck des Interstaatenwettbewerbs und der beschriebenen technischen und ökonomischen Veränderungen sowie der Bankenkrisen wurden dabei die bundesstaatlichen „branching"-Verbote bis Anfang der 1990er Jahre fast vollständig aufgehoben (*Strahan* 2003, S. 111 ff.). Der vergleichsweise lange Weg bis hin zum vollständigen „interstate branching" läßt sich dabei gut mit dem Wechselspiel zwischen bestehenden Betätigungsschranken und dem hierdurch begünstigten politischen Einfluß der kleinen Banken begründen. Die Wirksamkeit ihres Widerstands zeigt sich einerseits auf der Ebene der Bundesstaaten. Hier wurden Deregulierungsschritte um durchschnittlich 4,7 Jahre verzögert, wenn der Anteil der kleinen Banken am Banksektor besonders groß war. Auf Bundesebene spiegelt sich der Einfluß der Lobby der kleinen Banken im Abstimmungsverhalten im Kongreß. Widerstand gegen das „interstate branching" kam dabei – wie schon in den 1920er und 1930er Jahren – vor allem von politischen Vertretern der Länder, deren Bankensystem vergleichsweise schlecht diversifiziert war.

Die letzte wesentliche Besonderheit der US-amerikanischen Bankenmärkte – die Trennung von Investmentgeschäft, Kreditgeschäft und Versicherungsgeschäft durch den

---

in einem veränderten Umfeld als Quelle für Instabilitäten und Ineffizienzen im Bankensystem."

Glass-Steagall-Act – wurde schließlich mit dem Financial Modernization Act 1999 (auch: Gramm-Leach-Bliley Act, GLBA) aufgehoben. Dieser erlaubt nunmehr Allfinanzstrukturen im Bankensektor. Anders als die zuvor genannten Reformen ist der GLBA jedoch weder eine revolutionäre Neuerung noch ist er als (un)mittelbare Reaktion auf die Krisen der 1980er Jahre zu verstehen. Die Aufhebung der qualitativen Betätigungsschranken ist viel mehr Resultat einer Mischung aus zwei Faktoren: *Erstens* zahlte sich die massive Lobbyarbeit der Bankwirtschaft für die Universalisierung ihrer Geschäftsmöglichkeiten schließlich gegen den Widerstand der Investmentbanken und der Versicherungen aus. Dies wurde *zweitens* begünstigt durch den Faktor „Einsicht", der sich aus einer Reihe von positiven Erfahrungen mit (vorsichtigen) Liberalisierungsschritten auf der Ebene der Einzelstaaten und auf Bundesebene ergab (*Barth et al.* 2000, S. 196 ff.; *Calomiris* 2002, S. 18; *Axarlis* 2004, S. 15 ff.), so daß der GLBA „[...] is better seen as ratifying and extending changes that had already been made, rather than as revolutionary" (*Barth et al.* 2000, S. 196).

Insgesamt zeigt die jüngere US-amerikanische Regulierungsgeschichte, daß offensichtlich ineffiziente Regulierungen unter dem Eindruck von fortgesetzten Negativerfahrungen und unter dem Druck von binnen- und außenwirtschaftlichem Wettbewerb geändert werden können. Pfadabhängigkeiten sind also bis zu einem gewissen Grad revidierbar. Allerdings bedarf es für entschlossene, zumindest teilweise vom Faktor „Einsicht" getriebene Schritte einschneidender Schockerlebnisse.

Die beachtlichen Deregulierungen des letzten Jahrzehnte haben beinahe erwartungsgemäß zu einer massiven Konsolidierung mit einer entsprechenden Verbesserungen der Effizienz im US-Bankenmarkt geführt (*Strahan* 2003, S. 117 ff.). Vor allem profitable Banken haben dabei über Landesgrenzen hinweg Marktanteile gewinnen konnten. Kleinere Banken haben hingegen tendenziell Marktanteile verloren, ohne gänzlich verdrängt worden zu sein. Bemerkenswert sind aber auch die positiven realwirtschaftlichen Effekte in Form höherer Wachstumsraten, verbesserter Gründungsdynamiken und verringerter makroökonomischer Volatilität, die sich vor allem dort zeigen, wo besonders früh regulatorische Veränderungen angestoßen wurden.

Gleichwohl dürfen die beachtlichen Veränderungen nicht darüber hinwegtäuschen, daß die staatliche Kontrollebene im Bankensektor noch immer die anderen Kontrollebenen dominiert. So konnte die „moral hazard"-Problematik durch die regelorientierte Reform der Einlagensicherung zwar abgeschwächt, nicht jedoch vollständig beseitigt werden. Auch bestehen weiterhin eine Reihe von (versteckten) Subventionen im Bankwesen – etwa durch die zins- und kostenbegünstigte Zurverfügungstellung von Übernachtliquidität durch das die Federal Reserve-Zahlungssystem Fedwire oder durch implizite Garantien für staatliche Wohnungsbaubanken. Zudem konnte die Federal Reserve Bank 1998 im Fall des havarierten Hedge Fonds LTCM der Versuchung nicht widerstehen, zumindest implizit einige wichtige Finanzmarktteilnehmer zu unterstützen. Und schließlich bilden Formen der präventiven Bankenregulierung, insbesondere der unter internationalem Einfluß stehenden Eigenkapitalregulierung, auch in den USA ein zentrales Normelement im Kreditwesen, obwohl sie notwendigerweise erheblichen staatlichen Wissensschranken unterliegen.

7.2.3. Anwendungsfall III: Internationalisierung der Bankenregulierung als regulatorische Überreaktion?

Die amerikanischen Erfahrungen sind international kein Einzelfall. Die Bankenregulierung bewegt sich seit Mitte der 1970er Jahre in den Industrieländern und zuletzt auch in den aufstrebenden Volkswirtschaften in Richtung marknäherer Regulierungsmuster. Dabei orientieren sich die einzelnen Länder häufig an den Empfehlungen des Baseler Ausschusses für Bankenaufsicht (siehe Kap. 4.5.4.). Infolgedessen kommt es zu einer Angleichung von Regulierungen, insbesondere von Eigenkapitalnormen. Abschließend soll daher die Frage der Internationalisierung bankaufsichtrechtlicher Normen kritisch beleuchtet werden.

7.2.3.1. Zur Tragfähigkeit der Harmonisierungsargumente

Die theoretische Begründung für eine Angleichung von Regulierungsmustern auf internationaler Ebene beruht im Kern auf drei miteinander verwandten Thesen (siehe Kap. 4.5.). *Erstens*: Mit der Internationalisierung der Bankenmärkte seien grenzüberschreitende negative Externalitäten zu erwarteten, die das Marktversagensproblem um eine internationale Komponente erweitern würden. Unter Umständen könne dies durch Differenzen in den Regulierungsniveaus noch verstärkt werden (Argument des internationalen Marktversagens bzw. des internationalen Systemrisikos). *Zweitens* bestehe die Gefahr eines „race to the bottom" im Regulierungswettbewerb mit entsprechender Erhöhung systemischer Risiken (Argument des versagenden Regulierungswettbewerbs). *Drittens* könne nur dann ein fairer Wettbewerb unter den Banken stattfinden, wenn diese international ähnlichen Rahmenbedingungen unterlägen (Argument des „Level the playing field"). Was ist hiervon zu halten?

Zu (1): Transnationales Marktversagen

Bankenkonkurse machen heute nicht mehr vor nationalen Grenzen halt, da moderne Banken gleichzeitig in mehreren Ländern tätig sind und vielfältige transnationale Geschäftsbeziehungen unterhalten. Ansteckungsgefahren über Landesgrenzen hinweg sind daher auch prinzipiell nicht auszuschließen. Hieraus resultiert jedoch nicht zwingend ein internationaler Handlungsbedarf. In Analogie zum nationalen Kontext ergibt sich strenggenommen erst dann eine transnationale Koordinations- oder Regulierungsnotwendigkeit, wenn solche Ansteckungseffekte im marktprozeßtheoretischen Verständnis als Marktversagensproblem zu deuten sind – es also zu ungerechtfertigen Ansteckungseffekten („pure contagion") kommt. Hiergegen spricht jedoch auf theoretischer Ebene, daß nicht ohne weiteres einzusehen ist, warum Marktakteure nicht auch im internationalen Umfeld bemüht sein sollten, „gesunde" von „ungesunden" Kreditinstituten unterscheiden zu lernen.

Die Empirie bestätigt diese Einschätzung weitgehend. Weder die systemischen Bankenkrisen noch spektakuläre Einzelkonkurse mit internationaler Ausstrahlung sind eindeutig der Kategorie gesteigerter systemischer Risiken zuzuordnen. Trotz der großen internationalen Aufregung blieben z. B. die Ausstrahleffekte des Konkurses der Herstatt-Bank 1974 relativ begrenzt. Die Schließung der BCCI 1991 liefert sogar eher ein Beispiel für die Leistungsfähigkeit der Marktkontrolle: Zwar mußten hierbei die

(Klein-)Gläubiger der Bankengruppe in Großbritannien Verluste hinnehmen. Die Interbankengläubiger hatten jedoch mehrheitlich lange vor den Reaktionen der Behörden ihre geschäftlichen Beziehungen zur BCCI aus Vorsichtsgründen eingestellt. Unter (internationalen) systemischen Aspekten ist der Fall der BCCI daher vernachlässigbar (siehe *Wörner* 2000, S. 129).

Entgegen der häufig implizit unterstellten Annahme gestiegener „Spillover"-Gefahren, dürfte außerdem davon auszugehen sein, daß die fortschreitende Integration der Bankenmärkte die Krisenfestigkeit des Weltfinanzsystems insgesamt erhöht. Denn die erweiterte Markttiefe und -breite erleichtern die Absicherung von Marktrisiken und gegenseitige Liquiditätshilfen über Ländergrenzen hinweg, vergrößern geographische Diversifikationsmöglichkeiten, und stärken tendenziell die Präventivkraft der Wettbewerbskontrolle. Die Regulierungsbedürftigkeit der Bankenmärkte nimmt aus dieser Sicht mit der Integrationstiefe also ab und nicht zu, wie es häufig behauptet wird. Theoretisch läßt sich dies mit dem Argument der Vervollständigung der Interbankenmarktstrukturen stützen, die gewissermaßen als ein Spiegel der Erweiterung des Prinzips der Versicherung auf Gegenseitigkeit angesehen werden kann (siehe Kap. 5.2.2.2.1.). Die Fortentwicklung des institutionellen Rahmens sollte daher in erster Linie darauf zielen, die Versicherungs- und Selbstheilungskräfte in diesem Bereich bestmöglich zu unterstützen. In dem Maße, wie dies gelingt, verliert die traditionelle Bankenregulierung und -aufsicht gegenüber der Kontrolle durch den Wettbewerb an Bedeutung. Beispielsweise haben Wissenschaft und Bankpraxis dafür plädiert, die grenzüberschreitende Anerkennung von (Kredit-)Sicherheiten zu erleichtern, um die Funktionsfähigkeit der spontanen Selbsthilfe- und Absicherungsmechanismen gegen systemische Risiken auf Kontrollebene 2 zu stärken (*Fehn* 1999; *Speyer* 2002, S. 76).

Insgesamt ist damit die bloße Möglichkeit von transnationalen Auswirkungen von Bankenpleiten allein nicht geeignet, um eine umfassende Harmonisierung der materiellrechtlichen Normen überzeugend zu begründen. Bestenfalls erscheint es sinnvoll, die aufsichtsrechtliche Zuständigkeit für Banken in In- und Ausland klar abzusprechen und den jeweiligen Einlegern und Vertragspartnern bekannt zu machen, es ansonsten im Systemwettbewerb den Präferenzen der Einleger zu überlassen, ob und gegebenenfalls in welchem Maße Banken einer Regulierung unterliegen sollten.

Zu (2): „Race to the bottom"

Gerade hiergegen wird jedoch von Harmonisierungsbefürwortern das Argument des versagenden Regulierungswettbewerbs vorgebracht: Der institutionelle Wettbewerb müsse im Bereich der Bankenregulierung zu suboptimalen Ergebnissen führen, weil er um Regeln geführt würde, die der Heilung eines Marktversagens dienten, und weil Regulierer keinen Anreiz hätten, möglicherweise im Ausland erzeugte negative Externalitäten der inländischen institutionellen Arrangements bei ihren Entscheidungen zu berücksichtigen (*Sinn* 2002; 2003a,b,c). Bei näherem Hinsehen steht jedoch auch dieses Harmonisierungsargument auf weichem Grund.

Seine wesentlichste und offensichtliche Schwäche ist, daß die Notwendigkeit einer Sonderbehandlung der Banken auf nationaler Ebene vorausgesetzt wird. Der erste Subsidiaritätstest wird also zugunsten der staatlichen Kontrollebene beantwortet, so daß

Zonen geringer Regulierungsintensität und Formen von Regulierungsarbitrage grundsätzlich als tendenziell negativ angesehen werden. Regulierungsarbitrage kann jedoch genauso gut als Ausweichreaktion gegenüber unzweckmäßigen inländischen Regulierungen angesehen werden. Deshalb kann es auch nicht ohne weiteres als Ausdruck eines „race to the bottom" gewertet werden, wenn Finanzintermediäre heute weniger Wert auf wettbewerblich abgeschottete Marktpositionen legen, sondern eine verstärkte Deregulierung der Bankenmärkte einfordern. Viel eher dürfte dies Ausdruck des Wunsches sein, unternehmerische Freiheiten im länder-, intermediärs- und dienstleistungsübergreifenden Wettbewerb zurückzugewinnen und „zu teure" Regulierungsmuster abzuschmelzen (*Spencer* 2003, S. 339).

Aber selbst, wenn die Regulierungsnotwendigkeit des Bankensektors im Grundsatz nicht bestritten wird, folgt aus der Bejahung des ersten nicht zwingend die Bejahung auch des zweiten Subsidiaritätstests. Für die Internationalisierung der Bankenregulierung müßte *zusätzlich* nachgewiesen werden, daß der Wettbewerb der Jurisdiktionen im Bereich der Bankenregulierung versagt. Der hierzu unterstellte Mechanismus eines „race to the bottom" muß jedoch ebenfalls kritisch gesehen werden (*Baltensperger* 2003, S. 331 f.). Dieser beruht auf der zentralen Annahme, daß die Vertragspartner einer Bank die unterschiedlichen Regulierungsqualitäten in verschiedenen Jurisdiktionen nicht genau abschätzen können, selbst wenn sie wüßten, welcher nationalen Regulierung die Banken unterstehen. Entsprechend würden sie ihre Einlage dort tätigen, wo geringe Regulierungskosten hohe Zinsen begünstigten.

Dieses Argument der Funktionsunfähigkeit des Regelwettbewerbs übersieht jedoch *erstens*, daß auch gegen diese Art von Informationsasymmetrie marktendogene unternehmerische Lösungen entstehen können. Die Überwindung von Informationslücken hinsichtlich der jeweiligen Regulierungsbestimmungen dürfte sogar leichter zu bewältigen sein als die Bewertung der Vertrauenswürdigkeit einzelner Banken, weil die zu verarbeitende Informationsmenge bei den institutionellen Arrangements geringer ist und sich im Zeitablauf weniger schnell ändert.

Zweitens kann auch international von einer Bereitschaft der Banken ausgegangen werden, Informationen über sich selbst im Wege des „Signalling" zur Bringschuld zu machen. Banken müssen z. B. ein Interesse daran haben, alle Regulierungsstandards ihren Kunden bekannt zu machen, die ihnen einen Wettbewerbsvorteil gegenüber anderen Kreditinstituten verschaffen können. Daher wäre drittens im Regulierungswettbewerb auch nur dann eine Nullregulierung zu erwarten, wenn die Bankwirtschaft aus keiner Art von Regulierung einen Vorteil ziehen könnte (*Herring* 1999a, S. 295; *Baltensperger* 2003, S. 332). Banken und ihre Kunden wägen jedoch Kosten und Nutzen unterschiedlicher Regelsysteme in jedem Fall gegeneinander ab. Im Wettbewerb haben dadurch alle Regulierungsmuster einen Nachteil, die das von den Banken und ihren Kunden gewünschte Sicherheitsniveau zu höheren Kosten realisieren. Auch wenn vieles dafür spricht, daß regulierungsarme oder -freie Bankenmärkte langfristig den Konflikt zwischen Sicherheit und effizienter Intermediation bestmöglich auflösen können, wäre es angesichts der Vielfältigkeit der Präferenzen keineswegs ausgeschlossen, daß sich unterschiedliche Gesamtsysteme der Bankenregulierung im internationalen Regelwettbewerb behaupten können. Insgesamt ist daher das Argument des versagenden und in die „Unterregulierung" führenden institutionellen Wettbewerbs im Bereich der Bankenregulierung weniger tragfähig, als es auf den ersten Blick scheint.

Gleichwohl ist es problematisch, wenn die kontrollierende Kraft der Marktkontrolle durch großzügige Haftungsaufweichungen eingeschränkt wird. (Implizite) Staats- und Zentralbankgarantien oder anreizinkompatible Einlagensicherungssysteme können dazu führen, daß Banken einen staatlich bedingten Wettbewerbsvorteil gegenüber ihren ausländischen Konkurrenten haben und sich Standortvorteile ergeben. Um hieraus ein „race to the bottom" zu folgern, müßten sich andere Jurisdiktionen infolgedessen gezwungen sehen, die Aufweichung von Entscheidung und Haftung nachzuvollziehen. Dies ist aber nur dann zu erwarten, wenn *alle* Länder gleichermaßen einen kurzfristigen Zeithorizont aufweisen oder ihre Banken im Wettbewerb dauerhaft subventionieren (wollen). Zudem werden Tendenzen zur Subventionierung im interjurisdiktionellen Wettbewerb in der langen Frist eher begrenzt als befördert. Denn eine auf Subventionierung der heimischen Banken ausgelegte Strategie hängt – wie gesehen – entscheidend von der Glaubwürdigkeit der Interventionszusage im Krisenfall ab (siehe Kap. 6.4.). So werden die volkswirtschaftlichen Kosten von großzügigen Haftungsaufweichungen und anderen auf dauerhafte Subventionierung der Kreditwirtschaft angelegten Regulierungsmustern im internationalen Wettbewerb früher oder später für die Bankkunden und die Steuerzahler offenbar.

In diesem Zusammenhang hat allerdings ein weiteres Argument eine hohe ordnungspolitische Bedeutung: Während es im Regelwettbewerb immer ein Korrektiv gibt, falls die volkswirtschaftlichen Kosten einer verfehlten institutionellen Strategie auf die verursachende Jurisdiktion bzw. die Folgen von Fehleinschätzungen der Institutionenqualität auf die Marktakteure zurückfallen, stimmt dies nicht mehr, wenn sie von Dritten (mit-)getragen werden. Wenn zum Beispiel *Sinn* (2003b) die Asienkrise (auch) als Ausdruck eines versagenden Regelwettbewerbs wertet, dann übersieht er die umfangreichen „bail out"-Erwartungen gegenüber den internationalen Organisationen und andere ordnungspolitische Fehler. Hierdurch wurde nicht nur die Notwendigkeit auf Seiten der Marktakteure verringert, sich frühzeitig (und präventiv) an gestiegene Krisenrisiken anzupassen, sondern auch die der Regelsetzer, krisenbegünstigende Institutionen frühzeitig zu überdenken.

Zu (3): "Level the playing field"

Auch das dritte Argument, Regulierungsstandards im Interesse eines fairen Wettbewerbs anzugleichen, verliert wegen der Kontrollwirkungen, die vom Systemwettbewerb ausgehen, an Überzeugungskraft. Dagegen besteht die Gefahr, daß mit einem solchen Argument der Boden für eine (neue) Interventionskette auf internationaler Ebene bereitet wird: Weil alle institutionellen Arrangements in einem interdependenten Zusammenhang stehen (siehe Kap. 3.2.1.), müßte nämlich grundsätzlich die gesamte protektive und präventive Bankenregulierung harmonisiert werden, um überhaupt ein „level the playing field" erreichen zu können. Geschieht dies nicht, dann können einzelne angeglichene Normen in sonst voneinander abweichenden Institutionensystemen äußerst unterschiedliche Gesamteffekte besitzen. So ist zum Beispiel die ökonomische Bedeutung einer Eigenkapitalnorm in hohem Maße von der Rechnungslegung in den jeweiligen Jurisdiktionen abhängig (*Deutsche Bundesbank* 2002c, S. 45 f.), aber auch von ihrer tatsächliche Umsetzung durch die zuständigen Behörden (*Frenkel* und *Menkhoff* 2000, S. 39 f.). Insofern ist es konsequent, wenn die Umsetzung der Baseler Richtlinien in der EU verstärkt von Bemühungen begleitet wird, für eine gleichartige Anwendung der vereinbarten Mindeststandards zu sorgen (siehe *EZB* 2005a, S. 62). In letzter Konsequenz könnte in Analogie zu Kap. 3.3. jedoch die Konvergenz aller nationalen Regeln gefordert werden, denen Banken unterliegen – also auch die Angleichung des Wettbewerbsrechts, des Unternehmensrechts, der Arbeitsmarktgesetzgebung usw. Offensichtlich würde man damit aber sämtliche positive Wirkungen des institutionellen Wettbewerbs verschenken und sich vollständig davon abhängig machen, auf globaler Ebene die zu jedem Zeitpunkt angemessene Regulierungsstrategie parat zu haben (*Herring* 1999a, S. 295).

7.2.3.2. Zur Politischen Ökonomie internationaler Normen der Bankenregulierung

Über diese Kritik an der theoretischen Begründung der Notwendigkeit einer internationalen Normangleichung hinaus muß ein weiterer Einwand berücksichtigt werden. Die Harmonisierungsdebatte blendet nämlich politökonomische Überlegungen (weitgehend) aus, obwohl Untersuchungen zu verschiedenen Regulierungsfragen im Bereich der Finanz- und Bankenmärkte auf nationaler Ebene die Bedeutung von Interessenkonstellationen für die reale Institutionenfortbildung eindeutig belegen (*Heinemann* und *Schüler* 2004; *Schüler* 2004, S. 67, 70 ff.; *Kaserer* 2006).

Das politische Interessengeflecht kann auf internationaler Ebene besonders komplex sein. So läßt sich die organisierte, politisch gesicherte Angleichung von Regeln der Bankenaufsicht einerseits als Kartellbildung der Bankaufsichtsbehörden auf internationaler Ebene mit dem Ziel interpretieren, die als unliebsam empfundene Regulierungsarbitrage auszuschließen (*Kane* 2001). Damit können die staatlichen Kontrollstellen zugleich ihren Einflußbereich gegenüber der Bankwirtschaft erweitern. Andererseits ist es durchaus möglich, daß es zu „capture"-Phänomen auf internationaler Ebene kommt, bei denen sich nationale Regulierungsbehörden und Regierungen zum „Sprachrohr" von Teilen des heimischen Bankwesens machen, um diesem Wettbewerbsvorteile gegenüber Konkurrenten aus dem In- und Ausland zu sichern. Schließlich ist – wie auch im nationalen Kontext – niemals auszuschließen, daß die Regelsetzer von der Notwendigkeit entschlossener Harmonisierungsschritte tatsächlich überzeugt sind oder auch nur im Nachgang einer Bankenkrise demonstrieren wollen, daß sie die Sorgen der Bevölkerung um die Finanzmarktstabilität ernst nehmen. Angesicht der verschiedenen möglichen Interessen fällt es naturgemäß schwer, die tatsächliche Motivation hinter einzelnen Regelfortbildungen eindeutig zu identifizieren.

Relativ gut untersucht ist gleichwohl die (internationale) politische Ökonomie der ersten Baseler Eigenkapitalvereinbarung (Basel I) (*Kapstein* 1994, Chapter 5; *Oatley* und *Nabors* 1998). Zwar hat – vor dem Hintergrund Schuldenkrise der frühen 1980er Jahre und angesichts niedriger Eigenkapitalquoten – bei der Einigung auch die Sorge um die Systemstabilität im internationalen Bankwesen eine Rolle gespielt. Entgegen dieser offiziellen Lesart (siehe Kap. 4.5.3.2.), spricht aber mehr dafür, daß die Initiative zu

Basel I letztlich einem komplexen *innenpolitischen* Dilemma in den USA entsprungen ist. Dies läßt sich wie folgt begründen:

Zunächst einmal waren von den Folgen der ebenfalls institutionell bedingten Schuldenkrise (vgl. *Schüller* 1988) die in den entsprechenden Ländern besonders stark engagierten US-amerikanischen Banken stärker betroffen als Institute anderer Nationalität. Wie auch schon früher, versuchte die US-amerikanische Regierung zunächst, ihren Einfluß auf die Geschäftspolitik des IWF dahingehend geltend zu machen, den US-Banken indirekt über ein Hilfspaket des IWF an die betroffenen Entwicklungsländer zu helfen. Zu der dazu notwendigen Erhöhung der Mittel des Währungsfonds sollten allein die USA 8,4 Mrd. Dollar beitragen. Dies stieß aber in einem konjunkturell schwierigen und durch die aufziehenden und bestehenden Probleme im heimischen Bankensektor gekennzeichneten Umfeld auf Ablehnung in der amerikanischen Öffentlichkeit. Als populär erwies sich in dieser Lage der Versuch, im Gegenzug zu den fiskalischen Belastungen die nationalen Eigenkapitalanforderungen der großen Banken zu verschärfen (*Oatlay* und *Nabors* 1998, S. 42 f.).[267] Bei diesem Bemühen der US-Legislative spielte auch eine Rolle, daß sie den Bankenaufsehern eine erhebliche Mitschuld an dem hohen Exposure der großen US-Banken gegenüber den Entwicklungsländern gab. Erwartungsgemäß löste das Vorhaben bei den Banken Widerstände aus. Sie sahen darin eine drastische Verschlechterung ihrer Wettbewerbssituation gegenüber anderen Intermediären und vor allem europäischen und japanischen Banken. Dieses klassische „level the playing field"-Argument wurde schließlich vom US-Kongreß aufgegriffen. Um sowohl den heimischen Banken als auch dem Wunsch der Öffentlichkeit nach einer Verschärfung der Vorschriften für Banken gerecht zu werden, wurde der Beschluß zur Erhöhung der Eigenmittelforderungen der heimischen Banken mit der Aufforderung verbunden, über das Baseler Komitee eine internationale Angleichung der entsprechenden Regulierungen zu erreichen.

Auch wenn sich die Vertreter im BCBS einig waren, daß die Eigenkapitalquoten der international tätigen Banken nicht weiter sinken sollten, wurde die US-amerikanische Initiative von den anderen G-10 Staaten anfangs nicht mitgetragen. Diese ablehnende Haltung ist einmal darauf zurückzuführen, daß die Wirkungen der Schuldenkrise in den anderen Ländern weniger stark zu spüren waren, also allenfalls ein *nationaler* Regulierungsbedarf in den USA gesehen wurde. Insbesondere die japanischen und französischen Regulierungsbehörden befürchteten zudem eine Verschlechterung der Wettbewerbsposition ihrer heimischen Institute, die – auch wegen großzügigerer Eigenkapitalforderungen – mit geringeren Eigenkapitalquoten operierten als ihre amerikanische Konkurrenz (siehe *Buchmüller* und *Macht* 2003, S. 414). Trotz der bestehenden Interessenunterschiede wurde schließlich dennoch eine Einigung erzielt. Dies läßt sich aber weniger mit der Angst vor der Gefährdung der internationalen Systemstabilität oder dem Nachweis eines globalen Marktversagens begründen als damit, daß die USA (und

---

267 Genauer gesagt sollte der Sonderbehandlung der Großbanken entgegengewirkt werden, die darin bestand, daß sie geringeren Eigenkapitalanforderungen unterlagen als andere Banken (*Oatley* und *Nabors* 1998, S. 44).

eingeschränkt auch Großbritannien) bei der Fortbildung der Finanzmarktregulierung eine hegemonische Stellung einnehmen, was ihnen erlaubt, ihre nationalen Interessen leichter durchzusetzen (*Simmons* 2001, S. 595).

So schlossen die USA und Großbritannien Anfang 1987 ein bilaterales Abkommen über die Angleichung der Mindestkapitalausstattung „ihrer" Banken, das in wesentlichen Elementen als Vorläufer von Basel I gelten kann. Sie behielten sich darin im Einklang mit der Regelung über die technisch-administrative Zusammenarbeit des Baseler Konkordats von 1978 vor, ausländischen Kreditinstituten die Tätigkeit auf ihren Märkten zu untersagen, falls diese den Bedingungen für die Mindestkapitalausstattung nicht entsprachen. Dadurch sahen sich die Banken der anderen G-10-Staaten vor die Wahl gestellt, entweder die Forderungen der „Agenda Setter" zu akzeptieren oder von den wichtigsten Finanzplätzen der Welt ausgeschlossen zu werden. Insbesondere für die japanischen Banken wären die Regelungen des bilateralen Standards mit erheblichen Schwierigkeiten verbunden gewesen, weil die neue anglo-amerikanische Definition des regulatorischen Eigenkapitals die in Japan üblichen stillen Reserven nicht einschloß. Da die britischen und amerikanischen Regulierungsbehörden anboten, anstelle des bilateralen Akkords auch ein modifiziertes multilaterales Abkommen zu akzeptieren, willigten die japanischen und andere G-10-Regulierungsbehörden nach intensiven Verhandlungen im Juni 1987 schließlich in den Baseler Akkord ein. Trotz der Vorreiterrolle, die die USA und England eingenommen haben, ist seine endgültige Formulierung in vielerlei Hinsicht ein Kompromiß unter den beteiligten Staaten. Diese konnten länderspezifische Besonderheiten ihrer Finanzsysteme einbringen, um Wettbewerbsvorteile „ihrer" Banken zu konservieren oder – gleichbedeutend – diese nicht zu umfangreichen Anpassungsmaßnahmen zwingen zu müssen. Insbesondere gelang es den japanischen Vertretern, zumindest ein Teil der stillen Reserven in das multilaterale Abkommen über die Eigenkapitaldefinition zu integrieren (*Kapstein* 1994, S. 114-119).

Dennoch hatte das erste Baseler Regelwerk trotz seines Kompromißcharakters eine erhebliche, wenn auch gegenüber dem ursprünglichen bilateralen Abkommen gelinderte asymmetrische Wirkung: Japanische und andere ausländische Banken wurden gegenüber ihren US-amerikanischen Konkurrenten – gemessen am Status quo – summa summarum schlechter gestellt, weil sie ihre Eigenkapitalposition (deutlich) verbessern mußten. *Oatley* und *Nabors* (1998, S. 36) charakterisieren den Entstehungsprozeß von Basel daher zutreffend, wenn sie schreiben:

> „[T]he U.S. proposal for capital adaquency regulations was not motivated by concern about international financial stability, but by a need to satisfy competing interest group and voter pressures. Nor was a generalized concern about the stability of the international financial system evident in the Basel Committee. [...] The U.S. proposal sought to transfer income from Japanese commercial banks to compensate American commercial banks for the costs of regulation demanded by voters."

Auch das mittlerweile verabschiedete zweite Baseler Regelwerk (Basel II) ist in vielerlei Hinsicht als Spiegel einer komplexen politischen Ökonomie zu verstehen: Die nationalen Regierungen bzw. Aufsichtsbehörden versuchen wiederum, Sondervorteile zu erzielen oder bestehende nationale Eigenheiten zu konservieren (*Buchmüller* und *Macht* 2003, S. 418 ff.). Wichtigstes Instrument hierfür sind Wahlrechte bei der Unterlegung von Kreditrisiken mit Eigenkapital. Vor diesem Hintergrund gerät das

Baseler Regelwerk auch ohne seine theoretischen Schwächen (siehe Kap. 6.2.2.3.) in ein Legitimationsdilemma: Entweder man hält die internationale Angleichung der materiell-rechtlichen Bankenregulierung für normativ gerechtfertigt, um systemische Risiken zu vermeiden und die Wettbewerbsbedingungen der Bankwirtschaft anzugleichen. Dann müßte aber in Kauf genommen werden, daß es sowohl national als auch international zu regulatorisch bedingten Verschiebungen der Wettbewerbsposition einzelner Banken oder Bankengruppen kommt – ähnlich wie es ja bei Basel I der Fall war. Wahlrechte, die solche Verschiebungen vermeiden, dürfte es dann nicht geben. Wenn die Wahlrechte dagegen Ausdruck der Erkenntnis sind, daß ein Standard nicht genügt, um alle nationalen Besonderheiten der Bankenmärkte abzubilden oder daß es mehrere Möglichkeiten der Kontrolle von Systemrisiken geben kann, dann erscheint die Baseler Einigung auf andere Weise inkonsequent: Man könnte dann nämlich gleich auf den Wettbewerb der Systeme und die Kontrolle durch die Marktkräfte vertrauen. Eine internationale Angleichung der materiell-rechtlichen Normen – gleich welcher Art – wäre überflüssig.[268]

Aus der komplexen politischen Ökonomie internationaler Regelfindungen zwischen Zentralbanken, nationalen Regierungen, internationalen Organisationen und regulierten Wirtschaftssubjekten resultieren zudem weitere Probleme, die zum Teil bereits erörtert worden sind: Da Abstimmungsprozesse auf internationaler Ebene lange Zeit bis zur Entscheidungsreife benötigen, geben sogar führende Bankaufseher offen zu, daß die Regulierungsbehörden den von enormen technischen und organisatorischen Innovationen begleiteten Marktentwicklungen und Bestrebungen zur Regulierungsarbitrage fast zwangsläufig hinterher hinken (*Artopoeus* 2001, S. 31) *Calomiris* und *Litan* 2000, S. 284). Zudem induzieren unerwartete Krisenereignisse Lernprozesse innerhalb der Kreditwirtschaft, die deutlichen Verbesserungen im bankbetrieblichen Risikomanagement führen (Kap. 5.2.2.5.).

Vor diesem Hintergrund erscheint es zum einen grundsätzlich zweifelhaft, ob ein *möglicherweise* über diese marktendogenen Anstrengungen hinaus mit Regulierungen zu erzielender Stabilisierungseffekt den hiermit verbundenen Aufwand rechtfertigt. Zum anderen ist es fraglich, ob bankaufsichtliche Normen zum Zeitpunkt ihrer Implementierung überhaupt noch dem Stand der bankbetrieblichen Praxis gerecht werden können. Und schließlich ist fragwürdig, warum das elementare „Wissensproblem" ge-

---

268 Ähnliche Wirkungen werden sich daraus ergeben, daß die USA die Anwendung von Basel II nur auf eine kleine Gruppe international tätiger Großbanken anwenden werden, regionale Banken aber nicht zuletzt wegen der enormen Implementierungskosten davon ausnehmen wollen (*Schmidt Bies* 2005). In der EU sollen dagegen Banken jeder Größe grundsätzlich unter die neuen Regeln fallen. Bei der Umsetzung der Baseler Eigenkapitalvorschriften in der EU zeigen sich ebenfalls deutliche politökonomische Konflikte. So konnten sich die Sparkassen und Genossenschaftsbanken mit ihrer Forderung weitgehend durchsetzen, daß gruppeninterne Kredite in einem bestehenden Haftungsverbund nicht mit Eigenkapital unterlegt werden müssen und damit gleich behandelt werden wie konzerninterne Kredite großer Privatbanken (*Schackmann-Fallis* 2005; *de Noose* 2005; *Lehnhoff* 2005), was diese als Wettbewerbsverzerrung ablehnen (*FTD* 2004; *Börsen-Zeitung* 2005a).

rade auf globaler Ebene und in Abwesenheit von Systemwettbewerb besser zu lösen sein sollte als auf nationaler Ebene.

Insgesamt gilt damit auf internationaler Ebene das gleiche wie im nationalen Kontext: Das Ergebnis internationaler Abstimmungsbemühungen muß keineswegs in aufgabengerechten Lösungen bestehen. Dieses Problem wiegt in puncto Systemstabilität um so schwerer, als es bei der Harmonisierung von Regeln im Vergleich zum offenen Regelwettbewerb einen weiteren entscheidenden Unterschied gibt: Die Angleichung der Normen der Bankenregulierung richtet die Anreize der Regulierten nämlich auf globaler Ebene gleich (vgl. *Köhler* 2003). Damit hat auch ein „Fehler" weitreichendere Auswirkungen auf die Krisenfestigkeit als einzelne nationale Fehlentwicklungen. Hieraus folgt: Mit zunehmender Zentralisierung der Regulierung wird es wichtiger, daß damit tatsächlich einem berechtigten Anliegen im Sinne der normativen Regulierungstheorie (Heilung eines unabweisbaren transnationalen Marktversagens) Rechnung getragen werden kann.

Dem widersprechen auf einer generellen Ebene die hier dargelegten theoretischen und empirischen Bedenken gegen die Tragfähigkeit des Marktversagensarguments im Bereich der Bankenmärkte sowie die Kritik an einzelnen Elementen der Bankenregulierung. Daher muß in der Vielfalt von Regulierungsmustern in den globalen Bankenmärkten unter den Bedingungen konstitutionellen Unwissens per se ein positiver Wert gesehen werden (*Herring* und *Litan* 1995, S. 82). Wird hingegen, wie bisher, der „Entdeckungsfunktion" des institutionellen Wettbewerbs mißtraut, verringert sich in der Folge der Spielraum, um im Falle von teuren „Fehlentwicklungen" auf die Wettbewerbskontrolle – etwa in Form von Regulierungsarbitrage – wirksam zurückgreifen zu können. Es spricht daher vieles dafür, stärker auf Regelwettbewerb zu setzen.[269]

Die bisherigen Baseler Vereinbarungen sind vor diesem Hintergrund tendenziell kritisch zu sehen. So liegt es grundsätzlich nahe, die Regelentwicklungen auf internationaler Ebene als regulatorische Überreaktion mit dem Charakter einer Interventionskette anzusehen. Die technisch-organisatorischen Regelungen sind in Reaktion auf spektakuläre Einzelkonkurse entstanden, deren Interpretation als Marktversagen mit systemischen Auswirkungen äußerst zweifelhaft ist. Die materiell-rechtlichen Angleichungsbemühungen wurden zwar tatsächlich hauptsächlich von Systemkrisen angestoßen. Jedoch sind deren Ursachen nicht einem Marktversagen zu suchen, sondern mehrheitlich in Problemen des Staatsversagens.

Angesichts dessen mag es wenig überraschen, daß die vereinbarten Normen wenig geeignet sind, den Systemwettbewerb zu befördern. Die konsolidierte Aufsicht internationaler Bankkonzerne nach dem Heimatlandprinzip und der hierzu vereinbarte Aus-

---

269 Selbst Harmonisierungsbefürworter sehen das Problem möglicher Fehlregulierungen. In einem etwaigen Versagens des Regelwettbewerbs wird daher auch nur eine notwendige, jedoch nicht eine hinreichende Bedingung für den Harmonisierungsbedarf gesehen (*Sinn* 2003a, S. 345). Von dieser argumentativen Rückzugslinie aus läßt sich jedoch kaum eine Revision des eingeschlagenen Wegs begründen, wenn an die Eigendynamik pfadabhängiger Prozesse gedacht wird.

tausch von Informationen und Amtshilfen im Rahmen der technisch-administrativen Zusammenarbeit eröffnen zwar prinzipiell Chancen für einen institutionellen Wettbewerb im Bereich der Bankenregulierung. Dem steht jedoch gegenüber, daß das Gastland den Markteintritt bzw. die Marktaktivitäten ausländischer Kreditinstitute de facto verhindern oder auch der eigenen Regulierung unterstellen kann, wenn es die Regulierungsintensität oder -kapazität als zu gering erachtet (Dual Key-Mechanismus, siehe Kap. 4.5.3.1.). Dies wäre nur dann begrüßenswert, wenn der Regulierungswettbewerb auf globalen Bankenmärkten der Gefahr unterläge, in die Unterregulierung zu führen. Da hierfür – jedenfalls bisher – keine überzeugenden Belege vorliegen, besteht die Gefahr, daß der Dual-Key-Mechanismus durch die höher regulierten Länder dazu mißbraucht werden kann, unter Berufung auf das Argument des Systemschutzes unliebsame Auslandskonkurrenz vom eigenen Bankenmarkt fernzuhalten. Bereits die technisch-administrativen Regeln sind daher durchaus nicht uneingeschränkt positiv zu beurteilen.

Die geäußerte Skepsis gilt auch gegenüber der Harmonisierung von materiell-rechtlichen Normen der Bankenregulierung à la Basel I und Basel II, deren systemstabilisierende Wirkung – wie mehrfach betont – keineswegs gesichert ist und die den Systemwettbewerb naturgemäß stark beschränken. Wird den Bankgläubigern hingegen zugetraut, die Qualität unterschiedlicher Regulierungen und Banken eigenständig bzw. mit Hilfe von dazu spezialisierten Intermediären zu beurteilen, dann verlieren das Veto-Recht und mehr noch die materiell-rechtlichen Harmonisierungsanstrengungen ihre wichtigste theoretische Begründung. Banken müßten lediglich (ggf. unter Androhung einer persönlichen Haftung) dazu gezwungen werden, zweifelsfrei gegenüber ihren Kunden anzugeben, welcher protektiven und präventiven Regulierung sie unterstehen. Zwar könnten insbesondere großzügige explizite und implizite staatliche Sicherungsmaßnahmen dann immer noch einzelne Banken oder Bankengruppen bevorzugen. Mittelfristig sind dem aber in dem Maße Grenzen gesetzt, wie die Glaubwürdigkeit einer Interventionszusage fragwürdig wird. Die wenigen spektakulären Konkurse internationaler Banken haben ja gerade gezeigt, daß die Heimatländer wenig Interesse daran haben, auch für die Gastländer eine LLR-Verantwortung zu übernehmen. Unter Wettbewerbsgesichtspunkten problematisch ist daher vor allem, daß sich die Behörden des Gastlandes dazu veranlaßt sehen könnten, ausländische Banken bzw. die über Geschäftsverbindungen mit ihnen verbundenen inländischen Institute auch dann zu stützen, wenn ihre Schieflage durch ungünstige institutionelle Arrangements des Heimatlandes bedingt ist. Prinzipiell sollte es aber möglich sein, sich zumindest für solche Fälle glaubwürdig auf „Nichtintervention" selbst zu verpflichten.

Die einzigen Argumente, die für den bisherigen Weg der Internationalisierung der Bankenregulierung ins Feld geführt werden können, sind daher – wie schon auf nationaler Ebene – am ehesten pragmatischer Natur. Man könnte nämlich fragen, ob die Regulierungsschritte unter der geschilderten Bedingung einer ordnungspolitischen Fehlinterpretation und Fehlentwicklung der Symptomkorrektur nicht durchaus positive Elemente enthalten (zu einer solchen Position *Padoa-Schioppa* 1997).

Erstens wurde bei der Formulierung der Baseler Normen bisher auf extreme unternehmerische Freiheitsbeschränkungen der Bankwirtschaft verzichtet. Insofern könnten die Baseler Orientierungsnormen die (weltweite) Ablösung der Regulierungskultur des

„financial restraint" durchaus beschleunigt haben. Ähnlich argumentiert *Goldstein* (2000, S. 116 ff.) in Bezug auf Entwicklungsländer, denen internationale Mindeststandards – solange ihre Anwendung freiwillig ist – durchaus eine willkommene Orientierungsgrundlage für eigene institutionelle Entscheidungen bieten können. Gleichwohl ist nicht ohne weiteres einsehbar, warum Umorientierungen nicht auch ohne internationale Angleichungsschritte vollzogen hätten werden können, so daß das Argument für sich genommen nicht vollends überzeugt.

Auch die verstärkte Nutzung qualitativer Elemente der Bankenregulierung, die man bei allen inhärenten Schwächen durchaus als marktnäheres Regulierungsmuster interpretieren kann, wurde maßgeblich von Basel aus angestoßen. Zur Marktnähe mag auch beitragen, daß der Prozeß der Regelfindung im Baseler Komitee bei aller Kritik nicht zweifelsfrei im Sinne der Neuen Politischen Ökonomik interpretiert werden kann, sondern vergleichsweise sachorientiert verläuft (hierzu *Fratianni* und *Pattisson* 2001, S. 213 ff.). So bemüht sich das BCBS bei der materiell-rechtlichen Angleichung deutlich darum, die Meinungen und Erfahrungen der betroffenen Banken sowie die potentiellen Auswirkungen von Regeländerungen systematisch einzubeziehen. Beispielsweise sind zwischen dem ersten Konsultationspapier zu Basel II und seiner endgültigen Fassung aus dem Juni 2004 mehrere umfassende Auswirkungsstudien für große Teile der betroffenen Banken durchgeführt worden, und auch die noch laufende Feinabstimmung wird von solchen Studien begleitet (*EZB* 2005a, S. 57 ff.). Zum einen konnten hierdurch Anpassungen am ursprünglichen Baseler Vorschlag bewirkt werden, die das Problem extremer Prozyklizität der Kreditvergabe lindern sollen (zu diesem Kritikpunkt siehe Kap. 6.2.2.2.). Die noch laufenden Simulationen der Wirkungen des neuen Baseler Regelwerks sollen aber auch bewirken, daß die gesteigerte Risikosensivität von Basel II nicht zugleich zu einer durchschnittlich höheren Eigenkapitalunterlegungspflicht als beim Vorgänger führt. Tatsächlich variieren die Simulationsergebnisse stark nach Herkunft, Größe und Portfoliostruktur der fraglichen Banken. Tendenziell ergibt sich jedoch bei der Verwendung der internen Ansätze ein im Vergleich zum Status quo mehr oder weniger deutlicher Entlastungseffekt (*Deutsche Bundesbank* 2004b, S. 93; *Börsen-Zeitung* 2006).[270]

Darüber hinaus könnte *zweitens* die Mindestharmonisierung der Eigenkapitalnormen – in direkter Analogie zum nationalen Kontext – geholfen haben, die massiven Fehlanreize und wettbewerbsverzerrenden Wirkungen von großzügigen Einlagensicherungssystemen, impliziten Staatsgarantien oder aus anderen Gründen unvorteilhaften Regulierungsmustern abzumildern sowie ein „capture" der nationalen Regulierungsbehörden durch die Banken zu verhindern (*Buchmüller* und *Macht* 2003, S. 415). Im Einzelfall mag dies sicher zutreffen, so daß diese Argumentation eine gewisse Berechtigung hat. Jedoch verliert sie für jene Volkswirtschaften an Überzeugungskraft, die auf ordnungs-

---

[270] In den USA hat die vierte Auswirkungsstudie (qualitative impact study 4, QUIS 4) eine im Durchschnitt unerwartet große Reduktion des notwendigen regulatorischen Eigenkapitals ergeben, so es zu einer Verschiebung der für 2008 geplanten Umsetzung von Basel II auf 2009 und einer leichten Modifizierung kommt (*Börsen-Zeitung* 2005b).

politisch fragwürdige Regelungen dieser Art verzichten und deshalb keine Mindesteigenkapitalnormen benötigen. Außerdem begibt man sich mit dieser Argumentation erneut in die Logik einer Interventionskette, denn ordnungspolitisch konsequent wäre es, auch international auf die Ablösung von „moral hazard"-trächtigen Regeln zu drängen und damit der Notwendigkeit von Folgeinterventionen auf nationaler und internationaler Ebene den Boden zu entziehen (siehe Kap. 6.4.). Unabhängig hiervon ist es fragwürdig, warum gerade die präventiven Regulierungen Gegenstand der Harmonisierung sein sollten (*Wörner* 2000, S. 274 mit Bezug auf die Regelungen in der EU): Wird nämlich – bei bestehenden Gegenargumenten – die Notwendigkeit eines Mindestmaßes an protektivem Systemschutz akzeptiert, dann wäre zu überlegen, die Harmonisierungsanstrengungen stärker auf die Ausgestaltung von Einlagensicherungssystemen und „Lender of Last Resort"-Maßnahmen zu lenken. Die Korrektur der hiermit verbundenen Fehlanreize könnte dann durch unterschiedliche nationale präventive Maßnahmen erfolgen, deren relative Vorteilhaftigkeit im Systemwettbewerb ausgetestet werden könnte.[271]

Das *dritte* und wohl überzeugendste *pragmatische Argument* wird in der Auffassung von *Padoa-Schioppa* (1997), dem ehemaligen Vorsitzenden des BCBS, deutlich. Hiernach könnte die Internationalisierung der Bankenregulierung die Integration der Weltfinanzmärkte beschleunigt, wenn nicht sogar erst ermöglicht haben. Denn das de facto-Vetorecht des Gastlandes gegen Markteintritte ausländischer Konkurrenten und harmonisierte Eigenkapitalnormen gewinnen einen höheren Stellenwert, wenn sie als Voraussetzung für die gegenseitige Marktöffnung interpretiert werden. Dann nämlich wären die Wohlfahrtsgewinne aus der hierdurch erzielten Intensivierung des Bankenwettbewerbs gegen die Wohlfahrtsverluste abzuwägen, die aus der Beschränkung des Systemwettbewerbs resultieren.

7.2.3.3. Zusammenfassung der internationalen Problematik

Kap. 7.2.3. befaßte sich mit dem zweiten Subsidiaritätstest, also der Frage der Internationalisierung bankaufsichtlicher Normen. Insgesamt sind auch die hierfür vorgebrachten Argumente fragwürdig.

Einerseits erscheint bereits die Notwendigkeit einer Sonderbehandlung der Bankwirtschaft aus Gründen eines Marktversagens im nationalen Kontext fragwürdig. Selbst wenn die Annahme einer Sonderstellung der Banken in der Wettbewerbsordnung aus Gründen eines Marktversagens akzeptiert wird, folgt aus dieser positiven Beantwortung des ersten Subsidiaritätstests nicht zwangsläufig auch die positive Beantwortung des zweiten. Allenfalls ließe sich aus der Internationalisierung des Finanzmarktgeschehens

---

[271] Hierzu könnte auch gehören, sich stärker als bisher um die Frage des geregelten und rechtzeitigen Marktaustritts von „angeschlagenen" Kreditinstituten zu kümmern (*Kane* 2000; *Golstein* 2000). Alternativ hierzu könnten international einheitliche Berichtspflichten und Bewertungsmaßstäbe ein wirkungsvolles Substitut zu mehr oder weniger freiheitsbeschränkenden Regeln der Bankenaufsicht darstellen und als eingriffsarme Strategie der Stärkung der Marktkontrolle wirksam werden (so tendenziell *Calomiris* und *Litan* 2000; siehe Kap. 6.4.).

der Bedarf an einer technisch-administrativen Zusammenarbeit der zuständigen Behörden ableiten. Eine materiell-rechtliche Harmonisierung wäre dagegen nicht notwendig, weil es keine überzeugenden Argumente dafür gibt, daß der Systemwettbewerb im Bereich der Bankenregulierung versagt. Außerdem birgt die stärkere internationale Normierung der einschlägigen Normen zwangsläufig Risiken. Kommt es – aus welchen Gründen auch immer – im internationalen Kontext zu Staatsversagen, so ergeben sich zwangsläufig stärkere Wirkungen als bei einem nationalen Staatsversagen. Zudem wird das „Marktversagensparadigma" automatisch auf der internationalen Ebene verankert und kann so den Nährboden für die Verfestigung der Interventionsspirale mit ungewissem Ausgang bilden. Es liegt daher insgesamt nahe, unterschiedliche Ordnungsvorstellungen im Systemwettbewerb gegeneinander antreten zu lassen, um einerseits die Märkte stärker über das zweckmäßigste institutionelle Arrangement entscheiden zu lassen (Entdeckungsfunktion) und andererseits der Gefahr von nationalen und internationalen Interventionsketten entgegenzuwirken (Lenkungs- oder Begrenzungsfunktion).

Befürworter der Angleichung materiell-rechtlicher Normen berufen sich interessanterweise gelegentlich selbst auf ein Argument aus der Logik des Systemwettbewerbs (siehe etwa *Goldstein* 2000, S. 120). Hiernach würden sich durch die freiwillige Übernahme des Baseler Akkords Reputationsgewinne für die Volkswirtschaft im Systemwettbewerb erzielen lassen. Empirische Grundlage dieser Einschätzung ist die große Zahl von „opting in"-Entscheidungen von Ländern, die an der Aushandlung des Baseler Standards nicht beteiligt waren. Ob der mittlerweile hohe Verbreitungsgrad als eine solche marktgetriebene Konvergenz (*Simmons* 2001, S. 601 ff.) zu interpretieren ist, muß jedoch bezweifelt werden, denn die Verbreitung geht mindestens ebenso sehr auf eine politikgetriebene Konvergenz zurück – also auf Drohungen mit Marktzutrittsverweigerung und/oder auf internationalen und bilateralen Druck.

Illustrativ hierfür ist die angestrebte regulatorische Einbindung von sogenannten Offshore-Finanzzentren (OFC). Deren im allgemeinen geringere Regulierungsintensität und mitunter zögerliche Bereitschaft zum Informationsaustausch mit anderen Ländern (z. B. wegen ausgeprägter Bankgeheimnisse) macht sie grundsätzlich attraktiv für Prozesse der Regulierungsarbitrage. Vielfach wird dies als unlauterer Wettbewerb empfunden. Mit dem Hinweis auf die Gefahr, die daraus für die globale Finanzmarktstabilität entsteht, wird versucht, den unerwünschten Wettbewerbern Herr zu werden. Der informelle) Druck, der auf diese Zentren zur Angleichung ihrer Normen ausgeht, ist beachtlich. Wolfgang *Artopoeus* (2001, S. 29 f.) – der ehemalige Präsident des Bundesaufsichtsamts für das Kreditwesen (heute: Bundesanstalt für Finanzdienstleistungsaufsicht) – schreibt beispielsweise:

> „Die Offshore-Zentren bilden eine ernst zu nehmende latente Gefahr für die internationale Finanzstabilität. Sie sind die Löcher im Sicherheitsnetz der globalen Aufsicht. [...] Wenn Offshore-Zentren nicht bereit sind, die internationalen Aufsichts- und Kooperationsstandards zu übernehmen, wird man sie in geeigneter Weise unter Druck setzen müssen. Nötigenfalls muss man sie international an den Pranger stellen. Außerdem müssten die Aufsichtsbehörden in den Herkunftsländern den ihrer Aufsicht unterstehenden Banken untersagen, sich in solchen aufsichtsfreien und eine internationale Zusammenarbeit ablehnenden Territorien niederzulassen, bzw. ihnen aufgeben, dort bestehende Niederlassungen aufzulösen."

Letztlich läßt sich damit auch über den Hinweis auf den hohen Verbreitungsgrad keine Aussage zur Zweckmäßigkeit der Internationalisierung der Bankenregulierung im allgemeinen und der der Baseler Mindestkapitalanforderungen im speziellen treffen.[272]

Die dargelegte Argumentation läßt viel eher den Schluß zu, daß der Bankensektor in weitaus stärkerem Maße durch die Kräfte der Marktkontrolle und Selbstregulierung zu kontrollieren ist, als dies hinter dem Umfang bisheriger Regulierungsmuster zu vermuten ist. Dies gilt gerade auf der internationalen Ebene, auf die das bereits national äußerst fragliche Marktversagensparadigma mehr oder weniger automatisch gehoben wurde – nicht zuletzt, um Staatsversagen mit internationalen Auswirkungen zu konterkarrieren.

Die einzig wirklich schlagkräftigen Argumente der Harmonisierungsbefürworter haben daher pragmatischen Charakter. Solange es am politischen Willen für einen unbeschränkten Systemwettbewerb im Bankensektor mangelt, kann die Angleichung bankaufsichtlicher Normen durchaus als eine notwendige Voraussetzung für die gegenseitige Marktöffnung und damit die fortschreitende Integration der Bankenmärkte angesehen werden.

---

272 Die einzige dem Verfasser bekannte Studie, die Einflußfaktoren auf die „Opting In"-Entscheidung auch empirisch untersucht, stammt von *Ho* (2002). Dieser gelangt ebenfalls zu einem gemischten Ergebnis. Neben dem Marktdruck identifiziert er vor allem die heimische politische Ökonomie als hoch erklärenden Einflußfaktor. Danach hängt der Grad der Implementierung davon ab, ob sich im heimischen Interessengruppenwettbewerb entweder einheitliche Präferenzen bilden oder ob sich diejenigen durchzusetzen vermögen, die von der Einführung der Standards profitieren. Die Erfahrung einer tiefen Bankenkrise hat dagegen keinen positiven Erklärungseffekt. Vielmehr haben Länder, die eine systemische Krise erlebt haben, den Baseler Akkord mit geringerer Wahrscheinlichkeit eingeführt (*Ho* 2002, S. 678).

8. Zusammenfassung und Ausblick

Die vorliegende Arbeit beschäftigte sich mit der ordnungspolitischen Ausgestaltung von Bankenmärkten. Ausgangspunkt der Untersuchung waren *zwei Beobachtungen*.

Die *erste Beobachtung* bezieht sich auf die besondere Stellung, die der Finanzsektor im allgemeinen und der Bankensektor im speziellen für die Prosperität von Volkswirtschaften einnimmt. Theoretisch und empirisch läßt sich plausibel erklären, daß ein intakter Bankensektor im Wettbewerb mit anderen Intermediären die Wachstumsaussichten von Volkswirtschaften nachhaltig verbessern kann (siehe Kap. 2.). Grund hierfür sind die vielfältigen Intermediationsleistungen, mit denen Banken die Mobilisierung von Ersparnissen sowie deren Überleitung in vielversprechende Investitionsvorhaben erleichtern (können). Daher muß auch in der Sicherstellung der Stabilität und Effizienz des Bankensektors eine wichtige Ordnungsaufgabe gesehen werden. Die Erfüllung dieser Aufgabe ist jedoch keine Selbstverständlichkeit. Eindrucksvoller Beleg hierfür sind die zahlreichen systemischen Bankenkrisen, die es sowohl in historischen als auch in modernen Bankensystemen gegeben hat und von denen Entwicklungs-, Schwellen- und Industrieländer gleichermaßen betroffen waren. Die wirtschaftlichen, sozialen und politischen Folgen solcher Krisen waren und sind enorm. Insofern muß in der *Verhinderung von Systemkrisen* die *entscheidende Ordnungsaufgabe* des Bankensektors gesehen werden.

Hier setzt die *zweite empirische Beobachtung* an: Die wirtschaftliche Betätigung von Bankunternehmen wird nämlich in einem stärkeren Maß von sektorspezifischen staatlichen Regeln begrenzt und kanalisiert, als dies in den meisten anderen Sektoren einer Volkswirtschaft der Fall ist. Zu dieser *ordnungspolitischen Sonderbehandlung* zählen sowohl Regeln, die Bankenkrisen präventiv verhindern sollen (präventive Regulierungen) als auch solche, die die Folgen von Bankenkonkursen mildern sollen (protektive Regulierungen) (siehe Kap. 4.4.). Offensichtlich herrscht also für den Bankensektor Skepsis gegenüber dem wettbewerblich-marktwirtschaftlichen Ordnungsmodell, bei dem sich staatliche Einflußnahme auf das Setzen allgemeiner Ordnungsregeln beschränkt. Diese Feststellung wirft unmittelbar die dieser Arbeit zugrundeliegende *Leitfrage* auf, ob die Funktionsweise von Bankenmärkten tatsächlich derart von der anderer Märkte abweicht, daß sich die empirisch beobachtbare Sonderbehandlung rechtfertigen läßt. Da infolge der Globalisierung die Regulierung der Bankenmärkte zunehmend einer internationalen Mindestnormierung unterworfen ist, schließt sich hieran unmittelbar die zweite Frage an, inwieweit sich auch dieses ordnungspolitische Konzept rechtfertigen läßt.

Zur Beantwortung der beiden Fragen ist ein ordnungsökonomisches Analyseraster nützlich, das die wirtschaftliche Interaktion auf Märkten näher beleuchtet (Kap. 3.). Grundsätzlich sind die Wirtschaftssubjekte in Marktwirtschaften drei miteinander verwobenen *Ebenen der Kontrolle* ausgesetzt, die opportunistische Verhaltensweisen begrenzen und die Pläne einzelner in arbeits- und wissensteiligen Prozessen koordinieren sollen: die über Preissignale und direkte Interventionen der Vertragspartner vermittelte Kontrolle durch den Wettbewerb (*Wettbewerbs- bzw. Marktkontrolle*, Kontrollebene 1), die Ebene der *Selbstkontrolle oder Selbstregulierung* im Wege bilateraler Vertragsgestaltungen, durch freiwillige Unterstellung unter selbst geschaffene Regelsysteme und eingeschränkt auch durch andere spezialisierte Unternehmen (Kontrollebene 2) sowie die Kontrolle durch staatliche Regeln und Sonderregeln und deren Durchsetzung mittels staatlicher Hoheitsgewalt (*Staatskontrolle*, Kontrollebenen 3a und 3b).

Die abstrakte Erörterung der Vor- und Nachteile dieser drei Ebenen führte zu zwei Erkenntnissen. *Erstens* ist keine der genannten Kontrollebenen frei davon, unter bestimmten Bedingungen zu versagen: Marktversagen kommt ebenso vor wie versagende Selbstregulierungen oder fehlerhafte Ausgestaltungen und Umsetzungen staatlicher Regeln (Staatsversagen). Dennoch ist *zweitens* den ersten beiden – also staatsferneren – Kontrollebenen in Marktwirtschaften eine grundsätzliche Priorität einzuräumen, und damit ist der Sprung auf die nächst höhere Ebene einem positiven Rechtfertigungszwang auszusetzen. Staatliche Regeln sind demnach nur dort gerechtfertigt, wo die staatsfreie Interaktion der Menschen im Wettbewerb in ein Markt- oder Wettbewerbsversagen führen würde und gleichzeitig die Wirtschaftssubjekte diesem Dilemma nicht im Wege der Selbstregulierung entgehen könnten (*erster Subsidiaritätstest*). Für die allgemeinen Ordnungsregeln (Kontrollebene 3a) ist dies normativ unumstritten, für sektorspezifische Sonderregeln (Kontrollebene 3b) hingegen nicht. Zugleich läßt sich für den Bereich der staatlichen Regeln ein *zweiter Subsidiaritätstest* formulieren, der die internationale Angleichung von Institutionen daran knüpft, daß der Wettbewerb von Regeln versagt. In beiden Fällen ist zudem zu beachten, daß die reale Ordnungsalternative mit (zentraler) staatlicher Einmischung der Staatsversagensgefahr unterliegt, die gegen die Auswirkungen des Versagens der anderen beiden Ebenen abgewogen werden muß.

Die wissenschaftliche und politische Diskussion um die Sonderbehandlung der Bankwirtschaft läßt sich gut in diesen Analyserahmen einfügen. Die empirisch beobachtbare und über die allgemeinen Ordnungsregeln hinausreichende *Regulierungsdichte* auf Bankenmärkten ist Ausdruck dafür, daß der erste Subsidiaritätstest zugunsten der staatlichen Steuerungseebene (Kontrollebene 3b) beantwortet wurde. Entsprechend überrascht es nicht, daß Bankenkrisen auf die inhärente Gefahr eines vielschichtigen *bankspezifischen Marktversagensproblems* zurückgeführt werden. In Kap. 4.2. und 4.3. wurden dazu insgesamt sechs miteinander verwobene Marktversagensthesen identifiziert. Die gemeinsame Befürchtung dieser Argumente lautet, daß auf Bankenmärkten sektorspezifische negative Externalitäten möglich sind, die zu einem *systemischen Risiko* für die Bankwirtschaft und zu den in Kap. 2 geschilderten massiven volkswirtschaftlichen Kosten führen könnten. Selbst ehrliche und um Vorsicht bemühte Kreditinstitute könnten ohne Grund in die Insolvenz gezwungen werden, weil sie (a) panikartigen Schalterstürmen hilflos ausgesetzt seien, (b) vom Konkurs anderer Banken „ungerechtfertigt" mitgerissen werden könnten oder (c) (unbeabsichtigt selbst verursachten) Dynamiken auf den Kredit- und Finanzmärkten wehrlos gegenüberstünden.

Bei näherem Hinsehen müssen den einschlägigen Argumentationsketten jedoch Gegenargumente entgegengehalten werden, die das *Marktversagenspostulat theoretisch* erheblich *einschränken* (Kap. 5.). So läßt sich die zur Stützung der Marktversagensargumentation herangezogene „inhärente Instabilität" der Bankbilanz auch als ein effizientes institutionelles Arrangement interpretieren. Fristentransformation zwischen illiquiden Aktiva und liquideren Passiva, geringe Eigenkapitalquoten und sofortige Kündbarkeit von Sichtdepositen ermöglichen erst die transaktionskostengünstige Vermittlung von Sparmitteln in Investitionen in von asymmetrischen Informationen geprägten Märkten. Die „Bilanzbesonderheiten" sind dabei zugleich als Ausdruck des unternehmerischen Bemühens der Bank und ihrer Vertragspartner um die Reduktion von Transaktionskosten aufzufassen (Kap. 5.1.). Insbesondere der Schaltersturm durch (private) Einleger (offener Bank-Run, Marktversagen I) oder die Verweigerung von Anschlußfinanzierungen durch andere Banken („silent run", Marktversagen III) lassen sich konträr zum herrschenden Argument auch als hoch effektive Mechanismen der Marktkontrolle ansehen (ganz abgesehen davon, daß aus der Gefahr einzelner Konkurse ohnehin keine Sonderbehandlung einer ganzen Industrie gerechtfertigt werden kann). Zugleich kann die Run-Drohung auch als Voraussetzung für die effiziente Bankintermediation interpretiert werden, da hierdurch die Bank bzw. ihr Management zu einem umsichtigen Umgang mit den ihr anvertrauten Mitteln gezwungen wird. Auch für die Interbankenbeziehungen, die in jüngerer Zeit wegen der von ihnen ausgehenden Dominogefahren (Marktversagen IV) als wahrscheinlichste Quelle systemischer Risiken gelten, bietet sich eine andere Sichtweise an: Interbankenbeziehungen über Finanzmarkt- und Kreditengagements dienen mehrheitlich der Versicherung gegen bankspezifische Risiken und sind damit stabilitätsfördernd (Kap. 5.3.).

Darüber hinaus besteht – wie vor allem die „Free Banking"-Schule betont – grundsätzlich kein Anlaß zu der Vermutung, daß die Vertragspartner der Bank keine Maßnahmen ergreifen, um die Zahlungsfähigkeit einzelner Banken trennscharf genug zu beurteilen. Insbesondere den besser informierten Interbanken- und Großgläubigern kann zugetraut werden, über die hierfür notwendigen unternehmerischen Fähigkeiten zu verfügen. Kleingläubiger profitieren von dem als Signal dienenden Verhalten dieser Bezugsgruppen – allerdings um den Preis, daß sie eher Vermögensverluste erleiden, wenn es einmal zu einem Bankenkonkurs kommt. Außerdem dürften Konkurrenzinstitute in einem regulierungsarmen Umfeld einen Anreiz zur Differenzierung haben und sich dann auch um die Signalisierung einer überlegenen Einlagensicherheit bemühen. Normalerweise sollte daher ein Wettbewerb um eine präferenzengerechte Einlagensicherheit zu erwarten sein (Kap. 5.2.). Aus diesen Gründen erscheint auch ein undifferenziertes Übergreifen von Einzelkonkursen auf Grundlage vollständig homogenisierter Erwartungen der Bankgläubiger (Multi-Bank-Run, Marktversagen II) allenfalls als ein theoretischer Grenzfall, für den es keine überzeugende empirische Evidenz gibt. Eher läßt sich nachweisen, daß es bei Bankenkrisen zur Wiederanlage von abgezogenen Mitteln an anderer Stelle kommt („flight to quality"); selbst die in puncto Krisentiefe und Einlegerverunsicherung einzigartige Weltwirtschaftskrise zeigt dieses Muster (Kap. 7.2.2.3.2.).

Aber selbst wenn diese optimistischere Sichtweise zur Funktionsfähigkeit der Bankenmärkte nicht geteilt wird, gibt es theoretische und empirische Gründe dafür, der institutionellen Zwischenlösung der *Selbstregulierung* auch für den Bankensektor *eine höhere Ordnungskraft* zuzuweisen, als dies häufig geschieht. Grundlage hierfür ist, daß sich vergleichsweise leicht ein für die Entstehung selbstregulatorischer Elemente zentrales gemeinsames „konstitutionelles Interesse" herausbilden kann. Dieses besteht im Wunsch nach Verhinderung von (System-)Risiken, von denen gegebenenfalls alle Banken betroffen wären. Entsprechend lassen sich marktendogen entstandene risikobegrenzende institutionelle Lösungen sowohl für historische Bankensysteme als auch für moderne Kapitalmärkte nachweisen (Kap. 5.2.2.2.; 7.2.2.2.).

Die Kritik an der Problematik extremer Marktdynamiken auf den Kredit- und Vermögensmärkten, die aus einer kollektiven Unterschätzung aggregierter makroökonomischer Risiken durch die Bankwirtschaft erklärt werden (systemisches Risiko im weiteren Sinne, Marktversagen V und VI), erweist sich hingegen als schwieriger. Jedenfalls empirisch ist nicht zu leugnen, daß zyklische Übertreibungen (Boom-Bust-Phänomene) vorkommen und systemische Bankenkrisen mit sich bringen können (Kap. 2.2.; Kap. 5.5.). Jedoch wird es immer schwerfallen, ex ante ein Kriterium für die Angemessenheit des Volumens an vergebenen Krediten oder die Höhe eines Finanzmarktpreises anzugeben, an das etwaige Interventionen geknüpft werden könnten. Auf theoretischer Ebene muß zudem bedacht werden, daß Übertreibungen auch als normale, kaum antizipierbare Prozesse der „schöpferischen Zerstörung" angesehen werden können, die insbesondere dort zu erwarten sind, wo infolge größerer politischer, wirtschaftlicher oder institutioneller Umwälzungen große Unsicherheiten über künftige Investitionschancen und -risiken herrschen. Wenn „Übertreibungen" regulatorisch begrenzt werden sollen, ergibt sich damit zumindest ein „trade off": Möglicherweise infolge ausgedehnter Kreditbooms entstehende (zusätzliche) Stabilitätsrisiken sind abzuwägen gegen die Gefahr, Wachstums- und Innovationspotentiale der „schöpferischen Zerstörung" zu verschenken.

Die theoretischen Zweifel an der Tragfähigkeit des Marktversagenspostulats als alleinige Erklärung des „Phänomens" Bankenkrise verstärken sich, wenn die ordnungsökonomische Erkenntnis in die Analyse einbezogen wird, daß „institutions matter", daß also die Koordinationskraft von Märkten Spiegel der sie umgebenden Rahmenbedingungen ist. Kap. 6. und Kap. 7. liefern Hinweise, daß *Bankenkrisen* von fehlgestalteten institutionellen Rahmenbedingungen und/oder von wirtschafts-, währungs- und geldpolitischem Fehlverhalten entscheidend begünstigt werden – also *im Kern* auf *Staatsversagen* zurückzuführen sind. Staatsversagen läßt sich hierbei sowohl bei der Ausgestaltung und Umsetzung der allgemeinen Regeln (Kontrollebene 3a) als auch der Bankenregulierungen (Kontrollebene 3b) identifizieren. Als problematisch erweisen sich neben sprunghafter Geld- und Währungspolitik und Wettbewerbsbeschränkungen vor allem Haftungsaufweichungen aller Art. Diese reduzieren die Notwendigkeit zur präventiven Berücksichtigung von Risiken, lassen Vorsorgemaßnahmen unattraktiver und „Übertreibungen" wahrscheinlicher werden und nehmen der Marktkontrolle (Kontrollebene 1) (teilweise) ihre Wirkung. Allgemein lassen die Erfahrungen zudem erheblichen Zweifel daran aufkommen, ob staatliche Handlungsträger über das zur Vermeidung von krisenhaften Erscheinungen notwendige Wissen verfügen können, selbst wenn einzelne Regulierungsschritte unbeeinflußt von Sonderinteressen vollzogen werden.

Entsprechend lassen sich im Lichte des Staatsversagensarguments zu vielen der zentralen Ordnungsfragen der Bankenmärkte fundierte abweichende Auffassungen formulieren – unter anderem:

– Protektive Regulierungen (Einlagensicherungssysteme, „Lender of Last Resort") werden normalerweise als notwendig erachtet, um die Folgen systemischer Krisen zu lindern. Im Lichte des Staatsversagensarguments erscheinen sie hingegen als entscheidende Quelle von „moral hazard", von Einschränkungen der Wettbewerbskontrolle sowie von künstlich erzeugten Besonderheiten der Bilanzstruktur (insbesondere niedriger Eigenkapitalquoten) und mithin von systemischen Risiken. Ordnungskonform sind daher nur freiwillige protektive Lösungen der Marktteilnehmer und – wenn man sich für ein zweistufiges Geldwesen entschieden hat – „Lender of Last-Resort"-Maßnahmen, die sich an den gesamten Bankenmarkt richten, es aber den Marktteilnehmern überlassen, die zusätzlich geschaffene Notfalliquidität selbst zu verteilen (Kap. 4.4.1. und Kap. 6.2.1.).

- Anhänger der Marktversagenslogik befürworten präventive Regulierungen. Sie glauben, hiermit Risiken ex ante begrenzen zu können. Demgegenüber können solche Regulierungen – in unterschiedlichem Ausmaß – krisenbegünstigend wirken. Auch unterliegen sie der Gefahr, Marktergebnisse zu prädeterminieren. Selbst das Bemühen um qualitative und damit prinzipiell marktnähere Elemente der Bankenregulierung ändert hieran nichts Grundsätzliches (Kap. 4.4.2. und Kap. 6.2.2.).
- Befürworter staatlicher Sonderregeln sehen in den besonderen Informationsrechten der Bankenaufsicht eine notwendige Maßnahme, um zielsicher und risikobegrenzend Fehlverhalten einzelner Banken sanktionieren zu können. Kritiker hingegen betonen, daß bestenfalls (staatlich durchgesetzte) Informationspflichten der Kreditinstitute gegenüber der Öffentlichkeit als ordnungskonforme Regulierungen zu rechtfertigen sind (Kap. 4.4.2.5. und Kap. 6.3.).
- Befürworter von Bankenregulierungen halten staatliches Fehlverhalten für unwahrscheinlich oder für durch weitere Regeln kontrollierbar. Hingegen muß in der Realität berücksichtigt werden, daß politökonomische Prozesse, Eigeninteressen der Aufsichtsbehörden und Wissensmangel eine zieladäquate Formulierung und Umsetzung von Regulierungsmaßnahmen unwahrscheinlich machen (Kap. 6.2.3. und exemplarisch Kap. 7.2.2. und Kap. 7.2.3.2.). Das Problem der Wissensanmaßung bildet ohnehin auffällig ein Randthema in der gesamten Debatte. Daß die Einführung von Basel II offiziell von der Hoffnung begleitet wird, das regulatorische Eigenkapital dem ökonomischen anzunähern, mag jedoch als indirektes Eingeständnis des Wissensmangels gewertet werden.
- Regulierungsarbitrage erscheint in der Marktversagenslogik grundsätzlich als unerwünschte und risikoerhöhende Ausweichreaktion, während sie ebenso gut als Versuch gewertet werden kann, freiheits- und wettbewerbsbeschränkenden oder veralteten Regulierungsnormen zu entgehen, um hierdurch Freiheitsgrade für das Management bankentypischer Risiken wiederzugewinnen (Kap. 6.3. und Kap. 7.2.3.1.).

Werden die theoretischen und empirischen Argumente insgesamt zusammengefügt, so wird die *Sonderbehandlung der Kreditwirtschaft* – zumindest in den heutigen Ausmaßen – *fragwürdig*. Es bleibt damit im wesentlichen ein *letztes Argument*, das *für die bestehenden Regulierungsnormen* ins Feld geführt werden kann. Es handelt sich jedoch um ein *pragmatisches* Argument, nicht um eines, das aus den Besonderheiten der Bankenmärkte ableitbar wäre: Solange Banken (und ihre Gläubiger) im Konkursfall entweder implizit oder explizit mit staatlichen Hilfsversprechen rechnen können, besteht eine „moral hazard"-Gefahr, die sich in zusätzlichen Risiken für die Bank- und Volkswirtschaft niederschlägt. Ordnungspolitisch richtig und konsequent wäre es zwar, das Problem an der Quelle der Entstehung zu beschneiden, indem staatliche Hilfsversprechen begrenzt werden. Es ist jedoch fragwürdig, ob eine solche Selbstverpflichtung glaubwürdig durchzusetzen wäre. Wegen dieser auch aus der Geldpolitik bekannten Problematik der Zeitinkonsistenz können bestehende Bankenregulierungen – insbesondere die präventiven – durchaus als (unvollkommene) Ersatzlösung für die politisch nicht durchsetzbare Abschaffung jeglicher Mithaftungsversprechen interpretiert werden. Die heute in der Mehrheit verfolgte Strategie, bestehende protektive und präventive Regulierungen anreizkompatibel umzugestalten, ohne ihre grundsätzliche Notwendigkeit in Frage zu stellen, kann ebenfalls als Ausdruck dieser pragmatischen Auffassung angesehen werden. Wie nicht nur der zweite Baseler Akkord zur internationalen Angleichung der Eigenkapitalregulierung (Basel II) zeigt, stellt dies jedoch an die (staatlichen) Handlungsträger, die diese Normen formulieren und umsetzen, hohe Ansprüche.

Zudem ist das pragmatische Argument unter ordnungspolitischem Blickwinkel immer als *Folgeintervention* im Rahmen bestehender, pfadabhängiger Regulierungstraditionen anzusehen. Deshalb beschäftigte sich Kap. 7. abschließend mit dem Argument der fortschreitenden Interventionsketten im Bankenbereich. Aus theoretischer Perspektive ist die Neigung zu Interventionsketten zumindest teilweise aus der Logik einer zweistufigen Geldordnung ableitbar. In dem Maße, in dem durch die Monopolisierung des Geldangebots in staatlicher Hand die unbedingte Gleichheit zwischen Giral- und Zentralbankgeld suggeriert wird, müssen Zentralbanken über ihre „Lender of Last Resort"-Funktion eine Mitverantwortung für die Giralgeldqualität übernehmen oder Ersatzlösungen hierfür installieren. Es entsteht zwangsläufig „moral hazard", das wiederum durch staatliche Regulierungen begrenzt wird (Kap. 7.1.).

Empirisch ist das Interventionskettenargument mindestens ebenso interessant. Bereits die Gründung moderner Zentralbanken läßt sich im Vergleich zu Zeiten des freien Währungswettbewerbs nicht zweifelsfrei als effizienz- und stabilitätsfördernd interpretieren (Kap. 7.2.1.). Darüber hinaus lassen sich bei der *Evolution realer Bankenregulierungen* tatsächlich empirische Entsprechungen für *Interventionsketten* identifizieren, bei denen regulatorisch erzwungene Anfälligkeiten im Bankensektor und/oder Ausweichreaktionen der Wirtschaftssubjekte auf unzweckmäßige Regulierungen neue Interventionen hervorgerufen haben. Exemplarisch wurde dies an der frühen Bankengeschichte der USA verdeutlicht (Kap. 7.2.2.). Unter dem Eindruck mehrerer schwerer Krisenerfahrungen, deren Ursachen mehrheitlich in höchst unzweckmäßigen institutionellen Arrangements lagen, wurde hier der Staatseinfluß auf den Bankensektor, beginnend ab etwa Mitte des 19. Jahrhunderts, sukzessive ausgedehnt. Höhepunkt dieser Entwicklung war – wie in anderen Ländern auch – die Weltwirtschaftskrise, die Ausdruck eines besonders krassen Staatsversagens war. In ihrer Folge wurde eine neue Pfadabhängigkeit begründet, aus der nicht nur ein extremes Mißtrauen gegenüber der Ordnungskraft freier Bankenmärkte sprach, sondern die den Banken zugleich leistungsfreie Renteneinkommen sicherte. Das Beispiel der USA bestätigt zudem über den gesamten Zeitraum, daß die Fortentwicklung realer institutioneller Arrangements unter dem Einfluß vieler unterschiedlicher Einflußfaktoren steht, von denen politökonomische Kräfte eine besonders hohe Bedeutung haben. Darüber hinaus läßt sich ebenfalls beobachten, daß Pfadabhängigkeiten zumindest teilweise gebrochen werden können, wenn binnen- und außenwirtschaftlicher Wettbewerb die Interessenkoalitionen verändern, die die Regulierungen stützen, wenn fortgesetzte Negativerfahrungen die Kosten extremer staatlicher Einmischung in den Bankenmarkt offenbar werden lassen. Wie die Erfahrungen der 1980er und 1990er Jahre zeigen, ist die USA kein Einzelfall. Auch in anderen Ländern hat sich ein über Jahre aufgestauter Änderungsdruck nicht selten gerade dann in schwerwiegenden Bankenkrisen entladen, wenn durch marktfeindliche Regeln gestützte Bankensysteme unter Wettbewerbsdruck geraten sind. Folglich sind Bankenkrisen in dieser Sichtweise insgesamt Ausdruck der früher oder später notwendig werdenden Anpassung der Wirtschaftssubjekte auf zuvor fehlgesteuerte Verhaltensweisen (sog. Anpassungskrisen) (Kap. 6.4.).

Diese gehäuften Krisenerfahrungen ab Mitte der 1970er Jahre sind ebenfalls eine Ursache dafür, daß Bankenregulierungen starken internationalen Angleichungsbemühungen durch das Baseler Komitee für Bankenaufsicht unterliegen. Deshalb wurde abschließend auch die Evolution dieser Regeln auf die Frage interventionskettenähnlicher Entwicklungsmuster hin untersucht (Kap. 7.2.3.). Damit wurde zugleich die einschlägige Argumentation zum zweiten Subsidiaritätstest im Bereich der Bankenregulierung aufgegriffen (Kap. 3.3. und Kap. 4.5.).

Ein *erstes Element* einer Interventionskette kann bei der Internationalisierung darin gesehen werden, daß die Entscheidung über die Regulierung von Banken unter unübersehbarem Wirken politischer Kräfte zunehmend auf die internationale Ebene gehoben wurde, obwohl die Notwendigkeit der Sonderbehandlung im nationalen Kontext nicht überzeugend begründbar ist. Auch können die Krisen, die zur Fortentwicklung der internationalen Normen Anlaß gegeben haben, kaum in eine Marktversagenslogik eingeordnet werden. *Zweitens* ist zu beachten, daß sich die Abstimmungsbemühungen mehr und mehr von vergleichsweise unproblematischen Formen einer technisch-administrativen Zusammenarbeit auf materiell-rechtliche Harmonisierungen verlagert haben. Das theoretische Hauptargument für solche Harmonisierungen, die Gefahr des versagenden Systemwettbewerbs im Bankensektor, vermag jedoch nicht hinreichend zu überzeugen. Insbesondere ist nicht einzusehen, warum von Bankkunden nicht aus Eigeninteresse erwartet werden kann, daß sie unterschiedliche Regulierungsqualitäten und möglicherweise durch sie ausgelöste Risikopotentiale erkennen. Auch sollten Banken ein Interesse haben, Regulierungen, die ihren Kunden einen Vorteil bringen, gegenüber diesen glaubwürdig zu signalisieren. Insgesamt liegt es daher auch im Bankenbereich nahe, unterschiedliche Ordnungsvorstellungen im Systemwettbewerb testen zu lassen, um einerseits die Märkte stärker über das zweckmäßigste institutionelle Arrangement entscheiden zu lassen und um andererseits der Gefahr von Interventionsketten entgegenzuwirken.

Daß die Bankenregulierung dennoch international betrieben wird, hat vor allem politische Gründe. Politische Motive spielen auch bei der Regelfortentwicklung eine deutliche Rolle. Trotz des überaus großen Sachverstandes, der im Baseler Ausschuß für Bankenaufsicht versammelt ist, ist damit keineswegs gesichert, daß die Ergebnisse des Regelfindungsprozesses zieladäquat sind. Außerdem ist Wissensmangel nicht auf die nationale Ebene beschränkt. Internationale Regulierungsfehler können damit insgesamt genauso vorkommen wie nationale. Selbst bei Akzeptanz des theoretischen Arguments für Harmonisierungen folgt damit nicht zwingend die Befürwortung jedes internationalen Regulierungsschritts. Wegen der großflächigeren Auswirkungen eines internationalen Staatsversagens müssen internationale Normierungen in jedem Fall besonders kritisch geprüft werden. Zwar ist die verstärkte Zuwendung zu marktnäheren Elementen durch Basel II grundsätzlich als Fortschritt gegenüber dem bisher bestehenden starren Ansatz der Risikobemessung und Eigenkapitalunterlegung aufzufassen. Zum einen gibt es jedoch „radikalere“ marktzentriertere Lösungen, die nicht oder kaum Gegenstand der internationalen Normierungsdebatte sind. Zum anderen haben die stärkere Gewichtung qualitativer Elemente, die mit der Verwendung bankeigener Kreditratingverfahren verbundene Verstärkung der Risikodifferenzierung sowie die Erhöhung des bürokratischen und organisatorischen Aufwands bei der Erfüllung der Pflichten eigene ordnungspolitische Schwächen (Kap. 6.2.2.3.). Nach allen Erfahrungen wird es daher neuen Anpassungsbedarf geben, so daß Basel III, IV und V sicher nur eine Frage der Zeit sind.

Insgesamt konnte diese Arbeit die selbst gestellte grundlegende Ordnungsfrage nicht abschließend beantworten, ob nämlich die Funktionsweise von Bankenmärkten derart von der anderer Märkte abweicht, daß sich hieraus zwingend die Notwendigkeit einer ordnungspolitischen Sonderbehandlung in der Dimension von heute ergibt (siehe Seite 3). Allerdings konnten *erhebliche Zweifel* an den theoretischen und empirischen Grundlagen des Marktversagensarguments für Bankenmärkte aufgezeigt werden. Auch konnte nachgewiesen werden, daß die Rahmenbedingungen des Bankensektors ebenso anfällig sind für Staatsversagen, wie dies aus anderen Bereichen der staatlichen Regelsetzung und -administration bekannt ist. In der Vergangenheit hat immer wieder politisches Versagen Bankenkrisen verursacht. Die eilfertige Akzeptanz der bestehenden speziellen Regulierungsmuster für nationale und internationale Bankenmärkte kann daher dazu führen, keine Lösungen für die Hauptursachen von systemischen Bankenkrisen zu suchen. Diese liegen nicht selten in erheblichen Defiziten auf der allgemeinen Ordnungsebene (Kontrollebene 3a). Die beste „Bankenaufsicht“ wäre damit darin zu sehen, politisch verursachte Krisen von Gesellschaft, Staat und Wirtschaft zu vermeiden, indem den grundlegenden Ordnungsprinzipien einer privilegienfreien Gesellschaft Geltung verschafft wird. Wie es beispielsweise in den *Eucken*schen konstituierenden Prinzipien deutlich wird, gehören hierzu an zentraler Stelle eine verläßliche Geld- und Währungspolitik, ein Bekenntnis zu wettbewerblichen und offenen Märkten auch im Bankensektor und die Vermeidung von staatlich begünstigten Haftungslücken, die die Risiko- und Marktkontrolle unterhöhlen.

Demgegenüber lehrt die historische Erfahrung, daß konkrete Regulierungsschritte im Nachgang von Bankenkrisen die staatlichen Krisenursachen häufig ausblenden und in Folgeinterventionen verfallen. Entsprechend ist die Tendenz einer interventionskettenartigen Pfadentwicklung im Bereich der Bankenregulierung seit langem erkennbar. Hierzu paßt eine Umfrage des Londoner Centre for the Study of Financial Innovation zu den wichtigsten Bankrisiken. Auf Basis der Befragung von 440 Bankmanagern und Bankexperten aus 54 Ländern kommt diese zu dem Ergebnis, daß das wichtigste Bankrisiko mittlerweile in überbordenden Regulierungsvorschriften liegt (*CSFI* 2005): „The report finds that regulatory overkill saps bank resources, reduce risk diversification and creates a falso sense of security."

Im wesentlichen verbleiben damit *zwei pragmatische Argumente*, die für die Entscheidung der Subsidiaritätstests zugunsten der zentraleren Ordnungsebene angeführt werden können. Insoweit der Verzicht auf „moral hazard"-anfällige Mithaftungsgarantien aus Gründen der Zeitinkonsistenz nicht politisch durchsetzbar erscheint, lassen sich *im nationalen Kontext* präventive Regulierungen als „kleineres Übel" – also als 2nd best-Lösung – rechtfertigen. Dies befreit jedoch nicht von der Erkenntnis, daß sich die Anstrengungen zuforderst auf die Ablösung solcher Garantien bzw. der sie stützenden Pfadabhängigkeiten richten sollten. Im *internationalen Kontext* ist hingegen zu bedenken, daß die Angleichung von Regulierungen und die enge technisch-administrative Abstimmung der *Preis für die gegenseitige Marktöffnung* gewesen sein könnten. Insoweit die positiven Effekte dieser Marktöffnung die Kosten der global angeglichenen Regulierungen überwiegen, wäre auch dies das „kleinere Übel".

Gleichwohl besteht noch erheblicher Forschungsbedarf, um die grundlegende Ordnungsfrage abschließend zu beantworten. Um nur einige offene Fragen anzudeuten:

- Es ist sicher die ökonomische Bewertung der inhärenten Instabilität der Bankbilanzen weiter zu verfeinern. Derzeit deuten sich hier zwei Argumentationswege an, die dem Marktversagenspostulat auf unterschiedliche Weise den Boden entziehen. Zum einen könnte die Run-Anfälligkeit von Banken notwendige Voraussetzung für eine effiziente Finanzintermediation sein. Dann wäre der potentielle Nutzen einer gegen den Run gerichteten Regulierung gegen die volkswirtschaftlichen Kosten einer geminderten Intermediationsleistung abzuwägen. Zum anderen könnten die Besonderheiten Ergebnis von Verhaltensänderungen infolge überzogener Sicherheitszusagen an die Bankgläubiger sein. Dann wäre bei Wegfall der entsprechenden Zusagen eine Veränderung der Bilanzstruktur, zumindest aber eine stärkere Heterogenität des Banksektors zu erwarten.
- Auch die Rolle, die Interbankenmärkte bei der Verbreitung und Vermeidung von Bankenkrisen spielen können, muß weiter untersucht werden. Die in der jüngeren Vergangenheit vermehrt unternommenen Versuche, die Systemrisiken auf Interbankenmärkten empirisch abzuschätzen, sind hier vielversprechend. Darüber hinaus ist über die Funktionsweise von Selbstregulierungen im Finanzmarktbereich einschließlich ihrer risikobegrenzenden Wirkungen noch vergleichsweise wenig bekannt.
- Bei der Analyse der Ursachen von Bankenkrisen muß die Rolle fehlerhaft ausgestalteter Basisinstitutionen (Kontrollebene 3a) tiefergehend beleuchtet und möglichst eindeutig von anderen Ursachen getrennt werden. Dies ist unverzichtbar, weil über die Notwendigkeit von spezifischen Regulierungen strenggenommen erst entschieden werden kann, wenn die allgemeinen Ordnungsregeln „vernünftig" gesetzt sind.
- Bei Analyse der Entwicklung von Bankenregulierungen sollte das Phänomen der Interventionskette vertiefend untersucht werden. Ein Ansatzpunkt hierfür wäre die detaillierte Analyse weiterer einschneidender Krisenerfahrungen im Hinblick auf

die Wirksamkeit marktlicher Kontrollmechanismen im Vorfeld, im Hinblick auf die Klassifizierung der Krisenursachen (Staatsversagen versus Marktversagen) und im Hinblick auf politökonomische Zusammenhänge der Regelentstehung. Auch Deutschland hat sich beispielsweise – wie die USA – erst im Zuge der Bankenkrisen der 1930er Jahre vom Prinzip der Bankenfreiheit verabschiedet und hat damit einen Regulierungspfad begründet, der bis heute fortwirkt. Und auch in Deutschland lassen sich die Gründe der Bankenkrise keineswegs eindeutig als Marktversagen klassifizieren (*Möschel* 1972, S. 199, 205 ff.).

Angesicht der hier insgesamt vertretenen kritischen Position zur Regulierungsrichtung und -dichte auf den Bankenmärkten ist es damit trotz der offenen Fragen verlockend, mit einem weiteren Zitat des oft herangezogenen *Dowd* (1993, S. 2) zum Nachdenken anzuregen:

> „Banking is ‚different' from other industries, but not in a way that is relevant to public policy, except perhaps in so far as the banking industry is itself the product of that policy."

Anhang

Abbildung A-1: Zeiträume schwerwiegender Bankenkrisen

Land	Zeitraum schwerwiegender Bankerkrise
Algerien	1990-1992
Argentinien	1980-1982, 1989-1990, 1995, 2001-2002*
Benin	1988-1990
Bolivien	1986-1988, 1994-1997**, 2001-2002*
Brasilien	1990, 1994-1999
Burkina Faso	1988-1994
Burundi	1994-1997**
Chile	1981-1987
Costa Rica	1994-1997**
Demokratische Republik Kongo	1994-2002*
Ecuador	1995-2002*
El Salvador	1989
Elfenbeinküste	1988-1991
Finnland	1991-1994
Ghana	1982-1989, 1997-2002*
Guinea	1985, 1993-1994
Guinea-Bissau	1994-1997**
Guyana	1993-1995
Indien	1991-1994**
Indonesien	1992-1995**, 1997-2002*
Israel	1983-1984
Italien	1990-1995
Jamaika	1996-2000
Japan	1992-2002*
Jordanien	1989-1990
Kamerun	1987-1993, 1995-1998
Kenia	1993-1995
Kolumbien	1982-1985, 1999-2000
Korea	1997-2002
Libanon	1988-1990
Liberia	1991-1995
Madagaskar	1988-1991**
Malayia	1985-1988, 1997-2001
Mali	1987-1989
Mauritanien	1984-1993
Mexiko	1982, 1994-1997
Nepal	1988-1991**
Níger	1983-1986**
Nigeria	1991-1995
Norwegen	1987-1993
Panama	1988-1989
Papua Neu Guinea	1989-1992**

Abbildung A-1: Zeiträume schwerwiegender Bankenkrisen (Fortsetzung)

Land	Zeitraum schwerwiegender Bankerkrise
Paraguay	1995-1999
Peru	1983-1990
Philippinen	1981-1987, 1998-2002*
Portugal	1986-1989
Republik Kongo	1992-2002*
Schweden	1990-1993
Senegal	1983-1988
Sierra Leone	1990-1993**
Sri Lanka	1989-1993
Südafrika	1985
Swaziland	1995
Taiwan	1997-1998
Tansania	1988-1991**
Thailand	1983-1987, 1997-2002*
Tschad	1992
Tunesien	1991-1995
Türkei	1982, 1991, 1994, 2000-2002*
Uganda	1994-1997**
Uruguay	1981-1985, 2002*
USA	1980-1992
Venezuela	1993-1997
Zentral Afrikanische Republik	1988-1999

* Krise noch nicht beendet.

** Krisenende unsicher, Vierjahreszeitraum unterstellt.

Quelle: *Demirgüç-Kunt* und *Detragiache* (2005, S. 37 f.).

Abbildung A-2: Die vier Grundprinzipien für die Beaufsichtigung Internationaler Bankkonzerne

Minimum Standards for the Supervision of International Banking Groups and their Cross-Border-Establishments (July 1992)	
(1)	All international banking groups and international banks should be supervised by a home country authority that capably performs consolidated supervision.
(2)	The creation of cross-border banking establishments should receive the prior consent of both the host country supervisory authority and the bank's and, if different, banking group's home country supervisory authority.
(3)	Supervisory authorities should posses the right to gather information from the cross-border banking establishments of the banks or banking groups for which they are the home country.
(4)	If a host country authority determines that any one of the foregoing minimum standards is not metn to its satisfaction, that authority could impose restrictive measures necessary to satisfy its prudential concerns consistent with these minimum standards, including the prohibition oft hte creation of banking establishments.

Quelle: *BCBS* (1992).

Abbildung A-3: Charakteristika ausgewählter Einlagensicherungssysteme

Land	Einführung/ Änderungen	Schutzumfang Fremde Währung	Inter-bank-einlagen	Deckungsgrenze	Deckungs-grenze als Vielfaches der durch-schnitt-lichen Einlage	Selbstbe-halt (Co-Insu-rance)
Belgien	1974/1995/1998	ja	nein	EUR 20,000	0,81	ja
Dänemark	1987/1995	ja	nein	DKK 300,000	1,25	nein
Deutschland	1966/1969/1998	ja	nein	privat: 30% des Eigenkapitals, 90% der Einlagen bis zu EUR 20,000	0,79	ja
Finnland	1969/1992/1998	ja	nein	FIM 150,000	1,85	nein
Frankreich	1980/1986/1999	ja	nein	EUR 70,000	3,87	nein
Griechenland	1995/2000	ja	nein	EUR 20,000	1,67	nein
Groß-britannien	1982/1995	ja	nein	100% der ersten £2000 und 90% der nächsten £33,000	k.A.	ja
Hong Kong	keine Depositenversicherung					
Irland	1989/1995	ja	nein	90% of EUR 20,000	0,71	ja
Italien	1987/1996	ja	nein	ITL 200 Mil.	8,59	nein
Japan	1971	nein	nein	10000000 yen	2,11	nein
Kanada	1967	nein	ja	Can. $ 60,000	2,47	nein
Luxemburg	1989	ja	nein	EUR 20,000	0,12	ja
Neusseeland	keine Depositenversicherung					
Niederlande	1978/1996/1998	ja	nein	EUR 20,000	0,68	nein
Norwegen	1961/1997	ja	nein	NOK 2,000,000	11,28	nein
Österreich	1979/1996	ja	nein	EUR 20,000	0,84	ja
Portugal	1992/1995	ja	nein	EUR 25,000	2,12	nein
Schweden	1996	ja	nein	SEK 250,000	k.A.	nein
Schweiz	1984/1993	nein	nein	CHF 30,000	0,37	nein
Spanien	1977/1996	ja	nein	EUR 20,000	1,27	nein
USA	1934/1991	ja	ja	US$ 100,000	8,36	nein

Abbildung A-3: Charakteristika ausgewählter Einlagensicherungssysteme (Fortsetzung)

Land	Fonds-lösung	Basis der Prämienberechnung	Prämie	Risiko-adjustierung
Belgien	ja	versicherte Verbindlichkeiten	0.02% + 0.04%	nein
Dänemark	ja	versicherte Einlagen	max. 0.2%	nein
Deutschland	ja	versicherte Einlagen	0.03%, kann aber verdoppelt werden	nein
Finnland	ja	versicherte Einlagen	riskikoadjustiert 0.05% to 0.3%	ja
Frankreich	nein	k.A.	auf Verlagnen aber begrenzt	nein
Griechenland	ja	Einlagen	mit der Größe abnehmed: 1.25% bis 0.025%	nein
Großbritannien	nein	versicherte Einlagen	auf Verlangen	nein
Hong Kong	keine Depositenversicherung			
Irland	ja	versicherte Einlagen	0,002	nein
Italien	nein	geschütze Einlagen	risikoadjustiert ex post 0.4% bis 0.8%	ja
Japan	ja	versicherte Einlagen	0.0048% + 0.036%	nein
Kanada	ja	versicherte Einlagen	max 0.33%	nein
Luxemburg	nein	versicherte Einlagen	ex post	nein
Neusseeland	keine Depositenversicherung			
Niederlande	nein	nach Einzelfall	ex post	nein
Norwegen	ja	risikoadjustierte Aktiva und komplette Einlagen	0.005% der Aktiva und 0.01% aller Einlagen	nein
Österreich	nein	versicherte Einlagen	pro rata, ex post	nein
Portugal	Ja	versicherte Einlagen	risikoadjustiert 0.1% to 0.2% und ggf. Erhöhung im Krisenfall	ja
Schweden	Ja	versicherte Einlagen	risikoadjustiert 0.5%	ja
Schweiz	Nein	balance sheet items	auf Verlangen	nein
Spanien	Ja	versicherte Einlagen	max. 0.2%	nein
USA	Ja	inländische Einlagen	risikoadjustiert 0% bis 0.27%	ja

Abbildung A-3: Charakteristika ausgewählter Einlagensicherungssysteme (Fortsetzung)

Land	Finanzierung	Administration	Pflicht-versicherung	Implizite Versicherung nicht eingeschlossener Einlagen beim letzten Versicherungsfall (bail out)
Belgien	gemischt	gemischt	ja	nein
Dänemark	gemischt	gemischt	ja	ja
Deutschland	privat	gemischt	ja	ja
Finnland	gemischt	privat	ja	
Frankreich	privat	privat	ja	ja
Griechenland	privat	gemischt	ja	nein
Großbritannien	privat	staatlich	ja	nein
Hong Kong	keine Depositenversicherung			
Irland	privat	staatlich	ja	
Italien	gemischt	privat	ja	ja
Japan	gemischt	gemischt	ja	nein
Kanada	gemischt	staatlich	ja	nein
Luxemburg	privat	privat	ja	nein
Neusseeland	keine Depositenversicherung			
Niederlande	gemischt	staatlich	ja	
Norwegen	gemischt	privat	ja	ja
Österreich	gemischt	privat	ja	nein
Portugal	gemischt	staatlich	ja	
Schweden	gemischt	staatlich	ja	
Schweiz	privat	privat	nein	
Spanien	gemischt	gemischt	ja	nein
USA	gemischt	staatlich	ja	

Quelle: *Weltbank* (2005), eigene Auswertung.

Abbildung A-4: Charakteristika von Bankenregulierungen und Bankenaufsicht

		Australien	Belgien	Dänemark	Deutschland
Eigenkapital-normen	Regulatorische Eigenkapitalquote	8%	8%	8%	8%
	Eigenkapitalunterlegung nach bankindividuellem Kreditrisiko?	ja	ja	ja	nein
Weitere Normen	Diversifikationssgebote/ Diversifikationsnormen (*)	nein	nein	nein	nein
	Aufsichtliche Definition "notleidender Kredite"	nein	ja	nein	nein
Rechnungs-legung	nach IAS	ja	nein	nein	nein
	vergleichbar US-GAAP	ja	nein	nein	nein
Zugelassene Aktivitäten	Wertpaiergeschäft	ja (mit Auflagen)	ja	ja (mit Auflagen)	ja
	Versicherungsgeschäft	teilweise	teilweise	ja (mit Auflagen)	teilweise
	Immobiliengeschäft	nein	teilweise	teilweise	ja
	Besitz nichtfinanzieller Gesellschaften	ja (mit Auflagen)	ja (mit Auflagen)	teilweise	ja (mit Auflagen)
Aufsichts-befugnisse	Anordnung org. Veränderungen	ja	ja	nein	ja
	Veranlassung von Verlustrückstellungen	ja	ja	ja	nein
	Insolvenzfeststellung	nein	nein	ja	ja
	(Teilweise) Suspendierung der Eigentümerrechte bei Problembanken	nein	nein	ja	ja
Aufsichts-prozeß	Frequenz von Vor-Ort-Kontrollen bei großen und mittleren Banken	alle 2 Jahre	jährlich	weniger oft	jährlich
	Automatische Interventionsregeln	nein	nein	ja	nein
Verantwort-lichkeit der Aufsicht	Klagemöglichkeit der Bankaktionäre gegen Aufsichtsentscheidung	ja	ja	ja	nein
	Persönliche Haftung der Aufsichtsmitarbeiter	nein	ja	ja	nein

Abbildung A-4: Charakteristika von Bankenregulierungen und Bankenaufsicht (Fortsetzung)

		Finnland	Frankreich	Groß-britannien	Hong Kong / China
Eigenkapital-normen	Regulatorische Eigenkapitalquote	8%	8%	8%	10%
	Eigenkapitalunterlegung nach bankindividuellem Kreditrisiko?	nein	nein	ja	ja
Weitere Normen	Diversifikationssgebote/ Diversifikationsnormen (*)	nein	ja	nein	nein
	Aufsichtliche Definion "notleidender Kredite"	ja	ja	nein	ja
Rechnungs-legung	nach IAS	nein	nein	nein	ja
	vergleichbar US-GAAP	nein	nein	nein	nein
Zugelassene Aktivitäten	Wertpaiergeschäft	ja (mit Auflagen)	ja	ja	ja
	Versicherungsgeschäft	ja (mit Auflagen)	ja (mit Auflagen)	ja (mit Auflagen)	ja (mit Auflagen)
	Immobiliengeschäft	ja (mit Auflagen)	ja	ja	ja
	Besitz nichtfinanzieller Gesellschaften	ja (mit Auflagen)	ja (mit Auflagen)	ja	ja (mit Auflagen)
Aufsichts-befugnisse	Anordnung org. Veränderungen	nein	nein	ja	ja
	Veranlassung von Verlustrückstellungen	nein	ja	ja	ja
	Insolvenzfeststellung	ja	k.A.	nein	nein
	(Teilweise) Suspendierung der Eigentümerrechte bei Problembanken	ja	k.A.	ja	ja
Aufsichts-prozeß	Frequenz von Vor-Ort-Kontrollen bei großen und mittleren Banken	jährlich	alle 2 Jahre	k.A.	jährlich
	Automatische Interventionsregeln	ja	nein	nein	nein
Verantwort-lichkeit der Aufsicht	Klagemöglichkeit der Bankaktionäre gegen Aufsichtsentscheidung	ja	ja	ja	ja
	Persönliche Haftung der Aufsichtsmitarbeiter	ja	ja	nein	nein

Abbildung A-4: Charakteristika von Bankenregulierungen und Bankenaufsicht (Fortsetzung)

		Irland	Italien	Japan	Kanada
Eigenkapital-normen	Regulatorische Eigenkapitalquote	8%	8%	8% (für international aktive Banken)	8%
	Eigenkapitalunterlegung nach bankindividuellem Kreditrisiko?	ja	nein; aber deskretionäre Aufsichts-interventionen	nein	nein
Weitere Normen	Diversifikationssgebote/ Diversifikationsnormen (*)	ja	nein	ja	ja
	Aufsichtliche Definion "notleidender Kredite"	ja	ja	ja	ja
Rechnungs-legung	nach IAS	ja	nein (aber partielle Anwendung)	ja	ja
	vergleichbar US-GAAP	nein	nein	ja	nein
Zugelassene Aktivitäten	Wertpaiergeschäft	ja	ja	ja (mit Auflagen)	ja (mit Auflagen)
	Versicherungsgeschäft	teilweise	teilweise	ja (mit Auflagen)	ja (mit Auflagen)
	Immobiliengeschäft	ja	nein	nein	ja
	Besitz nichtfinanzieller Gesellschaften	ja (mit Auflagen)	ja (mit Auflagen)	teilweise	ja (mit Auflagen)
Aufsichts-befugnisse	Anordnung org. Veränderungen	ja	ja	ja	nein
	Veranlassung von Verlustrückstellungen	ja	nein	ja	ja
	Insolvenzfeststellung	nein	nein	ja	nein
	(Teilweise) Suspendierung der Eigentümerrechte bei Problembanken	nein	ja	ja	ja
Aufsichts-prozeß	Frequenz von Vor-Ort-Kontrollen bei großen und mittleren Banken	k.A.	weniger oft	1-2 Jahre	jährlich
	Automatische Interventionsregeln	nein	nein	ja	nein
Verantwort-lichkeit der Aufsicht	Klagemöglichkeit der Bankaktionäre gegen Aufsichtsentscheidung	ja	ja	nein	ja
	Persönliche Haftung der Aufsichtsmitarbeiter	nein	ja	nein	nein

Abbildung A-4: Charakteristika von Bankenregulierungen und Bankenaufsicht (Fortsetzung)

		Finnland	Frankreich	Groß-britannien	Hong Kong / China
Eigenkapital-normen	Regulatorische Eigenkapitalquote	8%	8%	8%	10%
	Eigenkapitalunterlegung nach bankindividuellem Kreditrisiko?	nein	nein	ja	ja
Weitere Normen	Diversifikationssgebote/ Diversifikationsnormen (*)	nein	ja	nein	nein
	Aufsichtliche Definion "notleidender Kredite"	ja	ja	nein	ja
Rechnungsleg ung	nach IAS	nein	nein	nein	ja
	vergleichbar US-GAAP	nein	nein	nein	nein
Zugelassene Aktivitäten	Wertpaiergeschäft	ja (mit Auflagen)	ja	ja	ja
	Versicherungsgeschäft	ja (mit Auflagen)	ja (mit Auflagen)	ja (mit Auflagen)	ja (mit Auflagen)
	Immobiliengeschäft	ja (mit Auflagen)	ja	ja	ja
	Besitz nichtfinanzieller Gesellschaften	ja (mit Auflagen)	ja (mit Auflagen)	ja	ja (mit Auflagen)
Aufsichts-befugnisse	Anordnung org. Veränderungen	nein	nein	ja	ja
	Veranlassung von Verlustrückstellungen	nein	ja	ja	ja
	Insolvenzfeststellung	ja	k.A.	nein	nein
	(Teilweise) Suspendierung der Eigentümerrechte bei Problembanken	ja	k.A.	ja	ja
Aufsichts-prozeß	Frequenz von Vor-Ort-Kontrollen bei großen und mittleren Banken	jährlich	alle 2 Jahre	k.A.	jährlich
	Automatische Interventionsregeln	ja	nein	nein	nein
Verantwort-lichkeit der Aufsicht	Klagemöglichkeit der Bankaktionäre gegen Aufsichtsentscheidung	ja	ja	ja	ja
	Persönliche Haftung der Aufsichtsmitarbeiter	ja	ja	nein	nein

Abbildung A-4: Charakteristika von Bankenregulierungen und Bankenaufsicht (Fortsetzung)

		Österreich	Portugal	Schweden
Eigenkapitalnormen	Regulatorische Eigenkapitalquote	8%	8%	8%
	Eigenkapitalunterlegung nach bankindividuellem Kreditrisiko?	ja	ja	nein
Weitere Normen	Diversifikationssgebote/ Diversifikationsnormen (*)	ja	ja	nein
	Aufsichtliche Definion "notleidender Kredite"	ja	ja	ja
Rechnungslegung	nach IAS	ja	nein	ja
	vergleichbar US-GAAP	nein	nein	ja
Zugelassene Aktivitäten	Wertpaiergeschäft	ja	ja	ja (mit Auflagen)
	Versicherungsgeschäft	teilweise	teilweise	ja (mit Auflagen)
	Immobiliengeschäft	ja	teilweise	teilweise
	Besitz nichtfinanzieller Gesellschaften	ja (mit Auflagen)	teilweise	ja
Aufsichts-befugnisse	Anordnung org. Veränderungen	ja	ja	nein
	Veranlassung von Verlustrückstellungen	ja	ja	nein
	Insolvenzfeststellung	nein	ja	k.A.
	(Teilweise) Suspendierung der Eigentümerrechte bei Problembanken	ja	ja	ja
Aufsichtsprozeß	Frequenz von Vor-Ort-Kontrollen bei großen und mittleren Banken	jährlich	alle 2 Jahre	jährlich
	Automatische Interventionsregeln	ja	nein	nein
Verantwortlichkeit der Aufsicht	Klagemöglichkeit der Bankaktionäre gegen Aufsichtsentscheidung	ja	ja	nein
	Persönliche Haftung der Aufsichtsmitarbeiter	ja	nein	nein

Abbildung A-4: Charakteristika von Bankenregulierungen und Bankenaufsicht (Fortsetzung)

		Schweiz	Spanien	USA
Eigenkapitalnormen	Regulatorische Eigenkapitalquote	8%	8%	8%
	Eigenkapitalunterlegung nach bankindividuellem Kreditrisiko?	nein	ja	nein
Weitere Normen	Diversifikationssgebote/ Diversifikationsnormen (*)	ja	ja	ja
	Aufsichtliche Definion "notleidender Kredite"	ja	ja	nein
Rechnungslegung	nach IAS	ja	nein	nein
	vergleichbar US-GAAP	ja	nein	ja
Zugelassene Aktivitäten	Wertpaiergeschäft	ja	ja	ja (mit Auflagen)
	Versicherungsgeschäft	teilweise	teilweise	ja (mit Auflagen)
	Immobiliengeschäft	ja	ja	nein
	Besitz nichtfinanzieller Gesellschaften	ja (mit Auflagen)	ja	teilweise
Aufsichts-befugnisse	Anordnung org. Veränderungen	ja	ja	ja
	Veranlassung von Verlustrückstellungen	ja	ja	ja
	Insolvenzfeststellung	ja	k.A.	ja
	(Teilweise) Suspendierung der Eigentümerrechte bei Problembanken	ja	ja	ja
Aufsichtsprozeß	Frequenz von Vor-Ort-Kontrollen bei großen und mittleren Banken	jährlich	wniger oft	jährlich
	Automatische Interventionsregeln	nein	ja	ja
Verantwortlichkeit der Aufsicht	Klagemöglichkeit der Bankaktionäre gegen Aufsichtsentscheidung	ja	ja	nein
	Persönliche Haftung der Aufsichtsmitarbeiter	nein	ja	nein

(*) Hiervon nicht erfaßt sind aufsichtliche Konzentrationsgrenzen.

Quelle: *Weltbank* (2003), eigene Auswertung.

Literatur

Abreu, Dilip und *Markus K. Brunnermeier* (2003), Bubbles and Crashes, in: Econometrica 71 (1), January, S. 173-204.

Ackermann, Rolf (2001), Pfadabhängigkeit, Institutionen und Regelreform, Tübingen.

Aghion, Philippe, Patrick Bolton und *Mathias Dewaitripont* (2000), Contagious Bank Failures in a Free Banking System, in: European Economic Review 44 (4-6), S. 713-718.

Allen, Franklin und *Douglas Gale* (1999), Bubbles Crises, and Policy, in: Oxford Review of Economic Policy 15 (3), S. 9-18.

Allen, Franklin und *Douglas Gale* (1999/2002), Financial Contagion, in: Goodhart, Charles und Gerhard Illing (Hg.) (2002), S. 380-406.

Allen, Franklin und *Douglas Gale* (2000), Comparing Financial Systems, Cambridge (MA) und London.

Allen, Franklin und *Douglas Gale (2000/2002)*, Optimal Currency Crises, in: *Charles Goodhart* und *Gerhard Illing (Hg.)* (2002), Financial Crises, Contagion, and the Lender of Last Resort – A Reader, Oxford und New York, S. 379-406.

Allen, Franklin und *Douglas Gale* (2003), Competition and Financial Stability, Working Paper, University of Pennsylvania, New York University, September.

Allen, Franklin und *Anthony M. Santomero* (1997), The Theory of Financial Intermediation, Journal of Banking and Finance 21 (11/12), S. 1461-1482.

Allen, Franklin und *Anthony M. Santomero* (2001), What do intermediaries do?, in: Journal of Banking and Finance 25 (2), S. 271-294.

Allen, Franklin und *Anthony Saunders* (2004), Incorporating Systemic Influences Into Risk Measurements: A Survey of the Literature, in: Journal of Finanical Services Research 26 (2), S. 161-192.

Angell, James W. (1935), The 100 Per Cent Reserve Plan, in: The Quarterly Journal of Economics 50 (4), November, S. 1-35.

Apolte, Thomas (1999), Die ökonomische Konstitution eines föderalen Systems, Tübingen.

Arthur, W. Brian (1989), Competing Technologies, Increasing Returns, and Lock-In by Historical Events, in: Economic Journal 99, S. 116-131.

Artopoeus, Wolfgang (2001), Anforderungen an eine globale Aufsicht international tätiger Banken, in: Tietmeyer, Hans und Bernd Rolfes (Hg.) (2001), Globalisierung der Finanzindustrie, Wiesbaden, S. 23-35.

Aschinger, Gerhard (2001), Währungs- und Finanzkrisen – Entstehung, Analyse und Beurteilung aktueller Krisen, München.

Axarlis, Christopher (2004), Finanzmarktregulierung in den USA: Theorie und Praxis, Deutsche Bank Research, EU-Monitor Nr. 16 vom 11. August 2004, Frankfurt am Main.

Axelrod. Robert (1984/2000), Die Evolution von Kooperation, München.

Bagehot, Walter (1873/1901), Lombart Street – A Description of the Money Market, new edition, London.

Bagheri, Mahmood und *Chizu Nakajima* (2002), Optimal Level of Financial Regulation und the GATS: A Regulatory Competition and Regulation Framework for Capital Adequacy and Disclosure of Information, in: Journal of International Economic Law 5 (2), S. 507-530.

Baltensperger, Ernst (1988), Die Regulierung des Bankensektors, in: Wirtschaftswissenschaftliches Studium 17 (2), Februar, S. 53-57.

Baltensperger, Ernst (1989/1990), The Economic Theory of Banking Regulation, in: *Eirik G. Furobotn* und *Rudolph Richter* (Hg.) (1989/1990), Center for the Study of the New Institutional Economics, Universität des Saarlandes, Occasional Papers, Band, 2, S. 1-31.

Baltensperger, Ernst (1996): Banken und Finanzintermediäre, in: *Jürgen von Hagen, Axel Börsch-Supan* und *Paul J. J Welfens* (Hg.) (1996), Springers Handbuch der Volkswirtschaftslehre, Band 1, S. 269-304.

Baltensperger, Ernst (2003), Competition of Bank Regulators: A More Optimistic View, in: Finanzarchiv 59 (3), S. 330-335.

Banerjee, Abhijit V. (1992), A Simple Model of Herd Behavior, in: Quarterly Journal of Economics 103 (3), August, S. 797-817.

Barth, James, R. Dan Brumbaugh Jr. und *James A. Wilcox* (2000), The Repeal of Glass-Steagall and the Advent of Broad Banking, in: Journal of Economic Perspectives 14 (2), Spring, S. 191-204.

Barth, James R., Gerard Caprio und *Ross Levine* (2001a), Bank Regulation and Supervision: What Works Best?, World Bank Working Paper No. 2725, Washington D. C.

Barth, James R., Gerard Caprio und *Ross Levine* (2001b), Banking Systems Around the Globe – Do Regulation and Ownership Affect Performance and Stability, in: *Frederic S. Mishkin* (Hg.), Prudential Supervision – What Works and What Doesn't?, Chicago und London, S. 31-95.

Barth, James R. und *Ross Levine* (2001), The Regulation and Supervision of Banks around the World: A New Database, World Bank Working Paper No. 2588, March, Washington D. C.

Bauman, Ursel und *Erlend Nier* (2003), Market Discipline and Financial Stability, in: Bank of England Financial Stability Review, Issue 14, June, S. 134-141.

BCBS – Basle Commitee on Banking Supervison (1983), Principles for the Supervision of Banks' Foreign Establishments (the „Concordat") , May, Basel

BCBS – Basle Commitee on Banking Supervison (1988), International convergence of capital measurement and capital standards, Basel.

BCBS – Basle Commitee on Banking Supervison (1992), Minimum Standards for the Supervision of International Banking Groups and their Cross-Border Establishments, July, Basel1992

BCBS – Basle Commitee on Banking Supervison (1997), Core Principles for Effective Banking Supervision, Basel

BCBS – Basle Commitee on Banking Supervison (1999a), A New Capital Adequacy Framework, Basel.

BCBS – Basle Commitee on Banking Supervison (1999b), Capital Requirements and Bank Behaviour, The Impact of the Basel Accord, BCBS Working Paper No. 1, Basel

BCBS – Basle Commitee on Banking Supervison (2001), History of the Basel Committee and its Membership, March, Basel.

BCBS – Basle Commitee on Banking Supervison (2004), Basle II: International Convergence of Capital Measurement and Capital Standards: A Revised Framework, Basel (deutsche Fassung: Internationale Konvergenz der Eingenkapitalmessung und der Eigenkapitalanforderungen: Überarbeitete Rahmenvereinbarung), abrufbar unter: http://www.bis.org/pub/bcbs107.htm.

BdB – Bundesverband Deutscher Banken (2004), Fortsetzung der Integration der europäischen Finanzdienstleistungsmärkte, Argumente zum Finanzmarkt, März, Frankfurt am Main.

Beck, Thorsten, Asli Demirgüç-Kunt, Ross Levine und *Vojislav Maksimovic* (2001), Financial Structure and Economic Development: Firm, Industry and Country Evidence, in: *Asli Demirguc-Kunt* und *Ross Levine* (Hg,), Financial Structure and Economic Growth – A Cross-Country Comparison of Banks, Markets, and Development, Washington D. C., S. 189-242.

Beck, Thorsen und *Ross Levine* (2002), Industrie Growth and Capital Allocation: Does Having a Bank-Based or Market-Based System Matter, in: Journal of Financial Economics 64 (2), S. 147-180.

Beck, Thorsten, Ross Levine und *Norman Loayza* (2000), Finance and the Sources of Growth, in: Journal of Financial Economics 58 (1/2), S. 261-300.

Becker, Gary S. (1983), A Theory of Competition among Pressure Groups for Political Influence, in: Quarterly Journal of Economics 98 (3), S. 371-400.

Belke, Ansgar (2001), Too Big to Fail – Bankenkonkurs, ‚Bail Out' and Wählerstimmenkalkül, in: *Dietrich Delhaes-Guenther, Karl-Hans Hartwig* und *Uwe Vollmer* (Hg.), Monetäre Institutionenökonomik, Stuttgart, S. 261-297.

Benink, Harald A. und *Reinhard H. Schmidt* (2000), Das European Shadow Financial Regulatory Commitee: Ein Beitrag zur Regulierungskultur in Europa, in: Perspektiven der Wirtschaftspolitik 1 (3), S. 319-355.

Benson, Bruce L. (1998), Privatization of Legal and Adminstrative Services, in: *Herbert Giersch* (Hg.), Merits and Limits of Markets, Berlin u. a., S. 111-139.

Benston, George (1991), Does Bank Regulation Produce Stability? Lesson from the United States, in: *Forrest Capie* und *Geoffrey E. Wood* (Hg.), Unregulated Bank – Chaos or Order?, London, S. 207-235.

Benston, George (2000), Is Government Regulation of Banks Necessary?, in: Journal of Financial Services Research 18 (2/3), S. 185-202.

Benston, George J. und *George G. Kaufman* (1996), The Appriate Role of Bank Regulation, in: The Economic Journal 106, May, S. 688-697.

Berger, Allen N., Sally M. Davies und *Mark J. Flannery* (2000), Comparing Market and Supervisory Assessments of Bank Performance: Who Knows What When?, in: Journal of Money, Credit and Banking 32 (3), August, S. 641-667.

Berger, Allen N., Richard J. Herring und *George P. Szegö* (1995), The Role of Capital in Financial Instituions, in: Journal of Banking and Finance 19 (3/4), S. 393-430.

Bernanke, Ben S. (1983), Nonmonetary Effects of the Financial Crisis in the Propagation of the Great Depression, in: American Economic Review 73 (3), June, S. 257-276.

Bernanke, Ben S. und *Harold James* (1991), The Gold Standard, Deflation, and Financial Crisis in the Great Depression: An Empirical Investigation, in: *R.G. Hubbard* (Hg.), Financial Markets and Financial Crisis, Chicago und London, S. 33-68.

Bester, Helmut und *Martin Hellwig* (1987), Moral Hazard and Equilibrium Credit Rationing: An Overview of the Issues, in: *Günter Bamber* und *Klaus Spremann* (Hg.) (1987), Agency Theory, Information, and Incentives, S. 135-166.

Bhattacharya, Sudipto, Arnoud W. A. Boot und *Anjan V. Thakor* (1998), The Economics of Bank Regulation, in: Journal of Money, Credit, and Banking 30 (4), November, S. 745-770.

Bhattarcharya, Sudipto und *Anjan V. Thakor* (1993), Contemporary Banking Theory, in: Journal of Financial Intermediation 3 (1), S. 2-50.

Bigus, Jochen, Thomas Langer und *Dirk Schiereck* (2005), Warum gibt es Kreditsicherheiten?, in: Kredit und Kapital 38 (4), S. 573-617.

Bikhchandani, Sushil, David Hirshleifer und *Ivo Welch* (1992), A Theory of Fads, Fashion, Custom, and Cultural Change as Informational Cascades, in: Journal of Political Economy 100 (5), October, S. 992-1026.

Bikhchandani, Sushil, David Hirshleifer und *Ivo Welch* (1998), Learning from the Behaviour of Others: Conformity, Fads, and Informational Cascades, in: Journal of Economic Perspectives 12 (3), Summer, S. 151-170.

BIZ – Bank für Internationalen Zahlungsausgleich (1997), Commitee on Payment and Settlement Systems, Clearing Arrangements for Exchange-Traded Derivatives, March, Basel.

BIZ – Bank für Internationalen Zahlungsausgleich (1999), Commitee on Global Financial System, A Review of Financial Market Events in Autum 1998, October, Basel.

BIZ – Bank für Internationalen Zahlungsausgleich (2002a), Commitee on Global Financial System, Risk Measurement and Systemic Risk, Conference Paper No. 2, Basel.

BIZ – Bank für Internationalen Zahlungsausgleich (2002b), 72rd Annual Report, Basel.

BIZ – Bank für Internationalen Zahlungsausgleich (2003a), Commitee on Payment and Settlement Systems, Red Book Statistical Update, April, Basel.

BIZ – Bank für Internationalen Zahlungsausgleich (2003b), 73rd Annual Report, Basel.

BIZ – Bank für internationalen Zahlungsausgleich (2005), BIZ-Quartalsbericht, Juni.

Blankart, Charles B. (1996), Braucht Europa mehr zentralstaatliche Koordination? – Einige Bemerkungen zu Hans-Werner Sinn, in: Wirtschaftsdienst 76 (2), S. 87-91.

Blankart, Charles B. (2004), Öffentliche Finanzen in der Demokratie, 5. Auflage, München.

Blavarg, Martin und *Patrick Nimander* (2002), Interbank Exposures und Systemic Risk, in: Commitee on Global Financial System, Market Functioning and Central Bank Policy, Conference Paper No. 2, Basel, S. 287-305.

Blum, Jürg und *Martin Hellwig* (1996), Die makroökonomischen Wirkungen von Eigenkapitalvorschriften der Banken, in: *Dieter Duwendag* (Hg.), Finanzmärkte, Finanzinnovationen und Geldpoliti, Berlin, S. 41-73.

Börsen-Zeitung (1998), SEC-Chef Levitt wertet LTCM als Extremfall, 1.10.1998, S. 5.

Börsen-Zeitung (2005a), Erfolg für Sparkassen in Brüssel, 8.7.2005, S. 5

Börsen-Zeitung (2005b), USA verzögern und modifizieren Basel II, 5.10.2005, S. 3

Börsen-Zeitung (2006), „Kreditwirtschaft braucht weniger Eigenkapital", 9.2.2006, S. 5

Bohnet, Iris und *Bruno S. Frey* (1997), Rent Leaving, in: Journal of Institutional and Theoretical Economics 153 (4), S. 711-721.

Bohnet, Iris, Bruno S. Frey und *Steffen Huck* (2001), More Order with Less Law: On Contract Enforcement, Trust and Crowding, in: American Political Science Review 95 (1), March, S. 131-144.

Bonn, Joachim K. (1998), Bankenkrisen und Bankenregulierung, Wiesbaden.

Boot, Arnoud W. A. (2000), Relationship Banking: What do we know?, Journal of Financial Intermediation 9 (1), S. 7-25.

Boot, Arnoud W.A. (2003), Regulation, Supervision and Banks' Incentives to Control Risk, Rede anläßlich der ersten Konferenz der Stiftung Geld und Währung, Frankfurt am Main, 5.12.2002, in: *Deutsche Bundesbank* (Hg.), Auszüge aus Presseartikeln, 9.12.2002, S. 34-37.

Boot, Arnoud W. A., Silva Dezelan und *Todd T. Milbourn* (2000), Regulation and the Evolution of the Financial Industrie, Amsterdam University, Working Paper.

Boot, Arnoud W. A und *Stuart Greenbaum* (1993), Bank Regulation, Reputation and Rents: Theory and Policy Implications, in: *Colin Mayer* und *Xavier Vives* (Hg.), Capital Markets and Financial Intermediation, Cambridge u. a., S. 262-291.

Bordo, Michael D. (1990/2002), The Lender of Last Resort: A Historical Perspective, in: *Charles Goodhart* und *Gerhard Illing (Hg.)* (2002), Financial Crises, Contagion, and the Lender of Last Resort – A Reader, Oxford und New York, S. 109-126.

Bordo, Michael D. (1997), Regulation and Bank Stability, Canada and the United States, 1870-1980, in: *Gerald Caprio Jr.* und *Dimitri Vittas* (Hg.) (1997), S. 65-84.

Bordo, Michael D. (1999), Comment on ‚Can the Financial Markets Privately Regulate Risik', in: Journal of Money, Credit, and Banking 31 (3), S. 619-622.

Bordo, Michael, Barry Eichengreen, Daniela Klingenbiel und *Maria Soledad Martinez-Peria* (2001), Is the Crisis Problem Growing More Severe, in: Economic Policy, Vol. 16, No. 32, S. 51-82.

Bordo, Michael D. und *Angela Redish* (1987), Why Did the Bank of Canada Emerge in 1935?, in: Journal of Economic History 47 (2), S. 405-417.

Bordo, Michael D. und *Anna J. Schwartz* (1995), The Performance and Stability of Banking Systems under „Self-Regulation“: Theory and Evidence, in: Cato Journal 14 (3), Winter, Online-Ausgabe, http://www.cato.org/pubs/journal/cj14n3-5.html (abgerufen am 3.7.2004).

Borio, Claudio (2003), Towards a Macroprudential Framework for Financial Supervision and Regulation, in: CESifo Economic Studies 49 (2), S. 181-207.

Borio, Claudio, Craig Furfine und *Philip Lowe* (2001), Procyclicality of the Financial System and Financial Stability: Issues and Policy Options, in: BIS Papers No. 1, Marrying the Macro- and Micro-Prudential Dimensions of Financial Stability, Basel, S. 1-57.

Born, Karl Erich (1967), Die deutsche Bankenkrise 1931, München 1967.

Bossone, Biagio (2001), Do banks have a future? A study on banking and finance as we move into the third millennium, Journal of Banking and Finance 25 (12), S. 2239-2276.

Breuer, Rolf E. (2000), Regulierung und Bankenaufsicht zwischen Nationalstaat und globalem Finanzmarkt, in: Deutsche Bank Research EWU-Monitor, Nr. 86 vom 28. Juni 2000, S. 1-14.

Breuer, Wolfgang (1993), Finanzintermediation im Kapitalmarktgleichgewicht, Wiesbaden.

Buch, Claudia und *Gayle L. DeLong* (2001), Cross-Border Bank Mergers: What Lures the Rare Animal?, Kiel Working Paper No. 1070, Institut für Weltwirtschaft.

Buchanan, James M. (1992), Markt, Freiheit und Demokratie, Marktwirtschaftliche Schriften des Carl Menger Instituts, September, Wien.

Buchmüller, Patrick und *Christian Macht* (2003), Basel II und internationaler Bankenwertbewerb, in: Aussenwirtschaft 58 (3), September, S. 413-438.

Burghof, Hans-Peter (1998), Eigenkapitalnormen in der Theorie der Finanzintermediation, Berlin.

Burghof, Hans-Peter und *Bernd Rudolph* (1996): Bankenaufsicht – Theorie und Praxis der Regulierung, Gabler: Wiesbaden.

Büschgen, Hans E. (1998), Bankbetriebslehre, 5. Auflage, Wiesbaden.

Calomiris, Charles W. (1993), Financial Factors in the Great Depression, Journal of Economic Perspectives 7 (2), S. 61-85.

Calomiris, Charles W. (1999), Runs on Banks and the Lessons from the Great Depression, in: Regulation 22 (1), S. 4-7.

Calomiris, Charles W. (2000a), Comment on Bordo and Kroszner, in: Journal of Financial Services Research 18 (2/3), S. 173-177.

Calomiris, Charles W. (Hg.) (2000b), U.S. Bank Deregulation in Historical Perspective, Cambridge u. a.

Calomiris, Charles W. (2002), Banking Approaches the Modern Era, Regulation 24 (2), S. 14-20.

Calomiris, Charles W. und *Gary Gorton* (1991/2000), The Orgins of Banking Panics – Models, Facts, and Bank Regulation, in: *Charles W. Calomiris* (Hg.) (2000), S. 93-164.

Calomiris, Charles W. und *Charles M. Kahn* (1991). The Role of Demandable Debt in Structuring Optimal Banking Arrangements, in: American Economic Review 81 (3), S. 497-513.

Calomiris, Charles W. und *Robert E. Litan* (2000), Financial Regulation in a Global Market Place, in: Brookings-Wharton Papers on Financial Services, Volume I, S. 283-339.

Calomiris, Charles W. und *Joseph R. Mason* (1997), Contagion and Bank Failures During the Great Depression: The June 1932 Chicago Banking Panic, American Economic Review 87 (5), December, S. 863-883.

Calomiris, Charles W. und *Joseph R. Mason* (2003a), Consequences of Bank Distress During the Great Depression, Working Paper, Columbia University.

Calomiris, Charles W. und *Joseph R. Mason* (2003b), Fundamentals, Panics and Bank Distress During the Great Depression, Working Paper, Columbia University.

Calomiris, Charles W. und *Eugne N. White* (1994/2000), The Origins of Federal Deposit Insurance, in: *Charles W. Calomiris* (Hg.) (2000b), S. 164-211.

Capie, Forres (1997), The Evolution of Central Banking, in: *Gerard Caprio Jr.* und *Dimitri Vittas* (Hg.) (1997), S. 22-40.

Caprio, Gerard Jr. und *Patrick Honohan* (1999), Restoring Bank Stability: Beyond Capital Requirements, in: Journal of Economic Perspectives 13 (4), Fall, S. 43-64.

Caprio, Gerard Jr. und *Daniela Klingenbiel* (1999), Bank Insolvency: Bad Luck, Bad Policy, or Bad Banking, in: *Dimitri B. Papadimitriou* (Hg.), Modernizing Financial Systems, Houndsmills, London und New York, S. 267-301.

Caprio, Gerard Jr. und *Daniela Klingenbiel* (2003), Episodes of Systemic and Borderline Financial Crises, World Bank Paper, Washington D. C.

Caprio, Gerard Jr. und *Dimitri Vittas* (Hg.) (1997), Reforming Financial Systems: Historical Implications for Policy, Cambridge (UK).

Carletti, Elena und *Philipp Hartmann* (2002), Competition and Stability: What's Special About Banking, European Zentral Bank, Working Paper No. 146, May.

Carlin, Wendy und *Colin Mayer* (2003), Finance, Investment, and Growth, Journal of Financial Economics 69 (1), S. 191-226

Chari, V. V. und *Ravi Jagannathan* (1988), Banking Panics, Information, and Rational Expectations Equilibrium, in: Journal of Finance 43 (3), S. 749-763.

Chen, Yehning (1999), Banking Panics: The Role of the First-Come, First Serve Rule and Information Externalities, in: Journal of Political Economy 107 (5), October, S. 946-968.

Chu, Kam Hon (1996), Is Fee Banking More Prone to Bank Failures than Regulated Banking, in:Cato Journal 16 (1), S. 47-61.

Cluse, Michael und *Andreas Cremer* (2006), Die Umsetzung von Basel II in deutsches Recht, in: Zeitschrift für das gesamte Kreditwesen 59 (7), S. 329-334.

Cocco, Joao F., Francisco J. Gomes und *Nuno C. Martins* (2003), Lending Relationships in the Interbank Market, Working Paper.

Conrad, Christian A. (2002), Theorie der „speculative bubbles“, in: Wirtschaftswissenschaftliches Studium 31 (9), S. 519-522.

Corbett, Jenny und *David Vives* (1999), The Asian Crisis: Lessons from the Collapse of Financial System, Exchange Rates and Macroeconomic Policy, in: *Pierre-Richard Agénor, Marcus Miller, David Vines* und *Axel Weber* (Hg.), The Asian Financial Crisis: Causes, Contagion and Consequences, S. 67-11.

Corsetti, Giancarlo, Paolo Pesenti and *Nouriel Roubini* (1999), The Asian Crisis: an Overview of the Empirical Evidence and Policy Debate, in: *Pierre-Richard Agénor, Marcus Miller, David Vines* und *Axel Weber* (Hg.), The Asian Financial Crisis: Causes, Contagion and Consequences, S. 127-165.

Crockett, Andrew (1997), Why is Financial Stability a Goal of Public Policy, in: Federal Reserve Bank of Kansas City Economic Review, Fourth Quarter, S. 5-22.

Crockett, Andrew (2002), Market Discipline and Financial Stability, in: Journal of Banking and Finance 26 (5), S. 977-987.

Crockett, Andrew (2003), Central Banking under Threat?, in: *BIZ – Bank für Internationalen Zahlungsaugleich* (Hg.), Monetary Stability, Financial Stability and the Business Cycle: Five views, BIS Papers No. 18, September, S. 1-6

CSFI – Centre for the Study of Financial Innovation (2005), Regulatory Overkill Seen as Main Risk Facing Banks, Press Release, February 21, 2005, abrufbar unter: http.//www.csfi.org.uk.

Danielsson, Jón, Paul Embrechts, Charles Goodhart, Con Keating, Felix Muennich, Olivier Renault und *Hyun Song Shin* (2001), An Academic Response to Basel II, LSE Financial Markets Group and ESRC Research Centre Special Paper Series, May 2001, London.

De Bandt und *Hartmann* (2002), Systemic Risk in Banking: A Survey, in: *Charles Goodhart* und *Gerhard Illing* (Hg.) (2002), Financial Crises, Contagion, and the Lender of Last Resort – A Reader, Oxford und New York, S. 249-298.

De Ceuster, Mark J. K. und *Nancy Maschelein* (2003), Regulating Banks Through Market Discipline: A Survey of the Issues, in: Journal of Economic Surveys 17 (5), S. 749-766.

De Soto, Hernando (2000), The Mystery of Capital – Why Capitalism Triumphs in the West and Fails Everywhere Else, London u. a.

Demirgüç-Kunt, Asli und *Enrica Detragiache* (1998), The Determinants of Banking Crises, in: IMF Staff Papers 45 (1), S. 81-109.

Demirgüç-Kunt, Asli und *Edward J. Kane* (2002), Deposit Insurance Around the Globe: Where Does ist Work, in: Journal of Economic Perspectives 16 (2), S. 175-195.

Demirgüç-Kunt, Asli und *Enrica Detragiache* (2005), Cross-Country Empirical Studies of Systemic Bank Distress: A Survey, World Bank Working Paper, March.

Demirgüç-Kunt, Asli, Baybars Karacaovali and *Luc Laeven* (2005), „Deposit Insurance around the World: A Comprehensive Database,“ Policy Research Working Paper No. 3628, Washington, DC.

Demirgüç-Kunt, Asli und *Ross Levine* (2001), Bank-Based an Market Based Financial Systems: Cross-Country Evidence, in: Demirguc-Kunt, Asli und Ross Levine (Hg.) (2001), S. 81-140.

Demirguc-Kunt, Asli und *Ross Levine* (Hg.) (2001), Financial Structure and Economic Growth – A Cross-Country Comparison of Banks, Markets, and Development, mit beigefügter CD-Rom, Washington D. C.

Demsetz, Harold (1969), Information and Efficieny, Another Viewpoint, in: Journal of Law and Economics 12, S. 1-22.

Dermine, Jean (1996), International Trade in Banking, in: *Claude E. Barfield* (Hg.), International Fina ncial Markets: Harmonization versus Competition, Washington D. C., S. 49-83.

Deutsche Bundesbank (1994), Geldpolitische Implikationen der zunehmenden Verwendung derivativer Finanzinstrumente, Monatsbericht, November, S. 41-58.

Deutsche Bundesbank (1998), Bankinterne Risikosteuerungmodelle und der bankaufsichtliche Eignung, Monatsbericht, Oktober, S. 69-84.

Deutsche Bundesbank (2001), Die neue Baseler Eigenkapitalvereinbarung, Monatsbericht, April, S. 15-44.

Deutsche Bundesbank (2002a), Änderungen des Gesetzes über das Kreditwesen durch das Vierte Finanzmarktförderungsgesetz, Monatsbericht, Oktober, S. 15-30.

Deutsche Bundesbank (2002b), Das Eigenkapital der Kreditinstitute aus bankinterner und regulatorischer Sicht, Monatsbericht, Januar, S. 41-60.

Deutsche Bundesbank (2002c), Rechnungslegungsstandards für Kreditinstitute im Wandel, Monatsbericht, Juni, S. 41-57.

Deutsche Bundesbank (2003a), Ertragslage und Finanzierungsverhältnisse deutscher Unternehmen im Jahr 2001, Monatsbericht, April, S. 49-71.

Deutsche Bundesbank (2003b), Neue Mindestanforderungen an das Kreditgeschäft: MaK und Basel II, Monatsbericht, Januar, S. 45-58.

Deutsche Bundesbank (2003c), Rolle und Bedeutung von Zinsderivaten, Monatsbericht, Januar, S. 31-44.

Deutsche Bundesbank (2004a), Instrumente zum Kreditrisikotransfer: Einsatz bei deutschen Banken und Aspekte der Finanzaufsicht, Monatsbericht, April, S. 27-45.

Deutsche Bundesbank (2004b), Neue Eigenkapitalanforderungen für Kreditinstitute (Basel II), Monatsbericht, September, S. 75-100.

Deutsche Bundesbank (2005), Bankenstatistik, Statistisches Beiheft zum Monatsbericht, Juli 2005.

Dewatripont, Mathias und *Jean Tirole* (1994), The Prudential Regulation of Banks, Cambridge (MA) und London.

Diamond, Douglas W. (1984): Financial Intermediation and Delegated Monitoring, in: Review of Economic Studies 51 (3), S. 393-414.

Diamond, Douglas W. (1991), Monitoring and Reputation: The Choice between Bank Loans and Directly Placed Debt, Journal of Political Economy 99 (4), S. 689-721.

Diamond, Douglas W. und *Philip H. Dybvig* (1983), Bank Runs, Deposit Insurance, and Liquidity, in: Journal of Poltical Economy 91 (3), 401-419.

Diamond, Douglas W. und *Raghuram G. Rajan* (2001), Liquidity Risk, Liquidity Creation, and Financial Fragility, Journal of Political Economy 109 (2), S. 287-327.

Diedrich, Diemo (2002), Nationale Regulierungspolitik und internationale Unternehmenszusammenschlüsse: Das Beispiel der Banken, in: *Alfred Schüller* und *H. Jörg Thieme* (Hg.) (2002), Ordnungsprobleme der Weltwirtschaft, Stuttgart, S. 345-369.

Dobson, Wendy und *Gary Clyde Hufbauer* (2001), World Capital Markets – Challenge to the G-10, Washington D. C.

Döring, Thomas (1999), Die Interdependenz von Marktwirtschaft und Föderalismus: Komplementäre Elemente einer effizienten und freiheitssichernden Gesellschaftsordnung, in: *Peter Engelhard* und *Heiko Geue* (Hg.), Theorie der Ordnungen – Lehren für das 21. Jahrhundert, Stuttgart, S. 261-298.

Dow, Sheila C. (1996), Why The Banking System Should Be Regulated, The Economic Journal 106, May, S. 698-707.

Dowd, Kevin (1993), Laissez-Faire Banking, London und New York.

Dowd, Kevin (1994), Competitive Banking, Bankers' Clubs and Bank Regulation, in: Journal of Money, Credit, and Banking 26 (2), S. 289-308.

Dowd, Kevin (1996), The Case for Financial Laissez-Faire, in: The Economic Journal 106, May, S. 679-687.

Dowd, Kevin (1997), The Regulation of Bank Capital Adequacy, in: Advances in Austrian Economics, Vol. 4, 1997, S. 95-110.

Dowd, Kevin (1999a), Does Asymmetric Information Justify Bank Capital Adequacy Regulation?, in: Cato Journal 19 (1), Spring/Summer, S. 39-47.

Dowd, Kevin (1999b), Too Big to Fail? Long-Term Capital Management and the Federal Reserve, Cato-Insitute Briefing Papers No. 52, 23. September 1999, Washington D. C.

Dowd, Kevin (Hg.) (1992), The Experience of Free Banking, London und New York

Economides, Nicholas, R. Glenn Hubbard und *Darius Palia* (1996), The Political Economy of Branching Restrictions: A Model of Monopolistic Competition among Small and Large Banks, in: Journal of Law and Economics 39, October, S. 667-703.

Economist (2004), Living Dangerously, A Survey of Risk, 24th January.

Edwards, Franklin (1996), The New Finance: Regulation and Financial Stability, Washington D. C.

Edwards, Franklin (2002), Comment and Discussion, in: Brookings-Wharton Papers on Financial Services, Volume III, S. 280-292.

Eichengreen, Barry (1992), Golden Fetters – the Gold Standard and the Great Depression, New York und Oxford.

Eichengreen, Barry (1999), Towards a New Financial Architecture: a Practical Post-Asian Agenda, Washington.

England, Catherine (1988), Agency Costs and Unregulated Banks: Could Depositors Protect Themselves, in: *Catherine England* und *Thomas F. Huertas* (Hg.), The Financial Services Revolution, Norwell, S. 317-341.

Erlei, Mathias, Martin Leschke und *Dirk Sauerland* (1999), Neue Institutionenökonomik, Stuttgart.

Esty, Benjamin C. (1998), The Impact of Contingent Liablity on Commercial Bank Risk Taking, in: Journal of Financial Economics 47 (2), S. 189-218.

Eucken, Walter (1952/1990), Grundsätze der Wirtschaftspolitik, 6. durchgesehene Auflage, Tübingen.

Ewers, Marc (2003), Die institutionelle Ausgestaltung von Wirtschaftsordnungen, Berlin.

EZB – Europäische Zentralbank (2000), WWU und Bankenaufsicht, in: EZB Monatsbericht, April, S. 53-70.

EZB – Europäische Zentralbank (2004a), EU Banking Sector Stability, November.

EZB – Europäische Zentralbank (2004b), Financial Stability Review, November.

EZB – Europäische Zentralbank (2005a), Die neue Baseler Eigenkapitalvereinbarung: Wesentliche Merkmale und Auswirkungen, Monatsbericht, Januar, S. 53-63.

EZB – Europäische Zentralbank (2005b), Marktdisziplin im Bankensektor, Monatsbericht Februar, S. 57-67.

EZB – Europäische Zentralbank (2005c), Monatsbericht Juli.

EZB – Europäische Zentralbank (2005d), Vermögenspreisblasen und Geldpolitik, Monatsbericht April, S. 53-69.

Falk, Armin (2003), Homo Oeconomicus versus Homo Reciprocans: Ansätze für ein neues Wirtschaftspolitisches Leitbild, in: Perspektiven der Wirtschaftspolitik 4 (1), Februar, S. 141-172.

FDIC – Federal Deposit Insurance Cooperation (1998), A Brief History of Deposit Insurance in the United States, Washington, abrufbar unter: http./www.fdic.gov/bank/historical/brief/bhist.pdf (abgerufen am: 13.8.2003)

Fehl, Ulrich (1987), Unternehmertheorie, Unternehmertypen und Marktanalyse, in: *Manfred Borchert, Ulrich Fehl* und *Peter Oberender* (Hg.), Markt und Wettbewerb, Festschrift für Ernst Heuß, Bern und Stuttgart, S. 17-38.

Fehl, Ulrich (2002), Neue Politische Ökonomik, in: *Alfred Schüller* und *Hans-Günter Krüsselberg* (Hg.) (2002), S. 138-139.

Fehl, Ulrich und *Carsten Schreiter* (2000), Prozess und Ordnung, in: *Helmut Leipold* und *Ingo Pies* (Hg.), Ordnungstheorie und Ordnungspolitik, Stuttgart, S. 103-124.

Fehn, Rainer (1999), Globalisierung und unvollkommene Kapitalmärkte, Verschärft die Knappheit international anerkannter Sicherheiten Länderkrisen?, in: Außenwirtschaft 54 (3), September, S. 389-416

Fehr, Ernst und *Armin Falk* (2002), Psychological foundations of incentives, in: European Ecnomic Review 46 (4/5), S. 687-724.

Fehr, Ernst und *Simon Gächter* (2000a), Cooperation and Punishment in Public Good Experiments, in: American Economic Review 90 (4), S. 980-994.

Fehr, Ernst und *Simon Gächter* (2000b), Fairness and Retaliation: The Economics of Reciprocity, in: Journal of Economic Perspectives 14 (3), Summer, S. 159-182.

Fehr, Ernst und *Klaus M. Schmidt* (2000), Theories of Fairness and Reciprocity – Evidence and Economic Applications, CESifo Working Paper No. 403, Septermber.

Fischer, Stanley (1990), Rules versus Discretion in Monetary Policy, in: *Friedman, Benjamin M.* und *Frank H. Hahn* (Hg.) (1990), Handbook of Monetary Policy, Vol. II, S. 1155-1184.

Fisher, Irving (1933), The Debt-Deflation Theory of Great Depressions, in: Econometrica 1, October, S. 337-357.

Flannery, Mark J. (1996/2002), Financial Crises, Payment System Problems, and Discount Window Lending (excerpts), in: *Charles Goodhart* und *Gerhard Illing* (Hg.) (2002), Financial Crises, Contagion, and the Lender of Last Resort – A Reader, Oxford und New York, S. 213-226.

Flannery, Mark J. (2000), Modernizing Financial Regulation: The Relation between Interbank Transactions and Supervisory Reform, in: Journal of Financial Services Research 17 (1), S. 101-116.

Flannery, Mark J. (2001), The Faces of „Market Discipline“, in: Journal of Financial Services Research 20 (2/3), S. 107-119.

Focarelli, Daro und *Alberto Frano Pozzolo* (2001), The Patterns of Cross-Border Bank Mergers and Shareholding in OECD Countries, in: Journal of Banking and Finance 25 (10), S. 2305-2337.

Fratianni, Michele und *John Pattison* (2001), Review Essay: The Bank for International Settlements: An Assesment of ist Role in International Monetary and Financial Policy Coordination, Open Economies Review 12, S. 197-222.

Freixas, Xavier, Curzio Giannnini, Glenn Hoggarth und *Farouk Soussa* (1999/2002), Lender of Last Resort: A Review of the Literature, in: *Charles Goodhart* und *Gerhard Illing* (Hg.) (2002), Financial Crises, Contagion, and the Lender of Last Resort – A Reader, Oxford und New York, S. 27-53.

Freixas, Xavier, Bruno M Parigi und *Jean-Charles Rochet* (2000/2002), Systemic Risk, Interbank Relations, and Liquidity Provision by the Central Bank, in: *Charles Goodhart* und *Gerhard Illing* (Hg.) (2002), Financial Crises, Contagion, and the Lender of Last Resort – A Reader, Oxford und New York, S. 407-433.

Freixas, Xavier und *Jean-Charles Rochet* (1997), The Microeconomics of Banking, Cambrige und London.

Freixas, Xavier und *Anthony. M. Santomero* (2002), An Overall Perspective on Banking Regulation, University of Barcelona Working Paper.

Frenkel, Michael und *Lukas Menkhoff* (1999), Stabile Weltfinanzen: Die Debatte um eine neue internationale Finanzarchitektur, Berlin u. a.

Frey, Bruno S. (1990), Ökonomie ist Sozialwissenschaft, München.

Frey, Bruno S. und *Reto Jegen* (2001), Motivation Crowding Theory, in: Journal of Economic Surveys 15 (5), S. 589-611

Friedman, Milton (1959), A Program for Monetary Stability, New York.

Friedman, Milton und *Anna Schwartz* (1963), A Monetary History of the United States 1867-1960, Princeton.

Fritsch, Michael, Thomas Wein und *Hans-Jürgen Ewers* (2003), Marktversagen und Wirtschaftspolitik, 5. Auflage, München.

Fritz-Aßmus, Dieter und *Egon Tuchtfeldt* (2003), Basel II als internationaler Standard zur Regulierung von Banken, in: Ordo, Band 54, Stuttgart, S. 269-288.

FSF – Financial Stability Forum (2001), Guidance for Developing Effective Deposit Insurance Systems (September 2001), http://www.fsforum.org/publications/publication_19_1.html. (abgerufen am 26.4.2004)

FTD – Financial Times Deutschland (2004), Bankenverband greift Ausnahmen von Basel II an, 24.11.2004, S. 18.

Furfine, Craig H. (1999), The Microstructure of the Federal Funds Market, in: Financial Markets, Institutions and Instruments 8 (5), S. 24-44.

Furfine, Craig H. (2002), The Interbank Market During A Crisis, in: European Economic Review 46 (4/5), S. 809-820.

Furfine, Craig H. (2003), Interbank Exposures: Quantifying the Risk of Contagion, in: Journal of Money, Credit, Banking 35 (1), February, S. 111-128.

Galati, Gabriele (2002), Das Erfüllungsrisiko im Devisenhandel und die CLS-Bank, in: BIZ-Quartalsbericht, Dezember 2002, S. 63-74.

Gale, Douglas und Martin Hellwig (1985), Incentive-Compatible Debt Contracts: The One-Period Problem, in: Review of Economic Studies 52 (4), S. 647-663.

Garber, Peter (2000), Famous First Bubbles, Cambridge (MA) und London.

Gehrig, Thomas (1995), Capital Adequacy Rules: Implications for Banks' Risk Taking, in: Swiss Journal of Economics and Statistics 131 (4/5), S. 747-764.

Geue, Heiko (1998), Laissez-faire Banking: Free-Banking, Währungswettbewerb und New Monetary Economics, in: *Karl-Hans Hartwig* und *H. Jörg Thieme* (Hg.), Finanzmärkte: Funktionsweise, Integrationseffekte und ordnungspolitische Konsequenzen, Stuttgart, S. 347-390.

Gischler, Horst (2003), Strukturwandel im Bankensektor – eine Bestandsaufnahme, in: Wirtschaftsdienst 83 (5), S. 318-324.

Glick, Reuven und *Michael M. Hutchinson* (2001), Banking and Currency Crises: How Common are Twins?, in: *Reuven Glick, Ramon Moreno* und *Mark M. Spiegel* (Hg.), (2001), Finanical Crises in Emerging Markets, Cambridge, S. 35-57.

Goldstein, Morris (2001), Comment on Kane, in: Brookings-Wharton Papers on Financial Services, Volume II, S. 116-122.

Goodfriend, Marvin und *Robert G. King* (1988/2002), Finanicial Deregulation, Monetary Policy, and Central Banking (excerpts), in: *Charles Goodhart* und *Gerhard Illing* (Hg.) (2002), Financial Crises, Contagion, and the Lender of Last Resort – A Reader, Oxford und New York, S. 145-167.

Goodhart, Charles (1988), The Evolution of Central Banks, Cambridge (MA) und London.

Goodhart, Charles (1999/2002), Myths about the Lender of Last Resort, in: *Charles Goodhart und Gerhard Illing (*Hg.) (2002), Financial Crises, Contagion, and the Lender of Last Resort – A Reader, Oxford und New York, S. 227-247.

Goodhart, Charles, Philipp Hartmann, David Llewellyn, Liliana Rojas-Suáres und *Steven Weisbrod* (1999), Financial Regulation: Why, How and Where Now?, London und New York.

Gorton, Gary (1985), Clearinghouses and the Origins of Central Banking in the U.S., in: Journal of Econmic History 45 (2), June, S. 277-284.

Gorton, Gary (1988), Banking Panics and Business Cycles, in: Oxford Economic Papers 40 (4), S. 221-255.

Gorton, Gary und *Donald J. Mullineux* (1987), The Joint Production of Confidence: Endogenous Regulation and Nineteenth Century Commercial-Bank Clearinghouses, in: Journal of Money, Credit, and Banking 19 (4), S. 457-468.

Gorton, Gary und *Andrew Winton* (2002), Financial Intermediation, The Wharton Financial Institutions Center Working Paper 02-28, University of Pennsylvania.

Haberler, Gottfried (1976), Die Weltwirtschaft und das internationale Währungssystem in der Zeit zwischen den beiden Weltkriegen, in: Deutsche Bundesbank (Hrsg.), Währung und Wirtschaft in Deutschland 1876-1975, Frankfurt, S. 205-248.

Hackethal, Andreas (2001), How Unique are US Banks? – The Role of Banks in Five Major Financial Systems", in: Journal of Economics and Statistics 221, S. 592-619

Hagen, Jürgen von und *Tai-kuang Ho* (2003), Money Market Pressure an the Determints of Banking Crises, Center for European Integration Studies, University of Bonn, Working-Paper.

Haggarth, Stephan (2000), The Political Economy of the Asian Crisis, Washington D. C.

Hall, Maximilian J. B. (2001), How Good Are EU Deposit Insurance Schemes in a Bubble Environment, in: *George Kaufman* (Hg.), Asset Price Bubbles: Implications für Monetary and Regulatory Policies, Research in Financial Services 18, S. 145-193.

Hart, Albert (1935), The Chicago Plan of Banking Reform, in: Review of Economic Studies 2, S. 104-116.

Hartmann-Wendels, Thomas, Andreas Pfingsten und *Martin Weber* (1998), Bankbetriebslehre, Berlin und Heidelberg.

Hasan, Iftekhar und *Gerald P. Dwyer* (1994), Bank Runs in the Free Banking Period, Journal of Money, Credit and Banking 26 (2), May, S. 271-288.

Hayek, Friedrich August von (1945), The Use of Knowledge in Society, in: American Economic Review 35 (4), September, S. 519-530.

Hayek, Friedrich August von (1960), Die Verfassung der Freiheit, Tübingen.

Hayek, Friedrich August von (1963), Arten der Ordnung, in: Ordo, Band 19, S. 1-20.

Hayek, Friedrich August von (1968/1969), Der Wettbewerb als Entdeckungsverfahren, in: *Friedrich August von Hayek* (Hg.) (1969), Freiburger Studien, Tübingen, S. 249-265.

Hayek, Friedrich August von (1977), Die Entnationalisierung des Geldes: eine Analyse der Theorie und Praxis konkurrierender Umlaufsmittel, Tübingen.

Heinemann, Friedrich und *Martin Schüler* (2004), A Stiglerian View on Banking Supervision, in: Public Choice 121 (1-2), S. 99-130.

Hellmann, Thomas F., Kevin C. Murdock und *Joseph E. Stiglitz* (2000), Liberalization, Moral Hazard in Banking, and Prudential Regulation: Are Capital Requirements Enough?, in: American Economic Review 90 (1), March, S. 147-165

Hellwig, Martin (1998a), Banks, Markets, and the Allocation of Risks in an Economy, in: Journal of Institutional and Theoretical Economics 154 (1), S. 328-351.

Hellwig, Martin (1998b), Systemische Risiken im Finanzsektor, in: *Dieter Duwendag* (Hg.) (1998), Finanzmärkte im Spannungsfeld von Globalisierung, Regulierung und Wettbewerb, Berlin, S. 123-151.

Henrich, Joseph, Robert Boyd, Samuel Bowles, Colin Camerer, Ernst Fehr, Herbert Gintis und *Richard McElreath* (2001), In Search of Homo Economicus: Behavioral Experiments in 15 Small Scale Societies, in: American Economic Review 91 (2), May, S. 73-78.

Herring, Richard J. (1999a), Comment on ‚How Offshore Financial Competition Disciplines Exit Resistance by Incentive-Conflicted Bank Regulators', in: Journal of Financial Services Research 16 (2/3), S. 293-296.

Herring, Richard J. (1999b), Credit Risk and Financial Instability, in: Oxford Review of Econmic Policy 15 (3), S. 63-79.

Herring, Richard J. (2000), Comment, in: Brookings-Wharton Papers on Financial Services, Volume I, S. 324-332.

Herring, Richard J. und *Robert E. Litan* (1995), Financial Regulation in the Global Economy, Washington D. C.

Heuß, Ernst (1965), Allgemeine Markttheorie, Tübingen und Zürich.

Hills, Bob, David Rule, Parkinson Sara und *Chris Young* (1999), Central Counterparty Clearing Houses and financial stability, in: Bank of England Financial Stability Review, Issue 06, June, S. 122-134.

Hirschmann, Albert O. (1970/1974), Abwanderung und Widerspruch, Tübingen.

Hirth, Hans und *Andreas Walter* (2001), Rationales Herdenverhalten, in: Wirtschaftswissenschaftliches Studium 30 (1), Januar, S. 17-22.

Ho, Daniel E. (2002), Compliance and International Soft Law: Why Do Countries Implement the Basle Accord, Journal of International Economic Law 5 (3), S. 647-688.

Hoggarth, Glenn und *Jack Reidhill* (2003), Resolution of Banking Crises: A Review, in: Bank of England Financial Stability Review, Issue 15, December, S. 109-123.

Hoggarth, Glenn, Ricardo Reiss und *Victoria Saporta* (2002), Cost of Banking System Instability: Some Empirical Evidence, in: Journal of Banking and Finance 26 (5), S. 825-855.

Hoggarth, Glenn und *Victoria Saporta* (2001), Costs of Banking System Instability: Some Empirical Evidence, in: Bank of England Financial Stability Review, Issue 10, June, S. 148-165.

Holmstrom, Bengt und *Jean Tirole* (1997), Financial Intermediation, Loanable Funds, and the Real Sektor, The Quarterly Journal of Economics 112 (3), S. 663-691.

Honohan, Patrick und *Daniela Klingenbiel* (2001), Controlling the Fiscal Costs of Banking Crises, in: *Daniela Klingenbiel* und *Luc Laeven* (Hg.), Managing the Real and Fiscal Effects of Banking Crises, World Bank, Discussion Paper NO. 428, Washington D. C., S. 15-29.

Hoppmann, Erich (1967), Wettbewerb als Norm der Wettbewerbspolitik, in: Ordo, Band 18, S. 77-94.

*Horwitz, Steven (*1992), Monetary Evolution, Free Banking, and Economic Order, Boulder u. a.

Eva Hüpkes,Marc Quintyn und *Michael W. Taylor* (2006), Accountability Arrangements for Financial Sector Regulators, IMF Economic Issues, No. 39, Washington D.C.

Ibel, Korbinian Dominic (2001), Bankenkrisen und Liquiditätsrisiko, Verlag Wissenschaft und Praxis: Sternenfels.

Isaac, Mark R., James M. Walker und *Arlington W. Williams* (1994), Group Size and the Voluntary Provision of Public Goods, in: Journal of Public Economics 54 (1), S. 1-36.

Issing, Ottmar (2003), Monetary and Financial Stability: Is there a Trade-Off, in: *BIZ – Bank für Internationalen Zahlungsaugleich* (Hg.), Monetary Stability, Financial Stability and the Business Cycle: Five views, BIS Papers No. 18, September, S. 16-23.

Issing, Ottmar und *Karlheinz Bischofberger* (1996), Derivate und Geldpolitik, in: *Dieter Duwendag* (Hg.) (1996), Finanzmärkte, Finanzinnovationen und Geldpolitik, Berlin, S. 111-138.

IWF – International Monetary Fund (1997), International Capital Markets, Washington D. C.

IWF – International Monetary Fund (1998), World Economic Outlook, Washington D. C.

IWF – International Monetary Fund (2000). International Capital Markets, September, Washington D. C.

IWF – International Monetary Fund (2004), World Economic Outlook, Washington D. C.

Jaffee, Dwight und *Joseph Stiglitz* (1990), Credit Rationing, in: *Benjamin M. Friedman* und *Frank Hahn* (Hg.), Handbook of Monetary Economics, Vol II., Amsterdam und New York, S. 837-868.

Jensen, Michael C. und *William H. Meckling* (1976), Theory of the Firm: Managerial Behavior, Agency Costs, and Ownership Structure, in: Journal of Financial Economics 3 (4), S. 305-360.

Joint Forum (2004), Credit Risk Transfer, Bank for International Settlements, Oktober, Basel.

Jones, David (2000), Emerging Problems with the Basle Capital Accord: Regulatory Capital Arbitrage and Related Issues, in: Journal of Banking and Finance 24 (1), S. 35-58.

Kaminsky, Graciela L und *Carmen M. Reinhardt* (1999), The Twin Crises: The Causes of Banking and Balance-of-Payments Problems, in: American Economic Review 89 (3), S. 473-500.

Kane, Edward J. (1988), Interaction of Financial and Regulatory Innovation, in: American Economic Review 78 (2), S. 328-340.

Kane, Edward J. (1989), The S & L Insurance Mess: How did It Happen?, Washington D. C.

Kane, Edward J. (1999), How Offshore Financial Competition Disciplines Exit Resistance by Incentive-Conflicted Bank Regulators, in: Journal of Financial Services Research 16 (2/3), S. 265-291.

Kane, Edward J. (2001), Relevance and Need for International Regulatory Standards, in: Brookings-Wharton Papers on Finanicial Services, Volume II, S. 87-115.

Kapstein, Ethan B. (1994), Governing the Global Economy – International Finance and the State, Cambridge (MA) und London.

Kaserer, Christoph (2006), Trends in der Bankenaufsicht als Motor der Überregulierung des Bankensektors, in: Perspektiven der Wirtschaftspolitik 7 (1), S. 67-87.

Kashyap, Anil K, Raghuram Rajan und *Jeremy Stein* (2002), Banks as Liquidity Providers: An Explanation for the Coexistence of Lending and Deposit-Taking, in: Journal of Finance 57 (1), February, S. 33-73.

Kashyap, Anil K. und *Jeremy Stein* (2004), Cyclical Implications of the Basel II Capital Standard, in: Federal Reserve Bank of Chicago (Hg.), Economic Perspectives 10/2004, S. 16-31.

Kath, Dietmar (1983), Property Rights und Portfolio Theorie, in: *Alfred Schüller* (Hg.), Property Rights und ökonomische Theorie, München, S. 241-270.

Kaufman, George G. (1991/2002), Lender of Last Resort, A Contemporary Perspective, in: Goodhart, Charles und Gerhard Illing (Hg.) (2002), S. 169-185.

Kaufman, George G. (1994), Bank Contagion: A Review of the Theory and Evidence, in: Journal of Financial Services Research 8, April, S. 123-150.

Kaufman, George G. (1996), Bank Failures, Systemic Risk, and Bank Regulation, in: Cato Journal 16 (1), Spring/Summer, S. 17-45.

Kaufman, George G. (2000), Banking and Currency Crises and Systemic Risk: A Taxonomy and a Review, in: Finanical Markets, Institutions & Instruments 9 (2), May, S. 69-131.

Kaufman, George G. und *Peter J. Wallison* (2001), The New Safety Net, in: Regulation 24 (3), S. 28-35.

Keeley, M. C. (1990), Deposit Insurance, Risk, and Market Power in Banking, in: American Economic Review 80 (5), December, S. 1183-1200.

Kerber, Wolfgang (1996), Recht als Selektionsumgebung für evolutorische Wettbewerbsprozesse, in: *Berger P. Priddat* und *Gerhard Wegner* (Hg.), Zwischen Evolution und Institution – neue Ansätze in der ökonomischen Theorie, Marburg, S. 297-326.

Kerber, Wolfgang (1998), Zum Problem einer Wettbewerbsordnung für den Systemwettbewerb, in: Jahrbuch für Neue Politische Ökonomie, Band 17, S. 199-229.

Kerber, Wolfgang (2003), Wettbewerbsföderalismus als Integrationskonzept für die Europäische Union, in: Perspektiven der Wirtschaftspolitik 4 (1), S. 43-64.

Kerber, Wolfgang (2005), Europäisches Vertragsrecht, Rechtsföderalismus und Ordnungsökonomik, in: *Helmut Leipold* und *Dirk Wentzel* (Hg.), Ordnungsökonomik als aktuelle Herausforderung, Stuttgart, S. 371-394.

Kerber, Wolfgang und *Klaus Heine* (2002), Institutional Evolution, Regulatory Competition and Path Dependence, Philipps-Universität Marburg, Fachbereich Wirtschaftswissenschaften, Marburger volkswirtschaftliche Beiträge 6/2002.

Key, Sydney J. (1999), Trade Liberalization and Prudential Regulation: The International Framework for Financial Services, in: International Affairs 75 (1), S. 61-75.

Kim, Daesik und *Anthony Santemero* (1988), Risk in Banking and Capital Regulation, in: Journal of Finance 43 (5), S. 1219-1233.

Kindleberger, Charles P. (1978), Manics, Panics, and Crashes: A History of Financial Crises, 3rd edition 1996, New York u. a.

Kirzner, Israel M. (1979), The Perils of Regulation: A Market Process Approach, LEC Occassional Paper, Law and Economics Center, University of Miami.

Kirzner, Israel M. (1983), Die zentrale Bedeutung des unternehmerischen Entdeckens, in: Zeitschrift für Wirtschaftspolitik 32 (3), S. 207-224.

Kiwit, Daniel und *Stefan Voigt* (1995), Überlegungen zum institutionellen Wandel unter Berücksichtigung des Verhältnisses interner und externer Institutionen, in: Ordo, Band 46, S. 117-148.

Kiwit, Daniel und *Stefan Voigt* (1998), Grenzen des institutionellen Wettbewerbs, in: Jahrbuch für Neue Politische Ökonomie, Band 17, S. 311-337.

Kiyotaki, Nobuhiro und *John Moore* (1997), Balance-Sheet Contagion, in: American Economic Review 92 (2), S. 46-50.

Knorr, Andres (1999), Staatliche Bankenaufsicht – eine effiziente Institution?, in: Ordo, Bd. 50, S. 355-369.

Köhler, Benedikt (2003), Rechnen mit dem Unvorhergesehen: Der lange Weg zu einer rationalen Analyse und einem effizienten Mangement des Risikos, in: Frankfurter Allgemeine Zeitung, Nr. 290 vom 16.12.2003, S. 15.

Köhn, Michael und *Anthony Santomero* (1980), Regulation of Bank Capital and Portfolio Risk, in: Journal of Finance 35 (5), S. 1235-1244.

Körnert, Jan (1998), Dominoeffekt im Banksystem – Theorie und Evidenz, Berlin.

Körnert, Jan (2002), Die Bankenkrisen in Nordeuropa zu Beginn der 1990er Jahre: Eine Sequenz aus Deregulierung, Krise und Staatseingriff in Norwegen, Schweden und Finnland, in: Kredit und Kapital, 35. Jg., Heft 2, S. 280-314.

Kroszner, Randall S. (2000), Lessons from Financial Crises: The Role of Clearinghouses, in: Journal of Financial Services Research 18 (2/3), S. 157-171.

Kroszner, Randell S. (1999a), Can the Financial Markets Privately Regulate Risik, in: Journal of Money, Credit, and Banking 31 (3), S. 596-618.

Kroszner, Randell S. (1999b), The Role of Private Regulation in Maintaining Global Financial Stability, in: Cato Journal 18 (3), Winter, S. 355-361.

Kroszner, Randell S. (2001), The Motivations Behind Banking Reform, in: Regulation 24 (1), S. 36-41.

Kroszner, Randall S. und *Raghuram G. Rajan* (1994), Is the Glass-Steagall Act Justified? A Study of the U.S. Experience with Universal Banking, in: American Economic Review 84 (4), S. 810-832.

Kroszner, Randall S. und *Philip Strahan* (2001), Obstacles to Optimal Policy: The Interplay of Politics and Economics in Shaping Bank Supervision and Regulation Reforms, in: *Frederic S. Mishkin* (Hg.), Prudential Supervision – What Works and What Doesn't?, Chicago und London, S. 233-272.

Krugman, Paul (1998), What happend to Asia, MIT Mimeo, http://web.mit.edu/krugman/-www/DISINTER.html

Krümmel, Hans J. (1984), Schutzzweck und Aufsichtseingriffe, in: Kredit und Kapital, 17 Jg., S. 474-489.

Krüsselberg, Hans-Günter (1983), Property Rights Theorie und Wohlfahrtsökonomik, in: *Alfred Schüller* (Hg.) (1983), Property Rights und ökonomische Theorie, München, S. 45-78.

Krüsselberg, Hans-Günter (1996), Humanvermögen in evolutionären Wettbewerbsprozessen, in: *Karl von Delhaes* und *Ulrich Fehl* (Hg.) (1996), Dimensionen des Wettbewerbs, Stuttgart, Ulrich und S. 139-176.

Kryzanowski, Lawrence und *Gorton S. Roberts* (1993), Canadian Banking Solvency 1922-1940, in: Journal of Money, Credit and Banking 25 (3), part 1, S. 361-376.

Kuhnert, Stephan (2001), An Evolutionary Theory of Collective Action: Schumpeterian Entreprenuership for the Common Good, in: Constitutional Political Economy 12 (1), S. 13-29.

La Porta, Rafael, Florencio Lopez-De-Silanes, Andrei Shleifer und *Robert Vishny* (1997), Legal Determinants of External Finance, in: Journal of Finance 52 (3), S. 1131-1150.

La Porta, Rafael, Florencio Lopez-De-Silanes, Andrei Shleifer und *Robert Vishny* (1998), Law and Finance, in: Journal of Political Economy 106 (6), S. 1113-1150.

La Porta, Rafael, Florencio Lopez-De-Silanes, Andrei Shleifer und *Robert Vishny* (2000), Investor Protection and Corporate Governance, in: Journal of Finanical Economics 58 (1), S. 3-28.

Lachmann, Ludwig M. (1963), Wirtschaftsordnung und wirtschaftliche Institutionen, in: Ordo, Band 14, S. 63-77.

Lane, Timothy D. (1993), Market Discipline, in: IMF Staff Papers 40 (1), S. 53-88.

Lehnhoff, Jochen (2005), Verbundgruppen bei der Umsetzung von Basel II nicht benachteiligen, in: *Börsenz-Zeitung*, Nr. 170 vom 3. September 2005, Sonderbeilage Basel II. S. B5.

Leipold, Helmut (1996), Zur Pfadabhängigkeit der institutionellen Entwicklung, in: *Dieter Cassel* (Hg.) (1996), Enstehung und Wettbewerb von Systemen, Berlin, S. 92-115.

Leipold, Helmut (1997), Der Zusammenhang zwischen Entstehung und dem Wettbewerb von Ordnungen, in: *Karl von Delhaes* und *Ulrich Fehl* (Hg.), Dimensionen des Wettbewerbs, Stuttgart, S. 397-428.

Leipold, Helmut (2000), Informale und formale Institutionen, Typologische und kulturspezifische Relationen, in: *Helmut Leipold* und *Ingo Pies* (Hg.), Ordnungstheorie und Ordnungspolitik, Stuttgart, S. 401-428.

Leipold, Helmut (2002), Institutionen: Begriff und Typen, in: *Alfred Schüller* und *Hans-Günter Krüsselberg* (Hg.) (2002), S. 94-99.

Leipold, Helmut und *Schüller, Alfred* (1986), Unternehmen und Wirtschaftsrechnung: Zu einem integrierten dynamischen Erklärungsansatz, in: *Helmut Leipold* und *Alfred Schüller* (Hg.): Zur Interdependenz von Unternehmens- und Wirtschaftsordnung, Stuttgart, S. 4-24.

Levine, Ross (1997), Financial Development and Economic Growth: Views and Agenda, in: Journal of Economic Literature 35 (2), June, S. 688-726.

Levine, Ross (2002), Bank-Based or Market Based Systems: Which is Better?, in: Journal of Financial Intermediation 11 (4), S. 398-428.

Levine, Ross und *Sara Zervos* (1998). Stock Markets, Banks and Growth, in: American Economic Review 88 (2), S. 537-558.

Lindgren, Carl-Johan, Gillian Garcia und *Matthew I. Saal* (1996), Bank Soundness and Macroeconomic Policy, Washington D. C.

Litan, Robert (1987), What Should Banks Do?, Washington D.C.

Lutz, Friedrich (1936), Das Grundproblem der Geldverfassung, Schriftenreihe Ordnung der Wirtschaft, Heft 2, Stuttgart und Berlin.

Malkiel, Burton G. (2003), The Efficient Market Hypothesis and Its Critics, in: Journal of Economic Perspectives 17 (1), S. 59-82.

Marwede, Jan und *Julian Westphal* (2005), Phoenix-Zusammenbruch gefährdet die ganze Branche, in: Börsen-Zeitung, 30.3.2005, S. 2.

Mayer, Colin (1988), New Issues in Corporate Finance, in: European Economic Review 31 (5), S. 1167-1183.

Mayes, David (2000), A More Market Based Approach to Maintaining Systemic Stabiliy, Financial Services Authority Occassional Paper Series No. 10, August, London.

McCauley, Robert N., Judith S. Ruud and *Philip D Woolridge* (2002), Globalisierung des internationalen Bankgeschäfts, in: BIZ-Quartalsbericht, März, S. 46-59.

Merton, Robert C. und *Zvi Bodie* (1995), A Conceptional Framework for Analyzing the Financial Environment, in: *Dwight Crane, Robert E. Merton, Kenneth E. Froot, Zvi Bodie, Scott P. Mason, Erik R. Sirri, André F. Perold* und *Peter Tufano* (Hg.), The Global Financial System – A Functional Perspective, Boston, S. 3-31.

Mewes, Hans und *Michael H. Sterzenbach* (2005), Phoenix-Fall zeigt schiefe Entschädigungseinrichtung, in: Börsen-Zeitung, 5.7.2005, S. 6.

Michael, Ian (1998), Financial Interlinkages and Systemic Risk, in: Bank of England Financial Stability Review, Issue 04, Spring, S. 26-33.

Miles, D. (1995), Optimal Regulation of Deposit Taking Financial Intermediaries, in: European Economic Review 39 (7), S. 1365–84.

Mises, Ludwig von (1929/1976), Kritik des Interventionismus, Neuauflage mit einer Einführung von Friedrich August von Hayek, Darmstadt.

Mises, Ludwig von (1940/1980), Nationalökonomie – Theorie des Wirtschaftens und des Handelns, unveränderter Nachdruck der 1. Auflage, The International Carl Menger Library, München.

Mishkin, Frederic S. (1991), Asymmetric Information and Financial Crises: A Historical Perspective, in: *R. G. Hubbard* (Hg.), Financial Markets and Financial Crises, Chicago, S. 69-108.

Mishkin, Frederic S. (1997), The Causes and Propagation of Financial Instability: Lessons for Policy Makers, in: *Federal Reserve Bank of Kansas City* (Hg.), Maintaining Financial Stability in a Global Economy, Kansas City, S. 55-96.

Mishkin, Frederic S. (1999), Global Financial Instability: Framework, Events, Issues, in: Journal of Economic Perspektives 14 (4), Fall, S. 3-20.

Mishkin, Frederic S. (2001), Prudential Supervision: Why is It Important and What are the Issues?, in: *Federic S. Mishkin* (Hg.), Prudential Supervision: What Works and What Doesn't?, Chicago und London, S. 1-30.

Mitchener, Kris James (2003), Bank Supervision, Regulation, and Financial Instability During the Great Depression, Santa Clare University Working Paper, June.

Molsberger, Josef (1978), Erfahrungen mit flexiblen Wechselkursen, in: *Helmut Gröner* und *Alfred Schüller* (Hg.) (1978), Internationale Wirtschaftsordnung, Stuttgart und New York, S. 153-170.

Möschel, Wernhard (1972), Das Wirtschaftsrecht der Banken – die währungs-, bankaufsichts-, kartell- und EWG-rechtliche Sonderstellung der Kreditinstitute, Bielefeld.

Moore, Gregory (1999), Solutions to the Moral Hazard Problem Arising from the Lender-of-Last-Resort Facility, in: Journal of Economic Surveys 13 (4), S. 443-476.

Müller, Christoph (2003), Die Entstehung des Reichsgesetzes über das Kreditwesen vom 5. Dezember 1934, Berlin.

Müller, Holger (1995), Spontane Ordnungen in der Kreditwirtschaft Rußlands, Stuttgart.

Münzer, Christoph (1992), Bankenaufsicht im Spannungsfeld von statischen Kontrollinteressen und innovativer Dynamik der Finanzmärkte, Pfaffenweiler.

Mussa, Michael (2003), Remarks on Achieving Monetary and Financial Stability, in: *BIZ – Bank für Internationalen Zahlungsaugleich* (Hg.), Monetary Stability, Financial Stability and the Business Cycle: Five views, BIS Papers No. 18, September, S. 24-27.

Neldner, Manfred (2003), Competition Necessarily Tends to Produce Excess: The Experience of Free Banking in Switzerland, in: German Economic Review 4 (3), S. 389-408.

Niskanen, William A. (1971), Bureaucracy and Representative Government, Chicago.

*Noose, Chris de (*2005), Keine Aufsichtskonvergenz mit dem Vorschlaghammer, in: Börsen-Zeitung, Nr. 76 vom 21.4.2005, S. 8.

North, Douglass C. (1990), Institutions, Institutional Change and Economic Performance, New York u. a.

North, Douglass C. (1999), Hayeks Beitrag zum Verständnis des Prozesses wirtschaftlichen Wandels, in: *Victor Vanberg* (Hg.), Freiheit, Wettbewerb und Wirtschaftsordnung, Hommage zum 100. Geburtstag von Friedrich A. v. Hayek, Freiburg i. Br.

NZZ – Neue Züricher Zeitung (2004), Fiktive Hitparade der Landesbanken, Nr. 151 vom 2.7.2004, S. 13.

Oatley Thomas und *Robert Nabors* (1998): Redistributive Cooperation: Market Failure, Wealth Transfers, and the Basle Accord, in: International Organization 52 (1), Winter, S. 35-54.

Oatley, Thomas (2000), The Dilemmas of International Financial Regulation, in: Regulation 23 (4), S. 36-39.

OECD (1992), Banks under Stress, Paris.

Okruch, Stefan (1998), Der Wandel von Rechtsnormen in evolutorischer Perspektive, in: *Gerhard Wegner* und *Josef Wieland* (Hg.) (1998), Formelle und informelle Institutionen: Genese, Interaktion and Wandel, Marburg, S. 101-152.

Olson, Mancur (1965/1985), Die Logik kollektiven Handelns, 2. durchgesehene Auflage, Tübingen.

Olson, Mancur (1982), The Rise and Decline of Nations, New Haven und London.

Ostrom, Elinor (1990), Die Verfassung der Allmende, Tübingen.

Ostrom, Elinor (1998), A Behavioral Approach to the Rational Choice Theory of Collective Action, in: American Political Science Review 92 (1), March, S. 1-21.

Ostrom, Elinor (2000), Collective Action an the Evolution of Social Norms, in: Journal of Economic Perspectives 14 (3), Summer, S. 137-158.

Padoa-Schioppa, Thomas (1997), Market-Friendly Regulation of Banks: An International Perspective, in: *Dieter Duwendag* (Hg.), Szenarien der Europäischen Währungsunion und Bankenregulierung, Berlin, S. 117-130.

Partnoy, Frank (2002), ISDA, NASD, CFMA, and SDNY: The Four Horseman of Derivatives Regulation, in: Brookings-Wharton Papers on Financial Services, Volume III, S. 213-252.

Paul, Stephan (2000), Qualitative Bankensuafsicht – Königsweg der Regulierung, in: Perspektiven der Wirtschaftspolitik 1 (3), S. 281-299.

Paul, Stephan und *Thomas Paul* (2003), Eindämmung von Finanzmarktkrisen durch erhöhte Regulierungsintensität?, in: Wirtschaftsdienst 83(6), S. 384-391.

Pirrong, Stephen Craig (1998), Self-Regulation in private organized markets, in: *Peter Newman* (Hg.), The new Palgrave Dictionary of Economics and the Law, Vol. 3, London, S. 433-438.

Polster, Dirk (2001), Finanzintermediation und institutioneller Wandel, Aachen.

Poole, William (2000), Expectations, Twenty-Second Henry Thornton Lecture, Department of Banking and Finance City University Business School http://stlouisfed.org/news/speeches/2000/11_28_00.html (abgerufen am 12.2.2004)

Popper, Karl (1957), Die offene Gesellschaft und ihre Feinde, Der Zauber Platons, Band 1, Bern.

Priewasser, Erich (1994), Die Priewasser-Prognose: Bankstrategien und Bankmanagement 2009, Frankfurt am Main.

Priewasser, Erich (2000), Die Priewasser-Prognose zum Firmenkundengeschäft, Frankfurt am Main.

Priewasser, Erich (2001), Bankbetriebslehre, 7. Auflage, München und Wien.

Priewasser, Erich und *Ulf-Theo Fuhrmeister* (2002), Bankenregulierung: Quo Vadis?, in: Zeitschrift für das gesamte Kreditwesen 55 (17), S. 849-856.

Quintyn, Marc und *Michael W. Taylor* (2004), Should Financial Sector Regulators Be Independent?, International Monetary Fund, Econmic Issues No. 32, Washington D.C.

Rajan, Raghuram und *Luigi Zingales* (1998), Financial Dependence and Growht, in: American Econmic Review 88 (2), S. 559-586.

Ranciere, Romain, Aaron Tornell und *Frank Westermann* (2004), Crises and Growth: A Re-Evaluation, CESifo Working Paper Series No. 1160, München.

Rapp, Heinz-Werner (1997), „Der tägliche Wahnsinn hat Methode" – Behavioral Finance, Paradigmenwechsel in der Kapitalmarktforschung, in: *Bernhard Jünnemann* und *Dirk Schellenberger* (Hg.), Psychologie für Börsenprofis, Stuttgart, S. 75-108.

Reisen, Helmut (2000), Basel II: A Risky Strategy, in: OECD Observer, Nr. 220, April 2000, S. 54-56.

Reszat, Beate (2000), Culture and Finance in a Globalised World – an Uneasy Relation, HWWA Discussion Paper No. 101.

Ricardo, David (1817/1972), Grundsätze der politischen Ökonomie und Besteuerung, hrsg. von Fritz Neumark, Frankfurt am Main.

Richter, Rudolf (1991), Bankenregulierung aus Sicht der Neuen Institutionenökonomik, in: *Jürgen Siebke* (Hg.), Finanzintermediation, Bankenregulierung und Finanzmarktintegration, Berlin, S. 43-64.

Richter, Rudolf und *Eirik Furotbotn* (2003), Neue Institutionenökonomik – Eine Einführung und kritische Würdigung, 3. überarbeitete und erweiterte Auflage, Tübingen.

Rochet, Jean-Charles (2003), Why are There so Many Banking Crises, in: CESifo Economic Studies 49 (2/3), S. 141-155.

Rogoff, Kenneth (1999), International Institutions for Reducing Global Fiancial Stability, in: Journal of Economic Perspectives 13 (4), S. 21-42.

Rolnick, Arthur;,Bruce D. Smith und *Warren E. Weber* (1998), Lessons from a Laissez-Faire Payments System: The Suffolk Banking System (1825-58), in: Federal Reserve Bank of Minneapolis Quarterly Review 22 (3), S. 11-21.

Rolnick, Arthur, Bruce D. Smith und *Warren E. Weber* (2000); The Suffolk Bank an the Panic of 1837, in: Federal Reserve Bank of Minneapolis Quarterly Review 24 (2), S. 3-13.

Romer, Christina D. (1993), The Nation in Depression, in: Journal of Economic Perspectives 7 (2), S. 19-40.

Rousseau, Peter L. (2002), Historical Perspektives on Financial Development and Economic Growth, NBER Working Paper No. 9333, November, Cambridge (MA).

Rousseau, Peter L. und *Richard Sylla* (2001), Financial Systems, Economic Growth, and Globalization, NBER Working Paper No. 8323, June, Cambridge (MA).

Rudolph, Bernd (1997), Die internationale Harmonisierung der Marktrisikobegrenzung, , in: *Dieter Duwendag* (Hg.) (1997), Szenarien der Europäischen Währungsunion und Bankenregulierung, Berlin, S. 131-158.

Sanio, Jochen (2005), Basel II – eine Nummer zu große für kleine europäische Banken, in: Börsenz-Zeitung, Nr. 170 vom 3. September 2005, Sonderbeilage Basel II. S. B1 und B3.

Santos, Joao (2001), Bank Capital Regulation in Contempary Banking Theory: A Review of the Literature, in: Financial Markets, Institutions and Instruments 10 (2), May, S. 41-84.

Saunders, Anthony und *Berry Wilson* (1997), Contingent Liability in Banking: Useful Policy for Developing Countries?, in: *Gerard Caprio Jr.* und *Dimitry Vittas* (Hg.), Reforming Financial Systems, Historical Implications for Policy, Cambridge (UK), S. 101-112.

Saunders, Anthony und *Berry Wilson* (1999), The Impact of Consolidation and Safety Net Support on Canadian, US, and UK Banks 1893-1992, in: Journal of Banking and Finance 23 (2-4), S. 537-571.

Schackmann-Fallis, Karl-Peter (2005), Gleiches Geschäft – gleiches Risiko – gleiche Kapitalunterlegung, in: Börsenz-Zeitung, Nr. 170 vom 3.92005, Sonderbeilage Basel II. S. B5 und B6.

Schmidt Bies, Susan (2005), Remarks by Governor Susan Schmidt Bies at the Risk USA 2005 Congress, Federal Reserve Board, Boston, Massachusetts, June 8, 2005, http://www.federalreserve.gov/BoardDocs/Speeches/2005/20050608/default.htm

Schmidt, Paul-Günther (2001), Ursachen systemischer Bankenkrisen: Erklärungsversuche, empirische Evidenz und wirtschaftspolitische Konsequenzen, in: Ordo, Bd. 52, S. 239-273.

Schmidt, Reinhard H., *Andreas Hackethal* und *Marcell Tyrell* (1999), Disintermediation and the Role of Banks in Europe: An International Comparison, Journal of Financial Intermediation 8 (1/2), S. 36-67.

Schneider, Dieter (1986), Mindestnormen zur Eigenkapitalausstattung als Beispiels unbegründeter Kapitalmarktregulierung?, in: *Dieter Schneider* (Hg.), Kapitalmarkt und Finanzierung, Berlin, S. 85-108.

Schneider, Dieter (2002), Wettbewerbswidrige Regulierung durch Basel II, in: Betriebs-Berater 57 (14), Supplement Banken und Versicherungen, S. 2-11.

Scholtens, Bert und *Dick van Wensveen* (2000), A critique on the theory of financial intermediation, Journal of Banking and Finance 24 (8), S. 1243-1251.

Schuler, Kurt (1992), The World History of Free Banking, in: *Kevin Dowd* (Hg.) (1992), S. 7-47.

Schüler, Martin (2004), Bankenlobbyismus und Bankenaufsicht, in: Bankhistorisches Archiv, Beiheft 44, S. 67-72.

Schüller, Alfed (1988), Die Verschuldungskrise als Ordnungsproblem, in: Neue Zürcher Zeitung, Nr. 158 vom 10./11.7.1998, S. 15.

Schüller, Alfred (1977), Konkurrenz der Währungen als geldwirtschaftliches Ordnungsprinzip, in: Wirtschaftspolitische Chronik des Instituts für Wirtschaftspolitik an der Universität zu Köln 26 (1), S. 23-50.

Schüller, Alfred (1983), Property Rights, Theorie der Firma und wettbewerbliches Marktsystem, in: *Alfred Schüller* (Hg.) (1983), Property Rights und ökonomische Theorie, München, S. 145-183.

Schüller, Alfred (1986/2002), Die institutionellen Voraussetzungen der marktwirtschaftlichen Ordnung, in: *Alfred Schüller* (Hg.) (2002), Marburger Studien zur Ordnungsökonomik, Stuttgart, S. 163-174.

Schüller, Alfred (1987), Unternehmenshaftung, Wirtschaftsrechnung und Wettbewerbsordnung – Zum Verhältnis von Marktfreiheit und Eigenverantwortlichkeit, in: *Manfred Borchert, Ulrich Fehl* und *Peter Oberender* (Hg.), Markt und Wettbewerb, Festschrift für Ernst Heuß, Bern und Stuttgart, S. 63-92.

Schüller, Alfred (1997), Subsidiarität im Spannungsfeld zwischen Wettbewerb und Harmonisierung, in: Nörr, Knut Wolfgang und Thomas Oppermann (Hg.), Subsidiarität: Idee und Wirklichkeit, Tübingen, S. 69-104.

Schüller, Alfred (1997/2002), Der Wettbewerbszusammenhang zwischen Kapital- und Gütermärkten, in: *Alfred Schüller* (Hg.) (2002), Marburger Studien zur Ordnungsökonomik, Stuttgart, S. 99-136.

Schüller, Alfred (1999), Vergleichende Systemforschung und Ordnungstheorie, Der Beitrag der Marburger Forschungsstelle, in: *Alfred Schüller* und *Christian Watrin* (Hg.) (1999), Wirtschaftliche Systemforschung und Ordnungspolitik – 40 Jahre Forschungsstelle zum Vergleich wirtschaftlicher Lenkungssysteme der Philipps-Universität Marburg, Stuttgart, S. 5-34.

Schüller, Alfred (2002a), Interventionismus, in: *Alfred Schüller* und *Hans-Günter Krüsselberg* (Hg.) (2002), S. 62-68.

Schüller, Alfred (2002b), Wirtschaftsordnung – Ordnungstheorie, in: *Alfred Schüller* und *Hans-Günter Krüsselberg* (Hg.) (2002), S. 1-9.

Schüller, Alfred und *Hans-Günter Krüsselberg* (Hg.) (2002), Grundbegriffe zur Ordnungstheorie und politischen Ökonomik, 5., überarbeitete und ergänzte Auflage, Schriften zu Ordnungsfragen der Wirtschaft Nr. 7, Stuttgart, S. 94-99.

Schüller, Alfred und *Helmut Leipold* (1986), Unternehmen und Wirtschaftsrechnung: Zu einem integrierten Erklärungsansatz, in: *Helmut Leipold* und *Alfred Schüller* (Hg.) (1986), Zur Interdependenz von Unternehmens- und Wirtschaftsordnung, Stuttgart, S. 4-24.

Schumpeter, Joseph (1912/1934), Theorie der wirtschaftlichen Entwicklung – Eine Untersuchung über Unternehmergewinn, Kapital, Kredit, Zins und den Konjunkturzyklus, 8. Auflage, unveränderter Nachdruck der 1934 erschienenen 4. Auflage, Berlin 1993.

Seifert, Ekkehard (1984), Privilegierung und Regulierung im Bankwesen, Baden-Baden.

Selgin, George (1997), A Regulatory Placebo? Or the Strange Case of Mr. Kaufman and Dr. SEIR, in: Cato Journal 17 (1), S.91-98.

Selgin, George (2000), Should We Let Banks Create Money?, in: The Independent Review 5 (1), S. 93-100.

Selgin, George A. (1996), Bank Deregulation and Monetary Order, London und New York.

Selgin, George und *Lawrence H. White* (1994), How would the Invisible Hand Handle Money, in: Journal of Economic Literature 32 (4), S. 1718-1749.

Sheldon, Goerge und *Martin Maurer* (1998), Interbank Lending and Systemic Risk: An Empirical Analysis for Switzerland, in: Swiss Journal of Economics and Statistics 134 (4), S. 685-704.

Shiller, Robert J. (2000) Irrationaler Überschwang: warum eine lange Baisse an der Börse unvermeidlich ist, Franfurt am Main.

Shleifer, Andrei (2000), Inefficient Markets – An Introduction to Behavioural Finance, Oxford und New York.

Shleifer, Andrei und *Robert Vishny* (1997), A Survey of Corporate Governance, in: Journal of Finance 52 (2), June, S. 737-779.

Shugart, William F. (1988), A Public Choice Perspective of the 1933 Banking Act, in: *Catherine England* und *Thoma Huertas* (Hg.) (1988), The Financial Services Revolution, Bosten, Dordrecht und Lancaster, S. 87-106.

Sijben, Jacques J. (2002), Regulation and Market Discipline in Banking Supervision: An Overview, in: Journal of International Banking 3 (4), S. 363-380.

Simmons, Beth. A. (2001), The International Politics of Harmonization: The Case of Capital Market Regulation, in: International Organization 55 (3), Summer, S. 589-620.

Sinn, Hans Werner (1990), The Limits to Competition Between Economic Regimes, in: Empirica 17 (1), S. 3-14.

Sinn, Hans-Werner (1996), Das Prinzip des Diapositivs – Einige Bemerkungen zu Charles Blankart, in: Wirtschaftsdienst 76 (2), S. 92-94.

Sinn, Hans-Werner (2002), Der neue Systemwettbewerb, in: Perspektiven der Wirtschaftspolitik 3 (4), S. 391-408.

Sinn, Hans-Werner (2003a), Asymmetric Information, Bank Failures, and the Rationale for Harmonizing Banking Regulation – A Rejoinder on Comments of Ernst Baltensperger and Peter Spencer, in: Finanz-Archiv 59 (3), S. 340-346.

Sinn, Hans-Werner (2003b), Risktaking, Limited Liability, and the competition of Bank Regulators, in: Finanz-Archiv 59 (3), S. 305-329.

Sinn, Hans-Werner (2003c), The New Systems Competition, Malden u. a.

Sinn, Stefan (1992), The Taming of Leviathan: Competition among Governments, in: Constitutional Political Economy 3 (2), S. 177-196.

Sket, Michael (2002), Integration der Finanzmärkte: Ursachen, Effekte, Ordnungsprobleme, in: *Alfred Schüller* und *H. Jörg Thieme* (Hg.) (2002), Ordnungsprobleme der Weltwirtschaft, Stuttgart, S. 251-278.

Smith, Adam (1776/2001), Der Wohlstand der Nationen, herausgegeben von Horst Klaus Recktenwald, 9. Auflage, München.

Spencer, Peter D. (2000), The Structure and Regulation of Financial Markets, Oxford und New York.

Spencer, Peter D. (2003), Asymmetric Information, Bank Failures, and the Rationale for Harmonizing Banking Regulation, in: Finanzarchiv 59 (3), S. 336-339.

Speyer, Bernhard (2002), Internationalisierung von Bankgeschäft und Bankenaufsicht, in: *Rainer Pitschas* (Hg.) (2002), Integrierte Finanzdienstleistungsaufsicht: Bankensystem und Bankenaufsicht vor den Herausforderungen der Europäischen Wirtschafts- und Währungsunion, Berlin, S. 73-90.

Staub, Markus (1999), Aspects of Systemic Risk in Banking – Inter Bank Loans, Optimal Bank Size and the Swiss Regional Bank Crisis, Berlin, online-Sonderausgabe, http:\\www.dissertation.de/pdf/nis107.pdf (abgerufen am 26.1.2004).

Steden, Philip (2002), Marktorientierte Bankenregulierung, Sternenfels.

Stigler, George J. (1971), The Theory of Economic Regulation, in: Bell Journal of Economics 2 (1), Spring, S. 3-21.

Stiglitz, Joseph E. (2001), Principles of Financial Regulation: A Dynamic Portfolio Approach, in: The World Bank Research Observer 16 (1), Spring, S. 1-18.

Stiglitz, Joseph E. und *Andrew Weiss* (1981), Credit Rationing in Markets with Imperfect Information, in: American Economic Review 71 (3), S. 393-410.

Stillhart, Georg (2002), Theorie der Finanzintermediation und Regulierung von Banken, Bern, Stuttgart und Wien.

Stolz, Stephanie (2002), The Relationship between Bank Capital, Risk-Taking, and Capital Regulation: A Review of the Literature, Kiel Working Paper No. 1105, Kieler Institut für Weltwirtschaft.

Strahan, Philip E. (2003), The Real Effects of U.S. Banking Deregulation, in: Federal Reserve Bank of St. Louis Review 85 (4), July/August, S. 111-128.

Streissler. Erwin W. (2000), Internationale Finanzmärkte aus einer von Hayek inspirierten Sicht, in: Ordo, Band 51, Stuttgart, S. 75-96.

Streit, Manfred E. (1995/2001), Dimensionen des Wettbewerbs – Systemwandel aus ordnungsökonomischer Sicht, in: *Manfred E. Streit* (Hg.) (2001), Jenaer Beiträge zur Institutionenökonomik und Wirtschaftspolitik, Baden-Baden, S. 301-317.

Streit, Manfred E. (1996/2001), Ordnungsökonomik, in: *Manfred E. Streit* (Hg.) (2001), Jenaer Beiträge zur Institutionenökonomik und Wirtschaftspolitik, Baden-Baden, S. 11-60.

Streit, Manfred E. und *Daniel Kiwit* (1999/2001), Zur Theorie des Systemwettbewerbs, in: *Manfred E. Streit* (Hg.) (2001), Jenaer Beiträge zur Institutionenökonomik und Wirtschaftspolitik, Baden-Baden, S. 328-364.

Streit, Manfred E. und *Michael Wohlgemuth* (1999/2001), Walter Eucken und Friedrich A. von Hayek: Initiatoren der Ordnungsökonomik, in: *Manfred E. Streit* (Hg.) (2001), Jenaer Beiträge zur Institutionenökonomik und Wirtschaftspolitik, Baden-Baden, S. 90-111.

Streit, Manfred E. und *Michael Wohlgemuth* (2000), The Market Economy and the State: Hayekian and Ordoliberal Conceptions, in: *Peter Koslowski* (Hg.), The Theory of Capitalism in the German Economic Tradition, Heidelberg, S. 224-269.

Stulz, Rene M. (2001), Does Financial Structure Matter for Economic Growth? A Corporate Finance Perspektive, in: *Asli Demirguc-Kunt* und *Ross Levine* (Hg,), Financial Structure and Economic Growth – A Cross-Country Comparison of Banks, Markets, and Development, Washington D. C., S. 143-188.

Summer, Martin (2003), Bank Regulation and Systemic Risk, in: Open Economies Review 14 (1), S. 43-70.

Sylla, Richard (1972), United States 1863-1913, in: *Rondo Camoron* (Hg.) (1972), Banking and Economic Development – Some Lessons from History, New York u. a., S. 232-262.

Sylla, Richard (1999), Shaping the US Financial System, 1690-1913: the Dominant Role of Public Finanance, in: *Richard Sylla, Richard Tilly* und *Gabriel Torella* (Hg.) (1999), The Stat, the Financial System and Economic Modernization, Cambridge, S. 249-270.

Tadesse, Solomon (2002), Financial Architecture and Economic Performance: International Evidence, in: Journal of Financial Intermediation 11 (4), S. 429-454.

Terberger-Stoy, Eva (2000), Bankenaufsicht und Asienkrise, in: *Renate Schubert* (Hg.), Ursachen und Therapien regionaler Entwicklungskrisen – Das Beispiel der Asienkrise, Berlin, S. 91-115.

Termin, Peter (1993), Transmission of the Great Depression, in: Journal of Economic Perspectives 7 (2), S. 87-102.

Terres, Paul (1999) Die Logik einer wettbewerblichen Geldordnung,Tübingen.

Theurl, Theresia (1999), Mikoraspekte von Währungskrisen: Herausforderungen für die Währugnstheorie und Wirtschaftspolitik, in: Hamburger Jahrbuch für Wirtschafts- und Gesellschaftspolitik, Band 44, S. 235-254.

Tiebout, Charles M. (1956), A Pure Theory of Local Expenditures, in: Journal of Poltical Economy 64 (5), S. 426-424.

Tilly, Richard (2001), Zur Geschichte der Bankenregulierung, in: *Dietrich von Delhaes-Guenther, Karl-Hans Hartwig* und *Uwe Vollmer* (Hg.) (2002), Monetäre Institutionenökonomik, Stuttgart, S. 3-28.

Timberlake, Richard H. Jr. (1984/2002), The Central Banking Role of Clearing House Associations, in: *Charles Goodhart* und *Gerhard Illing* (Hg.) (2002), Financial Crises, Contagion, and the Lender of Last Resort – A Reader, Oxford und New York, S. 127-141.

Tornell, Aaron und Frank Westermann (2002), Boom-Bust Cycles in Middle Income Countries: Facts and Explanation, in: IMF Staff Papers 49, Special Issue, S. 111-155.

U.S. Shadow Financial Regulatory Commitee (2000), Reforming Bank Capital Regulation, Statement No. 160, Washington D.C.

Upper, Christian (2004), Geringe Gefahr durch Ansteckungseffekt, in: Börsen-Zeitung, Nr. 178 vom 15.9.2004, S. 20.

Upper, Christian und *Andreas Worms* (2002), Estimating Bilateral Exposures in the German Interbank Market: Is there a Danger of Contagion?, Deutsche Bundesbank Discussion Paper No. 09/02, February, Frankfurt am Main.

Vanberg, Victor (1996), Kommentar zum Referat von Helmut Leipold, in: *Dieter Cassel* (Hg.), Enstehung und Wettbewerb von Systemen, Berlin, S. 117-121.

Vanberg, Victor (1997), Die normativen Grundlagen der Ordnungsökonomik, in: Ordo, Band 48, S. 707-726.

Vaubel, Roland (2000), Die ökonomische Konstitution eines föderalen Systems – Bemerkungen zum gleichnamigen Buch von Thomas Apolte, in: Ordo, Band 51, S. 485-491.

Voigt, Stefan (2002), Institutionenökonomik, München.

Vollmer, Uwe (1999), Funktion und Organisation der Bankwirtschaft, in: *Karl-Hans Hartwig* und *H. Jörg Thieme* (Hg.): Finanzmärkte – Funktionsweise, Integrationseffekte und ordnungspolitische Konsequenzen, Stuttgart, S. 25-60.

Vollmer, Uwe (2001), Informationsasymmetrien, unvollständige Finanzverträge und Liquiditätsschöpfung: Überblick über neuere Ansätze zur Erklärung von Geschäftsbanken, in: *Dietrich von Delhaes-Guenther, Karl-Hans Hartwig* und *Uwe Vollmer* (Hg.) (2002), Monetäre Institutionenökonomik, Stuttgart, S. 96-116.

Vollmer, Uwe (2002), Internationale Bankenregulierung durch den Baseler Ausschuß für Bankenaufsicht: Konsequenzen für den Finanzsektor, in: *Alfred Schüller* und *H. Jörg Thieme* (Hg.) (2002), Ordnungsprobleme der Weltwirtschaft, Stuttgart, S. 323-344.

Walker, George Alexander (2001), International Banking Regulation – Law, Policy and Practice, The Hague, London und New York.

Waschbusch, Gerd (2000), Bankenaufsicht, München und Wien.

Watrin, Christian (1999), Soziale Dilemmata und Ordnungspolitik, in: *Alfred Schüller* und *Christian Watrin* (Hg.), Wirtschaftliche Systemforschung und Ordnungspolitik – 40 Jahre Forschungsstelle zum Vergleich wirtschaftlicher Lenkungssysteme der Philipps-Universität Marburg, Stuttgart, S. 35-54.

Weber, Manfred (2001), Basel – Brüssel – Washington – Genf: Bankenpolitik im Spannungsfeld internationaler Entscheidungsprozesse, in: Die Bank, Heft 4, S. 250-255.

Weber, Ralf L. (1999), Währungs- und Finanzkrisen: Lehren für Mittel- und Osteuropa, Studien zur Ordnugnsökonomik Nr. 23, Stuttgart.

Weiland, Christiana (1999), Die Wirkung banaufsichtlicher Eigenkapitalforderungen, Wiesbaden.

Wells, Simon (2002), UK Interbank Exposures: Systemic Risk Implication, in: Bank of England Financial Stability Review, Issue 13, December, S. 175-182.

Wells, Simon (2004), Financial Interlinkages in United Kingdom's Interbank Market and the Risk of Contagion, Bank of England Working Paper No 230.

Weltbank – Worldbank (2001), Finance for Growth – Policy Choices for a Volatile World, Oxford u. a.

Weltbank – Worldbank (2003), Database on Bank Regulation and Supervision, abrufbar unter: http://econ.worldbank.org/external/default/main?theSitePK=478060&contentMDK=20345037&menuPK=713352&pagePK=64168182&piPK=64168060

Weltbank – Worldbank (2005), Deposit Insurance Around the World Dataset prepared by Asli Demirgüç-Kunt, Baybars Karacaovali and Luc Laeven, abrufbar unter: http://econ.worldbank.org/external/default/main?theSitePK=478060&contentMDK=20356352&menuPK=713352&pagePK=64168182&piPK=64168060.

Wentzel, Dirk (2000), Der Ordnungsbezug der Spieltheorie, in: *Helmut Leipold* und *Ingo Pies* (Hg.) (2000), Ordnungstheorie und Ordnungspolitik – Konzeptionen und Entwicklungsperspektiven, Stuttgart, S. 198-223.

Wentzel, Dirk (2002), Principles of Self Regulation, Philipps-Universität Marburg, Fachbereich Wirtschaftswissenschaften, Marburger volkswirtschaftliche Beiträge 01/2002.

White, Eugene (1997), Deposit Insurance, in: *Gerard Caprio Jr.* und *Dimitri Vittas* (Hg.) (1997), Reforming Financial Systems – Historical Implications for Policy, Cambridge, New York und Melbourne, S. 85-100.

White, Eugene N. (1983), The Regulation and Reform of the American Banking System, 1900-1929, Princeton.

Wicker, Elmus (1996), The Banking Panics of the Great Depression, Cambrige (UK).

Wicker, Elmus (2000), Banking Panics of the Gilded Age, Cambridge (UK).

Willgerodt, Hans (2000), Kontrollen oder Selbstkontrollen gegen Währungskrisen?, in: *Bernhard Külp* und *Victor Vanberg* (Hg.), Freiheit und wettbewerbliche Ordnung, Berlin und München, S. 361-386.

Wolf-Wacker, Elizabeth (1987), Zur Begründung und Ausgestaltung von Bankenaufsicht, Karlsruhe.

Woll, Artur (1967), Zur wettbewerbspolitischen Bedeutung der Markttransparenz, in: *Hans Besters* (Hg.) (1967), Theoretische und institutionelle Grundlagen der Wirtschaftspolitik, Festschrift für Theodor Wessels zum 65. Geburtstag, S. 199-230.

Wörner, Ingo (2000), Europäische Bankenregulierung im Spannungsverhältnis zwischen Regulierungswettbewerb und Harmonisierungsbemühungen, Baden-Baden.

Zimmer, Klaus (1993), Bankenregulierung: Zur Begründung und Ausgestaltung der Einlagensicherung.

MIX
Papier | Fördert gute Waldnutzung
FSC® C083411

Kolibri 360 GmbH
Ferdinand-Jühlke-Straße 7
99095 Erfurt, Deutschland
produktsicherheit@kolibri360.de